颐和园文化研究丛书

湖山纵横

颐和园地区历史与园林新论

[加] 夏成钢 著

北京出版集团
北京出版社

图书在版编目（CIP）数据

湖山纵横 ：颐和园地区历史与园林新论 / （加）夏成钢著. — 北京 ：北京出版社，2024.11
ISBN 978-7-200-17528-8

Ⅰ. ①湖… Ⅱ. ①夏… Ⅲ. ①颐和园 — 文集 Ⅳ. ①K928.73-53

中国版本图书馆CIP数据核字(2022)第205214号

版权合同登记号 图字：01-2022-6117

湖山纵横
颐和园地区历史与园林新论
HU SHAN ZONGHENG
[加]夏成钢 著

出　　版	北京出版集团
	北京出版社
地　　址	北京北三环中路6号
邮　　编	100120
网　　址	www.bph.com.cn
总 发 行	北京出版集团
发　　行	北京出版集团有限责任公司
经　　销	新华书店
印　　刷	北京华联印刷有限公司
版 印 次	2024年11月第1版第1次印刷
成品尺寸	185毫米 × 260毫米
印　　张	42
字　　数	706千字
书　　号	ISBN 978-7-200-17528-8
定　　价	498.00元

如有印装质量问题，由本社负责调换
质量监督电话　010-58572393

作 者 简 介

夏成钢　1982年毕业于北京林业大学园林系，长期从事风景园林规划设计与园林理论研究工作，发表了大量学术论文，已出版《颐和园楹联镌刻浅释》（合作）、《湖山品题——颐和园匾额楹联解读》等著作。

作者在大量造园实践中，主持设计了一系列具有中国特色的风景园林项目。如先后九届国际园林博览会中的北京园设计、北京“三山五园”地区诸多景观提升规划设计、承德避暑山庄及外庙景观复原设计、中国园林博物馆景观设计、北京城市副中心千年城市守望林设计等。这些设计与研究相互依托。一方面，设计实践强化了理论研究的深度和广度；另一方面，理论研究的成果也为设计提供了灵感与素材。

作者还担任《中国园林》《风景园林》学术期刊编委，中国风景园林学会传统园林保护和发展专业委员会副主任委员，北京林业大学园林学院、中国人民大学徐悲鸿学院客座教授。现任中国园林文化与实践研究院院长、北京市园林古建设计研究院有限公司总顾问。

“颐和园文化研究丛书”总序

这是一套关于颐和园地区园林艺术、历史人文的研究丛书。丛书分为5册，分别从景观景物、匾额楹联、金石碑刻、历代诗文、帝王原典5个方面入手，深层次解读这片山水与园林。

相对于山水楼台的外在形态，丛书着眼于内在的文化渊源，正是它们影响了这片湖山的布局与特征。了解它们使我们既能知其然，又能知其所以然，即透过景观思考文化、透过文化思考景观。丛书宗旨基于下面3个认识。

一是颐和园列入《世界遗产名录》的评价：“以颐和园为代表的中国皇家园林，是世界几大文明之一的有力象征。”这是自辛亥革命以来对颐和园最正面、最积极的评价。那么，我们这代人能够理解祖先的这份遗产吗？了解多少蕴含其中的文化与文明？又有什么样的研究成果来印证这份世界遗产评语？这是本丛书首要回答的问题，也是不断思考的动力。

二是国学的视野。研究这一地区所体现的文化与文明，若从现代某一学科单独而论，都难以概括全面，而经史子集的国学体系，则涵盖了目标研究的所有内容，也提供了思考线索。可以说，颐和园就是一座鲜活的国学研究园地。

三是首都功能定位的启示。在构成京城特色的文化体系中，颐和园地区不仅是北京西北郊风景园林区的中心，还是两大文化带的交会点。它向东孕育出“大运河文化带”，向西牵动起“大西山文化带”；历史上，它不仅是城市生态的源流之地，还是京城文化的灵感之区。尤为可贵的是，它现在依然是首都最具特色与活力的区域，影响广大而深远。

为呼应颐和园最早的研究刊物《湖山联咏》，丛书各册均冠以“湖山”二字。同时想强调，昆明湖与万寿山是构成颐和园的根本生命。依托于这片湖山，历史上前辈英杰以园林形式筑造他们时代的梦想，倾注无限情感、留下无数故事。颐和园之前的清漪园、圆静寺、大功德寺、大承天护圣寺……无一不是时代文化的结晶。本丛书在湖山背景下，将其呈现出来，从中我们可以看到，今天的这份世界遗产，不是某朝某代一蹴而就，而是代代薪火相传的结果；它也绝非某一帝王的灵光闪现，而是集中了全国乃至历代人的聪明才智，是社会、政治、经济、文化诸因素合力而成，折射着某个历史时期国家的整体身影。

以“湖山”为题还想指明丛书涉及的空间与时间。历史上的昆明湖自玉泉山向东移动，景随水移，游赏热点也随之转换，因此研究范围涵盖了颐和园外围地带，特别是西部区域。地质年代万寿山就以“山前残丘”的形态存在，所以时间追溯到远古时期。总之，拉长空间与时间维度，是想跳出颐和园来论颐和园，大墙内的亭台楼阁不过是湖山中的一些片段、一个过程而已。

丛书分别为：《湖山纵横——颐和园地区历史与园林新论》，以一景一物为线索，深究其后的文脉典故；《湖山品题——颐和园匾额楹联解读》，将园中现存与消失的匾额楹联收录书中，详加注解，既是“微言大义”传统的延续，也是造园“小中见大”的延展；《湖山集翠——颐和园地区历代文人诗文合集》，收集了历代诗文，以“诗史”形式展示湖山美的历程；《湖山颂碑——颐和园地区石刻碑碣集录》，整理、解读湖山间的金石碑刻，这是前人留下的最直观信息，随着碑刻风化加剧愈发珍贵；《湖山真意——颐和园地区历代帝王诗文解读》，集合了历代帝王建设这片湖山的原始论述，展现决策者的思想历程。

丛书各册均以挖掘原始资料为着力点，特别收集了来自中国台北故宫博物院，以及日本、韩国、美国图书馆所藏的中国文献，力求论据充足。在此基础上，针对一些流行传说，尝试着提出新观点，并在写作方法上追求深入浅出，力戒"戏说"。

丛书构想源自湖山品题的写作，2008 年成稿之际还余有大量资料，笔者深感颐和园文化积淀的丰厚，于是萌发了系列写作的想法。湖山品题只是个开始，感谢孟兆祯院士、罗哲文先生为其作序。孟先生是我大学的指导老师，引领我走上学术之路。罗先生是古建园林大家，对我的想法给予了热情支持，生前还题下书名墨宝。

在此要感谢张钧成先生，他的言传身教和主导写作的《颐和园楹联镌刻浅释》一书，开启了我的文化研究之门。而我亲历的汪菊渊、周维权、金柏苓等先生的授课与学术思想也影响至深。

由于我的主职是园林设计师，繁多的项目常常打断写作思路，使出版计划一再拖延，只好学李贺以锦为囊，逐步成稿出版。

总体而言，要论述颐和园的文化积淀仅从5个方面是远远不够的。另外，以个人之力、跨界而论也似乎有些不自量力，然而，每当我面对这片好山好水，总有一种冲动，愿将自己积累的一星半点展示出来，或许对那些热爱中国传统文化的人们有用，抛砖引玉也是一件有益的事情，因此不揣浅陋一吐为快，其中错误还请读者批判指正。

夏成钢
2016 年秋 于潮白河畔锥园

序

本书是以园林学为基础、三山五园为背景，对颐和园地区风景园林进行的系统性研究，由32个主题组成，分析景观，叙述文脉，以时间为“纵”、空间为“横”，而发散原点即是昆明湖与万寿山、玉泉山为界的“一湖两山”。这一范围在历史中长期作为一个风景单元而存在，其景色壮美秀丽，向四外辐射。“一湖两山”因此成为北京三山五园风景区的核心。

自清末以来，关于颐和园地区的书刊、论文不下千余种，相较而言本书有如下几大特点。

一、不作陈言：新观点、新史料、新视角

书中一大亮点是对金元之际“一湖两山”风景园林的深入发掘，首次对耶律楚材家族、元文宗、胆巴等人的园林活动及其广阔背景进行了详述，不仅复原历史场景，也展示出中华文明危难时期的薪火传递，以及不同族群对本区风景开发的创世之功。

明代是三山五园地区风景发展的巩固期。以往瓮山研究大多止步于弘治七年助圣夫人的圆静寺，书中以确凿史料论证了这一时间节点与人物的错误，并将风景开发起始时间上推至宣德年间。又如湖畔大功德寺的兴与衰，缘于明宣宗与明世宗各自的情感纠葛，这一史实为前人所未论。再如玉泉山各景点曾经盛极一时，但自嘉靖庚戌焚毁后大都记录不明，本书借述万历《入跸图》对其予以梳理辨识。

清代颐和园与三山五园的艺术成就达到中国传统园林艺术顶峰，本书以理性分析，提出一些新观点。如乾隆拓挖昆明湖的动机，以往流行的是皇帝“一己私欲”之论。本书以大量档案文献证明，乾隆做出这一决策，是经过周密思考的。他汲取各地治水经验，将拓挖昆明湖作为北京水系流

域整治的一个部分。其他如好山园、金海龙王庙行宫、耕织图等景区，乃至铜牛、龙王庙、油菜花等寻常景物，书中皆一一剥丝抽茧，揭示其背后鲜为人知的历史脉络与文化底蕴。本书对昆明湖上下游水系沿途景观也一同深究细考，如香山碧云寺、樱桃沟引水石渠与四庙一瀑、六郎庄与泉宗庙等，正是这些沿水的景观建设，使昆明湖地区风景红利外溢，将三山五园连为一体。以上论述源自最新史料的研读，这些史料也被收录在“湖山”系列其他四书之中。

二、去伪存真：严谨与敬畏

笔者对中华遗产深怀敬畏之心，书中论述力求严谨真实；叙事由景观故事起兴，追求轻松悦读，但绝不媚俗！以往流传着诸多关于颐和园的戏说伪论，如对乐寿堂败家石的渲染、给乾隆贴上“附庸风雅”的标签等，言无所据，态度轻薄，几乎形成一种悖论：这座世界文化遗产，是一个附庸风雅之作，摆放着败家石一类的景物。

本书以大量史实对种种戏说、误解予以辨析，力求笔笔有来历，严格甄别所引史料。为保证阅读的流畅，采用了详尽脚注，方便读者复核探讨与进一步研究。

三、以图证史：书中穿插大量高清图片

作为研究的重要组成部分，书中穿插了600余幅图片，内容丰富，形式多样。其中200余幅是关于颐和园地区具体的视觉文献，包括清代样式雷图纸，明清时期舆图、河道图、风景名胜图、宫廷绘画，民国时期的颐和园地区示意图等。书中还配有260余幅景观分析图、复原图、设计图和现状照片等。另外，本书还有大量作为延展资料的古代书画、古籍插图、奏折原件等图片。

这些珍贵图片避免了说史无图可循、云山雾罩的弊病。所有在图片上标注的简体汉字、各类分析图皆依据史料文献、反复推敲后方才定稿。

四、活化文物：鲜活地弘扬颐和园园林艺术

书中一些章节附录了笔者主持设计的园林项目，这些项目皆受益于颐

和园景观的启示。笔者不仅希望以此展示传统园林艺术的现代生命力，还想提醒人们思考：如何将以颐和园为代表的中国传统园林艺术发扬光大。今生与先人遗产相遇是我辈的福分，我辈有义务将这福分传播出去、传承下去。

五、跨学科研究与叙事

关于颐和园的研究，存在着多种学科的话语体系和角度。本书力图打破学科界限，融汇各学科的前沿成果。如以历史地理与生态变迁为开篇，并在各章节时时予以关照，提示自然生态对文化景观的基石作用。又如借鉴环境美学、农业史学的研究思路，分析耕织图等景区景观，揭示蕴含其中的农耕技术、农耕审美与农耕政治。

颐和园地区是政治史、宫廷史的重要舞台，上演过许多中国历史大事件，本书将其与园林叙事相结合，如论及大有庄的变迁，融入戊戌变法时的重要事件，历史因此有了场景，景观则充满了故事，彰显出遗产的多元价值。宋代李格非曾云："天下之治乱，候于洛阳之盛衰；洛阳之盛衰，候于园囿之兴废"，这也是以颐和园为代表的皇家园林的整体写照。

六、五书集成：相互印证，内在关联

本书是在《湖山品题》、《湖山集翠》、《湖山真意》与《湖山颂碑》四书基础上展开的。四书提供的专项文献与研究，使本书论据更为扎实；同时，本书又是对四书的提炼和总结。中国传统园林的文化内涵是由诗文、金石碑刻、匾额楹联所组成，从文化支脉入手研究，条分缕析后，归纳出整体结论，应是中国园林史研究的重要途径。

最后要说的是，颐和园系列写作还基于这样的观点："文明不能遗赠，它必须经由每一代人重新学习。如果传播的过程被打断一个世纪以上，文明就会死亡，我们又会重新变成野蛮人。"历史学家杜兰特的论述极为适于颐和园文化遗产的研究工作，"历史首先是这一遗产的创造与记录；进步就是遗产的不断丰富、保存、传播和利用"。颐和园与三山五园这部中华文明的大书，值得深入研究。

因各种原因尚有16篇研究主题未能纳入，有待来日补充汇集。断续的写作、论及面广，加之笔者学识所限，书中缺陷肯定不少，期待专家学者批评指正。

夏成钢

2023 年 12 月识于北京天畅园

目　录

湖山总揽

金元湖山

明代湖山

清代湖山

颐和园经典画面——昆明湖、万寿山交相辉映

湖山总揽

昆明湖，玉泉山边漂来的湖

颐和园中最震撼的画面莫过于昆明湖，三千亩碧波直抵万寿山麓，上下辉映，浑然一体，是这座园林的灵魂所在。

然而，眼前这一场景——湖与山的结合——并非天成地就，山是亘古存在的，湖却是后天“漂来”的。万寿山前原本是大片大片的稻田，有着悠久的稻作历史。每逢夏秋，稻浪从山脚向南翻滚到南湖岛一线，向西横铺至西堤，堤外才是湖水，碧波一直荡漾到颐和园西墙外的林地、街区直至玉泉山边（见图 1）。明代文人这样描述道：“西湖即玉泉所潴者，右浸冈陂，荡漾一碧。堤之东则稻畦千亩，接于瓮山之麓。”① 明代西湖、瓮山，即昆明湖、万寿山的前身。也就是说，早年湖水是在玉泉山边，而不是在万寿山下。

图 1　昆明湖移动涉及区域的现状

那么，眼前这湖水与玉泉山有着怎样的关联，又是如何“漂”到万寿山下的？

一、永定河的孕育之功

要弄清湖水的漂移过程，还要从永定河与地质年代说起。在地质年代的第四纪，古永定河曾多次流经玉泉山、万寿山地区，距今最近一次在约 1 万至 5000 年前②，也就是北京山顶洞人之后出现的东胡林人生活的时期到雪山文化时期。那时的古永

---

①［明］乔宇：《游西山记》，见［明］何镗辑《古今游名山记》卷一《西苑》，明嘉靖四十四年庐陵吴炳刻本。

② 古清河年代下限尚无定论，王伟杰将其推定为商代，本文主要以岳升阳的结论为准。参见岳升阳、夏正楷、徐海鹏《海淀文史·海淀古镇环境变迁》，开明出版社，2009 年版。

定河从今三家店出山后，不是向南流，而是撞石景山、八宝山折向东北流，经苹果园、闵庄、玉泉山、万寿山、六郎庄、圆明园，向北至清河镇，沿现在的清河东流，因此这条永定河被称作“古清河”。[1] 当年这条河水阔流急，最宽处达 5 千米，[2] 比现在的长江南京段还要宽，万寿山南、玉泉山东，至六郎庄、西苑镇都在河床之内（见图 2）。大约在 5000 年前，古永定河改道，向南摆动至金沟河（金钩河）、高梁河（南长河）一线，经北海、中南海向东南流，这条大河被称作“古高梁河”或“三海大河”。其后，它又有三次摆动，才停留在今天的位置（见图 3）。

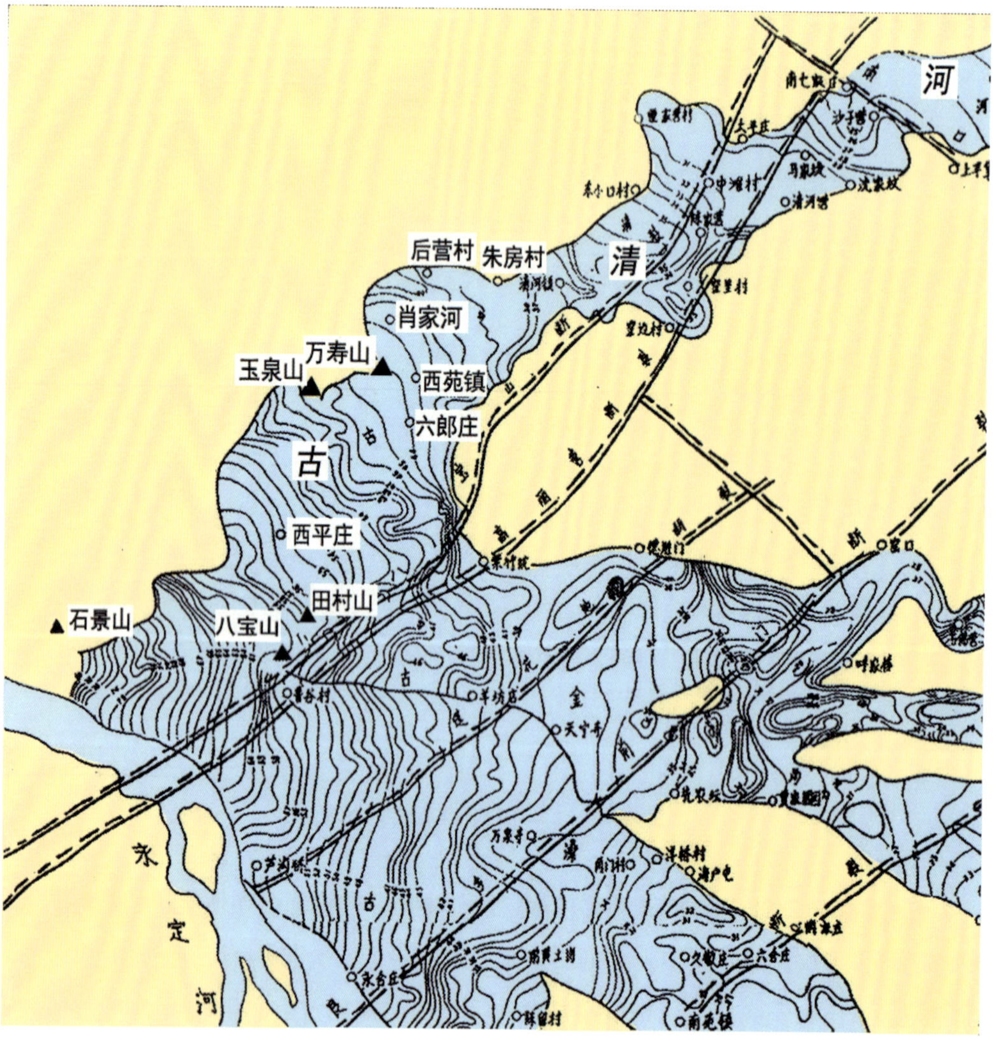

图 2　古清河与万寿山、玉泉山、六郎庄，据王乃樑图文绘制

① 孙秀萍、赵希涛：《北京平原永定河古河道》，《科学通报》，1982 年第 16 期。

② 王乃樑：《北京西山山前平原永定河古河道迁移、变形及其和全新世构造运动的关系》，见北京大学环境学院《王乃樑文集》编辑组编《王乃樑文集》，学苑出版社，2006 年版。

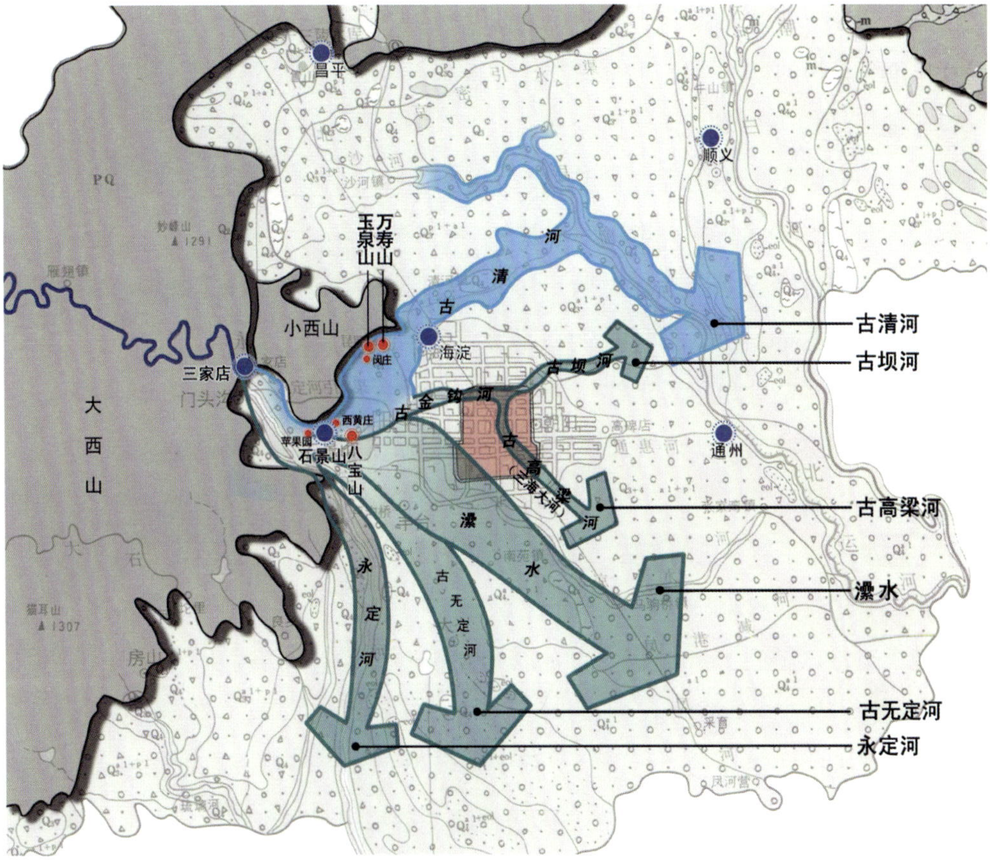

图 3　古永定河摆动轨迹示意图，据王乃樑图文绘制

古永定河离开之后，在宽阔低洼的河床上留下大大小小的湖泊湿地，玉泉山、万寿山前，至六郎庄都有这样的遗存，它们的汇水沿着南高北低的古河床洼地流向东北，并形成下游的现代清河。

1991 年昆明湖清淤探勘研究表明，在 3000 多年前的商代，万寿山山前湖泊形成，[①] 在玉泉山下也发现同期的湖泊泥炭层 3—5 米（见图 4）。[②] 为方便研究，这片水域被称为“古瓮山泊”。这一泥炭层向东至肖家河、河南新营、洼里等地也有出现，[③] 可知这是一片沿古清河河床分布的湖泊群。这一时期，水静流缓、宛转相通，沿岸周边生长着以松为主，夹带栎、桦、椴、栗等树种的针叶阔叶混交林。[④]

① 黄成彦等：《颐和园昆明湖 3500 余年沉积物研究》，海洋出版社，1996 年版。

② 孙秀萍、赵希涛：《北京平原永定河古河道》，《科学通报》，1982 年第 16 期。

③ 王乃樑：《北京西山山前平原永定河古河道迁移、变形及其和全新世构造运动的关系》，见北京大学环境学院《王乃樑文集》编辑组编《王乃樑文集》，学苑出版社，2006 年版。

④ 黄成彦等：《颐和园昆明湖 3500 余年沉积物研究》，海洋出版社，1996 年版。

随着气候、环境的变化，万寿山前呈现出沧海桑田的场景转变。西周时期，气候干凉，湖沼不再发育，水面变浅，岸坡出露，湿地增加。春秋至三国时期，气候转为暖湿，湖面扩大，岸边湿地被水覆盖。到南北朝至唐末五代时期，气候又趋干凉，古瓮山泊湖面再次缩小，[①]万寿山前具备了陆地出露的条件。1991 年在石舫以南 100—300 米湖床发现有金代文化遗存，散落着唐、辽碎砖及金代瓷片，[②]揭示了湖床出露、先人聚居的史实。附近还发现古堤木桩，推测是居民抵御涨水所筑的堤坝遗存，因为到金代气候再次暖湿，湖水开始了新一轮的扩张。[③]

图 4　玉泉山东古瓮山泊泥炭层，高利晓摄

相对于多变的河流，山体几乎亘古不变。北京山川地貌约形成于 1.5 亿年前的燕山地质运动，定型于 7000 万年前的喜马拉雅造山运动。万寿山、玉泉山同属山前残丘地貌，与西山地质构造一脉相承。

永定河地表主流虽然早已改道，但它却通过透水岩层与玉泉山相连，继续供水哺育着古瓮山泊（见图 5）。在三家店以北、清水涧至军庄的永定河河床区域，有较大面积裸露的奥陶系灰岩，[④]这一透水性岩层向东潜入地表，一直延续至玉泉山再次出露，河水由此渗漏涌出，形成泉水群（见图 6）。相同的地质构造还存在于门头沟区鲁家滩地区，[⑤]降雨渗水也以相同形式输送到玉泉山下（见图 7）。这些地下水

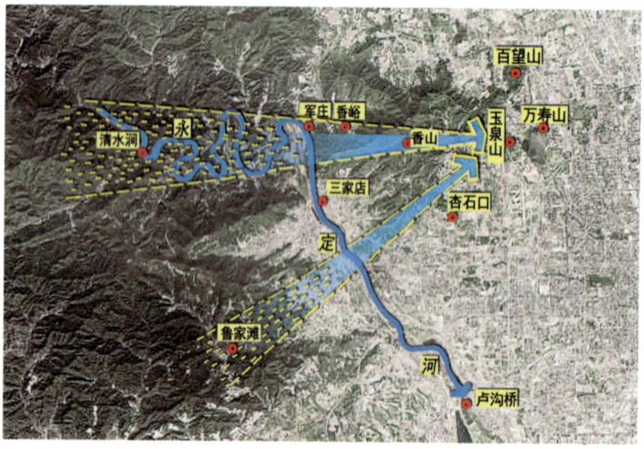

图 5　西山奥陶系灰岩层输水玉泉山瓮山泊

① 周新宇、蔡述明、孔昭宸、杜乃秋：《北京颐和园地区 3000 年来的植被与环境初探》，见张兰生主编《中国生存环境历史演变规律研究》，海洋出版社，1993 年版。

② 岳升阳、夏正楷、徐海鹏：《海淀文史·海淀古镇环境变迁》，开明出版社，2009 年版。

③ 周新宇、蔡述明、孔昭宸、杜乃秋：《北京颐和园地区 3000 年来的植被与环境初探》，见张兰生主编《中国生存环境历史演变规律研究》，海洋出版社，1993 年版。

④ 陈雨孙、马英林：《论永定河水通过西山对北京市地下水的补给》，《水利学报》，1981 年第 3 期。

⑤ 杨平、侯井岩、高润华：《论北京玉泉山泉补给源——北京西山山前奥陶系岩溶水径流特征》，《水文地质工程地质》，1984 年第 2 期。

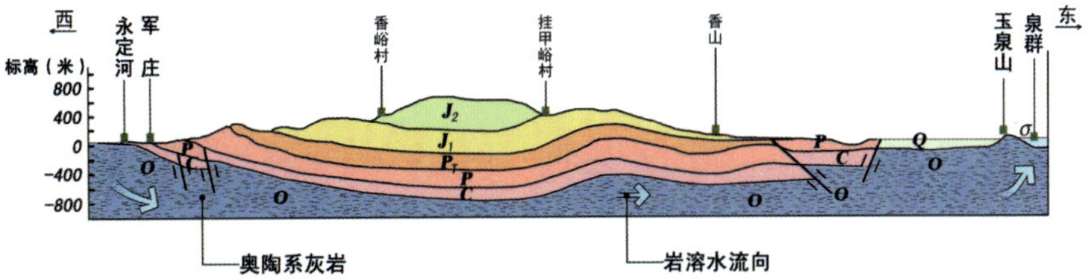

图 6 军庄—玉泉山水文地质剖面图，据陈雨孙等图文绘制

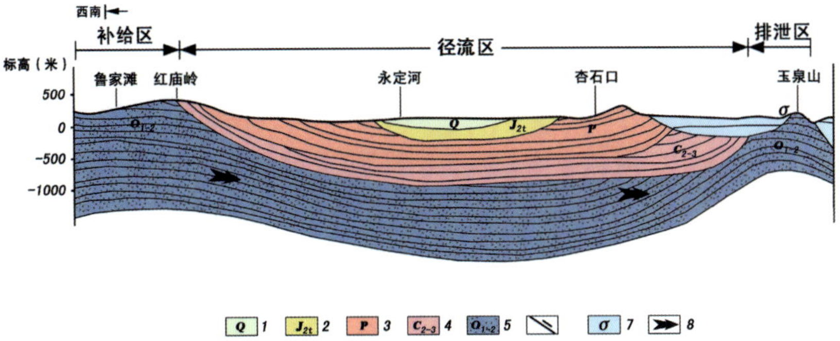

图 7 鲁家滩—玉泉山水文地质剖面图，据杨平等图文绘制

受到自身与地层压力，自下而上冒涌，翻水花，吐气泡，属于典型的上升泉。玉泉山的南北走向，还拦截了香山余脉下来的地表径流，这些径流更壮泉势，大大补充了古瓮山泊水源。

瓮山也存在不少泉眼，史载有一亩泉、玉龙泉、双龙泉、青龙泉，不过瓮山山体主要为石英砂岩，泉水在明代早期就已湮没无痕。

从上述可知，在自然演变中，永定河河水在时间与空间两个维度孕育了万寿山、玉泉山前的古瓮山泊，也是北京水田稻作和园林别院集中于此的先天条件。

二、玉泉山下瓮山泊

自金代开始，古瓮山泊地区进入了文字记载时代。这时期玉泉山因泉得名，金章宗在山上兴建芙蓉殿行宫，题景为“玉泉垂虹”。不过这一景名后来受到乾隆皇帝的质疑，认为山麓泉水是从水面腾起，并非自上而落，所谓“垂虹”不合实际，于是改用“趵突”二字，① 以强调泉水自下而上的沸腾、跳跃之态。

这一评判似乎有理，却忽略了另外一种可能，即在辽金时期，北京西山良好的生态、丰沛的水量足以支撑承压岩溶水自山半涌出。依据之一就是金元之际赵著的《玉泉山碑记》：“泉自山而出，鸣若杂佩，色如素练。”“山有观音阁，玉泉涌出。

① “趵突”本义为喷涌、奔突之状。

有‘玉泉’二字刻于洞门。”① 表述的是山洞出泉、水落石响的情景，与乾隆所见潭泉并非一景。

另一个依据，是元代文臣王恽记述的一块金代宫廷奇石，上刻“玉泉岩”，形如玉泉山，绝顶有飞流直下，原文摘录如下：

元贞二年正月中旬，两梦登海山绝岛。明日，邻人葛巨济以此山见示。岩峦四面，皆自天成，色深翠秀丽，惜其沦落泥涂，惨淡有未之发者。上刻五题：曰“寿山”；曰“玉泉岩”，其傍绝顶有悬流一脉，下注山足，甚鲜明也；曰“崆峒洞”；曰“子陵滩”；曰“白石濑”。皆以金填。形势与玉泉山不殊，疑前金宫中物也。②

这更证实“玉泉垂虹”之不虚。只是随着生态环境改变，出水点降低，才瀑断“虹”绝。

总之，泉水在玉泉山下形成湖泊，赵著记有“泓澄百顷，鉴形万象”。“百顷”有文学性夸张，实际应相当千余亩③，这是一个辽阔水面，理应被称作“玉泉湖”。只可惜赵著与同代人还没来得及命名，“玉泉湖”就成为历史。

目前能够找到最早描写玉泉山者，是先于赵著30年、金章宗时任翰林修撰的赵秉文，他的诗作《游玉泉山》云：

夙昔游名山，出郊气已豪。薄云不解事，似妒秋山高。
西风为不平，约略出林梢。林尽湖更宽，一镜涵秋毫。
披云冠山顶，屹如戴山鳌。连旬一休沐，未觉陟降劳。
高谈到晋魏，健笔凌风骚。玉泉如玉人，用舍随所遭。
何以侑嘉德，酌我玉色醪。④

诗中“戴山鳌”来自古代传说：东海仙山漂流不定，上帝恐其流于西极，使15只巨龟举首托之，始峙而不动。诗意是说，穿过密林看玉泉山湖面，豁然宽阔；站

① [元] 赵著：《玉泉山碑记》，见 [元] 孛兰肹等撰，赵万里校辑《元一统志》卷一《大都路》，中华书局，1966年版。

② [元] 王恽：《秋涧先生大全集》卷三十三《玉泉岩》，民国八年上海商务印书馆四部丛刊景明弘治本。

③ 元代1亩约合今584平方米。

④ [金] 赵秉文：《游玉泉山》，见薛瑞兆、郭明志编纂《全金诗》卷六十七，南开大学出版社，1995年版。

在山顶而望，湖水仿佛托起山体，犹如海上仙山。可见湖面之大。

这时期的诗文都表明了山与湖的相依关系，然而却不及后人描写得广阔浩瀚。若结合赵著碑记分析，就会发现金末的玉泉山湖面应是一种野水莽林、洲渚交错的状态，以至于赵著写到湖水去向时说：“及其放乎长川，浑浩流转，莫知其涯。”[①] 这是一种岸与水界线模糊、望不透、原生态的混沌景象（见图 8）。

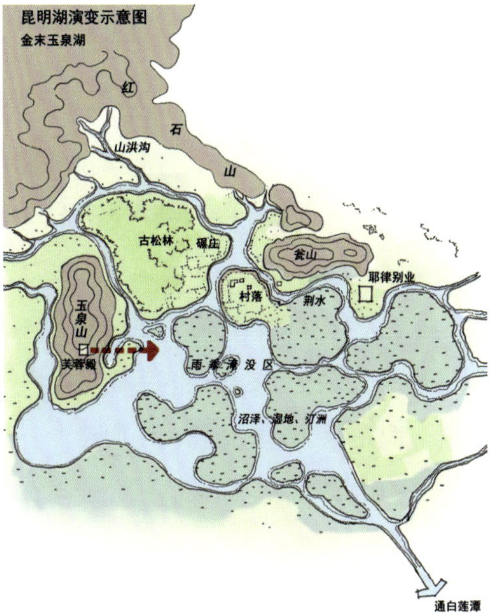

图 8　昆明湖演变示意图之金末玉泉湖。图中箭头表示从玉泉山芙蓉殿观赏景区的方向

这种景象随着水利的开发而改变。元大都建设前夕的中统三年（1262 年），为解决漕运问题，郭守敬整治“玉泉水”，疏通流向东南琼华岛白莲潭的长河（高梁河）。至元七年（1270 年），王恽一行 6 人游览玉泉山，也记述了湖岸密林：

（由瓮山）……于是转岗陵，过碾庄，望西南林壑烟霏空翠，襟袖为之淋漓也。[②]

这片空翠烟林与赵秉文诗记相同，就是上古遗存、以松为主的针阔叶混交林。王恽登山后感慨道：“俯瞰平湖，令人有撑舟昆明之想。”[③] 这里“昆明”指的是长安昆明池，周长 40 里[④]，以其大而喻玉泉湖。他还写诗《游玉泉山》，进一步渲染湖水之大。其诗前四句云：

山腰一径转云萝，照眼平湖涨碧波。
形胜左蟠辽海远，风烟还觉玉泉多。[⑤]

① ［元］赵著：《玉泉山碑记》，见《元一统志》卷一《大都路》。

② 《秋涧先生大全集》卷三十六《游玉泉山记》。

③ 语出韩愈诗“撑舟昆明度云锦”。汉武帝元狩三年（前 120 年），凿昆明池，在长安西南，周回 40 里。见［唐］韩愈撰，［宋］廖莹中注《东雅堂昌黎集注》卷七《奉酬卢给事云夫四兄曲江荷花行见寄并呈上钱七兄阁老张十八助教》，清文渊阁四库全书本。

④ 西汉 1 里合今 415.8 米。

⑤ 《秋涧先生大全集》卷十六《游玉泉山》。

三、瓮山泊治水与风景开发

至元二十九年（1292 年），为给漕运及大都城提供充足水源，郭守敬主持开凿了白浮瓮山渠，[①] 引昌平白浮诸泉补充“玉泉湖”，同时在瓮山村落稻田西南，顺山麓余脉筑起十里瓮山大堤，使湖床蓄水量大增。“玉泉湖”开始向东、南移动扩大，视野更加开阔明亮，为后世风景开发奠定了基础。

扩大后的新湖自此有了自己的名字——瓮山泊，这也是本区水体的第一次得名。不过这个名称很容易被误解为湖近瓮山，其实此时的瓮山泊远离瓮山，而近玉泉山。其得名应是缘于湖堤依托瓮山而建。

瓮山泊周边森林渐被砍伐开辟为农田。平畴绿野与浩渺湖面相延续，一望无际，气势恢宏，一改旧日的迷离幽郁，以至元文宗来游时赞叹道：

> 层冈复巘，隐隆西北。大湖之浸，汪洋渟涵。峙而东高，瓮山在焉。旁薄扶舆，固祇园之地也！[②]

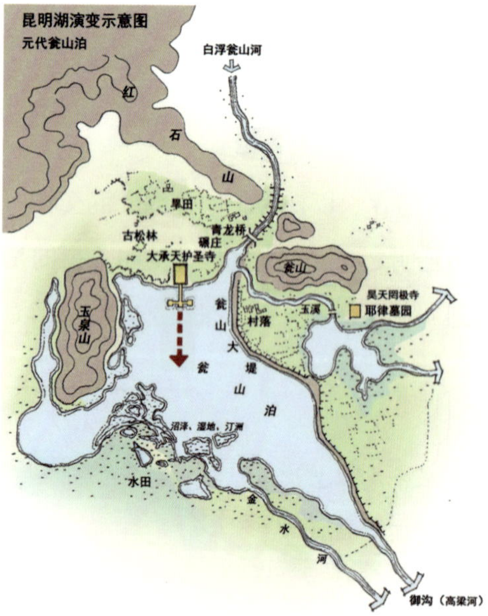

图 9　昆明湖演变示意图之元代瓮山泊。图中箭头表示从大承天护圣寺观赏景区的方向

于是，天历二年（1329 年），元文宗下旨建设大承天护圣寺（简称“护圣寺”），在湖中建设琉璃双阁，这实际上是一座大型皇家寺庙园林（见图 9）。从此，本区的风景中心由玉泉山转至湖畔，成为京城各阶层居民的游览胜地。湖名也出现多个，如西湖景、西湖、七里泊、大泊湖等，显示出时人对湖景美的关注与欣赏。皇帝、帝师与朝廷重臣也常常乘舟沿高梁河溯流游览瓮山泊，抵达玉泉山或护圣寺登岸，如元末近臣周伯琦就曾有多首诗作，吟咏泛舟游西山玉泉之事。这些都标志着瓮山泊风景

---

① 元代称“白浮瓮山河”，明代称“白浮瓮山堰”“白浮堰”，实为今日“渠”的形态。

② ［元］虞集：《道园学古录》卷二十五《大承天护圣寺碑》，民国八年上海商务印书馆四部丛刊景明景泰翻元小字刻本，参校清文渊阁四库全书本。

区业已形成，应被视作颐和园世界遗产的历史起点。

随着水田增多、泥沙淤积，有元一代瓮山泊至少发生了 3 次洪水溃堤，朝廷组织了 6 次大规模的修筑。① 元末天下大乱，朝廷再也无暇顾及水利，瓮山泊的湖床逐渐被田地侵占，湖水主体退离玉泉山，停滞在青龙桥附近，面积“广袤约一顷余”②。不过玉泉山下仍有众多小湖、水泡子，因而元末明初史籍仍记为“西湖景在玉泉山东”③。

明代“瓮山泊”正式被“西湖”一名所代替。永乐四年至五年（1406—1407 年），洪水再次冲垮瓮山大堤，朝廷进行了大规模修建，湖水有所恢复。但由于白浮瓮山渠的断流，西湖蓄水量再未达到元代规模，昔日护圣寺门前的湖水退向东南，露出的滩涂被辟为水田。湖中琉璃阁基址变成岸边土台码头，湖西岸线也向东退缩至大功德寺一带（见图 10）。

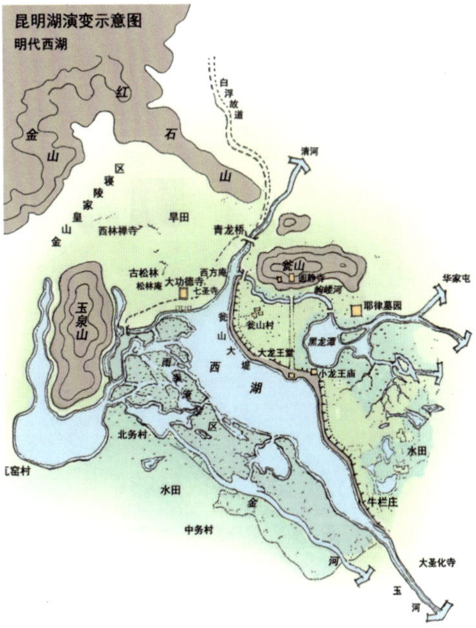

图 10　昆明湖演变示意图之明代西湖

宣德四年（1429 年），明宣宗在元代护圣寺遗址上建起大功德寺（简称“功德寺”），继续引领湖区风景的发展。寺周森林面积虽然持续缩减，但规模仍足以使人迷路。④ 从功德寺下院“松林庵”“松阴午不开”“西林禅寺”的名称和相关诗咏，也可想象其绿色的浓郁。

与此同时，玉泉山下的小湖、水泡子依旧引人入胜，如山南的普陀禅寺所临湖水“拟似南海普陀洛伽之形势”⑤。这些湖沼通过田间溪流与东去的大湖相连，所以《明一统志》记载

① 3 次溃堤分别在大德七年（1303 年）、大德十一年（1307 年）和泰定四年（1327 年），6 次大规模修筑分别在大德七年、大德十一年、皇庆元年（1312 年）、延祐元年（1314 年）、泰定四年、至正十四年（1354 年），见［明］宋濂等《元史》卷三十《泰定帝纪二》、卷四十三《顺帝纪六》、卷六十四《河渠志一 · 白浮瓮山》，中华书局，1976 年版。

②［明］解缙等纂修：《永乐大典》卷二千二百六十三引《昌平县志》，明抄本。

③［元］熊梦祥著，北京图书馆善本组辑：《析津志辑佚》，北京古籍出版社，1983 年版。

④［明］刘大夏：《刘忠宣公遗集》卷一《寻功德寺失道》，清光绪元年刘乙燃刻本。又见［明］刘侗、［明］于奕正《帝京景物略》卷七《西山下 · 功德寺》，北京古籍出版社，1980 年版。

⑤［明］道深：《敕赐普陀禅寺碑记》，中国国家图书馆藏石刻拓片《普陀寺碑》，典藏号京 5147，见北京图书馆金石组编《北京图书馆藏中国历代石刻拓本汇编》第 53 册，中州古籍出版社，1989 年版。

一如元代：

西湖。在玉泉山下，泉水潴而为湖。环湖十余里，荷蒲菱芡，与夫沙禽水鸟，出没隐映于天光云影中，实佳境也。①

这些记载都是将湖水与玉泉山相提并论，而瓮山则鲜有提及，它只是风景中心区之外的“配角”。

四、瓮山堤内稻浪香

在瓮山泊不断东移演变的同时，大堤以东却是循环往复的春种秋收、青黄交替，瓮山隔着田野与西湖相望，堤路成为湖景与田景兼得的游览线，“夏月行堤上，内视平畴千顷、绿云扑地，外视波光十里、空灏际天，诸峰秀色在眉睫间”②。

堤上设有瓮山闸、华家闸、牛栏庄闸，灌溉着周边千亩稻田。为祈求雨旸宜时，堤上建起小龙王庙，即后世的南湖岛广润祠，其旁水塘称作“黑龙潭”。在小庙西侧不远，与圆静寺路交会处，还有过昙花一现的大龙王庙。

瓮山前有一条小河穿过，金末称为“荆水”，明代称“峋嵝河”或“青龙桁河”，蜿蜒流向东南的丹棱沜。大堤内的金代聚落，演变为明代的瓮山村，“人家傍山，小具池亭，桔槔锄犁咸置垣下。西湖当前，水田棋布，酷似江南风景”③。随着大量江南移民落户此地，成熟的稻作技艺被引进推广，水田得到精耕细作，平畴盈望，充满画意，水乡景观成为与湖、山同等地位的游览内容。明代许多著名田园诗文就创作于此，如袁中道的《游西山十记》。

到明代晚期，水田开发加剧，湖水西岸继续向东南退缩。万历年间的《长安客话》记载：“近为南人兴水田之利，尽决诸洼，筑堤列塍，为菑为畬，菱芡莲菰，靡不毕备，竹篱傍水，家鹜睡波，宛然江南风气，而长波茫白似少减矣。”④袁中道还记述了在玉泉山上赏西湖的情形，这时湖水已不是低头俯视，而是举首遥望：

① [明] 李贤等：《明一统志》卷一《京师·顺天府》，清文渊阁四库全书本。
② [明] 宋彦：《山行杂记》，明万历绣水沈氏刻宝颜堂秘笈本。
③ [明] 袁宗道：《白苏斋类集》卷十四《游西山四》，明刻本。
④ [明] 蒋一葵：《长安客话》卷三《郊坰杂记·西湖》，北京古籍出版社，1982年版。

（玉泉山）其上为望湖亭，见西湖明如半月，又如积雪未消。柳堤一带不知里数，袅袅濯濯，封天蔽日，而溪壑间民方田作，大田浩浩，小田晶晶，鸟声百啭，杂华在树，宛若江南三月时矣。①

满视野都是"田"。崇祯年间的《帝京景物略》也记述道："高田满岬，低田满䃮。今湖日以亭圃，堤柳日以浓，田日以开。"②过度的水田开发，缩小了湖床容水量，也酿成清康熙二十九年（1690年）的洪水溃堤。

明末清初，因山上林木砍伐殆尽，瓮山成为"童童无草木"的秃山，圆静寺也随之衰败不堪。所幸湖水尚存，田园依旧，从康熙时期绘制的《京杭道里图》中，可以清楚地看到瓮山与西海（即瓮山泊、西湖）之间充满了大片田地（见图 11）。

清初的百年间，这一地区的风景建设规模大大减少。除玉泉山南部建静明园外，朝廷主要成就在于对山体、水源及金山陵寝的保护，颁布了相关法规则例，余无建树。湖岸、山上的庙宇佛阁日趋残破，渐无痕迹。朝廷集中精力于湖水的生产性开发，内务府奉宸苑负责从瓮山至玉泉山的御稻种植，在瓮山西青龙桥设立管理机构，

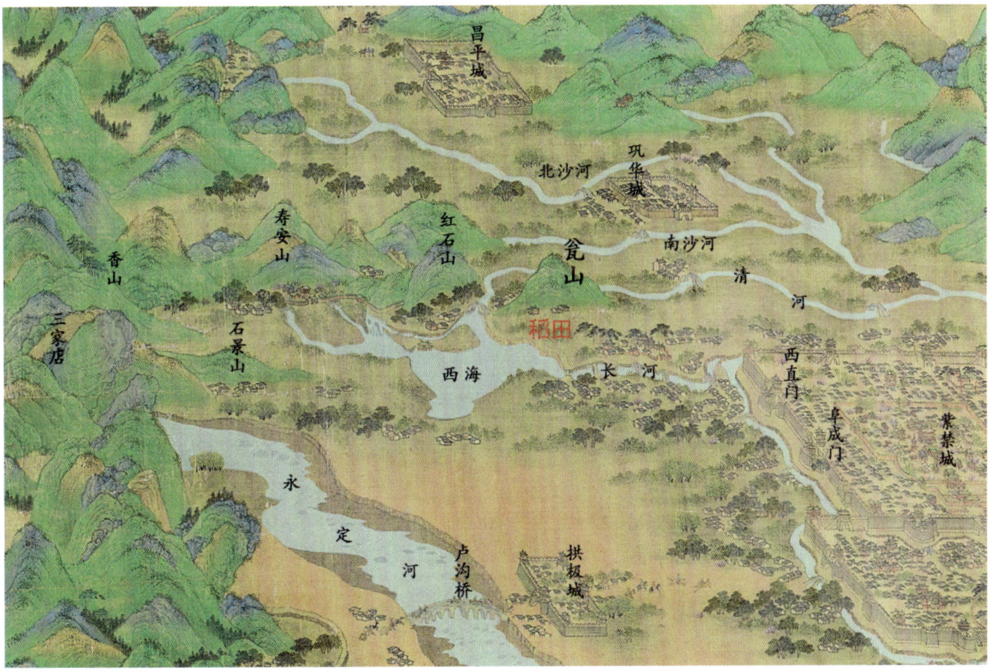

图 11　清初的瓮山泊与西海。《京杭道里图》（局部），清康熙前期佚名绘，浙江省博物馆藏

① [明] 袁中道：《珂雪斋集》前集卷十一《西山十记·记二》，明万历四十六年刻本。
②《帝京景物略》卷七《西山下·玉泉山》。

名“玉泉山稻田厂”[①]；在瓮山东麓设有草料场与马场。

这时期湖称“西海”“金海”，偶尔还称“裂帛湖”，这是挪用了明代玉泉山东麓的小湖之名。

五、昆明湖聚万寿山

到乾隆时期，随着漕运、灌溉及园林用水的增加，西海水源短缺问题日益凸显。为平衡这三方面需求，乾隆十四年（1749 年）末，乾隆皇帝开展了前所未有的水利综合治理，以期一箭三雕。整治工程挖掉部分古堤，将湖水扩展到瓮山脚下，将原有的稻田、瓮山村、屿嵝河、黑龙潭统统融为一水，深、广皆两倍于旧湖。乾隆将新湖命名为“昆明湖”，将瓮山改称“万寿山”。

自此，湖与山相依辉映的格局终于形成，瓮山可以完整地倒映在湖面上，从之前的“配角”一跃成为风景中心。乾隆皇帝兴奋地歌咏道：“何处燕山最畅情，无双风月数昆明！”[②]

为了调蓄湖水，昆明湖先是被划分为昆明湖和藻鉴堂湖，[③]其后开挖团城湖，在玉泉山下拓高水湖，昆明湖西南、南部拓养水湖、泄水湖，东南方向整治万泉河、泉宗庙泉水群。从工期短、岸形多变来看，显然是沿着远古湖沼遗迹整治的。

湖水再次回抵玉泉山下，并通过玉河、金河、北旱河相互联系，形成六湖三河[④]与堤、岛、田、林交错的宏大景象。同期又以万寿山、玉泉山为依托，建设清漪园，扩建静明园，两园外围区相接，

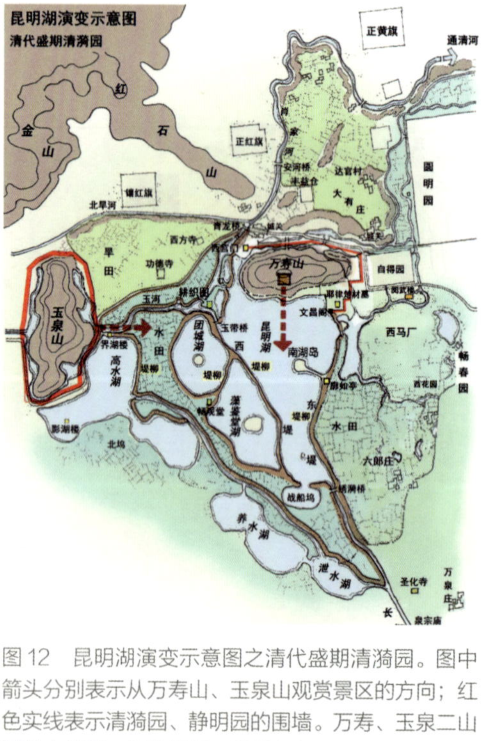

图 12　昆明湖演变示意图之清代盛期清漪园。图中箭头分别表示从万寿山、玉泉山观赏景区的方向；红色实线表示清漪园、静明园的围墙。万寿、玉泉二山间堤水相间，视线通透，场景宏大

---

① 一般称“稻田厂”，也写作“稻田场”。

② ［清］高宗弘历：《清高宗御制诗集》二集卷二十九《昆明湖泛舟》，清文渊阁四库全书本。

③ ［清］张廷彦等绘：《崇庆皇太后万寿庆典图卷》，北京故宫博物院藏。

④ 六湖：昆明三湖、高水湖、养水湖、泄水湖。三河：玉河、金河、北旱河，前二者可以通船游览。

不设围墙，景观一体，成为三山五园乃至西北郊风景区的核心（见图 12）。

六、“两山一体”的形成与解体

从金末到清末的约700年间，湖水从西“漂移”到东，又从东拓展到西，景随水移，园因水兴。湖水将玉泉山、万寿山之间的区域联结为一个风景整体。

这种“两山一体”的风景格局有着天然基础：一是共同的地理成因，统一的水乡湿地风貌与生产方式。二是互为借景的山体形态。瓮山、玉泉山相互位置呈“一横一纵”，天成围湖之势，正所谓藏风聚气之区，人们很自然地将其视为一个景观空间而游览。清代王履泰在《畿辅安澜志》中评论道：“瓮山与玉泉山联络接势，实如一山。”①

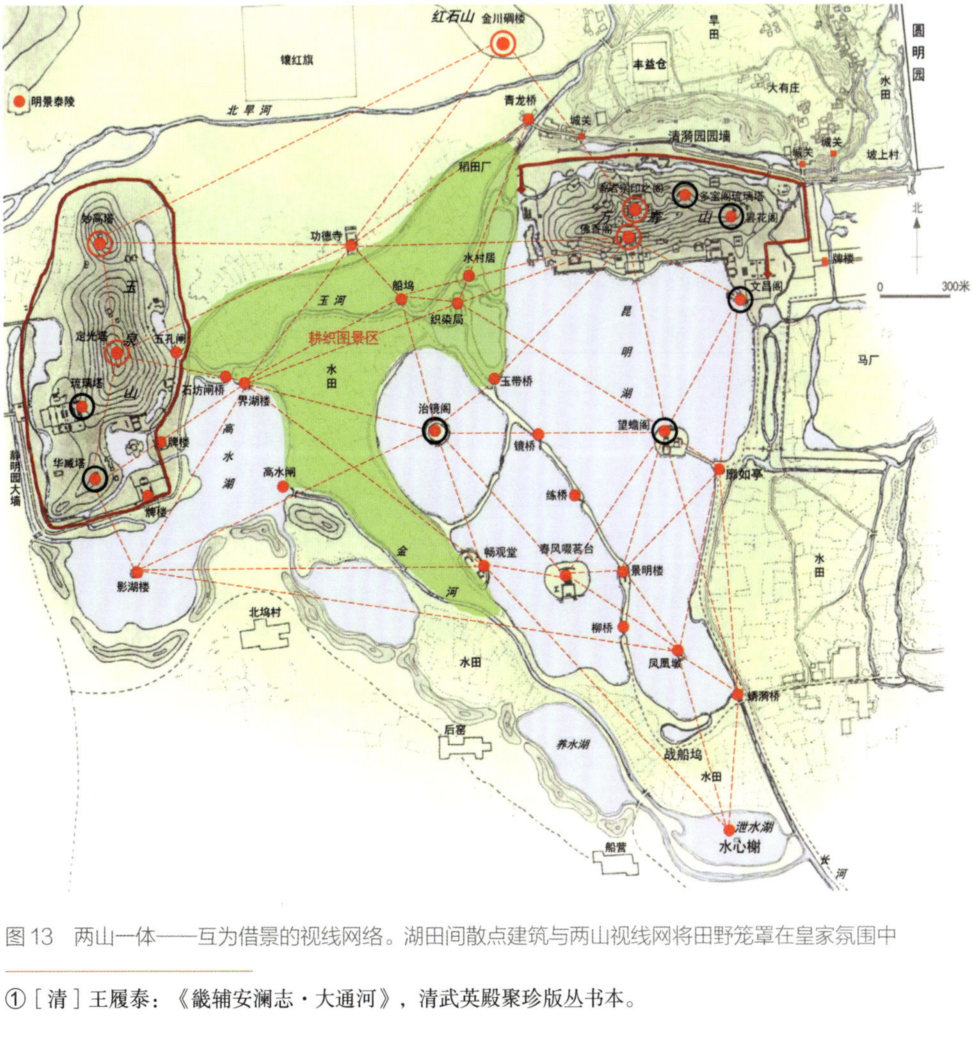

图 13 两山一体——互为借景的视线网络。湖田间散点建筑与两山视线网将田野笼罩在皇家氛围中

① [清] 王履泰：《畿辅安澜志 · 大通河》，清武英殿聚珍版丛书本。

先人的营建也强化了两山之间的整体风貌。元、明时期两大皇家寺庙园林先后选址瓮山泊畔、两山中点位置，使这里成为风景中心，以同心圆发散态势影响周边景观，环湖各景点建设皆以观水望寺为视线取向，如明代玉泉山东坡景点屡废屡建，先后有10庙之多，而西坡几乎无一建筑。青龙桥周边寺庙、金山宝藏寺也同样如此。风景区逐渐呈现出环湖向心的整体感，远近各景统于一湖一寺之中。

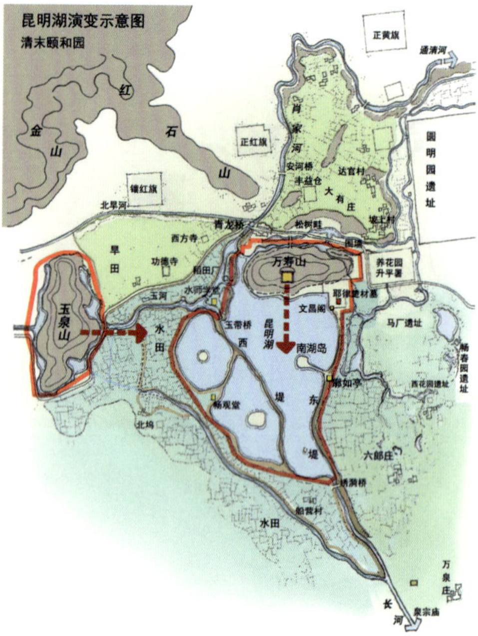

图14　昆明湖演变示意图之清末颐和园。图中箭头分别表示从万寿山、玉泉山观赏景区的方向；红色实线表示颐和园、静明园的围墙

清代乾隆大规模的水利综合建设，进一步固化了两山的整体性。首先，新拓展的湖泊、水田交错穿插，堤坝纵横，层次深远，“堤—湖—堤”反复呈现，成为标志性形态。其次，在湖田之间布置的众多点景构筑，与山上亭台楼阁风格、氛围相一致。最后，均布游览线，串联各景点。此外，在两山对视坡面各建有近10组观景建筑，相互呼应，视线交流，河湖林田成为两山的共同前景。这一切使“两山一体”格局最终形成，主次分明，壮丽恢宏（见图13）。

咸丰十年（1860年）英法联军焚毁三山五园，使延续100余年的盛景不再，而天然格局尚存。可惜的是，清末慈禧重建颐和园时，放弃了原来与清漪园相联属的景区，如西部耕织图景区、南部战船坞区等，筑起了长达8000米的高大围墙（见图14）。这一溜庞然大物阻碍了生态系统的连通，割裂了昆明湖、万寿山与稻田湿地、玉泉山的景观联系，也割裂了后人对这片湖水湿地的整体认知、整体管理与整体保护，开启了瓦解“两山一体”的进程。

其后，随着人口剧增、永定河断流、生态恶化，颐和园围墙内外景观差距拉大，不仅高水湖、养水湖、泄水湖、泉宗庙泉水群湮灭无痕，而且连带着稻田的消失，整体格局最终消失殆尽，颐和园成为被剥离干净的孤立盆景。

所幸这片湖水还在，灵魂尚存，荡漾着历代悲欢往事，汇集着各地风情典故。这足以使我们突破园墙的局限，顺着来龙去脉去追寻湖山的往日荣耀。

七、结语

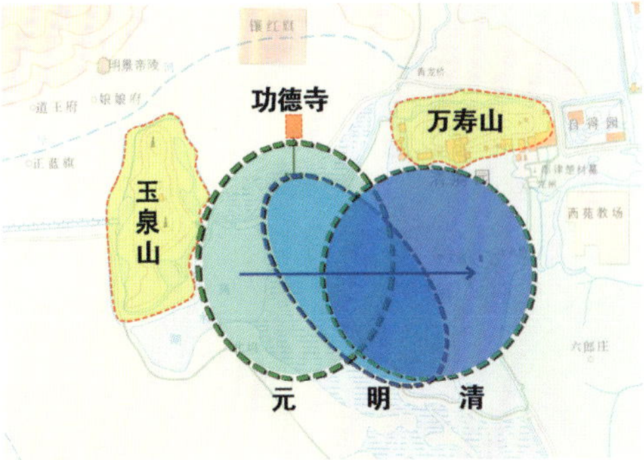

图 15　瓮山泊昆明湖演变示意简图

昆明湖水的“漂移”过程，体现了生态系统的整体性，颐和园与周边环境有着千丝万缕的联系。湖水演变可分为如下五个时段：古瓮山泊时期、白浮渠供水的瓮山泊时期、白浮渠断流的西湖时期、两山一体的清漪园昆明湖时期，以及围墙后的颐和园昆明湖时期。从这五个时段，可以看到湖水状态发生改变，人文景观也随之变化，所有的建设与故事皆由此而生（见图 15）。

本文从园林景观视角出发，结合历史地理学、地质学、古生物学的研究成果，阐述昆明湖风景园林的演变，旨在表明颐和园这座以“文化”著称的世界遗产对生态环境的依赖性。颐和园地区的生态与文化是皮与毛的关系，生态破坏，文化焉存？湖水是颐和园生死存亡的关键，水在园在，水失园亡。

永定河在过去、现在与未来对昆明湖都起着至关重要的作用。今日北京城市规划中提出大运河文化带、大西山永定河文化带的概念，推动这两大文化带的建设，将大大有利于包括颐和园在内的三山五园地区的保护与延续。玉泉山泉水群的复涌也将因此令人企盼，济南趵突泉的涸而复涌就是佳例。

2014 年笔者主持颐和园以西环境整治设计时，在方案中恢复了一小部分高水湖和稻田，还曾设想保留一段土层剖面予以展示（见图 16 至图 18），附于该方案中的诗句或许可以表达笔者的思绪，谨以作结。

图 16　玉泉山下稻田复建效果，高利晓摄

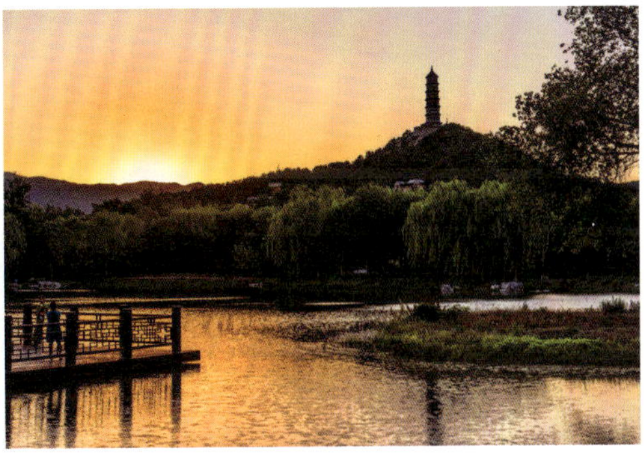

图 17　高水湖小局部建成效果，高利晓摄

远古的回响

夏成钢

在玉泉山下断土旁，
我种下一片高高的青杨。
山边吹来的晚风，
奏起这万叶清响。

我走在布满纹理的小径，
心中荡起无边的遐想。

滚滚永定曾在这里奔淌，
磊磊卵石是那远流掉队的遗唱。
喧嚣之后带来寂静水湾，
厚厚泥炭是那万木久久的徜徉。

先民稻作留下颗颗田螺，
瓮山古泊结成灰壤数行。
还有历代帝王拓湖印记，
发散着巡游的高歌吟唱。

层层壤土积淀起千年记忆，
重重黄沙凝聚着生命光芒。

在玉泉山下断土旁，
我种下一片鲜活的希望。
生生不息的记忆，
是这累世叠加的土墙。
阵阵晚风的鸣奏，
是那远古的回响。

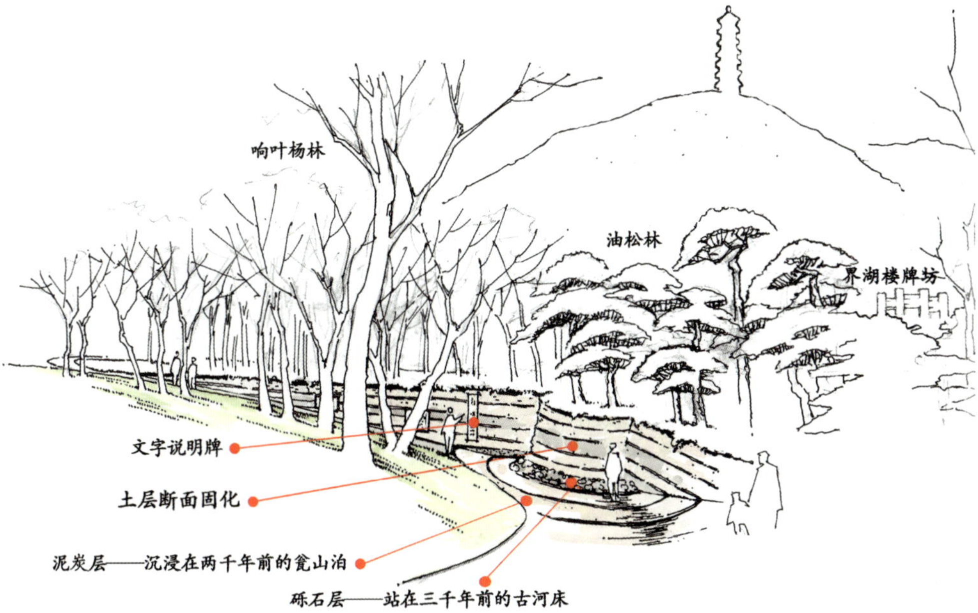

图 18　玉泉山古瓮山泊土层展示设计方案，赵站国手绘

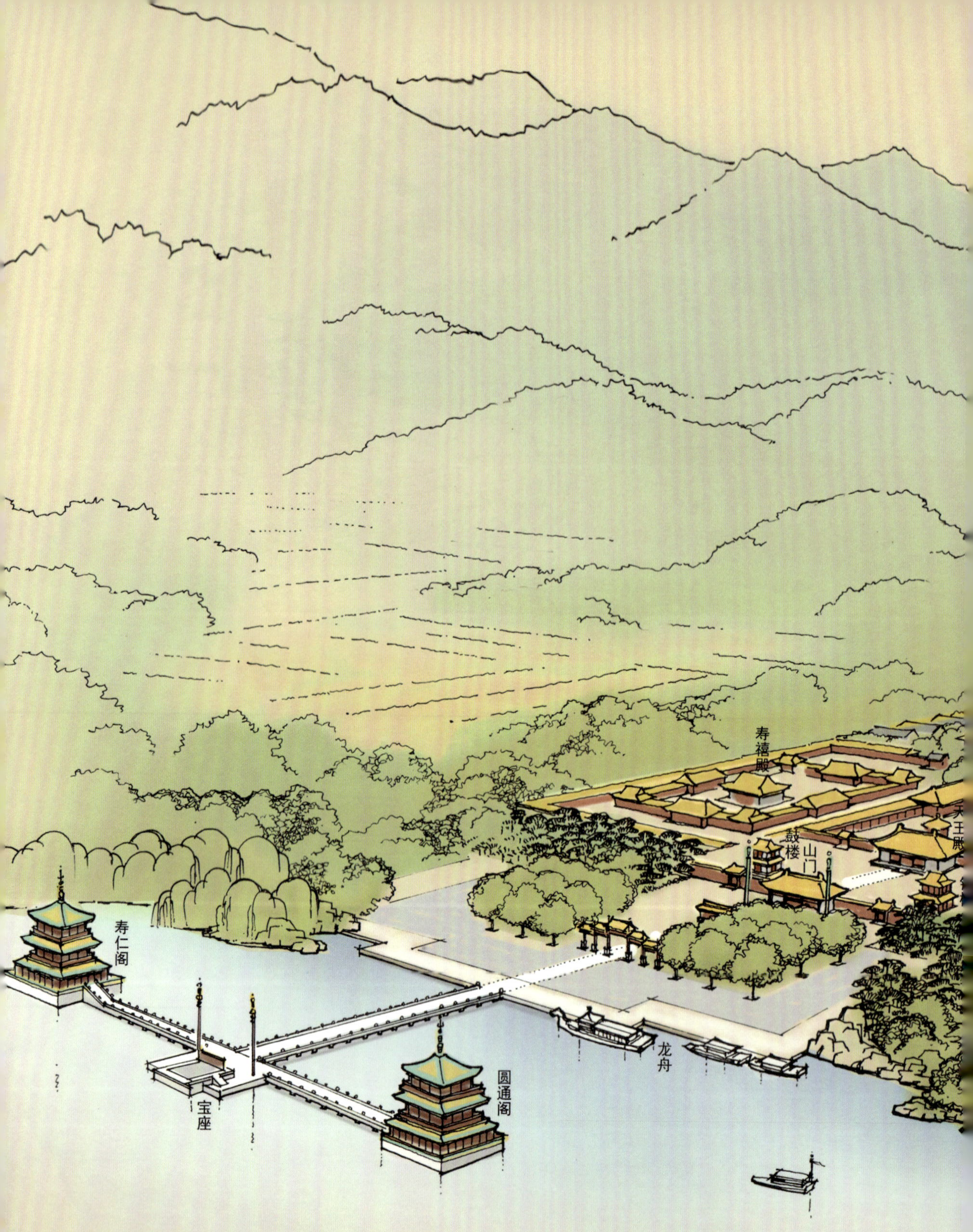
寿禧殿
天王殿
鼓楼
山门
寿仁阁
宝座
圆通阁
龙舟

大承天护圣寺推测图

金元湖山

耶律楚材祠（一）：瓮山第一园

位于昆明湖东岸的耶律楚材祠，院小屋低、坟荒俑残（见图 1），与颐和园众多华丽殿堂相比，无疑显得简陋、寂寥。然而它却是颐和园地区排名第一的历史遗存，其背后的人文内容远比这院景更为丰满、壮观。

图 1　耶律楚材祠及乾隆诗碑，赵晓燕摄

耶律楚材（1190—1244），字晋卿，号湛然居士，晚年号玉泉，为契丹皇族后裔，金朝旧官员（见图 2）。自 30 岁始，他跟随成吉思汗西征中亚，在窝阔台时期任中书令，制止杀戮，尊孔用儒，帮助蒙古政权草创制度，为后来元朝的建立奠定了基础。正是这些丰功伟绩，使乾隆皇帝在建设清漪园时重修了他的墓地，按时焚香祭拜。

图 2　耶律楚材画像

这些都是人们熟悉的内容，然而少有人知的是，耶律楚材对玉泉、瓮山风景开发的影响同样深远。他早年在这里隐居参禅，并在余生中反复吟咏、口传心摹，逝世后又长眠于此，为湖山添彩，可以说是昆明湖地区风景的开拓者。

一、耶律楚材别业——瓮山“五亩宫”

现代研究者通常将瓮山风景开发的起始时间定于明代，然而文献显示，至迟金代就已有了相关迹象，耶律楚材的别墅宅园——“五亩宫”就是一例。耶律楚材在三首诗中明确提到了这座园林，关键一首写于蒙古太宗八年（1236 年）。这一年正值耶律楚材在大蒙古国首都和林[1]的新宅落成，他在壁上题诗道：

---

① 和林，今蒙古国后杭爱省鄂尔浑河上游右岸额尔德尼昭北哈拉和林。

图3　历史上北京城西的群山皆称西山。《天下名山图 · 西山图》，清佚名绘，丹麦国家图书馆藏

旧隐西山五亩宫，和林新院典刑同。
此斋唤醒当年梦，白昼谁知是梦中。①

诗中的“西山”指燕京的玉泉山与瓮山（见图3），“五亩宫”典出孟子的“五亩之宅，树之以桑”，后成为村野宅园的代指。②而“旧隐”则是指耶律楚材30岁仕蒙之前的事情。他的另外两首诗进一步描述了宅园的大致情况：

家邻荆水*宜栽竹，缘在香山好结庵。
斫断葛藤窠臼后，闲家破具不须参。
*自注：玉泉也。③

荆水*浑如八节滩，玉泉佳趣类香山。韦编《周易》忘深意，贝叶佛经送老闲。

① [元] 耶律楚材著，谢方点校：《湛然居士文集》卷十四《题新居壁》，中华书局，1986年版。
② [明] 季本《诗说解颐 · 正释》卷十四：“宫者，合院之内以所居五亩之宅言也。”清文渊阁四库全书本。
③《湛然居士文集》卷十四《信之和余酬贾非熊三字韵见寄因再赓元韵以复之》。“玉泉也”三字原以小字注于“荆水”之下。本书为方便读者阅读诗文，将其作者所作自注均移至诗文之后，并标记“自注”；原文自注的位置，标记*。

爽我琴书池五亩，侑人诗酒竹千竿。乐天活计都相似，脂粉独嫌素与蛮。

*自注：荆水出于玉泉。①

诗中“香山”是指白居易（字乐天，号香山居士）晚年隐居的洛阳香山寺。白居易退休后，曾筑宅于洛阳履通坊伊水渠旁，写下著名的《池上篇》，其中有云：“十亩之宅，五亩之园。有水一池，有竹千竿。”耶律楚材常以白居易为楷模，无论是人格修养、诗文写作，还是造园风格皆如此。“五亩宫”之谓，有效仿《池上篇》之意。

前一首诗明确“家邻荆水”，即宅园紧邻玉泉发脉的荆水，竹林是岸边最具特色的植物景观。后一首诗则指明荆水源出玉泉，宛转八湾流到“五亩宫”。园有池塘与竹林。诗中将瓮山“五亩宫”类比白居易的香山寺。香山寺前有伊水，经八曲水滩宛转而来，寺舍后为琵琶峰，右望可见龙门山。②而耶律“五亩宫”位于荆水下游，背依瓮山，右望是玉泉山。

“荆水”是“五亩宫”的重要地标。就目前史料所知，北京并无“荆水”一名，③与玉泉、瓮山泊西湖相关的河流有玉泉河、玉河、金水河与瓮山前小河，④前三河明确开凿于耶律楚材之后，最后一河名称偶见于明代文人别集中，有“岣嵝河”“青龙桁河”等名，这条河并非广为人知，而是条普普通通的小河，“荆水”应是它金末的名称，⑤“五亩宫”就位于小河旁。

“荆水”与宅园的相对位置可从耶律楚材另一诗中得到解答：

琴书习气终难忘，岩麓荒园怎得还。

卜隐龙冈成老伴，肯教诗思笔头悭。⑥

“岩麓荒园”说明宅园紧邻山脚，山与园之间无河分离，荆水由西而来，只可能环园的西、南界而流。在耶律楚材诗中，还有大量园貌描述，归纳起来景物有溪流、

---

①《湛然居士文集》卷十一《慕乐天》。

② 白居易曾出资开挖龙门一带阻碍舟行的八曲石滩，事成后作诗《开龙门八节石滩诗二首并序》。参见［唐］白居易撰，谢思炜校注《白居易诗集校注》卷三十一，中华书局，2006 年版。

③ 北京昌平有“易荆水”“易京水”，发音接近，但与玉泉山无关。

④ 与岣嵝河、青龙桥河实为一河。

⑤ 除唐人白居易，耶律楚材还尊崇宋人苏轼。苏轼曾准备归老宜兴荆溪独山之下，躬耕二顷田。其诗中也有“五亩园”“五亩宅”之咏，此处溪名或出于此。

⑥《湛然居士文集》卷三《寄景贤一十首·其五》。

池塘、竹林、苍松，人工构筑较少，风格纯朴。如他在琴歌中吟唱的：

吾山、吾山予将归。予将归深溪，苍松围茅亭，扃扃柴扉，水边林下，琴书乐矣。水边林下，琴书乐矣，不许市朝知。猿鹤悲，吾山胡不归！①

类似描写还见于《鼓琴》诗：

湛然有幽居，只在闾山阴。
茅亭绕流泉，松竹幽森森。
携琴当老此，归去投吾簪。②

诗中“闾山”字面上指辽宁的医巫闾山（见图4），位于耶律家族发源地广宁城西北，城西为白霫山，所以耶律楚材诗中常出现“闾山”“医闾”“白霫”“吾山”

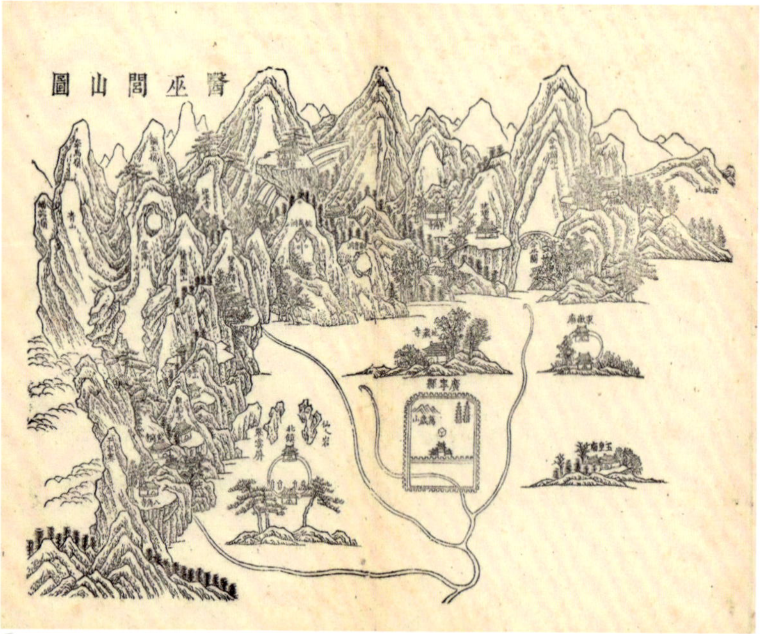

图4　辽宁医巫闾山与广宁城。《天下名山图·医巫闾山图》，清佚名绘，丹麦国家图书馆藏

①《湛然居士文集》卷十一《吾山吟》。
②《湛然居士文集》卷十《鼓琴》。

等称谓。据王国维考证，这些都代指燕京的西山，[①]因为耶律楚材出生在燕京，也从未去过医巫闾山。如此选词入诗，缘于身为前朝旧臣的顾忌，如耶律楚材初任中书令之际，地位显赫的东道诸王铁木哥斡赤斤（成吉思汗幼弟）曾派使者进言窝阔台汗，称耶律楚材“悉用南朝旧人，且渠亲属在彼，恐有异志，不宜重用”。不仅如此，他还“以国朝所忌，诬构百端，必欲置之死地”[②]。

说耶律楚材“亲属在彼”确是实情，当时耶律楚材的两位兄长均为金朝重臣，母亲、妻儿也随金迁往嵩洛，因此他受到猜忌在所难免。尽管此事最终以窝阔台汗“察见其诬，怒逐来使”而收场，但类似事件不止一起。又如完颜投鲁诬告楚材在宅井中埋课银500锭[③]等，“置之死地”的隐患随时浮现。所以耶律楚材在诗文中涉及故乡时皆用隐语。他的另外一诗可证王国维判断无误：

> 归欤奚待鬓双皤，无恙闾山耸岌峨。万壑松风思仰峤，千岩烟雨忆平坡。*
> 开基气概鲸吞海，遁世生涯鼠饮河。好买扁舟从此逝，醉眠江国一渔蓑。
> *自注：仰山、平坡皆燕然名刹也。[④]

诗中“仰峤”即燕京仰山栖隐寺，位于妙峰山南。“平坡”为八大处“平坡寺”。因此诗中的“闾山”无疑是指玉泉山了，尤其是“江国”意象，在燕京地区也只有“玉泉湖”才能匹配。类似还有：

> 旧隐翳闾白霫南，故山佳处好停骖。贪嗔痴者元无一，诗酒琴之乐有三。
> 菱芡香中横短艇，松筠声里称危庵。有人问道来相访，一碗清茶不放参。[⑤]

“翳闾”“白霫”意指西山，“菱芡香中横短艇”即荡舟玉泉山下湖泊群，“松筠声里称危庵”可解为“五亩宫”。

关于耶律楚材瓮山别业的存在，清嘉庆时的张祥河说得最为肯定：

---

① 王国维：《耶律文正公年谱余记》，见《湛然居士文集》附录。

② ［元］宋子贞：《中书令耶律公神道碑》，见［元］苏天爵编《元文类》卷五十七，民国八年上海商务印书馆四部丛刊景元刻本。

③《秋涧先生大全集》卷八十五《为完颜投鲁讹欺诳事状》。

④《湛然居士文集》卷九《继孟云卿韵》。

⑤《湛然居士文集》卷十四《信之和余酬贾非熊三字韵见寄因再赓元韵以复之》。

不是松烟尽墨材，玉泉万笏抵琼瑰。
瓮山五亩宫何在，付与披榛话劫灰。[①]

光绪时人朱庭珍则把这座别业想象成精美的园林“池馆”，作诗云：

五亩西山怀旧隐，囊琴身后泣孤轸。
松烟万笏今凋零，谁记平泉旧池馆。[②]

总之，瓮山山下第一园——耶律楚材“五亩宫”就这样呈现在故纸诗文之中。

二、瓮山参禅与玉泉情思

耶律楚材“旧隐”的时间，是在金中都（燕京）[③]被蒙古攻陷后的三年。

金贞祐二年（1214年），面对蒙古军的巨大威胁，金宣宗弃燕京南逃开封，由都元帅耶律承晖坐镇燕京，耶律楚材被荐为左右司员外郎一同留守。很快，蒙古军以背盟为由再攻燕京，一年后燕京失守。

围城期间，燕京粮源断绝，以致城中出现“人相食”[④]的惨状。耶律楚材也绝粒六十日，虽守职如恒，但精神上却陷入空前绝望。为求解脱，在圣安寺澄公和尚推荐下，他师从禅宗支脉曹洞宗高僧、大万寿寺住持万松行秀（见图5、图6），学道修禅。从学期间“湛然大会其心，精究入神，尽弃宿学。冒寒暑、无昼夜者三年，尽得其道”[⑤]。耶律楚材自己也说：

予既谒万松，杜绝人迹，屏斥家务，虽祁寒大暑，无日不参。焚膏继晷，废寝忘食者几三年。[⑥]

① [清]张祥河：《小重山房诗词全集·诗舲诗录》卷一《京畿杂咏》，清道光刻光绪增修本。

② [清]朱庭珍：《穆清堂诗钞续集》卷二《元耶律文正公墓》，《丛书集成续编》第179册，（台北）新文丰出版公司，1988年版。

③ 金朝时，今北京一带曾多次改名。金初称燕京，贞元元年（1153年）迁都于此并改称中都，蒙古攻克中都后又复称燕京。为行文统一，本文一般统称这一时期的北京一带为“燕京”。

④《元史》卷一百五十三《王檝传》。

⑤ [金]释万松老人：《湛然居士文集序》，见[清]张金吾编纂《金文最》卷二十三，中华书局，2020年版。

⑥《湛然居士文集》卷八《万松老人评唱天童觉和尚颂古从容庵录序》。

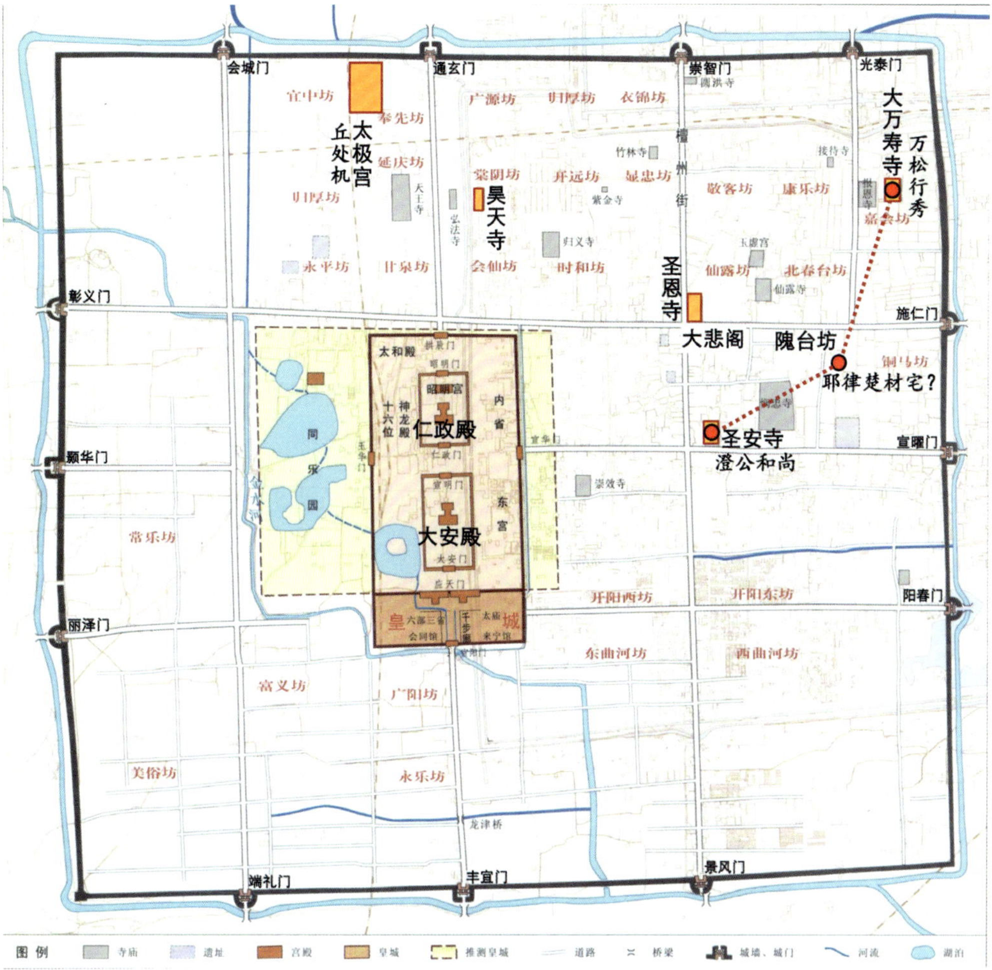

图5　金中都耶律楚材宅、圣安寺、大万寿寺位置示意图。底图参见侯仁之、岳升阳主编《北京宣南历史地图集》，学院出版社，2009年版

耶律楚材于何处学道参禅？史书没有记载。确切可知的是，燕京陷落之际，城区遭到严重破坏，“火月余不灭”①。城中隗台坊的悯忠寺、崇国寺俱遭兵燹，②而耶律楚材所居之处正在隗台坊。③显然在这样的环境下，很难“杜绝人迹，屏斥家务”。只有远离战场才有可能“精究入神”，瓮山宅园“五亩宫”无疑是最佳之所。

而此时万松行秀又在何处？围城时万松行秀正住持燕京城内大万寿寺。《万松舍利塔铭》（见图7）记述云：

① [宋]刘时举：《续宋编年资治通鉴》卷十四嘉定八年五月辛酉条，清文渊阁四库全书本。[明]邵经邦：《弘简录》卷九十六，清康熙刻本。

② [清]万青黎、[清]周家楣修，[清]张之洞、缪荃孙纂：《（光绪）顺天府志》卷一百二十三《人物志·元·善选师》，清光绪十二年刻十五年重印本。

③ [元]耶律铸《缙云五湖别业书事》自注：“余先居和林，后寓隗台。”其隗台坊宅应是继承其父耶律楚材的居所。见《双溪醉隐集》卷三，清文渊阁四库全书本。

图 6　禅宗五十六世万松行秀禅师像

图 7　北京万松老人塔。万松行秀圆寂后，骨塔分建两处，一处即此，另一处在邢台净土寺

（嘉定）八年，[1]（万松行秀）驻锡古冀。迨天兵南下，燕都不守，……师处围城，白刃及门，立率大众诵《楞严咒》，遇善知识持杖卫护，咒毕而入，扶师登舆，得还祖刹。[2]

城破后，万松行秀被蒙古军围在寺中。在虔诚信徒的护卫下，他才得以冲出乱军回到“祖刹”。这个祖刹即仰山栖隐寺，曹洞宗十世希辩大师先后两次住持该寺并圆寂于此，万松行秀也曾奉诏在此住持多年。其位置与玉泉、瓮山接近，万松行秀与耶律楚材师徒在此区间传经悟道最合情理，楚材诗句“万壑松风思仰峤”正是此际的佐证（见图8）。

占领金中都后，蒙古军暂停对金朝的全面攻击。成吉思汗留下木华黎小部军队经营汉地，自己则在克鲁伦河畔遥控大军主力攻打西辽，同时备战西征花剌子模。木华黎虽是一支偏师，却在中原所向披靡，逃至开封的金廷只能苟延残喘。

眼见金朝大势已去，亡国在即，耶律楚材陷入极度苦闷之中。他徘徊在玉泉山芙蓉殿废墟时，写下《鹧鸪天・题七真洞》一词：

花界[3]倾颓事已迁，浩歌遥望意茫然。江山王气空千劫，桃李春风又一年。
横翠嶂，架寒烟，野花平碧怨啼鹃。不知何限人间梦，并触沉思到酒边。[4]

词中充满了无奈、惆怅与茫然。赵其钧曾论述：“元代文人在文化的冲突、变异中

① 南宋宁宗嘉定八年，即金宣宗贞祐三年。

②［清］沈莲生续纂修：《（嘉庆）邢台县志》卷七《人物志・仙释・行秀》所录《万松舍利塔铭》，清道光七年刻本。

③ 金章宗曾于玉泉山上建行宫芙蓉殿，故言“花界”。

④ 见杨镰主编《全元词》，中华书局，2019 年版。

失去了原有的身份、地位与归属，如何在心灵的剧痛、震荡之余，重新选择人生，在另一番事业与价值追求中，找到另一种归属感，从而获得精神寄托、山水欣赏等”[①]，这几乎是那时中原有识之士都要面临的窘境，耶律楚材自然也不例外。

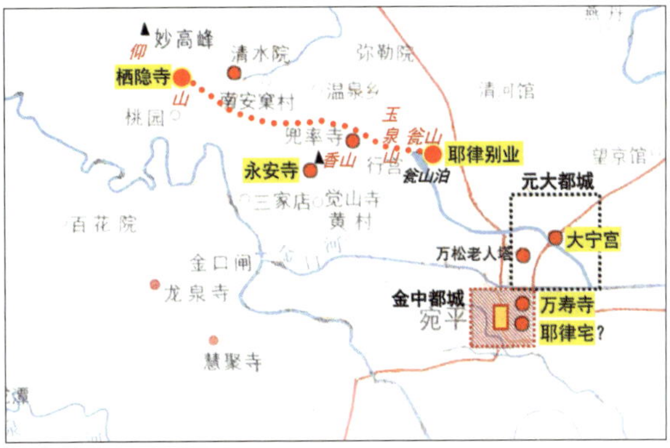

图8　耶律楚材潜心修佛地区示意图。底图参见侯仁之主编《北京历史地图集·政区城市卷》，文津出版社，2013 年版

在玉泉、瓮山之间，耶律楚材接受了万松行秀的曹洞“显诀”，彻悟“洞山五味”，厘清了大势所趋。在他看来，金灭辽、蒙古代金都是“天命所归”。他写道：

> 谁知天有数，不觉汉亡疆。人笑段干木，谁师田子方。
> 上苍垂天命，天厥册明王。殷室君虽灭，仁人道未亡。[②]

相对于朝代更迭，耶律楚材更在意“仁”与“道”的延续不亡，这是超越对朝廷忠孝的更高层次的东西，文化的保存较之社稷延续更为重要。[③]大金行将灭亡，但儒家之道不能亡！他决心在乱世中效法仁人志士，济世救道，“以儒治国，以佛治心”。他在《贫乐庵记》中论述道：

> 夫君子之学道也，非为己也。吾君尧舜之君，吾民尧舜之民，此其志也。使一夫一妇不被尧舜之泽者，君子耻诸。是故君子之得志也，位足以行道，财足以博施，不亦乐乎！[④]

这篇洋溢儒家精神的宏论，体现着耶律楚材达济天下的胸怀。终其一生，耶律楚材都在为之奋斗。原本茫然的思绪已在玉泉、瓮山之畔梳理清晰，沾濡着湖山精华，

① 赵其钧：《透视元代文人精神文化》“引言”部分，安徽大学出版社，2011 年版。
②《湛然居士文集》卷十二《再和世荣二十韵寄薛玄之》。
③ 张培锋：《耶律楚材：以出世精神做入世事》，《文史》，2018 年第 12 期。
④《湛然居士文集》卷八《贫乐庵记》。

整装待发。于是，当蒙古太祖十三年（1218年）被成吉思汗征召时，耶律楚材即应邀北上蒙古，开始践行他的理想。

需要说明的是，在耶律楚材及其同时代文人的语境中，“玉泉”不仅指称玉泉山的众多泉眼，还有区域名称的意味，其范围包括玉泉湖泽直至瓮山一带。在“旧隐”期间，耶律楚材足迹遍及玉泉整个区域，如果说万松行秀给了他灵魂点悟，那么玉泉、瓮山“五亩宫”则给予他情感的依恋，使他寄情山水、慰藉心绪。

图 9　今日撒马尔罕附近景色

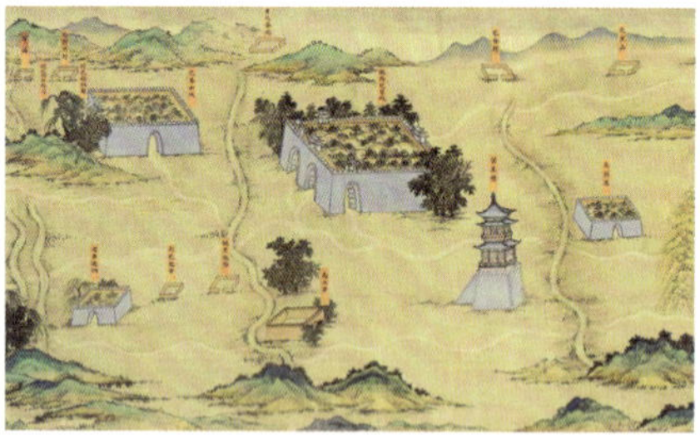

图 10　撒马儿罕城（今撒马尔罕）。《蒙古山水地图》（局部），又名《丝路山水地图》，明佚名绘，北京故宫博物院藏

耶律楚材所著《湛然居士文集》中共有诗文 686 篇，其中玉泉歌咏约占 1/6，可见其在楚材心中的分量。这些诗文大多作于他 30 岁之后，写于远征途中及蒙古草原。他曾随蒙古大军到达河中府[①]，并停留三月之久，大赞周边园林之美（见图 9、图 10）。然而，玉泉山水仍是耶律楚材心头永远的至爱与精神陪伴。在河中府，他这样写道：

衣冠异域真余志，礼乐中原乃我荣。
何日功成归旧隐，五湖烟浪乐余生。[②]

诗中意气风发，而在情绪黯淡时他对玉泉又是另一番依恋：

不忿西风霜叶脱，难禁秋雨菊花残。
闾山旧隐天涯远，梦里思归梦亦难。[③]

故乡山水成为安慰自己的桃源，耶律楚材反复吟咏，真情流露。他心中的玉泉、瓮

① 河中府，今乌兹别克斯坦撒马尔罕。
②《湛然居士文集》卷四《和武川严亚之见寄五首·其一》。
③《湛然居士文集》卷一《和薛伯通韵》。该诗作于中亚撒马尔罕城。

山早已不是单纯的景物，而是可与之对话的伴侣，喜亦思，忧亦思。10年后，他随大军返回蒙古草原时，思念如故：

人间聚散妄悲欢，何似林泉遁世闲。
十载残躯游瀚海，积年归梦绕闾山。[①]

世乐讵能敌静乐，蓑衣到底胜朝衣。
年来痛忆闾山景，月照茅亭水一围。[②]

诗中一个“痛”字道尽思乡之苦。草原只是他施展抱负的疆场，而归隐玉泉山水则是他的期盼。耶律楚材直到40岁左右才有机会重归燕京。可一到故土，他就投入政务之中，惩恶扬善，除暴安良；同时写作《西游录》，拜会故老，成绩颇丰。兴奋不已的他写诗道：

富贵无心羡五侯，随时俯仰浪西游。
断无事业留千古，静看英雄横九州。
白雁纵传遐域信，黄华却负故园秋。
苍生未济归何益，一见吾山一度羞。[③]

他的思想纠缠于入世与归隐的矛盾之中。窝阔台成为蒙古大汗后，对耶律楚材大为倚重，下旨“今后凡事先白中书，然后奏闻”。这种信任使得耶律楚材的济世之情更加高涨，他写诗道：

误忝纶恩斗印悬，乏才羞到玉墀前。劾奸封事梦犹诤，许国忠诚老益坚。
仁政发从天北畔，捷音来自海西边。从今率土沾王化，礼乐车书共一天。[④]

繁忙的政务使他更加难返故乡，玉泉、瓮山只在魂牵梦绕之间：

①《湛然居士文集》卷三《寄景贤一十首·其三》。
②《湛然居士文集》卷四《和人韵二首·其一》。
③《湛然居士文集》卷四《和竹林一禅师韵》。
④《湛然居士文集》卷四《和武川严亚之见寄五首·其四》。

图 11 《东丹王出行图》，（传）辽李赞华（耶律倍）绘，美国波士顿美术博物馆藏

我欲归休与愿违，而方知命正宜归。
闾山自有当年月，一舸西风赋式微。[①]

“一舸西风”无疑在说一叶扁舟荡于“玉泉湖”上。耶律楚材在仕蒙之初，作为金国旧臣还多有顾忌，而他的晚期诗作则直接点明了“玉泉”：

谁知东海潜姜望，好向南阳起孔明。
收拾琴书作归计，玉泉佳处老余生。[②]

多幸松轩得罢参，玉泉山水胜江南。
泉边便作归休计，何必香山觅旧庵。[③]

他晚年还自号“玉泉老人”。与之前的表字“湛然”、自己的古琴“玉泉琴”、自制的墨丸“玉泉新墨”同一出处，玉泉之情已经融入他的血脉之中。

①《湛然居士文集》卷十《送侄九龄行》。
②《湛然居士文集》卷十四《用梁斗南韵》。
③《湛然居士文集》卷十《寄西庵上人用旧韵四首·其三》。

三、耶律楚材的园林情结

如果将伴随耶律楚材终生的玉泉之情，仅仅归因于三年的禅修生活，未免过于简单。其实他的早年生活都浸润在山水文化之中，概括说来受到两个方面的熏陶：时代风尚与家学传承。

耶律楚材出生于金章宗登基之初，当时正值燕京成为帝都后出现的第一次风景园林建设高潮。金章宗不仅保持了出巡游猎的女真传统，还热衷于诗文绘画、山水之乐与园林之趣。他扩建、新建了燕京城内外的皇家园林，如琼华岛大宁宫①、同乐园鱼藻池、钦定燕京八景等，还时常巡幸西山一带，在玉泉山建设行宫芙蓉殿，在香山整修永安寺及其行宫。在他的影响下，园林之乐蔚然成风，耶律楚材自幼耳濡目染。

家族的影响更有潜移默化之效。耶律楚材八世祖耶律倍，是大辽开国皇帝太祖耶律阿保机的太子，后为东丹王。他仰慕汉文化，在讨论祭祀次序时即提出“孔子大圣，万世所尊，宜先”。太祖大悦，“即建孔庙，诏皇太子春秋释奠”②，使“尊孔崇儒”成为大辽的基本国策。在中原文化语境中，曾长期称边疆少数民族为夷狄，但契丹族明确自己为“轩辕后”，即黄帝之后裔，以中华正统自居，强调汉契一体。这一思想还影响了后来的女真族、蒙古族与满族。

耶律倍精通汉、契丹两种语言，不仅熟读古籍，而且“通阴阳、知音律、精医

① 今北京市区北海与中海。

② ［元］脱脱等：《辽史》卷七十二《宗室传·义宗耶律倍传》，中华书局，1974 年版。

药砭爇之术”。同时善画人物，作品有《射骑》《猎雪骑》《千鹿图》等。他钟爱山水风景，在让国之后，耶律倍一度退隐医巫闾山，建望海堂藏书万卷；最后也归葬山中，墓称显陵。留传至今的《东丹王出行图》，传为他的作品，画面设色华丽，精细刻画了耶律倍浮海向华的故事（见图 11）。

耶律楚材七世祖耶律娄国，以及娄国弟耶律道隐都曾为南京（辽以燕京为南京）留守。辽国实行胡汉分治，设北枢密院以契丹旧制管理契丹人，南枢密院以汉制管理汉人。燕京地区即实行汉制，耶律娄国家族也深度融入中华文化之中。辽开泰二年（1013 年），圣宗耶律隆绪在玉泉山首建行宫，耶律楚材“五亩宫”的宅基地或许最早萌生于此时。入金之后，耶律楚材的祖父耶律德元四度出任节度使，使家族继续保持望族地位。耶律楚材曾自豪地给儿子耶律铸写诗云：

赫赫东丹王，让位如夷伯。藏书万卷堂，丹青成画癖。
四世皆太师，名德超今昔。我祖建四节，功勋冠黄阁。
先考文献公，弱冠已卓立。学业饱典坟，创作《乙未历》。
入仕三十年，庙堂为柱石。重义而疏财，后世遗清白。①

诗中的文献公是耶律楚材的父亲耶律履，任金世宗、金章宗两代国史院编修官，官至尚书右丞，谥文献。他精通儒家经典，擅长诗赋与绘画。以这样的文化素养、社会地位及经济条件，园林之好自不必说。金章宗建行宫于玉泉山、香山，作为随扈大臣、尚书右丞的耶律履，在这两地拥有别墅宅基地应是顺理成章，佐证事迹是，耶律楚材的叔叔耶律震在香山就建有别墅“凤箫楼”。耶律楚材诗中写道：

三十年前旅永安，凤箫楼上倚栏干。*初学书画同游戏，静阅琴棋相对闲。
聚散悲欢灯影里，兴亡成败梦魂间。安书风送来天际，望断中州一发山。
*自注：先叔故居之楼名。②

“永安”指燕京香山。儿时的耶律楚材做客叔叔的香山别墅，与表妹琴棋书画，游戏其间。这说明耶律楚材家在附近也有居所。元末耶律楚材后裔耶律阿勒弥改香山

---

①《湛然居士文集》卷十二《为子铸作诗三十韵》。

②《湛然居士文集》卷十《寄妹夫人》。

图 12　碧云寺，民国初年摄。碧云寺前身为碧云庵，由耶律阿勒弥所建

别墅为碧云庵（见图12），这或许就是凤箫楼。以这样的背景，耶律楚材在玉泉行宫附近继承祖地建“五亩宫”也就自然而然了。或许这只是众多赐地中的一处，并与香山有着密切的联系。他在《西游录》记述北上路线时说：

予始发永安，过居庸，历武川，出云中之右，抵天山之北，涉大碛、逾沙漠。①

这里“永安”应是实写，即从香山出发北上，行前与家族人辞别。

其他经历也可证耶律楚材的园林之好。24 岁时他出任开州②同知，于苏门山建有梅溪别墅，内设月榭、琴堂等景观建筑。任中书令后他重访故地，作诗《梅溪十咏》，其中将玉泉景色与梅溪相类比：

冷落梅溪二十年，今日天教属玉泉。
月榭琴堂半颓毁，冰姿问道尚依然。

玉泉莲芰逼人清，敢与梅溪也抗衡。
今年湛然都入手，二桥风月老余生。③

晚年的耶律楚材对和林新宅颇为满意，这座新宅与瓮山“五亩宫”有着相似之处，他在《喜和林新居落成》诗中说：

登车凭轼我怡颜，饱看和林一带山。
新构幽斋堪偃息，不闲闲处得闲闲。④

① ［元］耶律楚材：《西游录》上，中华书局，2000 年版。
② 开州，今河南省濮阳市。
③ ［明］张天真纂修：《（嘉靖）辉县志》卷九《题咏》，明嘉靖六年刻本。
④《湛然居士文集》卷十四《喜和林新居落成》。

新居位于和林之西，后衬一脉金山，旁有和林川流过，犹如瓮山“五亩宫”眺望玉泉山一般，这才勾起他对往事的回忆，并写下前述的《题新居壁》一诗。

随着窝阔台汗的去世，乃马真皇后当政，耶律楚材受到冷落排挤，归隐之念更加强烈。他盼望着回到故乡那片青山绿水，筹划着这样的生活：

早晚挂冠去，闾山结茅屋。蔬笋粗充庖，粝饭炊脱粟。
有我春雷子，岂惮食无肉。旦夕饱纯音，便是平生足。①

他又写道：

农隐生涯乐自天，药畦香垄仅盈千。蝇营累世真堪笑，狗苟劳生未若贤。
带月扶犁耕暮野，冲云荷锸拨春泉。耘耔余暇蓬窗底，独抱遗经考至玄。②

乃马真后二年（1243 年），耶律楚材夫人苏氏去世。他派儿子耶律铸护送灵柩回燕京，葬于面对玉泉山的瓮山之麓。第二年，耶律楚材也逝于和林，时年 55 岁，没能亲眼见到日思夜盼的玉泉山水。他出殡之日，整座和林城罢市停乐，以悼念这位受人敬重的政治家，“蒙古诸人哭之如丧其亲戚，和林为之罢市，绝音乐者数日，天下士大夫莫不茹泣相吊”③。

他的政敌欲在其府邸中找出其贪赃的把柄，最终只找到几张古琴与一些书籍字画。耶律楚材一生正如他所热爱的玉泉一样“湛然”清白（见图 13）。

图 13　从耶律楚材祠西望玉泉山

①《湛然居士文集》卷十一《冬夜弹琴颇有所得乱道拙语三十韵以遗犹子并序》。
②《湛然居士文集》卷六《西域和王君玉诗二十首·其十四》。
③［元］宋子贞：《中书令耶律公神道碑》，见《元文类》卷五十七。

四、结语

图14 现在的耶律楚材祠大门

在北京西北郊风景园林发展史上，耶律楚材是最早期的风景记录者与歌颂者，“五亩宫”则为瓮山史上第一园。而王国维的诗文考证，成为破解这座园林之谜的关键“钥匙”。

关于耶律楚材别业“五亩宫”的具体位置，清代朱彝尊在《日下旧闻》中推测道：“今瓮山遗墓，或即其所居井椁，未可定也。”①将“五亩宫”与后世的耶律楚材墓园相联系。也就是说，今日所见的这座小院孤坟就是800年前“五亩宫”的基址，这确实值得推敲考证一番（见图14）。

从玉泉到瓮山“五亩宫”，我们可以看到耶律楚材及同时代的人们，是将“一湖两山”作为完整的景观单元来欣赏的。耶律楚材不仅发现了山水之美，还在反复吟咏中，将其升华为精神家园，神圣而迷人。随着这种情感的传递，在家族内出现了后来耶律铸送子燕京习儒、耶律希亮万里归燕的佳话。这片山水已成为一种精神标志，闪烁着儒学与中华文明的光芒，犹如灯塔指引他们回家的路；同样也引导着更多人寻胜歌咏，最终得以列入《世界遗产名录》。

① ［清］于敏中等编著：《日下旧闻考》卷一百《郊坰西十》，北京古籍出版社，1983年版。

耶律楚材祠（二）：墓园的演变兴衰

图 1　耶律楚材祠大门，赵晓燕摄

耶律楚材祠及周边区域就是瓮山第一园的所在（见图 1），清代朱彝尊的这个推测不无道理。舍宅为寺、因园建墓是历史上常见的做法，也是契丹贵族的传统。那么“五亩宫”宅园如何演变为墓园，又有哪些经历？答案为这座小院增添了无穷遐想。

一、从别业园林到墓园

图 2　辽代耶律琮墓前的石像生

图 3　碧云寺，清光绪三十年（1904 年）法国菲尔曼 · 拉里贝摄。元人耶律阿勒弥舍宅为寺，名碧云庵。碧云庵后称为碧云寺

契丹贵族大都将其墓茔选在自己封地的别业之中。如辽景宗时期太师耶律琮的墓地，就选址于生前的别墅马盂山庄（见图 2）；耶律楚材侄孙耶律钧、耶律友尚葬于封地山东永平等。此外还有秦城大长公主舍棠阴坊宅为寺、耶律阿勒弥舍宅为碧云庵（见图 3）等。这类做法延续至清代，如现存的醇亲王墓，在醇亲王奕譞生前为其旸台山别墅，在其死后成为陵园（七王坟）。可见耶律楚材将自家宅园改为墓园是惯例。

除此之外，“五亩宫”位置还符合契丹墓葬的方位讲究。曾出使辽国的沈括记述说：“契丹坟墓皆在山之东南麓。”[①] 这一习俗也为现代考古所证明。[②] 而耶律墓园正位于瓮山的东南脚坡地段。

---

①［宋］沈括：《梦溪笔谈》卷二十四《杂志一》，中华书局，2015 年版。

② 辽代帝王墓如太祖祖陵，太宗、穆宗怀陵；贵族墓如驸马赠卫国王墓、耶律琮墓、陈国公主驸马合葬墓、秦晋国大长公主墓等，皆选址山体东南。

图 4　站在耶律楚材祠前远望玉泉山，赵晓燕摄

契丹墓葬的其他特点还有前临溪涧、远对山峦等。如耶律楚材八世祖耶律倍的显陵，“以人皇王爱医巫闾山水奇秀，因葬焉。山形掩抱六重，于其中做影殿，制度宏丽”①。这些文化基因被耶律楚材所继承，更何况他的玉泉之恋甚于前辈。

问题是耶律楚材为什么没有选墓址于玉泉山？原因大致有二。一是从防止渗漏而言，瓮山较玉泉山条件更佳。玉泉山岩层含水，泉眼众多，平地局促而近湖。瓮山地质为石英岩，透水性差；其东山麓余脉延展成坡地，加之有田地隔离湖泊（清乾隆拓昆明湖才临水），渗水率小。

二是从景观而言，墓园在瓮山的位置正处于山水汇景之地。瓮山为东西走向，观赏面向南，可以为墓园提供良好背景。而玉泉山为南北走向，最佳形象是其正东侧，在湖水映衬下方显清秀灵动，尤其是需要稍远距离才能看全优美的山脊曲线。墓园所在既得瓮山为靠，又有玉泉远景可赏，尽收一湖两山之美（见图 4）。总之，耶律公至死在天，也要守望这片好水好山！

墓园的最初形制，要比现状更为丰富，面积更大。耶律铸记述说：

① 《辽史》卷三十八《地理志二·东京道》。此外，辽圣宗庆陵的建造也缘于他喜爱庆云山风景，留下“吾万岁后，当葬此”的愿望，见《辽史》卷三十七《地理志一·上京道》。

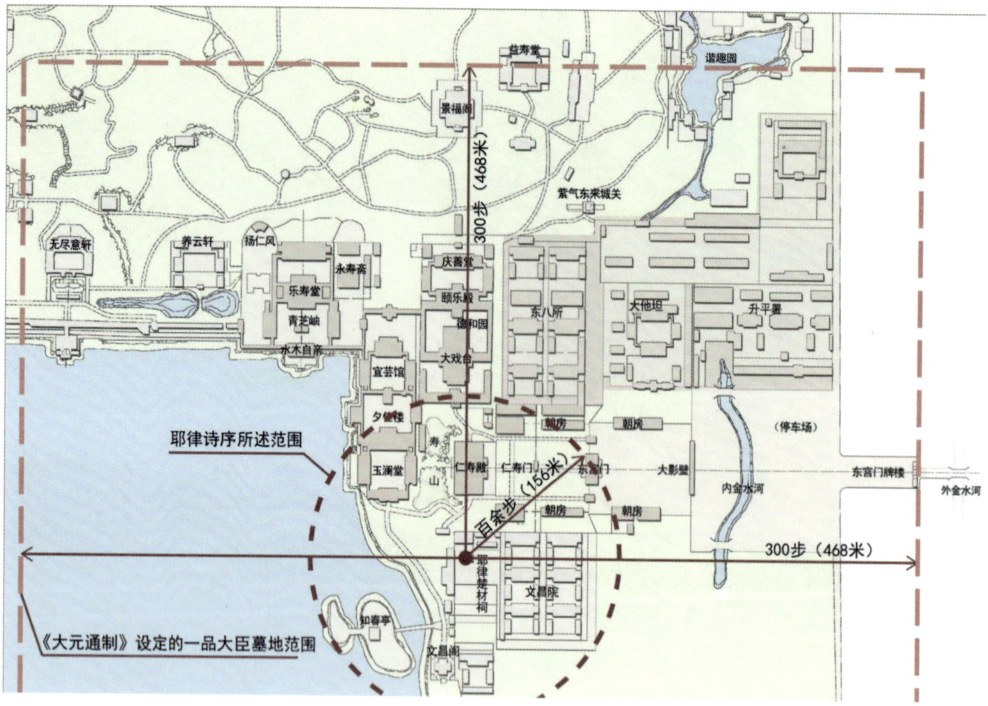

图5　元代耶律墓园推测范围

尊大人领省茔域在燕都西北一舍，西至玉泉五里，实曰“瓮山”。寝园居在昊天罔极禅寺之右，正寝去隧东北百余步。①

文中“正寝”即寝殿（寝堂），“隧”指墓穴，②二者斜向距离156米，③也就是说正寝建筑约在颐和园东宫门一带，这区间都是墓园范围（见图5）。④正寝建筑用来放置先人遗像、遗物，象征生前状态，又称“影堂”，⑤兼有准备祭品的功能。这种布局延续了契丹传统，源头仍自中原，《续汉书·祭祀志下》云：

说者以为古宗庙前制庙、后制寝，以象人之居前有朝、后有寝也。……庙以藏主，

① 《双溪醉隐集》卷六《拜书尊大人领省瓮山原茔域寝园之壁》。

② 如“隧志”即墓志。

③ 元代1步等于5尺，但1尺的长度为多少争议较大，今按1尺合今31.2厘米计。参见魏励编《中国文史简表汇编》，商务印书馆，2007年版。

④ 若按《大元通制》一品大臣的墓地待遇，范围会更大。不过，从耶律铸墓形制看，似未按《大元通制》执行。

⑤ 《汉书》卷六《武帝纪》颜师古注：“园者，于陵上作之，既有正寝以象平生正殿，又立便殿为休息闲宴之处耳。”参见［汉］班固撰，［唐］颜师古注《汉书》，中华书局，1962年版。

以四时祭。寝有衣冠几杖象生之具，以荐新物。秦始出寝，起于墓侧，汉因而弗改。[1]

图 6　耶律楚材祠遗存的翁仲，赵晓燕摄

就是说自秦朝开始，正寝建筑与墓冢、享堂不在同一条轴线上，耶律墓园与此相符。

墓穴东侧为“昊天罔极禅寺”，其名出自《诗经·小雅·蓼莪》“欲报之德，昊天罔极”，以表达儿女对父母的无限孝思。[2] 契丹人将其运用于墓园，如辽贵族萧闛去世后“归葬于白霫香台山罔极寺之离位”[3]。秦城大长公主舍宅之寺亦名“昊天寺”。

墓冢正前建有享堂（祭殿、祭堂），内设牌位或塑像，是举行祭祀活动的所在。[4] 王崇简记述：“（耶律墓）尚存公及夫人石像，端坐荒陌。”[5] 这是享堂四壁塌毁后的情形，最初石像在室内。夫妻并坐石像是典型的契丹传统，契丹始祖庙就供奉着奇首可汗与克敦的并坐像。[6] 中原汉族墓则少见。

总而言之，最初耶律墓园分三部分：其一，陵门、神道、成对的石像生（有华表、石羊、石虎、翁仲各一对，见图 6）、享堂和墓冢，它们在同一条轴线及其两侧；其二，位于墓冢东北的寝殿；其三，位于墓冢东的昊天罔极寺。园西有溪而流，即耶律楚材神道碑所言“莓莓新阡，浩浩流泉”。

从墓园也可反推耶律楚材“五亩宫”的格局，宅园紧邻瓮山东南麓，主体院落

---

①［晋］司马彪：《续汉书·祭祀志下》，见［南朝宋］范晔撰，［唐］李贤等注《后汉书》，中华书局，1965 年版。

②首例“昊天罔极寺”为唐太平公主为母后武则天祈福而建，位于大明宫与兴庆宫之间。

③《萧闛墓志》（咸雍七年），见向南、张国庆、李宇峰辑注《辽代石刻文续编》，辽宁人民出版社，2010 年版。离位，指西侧。

④如辽庆陵，“陵门后方的神道旁建有膳堂和守陵军驻所。陵墓前方建有祭殿，陵门、祭殿和陵墓三者在一条不太直的线上”。见李逸友《辽代契丹人墓葬制度概说》，《内蒙古东部区考古学文化研究文集》，1990 年第 10 期。

⑤［清］王崇简：《青箱堂诗集》卷二十三，《清代诗文集汇编》第 16 册影清康熙二十八年王燕重刻本，上海古籍出版社，2010 年版。王崇简 16 岁时读书于瓮山西侧功德寺，课余来此访游，所记应该准确细致。同样的记述还有清人王士禛《玉泉游记》，见《带经堂集》卷七十七，清康熙四十九至五十年程哲刻本。

⑥此外，有“辽统和十四年奉安景宗及太后石像于乾州”，见《辽史》卷十三《圣宗纪四》。

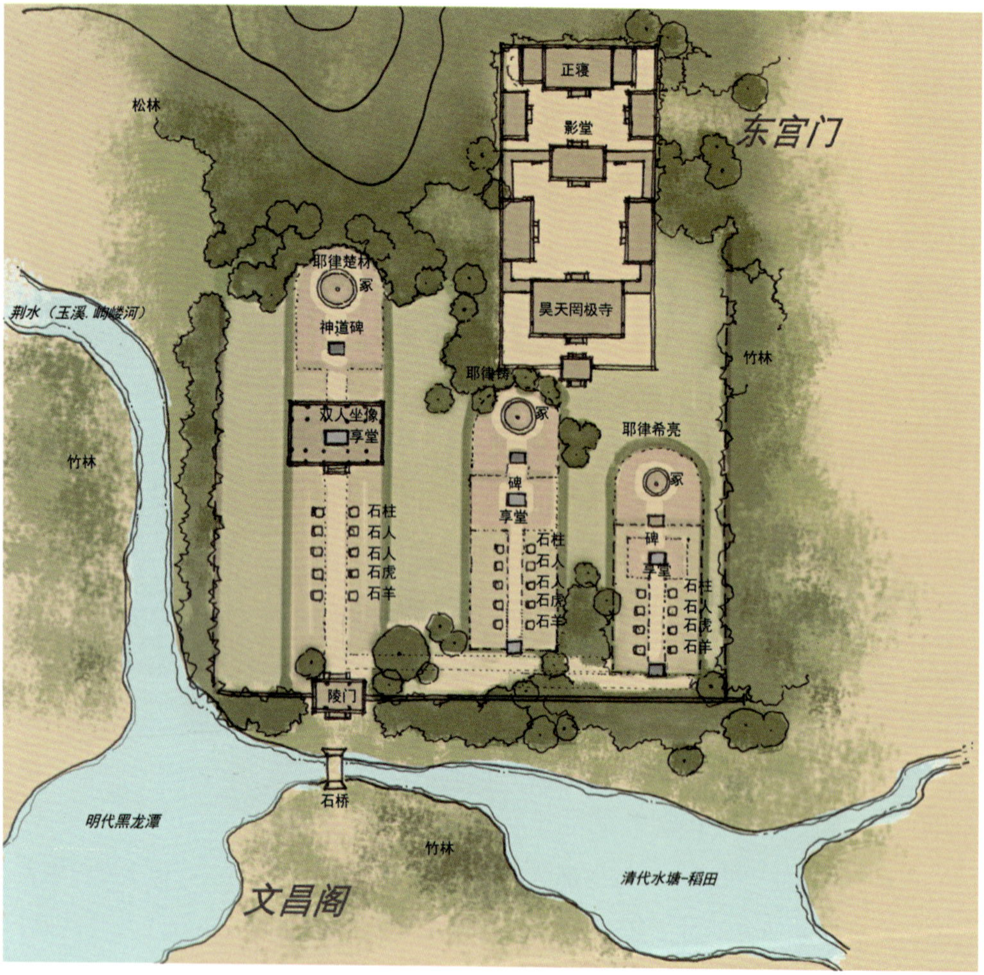

图 7　耶律家族墓园推想图之一

位于今颐和园东宫门一带，起居室演变为寝殿，禅修院落改为昊天罔极寺，楚材诗中“旧禅庵”或指此，诗云：

> 尘中名利予难出，梦里荣华君不耽。
> 准拟归时便归去，闾山珍重旧禅庵。[①]

荆水河由西而来，绕墓园西界向南汇入池塘，再向东流。明代，荆水河与黑龙潭相通。到清代，墓园西侧河道与黑龙潭化为昆明湖的一部分，南界河与池塘演变为二龙闸河和文昌阁东南的水泡子，又演变为稻田。由于瓮山阻挡了西北寒风，墓

①《湛然居士文集》卷六《和景贤见寄》。

园一带竹林长势良好；相比而言，元代的玉泉山下却“惜无修竹与梅花”[1]。

这些是对“五亩宫”演变为墓园的推测（见图 7），朱彝尊所议应该得到肯定。

二、魂归瓮山与各地耶律楚材墓

瓮山墓园首先入葬的是耶律楚材夫人苏氏。她为苏东坡四世孙、威州刺史苏公弼之女，生子耶律铸。乃马真后二年（1243 年）春去世，由耶律铸护送至瓮山安葬，其哀悼诗题目云：

燕城之北，垂三十里有瓮山原，先妣国夫人坟室在焉。予过之哀感不已，而贮之诗，仍寄呈尊大人领省，以慰其戚云。[2]

次年，耶律楚材去世，遗嘱归葬玉泉。然而，这个遗愿却等待了 17 年。其间，耶律铸曾送诸子到燕京读书，完全有迁灵的时间与条件，为什么拖延如此之久？其中尚有不为人知的原因。

最终迁灵成行是在推行汉法的忽必烈时代。中统元年（1260 年），忽必烈在接近汉地的开平[3]登上汗位，而不是传统的蒙古祖地。战胜阿里不哥之后，忽必烈于中统二年（1261 年）十月下旨整修燕京城，中统四年（1263 年）升开平为上都，次年又以燕京为中都，迁都汉地势在必行。

中统二年十月二十日，耶律楚材的尸骨被送回瓮山安葬。10 年后（1271 年），忽必烈正式定国号为“大元”，取《易经》“大哉乾元”之意；次年，又改中都为大都，作为元朝的国都。而原国都和林则早已降为统辖漠北的地方治所。这一系列变动标志着蒙古统治者对中华文化体系的认同，而这正是耶律楚材一生努力的方向。

耶律楚材之后，他的子孙耶律铸、耶律希亮也先后入葬瓮山墓园，这里成为一座家族墓园。尤其是耶律希亮生前对祖父十分敬重，即使在西域险途中也按时展开祖父画像祭拜。他晚年定居大都，对瓮山墓园精心维护是可想而知的。

元成宗时期，在瓮山脚下新建起一座藏传坛城，其主持者胆巴国师也对耶律墓

---

① 《秋涧先生大全集》卷三十三《重游玉泉》：“绝似苏门山下路，惜无修竹与梅花。”

② 《双溪醉隐集》卷六《燕城之北，垂三十里有瓮山原，先妣国夫人坟室在焉。予过之哀感不已，而贮之诗，仍寄呈尊大人领省，以慰其戚云》。

③ 开平，今内蒙古自治区锡林郭勒盟正蓝旗上都镇。

园充满敬意，他完成了一项由耶律楚材开启的论战：抨击道士群体的过度膨胀。胆巴在至元十八年（1281 年）领衔参加了第三轮佛道之辩，促成元廷下令焚毁伪道经。

胆巴之后，瓮山泊北岸又兴起大承天护圣寺，与耶律墓园隔湖田相望。建庙的第二年（1330 年），元文宗追赠耶律楚材为“经国议制寅亮佐运功臣、太师、上柱国，追封广宁王，谥文正”①，以官方立场肯定了他的功绩，“耶律文正公”的称谓由此而来。到这时墓园已延续了 80 余年，耶律祖孙三代都已长眠于此，苍苍松柏掩映着庙寝碑石。

然而到了元末，墓园在史料中出现了第一次危机，还引出另外的故事。《新元史》记载：至正十七年（1357 年），大臣月鲁不花任大都路最高长官“达鲁花赤”时，有位朝廷重臣冒奏，要将耶律墓地转给西番僧人作庙产，月鲁不花将此议搁置不理，最终使议案落空。原文云：“执政以耶律楚材墓地给番僧。月鲁不花持之，卒弗与。”②

月鲁不花是位深濡华夏文化的官员兼诗人，为人正直，秉公执政。议案虽然了结，但却留下一个疑问：耶律楚材作为帝国堂堂的中书令，其墓园怎么可以随意挪用？不过细究可知，文中“墓地”二字在明代成书的《元史》记为“先茔地”：

> 有执政以故中书令耶律楚材先茔地，冒奏与蕃僧为业者。月鲁不花格之，卒弗与。③

二字之差，性质迥异。“墓地”为瓮山墓园，而“先茔地”即祖先墓地，则未必在瓮山。依编制时序，当以明代《元史》为准。也就是说，耶律家族在大都地区还另有先茔地。

查《故金尚书右丞耶律公神道碑》可知，耶律楚材父亲耶律履去世后曾“权殡于都城南柳村”④，这个柳村位于燕京丰宜门外。清代赵怀玉诗文记述，南郊丰宜门外有安乐园“为耶律文正故居”，“树皆百年余，地更十亩拓”，“传闻广宁王，朝夕恒于斯”⑤。时人还有“金尚书山林”“金尚书园亭”等称谓，⑥应该

---

①《元史》卷一百四十六《耶律楚材传》。

②柯劭忞：《新元史》卷一百二十一《月鲁不花传》，开明书店，1935 年版。

③《元史》卷一百四十五《月鲁不花传》。

④［金］元好问：《故金尚书右丞耶律公神道碑》，见《元文类》卷五十六。

⑤［清］赵怀玉：《亦有生斋集·诗》卷十五《九月二日游安乐园即事》，清道光元年刻本。

⑥见《亦有生斋集·诗》卷十五。

就是耶律楚材的“先茔地”。月鲁不花罢议的正是此“先茔地”，而非瓮山“墓地”。

其后瓮山耶律墓园又延续了30余年。这期间湖北岸的护圣寺迅速兴起，旋又焚毁，就如同蒙古帝国一样，唯有耶律墓园一直守望着玉泉湖水，审视着一个王朝的兴亡。

除瓮山耶律墓园，在中国北方地区还有几处耶律楚材墓地，如河南苏门山的耶律公墓。《（道光）辉县志》中记载：

耶律相公墓，在梅溪西北苏门之阳，元中书令讳楚材，字晋卿，葬此。史称迁其坟墓而北，今故茔止存石马。①

这个“墓地”实为耶律楚材祠（见图8），以纪念耶律楚材阻止蒙古军屠城，挽救河南147万人性命的功德。

辽宁医巫闾山也有一座耶律楚材墓。医巫闾山为中国四大镇山之一，隋文帝诏封山神为“广宁公”，耶律楚材所封“广宁王”即源于此。医巫闾山是耶律楚材家族祖茔地，其上各祖及父兄皆葬于此，加之他的诗歌隐喻，给人以曾居此地的误解，因此附会而建。医巫闾山桃花洞南，还建有耶律楚材读书堂，传说他3岁丧父后，在母亲杨氏陪伴下在此读书，不过这些都缺少史料支持。

此外，陕西合阳“秦城村有元耶律楚材庙墓遗址”②，实为耶律文正公祠，用来纪念耶律楚材在当地挖水救民的功绩。苏州浒墅也有耶律楚材墓，③来历不详。

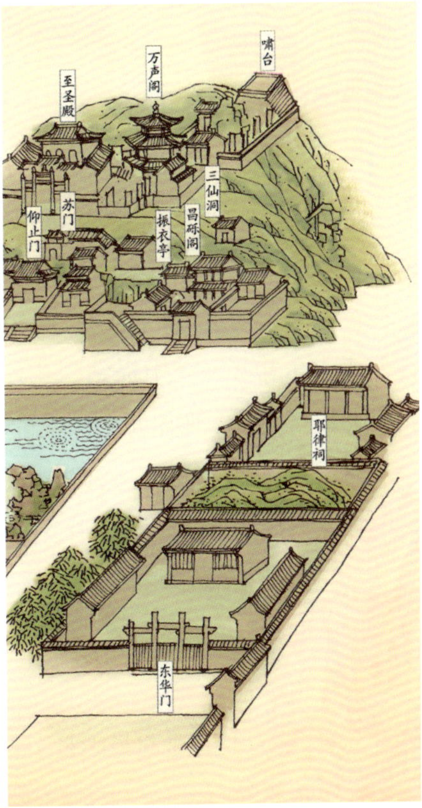

图8　辉县苏门山耶律楚材祠。摹自《（道光）辉县志》插图

① [清]周际华修，[清]戴铭纂：《（道光）辉县志》卷九《祠祀志》，清光绪二十一年刻本。
② [清]席奉乾修，[清]孙景烈纂：《（乾隆）郃阳县志》卷一《地理》，清乾隆三十四年刻本。
③ [明]宋懋澄：《九籥集·瞻途纪闻》，明万历刻本。

这些墓地显示着耶律楚材广泛的影响力，他的功德被后人铭记。至于真实与否反倒无足轻重了。

三、明清胜地与乾隆重建新祠

名人墓园历来是风景名胜区的重要景观，其中以杭州西湖岳飞墓最为著名。同样，耶律墓园也成为北京西湖的重要景点。元代祭拜诗文留存不多，仅见王恽诗《谒玉泉真像五首》，其四云：

丞相祠堂忆重寻，几年西崦柏森森。
入门再拜夫人表，忘却登山力不任。①

自明代开始，凭吊诗文大量出现，首篇当数袁珙（字廷玉）诗《吊耶律墓》：

玉泉东畔瓮山阳，水抱孤村地脉长。
一自楚材埋玉后，儿孙两辈谥宁王。②

诗作于永乐初年。诗中提到“儿孙两辈”，可知当时墓园保存尚好，能辨识耶律铸、耶律希亮墓，耶律铸去世后追赠“懿宁王”；“水抱”即墓园被溪水环绕。袁珙为著名相士，对地理环境颇为敏感，看来他对此地形胜很是赞赏。

在这之后的百余篇诗文中，再未提及耶律楚材的子与孙，而且墓园残破不堪。显然墓园在明永乐前期即已被毁。某些文章认为，耶律楚材是契丹皇族后裔，又服务于蒙古朝廷，其墓园被毁，可能是元末明初个别汉人仇恨异族、狭隘的大汉族主义所致。

其实不然。耶律楚材虽然是契丹皇族后裔，但在蒙古统治者的观念中却属于“汉人”。更重要的是，他一生都以抢救、弘扬儒学为己任，对于蒙古政权接受中原文化起到至关重要的作用。因此，在时人眼中，耶律楚材并非“异族”，更不会因此而被人毁坏墓园。

---

①《秋涧先生大全集》卷三十一《谒玉泉真像五首·其四》。

②［明］袁珙：《柳庄先生诗集》，抄本。

墓园毁坏的原因，可以从瓮山泊西湖的环境史中找到。史载明永乐四年（1406年）八月，洪水冲毁瓮山大堤160丈[①]，连绵暴雨还冲塌数段北京城墙。朝廷组织军民抢修，随后一年再征民丁20万整治，调动军队疏浚河道。[②]耶律墓园应是毁于此次水灾。

当时正处于靖难之役结束后不久，北京又是征蒙前线，民生尚未恢复，抢修堤坝的物资很可能就拆自最近的耶律墓园灾后残迹。佐证事例有：徐达筑建北京北部新城墙时，就拆用元大都北城区域的庙宇、墓地材料。1965年在拆除北京北城墙过程中，发现了大量辽金元石碑、墓志等石制品。[③]洪水与修堤应该是耶律墓园毁坏的主因。

明天顺五年（1461年）付梓的《明一统志》征引了袁珙的诗，并对墓园做了进一步描述：

耶律楚材墓，在府西北三十里。楚材辽之裔，仕元为中书令，谥文正。墓东有祠，今为僧舍。石像犹存。[④]

这时期墓园还剩有墓茔、石像，墓东的昊天罔极寺已改为僧舍。成化朝礼部尚书吴宽来游，在《谒耶律丞相墓》诗序中记述道：“（墓）在瓮山下。前有石象，须分三缭其长过膝，真异人也。”其诗云：

角端人语大兵还，帷幄功高掩伯颜。身托中原只抔土，神归朔漠自重关。
僧伽香火青松盛，翁仲风霜白石顽。遗象俨然惊叹久，一间空屋倚西山。[⑤]

园貌可从诗中得到更多细节的补充：耶律楚材石像胡须过膝，香火与松林俱盛。嘉靖、万历年间，西湖瓮山得到治理，景色更加优美，对耶律楚材的凭吊诗文也最多。如嘉靖进士刘效祖《瓮山拜耶律祠》云：

---

① 明代1丈合今320厘米。

②［明］杨士奇等：《明太宗实录》卷五十八永乐四年八月癸卯条、卷六十七永乐五年五月丁卯条，（台北）“中央研究院”历史语言研究所影红格抄本配抱经楼本之校印本，1962年版。

③ 黄秀纯：《辽代张俭墓志考》，《考古》，1980年第5期。

④《明一统志》卷一《京师・顺天府》。明代1里合今576米。

⑤［明］吴宽：《匏翁集》卷十五《谒耶律丞相墓》，明正德三年吴奭刻本。

迢递荒山下，披榛拜古祠。衣冠犹左衽，岁月已明时。
溪远泉声细，林深日影迟。犬羊空朔漠，谁与奠新卮。①

万历进士王嘉谟诗句：

丞相遗丘湖水云，荒榛野草自森森。
亭前春水平禾亩，阶下迷云聚古林。②

这些诗篇再次指明墓址附近有溪水、茂林。到明万历晚期，耶律墓园遭到最为严重的破坏，沈德符《万历野获编》记述道：

近日，一友人治别业于京师外西山，忽发一冢，开椋得大头颅，加常人几倍，不知为何人葬地。余闻之，谏止之曰："此无论何代，殆必异人，盍早纳其元，封闭之。"未几掘得碣石，则楚材墓也。虽稍为葺治，闻圹中他物散去多矣。③

文中的"碣石"即墓志铭，地上神道碑早已无存。到明天启年间，墓园又一次遭到破坏，仅有的石翁仲被砸碎，刘侗《帝京景物略》记述：

山下数十武，元耶律楚材墓。墓前祠，祠废像存，像以石存也。石表碣、石马、虎等已零落，一翁仲立，未去。天启七年夏夜，有萤十百集翁仲首，土人望见夜哗，曰石人眼光也，质明共踣而争碎之。后夜萤来无所集，集他树，人复望见，夜复哗，锄耰夜往树上，乃萤也，而墓前无余器矣，突然一丘。④

图9　耶律楚材祠享堂，赵晓燕摄

①［明］刘效祖：《瓮山拜耶律祠》，见［明］沈应文修，［明］张元芳纂《（万历）顺天府志》卷六《艺文志》，明万历刻本。

②［明］王嘉谟：《耶律丞相墓》，见《帝京景物略》卷七《西山下·瓮山》。王嘉谟《蓟丘集》卷二十四所收版本与此不同。

③［明］沈德符：《万历野获编》卷二十八"耶律楚材"条，中华书局，1959年版。

④《帝京景物略》卷七《西山下·瓮山》。

刘侗所记石翁仲无存，王崇简则记，在崇祯九年（1636 年）时尚存两座石翁仲，其中一座头部被毁：

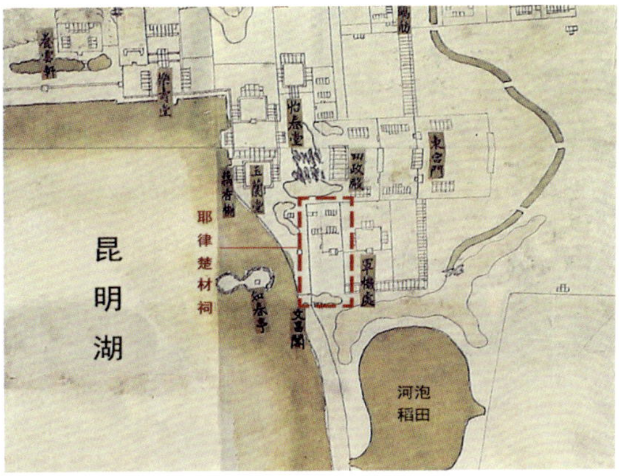

图 10　道光时期的耶律楚材祠。《清漪园地盘画样》（局部），清道光二十年至二十四年（1840—1844 年）间样式雷绘制，中国国家图书馆藏

瓮山山下东南数十武，旧有元耶律丞相墓。明崇祯丙子春过之，祠宇倾颓。尚存公及夫人二石像端坐荒陌。少前二翁仲，一首毁。相传居人夜见有光，疑其怪而凿也。后一高阜则公墓云。①

遗憾的是，耶律楚材夫妇石像后来也被凿毁。32 年后，也就是康熙七年（1668 年），王崇简再次来游，景观大变：

康熙戊申二月二十七日，策马重经，断垄渐平，耕者及其址，石像仅存下体，余皆荡然。三十余年来，问之土人鲜知为公墓者。墓西去半里圆静寺僧犹能言其处。嗟夫！石像何患于人，去之者以其防耕也。念此十笏残基，再数年皆麦苗黍穗矣。②

“断垄渐平”表明墓园被辟为农田，大片松柏几被伐尽，仅余极小部分的“十笏残基”。清初还有数首相关诗作，对了解原貌有所参考：

（康熙年间）孤村斜抱瓮山阳，遗像萧然古佛堂。五尺长须真洒落，一园秃树最荒凉。③

（康熙年间）望野适苍莽，行行数里余。散步至瓮山，荒寺残僧居。为问耶律公，邱垅近何如？④

①《青箱堂诗集》卷二十三。
② 同上。
③［清］冯廷櫆：《冯舍人遗诗》卷三《耶律村》，清雍正十一年刻本。
④［清］刘岩：《大山诗集》卷一《病中杂诗》，清宣统二年寂园丛书铅印本。

（雍正年间）寻秋出国门，瓮山聊小憩。喜遇风日佳，园林正初霁。侧身过山南，下有古松桂。问是何代祠，门闭无人祭。数武即幽宫，荒凉杂薜荔。翁仲卧荒邱，石羊横草际。①

图 11　乾隆御题匾额，赵晓燕摄

乾隆初年建设好山园，经办人“以其逼近园门，故培土为山其上以藏之”。至此墓园几近湮灭无痕。到乾隆十五年（1750 年）开建清漪园，乾隆皇帝知其为耶律楚材墓后，挖开覆土按原址恢复，建享堂 3 间（见图 9、图 10），塑像其中，“使有奠馈申酌之地”，每月供香银 1 两，拨庙户 3 名焚修管理，以示褒贤劝忠之意，还亲题匾额“元枢宰化”（见图 11），作御制诗云：

曜质潜灵总幻观，所嘉忠赤一心殚。无和幸免称冥漠，有墓还同封比干。
窀穸即仍非改卜，堂基未没为重完。摛文表德辉贞石，臣则千秋定不刊。②

诗中将耶律楚材与商代名臣比干相提并论。其实早在乾隆皇帝还是宝亲王时，就对耶律楚材有过高度评价：

元自太祖、太宗以及世祖并有天下，莫不率服，亦赖有一二名臣为之左右。于其间使敷政设教有以成一代之纪纲，则耶律楚材、许衡其人也。二人立纲陈纪，为国成宪，才智兼全，经理庶务……③

乾隆继位后在讨论祭祀礼仪时，又论及耶律楚材等历史名臣：

若唐魏徵，宋王旦，元耶律楚材，明王恕、杨廷和等皆有可称之绩，而祀典不及。盖于同时同列中，较德量功，取彼遗此，诚难其人而重其事也。应将该佥都御史所

①［清］程瑞祊：《槐江诗钞》卷一《耶律文正王墓》，清乾隆二年赐书堂刻本。
②《清高宗御制诗集》二集卷十八《题耶律楚材墓有序》。
③［清］高宗弘历：《御制乐善堂全集定本》卷六《论许衡》，清文渊阁四库全书本。

奏从祀诸臣再加详订遗漏之处。毋庸议。[①]

因此在祠堂竣工时，乾隆特命大臣汪由敦作记刻碑，介绍耶律楚材一生的功绩。文末作者也提出为何选墓址于瓮山的疑问：

史称楚材精术数，其卜兆于此也，岂真预知身后之必膺荣遇？抑亦其功烈所存，有不容终泯者然？使不遇我皇上眷怀贤哲，安望于世远年湮之后，匆坠而益传？[②]

当然，汪由敦是借问颂圣，自问自答，赞美乾隆皇帝保护文脉之功。这倒是有几分中肯，北京西北郊历史上还有几座“文正公”墓，如刘秉忠文正公墓、李东阳文正公墓、朱圭文正公墓，初期这些墓园皆庄严伟岸，随着日久年深最终踪迹全无，唯有瓮山耶律文正公墓保存下来，这不能不归功于乾隆的大力保护与褒扬（见图 12）。

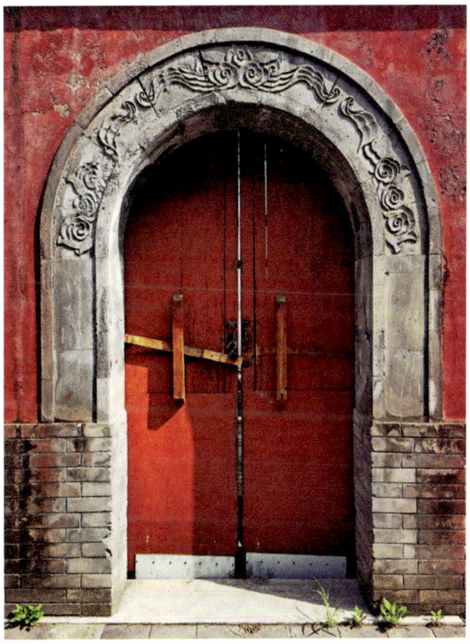

图 12　耶律楚材墓的坟冢门，赵晓燕摄

耶律楚材祠在光绪时期重修，样式雷图纸标名为“陀陀坟”“陀陀祠堂”（见图 13、图 14），1931 年曾做过整修（见图 15）。[③]1967 年，耶律楚材墓地再次被刨开，“发现距地一米深处是由表石板构成的墓顶，下面是木结构的支柱，未发现遗骨和随葬器物。后在耶律楚材祠院内架帆布棚、设茶社，1975 年 4 月 9 日失火”，1983 年再次修复。[④]

耶律墓园从明初的残存、湮灭，到乾隆复兴再衰败，至 1983 年的再复建，起伏跌宕

① [清] 董诰等：《清高宗实录》卷一百六乾隆四年十二月丙戌条，中华书局影中国第一历史档案馆藏原皇史宬大红绫本配北京故宫博物院图书馆藏原乾清宫小红绫本，1985—1986 年版。

② [清] 汪由敦：《松泉集·文集》卷十一《奉敕撰元臣耶律楚材墓碑记》，清文渊阁四库全书本。

③《耶律楚材墓招商修理》，《申报》，1931 年 7 月 13 日，第 4 版；《修理耶律楚材墓 油饰佛香阁》，《益世报》（北京），1931 年 8 月 14 日，第 6 版；《耶律楚材墓招商修理》，《山东省建设月刊》，1931 年 10 月第 1 卷第 10 期，第 293 页。

④ 徐征：《海淀风物丛考》，北京出版社，1998 年版。

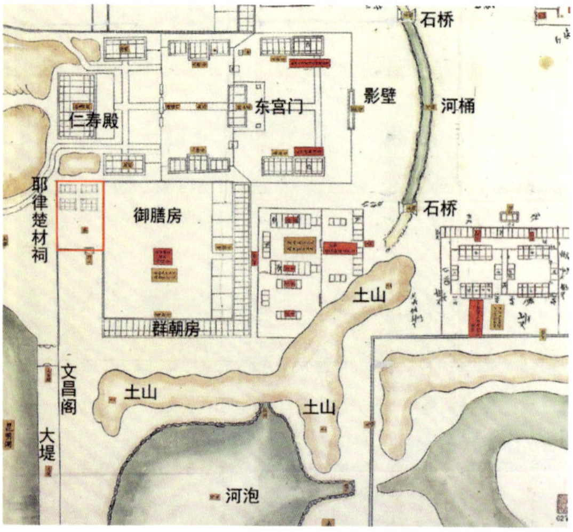

图 13　光绪时期耶律楚材祠与水塘河泡。《遵绘东宫门外各处占用地位房间地盘画样准底》（局部），清光绪十六年（1890 年）样式雷绘制，中国国家图书馆藏

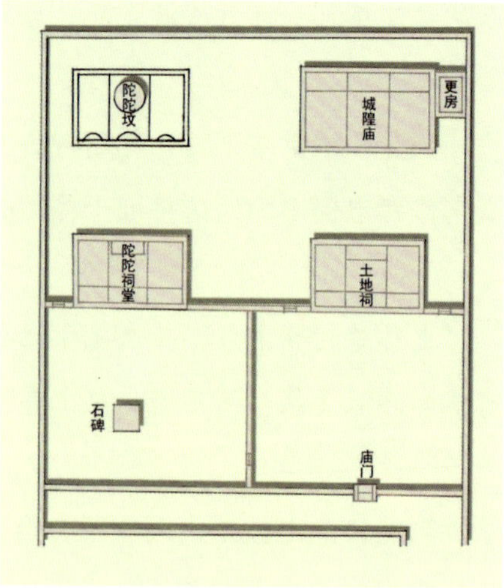

图 14　光绪时期耶律楚材祠（时称陀陀坟）详图。摹自《文昌阁东修建电灯房院图样》（局部），清光绪年间样式雷绘制，中国国家图书馆藏

有如耶律公精彩传奇的一生。斗转星移，湖山几变，唯有耶律墓园仍在，不由得让人心生感慨。清末魏元旷在耶律墓前写道：

六百年间事，先生卧此邱。
兴亡经几阅，富贵彼何求。
一统开夷局，斯文得绪流。
至今燕蓟域，真作帝王州。①

从明、清到民国，耶律墓前诗文百余篇，不仅记载了对耶律楚材的歌颂与评价，也记录了墓园的兴衰演变与时代变迁。

四、结语

在以往风景园林史中，很少论及元代的造园成就，而耶律楚材祠的演变却告诉人们，颐和园这一文化遗产的起源与北方民族息息相关，这也印证了中华文明多元一体的特征。认同儒家思想的不同民族，共同培育了这一山水园林之果。

① 魏元旷：《潜园诗集》卷七《过耶律文正公墓》，民国二十二年魏氏全书本。

如果以更广泛的视野观察，耶律楚材祠还让我们看到，在辽金元时期，特别是南宋政权龟缩江南一隅的150年间，中华文明并未在北方地区湮没。在北方坚守儒学使命、撑起中华大旗的是契丹族、女真族及北方汉族。正是有着共同的文化信仰，他们才被蒙古统治者定义为“汉人”。

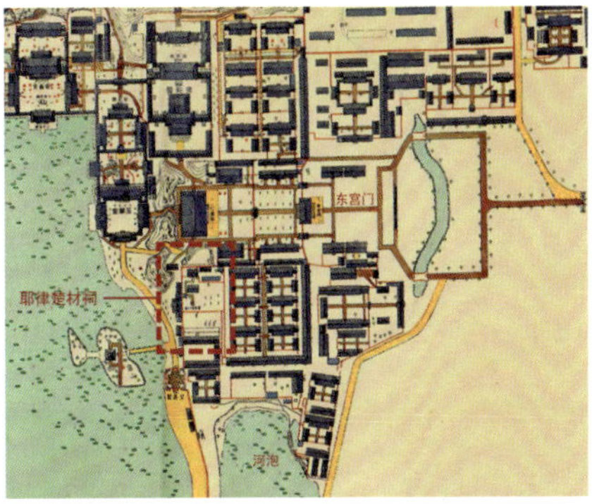

图15　1934年耶律楚材祠的布局与环境。《颐和园全图》（局部），1934年国立北平研究院测绘组测制、出版部印行，中国国家图书馆藏

这些团结在中华旗帜下的“汉人”，以儒家的成仁精神，保持着昂扬斗志，不断对强权进行洗礼。当时的欧亚大陆几乎有着共同景象，在凶猛的蒙古铁骑横扫飙进的同时，另一种力量——“文化”也以同样的能量迎击。

图16　耶律楚材祠前院

在以耶律楚材为代表的“汉人”的奋争下，儒、释、道也融入了蒙古统治集团的思想意识，从放弃屠城、迁都汉地、尊孔科举，到沿用中原的典章制度、建立大承天护圣寺等，都显示着中华文明的节节胜利。在众多凭吊耶律楚材的诗文中，以王鏊的诗句最为精辟：

西山几度只空还，好事怀贤动我颜。
蒙古有公方用夏，居庸从此不为关。[①]

沈德符的评价则最有高度：“耶律楚材大有造于中国，功德塞天地。”[②]

从“五亩宫”到耶律墓园的演变，为我们展示了中华民族融合的一个小小片段，也展示了传统文化强大的凝聚力量。这些就是耶律楚材祠——一个小院留给人们的记忆与启迪（见图16）。

①［明］王鏊：《元耶律丞相墓》，见《帝京景物略》卷七《西山下·瓮山》。
②《万历野获编》卷二十八“耶律楚材”条。

南宋全太后与瓮山泊水田

昆明湖地区水稻种植虽然在出土文物中早有痕迹，但大规模的生产还是在元代以后。郭守敬的水利治理不仅满足了大都的用水与漕运，也加速了瓮山泊沿岸稻田的开发，很快瓮山泊周边就呈现出水乡田园景象。当时这片水田拥有者之一，是位南宋皇太后。这位皇太后在元朝拥有的田产总计 360 顷（一说 500 顷[①]），即 36000 亩，折合现在 21 平方千米，规模宏大，相当于 7 个颐和园的面积。《元史・世祖纪十三》记载：

（至元二十八年十二月）宣政院臣言："宋全太后、瀛国公母子以为僧、尼，有地三百六十顷，乞如例免征其租。"从之。[②]

瓮山水田应是这巨大田产中的一部分。天历二年（1329年），元文宗购买已故宋太后全氏田地作为庙产，用以建设大承天护圣寺。《元史・文宗纪二》：

（天历二年九月）市故宋太后全氏田为大承天护圣寺永业。[③]

令人不解的是，南宋疆域从未到达过燕京地区，这里怎么会有南宋太后的田产？上述史料又包含了哪些信息？这还得回放一下宋元之交的背景。

一、全太后与宋恭帝

就在郭守敬引水白浮泉、开挖通惠河、元大都建成的这一年（至元十一年，1274 年），偏安临安[④]、萎靡不振的南宋政权仍在苟延残喘，七月宋度宗赵禥病亡，大宋最后的半壁江山交给了年仅 4 岁的赵㬎，即宋恭帝，他的母亲是全太后全玖，

①［清］谈迁《国榷》卷四洪武三年四月己未朔条："瀛国公入元，与全太后俱为僧尼，赐田五百顷。"中华书局，1958 年版。

②《元史》卷十六《世祖纪十三》。另见［明］释大闻编《释鉴稽古略续集》卷一，日本大正新修大藏经本。

③《元史》卷三十三《文宗纪二》。

④ 临安，今浙江省杭州市。

也就是前面提到的田产主人。

全太后出身名门，是宋理宗（见图 1）之母慈宪夫人的侄孙女，自幼聪慧伶俐，曾与父亲经历过湖州战乱，备尝艰险。她被推荐为太子妃人选，寄望“其处富贵必能尽警戒相成之道”。入宫时，理宗问候道：“你父亲为国捐躯，想起来总让我伤心。”全玖答说：“我父亲确实值得缅怀，但淮河、两湖的百姓更值得眷顾。”①这一回答被认为深刻得体，于是她被册封为太子妃。太子赵禥继位后是为宋度宗（见图 2），全玖被封为皇后，后来被尊为仁安皇太后。

图 1　宋理宗赵昀像

赵禥是历史上著名的昏庸皇帝，智力低于常人，与晋惠帝司马衷不相上下。宋理宗无子，遍寻血脉近支仅有这么个男孩，只得收为养子作为继承人。

图 2　宋度宗赵禥像

宋度宗登基后，就将军政大权全部交给奸相贾似道。此时，元军正在围攻襄阳与樊城，守城军民浴血奋战，前仆后继，厮杀极为惨烈，而后方的度宗连日常公文也懒得批阅，将相关工作甩给了宠爱的 4 位嫔妃处理，②自己则在宫中荒淫无度，在位 10 年便死于临安福宁殿。③不久元军攻破樊城，坚守襄阳六年的大将吕文焕粮尽援绝，无奈投降。长江天险大开，元军顺流而下，南宋危在旦夕。

图 3　元世祖孛儿只斤 · 忽必烈像

继位的小皇帝刚刚 4 岁，就面临着呼啸而来的元军，全太后只得与婆婆谢太皇太后一同垂帘听政，朝政仍由贾似道把持。他欺上瞒下，怯懦畏战。至元十二年（1275 年），宋军在鲁港④大败，精锐损失殆尽。尽管贾似道很快被罢官流放直至被杀，但南宋亡国之势已定。满朝大小官员面面相觑，争相逃窜，几乎无人上朝，更无人可议，谢太皇太后痛加斥责也无济于事。至元十三年（1276 年）二月，各路元军会师临安城下，老太后无奈，只得削去皇帝、太皇太后

① 参见［元］脱脱等《宋史》卷二百四十三《后妃传下 · 度宗全皇后传》，中华书局，1977 年版。

②［宋］陈世崇：《随隐漫录》卷二，《全宋笔记》第 8 编第 4 册，大象出版社，2017 年版。

③《宋史》卷四十六《度宗纪》。

④ 鲁港，今安徽省芜湖市南。

尊号，与全太后携小皇帝投降。

由于皇帝、皇太后和太皇太后属于主动“归附”，加之忽必烈（见图 3）受汉臣影响，元军未开杀戒。南宋宫廷琴师汪元量留下这样的记录：“伯颜丞相吕将军，收了江南不杀人。昨日太皇请茶饭，满朝朱紫尽降臣。”①

二、从瀛国公到木波合尊

随后的三月初，小皇帝、全太后，以及后妃、宗室、大臣、太学生、工匠数千人从杭州启程，沿大运河北上，被押往上都。闰三月，经通州②抵达大都，元帝忽必烈派人热情款待。③在此后的 20 多天里，据汪元量的诗中所记，忽必烈先后安排了 10 次宴请：

满朝宰相出通州，迎接三宫宴不休。
六十里天围锦帐，素车白马月中游。④

皇帝初开第一筵，天颜问劳思绵绵。
大元皇后同茶饭，宴罢归来月满天。⑤

第十琼筵敞禁庭，两厢丞相把壶瓶。
君王自劝三宫酒，更送天香近玉屏。⑥

每月支粮万石钧，日支羊肉六千斤。
御厨请给蒲桃酒，别赐天鹅与野麋。⑦

诗中的日食羊肉六千斤似乎太多了些，⑧宴请中竟然还有葡萄酒、天鹅肉、獐鹿

① ［元］汪元量：《增订湖山类稿》卷一《醉歌·其十》，中华书局，1984 年版。

② 通州，今北京市通州区。

③ ［元］佚名撰，王瑞来笺证：《宋季三朝政要笺证》卷五《少帝·丙子》，中华书局，2010 年版。

④《增订湖山类稿》卷二《湖州歌九十八首·其六十八》。

⑤《增订湖山类稿》卷二《湖州歌九十八首·其七十》。

⑥《增订湖山类稿》卷二《湖州歌九十八首·其七十九》。

⑦《增订湖山类稿》卷二《湖州歌九十八首·其八十三》。

⑧ 元代 1 斤合今 610 克。清人魏源《元史新编》卷五《世祖纪上》“六千斤”作“六十斤”，可能认为“千”字是“十”字之误。赵翼则在《廿二史札记》卷三十“金元二朝待宋后厚薄不同”条中，称“日支羊肉一千六百斤”，未知何据。

肉，应该说宋恭帝、全太后一行算是历代亡国君主中待遇较好的，也显示出蒙古人的豪爽不羁与杀戮习俗的转变。

到达上都后，忽必烈在大安殿对受降人员一一封赏。宋恭帝赵㬎被授开府仪同三司、检校大司徒，封瀛国公，嫁以公主，赐居大都城，在上都也有宅邸。全太后获赐瓮山田产应在此时。

图 4　元世祖皇后弘吉剌 · 察必像

大都所处燕地，稻作历史悠久，早在汉代就有车厢渠与狐奴山水田的开发，而近在金世宗之时于大宁宫[①]种稻，“引宫左流泉溉田，岁获稻万斛”[②]。昆明湖地区隋代已有水稻种植迹象，而全太后的赐田则加速了这一地区的规模化生产，数千江南降人无疑对水稻及其生产非常熟悉，部分人参与赐田的生产管理是自然的事情。

全太后一行在大都开始生活时，还受到特别关照，汪元量在诗中记述云：

三宫寝室异香飘，貂鼠毡帘锦绣标。
花毯褥裀三万件，织金凤被八千条。[③]

雪里天家赐炕羊，两壶九酝紫霞觞。
三宫夜给千条烛，更赐高丽黑玉香。[④]

三殿加餐强自宽，内家日日问平安。
大元皇后来相探，特赐丝绸二百单。[⑤]

诗中的大元皇后，就是忽必烈的皇后察必（弘吉剌氏，见图4），她在一系列优待宋室的活动中起到了至关重要的作用。察必皇后为人善良，“后性明敏，达于事机。国家初政，左右匡正，当时与有力焉”。她曾亲自为忽必烈缝制战袍，带领宫女纺布，成为后世传颂的后宫楷模。当忽必烈大宴平宋胜利时，她

① 今北京市区北海一带，当时名为“白莲潭”
② ［元］脱脱等：《金史》卷一百三十三《叛臣传 · 张觉传附张仅言传》，中华书局，1975 年版。
③《增订湖山类稿》卷二《湖州歌九十八首 · 其八十四》。
④《增订湖山类稿》卷二《湖州歌九十八首 · 其八十六》。
⑤《增订湖山类稿》卷二《湖州歌九十八首 · 其八十七》。

并未随众欢乐，而是平淡地说出一句历史名言："自古无千岁之国，毋使吾子孙及此，则幸矣！"①

看到全太后不适应北方水土气候，察必皇后曾三次劝忽必烈放其南归。深谋远虑的忽必烈当然不会答应，最后只得说："你们女人没有远见，若使全氏南归，一旦传言不利，其家族必被灭掉，这反而害了他们。如果怜悯，你就多加关照就是了。"②这算是对皇后怀柔行动的默许。

全太后、瀛国公在大都生活如何，瓮山泊田产又是怎样使用的？史书中并没有直接的记载。但通过汪元量诗，可知瀛国公要好于徽、钦二宗在五国城③的待遇。汪诗《平原郡公夜宴月下待瀛国公归寓府》有"柳摇楚馆牵新恨，花落吴山忆旧游"之句，④高丽忠宣王侍臣权汉功也有诗《瀛国公第盆梅》，⑤说明当时赵㬎不仅有自己的府邸，而且室内还装饰了花木盆景，待遇非同一般。另外，母子俩还时常参加皇帝在琼华岛（又称蓬莱岛）举办的宴会，汪元量《御宴蓬莱岛》诗云：

晓入重闱对冕旒，内家开宴拥歌讴。驼峰屡割分金碗，马奶时倾泛玉瓯。
禁苑风生亭北角，寝园日转殿西头。山前山后花如锦，一朵红云侍辇游。⑥

后来汪元量南归时，29 位杭州旧人相聚送行，⑦众人饮酒悲歌，心情惆怅但行动自由，推想全太后母子也应类此。

察必皇后于至元十八年（1281 年）去世，她的御容被供奉在与瓮山泊相连的高梁河仁王寺⑧里，从瓮山泊可以行船抵达寺前，想来全太后不会有泛舟的心情。

失去察必皇后的保护，全太后的处境每况愈下，特别是第二年，河北中山府⑨农民起义，起义领袖自称"宋主"，有兵千人，欲进大都解救文天祥。起义军一直打到

① 参见《元史》卷一百一十四《后妃传・世祖后察必传》。

② 同上。

③ 五国城，今黑龙江省哈尔滨市依兰县西北。

④《增订湖山类稿》卷三《平原郡公夜宴月下待瀛国公归寓府》。

⑤［朝鲜］权汉功：《瀛国公第盆梅》，见［朝鲜］徐居正编《东文选》卷二一，《朝鲜群书大系》第 54 册，广陵书社影印本，2019 年版。

⑥《增订湖山类稿》卷三《御宴蓬莱岛》。

⑦ 元人乃贤《金台集》记为 29 人，清人朱彝尊记为 17 人，见《日下旧闻考》卷一百五十九《杂缀三》。另见汪元量《增订湖山类稿》卷三《余将南归，燕赵诸公子携妓把酒饯别，醉中作把酒听歌行》。

⑧ 位于今北京市区白石桥附近。

⑨ 中山府，今河北省定州市。

离大都城 100 多里[①] 的地方，才被元军平息。同时期，大都城内也暗传匿名书信，准备烧毁城墙蓑苇，策动两翼兵为乱。恰好此时汉人王著与高和尚又刺杀了左丞相阿合马，这一系列事件让忽必烈疑虑不绝，于是杀掉文天祥，遣散了第三次征日军队，更将全太后和 12 岁的瀛国公赵㬎，连同降元的南宋官员统统迁往上都。瀛国公临行前写下一首诗作，充满了不祥的预感：

寄语林和靖，梅花几度开？
黄金台下客，应是不归来。[②]

六年后（1288 年），忽必烈又赐钞百锭，命 18 岁的赵㬎到西藏为僧，法号木波合尊。全太后则在正智寺出家为尼，汪元量为此写下两首诗：

木老西天去，袈裟说梵文。生前从此别，去后不相闻。
忽听北方雁，愁看西域云。永怀心未已，梁月白纷纷。[③]

南国旧王母，西方新世尊。头颅归妙相，富贵悟空门。
传法优婆域，诵经孤独园。夜阑清磬罢，趺坐雪花繁。[④]

全太后母子虽出家为僧尼，但瓮山泊田产仍被保留，并且赋税全免。元代僧人的地位很高，一旦出家，田产便无须缴纳赋税。瀛国公在大都、上都的两处府第也予以保留。全太后出家后不久便撒手人寰，忽必烈命汉臣作挽诗，文人叶森写诗道：

繁华如梦习空门，曾是慈明秘殿尊。一夕顿抛尘世事，半生知感圣朝恩。
五千里外无家别，八十年来有命存。回首钱塘江上月，夜深谁与赋招魂。[⑤]

作者也是南宋的降臣，有着与全太后一样的心情。当年站在瓮山泊边的全皇后，

① 元代 1 里合今 561.6 米。
② [元] 陶宗仪：《南村辍耕录》卷二十《宋幼主诗》，中华书局，1959 年版。
③《增订湖山类稿》卷三《瀛国公入西域为僧，号木波讲师》。
④《增订湖山类稿》卷三《全太后为尼》。
⑤ [明] 田汝成辑撰：《西湖游览志余》卷二《帝王都会》，中华书局，1958 年版。

回首的岂止是钱塘江月，抑或是一腔亡国悲泪，化作半湖苍凉，心归细雨迷蒙的杭州西湖。

瀛国公后来成为西藏日喀则萨迦大寺的高僧，他的儿子赵完普也出家为僧。瀛国公在这里译有经文《百法明门论》《因明入正理论》，但行动仍不自由，这在其《鹦鹉》诗中表露无遗：

毛羽自然可数，仙禽不受凡笼。
衔得梧桐一叶，中含无限秋风。①

后来瀛国公又被迁居到西北，最终还是因猜疑被元英宗赐死于甘州。② 赵完普则被迁徙至沙州，不知所终。③ 瓮山泊水田主人的生命就这样结束了。

湖山不理人间事，稻田依旧翻金波。经过元代初年的开荒拓田，瓮山泊地区渐显水乡秀美之色。天历二年（1329 年）春，元文宗来到瓮山泊边，被辽阔的景色所感动，决定在此兴建大承天护圣寺，于是购买全太后的田地为庙产。有臣僚进言不必付钱。元文宗拒绝道："我建寺是为子孙、为黎民百姓祈福，如若取人田而不付钱值，非我之愿！"④ 他另购大田 1000 亩作为臣属别业用地及寺庙的供养田。至于这笔田产收入由谁继承，史料无存，或许是那些当年陪同全太后母子北上、"日支羊肉六千斤"的官员、嫔妃、宫女、工匠之辈吧。

从此，瓮山泊周边稻田得到皇家的管理与财力支持，稳产丰产，成为京城富庶之区，稻田之美开始频频出现在诗人笔下。

虞集有诗云：

群臣颂德金为刻，万岁称觞玉作流。
避暑醴泉凉气早，旋京应喜大田秋。⑤

---

①［明］偶桓编：《乾坤清气集》卷十四，清道光四年刻本。

②［元］释念常：《佛祖通载》卷二十二："是年（笔者注：指元英宗至治三年）四月，赐瀛国公合尊死于河西，诏僧儒金书藏经。"日本大正新修大藏经本。甘州，今甘肃省张掖市。

③《元史》卷四十二《顺帝纪五》：至正十二年五月"庚辰，监察御史彻彻帖木儿等言：'河南诸处群盗，辄引亡宋故号以为口实，宜以瀛国公子和尚赵完普及亲属徙沙州安置，禁勿与人交通'"。沙州，今甘肃省敦煌市。

④ 参见《元史》卷三十四《文宗纪三》。

⑤《道园学古录》卷三《和马侍御西山口占》。

周伯琦有诗云：

稼宝丰黄云，击壤喧髦髫。
重峦霏湿翠，澄湖莹冰绡。[1]

又云：

渔艇凌波遥掷网，农麈趁候竞犁田。[2]

刘鹗有诗云：

湖岸草枯霜欲下，野田水落稻初收。[3]

相比金末元初耶律楚材等人诗中的莽林野水，元中期稻田的入诗率大大增加，其中陈旅诗最具表现力："弄田低碧树，驰道出金塘。"[4] 即是说，辽阔的皇家水田把树木比得很矮，御道在湖渚间贯穿，可见景观变化之大，稻田开始登上风景的舞台。

三、结语

稻田水乡是北京西北郊三大特色景观之一，它是从林莽荒野中开辟而成，由少变多，从单纯的生产性渐变为具有观赏性。在此过程中，全太后的赐田无疑起着拓荒者的作用，为后来京西田园风景的形成奠定了基础。

查寻史料，全太后在江南并无赐田，其时南宋处于崩溃之际，官田也早已赏赐殆尽。宋亡，忽必烈在上都大赏南宋降人，赐田在此时应无偏差。至于具体位置，本文依据史料提出上述推测，旨在展示当时的社会背景，探讨昆明湖地区稻作的初始情况，但仍觉证据有限，尚需进一步考证。

① [元] 周伯琦：《初秋同杨国贤太监咬住伯坚少监子贞监丞暨僚属重泛湖游西山》，见杨镰主编《全元诗》第 40 册，中华书局，2013 年版；又见《近光集》卷三，清文渊阁四库全书本。

②《近光集》卷二《三月廿二日侍从圣上泛舟玉泉西寺护国寺行香作》。

③ [元] 刘鹗：《惟实集》卷六《九日以公事随官曹之西山新寺与宋良卿便游诸寺》，清文渊阁四库全书本。

④ [元] 陈旅：《安雅堂集》卷一《次韵许左丞从车驾游承天护圣寺，是日由参政升左丞》，元至正刻明修本。

耶律铸墓、别业及其园林成就

1998 年 9 月，在耶律楚材祠东南文昌院的建设施工中，意外挖掘到耶律公次子耶律铸的墓穴。这项发现轰动一时，成为当年中国十大考古发现之一（见图 1 至图 3）。自明永乐年间至民国时期，关于耶律楚材墓的记录计有百余篇，里面居然没有这座 700 年墓茔的丝毫信息，此墓可谓一处被人遗忘的角落。

耶律铸（1221—1285），字成仲，号双溪，在耶律楚材去世后嗣领中书省事，历经乃马真后、贵由、海迷失后、蒙哥、忽必烈五朝，仕途遭两劫难、两起落。耶律铸虽然政绩难比其父，但在大蒙古国和元朝园林史中却占有重要地位。

瓮山不仅是耶律铸的长眠之所，也是他生前园居歌咏之地。此外他还建有多处别墅园林，培育观测了大量牡丹品种，记录了燕京及蒙古地区的园林概况。这些背景可以帮助我们更全面地了解金元时期颐和园地区的风景园林。

一、耶律铸与玉泉、瓮山的风景园林

耶律铸墓的发现看似意外，实在情理之中。他的父母合葬于此，留下墓园遗产与家族记忆，这也成为他园居生活的基础。耶律铸初识瓮山是在乃马真后二年（1243 年），他自蒙古的和林扶母亲灵柩归葬于燕京的瓮山，留下了诗文记录：

> 仙佩飘飘驾彩鸾，白云深锁瓮山寒。
> 自从好梦风吹断，谁念孤儿泪不干。①

“瓮山”一名就这样首次出现在历史文献中，“白云深锁”说明当年山上林木丰茂。他进一步述说道：

> 泪满云笺未怆神，高楼望不见飞尘。
> 重重门户无人到，深琐桃花一院春。②

①《双溪醉隐集》卷六《燕城之北，垂三十里有瓮山原，先妣国夫人坟室在焉。予过之哀感不已，而贮之诗，仍寄呈尊大人领省，以慰其戚云》。

②《双溪醉隐集》卷六《护先妣国夫人丧南行奉别尊大人领省》。

图1　耶律铸墓穴入口标识

“重重门户”“深琐桃花一院”说明墓园规模不小，房屋、院落众多。除去祭祀功能外，这里当有继续作为别墅使用的可能。

母亲的葬礼结束后，耶律铸与老师赵著、吕鲲，[①] 以及元好问游览了玉泉地区的湖山胜景。在歌咏唱和中，耶律铸还首次记述了玉泉山上金代皇家行宫遗迹。在正史中，金帝游玉泉的记载极其简略，不过数字而已，感觉很像临时性的走马观花，不太会有永久性建筑；即使有，规模也不会太大。然而在耶律铸诗中则以“废宫”“殿阁”这样的词汇描述，看来这些建筑应有不小的体量。如他写道：

殿阁人稀草树荒，旧游空记五云乡。
劫前天地兴亡梦，借问山灵是几场。[②]

玉泉潇洒已年深，昔日遗踪尚可寻。
有意林泉堪作伴，无情岁月任相侵。
携壶乘兴开怀饮，策杖闲游信口吟。
地僻山空无客过，松杉庭户月沉沉。[③]

“遗踪尚可寻”“庭户”也印证了行宫具有一定规模。他还对玉泉山整体环境做了记述：

玉泉泉下有鱼龙，风起波涛沧海同。
自是鱼龙无意出，月明愁杀钓鱼翁。[④]

所见湖水紧邻玉泉山麓，阔如“沧海”。这时山上洞窟已开发为宗教之用，他在《次张子敬游玉泉诗韵》诗中云：

① 赵著号虎岩，吕鲲号龙山。
②《双溪醉隐集》卷五《游玉泉山废宫故基口号》。
③《双溪醉隐集》卷五《次赵虎岩过玉泉怀古韵》。
④《双溪醉隐集》卷六《次赵虎岩诗韵》。

并觉氛埃不更侵，水天澄碧自相临。
纵游人在知鱼乐，浪作诗来羡鸟吟。
花障静缘芳径合，香云浓琐洞房深。
从君落笔惊风雨，要识春风是此心。[①]

图2　耶律铸墓穴入口

游览玉泉山后，耶律铸一众又到香山寺进香、访古寻胜，其后遍游燕京大宁宫琼华岛、西园、同乐园、鱼藻池等金代皇家园林遗址。这些都给耶律铸留下了深刻印象，他在回到和林后还时时回忆：

诗篇足继晋名流，几度思君倚寺楼。
十载龙庭归不得，玉泉何日更同游。[②]

悲笳一声悲欲绝，雪纷纷兮风烈烈。
玉泉溪上多旧游，旧游别后经几秋。[③]

耶律铸以后又多次返回燕京，如《壬子秋日客舍纪事因寄家兄》所记：

判花歌鼓殷晴雷，露叶风枝漾酒杯。金水净穿深巷陌，玉泉浮动远楼台。
可堪白雁将秋去，又着青云入梦来。原上眷令何处所，不听游子咏南陔。[④]

如果诗中并非虚写的话，说明蒙古宪宗二年（1252年）金水河就已存在，玉泉通过金水河为燕京城供水。宪宗四年（1254年）、六年（1256年）耶律铸又两次因公务到燕京，顺便携诸子拜师学儒，还以大房山为背景写作了长文《寄生树赋》。

耶律铸出生于西域，成长于草原，早年很可能随父到过河南苏门山。在各地风景名胜中，他更认同、喜爱玉泉山水，将其视作故乡与精神家园，而把任职所在的

①《双溪醉隐集》卷六《次张子敬游玉泉诗韵》。
②《双溪醉隐集》卷六《和光祖诗》。
③《永乐大典》卷九百二引《拟古》。
④《双溪醉隐集》卷三《壬子秋日客舍纪事因寄家兄》。

和林当作“客”居。耶律铸写诗云：

客梦时时绕玉泉，碧山无数锁苍烟。
君恩未报归难得，且向龙沙待数年。①

和林城西看春柳，何如谈笑倾杯酒。
百年身世一梦中，夕阳相对空回首。②

对玉泉瓮山的眷恋热忱真挚，一如其父。在其《复次过玉泉诗韵四首·其一》中，则证明瓮山耶律家族宅园依然存在：

玉泉佳景昔人传，近筑幽居碧水前。
他日卜邻无我弃，竹篱茅舍好相连。③

诗末告诉友人，下次再筑玉泉居所时记得打个招呼，好与我家的竹篱茅舍相连为邻。

在耶律铸游览玉泉的诗文中，还有一首《春日游玉泉道院》无意间记录了玉泉山佛寺变道观的史实，印证了蒙、元之际佛道两教间激烈的冲突。大蒙古国时期，因着成吉思汗礼遇丘处机，道教势力疾速膨胀，“占夺佛寺，损毁佛像，打碎石塔”，被道士抢占的寺庙有500余座，④玉泉山的寺庙即为其一。就在耶律铸来访前不久，玉泉山尚有佛寺观音阁，为那摩国师所建，《大元至元辨伪录》记述道：

而玉泉山水地土，圣旨尽付那摩国师⑤。跨崖据泉，上盖观音重阁，内塑其像，金涂彩绘，巧妙丹青，却为释有。帝对诸师曰：我国家依着佛力光阐洪基，佛之圣旨敢不随奉。而先生每见俺皇帝人家归依佛法，起憎嫉心，横欲遮当佛之道子。这释、道两路各不相妨，只欲专擅自家，遏他门户，非通论也。⑥

①《双溪醉隐集》卷六《复次过玉泉诗韵四首·其三》。
②《永乐大典》卷九百二引《拟古》。
③《双溪醉隐集》卷六《复次过玉泉诗韵四首·其一》。
④［元］释祥迈：《大元至元辨伪录》卷三，元刻本。
⑤ 所谓大朝国师南无大士，即铁哥之叔那摩国师。
⑥《大元至元辨伪录》卷三。

图3　耶律铸墓前后墓室主体

文中“先生”指道士。观音阁后来被道士所占，改为道院，一度准备作为白云观教长李志常的停灵之所。《大元至元辨伪录》接着叙述：

又燕北玉泉山，旧有白玉石观音像被道士打坏，身首分离。击碎石塔，穿石作洞，内刻道像，上谄朝廷为国家修善之所，投简福地，欲永占定，恐后争夺。李志常后脑疽既发，雷震而卒，遂假葬棺柩内成（盛）笠子柱杖埋于玉泉，而实尸葬于五华观中，图欲移年迁葬。但显空棺，妄待传播，效他达磨尸解仙去，而神不容奸，欲隐弥露，因赛典赤使人贡伞具陈其事，蕃汉闻之，哂其奸佞。①

两教冲突还表现在景观题名上。玉泉山洞窟有七真洞、吕公洞，又称华严洞、观音洞，同洞而异名，前者属道教，后者属佛教。这些都是当时两教冲突的遗痕，类似事件还很多。对道士的侵占行为，耶律楚材曾在《西游录》中痛加抨击，也引发后来佛道间的三次大辩论。

耶律铸来访玉泉山时，观音阁已变成道院。他作诗《春日游玉泉道院》云：

露桃香泛冷胭脂，低映相思玉树枝。
看取广寒宫殿去，涌金亭上月来时。②

涌金亭是为玉泉观月而名。诗意平和淡然，不同于父亲的疾恶如仇，这与耶律铸佛道双栖态度有关。随着道士在蒙、元之际大辩论中的三次败北，玉泉山渐回佛境，至明代中叶已不见道观踪迹，曾经的冲突也早已被人遗忘。

忽必烈中统年间（1260—1264年），大蒙古国政治中心南迁汉地，耶律铸遂定居燕京城里，还在郊外建设了多处别业园林，其在玉泉地区者为“桃花源别业”（又称“桃园”）。耶律铸《桃花源别业重理旧稿戏题》云：

---

①《大元至元辨伪录》卷三。

②《双溪醉隐集》卷五《春日游玉泉道院》。

无忧树下无怀氏，独乐园中独醉仙。八斗待量珠玉价，等闲不若一囊钱。
辞锋几挫毛元锐，心印都传楮守玄。未碍刘郎长占断，桃花流水洞中天。①

诗文大致作于至元十三年（1276年），此时已是耶律铸罢相后的第六年。这一年，他以平章军国重事的身份，受命监修国史。随后，他著写《征蜀道录》，每至深夜二鼓始搁笔。②其间，他常徜徉于湖山之间。桃花源别业在玉泉山下，与瓮山耶律墓园遥相呼应，二者之间以舟楫相连，他在《曲水游》中描写了这一行程：

上巳日临水中宴，遂泛舟玉泉至桃园吕公洞。
宴随步障水西东，曲水烟光锦绣中。杨柳结攀垂柳带，桃花嘶立落花风。
延引仙人莲叶舟，衣冠杂沓载凉州。风流今日兰亭会，移在桃源水上头。③

诗题“曲水游”很容易使人与耶律楚材诗中的八湾“荆水”相联系，诗人应是沿“荆水”向西“泛舟玉泉”。玉泉山畔桃花繁盛，与瓮山墓园“桃花一院”景色相一致，也说明这二山之间当年是一个完整的生态结构，非如后世那样破碎。诗中“桃花”除指植物，还兼指耶律铸的桃花马，所以才会“嘶”。他另有《桃花马二首》云：

花满长春洞里开，万枝云锦映楼台。
刘郎不道谁家物，尽与龙媒带取来。

散花仙子神如水，闲散瑶花剪霞绮。
春风吹满铁连钱，鞭碎玉鞭鞭不起。*
*自注：予之铁骢桃花，色备五采，求自渥洼。④

“长春洞”应是吕公洞的代指，放缰桃花马、游赏桃花林、细品玉泉水。此刻，他已彻底摆脱了官场羁绊，身心在山水之间得到最大的自由。玉泉流出的“荆水”，

①《双溪醉隐集》卷三《桃花源别业重理旧稿戏题》。
②《双溪醉隐集》卷二《述实录》。
③《双溪醉隐集》卷五《曲水游》。
④《双溪醉隐集》卷五《桃花马二首》。

在耶律铸诗中称为“玉溪”，其《玉溪》诗云：

玉溪声泻玉声寒，流绕祥烟瑞霭间。
却是冰壶凉世界，始知元是在人寰。①

桃花源别业中建有“枕流亭”：

振濯尘缨奠枕流，桃花源上玉溪头。春风来领长欢伯，和气追陪独醉侯。
童子只知除害马，庖丁元不见全牛。痴仙事业依然拙，甚识人间有棘猴。②

另有一首《题枕流亭》云：

窃期摛藻掞天庭，闲作篇章抒下情。殊喜濂溪爱莲说，未甘桑苎著《茶经》。
逍遥方外无为业，整顿人间不朽名。缘洗尘嚣耳中事，举家移住枕流亭。③

“举家移住”可说是一种家庭式的园居生活，住在瓮山，游在玉泉，而非偶一经过的观光。此时耶律铸的“家”是一个有着7位夫人、18个孩子的大家庭。

桃花源别业中最惬意的娱乐活动是荡舟，见其《游玉泉》诗：

纷披容与纵笙歌，蕙转光风艳绮罗。露冷桃花春不管，月明芳草夜如何。
灵珠浩荡随兰棹，云锦低回射玉珂。深入醉乡休秉烛，尽情挥取鲁阳戈。*
*自注：桃花事见桃花夫人事。洛阳耆旧刘伯寿二侍妾名萱草、芳草。④

诗文前半段，借唐朝息夫人桃花洞喻指桃花源别业，而“芳草”则以洛阳香山寺五老之一的刘几与萱草、芳草二侍女琴歌出游的典故，来比拟自己一家的游乐。下半段则记述湖水泛舟、芳岸骑马之趣。此诗文辞细腻婉约，不同于以往的豪迈遒劲，

---

①《双溪醉隐集》卷五《玉溪》。
②《双溪醉隐集》卷三《枕流亭》。
③《双溪醉隐集》卷三《题枕流亭》。
④《双溪醉隐集》卷四《游玉泉》。

若结合环境可知，那时玉泉山下湖泊是由众多大小不一的苇荡、水泡子组成，泛舟其中，水木繁密，宛转相连。在耶律铸去世6年后，玉泉山湖泊才被郭守敬整合拓展，形成烟波浩渺的瓮山泊。

舟中读书也是耶律铸在桃花源别业的乐趣之一，其《舟中读仙伯诗歌》云：

金门羽客传仙伯，雕章继贺登瀛客。锦囊满积骊龙珠，冥搜得自蛟龙宅。
岂无神物为护持，未许尘凡探幽赜。金山万丈安可升，玉海千寻不可测。
遂被声歌歌一曲，四望烟霞皆改色。浪花遥逐清风来，容与舟*横玉溪侧。
凌波弭楫水仙府，独上兰洲登醉白。驰情何许望成连，水与青天等宽窄。
*自注：容舟，舟名也。①

诗中的玉泉湖水有“与青天等宽”“玉海”“玉溪”等不同形态，真实反映了原始湿地型河湖的特点：界限模糊，似湖又似河。诗中还提到游船名称“容舟”，说明耶律家族经常使用此船，这再次佐证了桃花源别业的存在。

在耶律铸的桃花源别业歌咏中，既没有豪情壮志，也没有醉酒伤怀，倒是充满了闲情逸致、天伦之乐。这种生活方式与心态，并非他的最初追求，而是经历人生坎坷后的开悟与自我放逐。

二、耶律铸的文化背景与仕途起落

耶律铸出生于西域北庭，②母亲苏氏为苏轼四世孙之女，知书达理，是他的启蒙老师。耶律铸6岁时即会作诗，被誉为诗童。他还通晓蒙古及西域各语。稍长，耶律楚材先后为他安排了三位老师，皆为当时北方儒学大家：李然、吕鲲与赵著。在这些老师的精心培育下，耶律铸儒学功底扎实，从其13岁诗作《磨剑行》可见一斑：

故国江山万里行，不期今日果长征。
剑华休遣尘生涩，万事人间总未平。③

①《永乐大典》卷九百二引《舟中读仙伯诗歌》。

②和谈：《元代丞相耶律铸生于北庭考》，《新疆地方志》，2012年第3期。北庭，今新疆维吾尔自治区昌吉回族自治州吉木萨尔县北。

③《双溪醉隐集》卷六《磨剑行》。

诗中生气勃勃、豪情满怀。此外，他还擅长骑射，并被选作窝阔台汗继承人失烈门的伴读，前途无量。

乃马真后三年（1244 年）耶律楚材去世后，耶律铸嗣领中书省事，时年 23 岁。他曾上疏历代德政合于时宜者八十一章。虽然耶律楚材在晚年受到乃马真六皇后的冷遇，但耶律家族仍与窝阔台家族保持着密切联系，耶律铸与妻子赤帖吉真氏喜结连理，即为乃马真六皇后赐婚。此外，皇后还为新生儿命名，并送予大量喜金。

此时，耶律铸的人生看似前程锦绣，却充满了惊险艰辛。耶律铸遭遇的第一劫是贵由汗死后，窝阔台与拖雷两家族的权力之争。最终，拖雷长子蒙哥成为新的蒙古大汗，而窝阔台汗钦定的汗位继承人、孙子失烈门，临朝称制的贵由皇后海迷失，以及众多窝阔台家族成员、相关官员 80 余人被杀（一说 300 余人）。名列其中的耶律铸由于忽必烈相助才逃过一劫，不久重获信任。

蒙古宪宗八年（1258 年），耶律铸作为亲军首领随蒙哥汗自漠北伐蜀攻宋，屡出奇计，获赐尚方金锁甲及内厩骢马。① 不久，随着蒙哥汗阵亡于合州 ② 钓鱼山，耶律铸又遭逢人生第二劫。这时忽必烈与幼弟阿里不哥开始了激烈的汗位之争，蒙古诸王、朝中大臣分裂为两大阵营。在前途未明之际，耶律铸没有观望，而是表明立场，公开鼓动拥立忽必烈。这也显示出耶律铸率直的草原性情，以及缺少深藏不露的城府。而来自漠北的将领皆倾心阿里不哥，几乎拔剑相向。耶律铸见势不妙，来不及携妻带子，便只身出逃，投向漠南开平的忽必烈。

漠北蒙古军立刻派出百名精骑追拿，却未能赶及，这倒印证了耶律铸“善骑射”的评语。在东归途中，他穿越了酷热缺水的沙漠大戈壁——干海子，后来写诗云：

沙葱焦枯沙蓬干，海子干枯龙子 * 殚。
顾非海变桑田日，如何一旦无涓滴。
琴高控鲤游何许，好探麻姑问消息。
* 自注：龙子，马名也。③

①《元史》卷一百四十六《耶律楚材传附耶律铸传》。

② 合州，今重庆市合川区。

③《干海子》诗序：“余因六盘之变，经西夏信都府，过干海子。是夏其地无雨，草萎水涸。北中凡陂泺皆谓之海子。”见《双溪醉隐集》卷二。

“龙子马”为蒙哥汗所赐宝马良驹，居然也煎熬不住沙漠的酷热。想来耶律铸出逃时带的不止一匹马，正如蒙古骑兵常常数马换乘一样。

甩追兵、出沙漠，耶律铸大难不死。到达开平后，他即随忽必烈北上迎击阿里不哥东路大军主力，之后被任命为中书左丞相，最终打败阿里不哥于昔木土脑儿①。

耶律铸东归除去个人交情，忽必烈的汉化倾向无疑是最大的号召力。忽必烈称汗后，采用了汉文化的年号纪年制度，为此耶律铸作诗《读甲子改元诏因叙怀留别诸相》：

忆昔东征去国门，黯然为别更销魂。若图白首妻孥计，是负皇家父子恩。
中统始开新甲子，至元重整旧乾坤。九州四海升平望，要竭丹诚翊至尊。②

诗中充满家国情怀，以及对建功立业的渴望。耶律铸积极为新政局建言献策，还在至元元年（1264年）奏定法令三十七章。然而，朝廷内部充满各种矛盾，政局多变。忽必烈在位期间，耶律铸先后两次拜相，并曾短暂以宰相身份主持山东事务。在第一次罢相后不久，他还曾任平章军国重事，作为忽必烈的高级顾问，后来又受命监修国史。耶律铸在宦海沉浮20余年，到了至元二十年（1283年），因妄奏等获罪，再度罢相。最后，耶律铸被罚没家产之半，徙居缙云③，两年后去世。

早年政治生涯的劫难，以及入元后的升降之频，使耶律铸深感世事无常，政治热情大大削弱，转而醉酒赋诗。初期，他牢骚满腹、心有不甘，以后渐无痛痒，潜心于造园莳花，一生建园不少于4座，营造出自己的一壶天地。耶律铸不似父亲笃信佛教，而是周旋于释道之间，④自号“独醉道者”“独醉痴仙”，道家的自然观为他造园提供了充足的文化养分。

三、耶律铸的园林热情与成就

有元一代给人的印象往往是文治逊于武功，风景园林也似乎乏善可陈，而耶律铸的诗文则展示了金元之际燕京乃至北方地区丰富多彩的园林景象。

---

① 昔木土脑儿，位于今蒙古国苏赫巴托尔省南部，与我国内蒙古自治区锡林郭勒盟东乌珠穆沁旗交界地带。

②《双溪醉隐集》卷三《读甲子改元诏因叙怀留别诸相》。

③ 缙云，今北京市延庆区。

④ 陈垣：《耶律楚材父子信仰之异趣》，《陈垣学术论文集》第一集，中华书局，1980年版。

图 4　今日哈拉和林附近的山野

前述玉泉桃花源别业只是耶律铸园林活动中的很小一部分。在他存世的诗文中，风景园林内容约占 1/3。现存耶律铸著作《双溪醉隐集》六卷，是后人对他散佚篇目的搜集本，还有大量诗文已经失传。他的文体多样，有赋、诗、词等，其中诗 800 余首，辞赋 15 篇。现存诗文提及园林者主要包括以下这些内容。

别业别墅：方湖别业、桃花源别业、缙云五湖别业、翠水别业、凤凰山别业、双溪别墅等。

园：天香园、独醉园、壶天园、司春园、西园、小隐园、玉津园、逸园、壶春园、刘氏园、丽珍园、琼林苑、广乐园、双溪书院等。

景观构筑：仙居亭、寿域亭、彩霞亭、无尘亭、玉津亭、白雪斋、阳春斋、画梦斋、四娱斋、射台、天香台、读书台、正己楼、醉经堂、匏瓜亭、三乐轩、迎风馆、虚白馆、雪香亭、合欢亭、易安堂、尘外亭、霏香亭、枕流亭、乐圣斋、吟醉斋、临春台、西斋、待旦斋、无尘轩、寄傲轩、兰皋亭等。

景物：双溪、菊洲、白莲池、玉津池、莲湖、吕公洞、长春洞等。

植物：牡丹、芍药、桃、李、杏、梅、槐、柳、木笔（玉兰）、紫薇、莲、合欢、松、柏、竹、葡萄、蔷薇、玫瑰、荷花、金莲花、石榴、木樨、凌霄等近百种。

由于诗文排序散乱，未标创作时间、园林位置和园主人，故而这些园林景物的关系难以辨别。即使是他自己的园林，也出现园中有园、一名多用、一园多名、一景多名、重复叠用等情况，这令研究者困惑。对其诗文作品的断代也众说纷纭，结论常常大相径庭。现有研究大都是假设推测。

好在他晚年于《缙云五湖别业书事》诗注中，对自己一生的造园做了简述，这成为研究耶律铸园林活动的基本线索。其文云：

余先居和林，后寓隗台，今卜筑缙云五湖别业，皆营园亭，榜曰“独醉”。[①]

说明他一生有三个常住地，即和林（见图4至图6）、燕京隗台坊和大都西北的缙云，

①《双溪醉隐集》卷三《缙云五湖别业书事》自注。

所居之地都建有园林，园中构筑皆有“独醉”题名。

在三地中，和林位于鄂尔浑河上游，周边森林茂密，盛夏花开遍野，不过花季很短。和林的大环境属于蒙古高原大陆性气候，冬季酷寒漫长，天气变幻莫测，时常狂风暴雪，耶律铸诗《和林雨大雹有如鸡卵者》便是这一气候的真实写照。在这样的气候下，耶律铸诗文中的许多花木，如合欢、竹、梅花、牡丹等无法在室外生存。相比之下，缙云气候远好于和林。三地中又以燕京城气候最适于诗中所述花木的生存。依此，可以辨别耶律铸园林所在区位。

图 5　和林古都今貌

图 6　和林古都遗迹

总体而言，耶律铸早年与晚年的园林活动脉络比较清晰，中年的则丰富而难以辨别。

1. 早年的蒙古和林西园

位于和林城西，园后有杭爱山（燕然山）余脉缓丘。园中筑有楼阁，花木品种不多，如下诗句描述：

楼阁参差翳紫烟，佳人情重惜留连。
月明杨柳春风夜，寒食梨花暮雨天。①

山光摇荡入帘栊，酒漾歌云暖玉融。
烟柳翠涵深院雨，露花香湿满楼风。②

碧草、柳、桃、李是和林西园常见的植物，此园更多是借景周边的自然风光。值得注意的是下面一诗：

①《双溪醉隐集》卷三《和林春舍叙西园前宴招一二友生重饮》。

②《双溪醉隐集》卷三《西园席上招雪庭裕上人》。

万丈虹霓络紫烟，笙歌清沸雨余天。满庭芳草翠如积，一洞碧桃明欲然。
流水引来梅坞底，春风吹到酒垆边。散花唤起毗耶梦，从此无心号谪仙。[①]

“一洞碧桃”指的是温室里的桃花，如北京香山玉华寺，即以洞窖桂花越冬著名。可见当时和林已掌握了部分植物越冬的技术。诗中梅花不像是写实而似比拟；若为实写也应是室内盆梅，因为即使是在燕京，梅花也难以在室外越冬存活。另外北方称作“梅”者，常常与江南梅（Armeniaca mume Sieb.）不是同一物种。

耶律铸诗还记录了和林芍药的特性，“和林芍药夏至前后始盛”[②]，而在漠南汉地，芍药开花则在春季。

耶律铸在和林生活期间，正值初登仕途，意气风发，如其征蜀途中诗作《南征过蜀寄题故园》云：

水击三千里，鹏抟九万程。
不应栖隐地，犹待卧龙耕。[③]

人生要击水而上，鹏程万里，不应过早归隐。这是他早年对园林的认知，与中晚年截然不同。尽管和林西园也题“独醉”，却与其后来所题内涵不一样，杂糅着游牧民族嗜酒的习性。

2. 中年的燕京隗台坊别业园林

耶律铸造园高产期是他在燕京居住时期，其建树丰富而脉络纷杂。隗台坊位于燕京城内东南（后为白纸坊），耶律铸府邸即在此。这里应是耶律楚材“绝粒六十日”之所。别业信息比较明确的有三处：燕京城外东侧的方湖别业、燕京城内西侧的西园，以及前述的玉泉桃花源别业（见图7）。

燕京城东“方湖别业”。又称双溪别墅、独醉园。位于燕京城外东（今陶然亭一带），湖因辽金时筑城取土而形成，因此湖形略呈方形，少自然之态。相关诗

① 《双溪醉隐集》卷三《西园春兴因赠雪庭上人兼简张公讲师》。
② 《双溪醉隐集》卷五《长春芍药同座客赋》自注。
③ 《双溪醉隐集》卷五《南征过蜀寄题故园》。

文至少有 14 篇，其中《方湖别业赋》是首篇，原文云：

双溪别墅，实曰方湖。东控沧溟，西拥皇都。兰州曼衍，云锦模糊。有田一廛，有宅一区。我引我泉，我疏我渠。我灌我园，我溉我蔬。蔬食为肉，安步为舆。行吟坐啸，足以自娱。或临寿域*，或即仙居**。或隐而橘，或入而壶。左弧与矢，右琴且书。枕曲藉糟，怀瑾握瑜。命速伯伦，为招三闾。将补不足，与损有余。我智如斯，人无我愚。则自谓何如，而清狂者乎？

* 自注：亭名。

** 自注：亭名。①

建园应在中统二年（1261 年）之后，同年忽必烈下旨整修燕京城，有作都城之意，所以文中称燕京为“皇都”。园中景观建筑较多，有仙居亭、寿域亭、白雪斋、阳春斋、正己楼、醉经堂、独醉亭，以及射台、琴台、读书台（又称三台）。正己楼、醉经堂为主体建筑，左右对称为台，应是受儒家礼制影响，布局颇为严谨。园中有双溪而流，湖中多荷莲。其《采荷调并序》描述，水中有菊洲尘外亭，岸边建有方湖钓鱼台。② 这种景色在其他别业诗赋里少见。

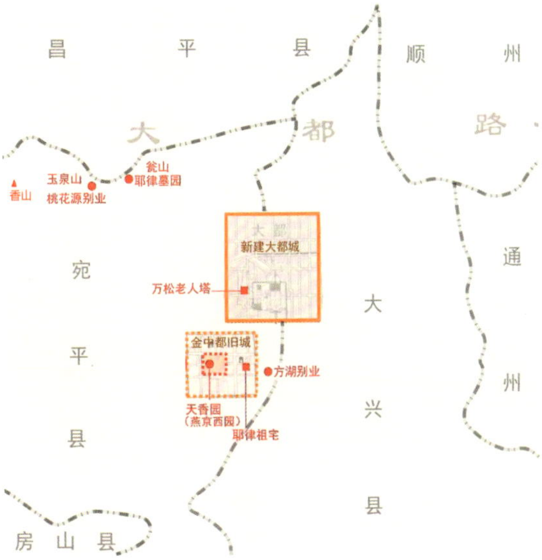

图 7　耶律铸在燕京的三处园林示意图。底图参见侯仁之、岳升阳主编《北京宣南历史地图集》，学院出版社，2009 年版

方湖别业建园时，正值耶律铸首次任中书左丞相，壮志凌云，积极用事，因此方湖景题中少有颓废之语。他创作的“独醉”系列赋文《独醉园赋》《独醉园三台赋》《独醉亭赋》《独醉道者赋》及诗歌，皆因本园而起兴。其《独醉园三台赋》对园中景物描述详尽，情景交融，借景发议。

①《双溪醉隐集》卷一《方湖别业赋》。

②《双溪醉隐集》卷二《采荷调并序》。

而在《独醉园赋》中耶律铸虽嗜谈美酒，却无借酒浇愁之意；相反，“对元世充满了感激之情”[1]。这时期，其子耶律希亮等由西域归来，家人重聚，正是耶律铸平生快乐之时。同期燕京城也在重建中，一片蒸蒸日上的气象。在祥和的良辰美景中，耶律铸自应开怀畅饮（见图8、图9）。赋文展现了作者的奔放性情，这样的性情也自然影响到他的园林风格，使得方湖别业的布局不同于江南文人园的细腻婉约。

图8　耶律铸墓出土的景德镇窑青白釉月映梅纹碗，赵晓燕摄

至元四年（1267年）耶律铸降为平章政事。平章政事仍属宰相，但地位低于中书左丞相。虽然第二年他便复为中书左丞相，但在至元七年（1270年），耶律铸终于遭遇第一次罢相。之后的“独醉”系列诗文中增加了更多的道家倾向，退隐意识渐渐浓厚，园林也成为耶律铸自我慰藉、忘情适意之所。

图9　耶律铸墓出土的刻花小银钵，赵晓燕摄

燕京城西“天香园”。又名“西园”。《天香台赋》云：“双溪醉隐，嘉遁西园。”[2]这一园名很容易与和林“西园”混淆，本园实为沿用了燕京金代皇家西园旧称，推测建于至元七年（1270年）后，也就是耶律铸的第一次罢相之后。事因中书左丞廉希宪而发，耶律铸无过被免，心中郁郁不平，进而投身于造园之中，借景散郁，种花自娱。

燕京西园以植物造景为主，尤以牡丹为特色，建有园中园“天香园”，内置天香台、天香亭，亭台之间种植大量牡丹、芍药，并精心配以竹子、合欢、木槿等。园中还种有梅花，耶律铸有《饮梅花下》《早梅》诗作，后者云：

一径萦纡入草莱，柴门虽设不曾开。
东风是泄春消息，吹到梅花树下来。*
*自注：燕都地寒，梅信在春。[3]

① 赵逵夫主编：《历代赋评注》（宋金元卷），巴蜀书社，2010年版。
②《双溪醉隐集》卷一《天香台赋》。
③《双溪醉隐集》卷五《早梅》。

诗中的“梅”很可能是“蜡梅”（Chimonanthus praecox Link.），可以在北方小气候良好处越冬。园中有池水莲花，繁盛花木，巨树颇多，《天香台赋》云：

槐盖倾偃，林幄闲敞。长乐维宫，合欢维帐。……青松森挺，大臣介然而廷立；翠竹旁罗，毅士肃然而就列。池莲滃滃，翛然乎无尘君子居也；篱菊亭亭，兀然乎寄傲隐逸位也。①

文中记述“槐盖倾偃”“合欢维帐”，如此大冠树姿一般需要10年左右才能培育成形。这说明天香园是在旧园基础上改建而成。

笔者推测，西园园址本为金代皇家园林同乐园的一部分。在金代，同乐园别名为“西园”，② 早在耶律铸第一次到燕京时就已“讯诸遗老”，访寻游历，写下《龙和宫赋》，对西园赞叹不已。他有诗《暮春过故宫》云：

柳陌风来雪满沙，锦宫春老野人家。
莺莺燕燕空饶舌，明日西园是落花。③

可见金代西园是耶律铸心心念念之地。耶律铸在当时获得旧朝御苑并非难事，由于游牧民族的生活环境与生产方式，早期蒙古贵族对园林并无认知，不以为贵，如成吉思汗就将琼华岛大宁宫赐给丘处机。至元四年（1267年），忽必烈决定另建大都新城，王公贵族争相在新城建筑府邸，这更便利了耶律铸获有旧城西园之举。

西园近燕京城南护城河，上有龙津桥，仿洛阳护城河天津桥而建，所以耶律铸诗《牡丹》云：

问谁能养牡丹芽，南枕天津第一家。
不枉得输青帝力，见开知是异凡花。④

---

①《双溪醉隐集》卷一《天香台赋》。
② 园中湖泊称“鱼藻池”，见《双溪醉隐集》卷一《龙和宫赋》。
③《双溪醉隐集》卷五《暮春过故宫》。
④《双溪醉隐集》卷五《牡丹》。

燕京西园与城东方湖别业风格迥然不同，建筑不多，相当于一座诗意化的植物园，以春季最为红火，《西园春事》描述道：

西园春事画图中，难状司春造化功。
何限花心争动处，不应都是夜来风。[①]

丰富的园林生活渐渐淡化了耶律铸在仕途中的挫败感，在其后期所写的《天香亭赋》中愤懑便减少了很多。耶律铸迷恋于造园与花卉培育，所记牡丹约120个品种，性状描述50余种。[②] 他对牡丹研究之深使其成为那个时代的牡丹专家，《天香亭赋》也是中国花卉史中不可缺少的一章。

巧合的是，同时被罢去副宰相的廉希宪也曾临水建园，其园名万柳堂。园中同样以牡丹为胜，有“名花几万本，号为京城第一”[③]。他还拒绝了为大内东宫进献牡丹珍品的劝说。尚不清楚这两位过气大员是否有过园艺交流。

至元十年（1273年），耶律铸被起用为平章军国重事，三年后受诏监修国史，至元十九年（1282年）再拜中书左丞相。这期间便有了前述玉泉桃花源别业的园居生活。久经官场磨炼，耶律铸早已没有了哀怨之语，而是自得山水之乐，痴迷其中。

3. 晚年的缙云五湖别业

“缙云”即“儒州缙山”“缙云山”，位于今北京市西北的延庆区（见图10）。至元二十年（1283年），已步入晚年的耶律铸再遭罢相，便徙居于此，建“五湖别业”，至少留下5首诗的记述，[④] 相关诗句有：

独醉轩昂花柳下，无尘亭立水云间。
谁期造物输元力，更许清风恣往还。[⑤]

为爱烟光可挂怀，并供幽思上灵台。

① 《双溪醉隐集》卷五《西园春事》。

② 陈平平：《论元代耶律铸牡丹园艺实践与著述的科学成就》，《古今农业》，2005年第2期。

③ ［清］吴长元辑：《宸垣识略》卷十六，清乾隆五十三年池北草堂刻本。

④ 《双溪醉隐集》卷三《五湖别业新园》《缙云五湖别业书事》、《题缙云山五湖别业》，卷五《初卜缙云五湖别业》；《永乐大典》卷七千二百三十九引《橘隐堂为缙云五湖别业题》。

⑤ 《双溪醉隐集》卷三《五湖别业新园》。

缙云直拔空青起，落水横吞野翠来。[1]

旋移松竹养烟霞，人笑猖披不润家。
可要广栽桃李树，年来强半是狂花。[2]

由诗可知，园中筑“独醉轩”，水边设“无尘亭”，远望缙云山，广植桃李树。由于耶律铸在此两年后去世，故而园中没有太多建筑，以借自然风景为主。至于五湖别业的具体地点，推测在怀来古城附近（今已被官厅水库淹没）。这处别业或与其父有着某种关联。

窝阔台汗时期，耶律楚材至少两次随窝阔台汗在缙山避暑，之前还曾四次经过此地，[3]《（嘉靖）隆庆志》《（光绪）怀来县志》都有记载，耶律楚材在此地建

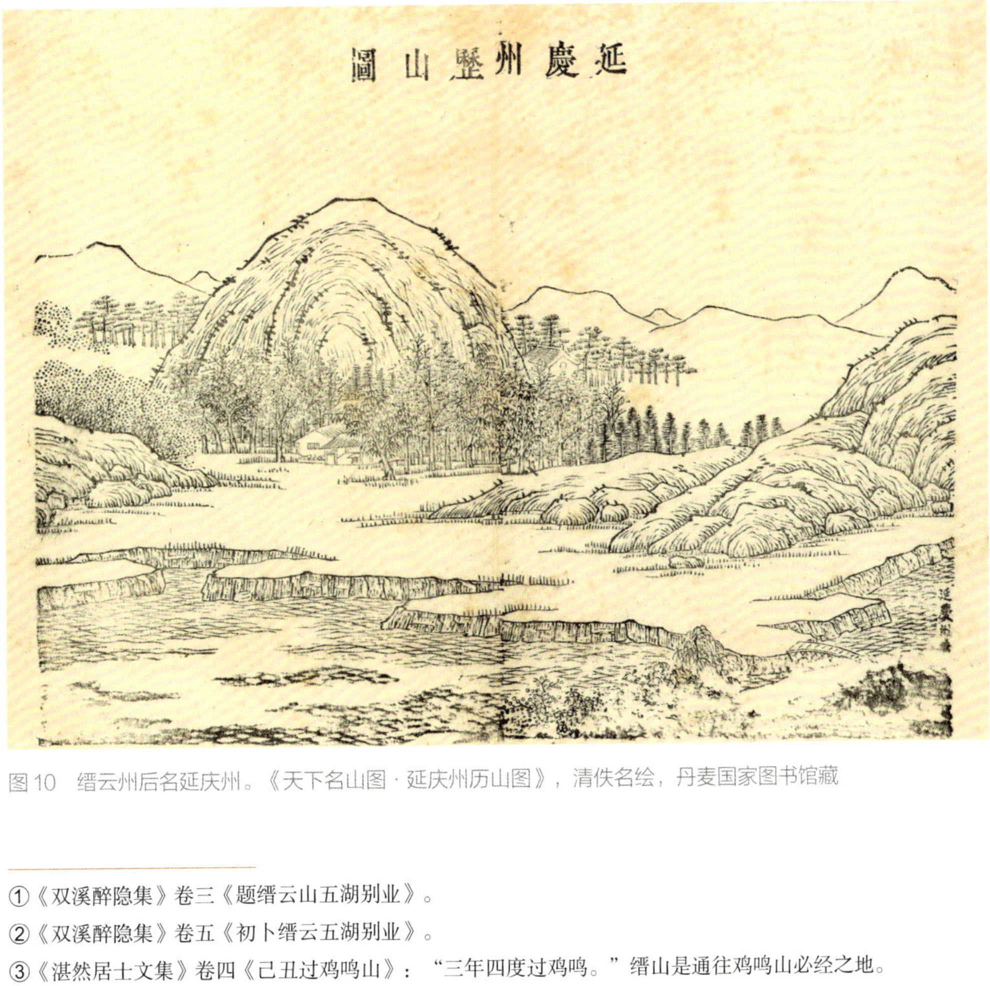

图 10　缙云州后名延庆州。《天下名山图 · 延庆州历山图》，清佚名绘，丹麦国家图书馆藏

① 《双溪醉隐集》卷三《题缙云山五湖别业》。
② 《双溪醉隐集》卷五《初卜缙云五湖别业》。
③ 《湛然居士文集》卷四《己丑过鸡鸣山》：“三年四度过鸡鸣。”缙山是通往鸡鸣山必经之地。

有四望楼、春游亭，应是他陪驾避暑的居所。[①] 耶律铸《游奉圣州龙岩寺》《过怀来青山院》等诗中也显示其定居之前，对这一带环境已相当熟悉，后一诗云：

院染晴岚树染烟，锦屏花障抱斜川。
不知日暮前途远，为爱青山忘着鞭。[②]

在耶律铸徙居缙云"五湖别业"的四年前，他的四子耶律希亮就已退居濡阳，其地位于怀来西北，或许与"五湖别业"同为一地，清末民初的屠寄就是这样认为：

（耶律希亮）至元十七年以足疾去官，退隐濡阳，其父铸卜筑缙云，号五湖别业，希亮盖居此。[③]

五湖别业及耶律祖孙三代在此区的活动脉络尚不清晰，有待进一步考证。

四、耶律铸墓的困惑与解谜

话回颐和园耶律铸墓，此墓实为夫妇合葬穴，墓穴分为主、次两座。[④] 主墓墓门、

图 11　耶律铸墓之前墓室

图 12　耶律铸墓之墓室门

① [明] 谢庭桂纂，[明] 苏乾续纂：《（嘉靖）隆庆志》卷八《宫室》，明嘉靖二十八年刻本。[清] 朱乃恭修，[清] 席之瓒纂：《（光绪）怀来县志》卷三《地舆志》，清光绪八年刻本。

②《双溪醉隐集》卷五《过怀来青山院》。

③ 屠寄：《蒙兀儿史记》卷四十八，民国间武进屠氏刊本。

④ 王丹：《颐和园耶律铸夫妇合葬墓现状调查及防水加固保护方案》，北京市文物研究所编《北京文物与考古》第 6 辑，民族出版社，2004 年版。

墓道向南，由前室、后室、东西侧室组成。次墓位于主墓东北，为东西两座并列墓室，墓门、墓道向北（见图 11 至图 14）。

图 13　耶律铸墓之墓室内部

图 14　耶律铸墓之墓室穹顶

据公布的出土报告，主墓后室为主人墓，葬耶律铸，前室葬其妻奇渥温氏，东西侧室为耶律铸的妾媵，墓门前立有墓志，一为耶律铸墓志铭，另一为夫人奇渥温氏墓志铭。① 次墓两个墓室死者身份未定。

根据以往史料记载，耶律铸只有两位夫人，而墓志铭则显示夫人有 7 位之多，其中蒙古人 5 位：赤帖吉真氏，雪尼真氏，② 奇渥温真氏二人，③ 瓮吉剌真氏。④ 女真人 1 位：粘合氏。⑤ 景教徒突厥人（或土耳其人）1 位：也里可温真氏。⑥7 位夫人共生育 12 个儿子、6 个女儿。也就是说，这是一个有 26 口人的大家庭，其成员全部拥有游牧或渔猎民族血统（见图 15）。

这也可以理解耶律铸大建别业园林的缘由，即除兴趣爱好，还有满足人口居住的实际需求。为顺应游牧民族的生活、娱乐习惯，别业园林布局以“动”为特点，而不同于江南以“静”为主的园林。

耶律铸墓带来的第一个困惑是，穴址距耶律楚材墓茔很近，场地局促，不合其官阶身份。在元代，中书左丞相属从一品大员，据《大元通制・官民坟地禁限》，墓地待遇指标：

---

① 刘晓：《耶律铸夫妇墓志札记》，纪宗安、汤开建主编《暨南史学》第 3 辑，暨南大学出版社，2004 年版。奇渥温氏，也作“奇渥温真氏”。

② 为雪你惕（Sonit）部落，为蒙古人。

③ 奇渥温真氏二人均来自乞颜（Kiyan）部，为成吉思汗黄金家族成员，据北京出土的《故郡主夫人奇渥温氏墓志铭》，可知此二人为皇室成员的女儿，为蒙古人。

④ 后娶瓮吉剌真氏，她来自瓮吉剌（Onggirt）部，即弘吉剌部，也属蒙古人。

⑤ 据元人苏天爵《丞相耶律铸妻粘合氏封懿宁王夫人制》，粘合氏即中书左丞相粘合重山之女。见《滋溪文稿》卷二十四，中华书局，1997 年版。

⑥ 据澳大利亚国立大学的罗依果（Igorde Rachewiltz）教授研究，也里可温真氏是一个景教徒（Nestorian Christian），大约是中亚地区汪古惕部的突厥人或土耳其人（Onggut Turk）。

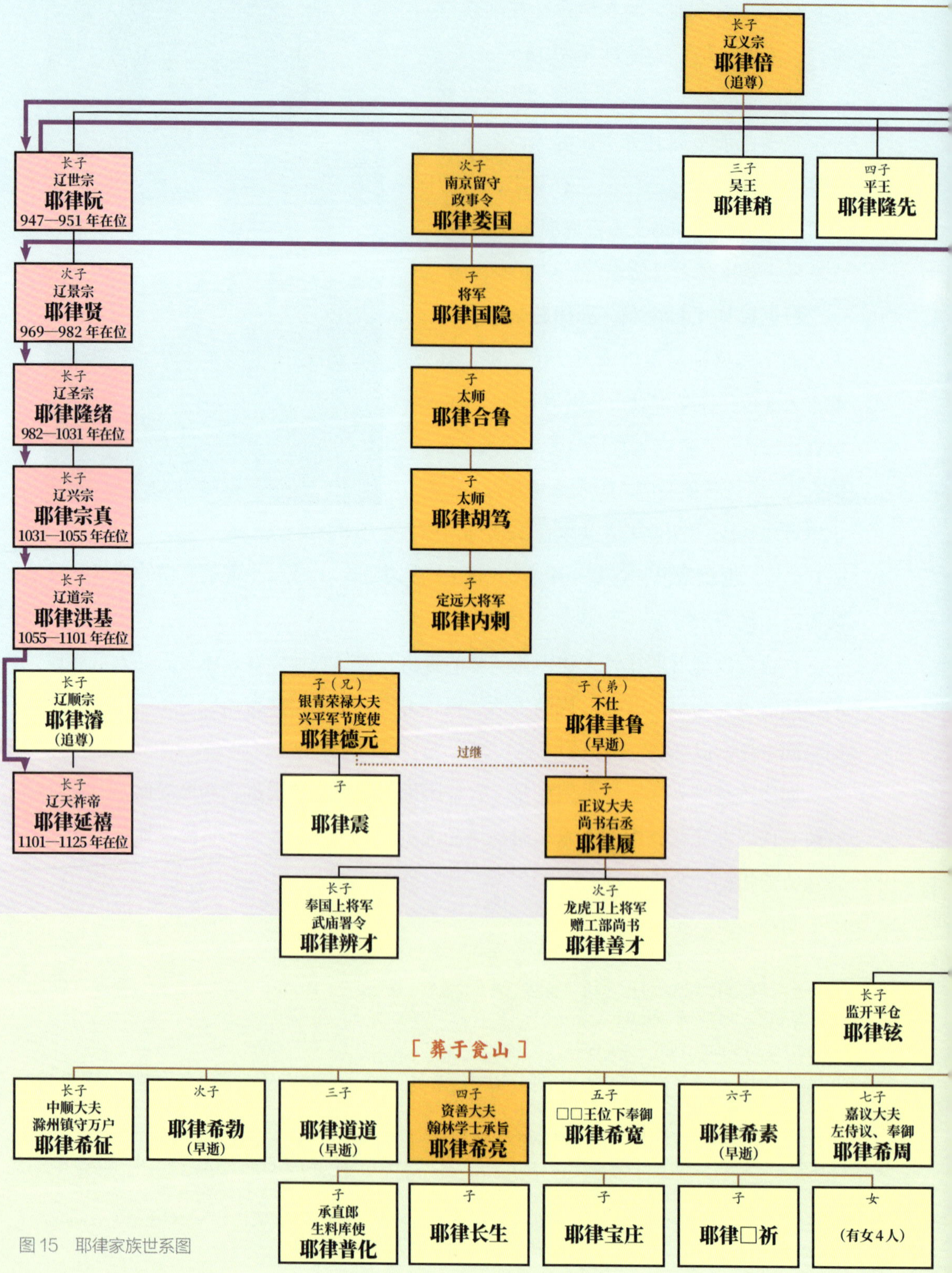

长子
辽义宗
耶律倍
（追尊）
长子
辽世宗
耶律阮
947—951 年在位
次子
南京留守
政事令
耶律娄国
三子
吴王
耶律稍
四子
平王
耶律隆先
次子
辽景宗
耶律贤
969—982 年在位
子
将军
耶律国隐
长子
辽圣宗
耶律隆绪
982—1031 年在位
子
太师
耶律合鲁
长子
辽兴宗
耶律宗真
1031—1055 年在位
子
太师
耶律胡笃
长子
辽道宗
耶律洪基
1055—1101 年在位
子
定远大将军
耶律内剌
长子
辽顺宗
耶律濬
（追尊）
子（兄）
银青荣禄大夫
兴平军节度使
耶律德元
子（弟）
不仕
耶律聿鲁
（早逝）
过继
长子
辽天祚帝
耶律延禧
1101—1125 年在位
子
耶律震
子
正议大夫
尚书右丞
耶律履
长子
奉国上将军
武庙署令
耶律辨才
次子
龙虎卫上将军
赠工部尚书
耶律善才
长子
监开平仓
耶律铉
[葬于瓮山]
长子
中顺大夫
滁州镇守万户
耶律希征
次子
耶律希勃
（早逝）
三子
耶律道道
（早逝）
四子
资善大夫
翰林学士承旨
耶律希亮
五子
□□王位下奉御
耶律希宽
六子
耶律希素
（早逝）
七子
嘉议大夫
左侍议、奉御
耶律希周
子
承直郎
生料库使
耶律普化
子
耶律长生
子
耶律宝庄
子
耶律□祈
女
（有女4人）

图15 耶律家族世系图

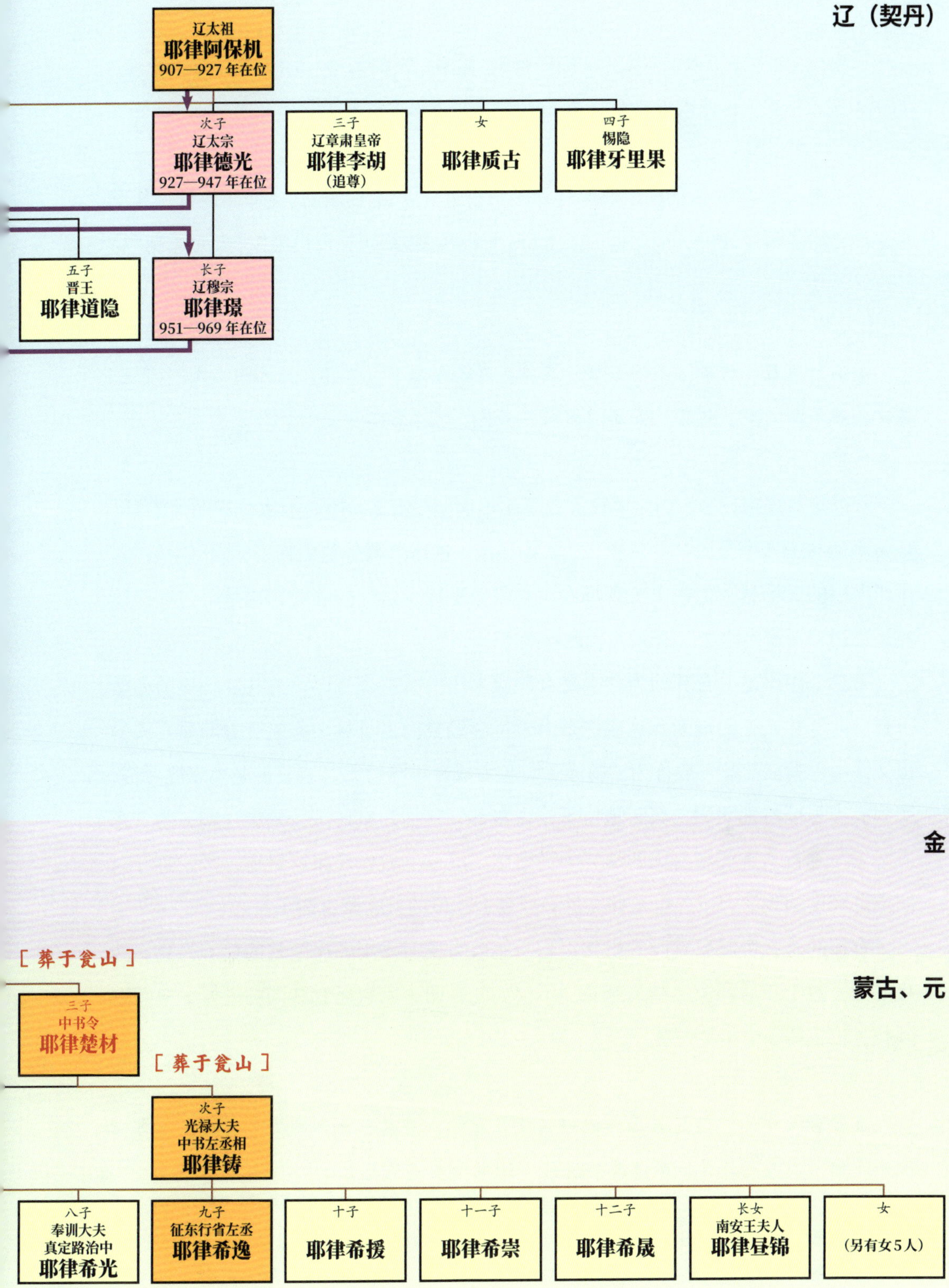
辽（契丹）
辽太祖 耶律阿保机 907—927年在位
次子 辽太宗 耶律德光 927—947年在位
三子 辽章肃皇帝 耶律李胡 （追尊）
女 耶律质古
四子 惕隐 耶律牙里果
五子 晋王 耶律道隐
长子 辽穆宗 耶律璟 951—969年在位
金
［葬于瓮山］
蒙古、元
三子 中书令 耶律楚材
［葬于瓮山］
次子 光禄大夫 中书左丞相 耶律铸
八子 奉训大夫 真定路治中 耶律希光
九子 征东行省左丞 耶律希逸
十子 耶律希援
十一子 耶律希崇
十二子 耶律希晟
长女 南安王夫人 耶律昼锦
女 （另有女5人）

一品，四面各三百步；二品，二百五十步；三品，二百步；四品、五品一百五十步；六品以下，一百步；庶人及寺观，各三十步。若地内安坑坟茔，并免税赋。①

以元制一步 1.56 米计算，耶律铸墓园将有近 329 亩②，与其父耶律楚材、其子耶律希亮的墓园合计可占地七百一二十亩，面积巨大。墓园礼仪设施按《大元通制·品官葬仪》规定：

一品，用石人四事，石柱二事，石虎、石羊各二事。二品、三品用石人、石柱、石虎、石羊各二事。四品、五品用石人、石虎、石羊各二事。③

若以这些规定计算，当年耶律家族墓园地面至少有 8—10 尊石人、4—6 个石柱、4—6 尊石虎石羊。④加之青冢静立，松柏环抱，这座墓园是瓮山脚下一处气宇轩昂、庄严肃穆的大场景。但以出土现场看，墓园似乎缺少这样的阵势，这是否与耶律铸晚年罢相“罚家产之半”有关？在此存疑。

第二个困惑是，合葬的为什么是奇渥温真氏，而不是与耶律铸共度险境的赤帖吉真氏即耶律希亮的母亲？这或许是由于奇渥温真氏出身黄金家族。奇渥温真氏的祖父铁木哥斡赤斤（一般称为“斡赤斤”）为成吉思汗幼弟，依蒙古老小守灶习俗，受到成吉思汗特别照顾，其封地位于蒙古东部，包括辽东地区，幅员辽阔，为“东道诸王”之首。奇渥温真氏的从兄为塔察尔，继承了斡赤斤家族封地，是蒙哥汗时期举足轻重的政治力量，也是拥立忽必烈登上汗位的首席蒙古诸王。

有趣的是，奇渥温真氏的祖父正是当年极力反对重用耶律楚材的代表人物，造化弄人，数十年后两家又结为亲家。不仅如此，两个家族还有共同的爱好——营造园林，拉施特《史集》记载：

在蒙古人中间，斡惕赤那颜以好兴建［宫院］著名，他到处兴建宫殿、城郊宫院和花园。成吉思汗爱他胜过其余诸弟，让他坐在诸兄之上。⑤

① 参见黄时鉴辑点：《元代法律资料辑存》，浙江古籍出版社，1988 年版。

② 今 1 亩合 666.67 平方米。

③ 参见黄时鉴辑点：《元代法律资料辑存》，浙江古籍出版社，1988 年版。

④ 耶律铸之子耶律希亮死后也葬于此，官阶为正二品。

⑤［波斯］拉施特主编，余大钧、周建奇译：《史集》第一卷第二分册，商务印书馆，1983 年版。

斡惕赤那颜即斡赤斤。斡赤斤的“到处兴建花园”与耶律铸的“所居皆建园林”如出一辙，这些家族传统多少会影响奇渥温真氏及其家庭生活，其财力也足以支撑耶律铸的造园开销。

五、结语

耶律铸墓的发现为耶律楚材祠增加了更为丰富的文化内涵。单就园林而论，耶律铸的别业园林更为成熟、更加艺术化。相对而言，耶律楚材的“五亩宫”则乡野质朴，一如魏晋之际的山隐村居。从中可见父子之间的审美演变。

园林功用在父子二人身上也显出截然不同的效果。耶律楚材为济世救民、建功立业在瓮山园中澄怀悟道，山水风光成为其构思大业的孵化器。而耶律铸则是遁入壶中世界，醉隐脱尘。中国园林的两极功用在玉泉、瓮山之间得到充分体现。

耶律铸的造园灵感一方面来自儒、释、道的思想，另一方面则是遗存的辽、金皇家园林。他善于将诗法的起承转合与造园的叠山理水融会贯通，因诗造景，借景抒情，诗境即园境。耶律铸不仅是一位文学大家，同样也是一位园林艺术大成就者。

金末元初，中原涂炭，中华文化传承面临空前的危机。耶律铸则向我们展示了一种意外景象，不仅中华文化的思想薪火依存，中国园林艺术也脉流不绝，而它的传承人之一则是一位契丹族儒学大家。

这些就是颐和园耶律铸墓带给我们的联想与启示。

万里艰途归瓮山——耶律希亮

颐和园耶律铸墓的发现可说是一次偶然，倘若这种巧合还能再次降临的话，人们会有另外一个发现，那就是耶律铸之子耶律希亮的墓穴。据文献记载，耶律希亮去世后也葬于瓮山，他的墓前神道碑这样写道：

泰定四年六月，翰林学士承旨、知制诰、兼修国史耶律公薨于京师私第。七月丙午，葬昌平县玉泉之东、瓮山之阳。①

墓址记述句式与其祖、其父相同，比对如下：

耶律楚材：

中统二年十月二十日，葬于玉泉东、瓮山之阳。②

耶律铸：

是年七月十五日乙酉，葬于瓮山之阳、中书令之兆次，礼也。③

显然，耶律楚材祠周边是一个家族墓园，内容远比老生常谈的更加丰富。为了迎接下一次的发现，这里介绍一下耶律希亮的生平。

一、从草原到燕京再到四川战场

耶律希亮是耶律楚材之孙，耶律铸的第四个儿子，④也是十二子中的佼佼者，

① [明] 危素：《危太朴集·文续集》卷二《故翰林学士承旨、资善大夫、知制诰、兼修国史、赠推忠辅义守正功臣、集贤学士、上护军、追封涞水郡公、谥忠嘉耶律公神道碑》，《元人文集珍本丛刊》第7册影刘氏嘉业堂刊本，（台北）新文丰出版公司，1985年版。

② [元] 宋子贞：《中书令耶律公神道碑》，见《元文类》卷五十七。

③《大元故光禄大夫、监修国史、中书左丞相耶律公墓志铭》，见宋大川主编，孙勐著《北京考古史》（元代卷），上海古籍出版社，2012年版。

④ 根据耶律铸墓志铭，耶律希亮是耶律铸的第四子。因耶律铸第三子耶律道道早逝，故而大部分文献都将希亮记作第三子。

其生平就刻在瓮山墓前的神道碑上。碑文由元末明初文臣危素撰写，记述了耶律希亮在忽必烈与阿里不哥四年争汗战中的亲身经历，史料价值极其珍贵。其内容多为正史所采用，也为颐和园历史增添了一段传奇。

耶律希亮（1247—1327），字明甫。母亲赤帖吉真氏[①]原是乃马真六皇后的侍女，由皇后赐婚给耶律铸。乃马真·脱列哥那是窝阔台汗排行第六的皇后，窝阔台去世后成为大蒙古国的实际掌权者。在她的谋划下，其子贵由登上汗位，是为定宗。蒙古定宗元年（1246 年），耶律希亮在和林以南 40 里的“秃思忽”[②]凉楼出生，乃马真六皇后即以地名作为希亮的名字，最初很可能就叫“耶律秃思忽”。皇后还赐予婴儿丰厚的喜金。

秃思忽凉楼也称图苏湖迎驾殿，[③]位于揭揭察合泽畔，[④]楼前湖面纵横数十里，水草丰美，是窝阔台汗的狩猎之地。希亮在这一带的草原长到 9 岁时（蒙古宪宗五年，1255 年），父亲耶律铸奉命南下燕京审核钱粮，这时的蒙古大汗为拖雷家族的蒙哥（宪宗），行前他向大汗请示说：“我家祖辈都受业儒学，儒生皆在中原，我想携诸子到燕京学习。”[⑤]蒙哥汗同意后，耶律铸便携子到了燕京，聘请自己的同窗、学者赵衍作为儿子们的老师。这位赵衍出身辽金儒学世家，学问渊博，曾为耶律楚材撰写过生平行状。在他的教导下，希亮进步极快，不到百日即能赋诗。

耶律铸停留一年后，回和林议事。希亮兄弟继续在燕学习，掌握了不少儒家学问，最重要的是确立了汉文化背景下的世界观。其间，耶律铸又有一次来燕公务，写下《寄生树赋》。两次居燕之际，耶律铸携子游访瓮山、玉泉，拜访香山族亲，吟诗作文，应在情理之中，这也是耶律希亮兄弟认知故土、传承家学的重要经历。

宪宗八年（1258 年），蒙哥汗决定分东西两路大举灭宋，留幼弟阿里不哥看守和林。东路由大弟忽必烈从燕京出发进攻湖北，西路则由蒙哥汗亲率 4 万大军，自和林进攻四川，先期在六盘山集结，耶律铸以禁卫军首领的身份从征。儿子随征参战是蒙古传统，因此 12 岁的耶律希亮与兄弟也从燕京赶来会合。征战途中，耶律铸不仅“屡出奇计”获赐嘉奖，还随时著文记诗，彰显儒者风范，其言传身教对儿子们影响很大。

---

① 也作“赤帖吉氏”。

② 碑文写作“秃忽思”，实为“秃思忽”之误。见刘迎胜《〈元史·太宗纪〉太宗三年以后纪事笺证》，《元史及民族与边疆研究集刊》，2014 年第 1 期。

③ 蔡美彪：《脱列哥那后史事考辨》，中国蒙古史学会编《蒙古史研究》第 3 辑，内蒙古大学出版社，1989 年版。

④［清］李文田：《元史地名考》卷二，清光绪二十四年胡玉缙抄本。

⑤ 参见《元史》卷一百八十《耶律希亮传》。

图1 钓鱼城

第二年（1259年）漠北蒙古军攻打四川合州钓鱼城（见图1）时，蒙哥汗阵亡，部队由大将哈剌不华带领撤往六盘山，耶律铸与希亮押运辎重随行。

这一消息很快被传递给留守漠北和林的阿里不哥，以及在湖北战场的忽必烈。于是，这两位亲兄弟为争夺汗位展开了激烈较量。阿里不哥首先串联西北诸王、窝阔台与察合台后王及蒙哥汗诸子，获得他们的支持，形成了一个保护蒙古旧制、反对忽必烈的强大阵营。阿里不哥还派心腹脱里赤南下燕京接管汉地，组建新军。这些消息被留在和林的忽必烈妻子火速递到湖北前线，忽必烈接受谋士郝经建议，与南宋停战和谈，随即星夜北上，在燕京拘禁脱里赤、解散新军。第二年（1260年）三月，忽必烈又赶赴开平，在东部诸王拥戴下，于二十四日登上汗位。[①] 忽必烈宣布“祖述变通，正在今日”，明确推行汉法以矫正“文治多缺”的旧制。他还紧急任命十路宣抚使，以汉人、色目人为主体，分派到中原各地，加强戒备。

得知这些消息后，身居和林的阿里不哥也在众王推戴下登上汗位，随即分兵东西二路，东路直接南下杀向忽必烈的大本营开平；西路则由左丞相阿蓝答儿带领，先计划向西南接应伐蜀军，再由陕川向东北进攻燕京。

就在双方还在帷幄密谋之时，伐蜀军已回到六盘山与主帅浑都海会合，军中对大局尚不清晰。先是阿里不哥遣使来召军队北返和林，大军走到灵武[②]时，又有西北诸王派使者前来开导耶律铸等效忠漠北阿里不哥。正当耶律铸与希亮母子研判之际，又传来忽必烈登上汗位的消息。耶律铸立刻劝说浑都海等人拥戴忽必烈，但军中无人响应。接踵而来的是阿里不哥的宣告，两汗相争的局面至此大白天下，而军中将领几乎全部支持漠北的和林汗廷。挑明立场的耶律铸危在瞬息，他来不及携妻带子，只身出逃，投向漠南开平的忽必烈。

二、千难万险三万里

耶律铸此一去，预告着大蒙古国史上的一场大事变拉开序幕，14岁的耶律希亮

① 据《元史》卷四《世祖纪一》，忽必烈于中统元年（1260年）三月二十四日称汗，阿里不哥于当年四月称汗。而拉施特《史集》第二卷则记载阿里不哥先称汗，忽必烈于1260年仲夏称汗。本文采用《元史》的说法。

② 灵武，即灵州，今宁夏回族自治区灵武市西南。

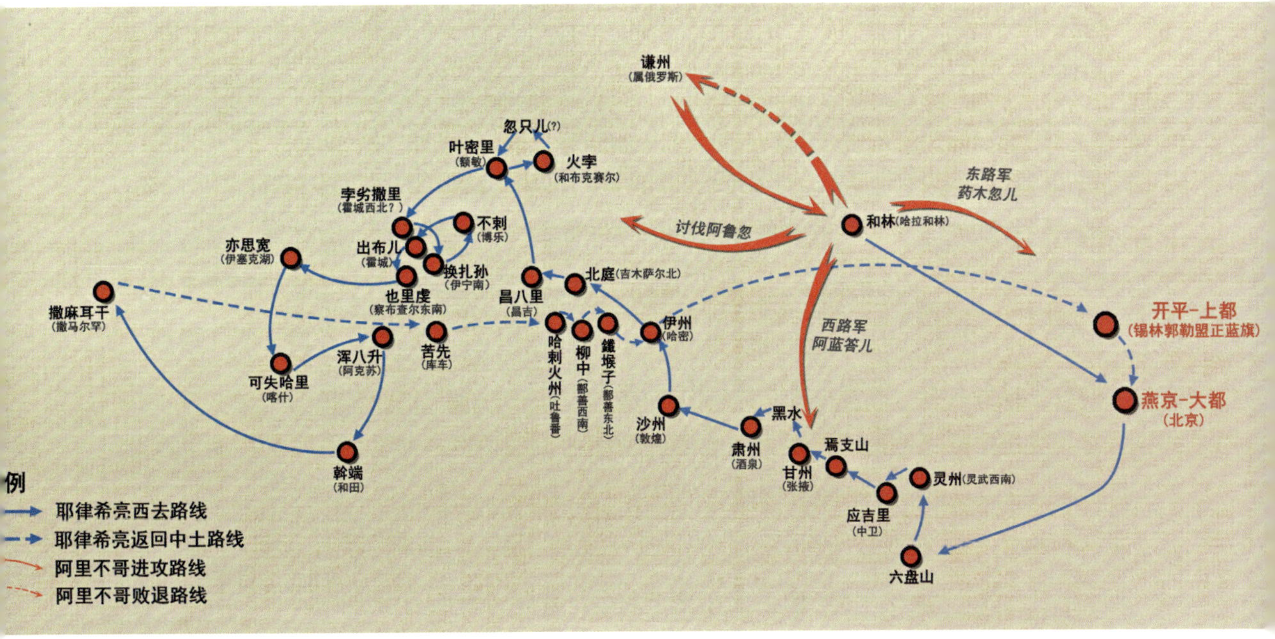

图 2　耶律希亮活动区域节点示意图

也开始了人生最艰难的历程（见图 2）。

次日，主帅浑都海得知耶律铸出走的消息后大怒，立刻命精兵数百骑追赶，但为时已晚，未能追上，于是派百余士兵监视耶律希亮母子，胁迫他们随军而行，晚上住宿则将他们围在中间看管。接着，浑都海斩杀了忽必烈一方派来的宣召使多罗台，公开效忠阿里不哥，带领部队沿河西走廊向漠北行动，六月在灵夏（即灵州）渡黄河，过应吉里[①]，沿途遭遇忽必烈方面汪良臣、八春军队的围堵，“转战以进，积尸蔽野”[②]。

七月，当浑都海军西行到甘州时，来自和林的左丞相阿蓝答儿接应大军也赶到附近的焉支山[③]。耶律希亮被带去讯问，阿蓝答儿问：“你父亲在哪儿？”希亮说：“不知道，与我父亲一同任事的人应该知道。”一旁的浑都海大怒：“我怎么知道？肯定是往东逃去见忽必烈了！”希亮回应：“这怎么能说不知道？”阿蓝答儿端详着浑都海说：“这话很有些意思啊。”又转头一再逼问希亮，希亮急了说道：“假

① 应吉里，今宁夏回族自治区中卫市。

②《危太朴集·文续集》卷二《故翰林学士承旨、资善大夫、知制诰、兼修国史、赠推忠辅义守正功臣、集贤学士、上护军、追封涞水郡公、谥忠嘉耶律公神道碑》。

③ 焉支山，又名胭脂山、山丹山、大黄山、燕支山，位于今甘肃省张掖市山丹县城南 40 千米处，是祁连山之北的一个独立山体，扼河西走廊咽喉要道，历来为兵家必争之地，汉代霍去病曾在此与匈奴作战。

如我知道了也会跟去，怎么会独留此处？”阿蓝答儿认为这是实话，不再监视他，但撤走了为禁卫军首领配备的侍卫与肥马。

因意见不合，大将哈剌不华独自带本部军马北去。阿蓝答儿则与浑都海合军向东进攻，初战告捷，漠北军威大盛。他们邀约四川将领共同东进，一时关中恐慌。刚刚接管陕地的忽必烈大员廉希宪，虽然兵备无几，但异常淡定，力阻“弃两川，退守兴元”[①]之议，积极应战。恰好忽必烈后续派出的诸王合丹、哈必赤援军赶到，于是会合汪良臣、八春军，与漠北军阿蓝答儿、浑都海在焉支山谷展开殊死血战，结果漠北军大败，阿蓝答儿、浑都海被擒杀。

这是汗位之争初期两次大战中的首场胜利，忽必烈一方以少胜多，稳固了西部防线。这时已逃到开平的耶律铸闻讯写下《战焉支》一诗：

羽檄交驰召虎贲，期门受战已黄昏。

信剪鲸鲵知有处，山川争震荡乾坤。[②]

诗中充满了胜利的豪情与信心，此时忽必烈已在东路的麻思契（又作巴昔乞）三战皆胜，取得迎战漠北军的有利开局，正在继续北上扩大战果。耶律铸随同出征，虽然对东路战局清晰在胸，却不清楚儿子一行在西路的下落。

焉支山溃败的漠北军推举哈剌不华为主帅，因东路漠北军阿里不哥已经败退，加之尾随的忽必烈方汪良臣、八春军紧追不舍，他们只得放弃北归和林的意图，向西溃逃。九月到达甘州时，趁着混乱，耶律希亮一家躲进城北黑水东的沙丘中，就在殿后人马过去十余里、逃脱眼看成功之际，他们倒霉地撞上一个回来寻马的士兵，希亮家的老女仆泄露了消息，结果希亮一家被闻讯而来的追兵捆绑着抓回，押至肃州面见主帅。巧的是主帅哈剌不华与耶律家族有姻亲关系，在征蜀生病时还受到耶律铸的精心照顾，他对希亮说道：“我受恩于你父亲，现在正是报答之时。”于是为希亮解绑开释。

哈剌不华军继续西逃，经沙州北川后，希亮与兄弟冒雪负重徒步行军，连续几天没有吃到热的食物，数次濒于死亡。他们来到伊州[③]尚未喘息，便于十一月蹚雪

①《元史》卷一百二十六《廉希宪传》。

②《双溪醉隐集》卷二《战焉支》。

③ 伊州，今新疆维吾尔自治区哈密市。

图3　北庭故城外墙遗迹

翻越天山，忍受肌肤冻裂，绑扎破靴御寒，烧煮牛皮果腹，窘苦万端。十二月到达北庭都护府（即别失八里，见图3）时，希亮病倒在民家。不过，西路的漠北残军也终于摆脱了忽必烈的追兵，这里属窝阔台与察合台家族封地，是拥戴阿里不哥的区域。

同年九月，东部忽必烈进军至转都儿哥地区，大胜东路漠北军，深冬时节阿里不哥被迫逃离和林，回到叶尼塞河上游、他的封地吉里吉思①，并假意求和，承诺第二年赴开平请罪。忽必烈不再追击，留下亦孙哥守卫和林，自己带军回燕京。

两汗争位的第一阶段以忽必烈的胜利暂告结束，然而耶律希亮的行程还未停止。

中统二年（1261年）春季，希亮随军来到昌八里②，四月渡过马纳思河，五月到叶密里城③。这里原是贵由汗居潜邸时的汤沐封地，水草丰美。乃马真六皇后之妹守帐于此，她与贵由幼子宗王火忽曾是阿里不哥的支持者。④随着形势变化，他们也准备向东觐见忽必烈。希亮母亲闻讯后，因着六皇后的关系携希亮垂泪拜见，赢得同情。不料这事引起了主帅哈剌不华的警觉，他急派族弟脱鲁火察儿督责诘问，致使希亮等人没有机会东逃。到了十月秋季，他们游牧来到火孛⑤地区。这是两年来一段近乎平静的日子，希亮或许能找到儿时在和林秃思忽的感觉。

就在这年临近结束的时候，经过春夏休整的阿里不哥恢复了元气，于是他撕掉求和面具，挥师杀出吉里吉思，诈降偷袭和林成功，然后继续南下冲向开平。忽必烈再次领军北上迎战，于十一月连续在析木台（又作昔木土脑儿）、失烈延塔兀与阿里不哥激战，先大胜而后平。扈从征战的耶律铸写下《析木台》一诗：

辟易天威与胜风，一场摧折尽奇锋。
西北龙荒三万里，并随驱策入提封。⑥

---

①吉里吉思，即谦州，今属俄罗斯。

②昌八里，又作彰八里，今新疆维吾尔自治区昌吉回族自治州昌吉市。

③叶密里，又作也迷里，今新疆维吾尔自治区伊犁哈萨克自治州塔城地区额敏县。

④火忽（又作禾忽、霍忽、忽秃忽）支持阿里不哥，参见《史集》第二卷，《元史》卷一百三十二《麦里传》。转引自毕奥南《蒙古汗国与元朝关系的考察》，《中国边疆史地研究》，2004年第4期。

⑤火孛，又作霍博，今新疆维吾尔自治区伊犁哈萨克自治州塔城地区和布克赛尔蒙古自治县。

⑥《双溪醉隐集》卷二《析木台》。

阿里不哥元气大伤，退守和林。忽必烈则因山东李璮之变回军燕京，同时封锁了汉地通往漠北的所有物资交通，阿里不哥很快陷入困境。而此时，阿里不哥派到察合台封地的宗王阿鲁忽也拒绝听命，截留了他急需的军用物资，这成为争汗战的转折点。

这位阿鲁忽本是成吉思汗次子察合台之孙，曾在和林力挺阿里不哥称汗。忽必烈为争夺西域，曾扶植察合台曾孙阿必失哈。不料，阿必失哈在回封地途中被阿里不哥截杀。阿里不哥改派阿鲁忽回原封地掌权，以便为漠北输运粮草军需，防范西部支持忽必烈的三哥旭烈兀。然而随着领地、势力的扩大，阿鲁忽野心膨胀，暗中与忽必烈联系，在得到更多权益承诺后，开始扣押发往漠北的物资，并囚禁了阿里不哥的使者。

中统三年（1262 年），耶律希亮一家遇到了前来拜见六皇后之妹的宗王火忽，受其眷顾，被赠予币帛、鞍马与饮食。二月，耶律希亮一家离开哈剌不华西路漠北军，转随宗王火忽游牧到忽只儿的地方，正巧遇到察合台宗王阿鲁忽，他刚刚杀掉阿里不哥派守此处的唆洛海，公开反叛漠北。二王相见，一拍即合：归顺忽必烈！耶律希亮自然欣喜过望。

正在漠北等待救济的阿里不哥听到消息后，随即放弃和林，讨伐阿鲁忽。这年三月，希亮随二王回到叶密里城时，众人没有意识到渐近的战云，宗王火忽还赠送希亮一副耳环，上有价值千金的大珠，以及一条金腰带，气氛闲适祥和。但是，这种气氛很快就被奔来的铁蹄所打碎。五月，阿里不哥前军杀到，二王战败，不得不西逃 1500 里，到达孛劣撒里。①

六月，耶律希亮随二王又向西行三昼夜，至换扎孙之地，拼杀惨烈，僵尸相枕。希亮六天六夜只能以蝗虫之类充饥。二王军经过不剌城，西逃 600 里至彻彻里泽剌之山，六皇后之妹、辎重与希亮母及兄弟都留在此，希亮继续单骑从行 200 多里到出布儿城，又奔 90 里至亦烈河、河南之城也里虔（见图 4）。②

九月，哈剌不华又率军掩至杀来，希亮随二王回到不剌城西，被迫拼死与哈剌

---

① 姜付炬：《喀亚斯与双河城——伊犁史地论札之三》，《伊犁师范学院学报》（社会科学版），2010 年第 1 期。孛劣撒里，今新疆维吾尔自治区伊犁哈萨克自治州霍城县西北。

② 姜付炬：《出布儿与也里虔——伊犁史地论札之六》，《伊犁师范学院学报》（社会科学版），2011 年第 3 期。换扎孙，今新疆维吾尔自治区伊犁哈萨克自治州伊宁县阿热吾斯塘镇喀亚斯古城遗址。不剌城，今新疆维吾尔自治区博尔塔拉蒙古自治州博乐市。布儿城，今新疆维吾尔自治区伊犁哈萨克自治州霍城县赤木儿磨河古城遗址。亦烈河，今伊犁河。也里虔，今新疆维吾尔自治区伊犁哈萨克自治州察布查尔锡伯自治县海努克古城遗址。

图 4　新疆海努克古城

不华军大战，最终全歼其部，哈剌不华与族弟脱鲁火察儿中箭身亡，二王用匣子装了他们的首级，遣使赴开平向忽必烈报捷。

被胜利冲昏头脑的阿鲁忽回到亦烈河牙帐（首府）后，遣散了军队，不再设防。没承想，阿里不哥大将阿速台越过铁门关率兵突至，大胜阿鲁忽，占领察合台宗王牙帐。从此，阿里不哥长驻此地，不再回自己的封地吉里吉思。十月，希亮与二王西逃至亦思宽，次年移驻可失哈里城。

中统四年（1263 年），耶律希亮已经 17 岁。到四月时，阿里不哥军渡过亦烈河、越天山再度追杀过来，希亮又跟从二王至浑八升城迎战。阿鲁忽再败，退到斡端，后再退至撒麻耳干。不知希亮是否知道：这是他祖父曾经踏足赞美的土地。

经过多年的反复厮杀，阿里不哥阵营因内部矛盾重重，实力大减，已是强弩之末。同期在东部，耶律铸也在催促寻找希亮诸子。在得知其下落后，忽必烈于这年五月派使臣不华到二王驻地，以玺书召希亮赶赴朝廷。接到诏书后，希亮一家由二王派人护送，六月由苦先城至哈剌火州，经柳中城、钀堠子，出伊州，越大漠而回。[①]

这时开平已经改称上都。八月，耶律希亮在上都大安阁拜见忽必烈，详述了西域形势，以及四年来的艰辛困苦。忽必烈深受感动，赐钞千锭、金腰带一条、币帛三十匹，命为速古儿赤[②]、必阇赤[③]。

一年后（1264 年），阿里不哥阵营四分五裂、众叛亲离。无奈之下，他只得赴上都投降。两汗之争最终以忽必烈的胜利而告终，自此大蒙古国的政治中心从漠北和林转移到漠南汉地。

① 亦思宽，今吉尔吉斯斯坦伊塞克湖。可失哈里城，今新疆维吾尔自治区喀什地区喀什市。浑八升城，今新疆维吾尔自治区阿克苏地区阿克苏市。斡端，今新疆维吾尔自治区和田地区和田市。撒麻耳干，今乌兹别克斯坦撒马尔罕。撒麻耳干，今乌兹别克斯坦撒马尔罕。苦先城，今新疆维吾尔自治区阿克苏地区库车市。哈剌火州，今新疆维吾尔自治区吐鲁番市。柳中城，今新疆维吾尔自治区吐鲁番市鄯善县鲁克沁镇柳中城古城遗址。钀堠子，今新疆维吾尔自治区吐鲁番市鄯善县七克台镇赤亭遗址。

② 速古儿赤，蒙古官名。为怯薛执事之一，掌内府尚供衣服。

③ 必阇赤，蒙古官名。掌管大汗文书。耶律楚材曾任大必阇赤。

三、回归精神故乡

图 5 怀来盆地的鸡鸣山

经过四年多的生死流离，耶律希亮终于回到自己的精神故乡——燕京。这时大都城的主体已经竣工，而希亮祖父墓园之畔的瓮山泊，成为这座新都城的水源地。在后来的日子里，希亮又被授予奉训大夫、符宝郎，以及嘉议大夫、礼部尚书和吏部尚书等一系列官职，还参与了征伐日本的朝议，至于其他活动都较为平常。

因跋涉雪山留下了脚部“痿挛”[①]残疾，希亮于34岁时辞官退居瀔阳。其地在京城西北的新保安，因位于瀔水（又称洋河）北岸而得名，是通往上都辇路的重要一站，近有鸡鸣山（见图5）。瀔水南流，紧连怀来、缙山，两山夹一川，地貌学称“怀来盆地”，风景优美。大都设计者刘秉忠赞美道：

俯瞰瀔阳小洛城，一川山色万家屏。翠环有茀云初合，碧玉无瑕雨乍晴。
岩穴直通天地气，峰峦平揖斗牛星。野僧不管人间事，卧听洋河聒耳声。[②]

瀔阳所属的奉圣州，金末蒙初一度改为德兴府。丘处机就是在这里接到耶律楚材拟写的催促诏书，随后由德兴朝元观出发远赴西北，觐见成吉思汗。其弟子尹志平记述说：“瀔阳东至缙山可二百里，所产之物他处未可及也。”并作诗云：

怀来玉液德兴花，未让中原景物嘉。
更有闲人真受用，一川麻麦是生涯。[③]

耶律希亮选择居住于此，多少与祖父在这一带的经历有关。如耶律楚材《己丑过鸡鸣山》诗云：

---

①《危太朴集·文续集》卷二《故翰林学士承旨、资善大夫、知制诰、兼修国史、赠推忠辅义守正功臣、集贤学士、上护军、追封涞水郡公、谥忠嘉耶律公神道碑》。

②［元］刘秉忠：《藏春集》卷二《鸡鸣山》，明天顺五年刻本。

③［元］尹志平：《瀔阳东至缙山可二百里，所产之物他处未可及也》，见《全金诗》卷八十一。

三年四度过鸡鸣，我仆徘徊马倦登。寂寞柴门空有舍，萧条山寺静无僧。
残花溅泪千程别，啼鸟伤心百感生。今古兴亡都莫问，穹庐高卧醉腾腾。[①]

他还有诗《德兴府碬峪云岩寺请东林老人住持疏》：

昔日山中养圣胎，峪中松桧手亲栽。
院荒松老无龙象，便请东林更一来。[②]

可见耶律楚材对这一带相当熟悉。窝阔台汗于蒙古太宗三年至四年（1231—1232年）两次避暑居庸[③]以北的九十九泉及官山，即缙山、怀来地区，中书令陪驾至此是自然的事。怀来地区的古迹春游亭、四望楼相传为楚材所建，即这一史实的影子。此外，耶律楚材曾在蒙古宪宗二年（1252年）受封燕京等处五户丝户八百七十户，[④]或许也与上述史迹有关。

耶律希亮退居濡阳四年后，其父耶律铸也因罢相徙居缙云，这不会是巧合，应该同样与耶律楚材相关，详情有待考证。

元至大二年（1309年），63岁的希亮受元武宗求访，授翰林学士承旨、资善大夫，搬回大都生活写作，与四方之士交游，其中有老师赵衍之子赵天民，耶律铸墓志就是由他撰写的。希亮自己著有《愫轩集》《从军纪行录》，以及诗篇30卷，可惜都已失传。他晚年以种花养竹自娱，多少受到父亲的影响，或许也会与友人悠游于玉泉、瓮山之间。

希亮天性孝顺，即使生死奔波万里，散尽家产，仍随身珍藏耶律楚材画像，每年按时恭列祭奠。可以想见他对瓮山墓园必定会尽诚祭拜，精心管护。

元泰定四年（1327年）六月，希亮逝世于家，终年81岁，七月下葬于瓮山之阳。他早年在蒙古发妻札剌真氏去世后，继娶汉人何氏，共有四儿四女，临终时有孙子孙女各两个。儿子分别是耶律普化、耶律长生、耶律宝庄、耶律□祈。

耶律希亮去世的第二年，大都与上都之间爆发了“两都之战”，上演了一出儿

---

①《湛然居士文集》卷四《己丑过鸡鸣山》。

②《湛然居士文集》卷《德兴府碬峪云岩寺请东林老人住持疏》。

③ 居庸，今属北京市昌平区。

④《元史》卷九十五《食货志三·岁赐·勋臣》“曳剌中书兀图撒罕里”条。“曳剌中书兀图撒罕里”，即耶律楚材。

乎和希亮经历相同的"剧情"，最后以推崇汉法的元文宗取得胜利，并在耶律墓园对岸建立起大承天护圣寺。

耶律希亮碑文是在其下葬25年后撰写的，即元顺帝至正十二年（1352年），立碑应在这之后。这时期元王朝内部斗争异常激烈，各地起义风起云涌，这些应是拖延撰文立碑的缘由。立碑之际，朱元璋参加了反元起义军，丞相脱脱招募江南人在京畿广种水稻，白浮瓮山堤堰也在此际进行了元代的最后一次修筑，耶律墓园至少又延续了50年。这期间是否还有耶律家族后人入葬此园，尚未可知。

四、结语

耶律希亮墓前的神道碑，在明初即已无存，所幸碑上文字被著录下来，成为国际蒙元史研究的基础文献之一。耶律希亮逝年官阶为正二品，依《大元通制》定制，墓地祭器有"石人、石柱、石虎、石羊各二事"，墓地面积有260亩（指元代的亩）的待遇指标，可作为地勘范围的参考。按照元代尚右习俗，推测耶律希亮墓穴在耶律铸墓东侧（见图6）。

图6　耶律铸墓东侧现状

耶律希亮成年之前，仅接受过5年的正规儒家教育，其余时间都在草原及西域环境中度过。他之所以能坚持儒家文化的认同，更多是来自家学的耳濡目染。不过令人疑惑的是，在耶律铸7位夫人所生的12个儿子中，为什么只有赤帖吉真氏的2个儿子（另为耶律希逸）有所成就？既然耶律希亮葬此，那么其母赤帖吉真氏的墓穴又在哪儿呢？会是耶律铸墓中的北向次墓吗？耶律希亮晚年的瓮山、玉泉风景又是怎样的？

种种疑问，以及前述中的许多"或许"，期待着能在下一次地下发现中得到解答与佐证。

大承天护圣寺与元文宗、元顺帝

瓮山泊的历史新纪元，是由元朝第八位皇帝元文宗（见图1）开辟的。他的首次游湖场面宏大，汉臣刘鹗以长诗记述道：

天历二载春客燕，河清海晏消戈鋋。上林四月风日妍，乘舆思乐游龙船。
凤辇并驾花云軿，骑麟翳凤骖群仙。鸾旗属车相后先，牙樯锦缆相蝉联。
万马杂沓蒙锦鞯，千官扈从控紫弦。和风不动舟徐牵，琼童玉女歌《采莲》。
黄门传宣奏钧天，龙伯国人夜不眠。金支翠旆千花钿，光怪出没明遥川。
红云翠雾覆锦筵，青鸟飞去当帝前。珍羞玉食罗纷骈，驼峰骆乳繁馨鲜。
御炉紫烟浮龙涎，金瓯琼液凝醴泉。才人歌舞争取怜，南金蜀锦轻弃捐。
龙颜一笑春八埏，臣子拜舞呼万年。
呜呼！吾皇圣智轶汉宣，但恨子虚之赋无一能为君王传。①

游湖日期为天历二年（1329年）四月十三日，这是昆明湖历史上最早的帝王巡幸记录。皇帝一行乘龙舟，沿着现在的长河溯流而上进入瓮山泊，两岸伴随着千官万马、鸾旗车辇、喧天鼓乐，湖面上更是鸢飞鱼跃，童声齐唱《采莲曲》。随后在湖畔举行了豪华盛宴，有珍馐玉食、驼峰骆乳、美酒歌舞，这是一场蒙古特色的质孙宴②。诗人完全被这场面所吸引，以至于没有对风景过多着墨。倒是元文宗详细观察了周围的山水格局，并钦点大学士虞集记述道：

图1　元文宗孛儿只斤·图帖睦尔像

（天历二年）四月，上幸近郊，观于玉泉之阳，谓侍臣曰："层冈复巘，隐隆西北。大湖之浸，汪洋渟涵。峙而东高，瓮山在焉。旁薄扶舆，固祇园之地也！"③

①《惟实集》卷六《四月十三书所见》。本诗与虞集《大承天护圣寺碑》记相参照，可确定所记为巡游瓮山泊。
② 又称诈玛宴、许马宴。宴会集蒙古传统饮食、歌舞、游戏、竞技于一体，场面隆重。
③《道园学古录》卷二十五《大承天护圣寺碑》。

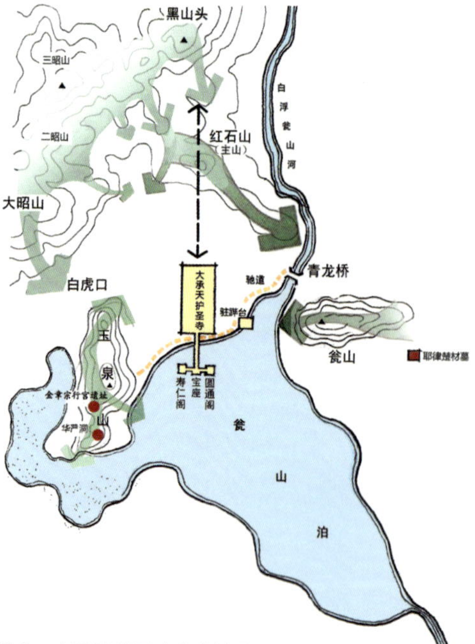

图 2　大承天护圣寺山水格局

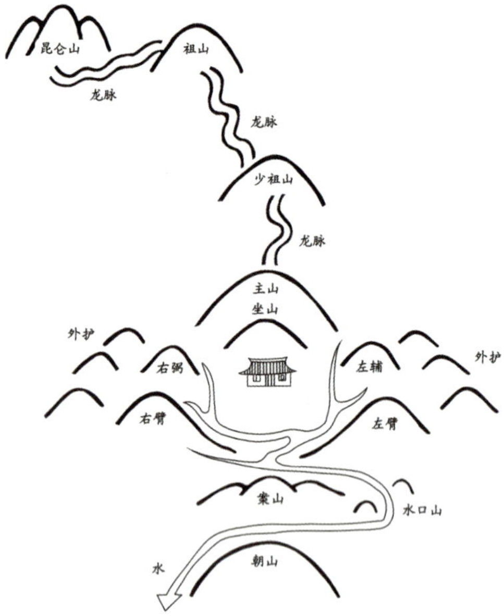

图 3　传统风水模式。程建军、孙尚朴《风水与建筑》插图，江西科学技术出版社，2005 年版

于是，文宗决定在此建庙，后将其命名为“大承天护圣寺”（见图 2）。元文宗名图帖睦尔，曾先后出居琼州（今海南省海口市琼山区）、建康（今江苏省南京市）、江陵（今湖北省荆州市）等地[①]，见识过沧海大江，显然这番评论非寻常马背莽夫所能识，其中大有堪舆五行的意味：寺庙选址前临湖水，背倚金山、红石山、大昭山，来脉寿安山（也称五华山）连绵向西北隆起；寺东是瓮山，西为玉泉山，相当于“青龙”“白虎”相护，这与理想的风水模式极为相似（见图 3）。后来玉泉山北的金山口又称“白虎口”，紧邻瓮山的石桥不称“瓮山桥”却名“青龙桥”，皆是以护圣寺为中心而得名。明末青龙桥有碑文评价这里的山水结构：

> 乾亥来龙，天皇结穴。隐隐隆隆，平若铺毡之状；沉沉缓缓，高如吐乳之形。后枕金峰，一带青峦叠翡翠；前迎玉液，百川汇泽聚玻璃。依瓮山青龙昂首，指玉泉白虎藏头。四神朝拱，八向通流。[②]

这是对元文宗初论的最好补充。

① 琼州，今海南省海口市琼山区。建康，今江苏省南京市。江陵，今湖北省荆州市。

②《明戚畹诰封锦衣昭勇将军王学买地券》，中华石刻数据库（历代石刻拓片汇编数据库），编号 ZHB053000034M0004043，http://inscription.ancientbooks.cn。

一、大承天护圣寺：血战后的祈祷

图 4　元文宗祖母弘吉剌 · 答己像

图 5　元泰定帝孛儿只斤 · 也孙铁木儿像

图 6　元武宗孛儿只斤 · 海山像

元文宗建寺并非一时兴起，他在《大承天护圣寺碑》记中表达了三个愿望：敬佛以助教化；纪念祖母答己（见图 4）的培育之恩；为臣属营造一处环寺而居的休养区。这最后一个心愿不同寻常，充满了深情厚谊，说来话长。

九个月前，也就是致和元年（1328 年）七月，元朝第六位皇帝泰定帝也孙铁木儿（见图 5）在闪电河畔的上都病故。泰定帝是元朝第三位皇帝武宗海山（见图 6）的堂弟。武宗去世后，皇位几经传承，都未能如约轮到他的儿子们。因而泰定帝刚一去世，几个留守大都的武宗旧臣便借机起事，要求恢复武宗后人的正统地位，而此时武宗的长子、周王和世㻋远在西北流亡避难。为了稳定人心，起事的燕帖木儿等人便拥戴距离最近的武宗次子、出居江陵的怀王图帖睦尔暂为皇帝。没有思想准备的图帖睦尔推让不过，只得应允，还特别申明：一旦兄长赶来就让出皇位。图帖睦尔于当年九月十三日称帝，是为元文宗，年号天历。随后，元文宗就投入与上都军队的大战之中。因为几乎同时，上都方面也紧急拥立了泰定帝的长子阿速吉八为帝，并改元天顺，史称“天顺帝”（见图 7）。这是自忽必烈、阿里不哥之后的又一次两君对决。开始时，上都方面得到了西北蒙古诸王支持，兵力雄厚，挟正统声威讨伐大都叛逆，著名的“两都之战”就此爆发了。

上都军分四路进攻大都，来势汹汹（见图 8）。西北方向是勇猛的梁王王禅军，曾攻破居庸关，进至榆河（今北沙河），几乎兵临大都城下；东部方向，诸

图 7　元天顺帝孛儿只斤 · 阿速吉八像

王也先帖木儿突破迁民镇（今山海关）进逼蓟州①，甚至一度攻陷通州；东北方向，上都军进攻最早，诸王失剌等部曾两次攻破古北口，劫掠石槽镇②；西南方向，诸王忽剌台、湘宁王八剌失里率陕晋军攻入紫荆关，兵犯良乡，进抵卢沟桥。大都城警报频传，四处告急。

好在被元文宗封为太平王、中书右丞相的燕帖木儿智勇双全，集中兵力在千里战线上往返阻击。他常常日夜兼程，边走边食。危急时，燕帖木儿更是身先士卒，尤其在榆河之战上演了惊险一幕：他亲自披挂上阵，敌将一见便纵马奔来挥戈就砍，燕帖木儿抽身闪过，紧接回手一刀，正中敌将左臂，敌将狼狈而逃。榆河之战的这一幕成为历史上统帅“单挑”的经典。大都军士气大震，在燕帖木儿带领下越战越勇，连胜昌平

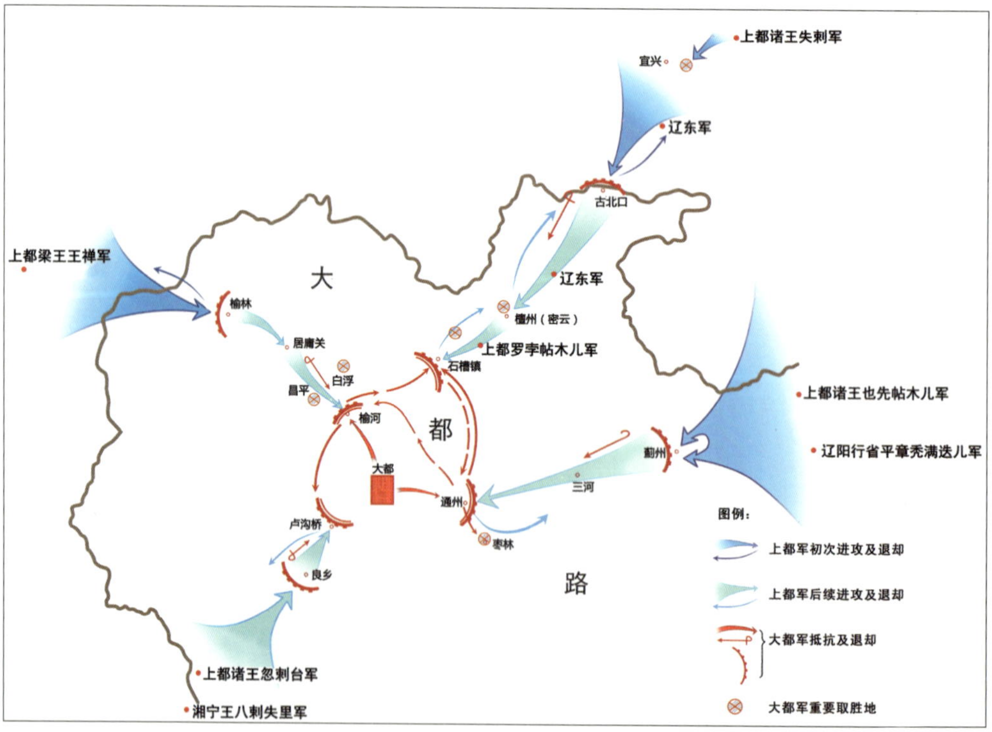

图 8　两都之战攻守示意图。底图根据侯仁之主编《北京历史地图集 · 政区城市卷》（文津出版社，2013 年版）简化

① 蓟州，今天津市蓟州区。

② 石槽镇，今属北京市顺义区。

白浮、通州枣林、卢沟桥、密云等数场大战，斩杀数千，俘虏万余，缓解了大都危机。

同时期在北方，支持元文宗的齐王月鲁帖木儿、东路蒙古元帅不花帖木儿乘虚攻克上都，天顺帝的支持者一一被杀，天顺帝不知所终。大都一方完胜，元文宗赢得了一场几乎不可能的胜利。

图 9　元明宗孛儿只斤 · 和世𤤧像

近 90 天的浴血奋战中，元文宗上拜苍天诸圣，危急时还封关公为“显灵义勇武安英济王”；下赏各路将士，与臣属生死与共。上都军打到榆河时，文宗亲自披甲出城准备上阵，急得燕帖木儿飞马回城劝说：所有杀敌之事，全交臣一人担当。望陛下从速还宫，镇定人心，切勿轻动！而当文宗听到燕帖木儿上阵劈杀之后，也急派使者拦阻：“丞相亲冒矢石，恐有不测，万一受伤，朕复何所倚赖？勿得躬自临敌，以滋朕忧！”[①] 君臣肝胆相照，感情非同一般。

战争结束后，元文宗履行承诺，相继派出大臣迎接兄长和世𤤧来大都继位，并送去海东青等贡物。和世𤤧则在蒙古诸王、原班部署的拥护下一路东行，来到和宁，也就是昔日的大蒙古国首都和林。天历二年（1329 年）正月，和世𤤧在和宁之北正式称帝，是为元明宗（见图 9）。

如此重大的决策，明宗在事后才告知文宗。文宗遂于三月初派燕帖木儿率队奉皇帝宝玺北上，进献明宗；又献上黄金 1500 两、白银 7500 两、币帛各 400 匹，以及金腰带 20 条。四月十六日，明宗立文宗为皇太子。

元文宗天历二年四月十三日的这次出游瓮山泊并举办盛宴，既是对上一年取得两都之战胜利的庆祝宴，更是让位前的告别宴；建庙则是对浴血忠臣的答谢与安置。他的瓮山泊蓝图是建设一处佛云慈护、环寺安居、永离战乱的人间乐土，因此庙宇规模宏大，首期投入已达“金三十锭、银百锭”[②]。元文宗除购买全太后田产、[③] 留有供养地，还购地千亩用于臣属别墅建设。[④]

① 参见《元史》卷二十五《燕帖木儿传》。

②《元史》卷三十三《文宗纪二》。

③《元史》卷三十三《文宗纪二》：“市故宋太后全氏田为大承天护圣寺永业。”

④《道园学古录》卷二十五《大承天护圣寺碑》：“买旁近地，得十顷有奇，皆厚直以予之。分赐从臣，俾为休沐之邸，侍祠而至则处焉。且命其总管府臣，相大田以买之，度其岁入以为僧食。”

安排好护圣寺工程，元文宗便起程北上迎接兄长。然而，又一场风暴正在临近。明宗不断以皇帝姿态，派出使者训导皇弟今后的工作，并先后任命自己的亲信旧部近百人出任各职。尽管元文宗被立为皇太子，大都的旧臣也仍续原职，但他们的权力被大大削弱，特别是在两都之战中浴血奋战的功臣们，心情更是无比失落。

于是，新的谋划悄然展开。八月二日，兄弟俩在王忽察都①会面，四天后明宗暴毙，文宗随即取走皇帝宝玺、急奔上都恢复帝位。这一事件史称“天历之变”，又称“明文之争”。虽然官方的解释是元明宗因长途劳累而“暴崩”，但没人不怀疑这是又一次骨肉残杀，蒙古诗人萨都剌就直言不讳：

> 当年铁马游沙漠，万里归来会二龙。周氏君臣空守信，汉家兄弟不相容。只知奉玺传三让，岂料游魂隔九重。天上武皇亦洒泪，世间骨肉可相逢？②

12 个月内的两场皇位争夺最终以元文宗的胜利而结束，其中有位女人自始至终站在文宗身后，这就是皇后卜答失里，她被称赞为“中兴凝辅佐之功，内职秉俭勤之训”③。卜答失里出身于名门弘吉剌氏，其家族与黄金家族世代联姻，护圣寺准备供奉的太皇太后答己，也出自这一家族。

图 10　元明宗皇后八不沙像

九月，元文宗回到大都，首先面对的是饥荒与空虚的国库，大臣史惟良上疏请“罢土木不急之役”④，文宗不得已下诏停止瓮山泊护圣寺工程。其次，他还要面对内心的挣扎，即兄长的暴死。文宗将兄长遗孀八不沙（见图 10）及其两个儿子接到宫中赡养，同时顺从八不沙意愿，在京西翠微山葺建大天源延圣寺（今八大处证果寺）超度亡灵，又请道士建醮于宝虚、天宝、太乙、万寿四宫。连兄长带来的斡罗思（今俄罗斯）宣忠扈卫亲军，也被妥善安排在京北屯田（大屯村，

① 王忽察都，今河北省张家口市张北县。

②［元］萨都剌：《雁门集》卷二《记事》，清嘉庆十二年刻本。

③［元］宋褧：《燕石集》卷十一《正旦贺皇太后表》，清文渊阁四库全书本。

④《元史》卷三十三《文宗纪二》。

今亚运村）。[1]但在立太子一事上，文宗却举棋不定。按父亲武宗所立约定“兄弟叔侄世世相承”[2]，文宗之后理应传位兄长之子，那么自己的儿子又该如何安置呢？

皇后卜答失里态度坚决，太子之位非自己儿子莫属。她首先求助于神灵。当年宫廷厮杀不已，卜答失里随同图帖睦尔离京出居，万里漂泊。图帖睦尔本与皇位无缘，最终却被推上历史舞台，冥冥之中仿佛有神相助。于是，卜答失里在与文宗受九次佛戒后，立刻拿出私房钱5万两白银，推进护圣寺建设，以求神灵继续佑护。寺名“大承天”“护圣”寓意“秉承天意，入继大统，受神护佑”，是在表白皇位继承的合理合法，动工仪式还特别由身经百战的燕帖木儿主持。

卜答失里接着怂恿元文宗流放兄长庶子妥懽帖睦尔于朝鲜大青岛，以后更将其远逐至广西桂林。她又与宦官拜住密谋，将兄长遗孀八不沙赐死，为儿子继位清除隐患。

在一切看似顺利之际，佛教与儒学的浸润却开始显威。文宗纠结起兄长之死，迟迟不敢册立自己的儿子。然而众多旧部更希望稳妥的未来，在诸臣反复催促下，至顺元年（1330年）十二月，元文宗极不情愿地立自己的长子阿剌忒纳答剌为皇太子。

谁知天起凉风，20天后皇太子死了，小儿子古纳答剌也莫名染病不起。文宗和卜答失里深感这是神灵的惩罚，于是诚惶诚恐大做法事，先命西番僧为古纳答剌做佛事一周岁，又令西僧在五台山、雾灵山各做一个月的佛事，释放天下死囚。中书右丞相、太平王燕帖木儿九死一生、命硬，于是文宗将小儿子交给他做养子，改名燕帖古思（见图11）。

图11　元文宗太子孛儿只斤·燕帖古思像

然而噩耗并未停止。皇后最信赖的母亲、鲁国大长公主祥哥剌吉也紧接着去世，时年48岁。多说一下，这位鲁国大长公主深濡汉文化，夫死不嫁，坚决抵制

① 尹钧科：《北京郊区村落发展史》，北京大学出版社，2001年版。北京市社会科学研究所《北京历史纪年》编写组编：《北京历史纪年》，北京出版社，1984年版。

②《元史》卷一百三十八《康里脱脱传》。

图12 缂丝大威德金刚曼陀罗唐卡，元佚名制作，美国大都会艺术博物馆藏。该唐卡由元明宗及其皇后、元文宗及其皇后供养

图 13 缂丝大威德金刚曼陀罗唐卡中所绘元文宗（左）、元明宗

图 14 缂丝大威德金刚曼陀罗唐卡中所绘元明宗皇后八不沙（左）、元文宗皇后卜答失里

蒙古旧俗“收继婚”，孤身抚养子女，[①]并致力中华文物的收集鉴赏。她从封地回京时，文宗夫妇专程至齐化门（今朝阳门）外东岳庙[②]迎接。而现在皇后下失爱子，上失慈母，她心灰意冷，全心全意祈求神灵宽恕。这种心情我们今天在纽约大都会艺术博物馆仍能感受：一幅 2 米见方的元代缂丝唐卡上，描绘了以大威德金刚为本尊的曼陀罗，供养人两两并肩端坐，分别是元文宗与兄长和世㻋、八不沙与卜答失里（见图 12 至图 14），其动机无疑是文宗夫妇良心发现后的忏悔。

于是元文宗另增 3000 兵士以加快护圣寺工程进度。不承想祥兆开始浮现，做殿基时居然挖出金铜古物，多为佛事法器，这似乎证明元文宗得到了天意宽恕。元文宗大受鼓舞，继续增加投入，将没收政敌的财产、矿税，以及 17 万亩的地赋，统统归于护圣寺名下。这几乎倾尽全国之力。后人评价道：护圣寺“财产之富，虽藩王国戚不及也！”[③]

到至顺二年（1331 年）五月，护圣寺已初见成效。大臣宋褧陪同文宗视察时写诗道：

陪驾西郊外，遐观倦未还。荷深七里泊，云近五华山。
境胜嗟来暮，官微愧不闲。凭高歌夏谚，真拟重跻攀。[④]

“七里泊”是瓮山泊，“五华山”即寿安山，湖山簇拥着庙宇，景色异常优美。文

①《元史》卷三十三《文宗纪二》：“蚤寡守节，不从诸叔继尚，鞠育遗孤。”
② 东岳庙后期建设是由鲁国大长公主捐款。
③［清］赵翼：《陔余丛考》卷十八“元时崇奉释教之滥”条，中华书局，1963 年版。
④《燕石集》卷五《从驾观承天护圣寺》。

图 15　大承天护圣寺推测图

宗大悦，随后又增建临湖驻跸台。当年十月，护圣寺基本竣工。

二、瓮山泊风景的创世之作

大承天护圣寺是一座独具特色的皇家寺庙园林（见图 15）。庙前栈桥径直伸入湖中成 T 形，分叉两个端头各建一座琉璃阁：东为圆通阁供奉观音大士，西名寿仁阁由皇太子使用。在 T 形交会处，还安放了汉白玉皇帝宝座。对此，当年来大都的朝鲜人描述最为详细：

西湖[①] 是从玉泉里流下来，深浅长短不可量。湖心中，有圣旨里盖来的两座琉璃阁，远望高接青霄，近看时远侵碧汉。四面盖的如铺翠，白日黑夜瑞云生，果是奇哉！

那殿一划是缠金龙木香停柱，泥椒红墙壁，盖的都是龙凤凹面花头筒瓦和仰瓦。两角兽头都是青琉璃，地基地饰都是花班石、玛瑙幔地。

两阁中间有三叉石桥，栏干都是白玉石，桥上丁字街中间正面上，有官里[②] 坐的、地白玉石玲珑龙床，西壁厢有太子坐的地石床，东壁也有石床，前面放一个玉石玲

① 西湖，指瓮山泊。

② 官里，指皇帝。

图 16 大承天护圣寺推测图——湖中双阁

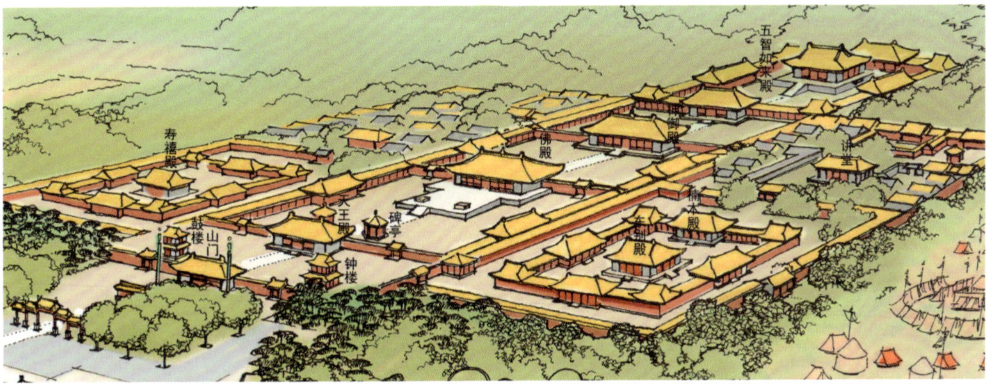

图 17 大承天护圣寺推测图——寺庙主体庭院

图 18 大承天护圣寺推测图——驻跸台

珑酒卓[①]儿。[②]

以当时的技术，在湖中建设高阁难度巨大。不过这一别出心裁的构想使湖景效果达到最佳，也突破了传统寺院的“封闭”模式。湖与寺融为一体（见图16），成为中国风景园林史上一个独特范例。

护圣寺供奉的是藏传佛教佛像，布局则是汉藏合璧。寺院前半部为汉地的伽蓝形式，后半部五智如来殿为藏地曼陀罗形式，这与当时大都12座敕建寺院、金陵潜邸的大龙翔集庆寺相类似（见图17）。殿内装饰精美，供奉了大量的藏传佛像，有白银八臂救度母、23尊佛母、9尊白金佛等。庙里殿堂众多，其中神御殿供奉太皇太后答己遗像，寿禧殿则是文宗自己的静修之所，西殿有皇后精选的金字《大藏经》，东殿供奉文宗亲笔写的《大藏经》。庭园里种植了奇花异木，这为其他同类寺庙所不及。

北岸上有一座大寺，内外大小佛殿、影堂、串廊，两壁钟楼、金堂、禅堂、斋堂、碑殿，诸般殿舍且不索说，笔舌难穷。殿前阁后，擎天耐寒傲雪苍松，也有带雾披烟翠竹，诸杂名花奇树不知其数。[③]

除主路院落，寺中又建了一系列附属建筑。东部筑有驻跸台，推测为蒙古包扎营区（见图18）。周边还有警卫、养护与田园生产人员的住宿区。

所有设计图纸都由元文宗亲自审定，务求精益求精，“材木甓瓦、丹漆设色，必精必良”[④]。祭祀神器装饰着金宝，极尽皇家雍容奢华，这一切都体现出元文宗艺术修养之高与汉化程度之深。他的绘画极富功力，传世的《相马图》（见图19）可证史言不虚。另有《京都万寿山图》画稿表现了极强的空间经营能力，以及对山水结构的精准理解。传世作品为元代房大年根据御稿所绘（见图20）。元文宗的书法也被评价为“落笔过人，得唐太宗《晋祠碑》风，遂益超诣”[⑤]（见图21）。其他如尊孔

①卓，指桌。

②［朝鲜］边暹、朴世华：《朴通事谚解》上，见汪维辉编《朝鲜时代汉语教科书丛刊》第1册，中华书局，2005年版。

③《朴通事谚解》上，见《朝鲜时代汉语教科书丛刊》第1册。

④《道园学古录》卷二十五《大承天护圣寺碑》。

⑤［元］许有壬：《至正集》卷七十一《恭题太师秦王奎章阁记赐本》，清文渊阁四库全书本。

崇儒、组织编写《经世大典》、建立奎章阁学士院等都是元代文治汉化的大事件。

至顺三年（1332 年）初，大承天护圣寺建设工程全部完成，元文宗举行了隆重的开光仪式，特召五台山万圣寺法师慧印住持。庙前广阔的水面成为观赏重点，很快“西湖景”一词取代“瓮山泊”成为新湖名。对此，高丽人描述道：

阁前水面上，自在快活的是对对儿鸳鸯，湖心中浮上浮下的是双双儿鸭子，河边儿窥鱼的是无数目的水老鸦，撒网垂钩的是大小渔艇，弄水穿波的是觅死的鱼虾，无边无涯的是浮萍蒲棒，喷鼻眼花的是红白荷花。官里上龙舡，官人们也上几只舡，做个筵席，动细乐大乐，沿河快活。到寺里烧香随喜之后，却到湖心桥上玉石龙床上，坐的歇一会儿。又上琉璃阁，远望满眼景致，真个是画也画不成，描也描不出。“休夸天上瑶池，只此人间兜率。”①

这些都标志着瓮山泊风景区业已形成。在此之前，湖水仅具水库功能，观赏湖景是在玉泉山上，瓮山泊只作为陪衬，是去往玉泉山的经过地而非停留地。元文宗改变了这一切，使风景重点东移，水岸成为观赏中心，并带动周边环境向风景审美转变。目睹景观的前后变化，刘鹗又一次写诗赞美道：

图 19 《相马图》，元文宗御笔，私人藏

图 20 《京都万寿山图》，元房大年绘，私人藏。该画是房大年依据元文宗御稿所绘

①《朴通事谚解》上，见《朝鲜时代汉语教科书丛刊》第 1 册。

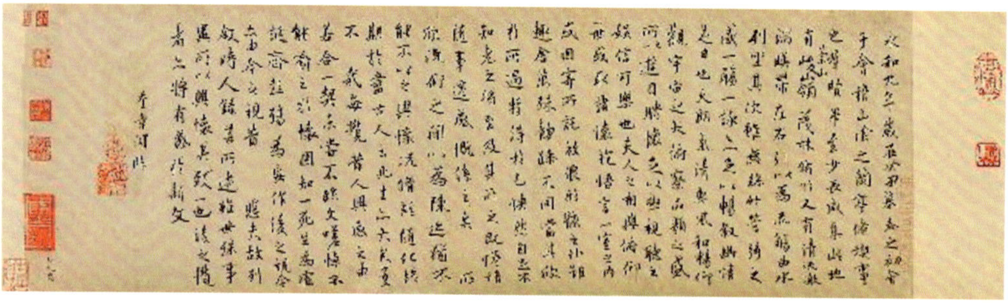

图 21 《临兰亭真迹手卷》（局部），元文宗御笔，私人藏

鳌头突兀黄金殿，水面空明翡翠楼。锦绣山河天有待，帝王宫苑地长留。

烟迷柳影三山晓，月浸荷花十里秋。更一登临多胜概，五云南上即神州。①

护圣寺的建成实现了设计初衷，元文宗极为满意，对工程负责人员加官晋爵。他的小儿子也渐渐康复。在这辉煌之际，图帖睦尔却走到了生命尽头。至顺三年（1332年）五月，元文宗再次游览瓮山泊后，大都地区发生了地震，护圣寺墙壁被震出裂缝。八月，文宗图帖睦尔病逝于上都，时年 29 岁。

之后，元文宗和太皇太后答己的遗像被供奉在护圣寺中。汉臣们普遍怀念这位文宗皇帝，瓮山泊成为寄托哀思的所在。曾撰写《大承天护圣寺碑》记，后来惨遭清算的虞集惆怅地写道：

落日龙舟山下回，寺门依旧对山开。霜凋碧树烟生草，从此频伤八月来。

百顷芙蓉野水光，石梁秋日度流香。空遗玉座临高阁，只有金仙住上方。②

文宗最为欣赏的画家柯九思后来受到排挤离开京城，他遥望瓮山泊悲吟道：

万骑时巡九月回，年年望幸寺门开。

儿童不识髯龙远，犹问君王几日来？③

①《惟实集》卷六《西山即事》。

②《道园学古录》卷四《次韵杜德常典签秋日西山有感》。

③［元］柯九思：《丹邱生集》卷三《次杜德常典签玉泉寺秋日感怀韵五首·其一》，清光绪三十四年柯逢时刻本。

萦波翠荇牵秋恨，泣露红蕖落晓芳。
惟有旧时西岭月，自移阁影过朱墙。[①]

三、大都居民的游览胜地

元大都北城墙比明清北京城靠北 6 里，西城墙北端设有肃清门，更近瓮山泊，城中居民出游极为方便。瓮山泊因此成为北京历史上第一个大型近郊游览区，它具有五大特点。

1. 君民共享的游览胜地

明清大部分时期，西湖、昆明湖为皇家禁区，百姓不得荡舟其中。元朝时，这里却是君民共享，不仅湖面，包括大承天护圣寺内殿堂也供人游览参拜。这从当时诗文中可见一斑，如吴师道作诗云：

肃清门外春草青，背城曼衍趋郊坰。西山晓晴出苍翠，高下不断如连屏。
……
寺前对峙两飞阁，金铺射日开朱棂。截流累石作平地，修梁雄跨相纬经。
平台当前白玉座，刻镂精巧多殊形。常时御舟此游幸，清箫妙管鱼龙听。
沿堤万柳着新绿，未见蒲苇弥烟汀。凫飞鹭起渺空阔，使我清思凌沧溟。
游船两两棹歌起，亦有公子携娉婷。主僧说法据高座，撞钟击鼓声发霆。
欣然肃客道周历，顾瞻幻怪何神灵。后园小殿翳花木，绣帏香阁犹深扃。
坐陪方丈谈亹亹，伊蒲清供分余馨。出门暄风掠人面，前趋复历岘与陉。[②]

此外，护圣寺还有公益慈善活动。寺内设有承天仁惠药局，向贫困者提供医药，同时还辑录印制了《承天仁惠局药方》，[③] 由皇帝下诏刊行天下。寺院定期举办大型佛事活动，具有全民性。这些对瓮山泊风景的持续发展起到了推动作用。

---

① 《丹邱生集》卷三《次杜德常典签玉泉寺秋日感怀韵五首·其五》。

② ［元］吴师道：《礼部集》卷五《三月十八日，张仲举、赵伯器、吴伯尚、王元肃同游西山玉泉，遂至香山》，清文渊阁四库全书本。

③ 《道园学古录》卷二十二《承天仁惠局药方序》。

2. 帝都最大的水上乐园

在护圣寺之前，瓮山泊仅是玉泉山的前景陪衬。护圣寺成为湖面视觉中心后，视域内 3 个方向的山体——原本各自独立的景观单元——连为一个整体，收万象于一寺一湖。在山峦层层环护之中，碧水在汇聚、金阁在高耸、视线在集中，衬托出帝王的宏大气势。同样，大众游览也是以湖水为中心。水中栈桥可以最大限度环览周边风景长卷。高阁也增加了荡舟之趣。如周伯琦诗云：

> 藕花深处泛楼船，八面亭台绮绣连。晴鹭乱蒲迷弱缆，空蝉落叶和繁弦。
> 蟹螯入手穀烝最，莲实登筵果品先。共倒碧筒宁惜醉，明时多幸侍甘泉。①

游览中人们还可品尝湖中藕荷、螃蟹、鱼虾，可见当时生态良好。在众多诗作中，高丽诗人的记述更为细腻、写实，这与他们的外乡人视角有关。如在元廷为官的高丽人李穀，留下多首诗篇：

> 舟人见客竞来迎，笑指荷花多处行。此日湖流应更好，夜来山雨水添生。
> 清风不用玉壶迎，红日如催画舸行。欲识西湖奇绝处，夜深花睡暗香生。
> 龙舟几向此中迎，玉仗枞枞夹岸行。但道侧金开梵刹，谁知前席问苍生。
> 小儿安可折腰迎，高士多应掉臂行。湖上秋来花易落，人间日出事还生。
> 晓日舟人似喜迎，晚来何事即催行。人情利尽皆如此，怅望西山暮霭生。②
>
> 湖山胜景世间稀，千里同游本不期。瘦马蹇驴谁复数，清风明月自无私。
> 万夫力尽东西寺，二圣心存左右碑。须信此行天所赋，晚来云雨更催诗。*
> * 自注：是日有骑驴者，为守湖者呵止。③
>
> 风荡穷阴忽放晴，楼台好处拟闲行。天瓢洗出山河秀，玉烛调来日月明。
> 犹恐残云含雨意，要分霁景助诗情。新篇漫兴休烦和，吟苦还嫌作乞声。
>
> 比邻笑语闹初晴，急取青藜着屐行。螺点远岑云际出，鸦翻夕照树腰明。
> 生成衮衮看天意，忧喜纷纷见世情。及此晚凉同一醉，伫闻门外马嘶声。

---

①《近光集》卷三《仲秋休沐日同崇文僚佐泛舟游西山即事二首·其二》。

②［高丽］李穀：《稼亭集》卷十四《六月十五游西湖》，见杜宏刚、邱瑞中、［韩］崔昌源辑《韩国文集中的蒙元史料》上册，广西师范大学出版社，2004 年版。

③《稼亭集》卷十四《与东国观光诸生游西山》，见《韩国文集中的蒙元史料》上册。

西湖水满北山晴，山下乘舟湖上行。四面天机云锦烂，中心仙阁翠华明。
白云杳杳遗弓恨，红日悠悠倚柱情。不可此间无好语，喜君自昔有诗声。

水光山色弄微晴，好向西湖载酒行。已卧莲舟浮滉瀁，更鸣桂楫击空明。
恐君孤负同游约，举世奔忙各有情。他日相逢空大笑，此诗荒涩不成声。①

3. 护圣寺与瓮山泊串联了西北郊其他风景点

自元大都建成后，历代元帝在西郊高梁河沿线相继建立了昭应宫、大护国仁王寺、西镇国寺等寺庙园林，小西山中也陆续修复新建了香山永安寺、卢师山大天源延圣寺、寿安山大昭孝寺，而护圣寺居游线之中，成为交通枢纽。水路串联起已有的沿岸寺庙，开启了延续持久的高梁河游览线。河边广源闸设有皇帝的龙舟船坞，元文宗的帝师曾调军士 300 人拉纤以助游览。元顺帝也是如此，当年陪同游湖的大臣许有壬，将由河入湖的景观进行了细腻描写：

夹岸金戈翊，弥空绣幕张。汀回开瀚海，天近胜钱塘。
翠阁峨双岛，珠帘护两厢。九霄披瑞霭，四表睹朝阳。②

河道“夹岸”郁闭的景观反衬出西湖的辽阔如海、天低阁高。

陆地游览是最普遍的形式。护圣寺前的御道（驰道）是一条便捷的游览廊道，连接香山、玉泉山，山水田园、烟柳香荷沿路展现。如刘鹗《西山即事》组诗、吴师道《游西山玉泉遂至香山》组诗、傅若金《清明日游城西诗并序》组诗、陈旅《西山》组诗都是将护圣寺置于西山风景大环境下逐点游览的诗作。

4. 瓮山开始受到关注

瓮山泊大堤本是水利设施，大堤主体走向与护圣寺成 45°，恰好是观赏建筑群的最佳角度。而固堤柳树经过多年的生长，到元中期已成合抱之势。大堤如绿廊，成为整个湖区最重要的观赏带，也化为吟咏不衰的诗题。最著名者为马祖常所作：

---

①《稼亭集》卷十六《仲孚再和喜晴仍约游西湖复作四首》，见《韩国文集中的蒙元史料》上册。

②《至正集》卷十四《至正改元四月十二日戊子，皇帝御龙舟幸护圣寺，中书右丞臣帖穆尔达实、参知政事臣阿鲁、臣有壬扈行，乐三奏，命右丞前特授平章政事、参政进右丞，臣有壬进左丞，恳辞不允，惶汗就列。平章、右丞曰：“今日游骋之盛、恩遇之隆不可不纪也。”悚惧之余，为二十韵以献》。

凤城西去玉泉头，杨柳堤长马上游。六月薰风吹别殿，半天飞雨洒重楼。
山浮树盖连云动，露滴荷盘并水流。舣岸龙舟能北望，翠华来日正清秋。①

后世大名鼎鼎的万寿山，在当时只是个平淡无奇的小山，元初刚刚得名。在大堤上徜徉漫步，瓮山之美时时闯入眼帘。翰林学士陈旅因参加护圣寺的揭幕仪式，记述了堤上观感：

就堤侧借草坐，灌木延阴风，泠然生涧底，幽鸟鸣其上，命苍头堤旁取荷为盘，以实腊肉，倒尊中浊醪饮数行，瓮山流黛，与湖影相荡，潏于杯盘巾袂之上。余在京师七年，盖未有一适如此时也。②

在湖水映衬下，瓮山显得妩媚多姿。这些美文佳作也为后来的瓮山评价与风景开发埋下了伏笔。

5. 皇家管理

由于元代不设山陵，皇家寺庙就兼有祭祀前朝皇帝的功用，形同皇室分支机构。护圣寺特请宝峰慧印大和尚③住持，赐授官职为荣禄大夫、大司徒，显示出寺庙的特殊地位。

护圣寺在建设时期由隆祥总管府负责，建成后隆祥总管府升为隆祥使司，掌管全国各地的财务税收用于寺庙运营，以及寺庙供养田的生产。这使得瓮山泊周边水稻生产从技术、农师、水源调配等方面均得到皇家支持，进而为水田的可观赏性奠定了基础。自护圣寺建成后，瓮山泊一带田园诗咏渐多，其背后则是汉文化对游牧背景统治者的潜移默化。如周伯琦侍从元顺帝游护圣寺所咏：

翠华游豫暮春天，花满长堤草满川。渔艇凌波遥掷网，农麖趁候竞犁田。
皇情嘉共民心乐，御气能增物色妍。析木津头多雨露，从今四海屡丰年。④

① [元] 马祖常：《石田先生文集》卷三《西山》，元至元五年扬州路儒学刻本。

②《安雅堂集》卷三《西山诗有序》。

③ 慧印号宝峰。虞集《大承天护圣寺碑》记中写作“惠印”，误。详见 [清] 沈涛《常山贞石志》卷二十二《皇元真定府隆兴寺重修大悲阁碑》，清道光二十二年刻本。

④《近光集》卷二《三月廿二日侍从圣上泛舟玉泉西寺、护国寺行香作二首·其二》。

四、元顺帝的传承

元文宗临终遗嘱将皇位交还兄长之子，皇后卜答失里坚定执行。尽管燕帖木儿反复规劝，但皇后还是坚持弃子立侄。至顺三年（1332 年）十月，先立明宗 7 岁的嫡子懿璘质班为帝，是为元宁宗（见图 22）。不料小皇帝未过两月而亡，燕帖木儿再次要求立文宗儿子燕帖古思为帝，又一次被皇后拒绝。燕帖木儿只得将明宗长子妥懽帖睦尔由桂林请回，却迟迟不使登基，直到至顺四年（1333 年）五月燕帖木儿去世后，13 岁的妥懽帖睦尔才登基为新皇帝，是为元顺帝（即元惠宗，见图 23、图 24）。同年卜答失里被尊为皇太后，临朝称制，不久又尊奉为太皇太后，文宗之子燕帖古思则被立为皇太子。

图 22　元宁宗孛儿只斤 · 懿璘质班像

图 23　元顺帝（惠宗）孛儿只斤 · 妥懽帖睦尔像

皇帝位、太子位刚刚安顿妥当，朝廷权臣之间又开始了厮杀。先是功臣伯颜血洗燕帖木儿家族，权倾一时，而后渐已成人的新皇帝又任用脱脱为相，罢黜伯颜，夺回权力。等到羽毛丰满之际，至元六年（1340 年）六月，元顺帝下诏揭露文宗夫妇的谋杀，将文宗

图 24　《佛郎国献马图》（局部），元周朗绘，明摹本，北京故宫博物院藏。图中坐着的人物是元顺帝

御像撤出大承天护圣寺；削去卜答失里太皇太后尊号，流放东安州[①]；废除燕帖古思的太子位，流放朝鲜并杀死于途中。听到消息后，卜答失里悲痛万分，很快命归西天，年仅34岁。如果说瓮山泊在南宋全太后眼中是一湖悲伤，那么在文宗皇后眼里，则是无穷的悔恨。

肃清一切障碍之后，元顺帝改元至正，于至正元年（1341年）游览大承天护圣寺，时间同样是四月十三日，湖面上轮回般地展现出又一个盛大场面。新任中书左丞相的许有壬，与几位大臣写诗记盛。许有壬描绘得雍容典雅：

宇宙承平日，邦畿壮丽乡。宫中无暇逸，湖上暂翱翔。
凤辇重云降，龙舟万斛骧。风霆随桂楫，日月运牙樯。[②]

大臣吴师道唱和得空阔豪迈：

西北群山迥，盘盘护帝乡。玉泉流海润，金刹倚云翔。
四月龙舟迈，千官马首骧。落花萦剑佩，高柳拂帆樯。[③]

其他还有陈旅、周伯琦、台哈布哈等，篇篇豪情满怀，从中可以看到一个新兴权威的升起。至正三年（1343年）三月，顺帝再次游湖至玉泉山，陪同的著名诗人周伯琦写道："双凤引箫来阆苑，六龙捧棹泛银河。"[④]可能是有皇帝在场，诗作中规中矩。但在随后与同僚的秋游中，周诗人却唱出"神州第一"的强音：

西郊爽气薄西山，山下平湖水接天。十里香风荷盖浪，一川霁景柳丝烟。
玉虹遥亘星河上，翠阁双悬日月前。壮观神州今第一，胜游何啻拟飞仙。[⑤]

---

① 东安州，今河北省廊坊市安次区西。

②《至正集》卷十四《至正改元四月十二日戊子，皇帝御龙舟幸护圣寺，中书右丞臣帖穆尔达实、参知政事臣阿鲁、臣有壬扈行，乐三奏，命右丞前特授平章政事、参政进右丞，臣有壬进左丞，恳辞不允，惶汗就列。平章、右丞曰："今日游骋之盛、恩遇之隆不可不纪也。"悚惧之余，为二十韵以献》。

③《礼部集》卷六《次韵许可用参政，从幸承天护圣寺，是日升左丞》。

④《近光集》卷二《三月廿二日侍从圣上泛舟玉泉西寺、护国寺行香作二首·其一》。

⑤《近光集》卷三《仲秋休沐日同崇文僚佐泛舟游西山即事二首·其一》。

《元氏掖庭记》补充了元顺帝的游湖细节：

帝于夏月尝避暑于北山之下曰西湖者，其中多荷蒲菱芡。帝以文梓为舟，伽南为楫，刻飞鸾翔鹢旗于船首，随风轻漾。又作采菱小船，缚彩为棚，木兰为桨，命宫娥乘之以采菱为水戏。时香儿亦在焉，帝命制《采菱曲》，使篙人歌之……声满湖上，天色微曛，山衔落日，帝乃周游荷间，取荷之叶。或以为衣，或以为盖，四顾自得，毕竟忘归。①

“帝以文梓为舟”的记述话出有因。元顺帝 14 岁登基后，为躲避宫廷内斗与权臣骄横，沉溺于设计制作，曾亲绘龙舟图样，“首尾长一百二十尺，广二十尺，前瓦帘棚、穿廊、两暖阁，后五殿楼子。龙身并殿宇用五彩金妆，前有两爪。上用水手二十四人，身衣紫衫，金荔枝带，四带头巾，于船两旁下各执篙一。……行时，其龙首眼口爪尾皆动”②。元顺帝在太液池经常乘坐龙舟，以展示自己的成果；来到瓮山泊自然少不了如此一番。后人有《元宫词》咏道：

荡桨西湖月色澄，玉泉深处冷于冰。
翻冠飞履香儿舞，一派歌声唱《采菱》。③

元顺帝还热衷于筑屋造园，“尝为近幸臣建宅，自画屋样，又自削木构宫高尺余，栋梁楹槛宛转皆具，付匠者按此式为之”④，时称鲁班天子。这些爱好使他在艺术追求上与元文宗相一致，自然也对护圣寺珍爱有加。可惜不久寺庙毁于火灾，元顺帝下旨复建，被大臣李稷劝阻；后于至正十三年（1353 年）再以钞两万锭复建，可这些拨款也只是杯水车薪，难以继续。更大的危机是堤堰失修，湖面萎缩，至正十四年（1354 年）虽然整治了大堤，可风光不再。加之天下大乱，各地起义攻杀不断，元顺帝再也无心出游。不久明军攻占了大都，瓮山泊风景陷入衰败之中。

① [元] 陶宗仪编：《说郛》卷十四引《元氏掖庭记》，清文渊阁四库全书本。
②《元史》卷四十三《顺帝纪六》。
③ [清] 史梦兰：《全史宫词》卷十九，清咸丰六年刻本。
④ [明] 权衡：《庚申外史》，清嘉庆十年虞山张氏照旷阁刻学津讨原本。

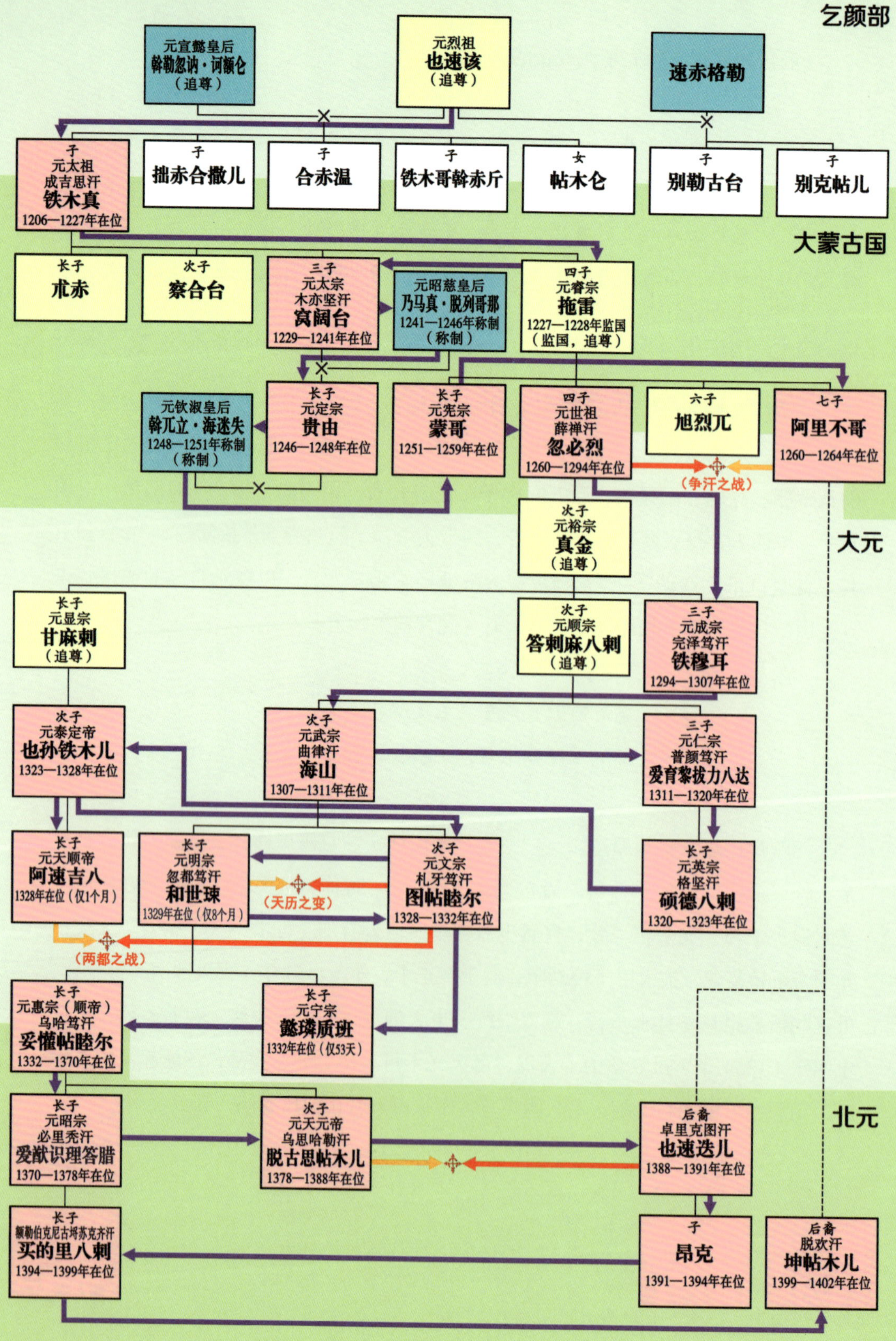
乞颜部
元宣懿皇后 斡勒忽讷·诃额仑（追尊）
元烈祖 也速该（追尊）
速赤格勒
子 元太祖 成吉思汗 铁木真 1206—1227年在位
子 拙赤合撒儿
子 合赤温
子 铁木哥斡赤斤
女 帖木仑
子 别勒古台
子 别克帖儿
大蒙古国
长子 术赤
次子 察合台
三子 元太宗 木亦坚汗 窝阔台 1229—1241年在位
元昭慈皇后 乃马真·脱列哥那 1241—1246年称制（称制）
四子 元睿宗 拖雷 1227—1228年监国（监国，追尊）
元钦淑皇后 斡兀立·海迷失 1248—1251年称制（称制）
长子 元定宗 贵由 1246—1248年在位
长子 元宪宗 蒙哥 1251—1259年在位
四子 元世祖 薛禅汗 忽必烈 1260—1294年在位
六子 旭烈兀
七子 阿里不哥 1260—1264年在位
（争汗之战）
大元
次子 元裕宗 真金（追尊）
长子 元显宗 甘麻剌（追尊）
次子 元顺宗 答剌麻八剌（追尊）
三子 元成宗 完泽笃汗 铁穆耳 1294—1307年在位
次子 元泰定帝 也孙铁木儿 1323—1328年在位
次子 元武宗 曲律汗 海山 1307—1311年在位
三子 元仁宗 普颜笃汗 爱育黎拔力八达 1311—1320年在位
长子 元天顺帝 阿速吉八 1328年在位（仅1个月）
长子 元明宗 忽都笃汗 和世㻋 1329年在位（仅8个月）
（天历之变）
次子 元文宗 札牙笃汗 图帖睦尔 1328—1332年在位
长子 元英宗 格坚汗 硕德八剌 1320—1323年在位
（两都之战）
长子 元惠宗（顺帝） 乌哈笃汗 妥懽帖睦尔 1332—1370年在位
长子 元宁宗 懿璘质班 1332年在位（仅53天）
北元
长子 元昭宗 必里秃汗 爱猷识理答腊 1370—1378年在位
次子 元天元帝 乌思哈勒汗 脱古思帖木儿 1378—1388年在位
后裔 卓里克图汗 也速迭儿 1388—1391年在位
长子 额勒伯克尼古埒苏克齐汗 买的里八剌 1394—1399年在位
子 昂克 1391—1394年在位
后裔 脱欢汗 坤帖木儿 1399—1402年在位

图25 元代帝王世系图

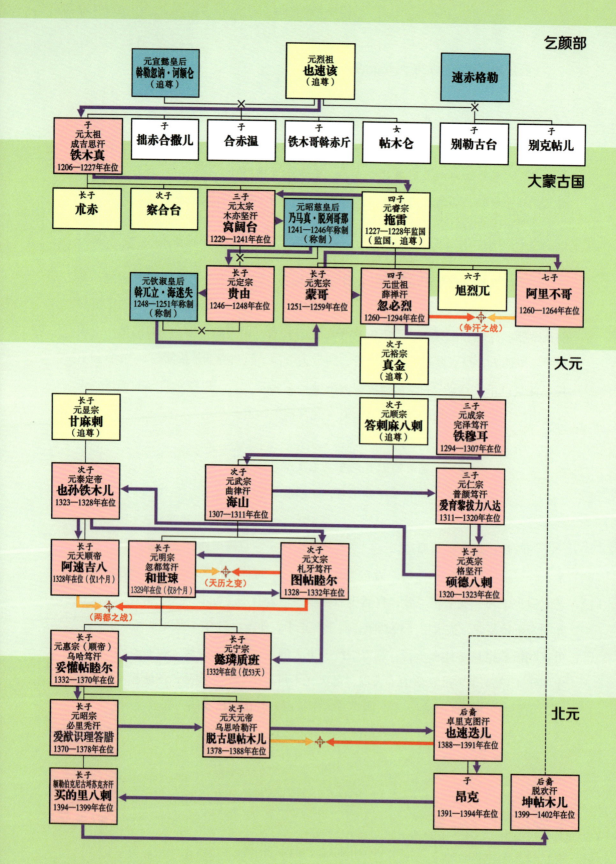

五、结语

大承天护圣寺与瓮山泊，经过近 17 年的构思设计、建设经营、诗文渲染，从一个莽野水源地变成一片风景园林区。它自建设伊始就以帝王气势连山跨水、横空出世，确定了瓮山泊的皇家特色，这是元文宗的功绩所在，也成为昆明湖风景历史的开端。

从动因来说，瓮山泊与大承天护圣寺是元文宗向往和平、摆脱罪恶的希望之地，是元顺帝抚慰少年伤痕、彰显权威的场所，在留下一份风景园林遗产之余，也留下一段宫廷政治的记忆（见图 25）。

《入跸图》（局部），明佚名绘，台北故宫博物院藏。图中端坐船上的人物是明神宗万历皇帝朱翊钧

明代湖山

明宣宗、孙皇后与西湖大功德寺

图1　明宣宗朱瞻基像

瓮山泊在明代被正式称作“西湖”，迎来的第一位皇帝是宣宗朱瞻基（见图1）。这位皇帝政务上励精图治，闲暇时勤于诗书绘画，热衷游猎。在他之前，瓮山十里大堤曾被山洪冲毁。永乐四年至五年（1406—1407年），经过20万人的整治，[①]西湖再次呈现烟波浩渺的景色。对此，明宣宗常常挥毫讴歌，在其四十四卷的诗文集中，留下许多篇章，如这首《西湖夏景》：

> 沧波万顷湛平湖，湖上青山似画图。风度藕花香旖旎，烟笼岸柳影模糊。
> 锦鳞戏跃洲边藻，野鹘翻窥水上蒲。静倚南薰凝望处，天然清致满皇都。[②]

诗句细致描绘了明初西湖景色，水乡田园已从元末的颓败中恢复过来，周边景观一片欣欣向荣。其《西郊秋色》云：

> 迢递西郊望渺然，无穷秋色映长天。晚田禾黍村村熟，野水芙蓉处处鲜。
> 一带青山如玉立，万家红树与云连。遥闻社鼓风中急，应是农夫报有年。[③]

诗中充满了喜悦与自豪。类似诗作还有《游西湖》《冬日游西湖》，文记则有《玉泉记》《大功德寺记》，其他还有香山、西山、燕京八景等诗题。

正是在这样一位才华横溢的帝王的引导下，昆明湖风景史上的第二轮建设开始了，其标志就是皇家寺庙园林大功德寺的建立。

---

①《明太宗实录》卷五十八永乐四年八月癸卯条、卷六十七永乐五年五月丁卯条。

②［明］宣宗朱瞻基：《大明宣宗皇帝御制集》卷三十五《西湖夏景》，明内府抄本。

③《大明宣宗皇帝御制集》卷三十七《西郊秋色》。

一、大功德寺背后的隐秘

图2 明孝恭章皇后孙氏像

明宣宗年号宣德，在他与其父明仁宗统治时期，明朝民生渐趋富庶，国力鼎盛，史称“仁宣之治”。这时期，明太祖朱元璋制定的许多大政方针仍在延续，但有一项政策却与宣宗的兴趣相抵触。太祖规定：大内之外，不许营造离宫别馆，后世子孙守为家法。[1]禁建园囿以免浪费国家财力，嬉乐怠政。

尽管明宣宗十分喜爱西湖山水，但也不愿违背祖训而大兴土木。恰好此时一位贴身人物提出了一个颇为合理的请求，这就是宣宗的新皇后——孝恭章皇后孙氏（见图2）。她请求建一座寺庙用以祈福，并愿倾自己全部积蓄，如同元文宗皇后卜答失里一样。明宣宗在《大功德寺记》中介绍了建庙缘起：

> 皇后孙氏，笃志于善，心之所存，惟孝为切，旦夕宗社生民之念未尝暂忘。尝谓于朕，欲辍己之服用，创建梵宇一区奉佛菩萨。上以资宗庙圣灵在天之福，以益圣母皇太后齐天之寿，又以隆祐祚于朕躬，保康和于家国；下以被及子孙臣民，咸承庆泽。[2]

建庙目的很明确，即上慰列祖之灵、祝皇太后长寿与皇帝健康，下及臣民福祉。一举多得，这自然与宣宗心意合拍。于是，宣宗将庙址选于西湖北岸的元代大承天护圣寺遗址之上。宣德四年（1429年）动工，两年后（1431年）建成，赐名“大功德寺”，并在庙前立碑，详记建寺过程，碑文结尾再次赞颂了孙皇后的善举：

> （建寺）一切之费悉出于中宫。盖其一念之诚，以谓由乎己，不烦乎人，庶几神明鉴格，福祥来臻，而宗社国家、子孙臣民均蒙利益，庶几以遂己之志。夫中宫好善之诚宜书，寺之始创亦宜书，因书以为大功德寺。[3]

---

① [明]楼性：《皇明政要》卷十五《节财用》，明嘉靖五年戴金刻本。

②《大明宣宗皇帝御制集》卷二《大功德寺记》。《大功德寺记》现存版本漫漶不清，但主要思想脉络仍然清晰可循。缺字结合明宣宗《玉泉记》予以推测性补充，加□标识。

③《大明宣宗皇帝御制集》卷二《大功德寺记》。

当年提议建庙之时，正值新皇后册封之际。那么，孙皇后为什么如此不遗余力地修建大功德寺呢？

在明史中，孙皇后是个颇受争议的人物，对她的评价存在褒贬两种观点。她年幼时，因貌美聪明被朱瞻基的外祖母彭城夫人看中，于永乐八年（1410年）被推荐入宫，年龄10岁有余。明成祖朱棣指派朱瞻基的母亲、当时还是太子妃的张氏（见图3）养育，形同养母。同年秋季，13岁的朱瞻基随皇祖朱棣从征讨蒙古的前线回来，见到了孙氏，二人开始了青梅竹马之交，小姑娘几乎被看作“皇太孙妃”的不二之选。

图3 明宣宗母亲诚孝昭皇后张氏道服形象。《孝康敬皇后张氏授箓图》，明弘治六年（1493年）佚名绘，美国圣迭戈艺术博物馆藏

永乐十五年（1417年），20岁的朱瞻基到了婚娶年龄，谁知明成祖却提出由占卜决定皇太孙妃的人选。皇帝旨意不可违，最终济宁官员胡荣的女儿胡善祥被立为皇太孙妃，孙氏只落得皇太孙嫔的名分。此时的孙氏比胡善祥早入宫7年，已与朱瞻基建立了深厚感情，这在后来不断得到验证。

洪熙元年（1425年）六月十二日，朱瞻基继位，是为明宣宗。随即，宣宗尊母后张氏为皇太后，立胡氏为皇后、孙氏为贵妃。明初定制，册封皇后时，授以金宝与金册；皇贵妃以下只有金册而无金宝。但宣宗为了让孙氏享有与皇后同等待遇，打破制度，授予孙贵妃金宝，使其成为明朝第一位册、宝双全的皇妃。

不久，孙贵妃怀孕了，在此之前她已生下一女常德公主，而此次事关重大，历史疑案也由此产生。史料记述，孙贵妃“阴取宫人子为己子”[①]，说她将宫女之子据为己有，这就是著名的“夺（盗）子”说。但让人疑惑的是，在长达近280天的孕期中，孙氏如何能逃避后宫百余人的睽睽众目，如何能瞒过精明强干、人称“女中尧舜”的养母张太后？明宣宗又为什么对其怀孕一事深信不疑？对此，史书语焉不详，即使是贬孙氏者也拿不出令人信服的证据。

宣德二年（1427年）十一月儿子诞生了，明宣宗高兴得大赦天下、免除次年税粮的1/3，并于次年（1428年）二月初六册立其为皇太子，这就是后来的明英宗。他是中国历史上年龄最小的太子，当时仅有2个月零24天。

①［清］张廷玉等：《明史》卷一百十三《后妃传一·孝恭孙皇后传》，中华书局，1974年版。

图 4 《杏园雅集图》（局部），明正统二年（1437 年）谢环绘，镇江博物馆藏。《杏园雅集图》展现了明朝前期的园林风尚，9 位内阁大臣于杨荣宅园雅集，杨士奇也在其中

不仅如此，宣宗更是决心废掉皇祖钦定的婚姻。胡皇后体弱多病，还常常规劝皇帝少游幸。但这些不足以成为废后的理由。[①] 于是宣宗召来张辅、蹇义、夏原吉、杨士奇、杨荣五位重臣（见图 4 至图 6）说道："我年过三十未有儿子，现在孙贵妃有子，母从子贵，古亦有之。但皇后该如何处置？"接着又列举胡皇后的诸多过失，希望诸臣拿出一个合宜办法。杨荣、蹇义认为胡皇后但废无妨，并举宋仁宗废郭皇后为仙妃之例。而杨士奇认为，这恰恰是宋仁宗一生的败笔。张辅、夏原吉则委婉表示，废立皇后事关重大、慎重为先。五臣意见不一，宣宗举棋不定，暂缓再议。

随后，杨荣奉旨整出二十条皇后过错。尽管皇帝早已铁了心，但认为所列内容也太过牵强，赫然变色说："如此栽赃，你们就不怕庙堂神灵惩罚吗？"议论不快而散。事已至此，宣宗只好单独询问杨士奇。杨士奇建议皇帝好言劝导胡皇后，承诺被废后仍享有从前的礼遇。[②]

君臣意见一致后，胡皇后被说服，上表请求让位。宣德三年（1428 年）三月初一，也就是在册立皇太子近一个月后，宣宗发布诏书，立孙氏为新皇后，胡皇后被废，移居长安宫，赐号"静慈仙师"，一切待遇照旧。[③]

一场长达十一年的婚姻以孙氏扶正而告终，宣宗也说出了一句心里话："贵妃孙氏，昔皇祖太宗皇帝选嫔于朕，十有余年，德义之茂冠于后宫。"[④] 正是这来之不易的正果，促成新皇后喜极泪下、倾囊建庙之举。

① [明] 何乔远：《名山藏》卷三十二《坤则记三·宣宗废后胡氏》，明崇祯刻本。

② [清] 毛奇龄：《西河合集·胜朝彤史拾遗记》卷二《宣德朝》"恭让胡皇后"条，清康熙李塨刻西河合集本。

③ [明] 徐学聚：《国朝典汇》卷九《朝端大政九》，明天启四年徐与参刻本。[明] 雷礼：《皇明大政纪》卷十一，明万历刻本。[明] 涂山辑：《明政统宗》卷十三，明万历刻本。

④ [明] 佚名：《皇明诏令》卷八《宣宗章皇帝上》，明嘉靖十八年傅凤翔刻二十七年浙江布政司增修本。太宗皇帝，指明成祖。

图 5 《杏园雅集图》(局部)

图 6 《杏园雅集图》(局部)

大功德寺的建成,既可说是竹马之恋的纪念碑,也可说是孙氏曲意媚上、纵容游乐的罪证。就孙皇后本人而言,这是她生命中的头等大事,是祈求皇祖、皇父在天之灵的宽恕,报答张太后的默许,更是感激朱瞻基的不离不弃。只可惜以往对孙氏的褒贬两类评价都少有提及这座皇家寺庙园林与明宣宗的御制碑文。

二、大功德寺的园林与风景

才华横溢的朱瞻基(见图 7 至图 9、图 12、图 14)称得上是位山水鉴赏大家,他在《大功德寺记》中对寺庙形胜进行了评价:庙址高爽静幽,夷坦轩豁;水远流长,玉泉清冽可鉴,东汇为巨浸、为西湖,碧波经通惠河、潞河而达于海;山有来龙、有去脉,瓮山居东,“大房在右,西山五华、金城及居庸诸峰,横碧耸翠、骈叠连亘乎西北”;土地“湖之南、东、北三面,原田广衍无际,皆膏腴壤。资湖之润,农岁丰给”。结论是“盖湖之境擅畿甸最胜处,古今有名焉。随命创佛寺于湖之北”[①]。

这一评价不是就眼前论眼前,而是从山至海俯视帝都全局,体现了王者气魄。他的另一篇文记《玉泉记》同样如此,两相参阅可见宣宗对北京山川地理烂熟于胸,爱土之情溢于字里行间。这也让人联想起他的另一项大胆破例,就是终止皇父仁宗将国都迁回金陵的计划。

与元文宗的评论相比,明宣宗首次将“田园”纳入审美视野,成为与湖、山并

①《大明宣宗皇帝御制集》卷二《大功德寺记》。

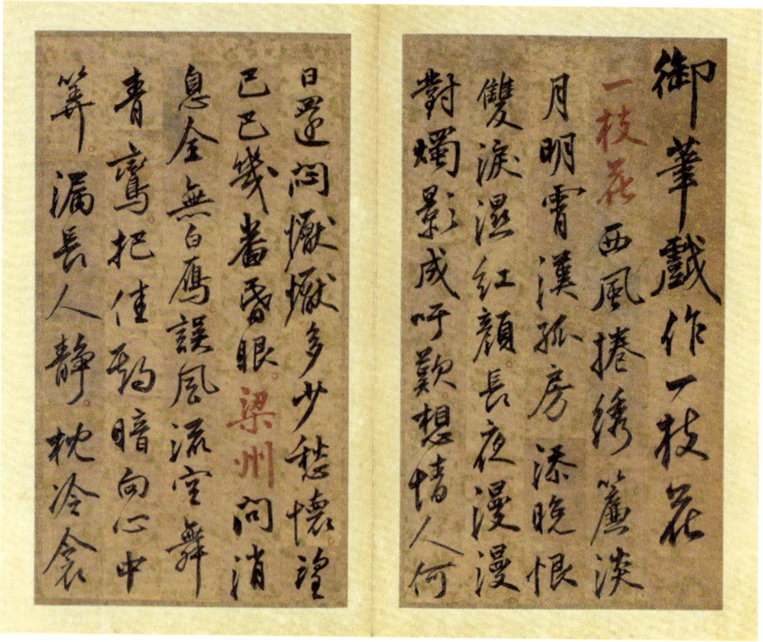

图 7 《御笔戏作一支花》，明宣宗书，台北故宫博物院藏

列的景观要素，反映出决策者的农耕文化背景，特别是湖的三面已辟为良田，说明本区农业在元末明初有了长足发展。

大功德寺就建在上述山水林田格局之中。建筑群占地 6 顷有奇，相当于 600 余亩。[1] 布局采用了汉式伽蓝形制，明宣宗介绍说：

> （寺）中建二殿，后为法堂。万法三乘，各居其所。像貌严肃，咸称瞻仰。缭以周庑，而绘释典所纪善因于庑壁，以启敬信。外作钟鼓楼，又外建三门。盖闳壮丽密，称释氏所谓大道场者也。[2]

寺庙共计七进院落，采用宫廷规格，壮丽非凡。尤以后殿无量寿殿最为精致，殿柱及藏经筒均为锥金技艺。敕赐百余卷泥金《华严经》[3] 成为镇寺之宝，此外还有孙皇后赐予的缂丝观音像。据时人记载：

① ［明］陈文等：《明英宗实录》卷一百五十九正统十二年十月癸酉条，（台北）“中央研究院”历史语言研究所影红格抄本之校印本，1962 年版。明代 1 亩合今 614.4 平方米。

②《大明宣宗皇帝御制集》卷二《大功德寺记》。

③［明］卢维祯：《醒后集》卷四《游西山前记》，明万历三十二年至三十三年刻三十八年续刻本。

（功德寺）甚弘敞，后殿尤极精丽，殿柱及藏经笥皆锥金。锥金者，布金于地，髹彩其上。以锥画之为人物花鸟，状若绘画然。又有刻丝观音一轴，悬于梁际。刻丝者，以丝刻为画，非绣非织，别为一法。[①]

正殿及方丈凡七进，基皆九撰，拟掖庭制度，费数十万缗。[②]

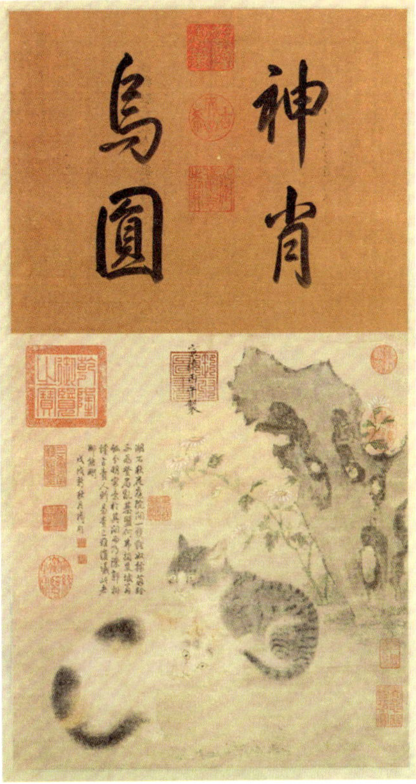

图 8 《花下狸奴图》，明宣宗绘，台北故宫博物院藏

寺庙连廊壁上绘有佛教故事，具有藏密风格，这是因为明代皇帝大都崇信藏传佛教。跨院建有寝殿以备驻跸之需。院内花木繁茂，“前堂有松柏百株，拳曲樛结，风籁然然”[③]。

功德寺外西侧另建僧舍名“松林庵”，僧众达 600 余名。功德寺于宪宗成化六年（1470 年），又增建毗卢阁，重檐八角，高七八丈。[④]这年四月，户部主事左赞来游，记述道：

（功德寺）僧众六百有奇，主僧迎款如晓，而仪观修整。讯其名曰戒靖。以阐教来为住持，雅好文，与之言论娓娓可听。导游佛殿，像设庄严，两庑画释氏源流，皆一时名笔。最后至无量寿殿，雕铍髹饰，丹雘藻缋，光彩照人。金书藏经函列左右，供张什物之器，备极精巧。殿前隙地，方筑台基建佛阁，其费无虑百家之产，一出于中贵所施。[⑤]

据说戒靖原计划将南京大报恩寺塔的副塔备材运此建设佛塔，因朝中大臣反对

① [明]李东阳：《怀麓堂集》卷六十七《山行记》，清文渊阁四库全书本。
②《长安客话》卷三《郊垧杂记 · 功德寺》。
③ [明]高穀：《游西山记》，见《古今游名山记》卷一《西苑》。
④《怀麓堂集》卷六十七《山行记》。
⑤ [明]左赞：《桂坡集》后集卷八《游玉泉山记》，明刻本。

而作罢，[1]改作毗卢阁。这个“据说”很可能是虚构的，但也足以说明寺院的“弘敞”。毗卢阁的建设使平展院落呈现竖向变化，登阁而望，八窗各成画面，尽收湖山林田于一寺。时人倪岳写诗道：

凭虚高阁不胜寒，乘醉来登更倚栏。
十里湖光通几席，八窗云影上衣冠。
荒台漫惜千金业，羸马聊陪一日欢。
极目天南驰远眺，催归无那夕阳残。[2]

图 9 《戏猿图》，明宣宗绘，台北故宫博物院藏

寺院因此形成了幽深与开阔并存的特点，这是一次成功的加建。诗中“荒台”指元代护圣寺琉璃阁遗迹，这时已成为庙前临水平台，为观赏湖景佳地。正德年间许宗鲁写诗云：

功德寺前湖杳冥，渚花汀草流芳馨。法堂云深般仙梵，塔院昼寂喧风铃。
野烟空蒙石阁邃，春水荡漾莲台青。开门秀色净如洗，落日西山虚翠屏。[3]

诗中描写了寺前西湖与玉泉山的景色。湖水规模虽小于元代，仍不失辽阔，只是湖景最长视轴偏向东南，功德寺位于西湖的西北端。大学士李东阳描写道：

又三里为功德寺，洪波衍其东，幽林出其南，路尽丛薄始达于野。[4]

文中描述了树木之茂，“丛薄”即丛莽、密林，这是功德寺的另一大景观。寺内为柏，寺外为松，茂密苍翠，与西湖岸柳的黄绿、稻苗莲荷的青嫩形成反差，时人留

① 传闻载于《古今游名山记》所录李东阳的《山行记》中，但李东阳《怀麓堂集》同文却无此段，可知应是传闻。
② [明] 倪岳：《青溪漫稿》卷四《登功德寺新阁限韵一首》，清武林往哲遗著本。
③ [明] 许宗鲁：《少华山人集》前集卷十一《功德寺》，明嘉靖刻本。
④《怀麓堂集》卷三十《游西山记》。

下许多生动描写，森林气息如在眼前：

（功德寺）墙外古松围之，尽作蛟龙偃盖。中则森列古柏、青皮溜雨、黛色参天，山势回缭拱揖。入之，真深山穷谷也！①

又行四里许，遥见苍松参天、云盖森森。询之，则功德寺。有制禁，不得阑入。徘徊松下，坐挹清风，已觉山色在眼、尘胃欲涤。②

寺庙向南临湖，其余三面则被松柏森森围绕，远望有寺，近寻无踪，林中弥漫着空灵气氛，如下面的记述：

峦峰明秀，风景悠然，钟声隐隐出林表。渐近则长堤绕湖，夹堤而北，绿云细缊，荷香袭人。堤尽崇门盛开，台殿突兀，曰功德寺也。③

文中记述了入寺前的三种观感：引人、寻径、突现，松林在此起到了组景作用。大而观之，密林又与周边山峦形成层层包围之势：

图10　《明宣宗行乐图》，（传）明商喜绘，北京故宫博物院藏

①《山行杂记》。

②［明］郑二阳：《郑中丞公益楼集》卷二《西山游纪》，清康熙世德堂刻本。

③［明］张升：《游西山诗序》，见《古今游名山记》卷一《西苑》。

图 11　骑白马的明宣宗。《明宣宗行乐图》（局部）

青山绕屋树藏桥，我骑初来亦自骄。
晓日初红寒未敛，冻岚输翠午全消。①

诗中“绕”“藏”二字概括出空间围合的神韵，使功德寺充满神秘感。隔林闻钟更添一份肃穆，因此还出现过寻寺迷路的事情。刘大夏写诗《寻功德寺失道》云：

最是祇园林木深，钟来伊迩路难寻。
春郊未了看花事，清梵空闻隔叶音。②

寺隐之深只能靠钟声穿林而循。相传为明代画家商喜所绘的《明宣宗行乐图》（见图10、图11），有专家认为绘写的原型是南苑，但从画中院墙工丽、琉璃瓦顶、古松森森来看，更像是大功德寺环境，因为南苑垣墙在永乐十二年（1414年）以黄土夯筑，无论是在风格还是技术上，都不会使用琉璃装饰。此外，南苑地处永定河洪泛区，地下水位高，不适宜耐旱性松树的生长，难以形成大面积的松林。由此，可推断《明宣宗行乐图》的背景为大功德寺，后人可从中得到直观感受。

总之，建筑群的富丽堂皇与松林的苍翠幽深构成大功德寺的整体形象，被时人誉为“闳廓靓深，为西山第一精蓝”③。

三、宣德之后的大功德寺

可惜的是，明宣德十年（1435年）正月初三，朱瞻基去世，享年37岁，他的出巡仪仗就保存在大功德寺中。宣宗英年早逝，其健康状况孙氏或许早有觉察，可证《大功德寺记》中“祐祚朕躬”并非虚情。

① [明]程敏政：《篁墩文集》卷八十一《十二月七日有事西山陵园宿功德寺航公房次韵二首·其一》，清文渊阁四库全书本。

② [明]刘大夏：《寻功德寺失道》，见《帝京景物略》卷七《西山下·功德寺》。《刘忠宣公遗集》卷一所收版本与此不同。

③《桂坡集》后集卷八《游玉泉山记》。

图 12 《明宣宗射猎图》，明佚名绘，北京故宫博物院藏

随后，9 岁的朱祁镇继位，是为明英宗（见图 13），尊张皇太后为太皇太后，孙皇后为皇太后。英宗曾伴两代皇太后重游西湖，有传说太皇太后与皇太后住宿功德寺三日，太监王振认为不妥，便用计断了皇太后出游的念想，文徵明父亲文林记述道：

北京功德寺后宫像，设工而丽。僧云：正统时，张太后尝幸此，三宿乃返，英宗尚幼，从之游，宫殿别寝皆具。太监王振以为，后妃游幸佛寺非盛典也，乃密造此佛，既成，请英庙进言于太后曰："母后大德，子无以报，已命装佛一堂，请致功德寺后宫，以酹厚恩。"太后大喜，许之。复命中书舍人写金字藏经，置东西房。自是太后以佛及经在，不可就寝，遂不复出幸。[1]

这一传说难证真假，只是大功德寺寝殿一直保存，陆钛记述云：

出平则门，……遂遵湖堤、绕村径，后先惟意，行歌相答。举盼间，楼台鳞次出没烟霭，若非人世所有者。午至功德寺，主僧汲泉瀹茗，酒数进，起陟英庙行宫。已乃促骑西往，缘崖攀磴，穿云雾间，溪花石竹，幽芳袭人。[2]

图 13 明英宗朱祁镇像

"英庙行宫"即明英宗行宫寝殿。明英宗在正统十年（1445 年）整修了大功德寺，[3] 又于正统十一年（1446 年）九月，巡幸功德寺下院西林禅寺。[4] 可见正统年间皇帝出巡未断。

至于废后胡善祥，受到太皇太后的怜悯关怀，太皇太后常将她接到自己的清宁宫居住。内廷朝宴则命

---

① [明] 文林：《琅琊漫抄》，明俞宽甫钞本。

② [明] 陆钛：《少石集》卷七《春游纪别诗序》，明万历刻本。

③《明英宗实录》卷一百二十八正统十年四月乙卯条。

④ [明] 胡濙：《西林寺碑略》，见《日下旧闻考》卷一百一《郊坰西十一》。

图 14 《武侯高卧图卷》，明宣宗御笔，北京故宫博物院藏

胡氏居孙皇后之上。明英宗正统七年（1442 年）十月，太皇太后去世，胡善祥伤心不已，也于次年离世，以嫔妃之礼葬于功德寺北侧的金山，早她而逝的女儿永清公主一同祔葬。胡皇后的陵墓成为当时西湖北岸最大的墓园。

皇太后孙氏此后参与了两次朝廷重大决策。一是土木堡之变，在蒙古大军俘获英宗、兵临北京之际，她支持立英宗之子朱见深为太子，命郕王朱祁钰监国。随后立朱祁钰为皇帝，是为明景帝，因改元景泰，故史称景泰帝。一是支持“夺门之变”，使英宗复辟。景帝逝后也葬于金山，毗邻胡皇后陵园，在功德寺毗卢阁上可以望见：

> 毗卢阁崇可数寻，凭栏而眺，一寺之胜攒聚目睫。盖寺倚山而创，寺西景皇帝陵及尉悼王墓在焉。①

明英宗天顺六年（1462 年）孙氏去世，葬于明宣宗景陵，与少年时初见的人儿共同长眠于天寿山下。她为英宗所立的太子朱见深成为后来的明宪宗，而从她宫中派去服侍太子的小宫女，则成为跋扈一时的万贵妃。

细究史料，孙皇后并没有如明宪宗万贵妃、神宗郑贵妃那样可以指明的劣迹，她对胡皇后也没有不敬的记载。“夺子”说是入清后才出现的故事，应是后人不满

① [明] 都穆：《游京师西山上记》，见《古今游名山记》卷一《西苑》。

宣宗违背祖意、胡皇后“无过被废”，由孙皇后替罪而已。以今日观念来看，明宣宗也是在追求恋爱自由，纵然冒犯皇祖威严也在所不惜，流露出一股真性情。当初功德寺落成之际，想必朱瞻基与孙皇后悠游湖上，沉浸于情海之中，为西湖平添一缕浪漫，有诗人怀念道：

忆昔宣皇游幸初，时看水舰戏西湖。江花海石藏秋浦，杂佩华裾驻玉舆。
天地百年殊感慨，日月三殿自虚无。登临欲下牛山泪，桧柏吟风夕照孤。①

无论如何，当后人游走到功德寺时，早已忘记了首倡建寺者，以及一段曲折的爱情故事，更多的是缅怀这位文武双全的皇帝，借景抒发敬仰之情。长诗如邓渼的《废功德寺一百韵》，其中写道：

宣庙昔全盛，海内称富饶。览物资暇豫，访道契逍遥。
永叹逝川迈，将鼓玄津桡。象教托空王，结架临崇椒。
辇石锦川湄，因木南山乔。②

这首百韵诗在景观上对大功德寺进行了详述，而李梦阳的《功德寺》长诗则从整个王朝的角度来抒发情怀，其中写道：

宣宗昔行幸，游戏玉泉傍。立宇表巘嵲，开池荷芰香。
……
至尊奉太后，国事付三杨。六军各宴眠，百官守旧章。
巡非瑶水远，迹岂玉台荒。呜呼百年来，回首一慨伤。③

这些诗篇将历史浓缩在大功德寺与西湖景色之中，把它的兴衰看作大明国运的晴雨表。

① [明] 王慎中：《遵岩集》卷六《功德寺观三官感怀二首·其二》，清文渊阁四库全书本。
② [明] 邓渼：《留夷馆集》卷二《废功德寺一百韵》，明万历刻本。
③ [明] 李梦阳：《功德寺》，见《帝京景物略》卷七《西山下·功德寺》。

四、大功德寺统领风景区全局

大功德寺的建立，将西湖从元末的颓败中拯救出来。它的景观价值不仅仅限于七进院落的富丽堂皇与松柏苍苍，更重要的是它带动了周边的风景建设，并成为西湖视域的凝聚中心，控制了整个风景区。如嘉定文人李流芳所述：

出西直门，过高梁桥，可十余里。至元君祠折而北，有平堤十里，夹道皆古柳，参差晻映，澄湖百顷，一望渺然。西山匌匒与波光上下，远见功德古刹及玉泉亭榭、朱门碧瓦、青林翠嶂互相缀发，湖中菰蒲零乱，鸥鹭翩翻如在江南画图中。①

在长达数十里的游览序列中，大功德寺成为游程目的地、风景高潮点，能与它呼应"互相缀发"的楼台景点有十余处。

大功德寺西近的下院松林庵，因处密林而得名，明代李言恭有诗《过松林庵迟王孙二君不至》描述：

拂石坐莓苔，松阴午不开。云随飞鸟出，花傍讲堂来。
意气原吾辈，风尘见此杯。春光驱二妙，何地更登台。②

"松阴午不开"可见松林之密。更西有西林禅寺，因在这片松林西缘而名，建于英宗正统三年（1438年），为大功德寺下院，中有三塔，其寺碑记载：

（西林禅寺）去人境殊不远，而峰峦峭拔，岩壑郁纡，最为胜处。……增饰像设，金碧交辉，照耀山谷。……外则缭以穹垣，荫以巨木，俨然祇园之境，以为大功德禅寺下院。③

大功德寺以西的玉泉山建有望湖亭、华严寺、普陀寺、金山寺、观音寺、昭化寺（正法寺遗址）。湖东瓮山有智光发塔与弘仁寺，以及圆静寺、畠庵、耶律楚材墓。

① [明] 李流芳：《檀园集》卷八《游西山小记》，明崇祯刻清康熙二十八年陆廷灿重修嘉定四先生集本。
② [明] 李言恭：《贝叶斋稿》卷一《过松林庵迟王孙二君不至》，明万历八年朱宗吉刻本。
③ [明] 胡濙：《西林寺碑略》，见《日下旧闻考》卷一百一《郊坰西十一》。

北部金山上有宝藏寺及其八景。

金山山麓的皇家陵寝建筑群呈带状分布，与大功德寺七进院落相呼应。金山陵寝区早期入葬皇子、公主及嫔妃，随着胡皇后陵园、景泰陵园的建成，整体气势渐出，远远望去“国朝宗室祠墓举在目睫，诚瑰观也”①。

这些景点与大功德寺共同组成西湖风景区的基本框架，形成一幅连续画面。

此外，田园成为游览西湖的新内容。功德寺“左右水田所种粳米比江南尤好”②，田地皆为皇庄，面积广大，作物品种与种植方式整齐划一，加之江南移民在此地的精耕管理，强化了功德寺前的水乡画意，使其极具观赏可游性。

（功德寺）临湖有三台，尚在湖上。长堤十里，平畴盈望，皆依江南种稻法引水溉灌。岁收充御廪，非私家可擅也。③

功德寺的僧人也多来自江南，苏州籍礼部尚书吴宽来游，写诗云：

山下禅堂向晚登，扶筇一笑有卢能。饭余蔬笋收斋钵，供杂香花映佛灯。
汉阙乍违同野吏，吴音无改尽乡僧。蒲团睡稳回清梦，风雨萧萧撼古藤。④

田园建设者如此，对应的欣赏者也是如此。明代政权起自江南，江浙官员、文人占很大比例，西湖成为他们的怀乡之地。许多以“功德寺”为题的诗文，都是在描写寺外水乡田园，寺庙本体反居其次。实际上，最初的领唱者还是明宣宗，他在西湖诗文中对田园之美大加歌颂。还有大量田园画题诗，如《一水护田图》《两山排闼图》等，可视作功德寺风景的注脚。

随着金山陵寝规格的提高，定期的祭祀活动越来越频繁，大功德寺兼具了皇帝谒陵、观稼的驻跸功能，这也使得山水游览名正言顺，变通绕过祖训。宣宗之后偶游西湖的皇帝有英宗、孝宗、武宗、世宗、神宗五位，因此功德寺又被称作“驻跸所”“行宫”，如《宛署杂记》云：

①《桂坡集》后集卷八《游玉泉山记》。

②《醒后集》卷四《游西山前记》。

③［明］王樵：《方麓集》卷七《游西山记》，清文渊阁四库全书本。

④《匏翁集》卷十七《宿功德寺航公房》。

（功德寺）乃圣驾谒陵驻跸之所。地临西湖，一望无际，每夏秋之间湖水泛溢，鸥雁往来，落霞返照，寺景如画。①

西湖风景区得到了皇家保护，游览功能稳定，游西湖成为京城生活习俗的一部分，尤以春季踏青为胜：

宛俗是月初八日，耍西湖景、玉泉山……冠盖相望，绮丽夺目，以故经行之处，一遇山坳水曲，必有茶篷酒肆，杂以妓乐，绿树红裙，人声笙歌，如装如应，从远望之，盖宛然图画云。②

踏青游线以西直门高梁桥为起点，高梁河（长河）为序曲，到瓮山大堤开始进入西湖主景区，渐入佳境。再经青龙桥到大功德寺为高潮，而后发散为玉泉山、瓮山、金山、红石山的游览。一路走来，山水映发，使人应接不暇，如信阳何景明诗云：

昔闻功德寺，今出帝城西。晚日丹梯近，秋天翠巘齐。
荷衰犹映水，树古曲盘堤。十里经行地，清沙送马蹄。③

明代各时期的文化精英皆来此寻找灵感，这里不仅成就了明代文学史上小品文的辉煌，也留下大量的历史信息。所有这一切，明宣宗与孙皇后所建的大功德寺无疑起到了决定性作用。

土木堡之变后，明代皇帝出游频率降低，大功德寺渐失维护，趋于衰败。然而外围湖水与林田依然青碧，风景区没有因局部衰败而没落。

很快，这片湖山又迎来一位新皇帝及其皇太后，留下新的篇章。

---

①［明］沈榜：《宛署杂记》卷十九《寺观》，北京古籍出版社，1980 年版。

②《宛署杂记》卷十七《民风一》。

③［明］何景明：《大复集》卷二十《出游功德寺》，明万历五年陈堂胡秉性刻本。

五、板庵禅师的附会

大功德寺早期著名住持有雨庵和尚，历兼僧录司左觉义[①]、右善世[②]。《抑庵文后集》和《补续高僧传》有记，后者记云：

时敕建大功德寺成，住持难其人，命师兼之。僧众闻之，皆乐从展钵如云。上悦，赐田四百余顷以赡焉。[③]

随着时间的流逝，大功德寺几度兴衰，不知何时冒出一个传说，将孙皇后建寺之举记在一个和尚头上。说是一个法名“板庵”的禅师来到护圣寺遗址，发愿建寺，施法力让木球滚到大户人家募资，最终庙成。这一传说到明末几乎变成真事，功德寺中居然供起一个大木球。《帝京景物略》记载：

（功德寺）破屋数楹，供一木球，施以丹垩。寺初兴时，募使者也。李西涯记云：寺故金护圣寺，寺七殿，殿九楹，楹以金地，彩其上。宣德中，板庵禅师重建也。师能役木球，大如斗，轮转行驰，登下委折，如目胫具，逢人跃跃，如首稽叩。师曰：入某侯门。则入，募金若干。曰：入某戚里。则入，募金若干。宣宗召入，命为木球使者，赐金钱，遂建巨刹，曰功德寺。[④]

这一传说被广为转载，情节也越发逼真。好在清初有纳兰性德的考证，指出这不过是唐代真觉禅师神说的抄袭版：

功德寺有木球使者，其事近于怪。按宋张世南《游宦纪闻》载，雪峰寺僧义存，于唐懿宗咸通十一年开山创寺，乾符二年赐号“真觉禅师”。寺有木球，相传受真觉役使，呼仆延客，球皆自往来。嘉泰间，寺灾，球忽滚入池中得不坏。然则以木球为使，浮屠固有其术，盖有先板庵而役之者矣。[⑤]

---

①［明］释明河：《补续高僧传》卷十八《护法篇·天泉渊公传》，日本大正新纂卍续藏经本。

②［明］王直：《抑庵文后集》卷五《凤翔山新建普宁禅寺记》，清文渊阁四库全书本。

③《补续高僧传》卷十八《护法篇·天泉渊公传》。

④《帝京景物略》卷七《西山下·功德寺》。

⑤［清］纳兰性德：《通志堂集》卷十五《渌水亭杂识一》，华东师范大学出版社，2019 年版。

其后乾隆皇帝在《重修功德寺碑记》中也指出这一传说的破绽，批判道：

至虞集寺碑谓始作土功时，得古金铜事佛仪器于地中，以为先有密契。《帝京景物略》谓寺僧板庵能役木球使者出外募金，直袭唐咸通中正觉禅师[①]轶事，傅会其说。盖皆夸功德，而涉思议其义转堕，又奚足云！[②]

乾隆皇帝把这个传说与元代护圣寺挖出的佛器都视为浮夸功德，玷污了弘佛本意。可见，戏说胡编古已有之。

六、结语

就风景园林而言，大功德寺景观巩固丰富了由元文宗开创的西湖风景区的基本格局，其后至清乾隆十四年（1749 年）的各种建设都未超出这一框架。大功德寺所带动的风景开发、游览与文艺创作，成为北京城市文化的重要组成部分。

大功德寺的创建还给人启示：皇家园林往往与宫廷事件相掺杂，园林史的研究有助于厘清历史事件，也使对历史人物的考证更为全面。

① 正觉禅师，当作“真觉禅师”。

② [清] 高宗弘历：《清高宗御制文集》二集卷二十七《重修功德寺碑记》，清文渊阁四库全书本。

明代有助圣夫人吗：圆静寺与瓮山风景园林

圆静寺是明代瓮山风景园林的代表，通常被认为是在弘治七年（1494 年）由助圣夫人罗氏所建。这个观点被广泛引用，遂成定论。然而随着对史料的深入研究，笔者发现疑点颇多，很有重新讨论的必要，这也有助于全面了解明代的瓮山风景园林。

这一定论广为人知的出处是《日下旧闻考》、《宸垣识略》和《（光绪）顺天府志》，这些清代文献都有共同源头，即明末刊行的《帝京景物略》。但《帝京景物略》的记载也不是最早出处，而是抄自沈榜《宛署杂记》的一段记载，原文如下：

圆静寺在瓮山，弘治七年助圣夫人罗氏建。①

这句话被传抄了几百年。《宛署杂记》成书于明万历二十一年（1593年），距弘治七年已过百年，其记述难免以讹传讹，而史实也揭示出这条史料存在着诸多疑点。

一、弘治之前的圆静寺

先说时间疑点。史料证明，早在弘治七年之前就有许多歌咏圆静寺的诗作。现在能查到最早者为柯潜的《游瓮山圆静室》，题后特别加注“在西湖北”，诗云：

寻常只说西湖胜，今日才知有瓮山。曲槛飞花香冉冉，小桥流水碧湾湾。
树经千岁不曾老，云在孤峰长自闲。痛饮一樽偿绝景，醉时骑马月中还。②

诗中的西湖，即瓮山泊。诗作于明景泰二年（1451 年）作者状元及第后不久。那时圆静寺被称作“室”，说明规模不大。加以题注，说明知者不多。此时瓮山生态良好，景色优美，不仅有曲槛小桥等人工景物，还有古树香花。

①《宛署杂记》卷十九《寺观》。
②［明］柯潜：《竹岩集》卷四《游瓮山圆静室》，清雍正十一年柯潮刻本。

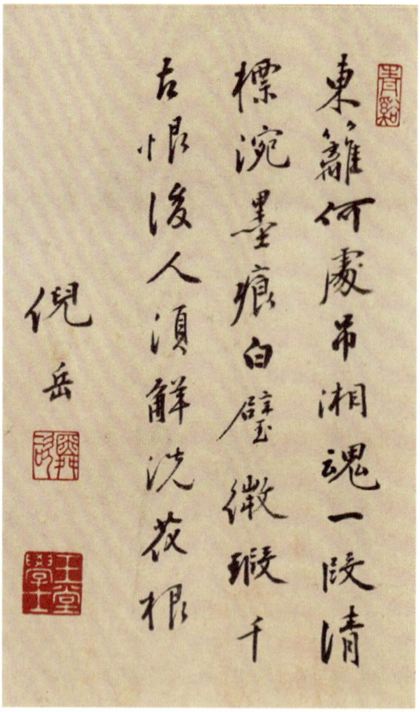

图1 《题陶成〈菊花甘蓝写生图〉》，明倪岳题诗并书，美国克利夫兰美术馆藏

柯潜的这一记述被《明一统志》所证实，这部志书完成于天顺五年（1461年）四月，其中罗列了西山近30座寺庙名称，其中包括圆静寺，注明“俱洪熙、宣德、正统年间建”。可知圆静寺或于宣德年间即已创建，[1]最迟不晚于正统十三年（1448年）。

成化四年（1468年）三月，时任礼部右侍郎的倪岳（见图1）与友人春游瓮山圆静寺，留有长诗《上巳出游瓮山分得处字》及《游瓮山诗序》，序文流畅优美，其中描述道：

（瓮）山在都城西三十里，清凉玉泉之东，西湖当其前，金山拱其后，山下有寺曰“圆静”，寺后绝壁千尺，石磴鳞次而上，寺僧淳之“皛庵”在焉。然玩无嘉卉异石，而惟松竹之幽；饰无丹漆绮丽，而惟土垩之朴。而又延以崇台、缭以危槛，可登可眺，或近或远。[2]

游记概括了瓮山与周边山水的关系，即前有平湖，后有靠山，这里是层次丰富的形胜之地。寺庙分两部分，山脚以圆静寺为主体，山上是住持淳之所建的“皛庵”。[3]这篇诗文可谓瓮山风景评价的开山之作，影响广泛，后来相关记述都有它的影子。倪岳曾多次游览瓮山，另有诗《游西山圆静寺皛庵限韵一首》，详细记述了寺周环境：

半山晴雪护禅庵，门外长堤到水南。隔岁疏篁犹个个，倚云危磴自三三。
清风送我来琼岛，垂柳随人堕碧潭。莫笑跻攀凌绝顶，登临高兴固能堪。[4]

进庙门要过长堤，杏花盛开如晴雪掩映着禅寺，还有竹丛翠柳、碧潭石径，整座孤

①《明一统志》卷一《京师・顺天府》。
②《青溪漫稿》卷十七《游瓮山诗序》。
③ 皛，明亮皎洁之意，这里是指山顶所见景色明亮空阔。
④《青溪漫稿》卷四《游西山圆静寺皛庵限韵一首》。

图2 《甲申十同年图》（局部），明弘治十六年（1503年）佚名绘，北京故宫博物院藏。图中的李东阳（蓝衣）与刘大夏（红衣）都有吟咏北京西湖的风景诗文

山绿如翠玉之岛。与倪岳同游的吴希贤同样描绘了林木之盛：

> 小径入湖阴，穿云过林麓。此寺尘尽清，石磴莓苔绿。
>
> ……
>
> 逸思转昏倦，藤床借少宿。归骖不可留，夕阳在林木。①

成化六年（1470）四月，倪岳的另一位好友、柯潜的弟子、大学士李东阳（见图2）与友人游览瓮山，写下《游西山记》，从另一层面描写了山与寺：

> 西山自太行联亘起伏数百里，东入于海，而都城中受其朝。灵秀之所会，屹为层峰、汇为西湖。湖方十余里，有山趾其涯，曰瓮山，其寺曰圆静，寺左田右湖。近山之境于是始胜。②

李东阳不愧是文学大家，胸有丘壑，将一座小山与帝都王气相联系，为瓮山之美增加了神圣与豪迈。“近山之境于是始胜”，是指西山胜境自此开始，点明了瓮山在整个西山风景区中的门户地位。

随后来游的是吏部主事左赞，他在《游玉泉山记》中详述了圆静寺的情况。据

① ［明］吴希贤：《上巳倪舜咨会瓮山得木字韵》，见《帝京景物略》卷七《西山下·瓮山》。

②《怀麓堂集》卷三十《游西山记》。

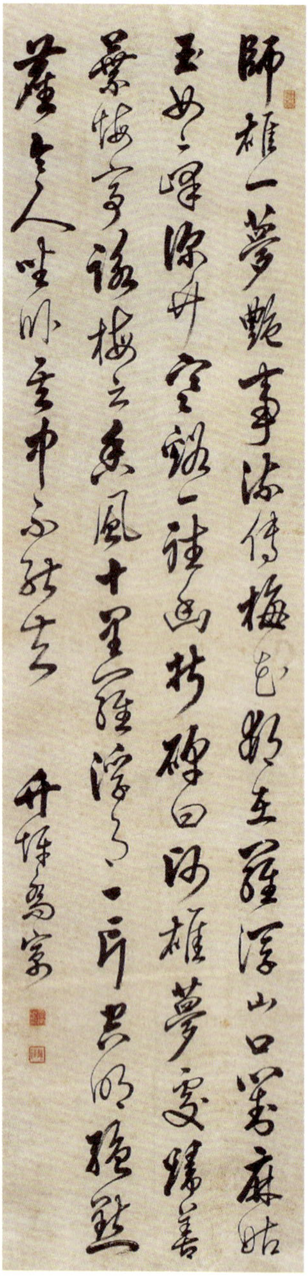

图3　明乔宇书法，私人藏

他说，瓮山山顶还有湖山胜概轩，题有“暖云”“晴雪”二额，字体为古篆。《游玉泉山记》写道：

（圆静）寺依瓮山，主僧思晓迎，相与历阶而升，有轩翼然。□户玲珑。榜曰“湖山胜概”，乃通政司参议何文璧代僧求予所书者。又有“暖云”“晴雪”二额，亦予天顺中为淳僧官所书隶古也。湖光山色可坐见之，而城郭楼观、平川茂林参错乎烟霏渺莽间，游人、行旅、骑者、步者，断续隐见于履舄之下，翛然有脱去凡近而游高明之趣，盖其寺最胜处也。①

文中描述绘声绘色，景观人物如在眼前，但湖山胜概轩与畠庵的位置关系尚不清晰。另有李东阳学生乔宇（见图3）的游记也颇为翔实，其中谈到了山顶建筑“雪洞”及周边景观大势：

又二十里为西湖，即玉泉所潴者，右浸冈陂，滉漾一碧。堤之东，则稻畦千亩接于瓮山之麓。上有寺曰圆静，因岩而构，甃为石磴数寻，游者必拾级聚足以上。绝顶有屋，曰雪洞。俯面西湖之曲，由中而瞰，旷焉茫焉，如驾远翮凌长空。

予与客浩歌长吟，举酒相属。时天高气清，木叶尽下，平田远村，绵亘无际。虽不出咫尺之间，而骋眺千数百里之外。群峰拱乎北，众水宗乎东，荡胸释形，将与寥廓者会。②

作者酣畅淋漓地书写了胸中意气。这篇美文流传甚广，200年后朝鲜使臣在登万寿山观感中也运用了同样的句式。

①《桂坡集》后集卷八《游玉泉山记》。

②［明］乔宇：《游西山记》，见《古今游名山记》卷一《西苑》。

经过这些文人的描述渲染，瓮山圆静寺的形象愈加清晰优美，寺前东边是千亩稻田，西边是十余里大湖，意境超凡。值得一提的是，众多诗文都未谈及寺庙的宗教内容，可见风景欣赏已成重点。

在众多同代诗人中，布衣潘南屏为这片湖山所迷，隐居于圆静寺畠庵，李东阳与乔宇都曾写诗相赠。此时寺庙规模已经大到可以留人住宿了。

上述这些都发生在弘治七年之前。显然，圆静寺的创建远早于公认的时间节点，瓮山风景的历史至少被沈榜“缩短”了 50 余年。

二、明代有助圣夫人吗？

建寺者“助圣夫人罗氏”有什么来历？真是传说中明孝宗的乳母吗？

在明代宫廷中，“夫人”并非皇帝妃嫔的封号，而是服侍皇帝的乳母、保姆、女官，或年长宫人的封号，[①] 其中常常加一个“圣”字，如“保圣夫人”“卫圣夫人”“佑圣夫人”等，各朝都有封赠。有些封号会反复使用，如成祖保姆杨氏、宣宗保姆尹氏的封号同是“卫圣夫人”。这些“夫人”享有很高的社会地位，有家室者，其夫、其子也会随之得到封赏，无家室者去世后可以入葬金山陵寝。

图 4　明孝宗朱祐樘像

在明代文献中，有 20 余种“夫人”封号，唯独没有“助圣夫人”一号，它仅出现在《宛署杂记》一书中，这不能不让人疑惑。

明孝宗朱祐樘（见图 4），年号弘治，早年命运多舛。他母亲纪氏怀胎时，为躲避明宪宗的万贵妃迫害，藏匿于宫女病房区安乐殿。在此之前，万贵妃曾派一名亲信前去探视，准备借机除掉胎儿。不承想这位亲信被纪氏所感化，回来谎称纪氏患上“病痞”，腹中长了瘤子，才使纪氏躲过初劫。胎儿皇子在安乐殿出生后，由于纪氏奶水不足，被好心的宦官张敏以饼和汤喂养度过最初的婴儿期。这期间还有其他宫人冒死相助、保密守望，直到皇子 6 岁时才被明宪宗得知接走。不久纪氏与张敏都死于非命，随后小皇子如躲难般寄养在被废的吴太后之所。

① 宫廷之外，王公大臣的正室也称“夫人”。

这些经历影响了朱祐樘后来的人生，其中一个就是对保姆、宫人怀有感恩之情。朱祐樘继位后赐“夫人”封号者共14位，为明代历朝之最，综合各类文献记载有：安圣夫人乳母田氏、寅奉夫人宫人梁氏、敬顺夫人邵氏、安和夫人周氏、安顺夫人刘氏、崇善夫人胡氏、崇敬夫人胡氏、佐圣夫人宫人罗氏、荣顺夫人孟氏、荣善夫人项氏、勤敬夫人姚（饶）氏、荣和崇奉夫人王氏、崇奉（圣）夫人申氏、恭奉夫人纪氏。[①]

其中明确记载了田氏为乳母。弘治十八年（1505年），也就是明孝宗去世之年，才封她为“安圣夫人”，[②] 此前曾多次赐予其庄田。明代乳母的选择惯例是：先由几位乳母试喂，一个月后留下一位最好的“奶口”，固定由她抚养照料皇子（女）的起居。因而可以确定罗氏不是孝宗的乳母。

在14位“夫人”中，有一位“佐圣夫人”比较特殊，多数史书都记为“宫人”而未留其姓名，只有《明孝宗实录》记为“宫人罗氏”，原文如下：

（弘治元年闰正月）丁亥，封宫人罗氏为佐圣夫人，赐诰命冠服，以效劳年久也。[③]

由此可知《宛署杂记》提到的“夫人罗氏”，应该就是这位“佐圣”，而不是什么“助圣”。

这位宫人的封号是明孝宗登基之始加封的，远早于乳母田氏与其他夫人的受封时间，显然宫人罗氏非同寻常。很可能她就是纪氏的贴身侍女，将纪氏的悲惨秘密告诉了渐已成人的太子朱祐樘，因而太子登基伊始即赐其封号。所赐诰命冠服相当于一品大臣夫人级别，对于地位不高的宫人来说是越级而封，以致后来类似赐封，礼部官员也不好拿捏，只得推给皇帝亲自拍板。[④]

分析至此，《宛署杂记》所载的时间、人物都出现偏差，其所记事件也就需要

---

① 详见［明］李东阳等《明孝宗实录》，（台北）“中央研究院”历史语言研究所影红格抄本配抱经楼本广方言馆本之校印本，1962年版；［明］郭良翰辑《皇明谥纪汇编》，明万历四十二年张延登刻本；［明］王圻《续文献通考》，明万历三十年松江府刻本；［明］王世贞《弇山堂别集》，明万历十八年刻本；［明］佚名《太常续考》，清文渊阁四库全书本；《国朝典汇》。

②［明］费宏等《明武宗实录》卷七弘治十八年十一月：“已酉，封乳母田氏为安圣夫人，宫人梁氏为寅奉夫人，皆授以诰命。”（台北）“中央研究院”历史语言研究所影红格抄本配广方言馆本之校印本，1962年版。

③《明孝宗实录》卷十弘治元年闰正月丁亥条。

④《明孝宗实录》卷十五弘治元年六月：“庚子，中书舍人钱镛等言：‘近奉旨给宫人崇奉夫人申氏、恭奉夫人纪氏诰命二道，但夫人轴制不同。王夫人云龙宝玉轴，一品夫人云鸾玉轴，二品夫人鸳鸯犀轴。比赐佐圣夫人罗氏者，已用一品玉轴，今崇奉、恭奉与佐圣封号不同，未知当用何轴？’命以二品者与之。”

谨慎理解。如果延续《宛署杂记》的线索进行分析，宫人罗氏受封佐圣夫人时年纪已经不小，弘治七年应是其暮年，到了考虑后事的年纪。史料所记，在孝宗加封的14位夫人中有10位入葬金山陵寝，[1]罗氏与乳母田氏等4位不在其列，说明罗氏是有家室的。若罗氏与圆静寺有关系的话，应是捐修旧寺以托来世，这与当时的内廷风气也相吻合。

这一风气来自明代宦官群体。明宣宗之后，宦官势力逐渐膨胀，为求死后转世，他们争相在风景优美之地建设寺庙，并与预修墓地相连接，招邀僧徒住持管理，“以香客为子孙”，这种寺庙被称为“坟寺”。许多坟寺是购自旧庙进行增修扩建，如大宦官滕祥在万安山的滕公寺就改自旧庙静妙庵，宦官魏忠贤的碧云寺改自于经的于家寺等。这一风气自然也影响到内廷宫婢群体，圆静寺应是类似情况，即晚年的罗氏捐建或增建了旧有的圆静寺。

如果否定《宛署杂记》的线索，也是有足够的理由，因为明代所有描写圆静寺的诗文中都只字未提“夫人罗氏”，沈榜可能是误记。不过巧合的是，弘治时期还出现过另外一位“罗氏”。据《宛署杂记》和《西竺寺碑》、《普照寺碑》记载，弘治五年（1492），太监罗秀出游西山，寻访智光遗迹，并于次年相继修复了瓮山西北的开元寺、西竺寺和普照寺，瓮山的智光发塔弘仁寺大概也在修复计划之列。[2]很有可能太监罗秀被传为“太监罗氏”，再被讹传为“夫人罗氏”，造成百年后沈榜的错误。当然，这是一个比较大胆的推测。

三、圆静寺的发展与景观环境

到弘治朝末期，瓮山圆静寺又增建出许多建筑，以至于降低了风景品质。弘治十六年（1503年）李东阳重游圆静寺时大为扫兴（见图5），记述道：

> 至瓮山圆静寺。忆昔所登梟庵者，停肩舆缘石磴而上，则有平甃新构屋前后栉比，层波远树、平田旷野已不复见，慨然感之，乃遽去。[3]

---

①《太常续考》卷四《西山陵园事宜》。

②《宛署杂记》卷十九《寺观》“开元寺”条。［明］李纶：《敕建西竺寺重修记》，中国国家图书馆藏石刻拓片《西竺寺碑》，典藏号京3860；《重修普照寺碑记》，中国国家图书馆藏石刻拓片《普照寺碑》，典藏号京3864；皆见北京图书馆金石组编《北京图书馆藏中国历代石刻拓本汇编》第53册，中州古籍出版社，1989年版。

③《怀麓堂集》卷六十七《山行记》。

弘治之后的正德年间，随着明武宗对宦官的依赖纵容，瓮山一带出现了许多太监坟，之后继位的明世宗下旨拆除整治，才使瓮山风景得以恢复。同期在瓮山还有李氏园亭，时任礼部右侍郎的许成名作《李氏园亭》诗云：

青龙桥畔瓮山头，石碧云深草阁幽。落日菰蒲喧水鸟，有时钟磬出僧楼。
参差野壑千年树，飘洒湖风五月秋。已幸仙舆随杖屦，更攀金马惬同游。①

从诗意推断，园址应在瓮山西北坡，这里山势幽深，林木秀美，适宜营造小园。在瓮山南麓则有京城名医王经（艾坡先生）的别墅，以及范仲淹后裔所建的范氏先茔。礼部尚书顾清有记并作诗云：

西湖东畔瓮山阿，灵草年深绿满坡。
林壑为公增媚妩，杖藜终日共婆娑。②

明代瓮山风景在万历年间达到全盛。这时期瓮山西部、西北部为游览热区。因为这一带离湖水最近，又有青龙桥镇、瓮山村提供生活必需品。圆静寺与西湖西岸的西方庵、三元寺，红石山妙应寺、金山宝藏寺，以及瓮山北的慈恩寺形成一个以青龙桥为中心的寺庙园林游览圈。文人宋彦来游，沿此环线一路留下记录，其中对圆静寺描述颇为详尽：

① [明] 许成名：《龙石诗集》卷六下《李氏园亭》，明嘉靖四十二年刻本。
② [明] 顾清：《东江家藏集》卷十二《寿王艾坡》，明嘉靖顾应阳刻本。

图5 《甲申十同年图》描绘了李东阳、刘大夏等10位朝臣的一次园林雅集活动。这次雅集后，大学士李东阳与友人再游瓮山，留下文记

圆静寺，寺门度石桥大道通湖堤，门内半里许从左小径登台，精蓝十余室。室西为殿三楹，左右各精舍一间，面全湖水色，地据山腰，观湖第一处。……从右小径得一僧舍，湫隘殊甚，其僧老病一徒，乞食于四方，遇余欣然因留寓。[1]

可见庙舍排布并非中轴对称，位置偏山之西侧，以便观湖，布局随山就势。宋彦还有一段小景特写：

圆静山房西垣，小窗尺许。启之，见邻僧屋后梨花一树，灿烂夺目。少顷，日光返射，琼影瑶辉映入满室。昔称玉山朗照映人，今喜得此玉树。[2]

梨树为喜阳树种，长势良好说明高大常绿树在减少。文中“圆静山房”与上文的“为殿三楹”应为同一建筑。这些庙舍产权归属西湖北岸的西方庵，住持为净香和尚，可知环青龙桥寺庙间有着密切的内在联系。

这时期瓮山顶的畾庵已演变为“天妃阁”，进士王衡（见图6）记述道：

至功德寺观瓮山。瓮山压湖傍顽沙宿莽，向所过而勿问者也。余强二子登之，至天妃阁而山穷，长堤丛柳、连冈复陆叠叠在望。[3]

①《山行杂记》。

②同上。

③［明］王衡：《缑山先生集》卷十《再游香山至平坡寺卢师山记》，明万历四十五年刻本。

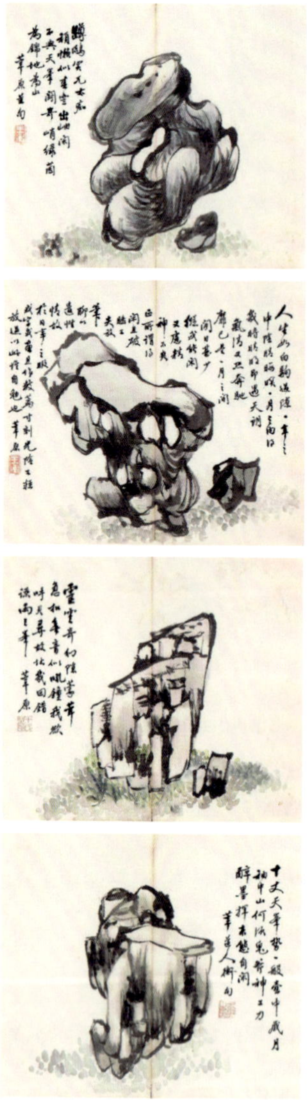

图6 画石册页，明王衡绘。王衡对北京西湖风景多有分析评价，留有诗文

天妃阁是一处楼式建筑，又称圆静寺阁，文人赵统《圆静寺阁》诗云：

> 西湖晴更美，健我上楼看。
> 河逐山腰曲，风生水面寒。
> 诸天擎远寺，半日谢危冠。
> 雷雨来何骤，拟乘暮涨观。①

同期瓮山还有一座仁慈庵，位于圆静寺之西，宋彦记述道：

> （自青龙桥）乃栉沐瓮山前。仁慈庵荒败有古意，入门三百武，两傍椿树夹之。登石磴二十级，有堂三楹，两庑翼之。西庑前为楼，看山下水田绿映北壁，数滕外即西湖。恨楼卑不能多得水，使十里澄光若缟带耳。仁慈庵左为圆静寺。②

其位置应在颐和园画中游至延清赏楼一带。同期王樵游记佐证了两个寺的存在：

> ……上陵取道西山，宿瓮山圆静寺，此往天寿山之别道也。无车马交杂、无尘嚣聒扰，良自得以为比之昌平旅泊清如登仙也。寺甚幽僻，出寺闲步，入一寺，两僧对弈不起。旁有泉出于地，倚长松看其觱沸，久之乃去。③

文中的另一个重要信息就是泉水，弘治年间瓮山曾有一亩泉、青龙泉、双龙泉、玉龙泉，④因环境变化湮灭无迹，常使人质疑其真实性。王樵所记“有泉出于

①［明］赵统：《骊山集》卷四《圆静寺阁二首·其一》，明万历三十一年杨光训刻本。
②《山行杂记》。
③《方麓集》卷七《游西山记》。
④［明］陆釴：《病逸漫记》，元明善本丛书十种历代小史本。

地”“看其觱沸”[1]表明，万历时期瓮山仍有泉水，而且是跃出水面的涌泉，生态环境良好。早先倪岳在《游瓮山诗序》中也有相关记述：

是日退朝，出阜城门行廿里许，遂抵湖堤，俯入林麓回绕。而西湖波、粳田映带左右。水风时来，尘意俱散。又数里复转而北，山木蔓络郁然而青，苔径逶迤坦然而平，石梁可涉，潺湲水声，此则所谓“圆静”者矣。乃相与下马，摄衣以行，求畾庵而登焉。[2]

文中所记“石梁可涉”的小河源自瓮山泊西湖，[3]能够听到水声说明水速很急，有山泉汇入；还说明林木茂密，因为在围合笼罩的条件下才容易听到“潺湲水声”。这种景观一直持续到万历末年，许多诗文都将瓮山密林、苔径加以刻画渲染：

香阁林端出，登临夕霭间。霜寒半陂水，木落一禅关。
食施湖中鸟，窗窥塞上山。能容下尘榻，信宿竟忘还。[4]

平楚随山去，河丘界远皋。春冰浮草色，日暮起松涛。
碧瓦分烟落，朱霞簇野高。一泓资短策，枯荻尚萧萧。[5]

湖边渔榜惊鸥鸟，树里僧房隐薜萝。
飞尽桃花还燕子，一年春事竟如何。[6]

瓮山郁郁葱葱，可听松涛，可藏僧房，不过密林中开始出现砍伐之声：

山寒果半落，石古草常青。
日夕迷归路，樵声自可听。[7]

---

① 觱（bì）沸，指泉水涌出貌，意同“趵突”。
②《青溪漫稿》卷十七《游瓮山诗序》。
③ 这条河应该就是耶律楚材笔下的“荆水”，王嘉谟所记的“岣嵝河”，流向丹棱沜。
④［明］王稺登：《圆静寺》，见《帝京景物略》卷七《西山下·瓮山》。
⑤［明］王衡：《瓮山》，见《帝京景物略》卷七《西山下·瓮山》。
⑥《怀麓堂集》卷五十五《春兴八首·其七》。
⑦［明］王嘉谟：《蓟丘集》卷十八《瓮山》，明刻本。

图 7 《五同会图》，明弘治末年丁氏绘，北京故宫博物院藏。图中表现了 5 位朝臣的园林雅集活动，他们也是瓮山西湖风景诗文写作群体。其中坐床的吴宽（红衣）、站立的王鏊（红衣）都有北京西湖诗文存世

此时人们还不用忧虑生态问题，绿色中的樵声充满了诗意。然而随着时间的推移，山林开始呈退化趋势，明代中晚期山上“纯卢土中多杏楠榆柳之属”[1]，表明原生的常绿树在减少，次生阔叶林在增加，柯潜“树经千岁不曾老”的诗意不复存在。

万历时期，瓮山的自然景观除茂林溪泉，还有洞穴陡崖。“其南岩若洞而圮者，一樵人曰：此少离仙室也”[2]，指的应是画中游阁后的山洞。将山洞附会为仙窟，以及石瓮迁徙传说的出现，揭示着瓮山的风景形象在增强，神化山川往往是风景审美的开始。而前述倪岳所记载的圆静寺“寺后绝壁千尺”，相当于后世排云殿后大石壁的位置。

明代瓮山人工景观除去寺庙、园亭、石桥、磴道、台榭，最大规模者当数山前水田，被文人反复歌咏。沈榜《宛署杂记》载，这些水田属乾清宫宫庄，共计 3000 余亩，[3]其场景之大足与瓮山、西湖相媲美，形成具有震撼力的风景长卷。

四、圆静寺余音

明代瓮山的风景开发虽比元代有所发展，却因瓮山位置远离湖水，加之山形呆

①《蓟丘集》卷三十九《石瓮记》。

② 同上。

③《宛署杂记》卷八《宫庄》。

板，缺少纵深，其游览一直处于西湖风景区的从属地位，远不如临湖的大功德寺抢眼，也从未纳入皇家游览线路。至明末，瓮山林木砍伐殆尽，泉水断流，圆静寺更是破败不堪，袁宗道来游时写道：

既至（瓮）山下，仅一败寺，破屋颓垣，扁曰圆静。……乃共伯典辟寺后扉，蹑山巅，顽石纵横。①

崇祯时期，刘侗也有类似记载：

瓮山，去阜成门二十余里，土赤渍，童童无草木。……度山前小桥而南，人家傍山，临西湖，水田棋布。……山后一亩泉，今失去。山上一老寺，破瓦垝垣，尘像几，无烟火，有额曰圆静。②

"童"即秃之意。瓮山林芜泉涸，土露石出。凋落至此，残余的林木还在被砍伐，清初查慎行游历到此记述云：

①《白苏斋类集》卷十四《游西山五》。
②《帝京景物略》卷七《西山下·瓮山》。

裂帛湖东下马行，遥闻樵斧响丁丁。
尽髡草木非山罪，难向牛羊问墓名。①

裂帛湖是清初对西湖的称谓。诗人在湖东行走，秃山传来伐木声，引发的不再是诗意而是愤懑，“尽髡”②二字充分表达了这种心情。不过，山下水田、水草依然丰茂，一直延续到乾隆十四年（1749年）。

五、结语

各种史料文献证明，瓮山圆静寺至少在明英宗正统十三年（1448 年）即已存在，吸引了大量文人争相歌咏，逐渐成为瓮山风景的代表（见图 7）。这期间或许有“罗氏”捐建，但“罗氏”并非寺庙的创建者。

通过对圆静寺创建沿革的考证，可以梳理出明代及清初瓮山风景开发的轨迹，大致可分为四个时期：正统之前的形成期（1425—1436 年），弘治时期的初峰期（1488—1505 年），嘉靖至万历的高峰期（1522—1620 年），万历之后的衰败期（1620—1656 年）。

在瓮山风景区的形成过程中，在朝文人的山水评价、诗文讴歌起到了重要作用，圆静寺成为园林文化的载体，进而使瓮山具备了帝都的形胜意义，受到朝廷的重视与保护。

明代瓮山园林建筑虽几经兴衰，但并未严重到影响整体山体景观。令瓮山风景遭到毁灭性打击的是乱砍滥伐，这不仅导致山泉干涸、岩石赤裸，也使寄居其中的圆静寺破败不堪，“皮之不存，毛将焉附”。明末，瓮山变成一座彻彻底底的荒山，风景价值降到历史最低点。

所幸西部玉泉山生态尚好，保障了西湖水源，使瓮山脚下田园稻作持续循环，与湖光遥相呼应，延续着疏朗开阔的风景特点。

至于瓮山圆静寺由谁而建，因何而建，至今仍是未解之谜。

①[清]查慎行:《敬业堂诗集》卷十七《瓮山麓寻耶律丞相墓》，民国八年上海商务印书馆四部丛刊景清康熙本。
②髡（kūn）：古代剃去男子头发的一种刑罚。

明世宗三游西湖与大功德寺的衰败

在明宣宗之后，大张旗鼓游西湖的是明世宗朱厚熜，也就是嘉靖皇帝（见图 1）。他对这一风景区可谓兴毁参半：一方面，保持了对西湖、瓮山的有效管理，使风景区继续保持活力；另一方面，又拆残了百年有余的大功德寺。

一、游湖序曲与瓮山保护

明宣宗去世以后，皇家对西湖的关注与建设逐渐减少。历经土木堡之战及夺门之变，明英宗再也无心西顾，只有宣宗的仪仗留守在大功德寺内。

图 1　明世宗朱厚熜像

图 2　明孝康敬皇后张氏像

至正德年间，明武宗倒是频频出巡，舟游西湖、登览金山寺，只可惜史料只言片语，不得其详。这位不受约束的鲁莽皇帝为独子，去世时也无子女，致使皇位空悬。于是在武宗皇母张太后（见图 2）与内阁首辅杨廷和的主持下，他的堂弟、湖北安陆[①]的兴王朱厚熜继承了皇位。安陆紧邻元文宗做怀王时的江陵，真是巧合，两位入继大统的湖北藩王就这样“重合”在瓮山泊西湖之畔。

登基后的朱厚熜改年号为嘉靖。他的出游使西湖又恢复了宣宗时的盛况。然而他的出游来之不易，在登基 15 年后才得以实现，这期间经历了许多坎坷。

入京时的朱厚熜只有 15 岁，年幼听话是他中选皇帝的一个重要原因。杨廷和等老臣历经武宗 16 年的混乱，非常怀念孝宗皇帝的功德，因而极力维护孝宗正统不绝，对其唯一的妻子、遗孀张太后的地位自然是极力维护。

然而主事之人算计错误。朱厚熜入京，杨廷和等准备按皇太子身份举行仪式。此举遭到朱厚熜拒绝，他认为自己已是皇帝，就应按天子的礼仪行事。如此有主见，

① 安陆，今湖北省钟祥市。

让满朝文武大出意料。

其实小皇帝在安陆兴王府时就受到良好教育，博览儒家典籍，对《孝经》《大学》几乎倒背如流，尤其熟悉各种皇家礼仪与祭典。12 岁时父亲去世，朱厚熜继承兴王王位，在母亲蒋氏辅佐下主持王府事务。这番历练，为其即位后迅速掌控朝政打下了基础。

登基第三天，新皇帝即下旨迎母蒋氏进京奉养。礼部议定蒋氏进宫走东直门、东华门，这实际是以王妃的礼仪接待，其冠冕堂皇的理由是蒋氏远途劳累，此线最为便捷。小皇帝一眼看穿礼部的意图，坚持让蒋氏按皇太后礼仪，走南北轴线的大明门入宫。最让他不能容忍的是，礼部议定要求他称明孝宗为父、张太后为母，而称自己亲生父母为兴献皇叔父、皇叔母。

在这一点上母子心有灵犀。蒋氏船到通州张家湾，听此一说，坚决不肯进京，怒道："安得以我子谓他人母乎？"新皇帝也悲愤万分，大有孤儿寡母受气之怨，对张太后表示，如果母亲不能按礼仪进京，自己就"避位归藩奉母"。皇帝宁可不当，亲妈得要，准备辞职了！大臣们被吓得不再坚持。这时，新官张璁站出来支持小皇帝，往复激辩。结果礼部采用折中方案，改称蒋氏为"本生兴国太后"，称父亲兴献王为"本生父兴献帝"。

图 3　明兴献王朱祐杬像。明世宗即位后追尊其为兴献帝、明睿宗

类似的礼仪之争有几十起之多，这就是明史上著名的"大礼议"事件，实质上是新皇帝与旧官员对朝政控制权的争夺。小皇帝要为自己的权力、为父母的尊严而战。冲突高潮发生在明世宗为父母改尊号为"皇考恭穆献皇帝"（见图 3）和"圣母章圣皇太后"之时。群臣对此无法容忍，一位毫无建树的藩王怎能比肩列祖列宗？祖宗制度必须维护！于是，200 多位大臣冲至紫禁城左顺门前哭谏。一个大型合唱队也就百余人，试想这 200 人全是高音高调，哭谏之声在殿堂间回荡，声势何等吓人！没想到朱厚熜还真有帝王之气，小孩儿肝火上来更暴。他下令将五品以下官员 134 人下狱拷讯，四品以上官员 86 人停职待罪，因廷杖而死的有 16 人之多。反对议礼的官员纷纷缄口，为时三年的"大礼议"以明世宗获胜而告终。

与礼仪之争穿插进行的是整治前朝佞臣与宦官。明武宗正德年间是有明一代朝政最为混乱的时期之一，世宗登基后诛杀了前朝专权的佞臣江彬、钱宁，并将十余个嚣张的宦官一一处治。

随着新皇帝权威的树立，明世宗开始重审礼制祀典，致力礼乐复兴以推行改革。同时，他还开启京城的全面改造，其中一项是界定与建设各种坛庙，如天坛、地坛、先农坛、日坛、月坛、亲蚕坛、采桑坛、历代帝王庙等，完善并确定了帝都的礼仪体系与空间格局。另一项工作是北京外城城墙的建设，最终形成北京城市的“凸”字形平面格局。

明世宗还有一项常被人忽略的成就，就是对北京山水格局与生态的保护。他禁止西湖捕鱼、划船，并派人监守，湖中荷花也因此特别繁盛。对周边山体保护尤为重视，前朝势力强大的太监群体广建坟寺，占据了西山四百八十寺中的绝大多数。到正德末年，瓮山、红石山等处太监坟寺越发蔓延，规模奢侈，其中以太监秦德、张忠所建最为著名，后者坟寺名为隆恩宫。这些坟寺严重影响了西湖地区的景观。明世宗下旨“会勘”调查，嘉靖九年（1530 年）工部尚书章拯等大臣上奏：

……内官[①]已故往往赐葬，造碑亭、享堂皆出特恩，或有因而盛兴土木、华靡逾分，又有预修越制之工，以冀后来恩宠。积弊既久，玩袭为常，非止张忠、张永一二家而已，其事有实者下法司问。拟诸坟茔过度者通行禁约，瓮山、红石口山脊、先经挖掘广源闸、石堤水沟、先经开引者，即行填塞。仍敕金山管事太监，严禁山原无致伤龙行正脉。诏法司看处以闻。[②]

嘉靖十年（1531 年），明世宗下旨拆除有碍观瞻的坟寺，以保帝都形胜龙脉：

都察院覆童源所奏，查勘过太监秦德、张永、张忠坟墓在瓮山、广源闸等处，俱系山陵来龙过脉及环拱处所，且奢丽逾制，俱宜改正。其余官民坟墓不下数千。凡有奢侈僭分者，亦行改正。西山一带煤窑俱应禁塞。上曰：“秦德等坟墓越礼奢侈俱改正拆毁。其余官民坟墓，但有奢侈过分者，限三月以里一体改正。”[③]

---

① 内官，指太监。

②［明］张居正等：《明世宗实录》卷一百十九嘉靖九年十一月辛丑条，（台北）“中央研究院”历史语言研究所影红格抄本配抱经楼本广方言馆本之校印本，1962 年版。

③《明世宗实录》卷一百二十二嘉靖十年二月戊寅条。

瓮山一带拆除太监及“官民坟墓不下数千”，数量实为惊人。嘉靖十一年（1532 年）二月明世宗再次下旨，将瓮山周边划为龙脉保护区：

命都察院出榜禁约金山、玉泉、七冈山、红石山、瓮山、香峪山、寨口诸系陵京龙脉处所，毋得造坟、建寺、伐石、烧灰。①

图 4　明章圣皇太后印玺

图 5　明章圣皇太后印纽

虽然这些禁令以五行堪舆为依据，但在客观上保护了山林生态。瓮山泊西湖、玉泉山是京城的水源地，也最具风景价值，为历代豪强权贵必争之地，倘若没有这次清理，或许这一风景区早已湮没在私宅与坟海之中了。而若无争来的话语权，明世宗也恐怕难于言必信，行必果。

明世宗在即位之初，还有许多其他利民行动，颇得人心，因此这段时间被一些文人称作“嘉靖中兴”。

与此同时，世宗并未停止为自己父母争取更高的名分与尊荣，所谓“孝心无限”。嘉靖三年（1524 年）在罢免了内阁首辅之后，他又将母亲尊号之“本生”二字去掉，尊称其为“圣母章圣太后”（见图 4、图 5），改称张太后为伯母。为报复打压张太后，世宗在节日庆贺、居室修缮等细节上斤斤计较，睚眦必报，颇失君王气度。其狭隘小气、刚愎自用的个性逐渐显现出来，以致原来的支持者、议礼者都感过意不去，可稍加规劝即遭惩处。

明世宗乾纲独断之后，屡次为蒋太后增尊号，直至与张太后齐平，各为八字。此时朝廷上下再无异议，进而阿谀奉承之风大盛，这在三次西湖之游中体现得淋漓尽致。

二、初游西湖

嘉靖十五年（1536 年），明世宗长舒一口气，这时无论是个人权力，还是父母

① 《明世宗实录》卷一百三十五嘉靖十一年二月壬寅条。

尊号、地位都达到了让他满意的程度。今生料理就绪，来世也需打理。于是，世宗开始为自己选址建陵。在此之前，世宗还要铺垫一下，祭拜列祖陵寝，西湖之行就是其中的一部分。

早在整建京城坛庙之时，明世宗就修订了皇家祭陵制度，整修先朝七座陵寝，其中重要一项是针对西湖金山景泰帝墓的，将其规制由王陵升为帝陵，屋顶改为黄琉璃。一同整修的还有宣宗胡皇后陵寝。世宗还将天寿山的祭祀礼仪扩展至金山。

嘉靖十五年（1536 年）三月举行春祭礼，明世宗一行由德胜门出发，文武百官送行。按照传统，皇帝出巡应奉两宫皇太后，而今世宗只奉母蒋氏一人。出巡队伍有 3000 余人，浩浩荡荡，这是中断近百年后的首次春祭。

在昌平天寿山祭陵后，明世宗便由沙河巩华城前往金山祭拜景泰帝陵、胡皇后陵，游览玉泉山，坐玉泉亭，观泉望湖，“上亲赋诗，命辅臣宗伯各撰赋以进”①。夜晚，皇帝与皇太后歇息于大功德寺。金山活动虽以祭陵为主题，但祭拜记录很少，更多的是赏景之作。大臣廖道南诗云：

群峰侵晓翠微寒，万乘回春紫盖团。载向山陵陈俎豆，更从水殿集衣冠。
花明衮绣围岩树，香袅炉烟杂畹兰。欲向卷阿赋车马，已闻郊薮颂麟鸾。②

诗题与诗文中“行宫”“水殿”都是指功德寺。早在一年前（1535 年），寺庙就已预修以备巡幸，虽有大臣奏请停工，但结果不了了之。此时大功德寺景色优美，庭间种有竹林、牡丹，氛围轻松怡人。时人黎民表写诗云：

一径交深竹，千丛暗野堂。碧疑天女唾，花是佛王香。
绝艳休相妒，佳期不可忘。飘零一杯酒，长啸望西房。③

随行大臣许宗鲁写诗道：

---

①［明］廖道南：《楚纪》卷五十六《是日既夕，驾幸玉泉亭，上亲赋诗，命辅臣、宗伯各撰赋以进，臣谨按：宣皇幸玉泉，特建兹亭，于今百四十余年，君臣同游，岂亦有天数耶？敬纪以诗二首》，明嘉靖二十五年何城李桂刻本。

②《楚纪》卷五十六《癸未，驾诣金山，载谒恭让章皇后、康定景皇帝二陵，从官朝见于行宫，臣敬纪以诗》。

③［明］黎民表：《瑶石山人诗稿》卷八《功德寺牡丹》，明万历十六年黎君华刻本。

功德寺前湖杳冥，渚花汀草流芳馨。法堂云深般仙梵，塔院昼寂喧风铃。
野烟空蒙石阁邃，春水荡漾莲台青。开门秀色净如洗，落日西山虚翠屏。[①]

院中毗卢阁尚在，登阁一望，天高水阔。其相关诗作中，大学士夏言所写最为大气：

山雪湖冰相应寒，松门长绕雨花坛。风幡迥倚诸天静，湖海空留色界宽。
玉带也须逢寺解，金函还许借经看。五云回首趋朝急，独上毗卢一倚栏。[②]

驻跸大功德寺后，皇帝与蒋氏一行人又从此游览至青龙桥，登上龙舟。离岸前，皇帝向随行大臣展示了自己亲绘的行船图纸。不同于元顺帝的龙舟设计图，朱厚熜拿出的是船队排列图，这再次展示了他的礼仪学问：船只共计25艘，以“左文右武”形式列阵，皇帝龙舟居中，左侧为少保文臣船，由内阁首辅李时、大学士夏言坐镇，右侧为太傅武臣船，由武定侯郭英六世孙郭勋坐镇。[③]其他嫔妃、侍卫船皆有定位，鱼贯而游，浩浩荡荡，明世宗对此志得意满。

船队先驶向湖心，在水上举行“音乐会”，鼓乐声奏，频频为皇太后祝寿。老太太也异常高兴。明世宗更是灵感大发，屡有诗作，陪游众臣也不断奉和。一个戏剧性的细节是，正当皇帝挥笔抒情时，有长腿蜘蛛爬上皇帝龙袍，并在龙袍上垂丝下来，皇帝很可能吓了一跳，但随即有大臣奉承说这是“喜蛛”，“应文孙之祝”[④]，明世宗因此转惊为喜。古代文人把“喜蛛”看作好事征兆，常常与喜鹊连用，诸如“喜鹊争喧柳，蜘蛛乱集衣”。

“音乐会”之后，船队续航经大堤龙王庙，沿长河至高梁桥。世宗在此下船，乘辇南行进阜成门回宫。廖道南诗题有记《甲申驾还，由青龙桥奉圣母，御舟经龙王庙至高凉桥登辇》。皇太后蒋氏对此游应该很满意，《国朝献征录》记述道：

礼成回銮，奉圣母泛舟西湖。二三辅臣鼓楫前驱，龙旌凤节照耀洲渚，金鼓管

①《少华山人集》前集卷十一《功德寺》。
②［明］夏言：《桂洲诗集》卷十六《过功德寺》，明嘉靖二十五年曹忭杨九泽刻本。
③《桂洲诗集》卷八《侍上祀陵回奉圣母〈泛舟西湖〉恭述二首》。
④《桂洲诗集》卷二《灵鱼诗六首有序》。

籥声彻霄汉。实上古君臣同乐之意也。[1]

自此，明世宗将春秋两祭陵寝定为制度，明朝后世皇帝代代相守。

三、二游西湖

嘉靖十六年（1537 年）二月再次举行春祭，三月明世宗奉母二游西湖，仍沿首次路线，先到天寿山祭拜各陵，巡视自己陵寝永陵的工程，再至金山，驻跸西湖大功德寺。

寺门前的临水平台，原是元代湖中琉璃阁遗址，此时已改为码头。皇帝一行由此登舟，先游青龙桥镇，后至湖心赏乐，敬酒为母祝寿，一如既往。夏言记述云：

嘉靖十六年三月乙酉，皇上展祀山陵礼成，奉圣母游览金山，泛舟西湖以还。是日辰刻，发棹功德寺前，经青龙桥少舣，至湖中盛张内乐，奉觞为圣母寿。[2]

大臣王廷相进一步详述：

兰桡桂舸向湖开，湖上春游亦畅哉。
隐隐玉泉亭尚在，宣皇当日记曾来。[3]

教坊前面引笙歌，铜鼓清商应碧波。
沙鸟飞来不飞去，远随龙舸听云和。[4]

晴湖影影望龙舟，万朵云霞抱日流。
天子娱亲今胜事，都人惊羡水仙游。[5]

就在船队循规回程之际，出现了神奇的一幕：船至麦庄桥，皇帝正在构思《西

①［明］焦竑辑：《国朝献征录》卷十六《内阁五》，明万历四十四年徐象橒曼山馆刻本。
②《桂洲诗集》卷二《灵鱼诗六首有序》。三月乙酉，为三月六日。
③［明］王廷相：《内台集》卷二《丁酉扈从春祭山陵十首·其八》，明嘉靖十五年张鹏刻本。
④《内台集》卷二《丁酉扈从春祭山陵十首·其九》。
⑤《内台集》卷二《丁酉扈从春祭山陵十首·其十》。

湖词》，刚刚沉吟到“锦鲤跃忙”时，居然有条大鲤鱼蹦上龙舟。世宗龙颜大喜，将其称为“灵鱼”并写入诗中，以诗遍示随行大臣。结果大臣们心领神会，一通“奉和”变为一派奉承，说是皇上圣明，连灵鱼也上船拜见，“实陛下至德，感乎得众之象、海贡琛之征也”[①]。从驾的皇甫涍和诗云：

彩霞迎曙雨光收，御幄城西荡碧流。
青鸟遥依仙母扇，白鱼偏入武王舟。[②]

夏言和诗云：

湖水渊渊兮，尔泳尔游；谁汝使兮，跃入帝舟。
帝德广大兮，浩浩其天；数罟不入兮，尔潜在渊。
舟楫翩翩兮，湖水滔滔；尔弗灵兮，曷识黄袍？[③]

图6 《简畀殷命图》中的“白鱼入船”情景。[清]孙家鼐等撰《钦定书经图说》卷三十八插图，清光绪三十一年石印本，夏怡然着色

诗中引经据典，奉承到了明世宗心里。史载周武王渡黄河会盟，有白鱼入舟，会盟的八百诸侯心悦诚服，皆愿随周武伐纣，以此显示人心所向，天授王权于斯人（见图6）。而此时远古场景再现，这正是“大礼议”后皇帝希望看到的，也可见嘉靖时期阿谀之盛。

从文献、诗文可知，明世宗本人并不好远游，金山西湖之旅更多是表达孝心、博母之欢，以及展示礼制。皇太后蒋氏对西湖并不陌生，她出生在北京大兴武臣之家，幼年即通诗书，有文才，在湖北兴王府时著有《女训》一卷，[④]入京后明世宗将其奉为懿训（见图7、图8），让嫔妃们学习，以压过张太后的威望。蒋氏也谨慎行事，避免留下臣工进谏的口实，进京14年没有离

① 《桂洲诗集》卷二《灵鱼诗六首有序》。

② ［明］皇甫涍：《皇甫少玄集》卷三《西湖行乐辞六首从驾山陵作·其一》，明嘉靖皇甫秦刻本。

③ 《桂洲诗集》卷二《灵鱼诗六首有序》。

④ 内有十二篇，分别为：《闺训》《修德》《受命》《夫妇》《孝舅姑》《敬夫》《爱妾》《慈幼》《妊子》《教子》《慎静》《节俭》。嘉靖九年（1530年），《女训》被颁行于天下。

开过内廷，只是在获得尊号后才走出高墙轻松一下（见图 9 至图 13）。

不过此时她已患严重的疮毒，病因是为儿担忧。明世宗自幼体弱多病，到北方后更不适应，嘉靖十三年（1534 年）大病一场，咳嗽两月不止，前后半年无法上朝。另外他还患有足疾，疼痛不止。蒋太后心急如焚，曾发愿替儿揽病自受，最后她自己也忧急病倒。皇帝曾对大臣说：

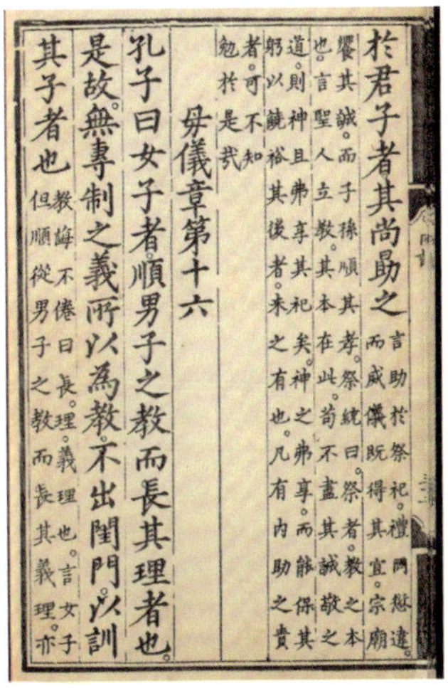
於君子者其尚勗之言助於祭祀。禮門懋遠。而威儀既得其宜。宗廟饗其誠。而子孫順其孝。祭統曰。祭者。教之本也。言聖人立教。其本在此。苟不盡其誠敬之道。則神且弗享其祀矣。神之弗享。而能保其躬以饒裕其後者。未之有也。凡有內助之責者。可不知勉於是哉

母儀章第十六

孔子曰女子者。順男子之教而長其理者也。

是故無專制之義。所以為教不出閨門。以訓其子者也教誨不倦曰長。理。義理也。言女子但順從男子之教。而長其義理。亦

图 7　明章圣皇太后蒋氏所撰《女训》书影

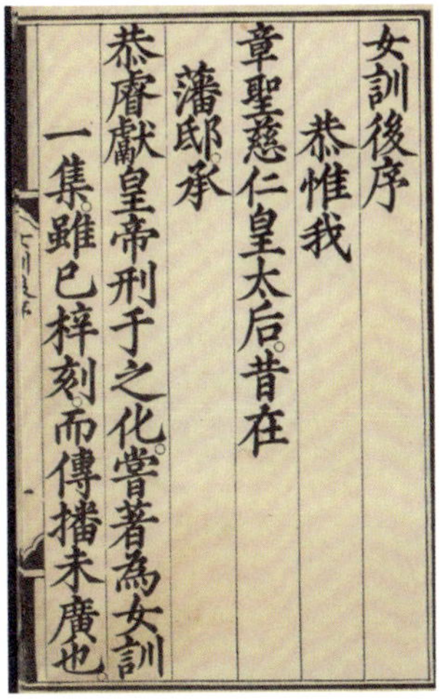
女訓後序

恭惟我

章聖慈仁皇太后。昔在

藩邸。承

恭睿獻皇帝刑于之化。嘗著為女訓

一集。雖已梓刻而傳播未廣也。

图 8　明世宗御制《女训 · 后序》

图 9　明章圣皇太后宝

> 圣母之疾，是为朕病而心烦热燥致此，不必他疑，而诊视正因是焉。方朕甚咳，母闻一声心痛一倍，曰：“何不着我害欤！”故忧爱日夜焦煎，火之生热，不容不致疾也。[①]

蒋太后病重时，世宗则亲自调药，“躬调药膳，虔祷神祇，备极诚敬”[②]，可谓母子情深，是为帝王之孝的典范。

明世宗奉母两次游西湖，既是权力的展示，更是为母散心。加之有一群乖巧善言的大臣侍从，皇太后高兴，皇帝欢心，于是就有了第三次游西湖、建立金山行宫的设想。

①《明世宗宝训》卷四《慎起居》，（台北）“中央研究院”历史语言研究所校印本，1962 年版。

②《明世宗实录》卷二百十九嘉靖十七年十二月壬寅条。

四、三游西湖

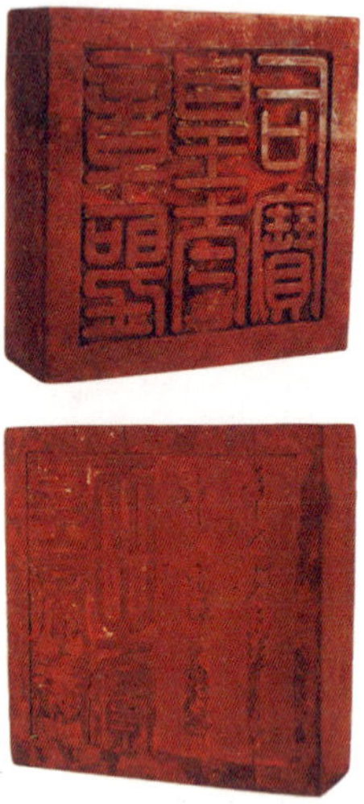

图10　明章圣皇太后宝，檀香木质，清代在其背面用满汉两种文字另刻新文“皇帝奉天之宝”

图11　明章圣皇太后宝

图12　清皇帝奉天之宝

明世宗第三次游湖的时间是在嘉靖十六年（1537年）三月末，距第二次西湖之游仅仅21天。官史或无记，或语焉不详，连“奉圣母”字样都未留下，知者甚少，而它的后果却广为人知，这就是大功德寺的拆残。官方记载：

（三月辛丑）上将幸山陵视工，礼部具仪如春祭，诏如拟。[①]

名目是审视陵寝工程，随后转而记述道：“丙午，驾发京师，视金山建造行宫所。”[②]丙午，即二十七日。路线变了方向，表达了明世宗此行的第二个意图，即在西湖金山建造行宫。官方史录虽是含糊其词，但在陪臣诗文中却是清清楚楚，如严嵩《恭和圣制〈初夏西游奉圣母舟行赋〉》：

嘉靖丁酉孟夏初吉，皇上有事山陵。既乃驻跸金山，奉圣母章圣皇太后御龙舟，泛于西湖，享至养以尊安，届昌辰而娱侍。于是上亲洒宸翰，制古赋一首。从官词臣，咸踊跃忭蹈而恭和焉。[③]

与以往祭陵路线不同，这次是先到西湖，再经沙河前往天寿山，可见游湖、行宫选址是首要任务。途中皇帝作《初夏奉圣母舟行赋》与群臣唱和，夏言在《恭和御制〈初夏西游奉圣母舟行赋〉有序》开篇也说：

①《明世宗实录》卷一百九十八嘉靖十六年三月辛丑条。

②《明世宗实录》卷一百九十八嘉靖十六年三月丙午条。

③［明］严嵩：《钤山堂集》卷一《恭和圣制〈初夏西游奉圣母舟行赋〉》，明嘉靖二十四年刻增修本。

岁丁酉时既夏兮，日初长；扈舟行以西幸兮，指金山之阳。[①]

夏言所记证实严嵩所言不虚，而且更为准确。夏言另有《侍上奉圣母舟行西游恭述一十八首》，详述了游览过程。首先皇帝、皇太后一行出城在高梁桥乘船，沿玉河溯流而上：

高梁桥畔柳，何幸缆龙舟。
摇荡东风里，千年御气浮。[②]

两岸有千骑陪护，仪仗华丽，彩旗飞扬，几乎与元文宗的出游类似：

晓日明柘袍，鲜云护华盖。
舟转碧杨湾，骑绕青林外。[③]

经过麦庄桥时，明世宗指点着前不久鱼跃龙舟的情形，咏《前次鱼入舟追作》诗，众臣纷纷跟进，有诗云：

千峰送青来，一桨凌波去。
指点麦庄桥，灵鱼跃舟处。[④]

进入西湖，湖水辽阔。当时湖面斜长，自西北向东南延展，视线集中于大功德寺后面的金山，那里既是终点地，也是歌咏对象：

金山矗而佳丽兮，巨浸汇以汪洋；
御龙舟而临泛兮，震铙吹之喤喤。
……

①《桂洲诗集》卷一《恭和御制〈初夏西游奉圣母舟行赋〉有序》。
②《桂洲诗集》卷十九《侍上奉圣母舟行西游恭述一十八首·其四》。
③《桂洲诗集》卷十九《侍上奉圣母舟行西游恭述一十八首·其三》。
④《桂洲诗集》卷十九《侍上奉圣母舟行西游恭述一十八首·其十二》。

凌浩渺而湖空明兮，俯云影于天光。[①]

青龙桥、玉泉山仍是视野中的景观点：

柳映青龙桥，云隐香山寺。
烟景自天开，画图那得似。[②]

游览中皇帝不忘展示孝道：

牙樯耀日以联集兮，羽葆承风而飘扬，惟皇大孝；
隆至养以奉慈欢兮，岂汾游之可方。[③]

到达大功德寺后，接着游览玉泉山：

何事兹山号玉泉，清泉喷玉地中穿。
慈宫福寿何堪拟，千仞冈陵万仞渊。[④]

最后金山行宫选址何处？官方记载阙如，大臣文集中也失去以往的细微描述，倒是在《帝京景物略》中，香山来青轩出现了明世宗的评语："香山独有翠色。"[⑤]七天后，世宗出现在沙河，大臣廖道南记诗《四月十九日癸卯御题出京次沙河恭和二首》：

孟夏熙薰御六飞，龙旗新制雉翘翚。
侍臣驰道随清辉，五色祥云护衮衣。

金根迢递谒诸陵，岩径被云喜再登。

①《钤山堂集》卷一《恭和圣制〈初夏西游奉圣母舟行赋〉》。
②《桂洲诗集》卷十九《侍上奉圣母舟行西游恭述一十八首·其十》。
③《钤山堂集》卷一《恭和圣制〈初夏西游奉圣母舟行赋〉》。
④《桂洲诗集》卷二十一《恭和御制〈奉圣母观玉泉〉二首·其二》。
⑤《帝京景物略》卷六《西山上·香山寺》。

沙上行宫聊驻辇，晚风如几翠堪凭。①

此后，史料中再未出现蒋太后的信息，很可能蒋太后患病日久，禁不住旅途劳累，游览西湖、玉泉山（或有香山）后直接回京了。

五、拆残大功德寺

三游西湖后，“金山建造行宫”一事没有了下文。从后来发生的情况看，拆毁大功德寺就起因于这次西湖之游，广为流传的说法源自《长安客话》：

嘉靖中，世庙谒景皇帝陵。……上驻辇（功德）寺中，饭罢，周行廊庑，见金刚像狞恶，心忽悸而怒。因以宫殿僭逾，坐僧不法，撤去之。寺遂废。②

这个记载中，明世宗的拆庙理由不合逻辑，因为寺庙是明宣宗按皇家规制建造的，御碑上写得清清楚楚，也就无所谓“僭逾”。显然，《长安客话》的说法源自民间杜撰。

至于“见金刚像狞恶，心忽悸而怒”也是对错参半。明廷延续了元代遗风，以往诸帝都供奉密教神灵。大功德寺就带有浓厚的藏密色彩，廊间壁画多有护法金刚，以及鬼怪形象，即明宣宗《大功德寺记》所说“像貌俨肃，咸称瞻仰。缭以周庑，而绘释典所纪善因于庑壁，以启敬信”③。诗人邓渼还专门对“狞恶”细致描绘了一番：

怪类总山海，图形入僬侥。生憎刹鬼狞，那得面如獠。
颇讶佛生时，魔王继为妖。长短森剑戟，左右执弓彇。
疾驱若风霆，人马何轻趫。火铃掷空中，阴昼疑爇燋。
顾盼未及终，惝恍魂屡摇。金姿俨不动，宴坐垂飞绡。
重缘度人慈，俯视若无聊。自匪顾陆俦，极意焉能描？④

①《楚纪》卷五十六《四月十九日癸卯御题出京次沙河恭和二首》。
②《长安客话》卷三《郊西杂记》。
③《大明宣宗皇帝御制集》卷二《大功德寺记》。
④《留夷馆集》卷二《废功德寺一百韵》。

图13　明章圣皇太后宝

形象尽管如此恐怖，也不至于让明世宗“心忽悸”，因为这类造像、画像在紫禁城内更多，有过之而无不及。

实情是明世宗尊崇道教，其狂热与偏执为诸帝中的特例。世宗自登基伊始就奉行抑佛尊道政策，毁掉宫中佛像，焚烧佛骨，取缔全国僧尼，拆毁变卖各地私创寺院，禁止修复废寺等。

如嘉靖十年（1531 年），世宗下旨撤毁大慈恩寺佛像。这座寺庙与大功德寺、大兴隆寺并为明初三大皇家寺庙，已延续了近百年。其后大慈恩寺不慎失火，特下旨不许修复，先改为射所，后又下旨拆毁改为演象所。嘉靖十四年（1535 年）四月大兴隆寺火灾，同样不许重建，遣散僧徒，庙址改为讲武堂。其间还准备拆毁皇姑寺，最后由蒋太后说情，才勉强保留下来。

到嘉靖十五年（1536 年）五月，明世宗更是拆毁紫禁城内的大善佛殿，为母建造慈宁宫。毁金银铜佛像 160 余座，焚毁佛骨佛牙 13000 余斤。[①] 这些都显示出皇帝性格中的偏执乖张，也预示着大功德寺的命运。

另外，明世宗连年大兴土木，就在巡幸大功德寺同期，北京城内外兴工近 20 项，如大内清宁宫、仁寿宫、慈庆宫、慈仁宫，城中九庙、天寿山七陵等。由于财力不支，明世宗命工部尚书林庭㭿等议处，定出分列主次、停建不急工程等六条原则。

其后五月，雷电击毁紫禁城谨身殿（今中和殿）屋顶兽吻，被视作天戒，于是明世宗仿效太祖朱元璋，令群臣进言指正时政缺失。御史何维柏上疏，请停功德寺等工程：

方今四海困竭，所在流移，而所司乃议加赋，不为陛下惜万姓之命不忠孰甚焉。夫人心汹汹，敢怒而不敢言者久矣，如使横敛交作，民诉无所，势不为盗不止，边事方殷，内患复起，虽悔岂有及哉！因请罢沙河行宫、金山功德寺工作，及安南问罪之师。[②]

这份奏疏的言辞可谓激烈大胆。大臣景溱、桑乔也纷纷上奏，持相同意见。可见“金山行宫”是参照大善佛殿改建慈宁宫的模式，用拆除功德寺的材料改建为新

① 《明世宗实录》卷一百八十七嘉靖十五年五月乙丑条。明代 1 斤合今 596.8 克。

② ［清］万斯同：《明史》卷三百六《何维柏传》，清抄本。

行宫，[1]并以不宣而建的形式悄悄进行，以免大臣谏阻。

同年五月末，明世宗下旨“金山功德寺可撤毁”[2]，其预算费用留作宫中使用，应是改其材用于宫中建设。可以说，排佛与财政紧缺是这次撤毁的两大主因。

在游湖回宫后的第二个月，蒋太后病情加重，明世宗率重臣赶赴各寺观祷告祈福。嘉靖十七年（1538年）十二月，皇太后住进慈宁宫不到两月便撒手人寰，世宗“天颜凄怆，擗踊号恸，诸臣莫不感动”[3]。悲伤之余，他无端猜疑是张太后使用了毒咒，欲加害之，结果被大臣力劝而止。张太后虽躲过一劫，但晚景颇为凄凉，三年后便去世了。

自此，作为展示孝道的金山西湖之游失去了动力。嘉靖二十一年（1542年）发生壬寅宫变，明世宗死里逃生后，便躲进西苑修道，疏于朝政。嘉靖二十九年（1550年）六月又发生庚戌之变，西湖至香山一带遭到蒙古俺答汗袭扰掳掠，玉泉山华严寺遭焚毁，大功德寺也有火灾记载。原定的天寿山春秋两祭与金山西湖之行自此在嘉靖朝停止。

至于传说中的大功德寺“遂废”并不准确，明世宗只是“拆残”而已。皇太后的去世中断了拆庙行动，残留的后殿、两侧廊庑和部分僧房，尚能提供游人住宿。随着嘉靖后期禁佛政策的松动，京城佛寺逐步恢复。嘉靖四十三年（1564年），随着住持訔寿上人重建山门、前殿与僧房，大功德寺再次成为西湖风景区的亮点。欧大任来游记述道：“夜宿禅房，西湖风涛，声彻枕上，实三年京邸所未闻。”[4]不久，西湖风景区又迎来一位新帝王，驻跸功德寺，给后世留下更加鲜明的历史记忆。

六、结语

嘉靖时期，开启了明代西湖风景区发展的第三阶段。虽然明世宗的出发点是礼制与孝道，但在客观上对风景区生态环境的可持续发展起着积极的作用。至于欣赏风景、品味园林，则与明宣宗相去甚远。而从三次游湖展现出的君臣形象，也可见明中期政治生态之一斑。

---

① ［明］顾鼎臣《顾文康公续稿》卷四《恭和圣制〈初夏西游奉圣母舟行赋〉》：“相行宫之改建兮，将复视园陵营作之孔臧。”明崇祯十三年至清顺治二年顾氏家刻本。

②《明世宗实录》卷二百嘉靖十六年五月戊申条。

③《明世宗实录》卷二百十九嘉靖十七年十二月壬子条。

④［明］欧大任：《欧虞部文集》卷八《两游西山记》，清刻欧虞部集十五种本。

明神宗《入跸图》与西湖风景园林

图1　明神宗朱翊钧像

在巡游瓮山泊西湖的历代帝王中，明神宗（见图1）是形象最为鲜明的一位。这位皇帝人们并不陌生，名朱翊钧，年号万历，北京昌平天寿山下的定陵（见图2）就是他的最终归宿。

与祖父明世宗相似，明神宗巡游西湖也是祭陵活动的一部分，官方《明实录》记载有四次，分别是万历八年（1580年）三月、十一年（1583年）闰二月、十三年（1585年）闰九月、十六年（1588年）九月。非官方记载一次，约在万历十三年（1585年）五月。

神宗的出巡一概效仿祖父，并无新意，对西湖风景也无热情可言，然而一幅描绘他游湖的长卷《入跸图》却给后世留下永恒的形象。

《入跸图》与另一长卷《出警图》是上下关联的一组画作，分装二函，合称《出警入跸图》，记录了明神宗祭陵的全过程。上卷《出警图》高92.1厘米，长2601.3厘米，描绘了从德胜门至昌平天寿山陵寝区的行进过程；下卷《入跸图》高92.1厘米，长3003.6厘米，是回程祭祀金山陵寝区、游西湖，乘船沿长河进城的过程。本文专就下卷《入跸图》展开论述。

整组画卷色彩艳丽，人物众多，形象分明，堪称中国绘画史上的杰作，也是中华文化瑰宝之一，真迹现藏我国台北故宫博物院。由于画卷未注明事件、人物与时间，清代人的鉴定出现两种结论，一是明世宗南巡安陆，二是明武宗出巡。后来的研究者则定为明世宗嘉靖皇帝的祭陵活动。在相当长的时间里，大陆学界对此图及相关研究几无所知，直到2004年，台湾师范大学朱鸿先生经过详尽的考证，并来京实地考察后，得出新结论：这是万历十一年（1583年）春季皇帝祭陵活动的全程记录。这一结论被普遍认同，《出警入跸图》也因此被介绍给大陆学界，引发大陆学者诸多延展性研究。画卷信息丰富，其中风景园林与历史地理学的价值尚有拓展与补充空间。本文结合历史文献，进一步解读卷中的风景园林背景，兼对万历时期昆明湖风景区状况进行补充。

《入跸图》描绘了自金山、玉泉山、西湖至西直门沿线的巡游场景。从西湖进

图 2　明定陵

城的河道在元代称为“高梁河”，[1] 明代除延续这一称呼，还称其作“玉河”“御河”，清代则称为“长河”。自元代整治瓮山泊之始，高梁河就成为北京水利体系的重要组成部分，也奠定了沿河游览的基础。元代皇帝、帝师就时常乘舟游河览湖，《入跸图》内容正是这一传统的延续。成书于万历二十五年（1597 年）的《广志绎》简述了玉泉山、西湖与高梁河（玉河）三者之间的关系：

西湖在玉泉山下，泉水所汇，环湖十余里皆荷蒲菱芡，故沙禽水鸟尽从而出没焉。出湖以舴艋入玉河，两岸树阴掩映，远望城阙在返照间。每驾幸西山，必由此回銮。[2]

《入跸图》观赏由卷左向右，与《出警图》从右向左相呼应，形成出城与回城的连续性。依据描绘内容，全卷可分为三部分：起始、高潮与结束，其中风景园林信息主要集中在首尾两部分。

一、画卷起始内容之一：金山陵寝区

《入跸图》起始部分的重点是金山陵寝区，而到此区祭陵正是这次游湖活动的

① 高梁河本是经梁山（石景山）南向东、古永定河遗留的古河道。金元时期为引瓮山泊水，开挖了穿过海淀台地的人工河，向南连通到原有的高梁河，以后这段新开人工河也就随之称高梁河。

② ［明］王士性：《广志绎》卷二《两都》，清康熙十五年刻本。

郑重“旗号”。金山为明代皇家第二陵寝区，开辟于明代初年，又称“西山陵”或“西陵”，作为皇帝嫔妃、早逝太子、幼王、公主的葬区。“金山”概念最初很模糊，早期还指代过玉泉山、瓮山，因位于京城西部属金而名，明代中后期固定指陵区所依托的北部小山，为西山—香山—寿安山余脉，向东又转折延绵出红石山，山前坡地也因此呈西北—东南的斜向平衍，尽端为玉泉山、瓮山。如以西湖为参照，金山陵寝区位于西湖斜轴最长透景线的北端（见图3），从瓮山堤上向西北望，玉泉山、瓮山相对如门，西湖被挡在陵寝区的两山“门”外。

金山山前空间局促，并非理想的皇陵用地，其优势在于交通方便，风景优美，明末清初文人梁份对此有详细的山水评价（见图4）：

金山，盖西山之麓一小山也。太行山势逶迤，北走叠嶂层峰，忽起忽伏，绵延千数百里也。其直京城之西者，谓之西山，统名也。金山地势发自西山，四峰并峙，而簇拥于二培塿，高可四五仞，中峰之气脉趋兆域中，而三峰之水界之，且势斜而斗，

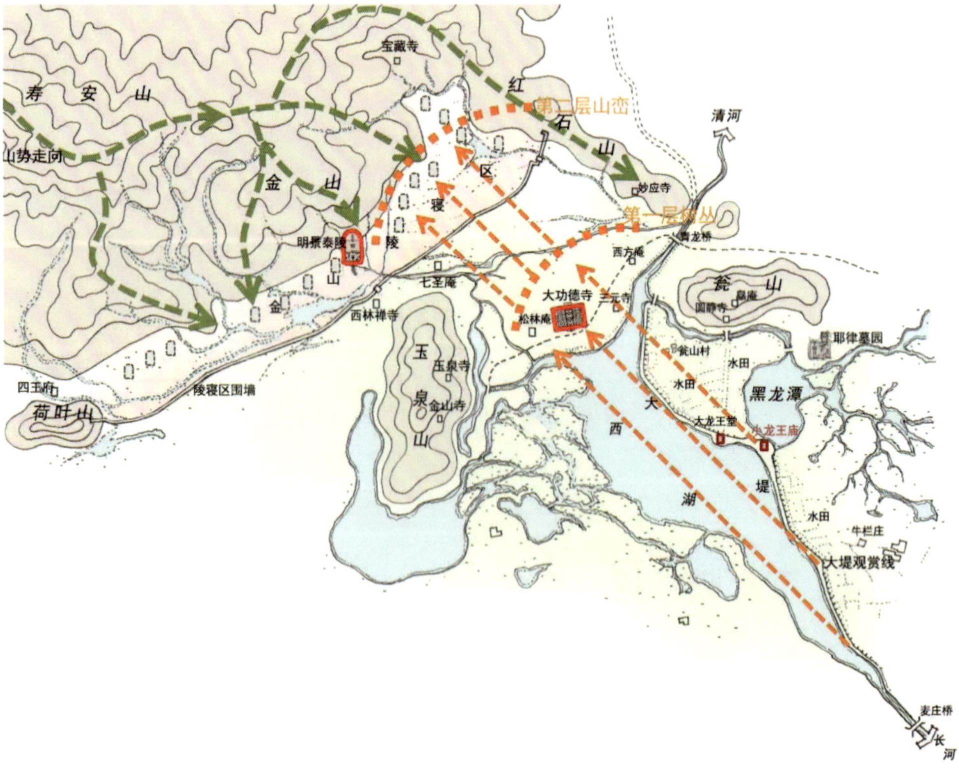

图3　明代西湖与金山陵寝区视线分析图。因湖面、堤路与山体呈现西北—东南向，观赏视线自然被引向西北，大小龙王庙占据西湖风景区中间最佳观赏位置。大功德寺、金山陵寝区分别成为景区的主角、配角，层次丰富，引人注目

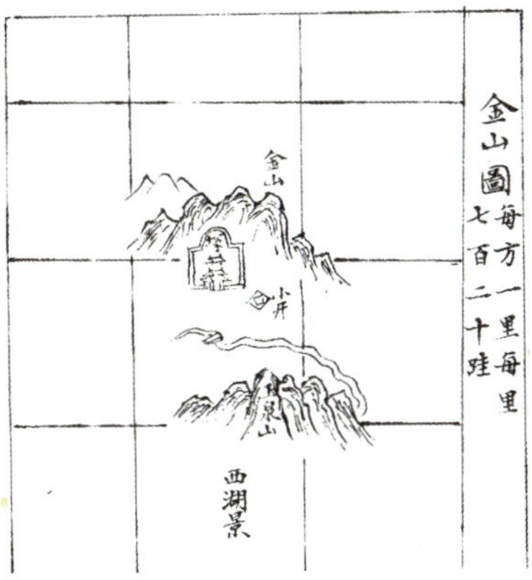

图 4　金山图。《帝陵图说》卷三《金山》插图

图 5　从金山顶望玉泉山

土色枯燥，草卉颓萎，融结之所方广不五十步，局促实甚，士庶人之葛沟已耳，非可为山陵、为东园秘器之藏也。[①]

文中所说的“四峰”“二培塿”（二小山）即是金山的相对范围，《入跸图》对金山“二培塿”进行了详细描绘。金山余脉因与玉泉山相对而立，故又称“金山口”。在金山顶可以畅观玉泉山与西湖风景（见图 5），诗人王慎中曾作《登金山口绝顶二首》云：

峥嵘峙西隅，其名金山口。拱势凌玉泉，分宗自天寿。捐骑竭独往，宛转携良友。攀石足犹滑，扪萝荼在手。回望目转眴，前首步逾陡。及其登层颠，诸峰宛相就。岩峗各殊状，罗列若拱绣。矗矗天宇阔，俯之何所有。入河涌我前，落日在吾右。[②]

峻峭的金山在西山众多峰峦中颇为引人注目，清人陈鹏年在香山来青轩写诗道：

商飙荡空秋气高，霜林叶下纷如毛。来青轩前几千丈，手摩北阙凌东皋。
碣石居庸走磅礴，华彝不断如怒涛。平湖一抹轻烟掠，金山瓮山两秀削。[③]

在《入跸图》中，陵寝区形象以八处前院后墓象征性地表达，虽是图中远景但

① [清] 梁份：《帝陵图说》卷三《金山》，清抄本。
②《遵岩集》卷一《登金山口绝顶二首》。
③ [清] 陈鹏年：《陈恪勤公诗集》卷二《予盛夏拟避暑香山中途雨阻来青轩和损斋韵》，清康熙刻本。

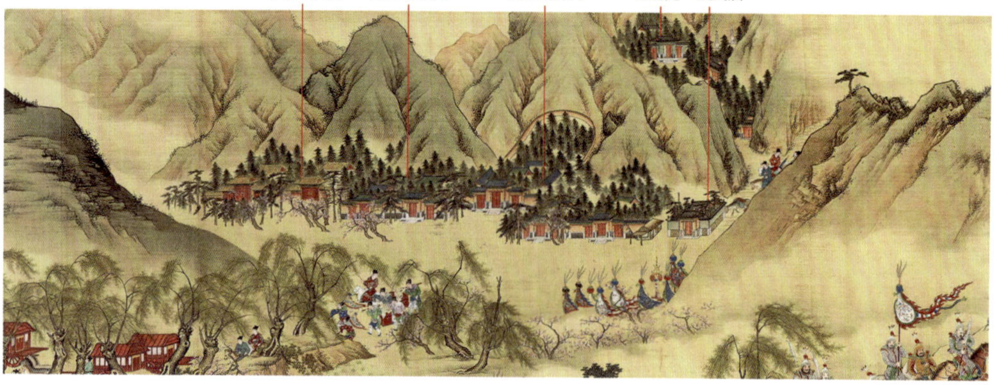

图 6 《入跸图》中金山陵寝区的景观节点

细节刻画一丝不苟，凸显游湖活动的缘起（见图 6）。金山陵寝区最早入葬的是明仁宗的二子三妃，[①]其后有明宣宗废后胡皇后及其女儿永清公主、景帝与其皇后汪氏，以及各帝嫔妃、幼王、公主。嘉靖之后，金山陵区日益局促，嘉靖三十年（1551 年）改为九妃为一墓，共一享殿。至万历朝入葬人数已达 113 位，皇帝的保姆夫人也入葬本区，计有 37 位。若按档案数字如实表现，画面中将有数十处墓园，场面十分宏大。这些墓园的标准配置有享殿、神厨、神库、宰牲亭、祠祭署、内官房，以及坟冢、红墙。墓园设专人管理，定期祭祀。史载：

西山坟陵，景皇陵、皇太子坟、王坟、公主坟各有掌官一员，佥书十余员不等。以供修理、洒扫、看守、香火。凡有祭祀即本处掌府库行礼。[②]

金山之西，山益深、垄益众，尊若藩王太子、下逮媵嫔刑余，累累然，夜台相望无所识别，莫之能知也。而金山直其东小山也，则交互记载，不嫌烦其详也。[③]

从记载可知，陵寝区日常也有大量管理人员，并非死寂一片。到明末，金山陵寝区的墓园多达 53 座，谈迁在《北游录》中记述说：

又园陵自景帝外，怀献、悼恭、哀冲、庄敬、宪怀、献怀、悼怀故太子七。卫、许、忻、申、蔚、岳、景、颖、戚、蓟、均、邠、简、怀、悼故王十七，殇主二十六，仁庙妃三，

① 二子：蕲献王朱瞻垠、滕怀王朱瞻垲。三妃：恭静贤妃李氏、恭懿惠妃赵氏、贞静敬妃张氏。
② [明] 刘若愚撰，[明] 吕毖辑：《明宫史》卷二《坟陵》，清文渊阁四库全书本。
③《帝陵图说》卷三《金山》。

宣庙妃一，英庙妃、宪庙妃十二。按史皆葬金山，与景陵相属凡五十三园，望之色馁。[①]

这个数字还未包括保姆夫人等低一级人员的坟茔，所以当地民谣“一溜边山，七十二座府”则更接近现实数量。

金山陵寝区中以景泰陵面积最大，规格虽远不如天寿山、无宝城、无明楼，却俨然是本区主陵、景观的中心，这在《入跸图》中有充分表达，一望可识。

景泰陵的主人就是明英宗的异母弟朱祁钰，初封郕王。正统十四年（1449 年），明军兵败土木堡[②]，英宗被掳，举国震惊。留守京城的朱祁钰被于谦等众臣拥立为帝，改元景泰，是为明景帝。他任用贤能，与瓦剌军展开殊死决战，取得北京保卫战的胜利，最终迫使瓦剌军送还英宗。

随着政权的稳定，景帝开始心生别念，废掉英宗太子朱见深，以自己独子朱见济代替。不幸的是，朱见济不久病亡。事已至此，景帝仍不愿复立朱见深，同时还对幽禁南宫的英宗严加监控。景泰七年（1456 年）正月，大臣徐有贞、石亨等发动“夺门之变”，拥立英宗复辟，改元天顺，废景帝为郕王。景帝随即病逝，英宗命以王礼葬金山，谥曰戾王。朱见深（即明宪宗）继位后，于成化十一年（1475 年）恢复景帝帝号，并对旧墓加以修葺，改称为“陵”。自此，金山陵园正式升级为国家祭祀重区，但终因空间所限，有名无实。

据清初《帝陵图说》，景泰陵分三个院落。一进院为碑亭，大字篆文“大明恭仁康定景皇帝之陵”，周边为神厨、神库、宰牲亭、祠祭署、内官房。二进院为五楹享殿，最后院落为景泰帝与皇后的合葬冢（见图 7、图 8）。嘉靖十五年（1536 年）三月，明世宗来金山谒陵，命以黄瓦换绿瓦，以合帝陵规制。[③]

在《入跸图》中，景泰陵的三个院落，以及与靠山来脉的关系表达明晰，也与梁份的描述相吻合。不过图卷也留下一大问号：图中景泰陵的屋顶为绿色而非黄色，这在视礼如命的嘉靖、万历时期不会是偶然的疏忽。其原因究竟为何，只得在此存疑。

图中景泰陵西南侧还有两组黄琉璃院落，应是未成年的太子之墓。到万历时，金山入葬有 3 位早夭太子[④]：宪宗的悼恭太子朱祐极、景帝的怀献太子朱见济和穆

---

① [清] 谈迁：《北游录》，清抄本。

② 土木堡，今河北省张家口市怀来县东。

③《帝陵图说》卷三《景皇帝陵》。

④ 明世宗的哀冲太子、庄敬太子，初葬金山，在嘉靖后期迁至十三陵袄儿峪，祔其母妃墓旁。

宗的宪怀太子朱翊钍。天顺元年（1457 年），怀献太子被降级改谥怀献世子。图中黄琉璃院落应属悼恭、宪怀两位太子。万历之后，又入葬有熹宗的怀冲太子朱慈然、悼怀太子朱慈焴与献怀太子朱慈炅。

金山陵园区中，宣宗胡皇后墓园规格仅次于景泰陵。胡皇后初以嫔妃礼葬于金山，谥号静慈仙师。英宗天顺七年（1463 年）改谥号为恭让诚顺康穆静慈章皇后，简称恭让章皇后，增修“陵寝、享殿、神主，俱宜如奉先殿式”[①]。成化年间，胡皇后陵寝再次修葺。[②] 史料中没有直接记载其位置，不过胡皇后陵寝在嘉靖朝曾与景泰陵一同修葺，由此可见二陵园必毗邻而居。

（景泰陵）其陵制隘陋，尤须亟为恢改，如似逼近恭让皇后陵，势难展拓。第就其殿庑、门垣等项，稍加穹广，仍量陪宝城、增建明楼，以称帝者藏衣冠之地。至于恭让太后陵，亦宜一体修治，俾得郁然相望。[③]

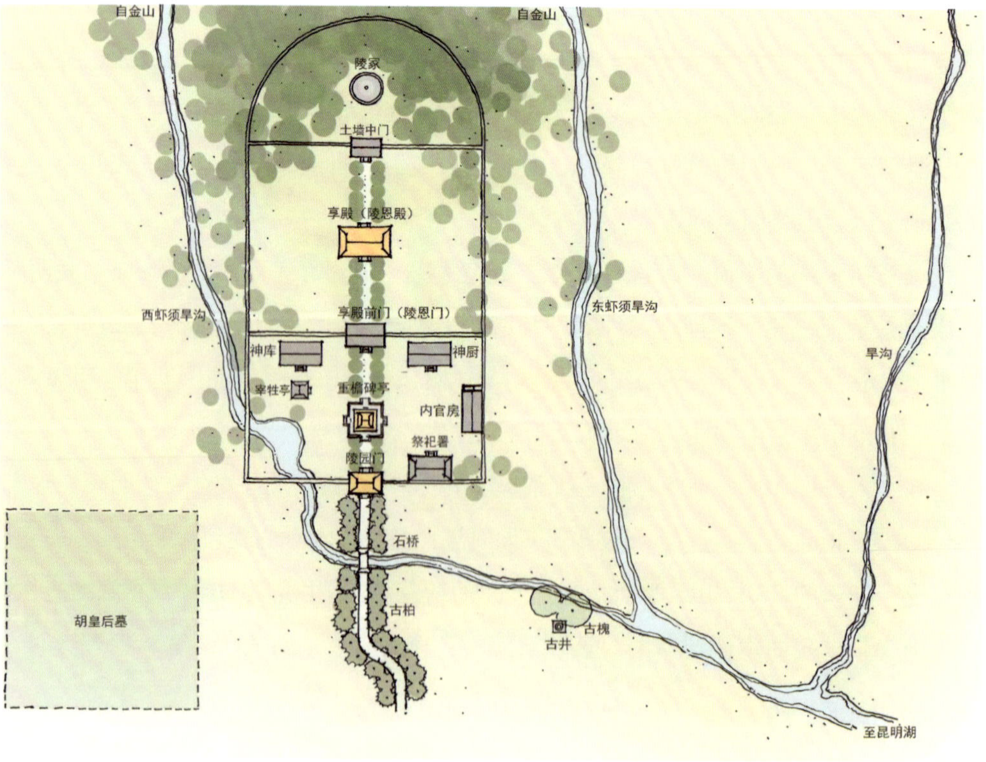

图 7　嘉靖时期景泰陵示意图，据《帝陵图说》卷三《景皇帝陵》绘

①《明史》卷一百十三《后妃传一·恭让胡皇后传》。

②《太常续考》卷四《西山陵园事宜》。

③［明］俞汝楫：《礼部志稿》卷九十七《拟典备考·建文陵庙及景泰庙号疏》，清文渊阁四库全书本。

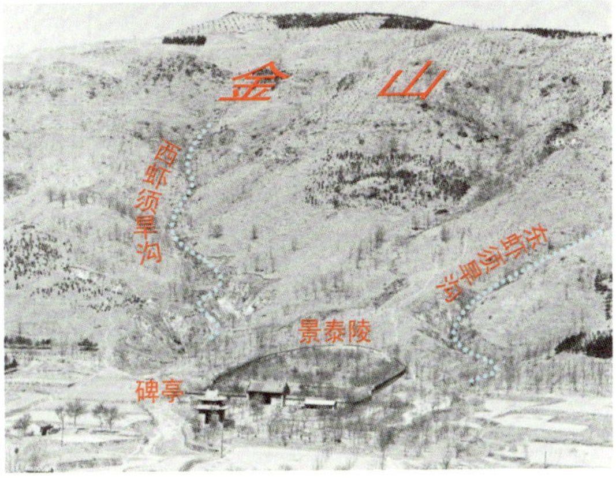

图 8　清末景泰陵

据此，可以推测胡皇后墓园应在景泰陵的右前方，正如《入跸图》所示，后演化出地名“娘娘府”。《入跸图》中还有一座黑瓦旗杆院落，为真武庙，宋彦《山行杂记》有记，真武大帝是明代尊崇的保护神。

嘉靖时期实行的龙脉严格保护政策，其成效在万历年间得以显现。万绿丛中掩映着墓园的红墙碧瓦，景色优美，文人墨客留下众多赞美诗文，如严嵩有诗云：

> 本朝陵墓壮西山，松柏神宫未可攀。
> 独有中官奉祠祀，石房烟火翠微间。[①]
>
> 无穷台殿倚山椒，上价黄金向土消。
> 常侍不来僧独在，游人还自说先朝。[②]

又如王士性有文云：

> （金山）朱门蜃墙，金铺绣脊，从高望之，俨然一幅画图也。[③]
>
> 坐（香山来青）轩中，见平芜苍莽，飞鸟出没；在下山椒转处，缁林宝刹与金山园陵错出千百，缇朱蜃白，状如簇锦。神京九门双阙，巍然起于五云，良都邑之伟睹也！[④]

陵区逐渐成为西湖北岸的一条风景带。正德时期负责金山工程的李堂记述道：“今沿（西）湖三十里俱为寺观、坟庐游乐之处。”他又作《西湖景》诗云：

①《钤山堂集》卷十二《西山杂诗·其一》。
②《钤山堂集》卷十二《西山杂诗·其三》。
③《广志绎》卷二《两都》。
④［明］王士性：《五岳游草》卷二《西山游记》，清康熙刻本。

西湖景，画不成，金山倒浸玉泉清。五里闸，三里亭，道院禅林不记名。十五年来工不停，庭台处处列画屏。游人跃马驰香风，天教土石涂青红。捕鱼弋鸟来不空。君不见，燕山石，似玉坚，大窝采尽无穷年。鲸鳞碑碣处处镌，文山祠宇何寂然。①

金山及西湖的风景建设整整持续了正德一朝 15 年，皇家工程无疑对这一建设起着引领的作用。

扩展的陵区向西延绵出通向寿安山、香山的十里景观带，也为后世三山五园的整体连续性奠定了基础。明人记载云：

金山入碧云道中，诸名刹金碧鳞鳞，应接不暇。②

玉匣珠襦掩夜泉，世人那见鹤归年。
秋来十里金山道，华表参差夕照前。③

在《入跸图》中，由景泰陵右侧上山后露出一组建筑，为宝藏寺。万历时，宋彦穿过陵寝区寻访宝藏寺，记述了这一“深山藏古寺”的境域：

（余）乃望山路逶迤处随山行，绕功德寺后，过金山口，见一高峰插天。峰顶时见绀殿角，急趋之。行数里，道经诸王寝园中，丹垣碧甍，苍松翠柏，时掩映马首，而荒寂绝无僧舍民居。路多砾石不可行，向所见绀殿已不可即矣，仅见一谷口颇幽邃，骑不能上，乃下马步上坡三里许，山路稍南，则南行度大壑。沿壑行，又三里许，朱门焕然，上书“宝藏精蓝”。④

从记述可知，宝藏寺景观与金山陵寝区处于似断又连的状态，与《入跸图》的表达意味相一致。

① [明] 李堂：《堇山文集》卷六《西湖景》，明嘉靖刻本。
② [明] 朱孟震：《游西山诸刹记》，见《宛署杂记》卷二十《志遗》。
③《钤山堂集》卷十二《西山杂诗·其二》。
④《山行杂记》。

二、画卷起始内容之二：玉泉山与大功德寺

《入跸图》中，金山前景左为玉泉山，右似为金山余脉，画家在此并非写实，而是运用了夸张手法，以体现两山相护之意。现实中的玉泉山一脉三峰，画卷中大致描绘了玉泉山中段主峰的东坡一带，这是明代玉泉山寺庙最为集中的区域。这些景点时兴时毁，各朝诗文记述互有出入，以致名称混淆，莫衷一是。若结合《入跸图》所绘，或可按图索骥（见图 9）。

图 9　《入跸图》中玉泉山的景观节点

玉泉山各寺曾于嘉靖二十九年（1550 年）的庚戌之变中，被俺答汗的蒙古军焚毁，时人记载：

（胡虏猖獗）德胜门外并金山口一带地方，贼骑散驰，百十成群，放火杀人，在在皆有。官军执信地而自守，居民以寡弱而被毒。①

李攀龙有诗《经华严废寺为虏火所烧》云：

丑虏殊猖獗，诸僧坐播迁。无方超寂灭，有地入烽烟。
境坏秋原上，门空暮雨边。虚闻金作粟，真见火生莲。
星影疑缨缀，云光学盖悬。焚身香象泣，照钵烛龙然。
莫辨沉灰劫，犹传噀酒天。至今余净土，不复一灯传。②

① [明] 王用宾：《三渠先生集》卷七，明万历二十九年刻本。
② [明] 李攀龙：《沧溟集》卷十一《经华严废寺为虏火所烧》，明万历三十四年陈升刻本。

《入跸图》显示到万历时期，玉泉山上寺庙都已恢复，画卷中绘有6组建筑院落、3座石拱桥、1座石板桥（石梁）、1座木板桥、3个石洞，代表了当时的主要景点。

画中最显著、最能确认的建筑是玉泉亭，又称“歇凉亭”，建于宣德年间，明宣宗、武宗、世宗都曾驾临。亭址位于山脚，紧邻金山口，背崖面池，池水即明代所指“玉泉”的所在地，[①] 泉从石龙口中喷出，池水溢出后辗转汇于西湖。左赞《游玉泉山记》载：

（功德寺）可三里至玉泉亭，亦宣德中所建，俗呼歇凉亭。亭前泉来石罅，从螭口喷出，泠泠有声，渟滀为池，广三丈许，清澈可鉴毛发，味甘冽异常。池东跨以石梁，水经其下注于西湖，而复迤为长溪，海子、太液池、金水、玉河一源于此。[②]

《入跸图》所绘与游记基本吻合，只缺石龙“螭口”，应与庚戌之变后的重建有关。万历四十六年（1618年）顾绍芳来游，记述道：

（功德寺西）又数十武为玉泉亭，亭负岩而居，下为小池，小石梁亘其前，玉泉之所潴也。泓渟若鉴，歃水亦甘寒，为尽一觞而去。已缘小溪行，又百武为玉泉山，其崖有亭曰“望湖”，拾级而上，骋目肆眺，环湖之景凑焉。[③]

文中已不再提及“螭口”，同时也再次明确亭子位于山脚。画卷“玉泉”池中还有一座小石塔，除景观作用，还有水尺功用，以标记水位的变化。明人高出有诗云：

近人凫鹥乱，瞻阙凤凰飞。石塔大于斗，常露水中矶。
与波信升降，其理知是非。砥柱有取义，滟预想依稀。[④]

宋彦记云：

---

① “玉泉”位置各朝所指不同，金末元初“玉泉”在山南。

②《桂坡集》后集卷八《游玉泉山记》。

③［明］顾绍芳：《宝庵集》卷十三《游西山记》，明监格抄本。

④［明］高出：《镜山庵集》卷十《望湖亭》，明天启刻本。

山下有望湖亭，亭临半规池，池中一石塔仅露顶。顶没则是岁苦涝矣。池名蹋薄湖，自此二缕至山前。[①]

小石塔与杭州三潭印月石塔有着相似的形象与功用。不过上述二文都将玉泉亭误记为望湖亭。玉泉亭南为玉泉寺，应是临“玉泉池”而名。玉泉寺始建于宣德年间，明宣宗时常微服来游，宣德六年（1431 年）曾险遭刺客。[②]画卷中寺庙严整，高应冕《游玉泉寺》诗云：

西山玉泉寺，苍翠横寥廓。
寒流迥清池，落木何消索。[③]

诗中“清池”即指“玉泉池”。玉泉寺南为金山寺，相关描述繁多而不详，《日下旧闻考》曾记为“不可考”，若结合《入跸图》仍可试作辨识。金山寺主体位于玉泉亭右侧山半，门前临水有桥，如黄克晦《金山寺》诗云：

久客从多病，金山始再登。
过桥波弥弥，拂坐石棱棱。[④]

寺后有山洞，僧人如愚《金山寺》云：

数步门临水，凭空阁倚山。佛龛无火照，僧室有藤关。
鸟下乘牛背，花开落石间。寂寥来作礼，坐立洞边还。[⑤]

《入跸图》中山崖有建筑半隐，下有临水平台与桥梁，与文字描述吻合，是为金山寺。寺左有轩式小亭，下临石壁潭水。宋彦《山行杂记》云：

---

①《山行杂记》。
②［明］杨士奇：《东里别集》卷二《圣谕录下》，清文渊阁四库全书本。
③［明］高应冕：《游玉泉寺》，见《日下旧闻考》卷八十五《国朝苑囿》。
④［明］黄克晦：《金山寺》，见《帝京景物略》卷七《西山下·玉泉山》。
⑤［明］释如愚：《金山寺》，见《帝京景物略》卷七《西山下·玉泉山》。

（玉泉亭）右折而南，为金山寺；左上临石壁数丈，下渟一泓，南北修二亩余，横半之，复折过寺前。泉皆从石底喷出，汩汩有声，清彻如鉴，四散灌田数百顷。①

《入跸图》中金山寺东崖壁有三楹小轩，下临圆形小池，也设有小塔一座。宋彦记述道：

金山寺东厢三楹，推窗临石壁看水，朝曦夕月，别有奇观，西山中观泉第一处！②

金山寺在明中期颇为兴盛，每逢明神宗驻跸功德寺时，随从官员便借宿金山寺中，万历朝大臣于慎行诗云：

玉泉山际石桥头，扈跸登临宿雾收。正惜岩花过九日，却怜湖月似中秋。
楼台近影沧波出，灯火深回翠辇游。连夕尚方传赐酒，飞觞何幸借林丘。

属车飒沓倚湖滨，湖畔青山气色新。为侍宸游分象纬，因随仙履上星辰。
勾陈影静千峰月，法界烟销万骑尘。莫道秋光寒不禁，温泉云树总如春。③

从诗中可知，金山寺对着石桥，寺中可望西湖的东升之月。金山寺南为吕公洞，左赞的记述标识了它的具体位置：

吕公岩界观音、金山二寺间。广可丈许，深倍之。岩南之寺尤多，不暇遍游，亦不能悉言也。④

文中“岩”为石窟、洞穴之意。吕公洞位于山脚临溪，洞中有流水与钟乳石。下面二诗有详尽描述：

---

①《山行杂记》。

②同上。

③［明］于慎行：《九月十三夜扈从功德寺，因陪李渐庵司寇、王忠铭学士登金山寺对月》，见《帝京景物略》卷七《西山下·功德寺》。

④《桂坡集》后集卷八《游玉泉山记》。

石洞知何代，门当玉涧湾。潮音疑可听，仙驾杳难攀。
暗穴深通海，危亭上处山。吟身贪纵步，遥带夕阳还。[1]

惊见吕公洞，水边驻春鞍。侧身入地底，逼侧颇碍冠。
导灯如星明，堕石讶剑攒。鱼贯缘曲折，忽俯千丈湍。
却步不敢前，下有龙结蟠。腥风起昏黑，飒爽肌骨寒。[2]

《入跸图》所绘的出水山洞为吕公洞。洞旁为普陀寺（又写作“补陀寺”），前临湖水即裂帛湖。天顺五年（1461 年），普陀寺建于一笑庵旧址之上，万历五年（1577 年）后改为观音寺，寺门内有洞，早年名“龙洞”，嘉靖时夏言题名“玉龙洞”。[3] 寺右上方为望湖亭，万历进士顾绍芳记述云：

遂趋玉泉寺，再登望湖亭，其下为观音寺，有石洞呀然，故夏少师名之曰“玉龙”，所题字及诗具在。[4]

《入跸图》所绘与文字相符，山上高处一洞，有石径隐约下通于观音寺。万历末年，观音寺为史姓官员（金吾）所有，称史园。袁中道记述：

（昭化寺）其邻即为史园，正泉所出也。有亭在焉，石色泉声大类虎丘剑池，以水活，故胜之。缘竹径而上如龟背，上有堂三楹，可望远。后有洞阴森甚。燕中不蓄竹，此地独盛。夜宿其中，风大作如广陵潮生时也。[5]

望湖亭是明代玉泉山的标志性景点，根据题名意象及大部分诗文所述，亭址位于山腰而非山下，以眺望瓮山西湖为主旨。在《入跸图》中，华严寺后山崖凹处一亭，后立石碑，即为望湖亭。袁中道又记载：

---

① 《篁墩文集》卷八十二《吕公洞》。
② ［明］杭淮：《双溪集》卷一《西山吕公洞》，清文渊阁四库全书本。
③ 明人文集中，常常将此洞与吕公洞混淆。
④ 《宝庵集》卷十三《游西山记》。
⑤ 《珂雪斋集》前集卷十五《裂帛泉》。

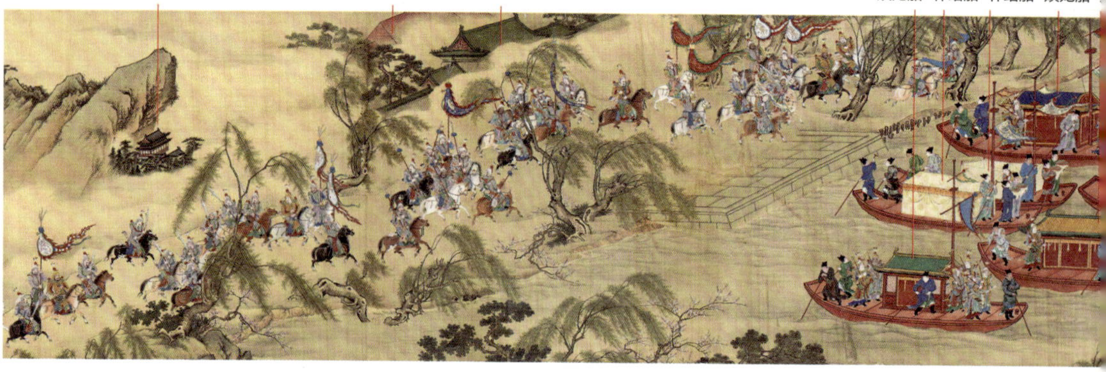

图10 《入跸图》中的大功德寺、西林禅寺，以及从寺前码头启航的皇家船队

（华严寺）后有窦深不可测。其上为望湖亭，见西湖如半月。[①]

诗人李濂《望湖亭》则将题名意境表达得淋漓尽致：

绝壁千盘上，孤亭万木扶。凭高聊骋望，壮丽揽皇都。
云气浮觞斝，湖光展画图。卜居终拟遽，一壑老潜夫。[②]

画卷中望湖亭右下方的山洞及寺庙，与关于观音寺的记载吻合。观音寺南为华严寺，位于玉泉山主峰东南，门临溪水，倪岳诗云：“门外寒流浸碧虚，玉泉山上老僧居。”[③]《入跸图》中表达最为清晰，画面左端寺前有白石桥，寺院三重，寺后山上有华严洞。袁中道记述：

（史）园右为华严寺，上有华严洞，山之为洞者五，皆如浮屋可住。予十六年前曾游此，今地较葱菁。[④]

高谷《游西山记》云：

①《珂雪斋集》前集卷十一《西山十记·记二》。
②［明］李濂：《嵩渚集》卷十六《望湖亭》，明嘉靖二十五年刻本。
③《青溪漫稿》卷四《游玉泉华严寺》。
④《珂雪斋集》外集卷十一《游居柿录》。

又里许为华严寺，凿山为洞，上下凡五处。深者二三十步，浅亦不下十余尺。有石榻可坐，于避暑最宜。山下有泉散出，乱石间喷薄沸涌，少远乃曳而长，演迤徐去。手掬饮之，特香冽异他处。①

这些大致是《入跸图》中出现的玉泉山景点。②

大功德寺是西湖边最大的皇家驻跸之所，《入跸图》卷首部分有三股人流车马汇聚在大功德寺前，或登舟，或沿岸行进。卷中功德寺形象只略写了庙门一角，重点在寺前码头。这时的大功德寺殿堂大部分被明世宗拆残，毗卢阁无存，后大殿又遭焚毁。画卷中表现了庙门内侧临时搭建的席殿一角（见图 10）。

席殿又称席舍、席房，是以芦苇与木板等材料搭造的临时房屋，相当简陋，类似功能的建筑在清代以蒙古包代替。大功德寺是明代金山区域唯一的皇帝驻跸之所，残寺中要解决两宫太后、嫔妃等随行人员的住宿事宜，只得搭建席殿，由工部负责施工。除此之外，《宛署杂记》载：祭陵时用木桌 300 张、搬运车 86 辆、土坯灶台 23 座等，③ 后勤工作相当繁重。面对窘境，万历十一年（1583 年）明神宗于金山谒陵后下旨，在此营建行宫：

壬申。谕工部："功德寺驻跸行宫，每用板席搭盖，不惟骚扰烦费，益且防卫难肃。

①［明］高谷：《游西山记》，见《古今游名山记》卷一。

②《入跸图》中的其他景观，有一些在古籍中也有相应的描述，具体考辨另文详论。

③《宛署杂记》卷十四《经费上》。

图 11 《入跸图》中，皇家船队正由西湖转入高梁河

着于附近相择善地，量估经用，营建行宫一区。如用原地，其寺僧官为移置别所。”①

这是自嘉靖十六年（1537 年）后的第二次兴建行宫计划，但却遭到了主管大臣的婉拒：

工部题：“巩华城行宫之建，原专为圣驾谒陵往来驻跸而设，且城池巩固，易于防卫。则功德寺道路圣驾可以不繇，板殿即不盖设，可也。况迩者，预建寿宫及修理武英殿等工费重大，乞将前项工程停止。”

上曰：“候修理武英殿工程有次序之日奏来。”②

工部拒绝的理由很充足，明神宗也无可奈何，功德寺行宫兴建一事再次搁浅。

《入跸图》大功德寺席殿不远处还有一座大殿，为西林禅寺，属功德寺下院，依山而建，竣工于正统三年（1438 年）秋九月，寺碑记云：“西林禅寺在都城西三十里许，去人境殊不远，而峰峦峭拔，岩壑郁纡，最为胜处。”③

三、画卷高潮：西湖荡舟

西湖荡舟是《入跸图》的表现重心，湖河场景约占画卷的 2/5，不过画家笔墨主

① [明] 张惟贤等：《明神宗实录》卷一百三十四万历十一年闰二月壬申条，（台北）“中央研究院”历史语言研究所影红格抄本配明内阁精写本抱经楼本广方言馆本之校印本，1962 年版。
② 《明神宗实录》卷一百三十四万历十一年闰二月癸酉条。
③ [明] 胡濙：《西林寺碑略》，见《日下旧闻考》卷一百一《郊坰西十一》。

要集中于人物、仪仗、船只，而对周边风景园林几乎全部省略（见图 10、图 11）。

水上大小船只以皇帝御舟为中心排序，总计 20 只。船队前部每两船为一组，其中前导船 2 只，各置一口朱漆大箱，装满烟花爆竹，分由 7 名宦官沿河燃放（见图 11）。其后 8 艘护卫船形象夺目，船上军士皆配箭囊，手持兵器，分为骨朵锤船组、眉尖刀船组、偃月刀与红缨枪船组、军号豹尾枪船组 4 组。

这些貌似虎势的军士大多由太监充当。万历十二年（1584 年），明神宗开始热衷于训练士兵，在内廷集合 3000 名太监舞刀弄枪，许多太监熬不住训练，常常被晒晕累倒，众臣纷纷进谏，要求停止。如刑部主事董基就以“四端”上疏劝阻：杜意外之变、养安静之福、止群小之怨、省无经之费。他还特别说到，这些摆样子的士兵，一旦事变，毫无救驾之力：

前者驾幸山陵屡廑圣意，以为有此三千人者，可恃以无恐，则行幸将多也。不知此三千人者，皆膏梁绵薄之辈，一无当于实用。即以十健卒跃马挥刃而来，立见披靡，又焉用之！故此辈真不足恃，车驾万不可恃以轻出也。[1]

结果这位说了实话的董基被赶出京城，贬为万全都司都事。之后的万历十六年（1588 年）谒陵途中，发生了马惊踏人的窘事，[2] 加之皇帝也听厌了劝诫，于是在万历十八年（1590 年）停止了练兵。

① [明] 吴亮辑：《万历疏钞》卷二《圣德类》，明万历三十七年刻本。

②《明神宗实录》卷一百五十三万历十二年九月庚寅条：“福建道御史谭耀言：‘圣驾回自山陵，至凉水河忽有惊马冲入扈从前队，群马一时狂奔，内兵跌伤人众，相应查究。’上曰：‘马逸偶然耳，勿问。’”

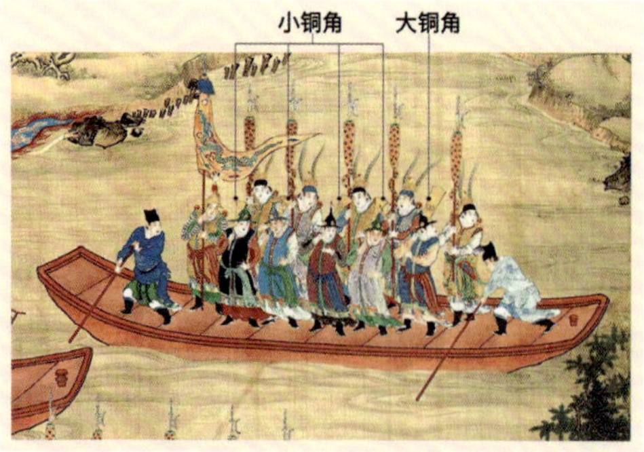

图 12 《入跸图》中的军号豹尾枪船

图 13 《入跸图》中的笙箫船

根据卷中人物形象，吴美凤女士以“文官脸”、“武士脸”与“太监脸”归类辨识这些军士。[①]画卷中排在军士船后的是乐队船，乐手们衣着华丽。前一组为角乐船，乐器有 2 种：大铜角、小铜角（见图 12）。后一组为笙箫船，乐器有 11 种：杖鼓、拍板、箫、管、笙、笛、云锣、铙、大锣、鼓、钲（见图 13）。乐队船簇拥着皇帝御舟，也将西湖笼罩在音乐声中。

御舟中皇帝的形体被夸大，端坐船中，船头有太监恭奉宝剑。御舟旁为备餐船，摆放着酒壶与糕点，臣属诗中的“万年觞”[②]即指此，餐船由手持立瓜兵器的军士护卫（见图 10）。船队尾部是 4 只嫔妃船与 2 只补给船。由此，也可佐证画卷为明神宗游西湖，因为这些船只的排序不同于明世宗嘉靖皇帝亲绘的布阵图。在嘉靖船阵图中，设御舟 28 只，两旁护船按左文右武排序。

《入跸图》的画面对仪仗、服饰的描绘不厌其详，而对辽阔的西湖没有丝毫表现，仅以水面、岸坡、岸柳代表。在湖面渐变为树丛与岸景处，暗示由西湖转入玉河（高梁河），湖与河的区别仅体现在护堤木桩的由多到无。

关于明神宗游西湖，文字记载详尽的是刊行于万历年间的《长安客话》：

万历十六年，今上谒陵回銮，幸西山，经西湖，登龙舟，后妃嫔御皆从。先期水衡于下流闭水，水与崖平，白波淼荡，一望十里，内侍潜系巨鱼水中，以标识之。方一举网，紫鳞银刀泼刺波面，天颜亦为解颐。是时，艅艎青雀首尾相衔，锦缆牙樯，波翻涛沸，即汉之昆明、太液，石鲸鳞甲，殆不过是。[③]

① 吴美凤：《旌旗遥拂五云来·不是千秋戏马台——试探〈明人出警入跸图〉与晚明画家丁云鹏之关系》，《故宫学刊》，2005 年第 1 期。

②《顾文康公续稿》卷四《恭和御制〈西湖词〉·其二》。

③《长安客话》卷三《郊坰杂记·西湖》。

记述虽是万历十六年（1588 年）的活动，也可推及皇帝的其他几次游览。游湖前管理部门先将通向玉河（高梁河）的闸门关起，以提升水位，湖面与岸齐平。观鱼则是固定节目，事先太监们将巨鱼系于水中，待御舟经临时，举网哄赶，鱼跃鳞闪，帝王嫔妃皆大欢喜。

以《入跸图》的绘画技巧，本可以很好地表现西湖之美。因为此时的西湖风景园林正处于明代的繁荣期，《（万历）顺天府志》云：

西湖，去玉泉山不里许。山水佳丽，碧云、香山二寺台殿相错，一时游人观者如云。戒坛为僧人奏建说法之所四月初八起至十五止，游僧毕会，商贾辐凑，山坳水曲聚集茶蓬酒肆，杂以妓乐，亦太平乐事。高梁桥有娘娘庙，四月八日诞辰，妇人难子者率往乞灵，倾城士女携觞作乐，杂坐河间，抵暮而归。[①]

当时西湖岸边最醒目的建筑为龙王庙，有大小两座。时任太常寺少卿的卢维祯，曾参加过九陵春祭，他记述云：

西至湖堤，堤上柳阴可五六里。湖上芙蕖，一望半开半落，香气袭人不散，堤强半小、大龙王二庙。庙旁小潭，相传是龙蛰处，纵目眺听，徘徊久之，而隶人报日西矣。西至功德寺。[②]

余有丁为万历阁臣，他记述了从高梁桥、玉河、西湖以至青龙桥的景观序列，其中记述西湖景色云：

大龙王堂西，则湖更广，若巨浸然。水浅宜芡、宜菰米、宜芹、宜蓼、宜蘋藻，独菡萏最盛。翠盖中红锦葳蕤烂然眩目，风徐来，香细细袭人衣袂。而白羽素鳞，栖飞游泳其中者君王凫雁也。下骑延伫良久，始去。去数里则一石桥，桥下置闸，闸中水殊急，声汩汩不绝。[③]

①《（万历）顺天府志》卷一《地理志》。

②《醒后集》卷四《游西山前记》。

③［明］余有丁：《余文敏公文集》卷五《游西山记》，明万历刻本。

图 14 《入跸图》中的人辇、马辇与象辇

万历十六年(1588年)来京的袁中道，也写下诸多关于西湖的名作，其中记述云：

出西直门即不与水相舍，乍洪乍细，乍喧乍寂，至是汇为湖。湖中莲花盛开可千亩，以守卫者严，故花事极盛。步长堤，息于龙王庙，香风益炽，去山较近。绕湖如袖至功德寺。水渐约，花事亦减。多腴田，若好畤也。[①]

西湖周边人气正盛的景点，还有青龙桥、慈恩寺、红石山妙应寺毗卢阁、瓮山圆静寺，后二寺也是万历时期扈从大臣的住宿之所。在西湖东面不远，还有声名鹊起的清华园，那正是明神宗外祖父、武清侯李伟的私园，对门则为米万钟勺园。只可惜皇帝之意不在山水，画师技巧再高，也只能以帝为本，因此上述美景均未纳进《入跸图》之中。

四、画卷结束部分：大象与高梁桥

画卷第三部分，河水时隐时现，岸上卤簿仪仗（见图 14）占据了大部分画面，他们队形松懈，三五成群地沿岸而行，不再是《出警图》出城时的整齐有序。其中最为抢眼的是4头仪仗大象，这是皇家仪仗中的重要角色。象背驮以宝瓶，寓意“太平有象”。这些大象平时饲养于宣武门内象房。夏季在护城河洗象，每逢此时观者云集，[②]后来形成了“响闸浴象”一景，以及象来街的地名。明神宗从西湖回城入跸，

① 《珂雪斋集》前集卷十五《西湖》。
② 《帝京景物略》卷二《城东内外·春场》。

象辇

沿岸而行的大象仪仗也必定引来万众围观，不过图中并未表达。

古代皇帝出巡首要仪仗为车辂，即皇帝休息用车，以装饰材料不同，分称玉辂、金辂、象辂、革辂与木辂，即“五辂”。明代增加了大辂，与玉辂几无差距，其中大辂、玉辂与金辂以驯象驾辕。《入跸图》对此详加描绘，其中大辂即由一象驾辕、三象拉套，车后挂两面太常旗。象辂、革辂与木辂则分别由不同数量的马匹驮拉。

马拉御车称马辇，《入跸图》中绘有大马辇一座，由三马驾辕、五马拉套。以人扛御座者称人辇或步辇，图中有 28 人扛大步辇一座。另有 8 人扛红漆方轿一座，黄幄方轿二乘，四马驮轿一乘。

象辇等仪仗卤簿，以及大量的车马人流，说明当年玉河（高梁河）两岸空间很宽阔。据统计，《入跸图》中有 915 个人物、337 匹马，实际人数不止于此，若加上围观民众，则人数更甚。由此可见，当年河两岸有着充足的容人场地，这是今天楼群中的长河难以企及的。

长卷接近结束部分，红色高梁桥尤为引人注目。以往人们印象里的高梁桥为石桥，而《入跸图》提供了新的认知：桥体木质，色彩彤红，桥身高拱，极具观赏性。高拱的桥体似乎是为通船而设（见图 15）。

《入跸图》画家对高梁桥闸板进行了细节描绘，这是卷中不多的实景刻画。闸板起着控制水位的功用，高梁桥本为桥闸，也是玉河（高梁河）上最早的水利设施，至晚在金章宗承安三年（1198 年）就已存在。元代郭守敬治理瓮山泊，引水入城，于至元二十九年（1292 年）重建高梁桥闸，时名西城闸。自元代始，皇家水路出巡西山、瓮山泊，大都由此上船。高梁桥在清康熙年间改为石桥，乾隆年间又改回木平桥，旁建倚虹堂作为御舟码头。

图 15 《入跸图》中的高梁桥和西直桥

画卷还展示了西直桥及其牌楼，与正阳门桥牌楼相类似（见图 15）。不过，这座地标在万历四十六年（1618 年）六月被大风刮倒。[①]

与西湖部分的描绘手法相同，《入跸图》省略了高梁河两岸丰富多彩的景观。而万历年间这条河道已是京城最热络的游览带，时人留下大量的诗文记忆：

高梁桥在西直门外，京师最胜地也。两水夹堤，垂杨十余里，流急而清，鱼之沉水底者，鳞鬣皆见。精蓝棋置，丹楼珠塔，窈窕绿树中，而西山之在几席者，朝夕设色以娱游人。当春盛时，城中士女云集，缙绅士大夫非甚不暇，未有不一至其地者也。[②]

高梁桥堤北数十里，大抵皆别业僧寺，低昂疏簇，绿树渐远，间以水田，界如云脚下空。[③]

沿河著名景点有演梵寺、瑞像庵、极乐寺、真觉寺、巡河厂（海潮庵、观音庵）、广通寺、朱栏广源闸、延寿庵、大慧寺，白石桥西有万驸马白石庄、朝真观、万寿寺、延庆寺、昭应宫、天禧昌运宫、麦庄桥等，这些景物或近或远地呈现在高梁河两岸，掩映在 30 里的堤柳绿荫之中。

其中万寿寺建于万历五年（1577 年），由明神宗母亲慈圣宣文皇太后出资建造，以贮汉经，大钟寺的大钟最初就安置于此。万历十六年（1588 年）在从西湖回城途

①《明神宗实录》卷五百七十一万历四十六年六月壬申条。
②［明］袁宏道：《袁中郎全集》卷九《游高梁桥记》，明崇祯二年武林佩兰居刻本。
③《日下旧闻考》卷九十八《郊坰西八》。

中，神宗游访了万寿寺，文人黄汝亨记云：

午饭万寿山寺，为今上代修僧梵处，殿阁极宏丽，有山亭可结趺坐。云：十六年上曾于此尚食，不敢启视。[1]

万寿寺东、长河南岸的双林寺，为明神宗“大伴”、大太监冯保所建，寺中有一座九层密檐实心塔。双林寺东为兴教寺，同样立有佛塔。这些都是河岸地标性景物。

高梁桥畔的繁荣上承元代仁王寺、昭应宫余脉，下启清代繁盛，相当于南京之秦淮河。诗人朱茂昞在《清明日过高梁桥作二首》中，直把长河景色比拟《清明上河图》：

高梁河水碧弯环，半入春城半绕山。
风柳易斜摇酒幔，岸花不断接禅关。

看场压处掉都卢，走马跳丸何事无。
那得丹青寻好手，清明别写上河图。[2]

遗憾的是，宫廷丹青高手在卷中都未予表达。

① ［明］黄汝亨：《寓林集》卷九《游西山纪》，明天启四年吴敬吴芝等刻本。

② ［明］朱茂昞：《清明日过高梁桥作二首》，见［清］沈季友辑《槜李诗系》卷二十二，清康熙四十九年金南锳敦堂刻本。

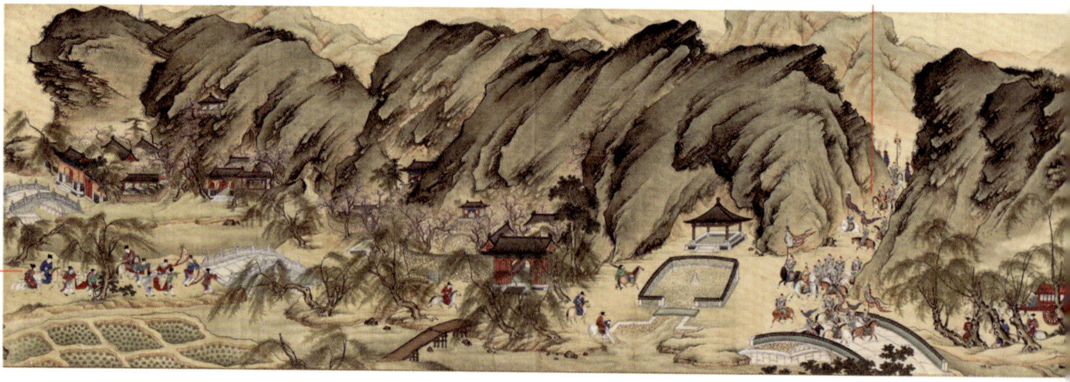

五、谜团与画外之意

《入跸图》的主人及事件经朱鸿先生考证后似乎尘埃落定，但画卷仍有许多未解之谜。

谜团之一是金山口的形象。《入跸图》起始部分特别描绘了一座孤立石山，山左透出陵寝区，山右一队人马走来，这应该就是历史上的金山口，又称“白虎口”。而这座孤立石山，今日现场并没有。此外，以今日环境看，玉泉山北峰距金山余脉最近处，也看不出“山口”的感觉，画面如此描绘山“口”，是为画而画的凭空想象，还是另有原因？

一种可能是当年在玉泉山北峰与金山之间确实有一座小石山，形成“白虎口”，只因后来连年开采而消失，致使现代人一无所知，这从清初洪天桂的《金山口》诗可知：

> 青山已成穴，斧凿犹不辍。青山如不平，斧凿无停声。
> 大为碑，小为础。石工喜，山灵怒。石屑纷纷飞硬雨。
> 金山口，几经过。山容徒想昔嵯峨，山灵山灵其奈何。①

此诗描述的采石活动一直延续至清顺治十六年（1659 年），② 最终将金山口的

① [清] 洪天桂：《知松堂诗钞》卷三《金山口》，清康熙五十七年刻本。

② 这在《罢玉泉山煅灰纪事》（又作《罢玉泉山烧灰纪事》）中也有记述，参见 [清] 钱仪吉纂《碑传集》卷六十二《国初督抚下·兵部尚书兼都察院右副都御史贾公汉复墓志铭》附录，中华书局，1993 年版；[清] 王养濂修，[清] 李开泰纂《（康熙）宛平县志》卷六《艺文》，清康熙刻本传抄本。

图 16 《入跸图》中的出巡队伍来自 3 个方向，会合在大功德寺西

小石山夷为平地。在 20 世纪末建设五环路时，本段地势仍是相对高点，《入跸图》则提供了金山口的原始形象。当然这一推测还需进一步考证。

谜团之二是这些浩荡人马从何而来？答案似乎很清晰，应该是来自东北的天寿山。但细究画面并非如此。卷首队伍来自 3 个方向：一队自卷首出现，正准备过桥，方位从南而来；一队来自金山口，人数最多，从西而来；还有一队来自右上角宝藏寺下，由东北向西南而行（见图 16）。3 支队伍明显不是一个脉络，分属不同方向。

就官史记载而言，画卷中宝藏寺旁一队是主要来向，即从东北天寿山陵寝区，由巩华城经红山口而来。那么，另两支队伍又是什么来由？卷首似有欲说还休之意。

非官方文献记载，明神宗曾借祭陵之机，游览了香山来青轩、永安寺、弘光寺、碧云寺，还有寿安山卧佛寺、金山北坡的黑龙潭。《宛署杂记》记载其时间为万历十四年（1586 年），原文如下：

来青轩题额：香山寺在山之隈，逶迤曲磴而升，其旁依崖，叠石为轩其上。登之，豁然洞见。前山青翠万状，中书姜立纲书“来青轩”匾其上。万历十四年驾谒陵归，飞辔来游，览其匾字狭小，命笔书“来青轩”三字，易之。字大径尺，笔势飞动，若得名山之助云。

望都亭题额：亭在香山寺后，俯视来青轩，初名“望京”。万历十四年，驾幸，改今名。大书“望都亭”三字，赐之。

荷花池题额：卓锡泉之前有一小亭，又前为小池，蓄泉水，布莲其中。沿池松柏年久，状如虬龙，若攫若飞。每岁夏，泉水流溢，荷花盛开，上下云烟，如坐天上。

万历十四年，驾至，爱之，为书“水天一色苍松古柏”八大字。①

上述皇帝香山之游，在《万历起居注》《明神宗实录》中并无记载。不过，众多文人别集却言之凿凿，最为详尽者为粤籍举人黎遂球所记：

（香山）神宗御书凡九字，共四笺。曰“来青轩”，曰“清雅”，曰“郁秀”，曰“望都亭”。上用“广运之宝”及“万历御笔”，今俱叠挂一轩中。②

匾额钤盖皇帝御玺，为皇帝所书无疑。他进一步记述：

路上弘光石十盘，排生翠柏作阑干。
太平天子曾来住，虎步龙行绕复看。③

在文人记载中，明神宗共有两次游历香山，都是携母同行。所以另有一说，认为书法为明神宗母亲所书。如孙永祚写道：“来青轩为神宗圣母书额，驾曾两驻此。”④

明神宗的香山游览也是循皇祖先例。明世宗也曾携母游香山，评论风景道：“西山一带，香山独有翠色。”⑤这段游历在官修史料中并未记载，倒是黎遂球对此追记道：

肃皇因侍宝慈游，宫女和南满殿头。天眼品题真绝称，侍臣恭纪老僧留。⑥

侍臣碍于种种禁忌，未将“恭纪”传世，相关事迹由老僧记录并散播。尤为蹊跷的是，这祖孙二帝在祭金山、游西湖时，衣冠光鲜唯恐旁人不识（见图 17）；而在香山之游中则截然相反，穿戴混同于太监侍卫。黎遂球诗记：

①《宛署杂记》卷十八《恩泽》。

②［明］黎遂球：《莲须阁集》卷十六《西山游记》，清康熙黎延祖刻本。

③《莲须阁集》卷十《仝伍国开谭元定游西山杂咏二十首·其十二》。

④［明］孙永祚：《雪屋二集》卷三《憩香山寺来青轩为神宗圣母书额驾曾两驻此》，清顺治十七年古啸堂刻本。

⑤《帝京景物略》卷六《西山上·香山寺》。

⑥《莲须阁集》卷十《仝伍国开谭元定游西山杂咏二十首·其十》。肃皇，指明世宗。

传闻诸帝过陵旁，却与中官一样装。
独有龙衣双骑夹，野人亲得认祥光。[1]

笔者推测，当年皇帝应是为防谏臣进劝，悄然而游，类似记载还有很多。显然，官方史籍碍于禁治游的祖训，有意隐去了这些内容；没承想，在画卷中却留下了蛛丝马迹。

另外在文字记载中，万历十四年（1586年），明神宗还有御制《寿安寺碑记》，立碑于卧佛寺；御制《画眉山龙王庙碑诗》，立碑于金山北坡黑龙潭。这些与香山之游应属同一活动。后者显示了此次出游的准确时间，为万历十三年（1585年）五月。碑记云：

图17 祭陵途中的明神宗。《入跸图》（局部）

画眉山龙王庙在都城西一舍，其地故有泉潭，相传以为龙之所居，即其旁为庙，祀龙王焉。成化壬辰宪宗纯皇帝祷雨有应，新其庙而勒词于丰碑。

万历十有三年，春夏不雨，麦稼焦枯，以五月往祷于庙，浃旬之间，嘉澍屡霈。郊野沾足，三农忭舞。爰出内帑金钱重增葺之，为之记而系以铭。[2]

画眉山为金山北坡余脉。减去碑文镌刻工期，可以确定此次游历应在立碑前的万历十三年（1585年）中。依此可确定，《入跸图》金山口中的队伍是来自香山、寿安山游历之后。

画卷中，来自南部的另一支队伍，应是意指明神宗的浑河之巡。《明神宗实录》记载，万历十六年（1588年）皇帝在金山谒陵后，赴卢沟桥视浑河（永定河），之后返回大功德寺驻跸。[3]

综上所述，可知画卷中省略了明神宗的香山与浑河之行，只留下两支队伍以示

①《莲须阁集》卷十《仝伍国开谭元定游西山杂咏二十首·其八》。
②［明］神宗朱翊钧：《画眉山龙王庙碑诗有序》，见［清］张豫章纂《宋金元明四朝诗·明诗》卷一，清康熙四十八年内府刻后印本。
③《明神宗实录》卷二百三万历十六年九月甲子条。

图18　在《入跸图》中，景泰陵建筑明确描绘为绿瓦顶

线索。由此也说明《入跸图》所绘内容并非单独的一次谒陵游历，而是以万历十一年（1583年）谒陵为主，融入多次游历的综合记录。

卷中谜团之三，即前面提及的景泰陵绿瓦屋顶（见图18）。嘉靖十五年（1536年）曾下旨绿瓦改为黄琉璃，至万历年间并未改变。如果说是画家疏忽，似乎不大可能，因为这祖孙二帝均视礼为命，决不会放过这一敏感细节，况且画家绘制过程中需多次呈上御览才能完成。在清代人记述中，景泰陵址有大量黄琉璃残片，证明历史上绿瓦换黄瓦确实执行过。

谜团之四是据万历年间文人记载，嘉靖庚戌之变中被毁的玉泉山佛寺在万历时期并未恢复，如顾绍芳万历三十四年（1606年）所记：

> 已入华严寺，下方毁于虏，其殿阁存者咸在上方，势若翔涌，湖光野色一瞬而尽。①

刘侗《帝京景物略》也有同样记载。而《入跸图》中玉泉山佛寺整洁庄严，描绘之细不亚于金山陵园，显示出宸游意味。正史与文人都曾记载明世宗奉母游于玉泉，并大力渲染君臣唱和、写诗作文，神宗却无游玉泉的任何信息，为何如此？

对谜团三、四的合理解释是，或许画卷绘于嘉靖十五年（1536年）宣布景泰陵换黄瓦，以及庚戌之变之前。不过，这又与朱鸿考证结论相矛盾。在此提出疑问，以求方家赐教。

① 《宝庵集》卷十三《游西山记》。

六、结语

通观《入跸图》全卷，表现的主旨虽不在山水园林，但还是历史性地第一次记录了玉泉山、西湖、玉河的整体风貌，特别是金山陵寝区、玉泉山寺庙群，以及高梁桥周边，具有珍贵的北京史、园林史价值。

《入跸图》追求的重心是体现皇帝的风采、礼仪的宏大，这些多姿多彩的人物、仪仗使山水生辉，也让后人知道这片湖山曾经的轰轰烈烈。

万历十六年（1588 年）之后，明神宗再未踏足玉泉、西湖。加之万历十九年（1591 年）的援朝抗倭，明朝国力大衰，《入跸图》为明代皇帝出巡画上了句号。此后，我国东北地区的女真（满族）人举起了反抗大旗。50 余年后，这个族群也来到这片湖山美地，翻开了历史新的一页。

《五园三山图》，清宣统元年（1909 年）以后或民国时期佚名绘，海外藏

清代湖山

贾汉复保卫玉泉山及其后事

历史上的玉泉山是昆明湖第一水源地，泉眼遍布山间，以“玉泉”统称，史籍中有诸多记述：

玉泉，除中间正穴外，南北山麓诸穴不可胜计。①

玉泉山沙痕石隙随地皆泉，山阳有巨穴，泉喷而上，淙淙有声。②

玉泉山傍每遇石缝即迸流溅雪，不特裂帛湖也。③

玉泉山各泉汇为瓮山泊西湖，湖山相依相映；又与瓮山成掎角之势，互为借景，天赐胜境。《长安客话》总结道：

西湖去玉泉山不里许，即玉泉、龙泉所潴。盖此地最洼，受诸泉之委，汇为巨浸，土名大泊湖。环湖十余里，荷蒲菱芡与夫沙禽水鸟出没，隐见于天光云影中，可称绝胜。④

泉水如此丰沛得益于山体的地质构造——奥陶系灰岩，它是水源地生命的重要保障。奥陶系灰岩俗称石灰岩，是烧制石灰的原料。玉泉山北峰地质还嵌有石炭二叠系岩层，含有煤炭成分。加之此山属孤山地貌，通达便捷，开采成本低廉，因此玉泉山除了具有水利、风景价值，还具有矿产开采价值。

这些特点使得玉泉山既可开发为风景区，也可成为矿产基地，好在辽、金、元、明时期都选择了发展风景旅游策略。

然而，在清代初年，玉泉山却面临着一次生死危机——劈山烧灰！皇帝圣旨已下，臣僚蓄势待发。

恰好此时，涌现出一位救山英雄。

---

①《日下旧闻考》卷八十五《国朝苑囿》。

②《日下旧闻考》卷八十五《国朝苑囿》引《燕都游览志》。

③《日下旧闻考》卷八十五《国朝苑囿》引《游业》。

④《长安客话》卷三《郊坰杂记·西湖》。

一、贾汉复保卫玉泉山

清顺治十三年（1656年）底，皇帝决定在紫禁城内修建奉先殿，[①]工程浩大而预算无多，虽然削减了一些建设项目，但财政仍然紧张。这时，昌平的一个石灰承包商（灰户）企图趁机牟利，便提出当前石灰数量不足支用，而京城周边恐怕也没有灰源，若从其他地方远运，工费支出更大。接着，他话锋一转，谎说西山老虎洞石质优良，适宜烧制石灰，而且地近便于运输，可大大节省开销。当时，清朝统治集团并不熟悉京城环境。工程总负责人通吉是满人，他认为灰户说得在理，便向顺治皇帝奏请此事，并获得批准。于是，工部右侍郎贾汉复、启心郎雷虎（又译作雷护）和内官监官员，奉旨到西山老虎洞划明地界，准备凿山开采。

当时正值改朝换代，官场复杂，名义上满汉官员地位同等，实际上不仅重要职位由满人担任，而且对汉官处处提防，这种潜规则大家心知肚明，加之明末官场遗留的诸多陋习，汉官遇事常常察言观色、明哲保身。

工程总负责人通吉可不是一般人物。一方面，他出身正黄旗包衣，是其中一个浑托和的包衣大[②]，深受皇帝信赖；另一方面，他执掌着内官监。内官监是清初宫廷服务机构十三衙门之一，负责皇室的土木工程事务，由重臣索尼直接领导。因此，在老虎洞开凿山石、烧制石灰一事上，通吉握有极大的话语权。奉旨到老虎洞划明地界的内官监官员，就是他的下属。而担任工部启心郎的雷虎权力虽然不大，但也是满人。

而这次事件的关键人物——工部右侍郎贾汉复，是工部的副长官，负责土木兴建。贾汉复原是南明弘光政权的淮安副总兵。顺治二年（1645年），他降清入旗，后来担任正蓝旗汉军牛录章京（佐领）、都察院京畿道理事官。顺治十三年（1656年）七月，贾汉复迁任工部右侍郎，为二品大员。不久，他被派往兴京[③]，视察皇帝祖陵的营建工作。

---

① 时任工部尚书卫周祚在《罢玉泉山煅灰纪事》中，称此项工程的施工对象为“内三殿”“三大殿”，疑有误。结合《清世祖实录》、《清史稿》、《清史列传》及《兵部尚书兼都察院右副都御史贾公汉复墓志铭》相关记载，这项工程应该指提议于顺治十三年底、竣工于顺治十四年的奉先殿、上帝坛（昭事殿）修建工程。《（雍正）平阳府志》卷二十三《人物》亦载：“督修奉先殿，力驳玉泉山毁灰议。”参见［清］图海等《清世祖实录》，中华书局影北京故宫博物院图书馆藏原乾清宫小红绫本，1985年版；赵尔巽《清史稿》，中华书局，1977年版；佚名《清史列传》，中华书局，1987年版；［清］陈锡嘏《兵部尚书兼都察院右副都御史贾公汉复墓志铭》，见《碑传集》卷六十二《国初督抚下》；［清］章廷珪修，［清］范安治纂《（雍正）平阳府志》卷二十三《人物》，清乾隆元年刻本。

② 包衣大，即管领，包衣组织中的一名长官。

③ 兴京，即赫图阿拉，今辽宁省抚顺市新宾满族自治县。

此刻，贾汉复刚从兴京祖陵工地返回北京，准备赴任宣大总督。但是通吉十分看重贾汉复的能力，便向皇帝上奏说，这项工程必须调用工部堂官①中有大才干之人，此人非贾汉复莫属。皇帝当即废止了宣大总督的任命，让贾汉复继续留任工部，协助通吉工作。不久，皇帝又批准了通吉在老虎洞采石烧灰的奏请，于是便有了前面提到的老虎洞“划明地界”之事。

当灰户引导一行人来到开矿烧灰现场，贾汉复大吃一惊：这哪里是什么老虎洞，“此为玉泉山也！”他愤怒道，“我与范文程相国曾来此游览，知道这是京城龙脉所在，哪儿来的奸民竟敢巧言欺骗，伤害国家之本！”灰户语塞不能答，旁边的内官监官员则一脸烦潓地说：“我等奉旨到此是来划地界的，又不是看什么风水，何不遵旨而行！”

贾汉复答说：“圣旨怎敢不遵，但这山是都城龙脉发源之基，断不能毁！昔日周武王谋划营建镐、洛二京，皆以环境形胜为依托，况且玉泉山与京城息息相关，山下泉水流入内城为御河，出东便门汇入通惠河，五坝之水皆源于此，漕运仰仗于它，岂能因小故而鲁莽行事！”一席话也让雷虎等人相顾惊愕。贾汉复不再划界，径直驰马而归。

总管工程的通吉一听经过，非常恼怒：“风水之说，一派胡言！你怎能深信到如此地步！”贾汉复重申了自己的观点，“抗辩再四”。通吉并不理会，接着说：“山即使烧毁，水不是还在吗？”贾汉复解释道：“山之有水如身之有血，身体都没了，血又从何而来？”

二人争辩不决，相持十余日后，通吉又邀贾汉复再议。事已至此，稍许世故的官员都会有所让步，毕竟已尽本分，然而贾汉复坚持如故。通吉变色说：“此山既然不便凿石烧灰，那自然也不能挖煤啦？”贾汉复说：“那当然！”通吉大怒道：“都城民众烧水做饭，仰赖的就是煤，信你所言岂不断了百万人家的烟火！”这理由何其威猛，贾汉复毫不退让，笑着说道：“若按您所说，都城百万家所用之煤尽取此山，那么玉泉山的煤价可与黄金相等，可即便如此，玉泉山的煤也无法满足供暖供炊。浑河以西房山县等处，大西山连绵不绝，每年产煤无数，京城烧煤根本不必依赖此山。”

通吉沉默一会儿后慢慢地说道：“圣旨已下，那你自己去回奏吧。”贾汉复当即起草奏章，随后读给通吉听。奏章中写道：“玉泉山都城来龙，若使烧毁，御河随涸，五坝水渺，漕运难矣！”听到这几句，通吉一把将奏章抢过来“手裂其稿”，

---

① 堂官，即尚书、侍郎。

盛怒道："怎么将漕运也扯进来？"贾汉复话锋不减："玉泉之水就是通惠河源头，如何不写进来！"通吉蹙眉良久，长舒一口气，最终还是听从贾汉复所言，于是又向顺治皇帝当面奏明原委，命贾汉复另寻其他适合的山场。

玉泉山终于逃过一劫，泉水与西湖依然碧波荡漾，可谓万幸！

贾汉复不计个人得失，据理力争，勇于担当，赢得上下的钦佩赞扬。工部尚书卫周祚经历了事件全过程，他总结道：

是役也，非（贾）公独断力争，则水脉必断，水源必绝，都城必大受害！①

如果听从了灰户之言，自然也就不会有后世的昆明湖、颐和园了。卫周祚接着说，恶果一旦出现，即使天子问罪误事之官，寸斩奸商，也无法抵偿如此之祸害，就是经手者自己也会追悔莫及。这一总结中夹杂着后怕。接着他赞扬道：

今玉泉之山屹然以宁，玉泉之水蜿焉以通，而国脉永培，民生克遂，所全者实多。即同事诸公阴受其赐，又岂浅鲜乎？②

卫周祚的评价实在中肯，贾汉复的观点也引起了最高统治集团的重视。而贾汉复在罢玉泉山煅灰、保护玉泉山的同时，也没有耽误工程的工期。顺治十四年（1657年）十一月，奉先殿及同期修建的上帝坛（昭事殿）宣告建成。此后，贾汉复与卫周祚、雷虎等工部官员，以及工程总负责人通吉，皆因此功而晋爵。③

从贾汉复与通吉的争论中还可知，当时玉泉山已在开采煤炭。现在玉泉山北坡陡岩裸露，或许就是当年的开采痕迹。实际上自明末始，玉泉山与北部金山便已管理失控，采石、挖煤者比比皆是，《入跸图》中描绘的金山口形象后世全无，很有可能即为开采所致。

在贾汉复抗辩过程中，强调玉泉山为"国脉""国家之根本""龙脉"，这个定性使玉泉山生态保护有了重要依据。基于此，顺治皇帝先后颁布一系列谕旨：禁

① [清] 卫周祚：《罢玉泉山煅灰纪事》，见《碑传集》卷六十二《国初督抚下·兵部尚书兼都察院右副都御史贾公汉复墓志铭》附录。

② 同上。

③《清世祖实录》卷一百十三顺治十四年十一月戊申条、卷一百十五顺治十五年三月乙巳条、卷一百二十五顺治十六年闰三月甲子条。

止玉泉山及周边山脉采煤，即使大西山也不得随意开矿采石；严禁私决泉水，保护玉泉水系助力漕运，违者治罪。[①] 皇帝更于顺治十六年（1659 年）十一月，首次巡幸玉泉山，[②] 拉开了有清一代园居听政的序幕，也为后世三山五园的兴建打下良好基础。

面对临危脱险的玉泉山，卫周祚“恐后之隐而弗彰”，于是作《罢玉泉山煅灰纪事》一文，刻石立碑于山下以警后人。许多文人知晓后纷纷记文写诗，赞美贾汉复的功绩。如与贾汉复同时期的前吏部左侍郎孙承泽便作《玉泉山颂》，将贾汉复功德碑与玉泉山耶律楚材诗刻、瓮山耶律楚材墓并列为本区千秋胜迹：

> 巍巍玉泉山，乃在京之西。气势自磅礴，众泉环绕之。自昔占王气，谓为结于斯。皇朝初建鼎，鸠曹议采灰。贾侯佐司空，正色敷峻词。山石得不毁，草木发荣滋。傍有耶律祠，洞有耶律诗。文正著伟绩，津津在口碑。贾侯继昔贤，千秋实所希。刻石垂后祀，宁以不文辞！[③]

刑部尚书魏象枢也写诗歌颂：

> 玉泉山下玉泉流，万斛盘旋入御沟。
> 乾柱那容施斧凿，龙蟠虎踞帝王州。
> 初心不是建勋名，西北高峰一力争。
> 炼石补天犹幻事，好留屏障护神京。[④]

保卫玉泉山就是留下一道生态屏障（见图 1），守护京城。数十年后，康熙时进士吴世杰来游，看到了山下贾汉复功德碑，他记述道：

> 国初建三殿，工有议燔山石为灰者，赖少司空贾力争之，乃免。今山畔碑之、记之，且歌咏之矣。缘泉而北，寻望湖亭旧址不可得，堤畔多荷池，新叶旖旎，浅碧覆波。[⑤]

①《钦定大清会典则例》卷一百三十七《薪炭》，清文渊阁四库全书本。

②《清世祖实录》卷一百三十顺治十六年十一月己巳条。

③［清］孙承泽：《玉泉山颂》，见《（康熙）宛平县志》卷六《艺文》。

④［清］魏象枢：《寒松堂集》卷七《玉泉山为帝京形胜，贾胶侯佐司空时力罢烧灰，赋诗美之二首》，清康熙四十七年刻本。

⑤［清］吴世杰：《甓湖草堂集》近集《西山纪游草·隆教寺》，清康熙刻本。少司空，是工部左、右侍郎的别称。

图 1　玉泉山今貌，金柏苓摄

二、贾汉复三园与三德

贾汉复（1606—1677），字胶侯，号静庵，山西曲沃大庄里[①]人。玉泉山事件后，他先后以兵部左侍郎、兵部尚书兼都察院右副都御史衔，巡抚河南、陕西，还曾一度加官太子太保，获授世爵拖沙喇哈番[②]。贾汉复政声卓著，所牧之地皆有德政碑留记。他崇文重教，建书院，著史书，曾自费聘人编纂《河南通志》《陕西通志》，受到康熙皇帝赞赏，“颁诸天下以为式”。贾汉复退居京城后营园终老，留世有三座园林。

康熙七年（1668 年），贾汉复任职期满回京候补，住崇文门外西南的草场胡同附近[③]（见图 2）。贾汉复在住地挖池堆山，兴建宅园“雨翠庄”。他的好友上官铉记述道：

① 大庄里，今山西省临汾市曲沃县乐昌镇安吉村。

② 拖沙喇哈番，即云骑尉。后贾汉复因获罪，加官与世爵皆被削去。

③ 后称贾家花园、同乐胡同。同乐胡同命名于 1965 年，由岳家胡同与贾家花园合并而成，现胡同编号为 0136CW–06。

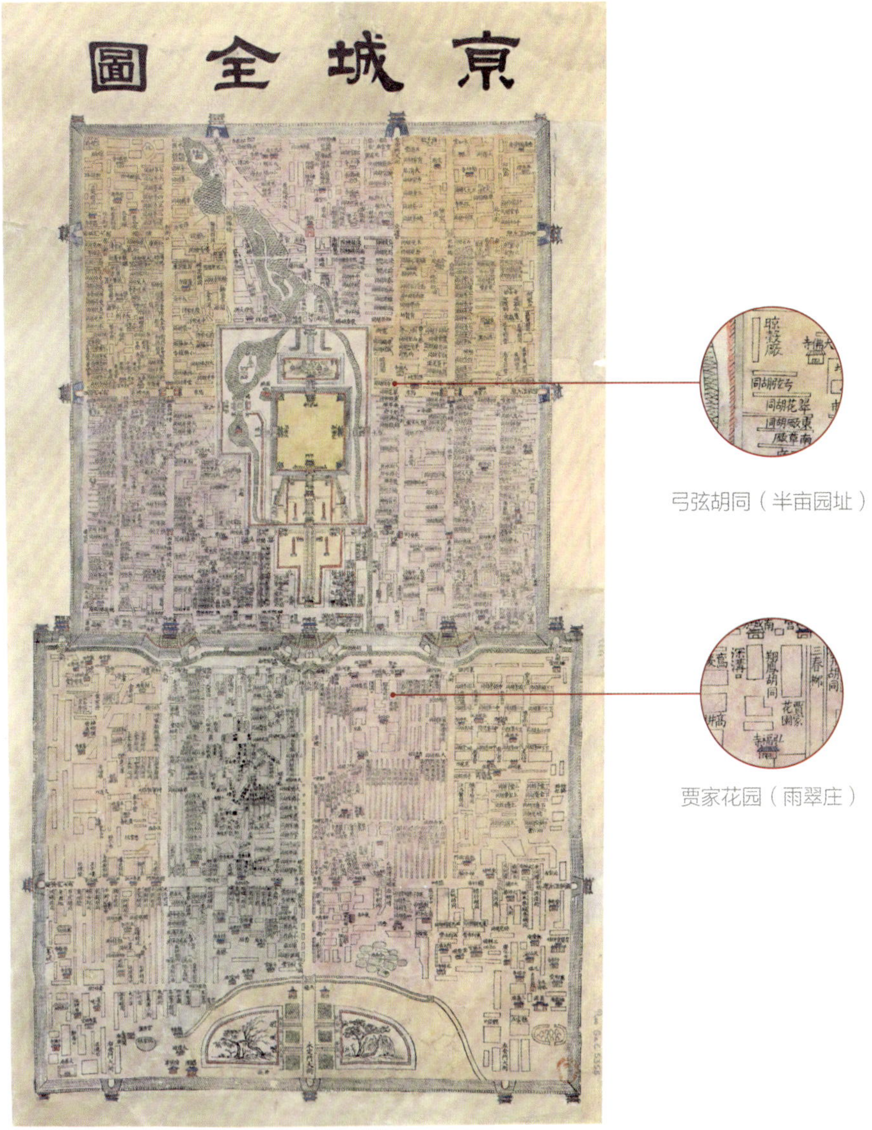

图 2　贾汉复相关两座宅园位置。底图为《京城全图》，清嘉庆年间佚名绘制

先是，（贾）公旧有园曰“雨翠庄”，其中亭园台榭、楼阁沼池、奇花异葩、茂林修竹之盛，一时甲于京雒。公日与二三知己，流觞曲水，怡情丘壑，视彼东山管弦、北海青樽又何殊焉！[①]

①［清］上官铉：《诚正斋文集》卷一《大司马中丞胶侯贾公三事记》，清康熙二十二年翼城上官氏刻本。

保和殿大学士梁清标有诗《题贾胶侯尚书园亭》：

尚书小构城南陌，谢公棋墅平泉石。
十丈全销京洛尘，一樽频集南皮客。
女萝牵幌昼阴阴，高柳当檐声槭槭。
窈窕朱楼向此开，莳花种药日御杯。[①]

上官鉝诗《贾胶侯中丞园林重阳招饮》：

灏气凌空未易裁，独临新阁懋蓬莱。
园林飞鹤迎风舞，池沼游鱼嘘沫来。[②]

陈廷敬诗《赠贾中丞》：

城南独乐园，红亭枕清漾。
疆健赐林泉，念时增恻怆。[③]

从这些描写来看，贾汉复这座宅园颇具规模，山石、水塘、亭榭应有尽有。在众多来游的朋友中就有著名造园家、戏剧家李渔（字笠翁）。贾汉复任陕西巡抚时，李渔曾从南京经北京远赴西安拜访，客居四月之久。而在贾汉复退居京城五年后（康熙十二年，1673 年），李渔第二次来京访朋探友，居京八月有余，很可能参与了建园工作。不过在李渔所著书籍中均未提及营园之事，倒是记述了一位垒石友人朱建三。李渔作联《题朱建三新磊泉石》云：

此地本无山，忽自胸中跃出；
邻家焉有瀑，是从天际飞来。[④]

---

①［清］梁清标：《蕉林诗集》卷四《题贾胶侯尚书园亭》，清康熙十七年秋碧堂刻本。
②《诚正斋文集》卷一《贾胶侯中丞园林重阳招饮》。
③［清］陈廷敬：《午亭文编》卷三《赠贾中丞》，清康熙四十七年林佶写刻本。
④［清］李渔：《笠翁一家言全集》卷四《题朱建三新磊泉石》，清雍正八年芥子园刻本。

此联描写得很有心得，李渔或许是携此人来京叠石，自己做了艺术指导，后来京城许多私园都号称出自李渔之手，多少与此次来京相关。

对于耗资不菲的雨翠庄，贾汉复并未独享其乐。他先是把园林北半部捐出，作为进京的曲沃学子备考之所，名“乔山书院”；后来又将南半部贡献出来，作为在京晋籍仕人的聚会之地，名“三晋会馆”。对此，李渔记述道：“（贾）公以绝大园亭弃而不有，公诸乡人。凡山右名贤之客都门者皆得而居焉，义举也，仅事也，书以美之。”作联语云：

未闻安石弃东山，公能不有斯园，贤于古人远矣！
漫说少陵开广厦，彼仅徒怀此愿，较之今日何如？①

贾汉复的另一位山西老友，深受康熙皇帝器重的陈廷敬也频频来访，撰写《三晋会馆记》详述宅园始末：

尚书贾公，治第京师崇文门外，第之东偏作客舍，以迓以劳惠于往来，以馆曲沃之人。一日，榜其居第之门曰“乔山书院”。乔山者，古曲沃地也。予过入而异焉，问之公，公曰：“乔山，吾父母之邦也。吾欲使乡之子弟，挟书册考德问业游艺于斯焉，以是割宅以北为书院也。”一日，又过公，公从容语予曰：“吾欲使乡之大夫士从宦于京师者，岁时伏腊以时会聚，敦枌榆之义，饮酒献酬，雍容揖逊，宴处游息之有所也，割宅以南以馆三晋之人子，以为何如？”②

贾汉复隶属汉军八旗的正蓝旗，其驻防地在崇文门内，可见雨翠庄建在本旗防区附近，场地充足。

雨翠庄后世被称作“贾家花园”，清末为同仁堂乐氏所有。清光绪二十九年（1903年），由乐氏出场地、邵黼宸出资，将贾家花园旧址辟为普善义塾。后来，普善义塾又先后演变为普励学堂、普励小学（见图3）、贾家花园小学、同乐小学。1996年，同乐小学并入打磨厂小学，改名前门小学；而留在同乐胡同里的同乐小学遗址，则

---

①《笠翁一家言全集》卷四《赠贾胶侯大中丞》。
②《午亭文编》卷三十八《三晋会馆记》。

图3　民国时期的普励小学照片，1932年摄，首都图书馆藏。普励小学的基址为贾汉复雨翠庄

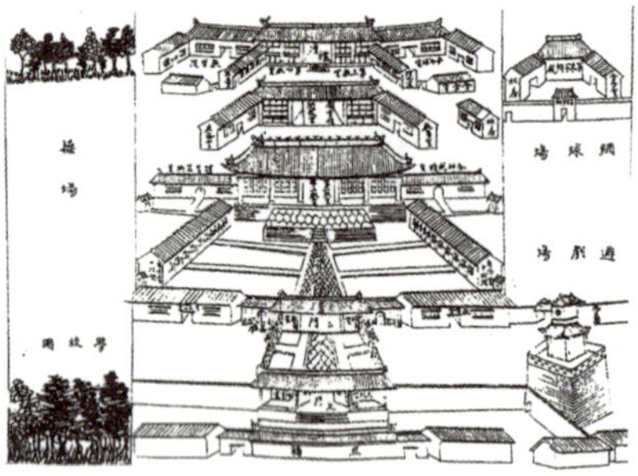

图4　民国时期的曲沃雨翠庄。邬汉章等修，仇汝功纂《（民国）新修曲沃县志》卷一《图考上·学校图》插图，民国十七年铅印本

悄无声息地消失在历史之中。[1]虽然如此，贾家花园的后世历程，几乎就是贾汉复捐园兴学理想的继续，而且超越了他所能想象的规模与境界。

第二座贾汉复宅园位于山西省曲沃，也名“雨翠庄”（见图4），建于顺治五年（1648年）。这应是贾汉复早年宅园，京城的宅园即沿用了这一旧名。不过，京城者是典型的住宅配园林，而曲沃则是纯粹的住宅院落。相同的是曲沃雨翠庄也捐为乔山书院。园中碑文说得更为明确：“请与后人约，我子孙不得视为私有，他人亦不得以势力攘夺，倘有睥睨窃据，许合邑之人声大义而共击之，庶世世为公物。”[2]

贾汉复在家乡还修建了曲沃文昌阁、关帝庙等，请名儒讲学其间，并捐500亩[3]滩地，以租金助学。他在家乡还有许多其他善举，不再赘述。

第三座宅园位于北京内城的弓弦胡同，临近紫禁城，后为“半亩园”，是北京私家园林的经典代表。麟庆《鸿雪因缘图记》记述云：“半亩园在京都，紫禁城外东北隅弓弦胡同内，延禧观对过，园本贾胶侯中丞（名汉复，汉军人）宅。李笠翁（名渔，浙江布衣）客贾幕时，为葺斯园，垒石成山，引水作沼，平台曲室，奥如旷如。”[4]后为山东杨静庵员外所有，静庵之子精于生意，园林逐渐变为囤货场所。其后又为满人春庆所有，园池被改为戏台。

① 参见古槐蜂《一本特别珍贵的民国小学校志——〈北平市普励小学校概览〉里的老照片》、岭南风暖《挥之不去的民国情结（三）》，https://blog.sina.com.cn/s/blog_13484f6ef0102vpac.html。据岭南风暖介绍，邵鼐宸是其外祖母的父亲。

② ［清］张坊修，［清］胡元琢纂：《（乾隆）新修曲沃县志》卷三十八《曲沃桥山书院碑记》，清乾隆二十三年敦好堂全书本。

③ 清代1亩合今614.4平方米。

④ ［清］麟庆：《鸿雪因缘图记》第三集上册《半亩营园》，清道光二十九年崇实崇厚扬州刻本。

道光二十一年（1841 年），江南河道总督麟庆购得此园后，对旧园进行了重整修建，命名为“半亩园”（见图 5）。园中有云荫堂、拜石轩、曝画廊、近光阁（见图 6）、退思斋、赏春亭、凝香室等十余处景点，构思巧妙，技艺精良，园址一直保存至 1980 年（见图 7）。在 2013 年建成的中国园林博物馆中，半亩园的一个局部被仿建作为室外展园，名“半亩一章”（见图 8）。

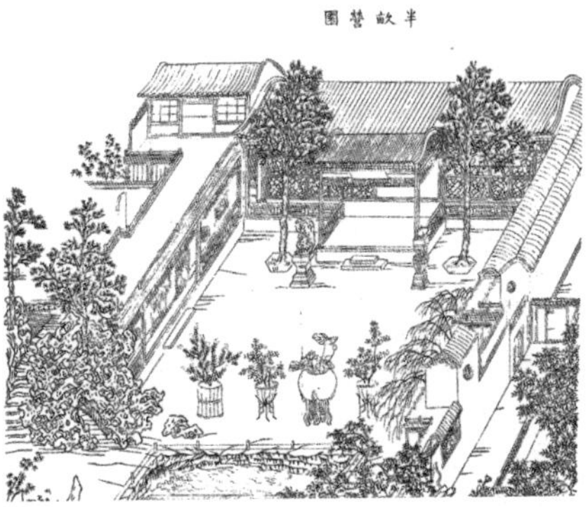

图 5　半亩园之云荫堂。《鸿雪因缘图记》第三集上册《半亩营园》插图

图 6　半亩园之近光阁。《鸿雪因缘图记》第三集下册《近光伫月》插图。近光阁为半亩园的最高处，在此可眺望紫禁城门楼、北海琼华岛白塔和景山

图 7　半亩园老照片。摘自贾珺《北京私家园林志》，清华大学出版社，2009 年版

半亩园前身为贾汉复所建的说法，仅见于麟庆所著的《鸿雪因缘图记》和《半亩园记》①（见图 9）两份文献，② 源自耳闻口传，具体细节不详。至于雨翠庄与半亩园之间的关系，尚无资料可证。不过，这两座宅园都是清代北京园林兴盛的见证，也是贾汉复人格魅力的体现。

贾汉复去世于康熙十六年（1677 年），享年 72 岁，归葬于曲沃故里。纵观贾汉复的一生，可知他保卫玉泉山并非一时之勇，捐献宅园也非一时兴起，仗义执言、豁达开朗是终其一生的性格。上官铉曾写文《大司马中丞胶侯贾公三事记》，概括了他的三大品德。

孔子曰：“知③、仁、勇三者，天下之达德也。”明乎仁人之事，非知与勇不能行之。

① 《半亩园记》见清道光二十一年碑刻拓本；又见清秋《与甲戌本有关的半亩园补志》，中国社会科学院文学研究所《红楼梦研究集刊》编委会编《红楼梦研究集刊》第 5 辑，上海古籍出版社，1980 年版。

② 清末民初的震钧虽然也有相关记载，但亦是来源于《鸿雪因缘图记》。参见震钧《天咫偶闻》卷三《东城》，清光绪刻本。

③ “知”，通“智”。

图 8 中国园林博物馆中北方私家园林展园——半亩一章

曲沃尚书贾公，仁人也，天下共知之。余独申言之曰：知勇之士。①

一是“勇”。明朝末年，天下大乱。贾汉复在家乡曲沃县组织起当地武装，以为守备。崇祯十六年（1643 年）底，无力抵抗李自成的明军总兵官高杰撤入山西南部，次年又渡过黄河，经河南、山东退至徐州。一路上，高杰的部将大肆掳掠缙绅妇女。高杰途径曲沃时，贾汉复也遭劫难，被其部将捆绑悬于城楼，几乎丧命。可他毫无惧色，大义陈词。结果，高杰部将被贾汉复的气势所震慑，不得不将掳掠的缙绅妇女释放。贾汉复“至性激烈，义形于色，率从颠沛流离中出人于险”，全然是条北方好汉。②这之后的捍卫玉泉山，也是一个“勇”字。此外，在他任河南巡抚时，辉县几任官员面对连年亏欠的赋税，束手无策也不敢据理力争，甚至有自缢殉职者。而贾汉复不惧问罪的压力，向朝廷力陈民情疾苦，请免包荒地 1045 顷③，救活辉县数千人之命。当地百姓为表感激之情，为他建祠立碑，与邵雍、耶律楚材功绩并列于百泉苏门山。④

① 《诚正斋文集》卷一《大司马中丞胶侯贾公三事记》。

② 《诚正斋文集》卷一《大司马中丞胶侯贾公三事记》；［清］佚名《崇祯实录》卷十六、卷十七，（台北）“中央研究院”历史语言研究所影嘉业堂旧藏抄本，1962 年版；［清］佚名《崇祯长编》，（台北）“中央研究院”历史语言研究所影民国三年商务印书馆排印痛史本，1962 年版；《明史》卷二十四《庄烈帝纪二》、卷二百六十二《孙传庭传》、卷二百七十三《高杰传》；［清］李焕章《织水斋集·贾尚书公传》，清乾隆间抄本；［清］刘启修，［清］孔尚任纂《（康熙）平阳府志》卷二十三《人物》、卷三十四《祥异》，清康熙四十七年刻本；［清］潘锦等纂《（康熙）曲沃县志》卷十八《人物·国朝名臣》、卷三十《杂记》，清康熙四十五年刻本；《（雍正）平阳府志》卷二十三《人物》；［清］王轩等纂修《（光绪）山西通志》卷一百四十九《仕实录五·国朝》，三晋出版社，2015 年版。

③ 清代 1 顷约合今 6 万平方米。

④ 参见《诚正斋文集》卷一《大司马中丞胶侯贾公三事记》；《碑传集》卷六十二《国初督抚下·兵部尚书兼都察院右副都御史贾公汉复墓志铭》；《（道光）辉县志》卷六《田赋志》。

二是“智”。康熙元年（1662 年），贾汉复任职陕西巡抚，修建了自煎茶坪至鸡头关六百里栈道。沿途山高崖陡，开凿艰难。贾汉复借鉴古法，采用烧岩裂石的方法，生生在陡壁上切出一条通途，连接起宝鸡至汉中的交通线，也因此再一次被记功刻文于石崖之上。①

三是“仁”。贾汉复所建宅园，不是将它留给自己的子女，而是贡献出来，作为山西籍学子仕人的聚所，他说“湖上清风、山间明月人皆乐之，惟不私之以为己有，其乐乃大”。一般人做到“勇”“智”已经很难，能做到贾汉复这样襟怀坦荡的少之又少，这展现了贾汉复“大道为公”的境界。

上官铉最后评价说：“能举人之所不敢为、不能为、不肯为者而为之，其定识、定力诚有以大过乎人者矣！”“勇不避难，知不辞劳，俱从仁中流出，到得大公。”所以说，贾汉复“仁人也”②！贾汉复的宅园成为人品美德的象征。

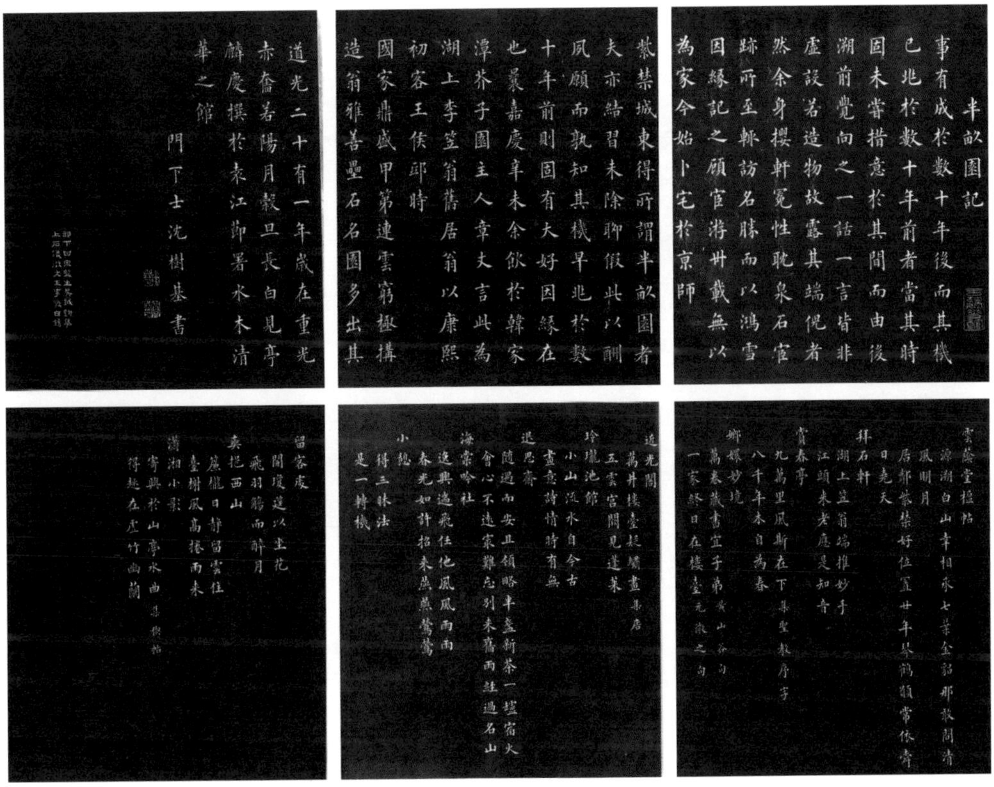
半畝園記
事有成於數十年前而其機
已兆於數十年前者當其時
固未嘗措意於其間而由後
湖前覺向之一話一言皆非
虛設若造物故露其端倪者
然余身攖軒冕性耽泉石宦
跡所至輙訪名勝而以鴻雪
因緣記之顧宦游卅載無以
為家今始卜宅於京師
紫禁城東得所謂半畝園者
夫亦結習未除聊假此以酬
夙願而孰知其機早兆於數
十年前則固有大好因緣在
也曩嘉慶辛未余欲於韓家
潭芥子園主人章丈言此為
湖上李笠翁舊居翁以康熙
初客王侯邸時
國家鼎盛甲第連雲窮極構
造翁雅善壘石名園多出其
道光二十有一年歲在重光
赤奮若陽月穀旦長白見亭
麟慶撰於袁江節署水木清
華之館
門下士沈樹基書

图 9 《半亩园记》（局部），清道光十一年（1841 年）碑刻拓本

① 《诚正斋文集》卷一《大司马中丞胶侯贾公三事记》。

② 同上。

三、贾汉复去世后的玉泉山

贾汉复去世后三年（康熙十九年，1680 年），康熙皇帝开始驻跸玉泉山。康熙三十年（1691 年），皇帝在山南部建设澄心园，次年改名静明园，将水源划入禁园，同时还赋予玉泉水以皇家规格，玉泉成“御泉”，满朝臣工以受赠为荣，如汤右曾为获赠御泉的李光地写诗道：

螭头清写足蠲烦，中使频宣诏旨温。
天下水泉三亿万，更无人得酌仙源。①

仙盘欲浥金茎露，夏簟思分玉井冰。
何似升平黄阁老，一泓灵液扫炎蒸。②

异恩殊渥迥无伦，康济应先报国身。
东海平分千斛水，忆曾宣敕到波臣。③

类似的渲染歌颂提升了玉泉水的文化和精神价值。乾隆时期更进一步，先是将玉泉诗意化，细分每个泉眼，一一标以嘉名：趵突泉、迸珠泉、试墨泉、涵漪泉、静虚泉、宝珠泉等。随着清漪园的建成，玉泉与昆明湖的关系愈加紧密，乾隆在《玉泉山天下第一泉记》中进一步渲染夸张，评玉泉为天下第一泉。

在此前后，玉泉水、玉泉山被加以神化。乾隆九年（1744 年）封第一泉龙神为惠济慈佑龙神。在清漪园建成之年，又续修玉泉山龙王祠，并将其纳入国家祭祀之列，一年春秋两祭，其祝文对玉泉的灌溉、漕运、美化等功能予以提炼升华，宣示其重要地位，其思想逻辑仍是由贾汉复的观点而来。

对于水源地护山——玉泉山，乾隆皇帝封其为岱岳之神，视玉泉山为东岳泰山的分支，孕育不竭之泉；为其建东岳庙育仁宫，亲写《玉泉山东岳庙碑文》。玉泉山祭祀规格等同于守护京城的都城隍庙，行三拜九叩之礼。

这些制度被嘉庆皇帝等后辈皇帝所延续。嘉庆六年（1801 年）因在玉泉山祭雨

---

①［清］汤右曾：《怀清堂集》卷十六《安溪相公养疴，蒙恩日赐玉泉山水二器，盖异数也，为赋八章·其一》，清乾隆十一年刻本。

②《怀清堂集》卷十六《安溪相公养疴，蒙恩日赐玉泉山水二器，盖异数也，为赋八章·其四》。

③《怀清堂集》卷十六《安溪相公养疴，蒙恩日赐玉泉山水二器，盖异数也，为赋八章·其七》。

有验，皇帝为玉泉山龙王祠的封号再加“灵护”二字，龙王庙全称遂为“惠济慈佑灵护龙王庙”。

这一连串文化性、制度性的完善升级，使第一水源地玉泉山的生态与风景得到保护与传承。贾汉复功不可没，正如王崇简《玉泉山颂》所说：

> 至今神京西，朝霞夕烟紫。巍巍贾公绩，不独昭青史。
> 瞻彼玉泉山，千秋同仰止。①

不过，这样的评价并未持续很久。乾隆四十一年（1776年），皇帝下旨编纂《贰臣传》甲乙两册，以宣扬忠君不贰精神。书中将明清更迭之际的两朝为官者列入其中，贾汉复名列甲册。自此，玉泉山下的纪功碑不知所终。而贾汉复建半亩园的细节，史籍语焉不详，或与此相关。

四、结语

玉泉山在不同人眼里有着不同景象，既可以是建材矿场，也可以是帝都龙脉，甚至可以是神仙灵祇，这体现着观察者的站位高低、视野阔窄，实质是如何看待山水价值、山水依存关系的问题。

漕运与龙脉是贾汉复胜辩的有力武器。漕运是民生大事，而龙脉则是帝都文化的一部分。中国历来将山川神圣化，从而达到保护生态、遏制贪婪之效，这不仅在玉泉山，在中国各地风景名胜区皆是如此。

300多年弹指之间，北京平原上许多孤山绿岛早已灰飞烟灭，玉泉山却依然秀美多姿，倒映在昆明湖上，成为首都的骄傲，也被世人赞美。而这一切的关键，正在于贾汉复当年的智慧和勇气。所谓“知勇之士”，贾汉复实至名归！

2009年，在构思中国园林博物馆的景观方案时，设计团队对北方私家园林进行了比对遴选，最终选择半亩园局部作为室外展园进行复建。笔者时任项目主持人，对半亩园历史进行了系统梳理与研究，本文即在这一基础上扩写而成。

① [清] 王崇简：《玉泉山颂》，见《（康熙）宛平县志》卷六《艺文》。

昆明湖的先期建设与拓挖决策

昆明湖的出现是北京及瓮山泊历史上的大事件。它不仅使京城水源地的库容大大增加，还赋予瓮山以新生命——清漪园，拉动了三山五园一体化的建设，使其成为帝都荣耀的象征。而这一切都源自拓湖的决策。

拓湖工程始于乾隆十四年（1749 年）末，这是一项出人意料的决策。因为在此之前的 450 年间，历朝历代对这一水源地屡加开发建设，决策人不乏雄才大略者，如明成祖、清康熙皇帝等，用工动辄 20 万人，但从未突破最初的湖山格局。当权柄传递到乾隆皇帝手中时，他没有墨守成规，而是剑走偏锋：砸掉视若守护神的传世古堤，挖掉特供内廷的上等稻田，将湖水扩至瓮山脚下，使其深阔两倍于旧湖。

这是历史性的突破。不过这个重大决策在史籍中却常常一笔带过，现代研究者也多将笔墨集中于后来的亭台楼阁。其实，要想全面理解颐和园这一世界文化遗产，就不能不对拓湖的决策过程深入研究。

乾隆曾作《万寿山昆明湖记》解释拓湖缘起，通漕运、利交通、灌农田是决策的基本出发点。他将这篇文字刻石勒碑，立于山前，昭示天下。不过，《万寿山昆明湖记》常被国内一些研究者视为虚情假意，以治水、祝寿为托词，掩饰皇帝造园的一己私欲。在颐和园名列《世界遗产名录》之前，这种认知已广为散播；在列入之后，这种论调貌似销声匿迹，但并不意味着决策过程已清晰明白，旧有认知时有浮现。因此，梳理拓湖工程的初始详情，有助于客观评价，辨别虚实，启迪后人。

现存许多史料表明，当年拓湖决策并非一拍即定，而是在两年间不断经过调整、多方利益取舍权衡的结果。为此，乾隆皇帝曾大叹："集事之难也！"①

一、昆明湖之前的西海与瓮山

清代初年，瓮山泊西湖一度被称作"裂帛湖"。这个名称在明代专指玉泉山东麓的小湖，不知何故替代了"瓮山泊""西湖"的称谓，如康熙时进士陈大章《裂帛湖》诗：

①《清高宗御制文集》初集卷五《万寿山昆明湖记》。

连峰上与天汉通，潴为平湖镜面同。层台复观压霜晓，万顷演漾玻璃风。
横绝明河拖素练，旷如倒景垂白虹。绿蓑青笠溆浦远，渔湾蟹舍烟萝重。
宣皇昔日此巡幸，天旋雷动浮空蒙。霓旌甲帐摇山岳，楼船箫鼓奔鱼龙。
残山剩水几蛮触，朝荣暮落谁雌雄。放眼未穷银色界，临流已洗芥蒂胸。
浩歌归来且小驻，杳杳落日啼孤鸿。①

全诗渲染的“万顷”气象显然非瓮山泊西湖莫属。类似诗作比比皆是，如清初的王士禛、张英、陈廷敬、查慎行、揆叙、王鸿绪等人的作品。这一名称一直使用到雍正年间，才逐渐被改回“西湖”，或称“西海”“金海”（见图1），“裂帛湖”则再次专指玉泉山东麓的小湖。怡亲王弘晓在《昆明堤上》中明确指出了这一变化：

湖上烟岚入望浓，依稀身蹑羽人踪。三山巃嵸披苍秀，* 一水平铺接滃溶。**
蓬岛路通霄汉上，仇池境绕碧云封。篮舆堤畔闲容与，柳色参差绿影重。
* 自注：万寿、玉泉、香山。
** 自注：昆明湖，即昔之裂帛湖。②

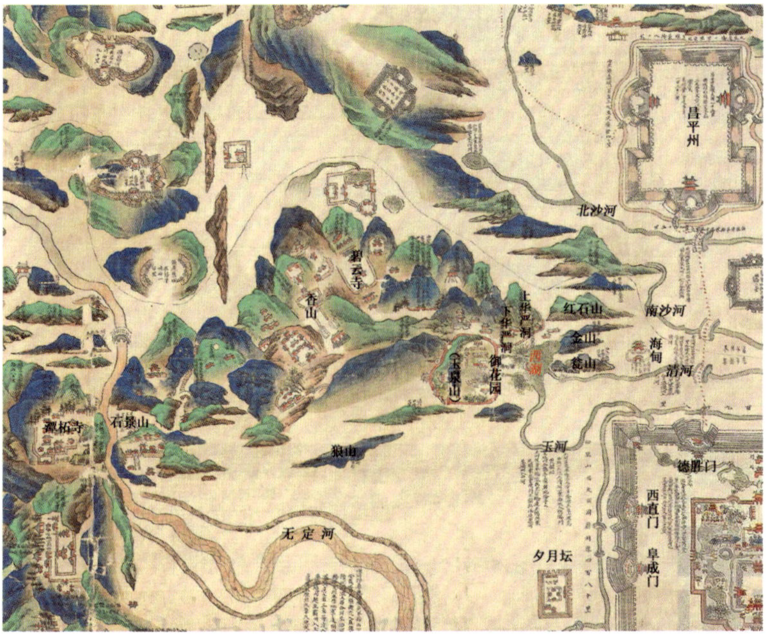

图1 《直隶顺天府舆图》（局部），清康熙年间绘，台北故宫博物院藏。图中西湖东岸瓮山之前有河向东流，西岸玉泉山诸景被夸张详尽描绘。由此可见，清初瓮山风景寻常无奇，并非游览热点

① [清] 陈大章：《玉照亭诗钞》卷二《裂帛湖》，清乾隆九年陈师晋刻本。
② [清] 弘晓：《明善堂诗文集》卷三十三《昆明堤上》，清乾隆四十二年刻本。

汪启淑《水曹清暇录》也有类似的论述。之所以要辨名证源，是因为我们由此可以避免漏掉清初瓮山泊的诸多信息，特别是瓮山山前的情况。如查慎行的诗作《晚行裂帛湖上观水势》就极具景观地理价值，摘录如下：

西山前夜雨，暴涨声辟易。昨日与桥平，今朝露水栅。晚来觇盈缩，又减三五尺。一条修尾蛇，东向投远碧。菰蒲尽偃仆，上带泥土迹。我欲追蹑之，前行涨磐石。初疑遇壮士，拔剑斫其脊。径开中已折，首尾犹跳掷。却坐石上观，平心随所适。①

诗题的裂帛湖就是指瓮山泊西海。诗中描述了从瓮山泊向东流的一条河，蜿蜒如蛇，河中还有巨石。显然这不是向南进城的人工河道“长河”，而是流经瓮山山前、向东去的小河，也就是明代王嘉谟记述的岣嵝河。他在《丹棱沜记》中，首次提到了河中的“大盘石”。② 这条小河冬不结冰，可以泛舟，王嘉谟曾作诗《雪中泛岣嵝河小舟作》。③

这时期，瓮山山脚至瓮山大堤之间平地除去这条小河，皆为延续数百年的上等水田。东部山脚坡地为正红旗管辖的养马场，称“瓮山马厩”。马厩定量存栏 150 余匹，宫中犯错太监被罚至此收割芦荻、铡草反省。养马场东为练习骑射的西马厂，雍正时期身为宝亲王的弘历常常来此骑马、射箭、荡舟，他在《西厂习射即事》中记述道：

行行西厂路犹赊，习射非关玩物华。
怪底今朝寒料峭，平明宿雨湿桃花。

拂柳穿花过小溪，紫骝不用锦障泥。
东风可是能裁剪，飘洒香红散马蹄。

西海清流漾碧鲜，相将此日荡兰船。
溶溶新涨春芜合，始识分来自玉泉。④

---

①《敬业堂诗集》卷十七《晚行裂帛湖上观水势》。
②《蓟丘集》卷三十九《丹棱沜记》。
③《蓟丘集》卷二十八《雪中泛岣嵝河小舟作》。
④《御制乐善堂全集定本》卷二十三《西厂习射即事》。

诗中记述了荡舟西海过程中的三个地点：西厂、小溪、西海。“小溪”应是岣嵝河一脉，西通西海。宝亲王在另一首《秋日泛舟西海》中表述得更为清晰：

金飔漾兰渚，霞光射明川。两岸荻芦花，中流独放船。水气含微冷，棹破秋湖烟。一派空明景，与我相周旋。忆我临薰风，轻舠弄清涟。弹指九夏过，秋水连长天。击楫畅吟怀，鹭起横塘前。①

由诗作可知，“泛舟西海”的活动先是在小河中起航，穿过两岸芦荻，才驶入“一派空明”的西海湖面。这时期西海景色纯朴天然，鸢飞鱼跃，宝亲王《西海捕鱼》诗云：

平湖荡漾春波长，万顷玻璃映日朗。
唼浪修鳞水面游，争驾扁舟荡双桨。
渔人那晓生意多，不舍鲲鲕尽收网。
网罟纷绝流，时作求鱼想。
嗤彼贪利人，吾宁号清赏。
劝君解网放群鱼，篙撑绿水中流响。
花片飞香几处漂，宿鸥眠起冲云上。
刺刺新蒲欲出波，远岸烟光含莽苍。
乐哉此游逸兴多，鳣鲔洋洋任触榜。
残照西山返棹归，别舟笑我成空往。②

年轻皇子对渔民大鱼（鲲）小鱼（鲕）通捞的做法颇为愤懑。他继位后游西海，再作《捕鱼》诗：

几暇乘舟学捕鱼，施罛濊濊碍芙蕖。
鲤鲢留取鲲鲕放，却为西湖蓄有余。③

①《御制乐善堂全集定本》卷二十二《秋日泛舟西海》。
②《御制乐善堂全集定本》卷二十《西海捕鱼》。
③《清高宗御制诗集》初集卷五《捕鱼》。

皇帝要求渔民放掉小鱼，为西海的未来留下希望。这是他一贯的主张，颇有现代生态保护的意味。

乾隆八年（1743 年），圆明园扩建完成后，乾隆皇帝又将康熙的香山行宫扩建为静宜园，自此西海周边形成了四个皇家园林集群，即畅春园、圆明园、静明园、静宜园。四园往来之间，西海成为必经必游之区。乾隆常常携母巡游，如他在《秋日奉皇太后游玉泉山周览西海近郊获事即景赋诗十四韵》云：

> 降丰欣此日，行令及兹辰。香辇周田陌，嘉禾满鹿囷。千官陈罕罼，二龥切咨询。尧舜应夸宋，风诗或比豳。緊予德菲薄，懿教勉遵循。忝在士民上，能忘饥溺亲。逢年慈愿洽，爱日永怀申。别馆晴霞际，仙槎野水滨。鹤容千岁古，菊酒一樽醇。锦障排丹树，纱疏面碧岫。无央鸾凤队，极乐静常身。云写波中影，山留画里真。忘言祛俗远，即景得题新。处处陪欢豫，秋光总是春。①

显然皇帝很满意这一带的山水林田湖，先后写下十余篇诗作。皇太后与后宫一众同样欢欣，每巡必随，与御苑游览无异。到乾隆十三年（1748 年）底，西海及周边仍延续着自然水乡风貌。乾隆也恪守着《圆明园后记》中不“重费民力以创建苑囿”② 的诺言。然而，他的首次白洋淀之行却改变了这一切。

二、首巡白洋淀的启示与二喜二悲

乾隆十三年（1748 年）二月初，乾隆皇帝首次视察了白洋淀，此行实为东巡齐鲁的途中一站，不过他却在此收获了两个喜悦：一是水利治理的成功，二是水景焕发的豪情。

所谓水利，即考察畿南三年来的治水成效（见图 2）。这一大规模治水工程始于乾隆九年（1744 年），起因于乾隆初年直隶地区的一系列水旱灾害。乾隆二年（1737 年），大旱；乾隆八年（1743 年），永定河决口 40 余处，洪水几乎涌进右安门；乾隆九年（1744 年），冀中大水灾，祸及 40 县，逃进京城的灾民有四五千之众。

因此，乾隆九年（1744 年），御史柴潮生奏请兴修畿辅水利，请先以直隶为始，

①《清高宗御制诗集》初集卷二十三《秋日奉皇太后游玉泉山周览西海近郊获事即景赋诗十四韵》。

②《清高宗御制文集》初集卷四《圆明园后记》。

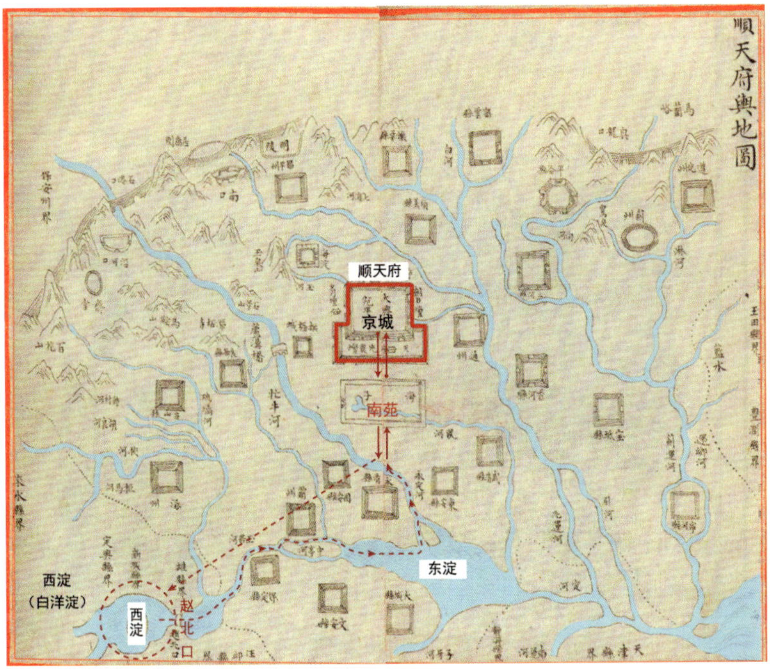

图 2　清代的西淀与东淀。底图摘自《（雍正）畿辅通志》的《顺天府舆地图》，笔者着色

待行之有效，次第推广举行。议题受到高度重视，乾隆皇帝特命协办大学士刘于义前往保定，会同直隶总督高斌详议经理，并寄予厚望。

高斌等人研究后上奏治水策略：全流域治理，范围包括东、西淀（又称淀池），以及牤牛河、大清河、永定河等 20 余河。全局统筹，采用上分、中疏、下排策略。上游开挖，滞缓太行山洪水，下游避免与永定河争夺入海通道。其中西淀相当于今天的白洋淀[①]，位于冀中低洼区，是天然蓄洪受水地，自古“治直隶之水必自淀始”[②]。因此，这里是“上分”的实施区，重在扩大湖床以蓄洪。

乾隆十二年（1747 年）四月，这项水利工程全面竣工，共耗银 70 余万两。乾隆皇帝希望借此总结经验以推广各地，下旨道：

> 直隶水利关系綦重。……朕为畿辅生民、永图利赖。……期于去水之害，收水之利。如淫潦泛溢疏浚之而使有所归，则涸出者皆成沃壤。而受水之区即可得灌溉之益。今用项至七十余万，然何处积害已除？何处实效已著？曾未详悉，确查具奏。[③]

① 当时西淀范围更广，白洋淀为其中最大者。

② ［清］允祥：《敬陈水利疏》，见［清］唐执玉、［清］李卫修，［清］田易纂《（雍正）畿辅通志》卷九十四《疏》，清文渊阁四库全书本。

③《清高宗实录》卷二百八十九乾隆十二年四月丁亥条。

图 3 《南巡纪道图》（局部），清乾隆十六年（1751 年）徐扬绘，私人藏。图中所绘为西淀与赵北口行宫等处

对于工程的实际效果，乾隆在期待中夹杂着疑虑与思考。毕竟冀南治水已经康熙、雍正两代，成果总是不能持久。因此，借东巡齐鲁之机，他亲临白洋淀考察。到达白洋淀后，乾隆乘船巡视，只见原已水涸景荒的淀区，此时皆已湖盈塘满，一派生机勃勃，乾隆大喜过望。

水利成果带来水景之美。白洋淀百余处湖淀各具特色，处处碧波，淀淀相连，尤以白洋大淀最为壮观，水阔天低，这是京城没有的景色（见图 3）。乾隆喜不自禁，频频挥毫作诗，其中《赵北口即景》颇为精彩：

红桥长短接溪川，溪上人家不治田。半笠沧波三月雨，一堤杨柳两湖烟。
孳将鹅鸭无官税，捕得鱼虾足酒钱。今日饱参渔者乐，鸣榔春水绿浮船。

燕南赵北旧曾闻，历览真逢意所欣。苕霅溪山吴苑画，潇湘烟雨楚天云。
渔歌隔浦惊鸥阵，客舍开窗数雁群。方喜湖光涤尘埃，何来诗思与平分。①

十数年后，当京城昆明湖及万泉庄治水工程竣工之际，乾隆还特选上述诗中对句，刻写在西堤桥亭、万寿山宝云阁（见图 4）、泉宗庙，以及徐州行宫等处；后又亲绘《赵北口放舟行围图》《水村图》，悬于紫禁城建福宫、重华宫；又建“水村居”景点于清漪园。由此可见白洋淀给他留下的印象之深。

乾隆还与皇太后、皇后一同观阅了水围，这是源自康熙时期的水猎活动。康熙

① 《清高宗御制诗集》二集卷二《赵北口即景》。

皇帝在整治畿南水利成功后，将白洋淀淀区辟为皇家水猎风景地，并建有4座行宫。雍正后水围不举，淀泊逐渐干涸。水围的基础是林水丰茂、鱼鸟汇集，而今胜景重现，乾隆不无得意地记述道：

图4　颐和园万寿山宝云阁石牌坊上的白洋淀诗刻，金柏苓摄

> 淀池之水自罢水围后，日以消涸。高斌为直隶总督，疏浚并举，始渐复故道。而去岁秋霖颇大，赖此潴蓄，幸不成灾。土人遂谓，因今岁水围而水复来、禽重聚。语虽不经，然疏导之功则不无云。[①]

由于时间所限，此次水围只是以“阅”为主的小活动，随后皇帝一行继续赶路。不过白洋淀的水利、水景双喜，还是让乾隆依依不舍，加之康熙时期水围练兵曾具有急迫的现实意义，于是乾隆决定次年同一时节在白洋淀举行大规模水围。

可接下来的两件事却让乾隆“大不称心”。一件是用兵金川极不顺利，清军一路败讯频传；另一件是与他相濡以沫的孝贤皇后病逝于回京途中。在这一年余下的日子里，皇帝沉浸在悲怆之中，常常震怒不已，屡开杀戒。这一年被视为乾隆治国理念的转折点，也是他人生观的转折点。乾隆首巡齐鲁的二喜二悲成为影响清漪园

①《清高宗御制诗集》二集卷二《是日复得诗四首·其三》自注。

建设决策的重要背景。

六月，朝廷即开始准备次年白洋淀水围事宜，由京城苑囿建设大总管三和会同直隶总督那苏图至淀区赵北口勘察测绘，结果发现湖水均深只有二尺，很难浮起数百艘水围船队，即使立刻节流蓄水也难满足次年需求。乾隆只好下旨暂停，顺延至后年。

至这年底，皇帝的情绪才逐渐稳定下来，他在瓮山泊西海开始了一些小规模的建设，主要有金海龙王庙行宫、好山园，以及开辟水田等。这可看作皇帝对白洋淀美景记忆的再现，因为在首巡白洋淀之前近60年间，瓮山泊西海沿岸并无任何皇家园林建设。

三、金海龙王庙行宫与南湖岛

“金海龙王庙行宫”一名不见于官方史书，仅出现在清宫档案中。乾隆十五年（1750年）清宫内务府造办处活计清档记载：

（乾隆十五年三月）十八日，太监刘成来说：首领文旦交御笔“月波楼”宣纸匾文一张，御笔“澹会轩”宣纸匾文一张，御笔“鉴远堂”宣纸匾文一张，御笔“云照兑泽”宣纸匾文一张，御笔“万里”“三时”宣纸对一副，御笔黄绢“缘觉妙祎”匾文一张。

传旨：将“月波楼”做木胎石面字匾一面，其“澹会轩”“鉴远堂”做油木匾。先画样呈览，准时再做。再“云照兑泽”匾文并对子一副，俱做一块玉壁子匾、对，外镶一寸宽黄绫边。其“缘觉妙祎”着做一块玉壁子匾一面，俱随托挂钉。钦此。

于四月十一日，柏唐阿四德将做得“月波楼”“澹会轩”“鉴远堂”匾俱持赴金海龙王庙行宫安讫。①

（乾隆十五年六月）初七日，太监刘成来说：太监胡世杰交戴洪宣纸画二张、余省宣纸画二张。

传旨：着各托纸二层。钦此。

---

①《乾隆十五年各作成做活计清档·木作》（三月十八日），见中国第一历史档案馆、香港中文大学文物馆合编《清宫内务府造办处档案总汇》第17册，人民出版社，2005年版。

于本月初十日希郎阿将龙王庙行宫内画门俱各贴讫。[①]

金海龙王庙行宫就是后来的昆明湖南湖岛，档案表明这座行宫在乾隆十五年（1750年）三月即已建成，而建设清漪园的决定则是在同月十三日。这时除耶律楚材祠，瓮山泊区域并没有其他任何建成物，说明金海龙王庙行宫是早于清漪园的一个独立造园项目。

就在乾隆构思上述金海行宫匾联的前10天，他还题写了白洋淀4座行宫的匾联，计有“天水相与永”“远碧斋”“澄揽斋”“澹对轩”“悦心亭”“渌净斋”“怀清楼”[②]等十余幅，从时间到匾联内涵都显示出金海龙王庙行宫的景观意象与白洋淀一脉相承。

白洋淀的4座行宫分别是赵北口行宫、郭里口行宫、端村行宫和圈头行宫（见图5），各行宫规模不大，分居湖淀四隅，以航线与视线相互联系，控制整个湖淀区。其中郭里口行宫依济恩寺而建，金海龙王庙行宫也有着类似的依托关系。

金海龙王庙行宫仅为一院三建筑，即鉴远堂、澹会轩、月波楼（见图6至图8），

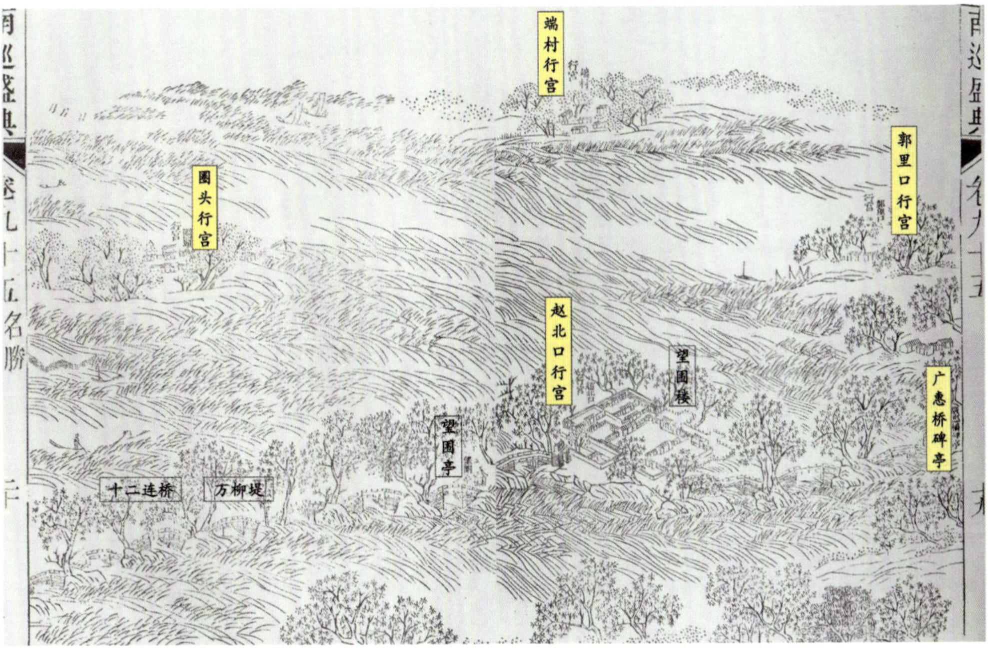

图5 白洋淀水猎风景地的4座行宫。[清]高晋等纂《南巡盛典》卷九十五《名胜》插图，清乾隆三十六年刻本

①《乾隆十五年各作成做活计清档·裱作》（六月初七日），见《清宫内务府造办处档案总汇》第17册。
②《乾隆十五年各作成做活计清档·木作》（三月初八日），见《清宫内务府造办处档案总汇》第17册。

东邻明代遗存的小龙王庙。当时行宫北岸在月波楼、龙王庙一线，小于后来的规模。乾隆首篇《月波楼》诗及诗序可证：

鉴远堂之后为月波楼。登楼则后湖之水在我几席。月夕涌金荡漾，堤影苍茫，几不知为前后湖矣。

因迴为楼号月波，月波妙处会心多。
前湖水合后湖水，镜里娥分轮里娥。
对影凭参李白句，驻晖谁借鲁阳戈。
涌金闻说余杭好，拟待明春较若何。[①]

图6　鉴远堂

图7　澹会轩

图8　月波楼

从诗句到题名可知月波楼是临水建筑，因此有“后湖之水在我几席”的感觉。而现状楼北为土山，加之高起的建筑、绿树，向北根本无法看到湖面，并无原题意境。同样，乾隆第一首龙王庙诗有句“云气生帷幄，波光漾桾桭”，[②]即波光晃影于屋檐，也说明庙址紧邻湖水，而后来的同题诗作再无类似描述，可推知现状岛北部土山区是后来的扩充部分（见图9、图10）。

金海龙王庙行宫建设还伴随着龙王庙前稻田的开辟。乾隆十四年（1749年），奏准“广润祠前开得水田八十一亩二分二厘，岁征租银四十两六钱一分”[③]，这是开垦一年后的记录。水田整治大多在冬季农闲、土冻后进行，

①《清高宗御制诗集》二集卷十七《月波楼》。
②《清高宗御制诗集》二集卷十七《广润祠》。
③［清］托津等：《钦定大清会典事例（嘉庆朝）》卷九百二《内务府十八·园囿》，《近代中国史料丛刊》三编第65—70辑，（台北）文海出版社影印本，1991年版。

可知龙王庙水田开辟是在乾隆十三年（1748年）底至十四年（1749年）初，金海行宫也应在同期动工。

经过春夏间的施工，到乾隆十四年（1749年）初秋，金海龙王庙行宫已初见规模，乾隆《自高梁桥泛舟至西海即景杂咏》云：

图9　龙王庙广润祠

凤城北转石桥边，秋水澄泓可放船。
夹岸黍禾含宿雨，飐波芦荻拂晴烟。

闲置亭台俯渌波，进舟端胜画中过。
霁空如水清无滓，著个西山矗远螺。①

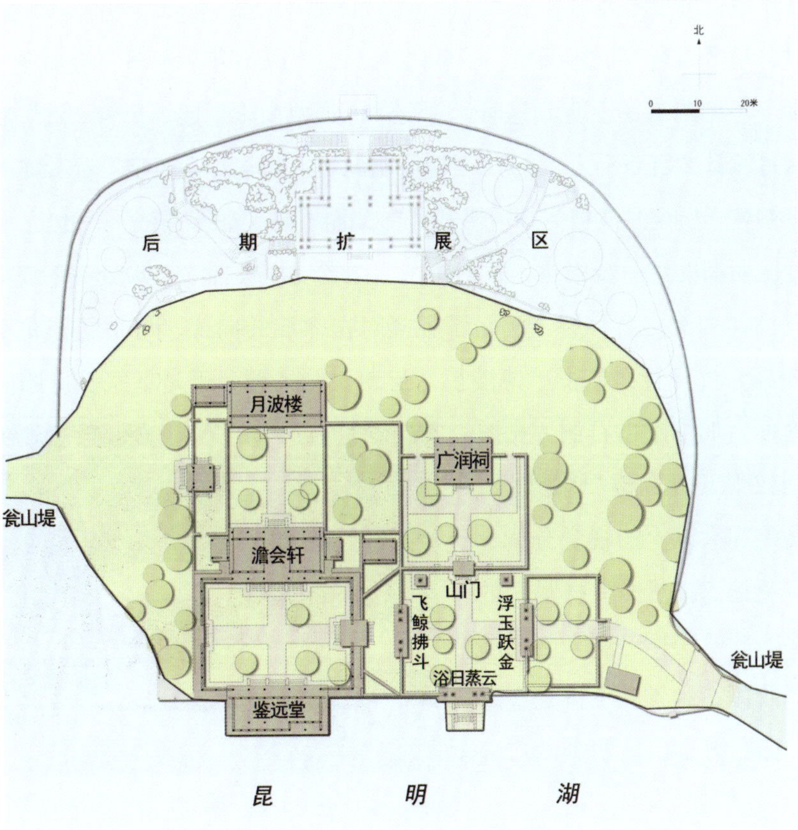

图10　金海龙王庙行宫（南湖岛）早期形态推测图

① 《清高宗御制诗集》二集卷十《自高梁桥泛舟至西海即景杂咏》。

“闲置亭台”在以往乾隆 11 首西海诗中均未出现过，所指为金海龙王庙行宫无疑。

总之，金海龙王庙行宫是依托旧有环境设立的小型观景之所，以感受类似白洋淀“开窗万顷碧波涵”[①]的浩瀚意象。若以游赏为目标，这些建设已可满足乾隆的“胃口”。可见，乾隆最初并无兴修水利、大兴土木之意，金海龙王庙行宫的修建动机更与瓮山无关。

然而，就在行宫建设过半之际，也就是乾隆十四年（1749 年），情况发生了变化。这时乾隆皇帝已完成对京城水系的调查，制定了整体治水策略，随后又因着白洋淀水围启示而加以补充。最终，乾隆决定展开流域系统治理，并实施退田还湖工程。于是才有了拓挖昆明湖之举，龙王庙前刚刚开辟出来的稻田也被化入湖中。对此，清宫档案留下记录，乾隆十六年（1751 年）奏准：“广润祠前挖湖，占用水田八十一亩二分二厘，蒲地一顷二十亩，裁租银五十三两四钱九分一厘。”[②]这与一年前的开田数据分厘不差。

同时，皇帝对行宫进行调整，于乾隆十五年（1750 年）五月将金海龙王庙改称“广润祠”（见图 11）。直到这时，“岛”的形象尚未形成，仍为“堤”状，依据是同年六月六日奉宸苑奏折，题为《奏请昆明湖堤上添盖行宫庙宇设置看守人员折》。此外，最初乾隆所记月波楼为“堤影苍茫”，而不是“岛影苍茫”，也是一证。

随着昆明湖的进一步修筑，龙王庙东西两翼堤坝被拆除，水景一下变得壮观辽阔，颇有白洋大淀之意，终于满足了乾隆对白洋淀的向往。可是随着龙王庙堤变成了南湖岛，行宫转而显得单薄矮小，与湖比例失调。于是皇家设计团队又在岛北填出地面，加堆土山石洞（见图 12），后来更依山建高楼“望蟾阁”，以增加岛屿在大湖上的视觉分量，这不可避免地遮挡了月波楼最初的观湖效果。此轮操作已进入南湖岛建设的新阶段，对景已不再是金海小水面，而是万寿山昆明湖的广阔天地。

图 11　龙王庙前广场，左诚摄

① 《清高宗御制诗集》二集卷十七《鉴远堂》。

② 《钦定大清会典事例（嘉庆朝）》卷九百二《内务府十八・园囿・奉宸苑杂征》。

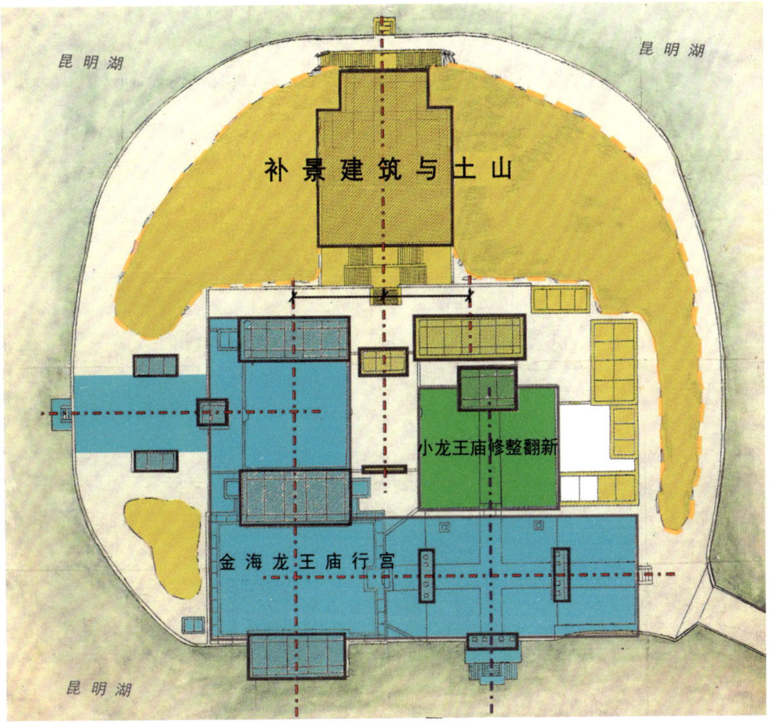

图12　南湖岛上不同时期建筑及土山整合示意图。底图为《龙神祠全图地盘画样》（局部），清样式雷绘制，中国国家图书馆藏

图13　鉴远堂宝

从南湖岛的平面图来看，补景痕迹一目了然，望蟾阁与先前建成的三座建筑并无常规的对位关系。好在设计师以补景的土山岩洞与云香阁①弱化了这一缺陷，同时后续建筑延续旧有立意，以月为题，使视觉与想象浑然一体。嘉庆年间拆除了三层高楼望蟾阁，主因是地面沉降，造成建筑开裂。这也佐证了小岛北部是新填之地，而不是沉积数百年的老堤土层。

乾隆十六年（1751年）初，万寿山工程全面展开，并将新建御园正式命名为“清漪园”，同年四月龙王庙及鉴远堂一并纳入清漪园管理。这时岛体已形成，并作为一个独立单位以“鉴远堂”为总称进行管理。鉴远堂设有档案专册，配有印信“鉴远堂宝”（见图13）及相关管理人员，治安则由步军统领衙门负责。至此，行宫已具备了运营能力。

四、好山园之谜

好山园由于有碑文记述，远比金海龙王庙行宫更受关注。关于这座园林，学界有不同的推测，焦点集中于它的修建年代与主人，主要有三种观点：一是好山园由明武

① 云香阁与望蟾阁同建于乾隆十八年（1753年）。

宗或魏忠贤所建；二是好山园为康熙或雍正皇帝的赐园；三是好山园建于乾隆年间。

三种观点都依据乾隆《题耶律楚材祠墓有序》碑文，它是提及“好山园”的唯一出处，其诗序云：

（耶律楚材）墓在瓮山好山园之东，昔年营园时以其逼近园门，故培土为山其上以藏之。闻其为楚材之墓久矣，使阅时而湮灭无传，岂所以褒贤劝忠之道哉？因命所司仍其封域之制，并为之建祠三间，使有奠馈申酌之地。并命汪由敦为碑记，而题之诗如左。[①]

碑文作于乾隆十五年（1750年）四月上旬，这是耶律墓竣工的时间（筹划与施工应在乾隆十四年）。这个时间节点是在“昆明湖”“万寿山”命名的一个月后，清漪园的大规模建设刚刚起步，而“清漪园”之名尚未出台（见图14），[②]所以文中“昔年营园”指的是好山园的建设年份。此外，好山园“营园”工程之一就是将耶律墓以土山覆盖“以藏之”。换言之，在同一时间“有此无彼”，有好山园时是看不到耶律墓的，反之亦然。

图14 《清漪园》题额，清乾隆皇帝御笔

按照这样的逻辑，不难判断好山园的存在时期。根据现有资料统计，从明初至清雍正末年，关于耶律墓园的诗文已知约有62篇，[③]诗文大都以墓冢起兴，详细描述周边的古木颓屋、断石残俑，就连片瓦衰草也少有放过，然而皆无“好山园”一词或隐喻。因此，好山园建于明代的论点不能成立。

在这些诗文的作者中，揆叙、查慎行、胡浚、高其倬等皆于康熙末年至乾隆初年间去世，他们的歌咏说明了耶律墓园在康雍时期依然存在，也就是说此时好山园并未出现。更为明确的是康熙年间编纂的《畿辅通志》和《宛平县志》都记载了墓的存在，[④]雍正末年编纂的《畿辅通志》也记述云：

①《清高宗御制诗集》二集卷十八《题耶律楚材祠墓有序》。

②“万寿山”“昆明湖”题名于乾隆十五年三月十三日，“清漪园”题名于乾隆十六年正月初九日。

③参见拙著《湖山集翠——颐和园地区历代文人诗文合集》，北京出版社，2004年版。

④见［清］格尔古德修，［清］郭棻等纂《（康熙）畿辅通志》卷十《古迹附陵墓》，清康熙二十二年刻本；《（康熙）宛平县志》卷一《地理》。

耶律楚材墓，在宛平县西北三十里，墓东有祠，今石像犹存。[①]

这部通志对康熙版进行了“订伪补缺”，所记不会有差。由此可断定“好山园”只能是乾隆初年兴建。从字源看，“昔”字除“过去”的意思，还有“昨”之意，“昔年”即“昨年”，可知好山园是在乾隆十四年（1749 年）初，与金海龙王庙行宫同期建设；而停工又与耶律墓祠重建互为前后，笔者推测是在同年六月后拆撤。

乾隆时期独立园林竣工后都颁有印信宝玺，如“鉴远堂宝”“南海子团河行宫宝”等，乾隆还有为建成景点赋诗的习惯，小到一亭一石皆不遗漏。而好山园却无任何类似信息，说明小园动工不久便停建，也就不可能留下只言片语。

1991 年昆明湖清淤，在耶律墓以西 200 米的湖底，发现了建筑基址，有正殿、

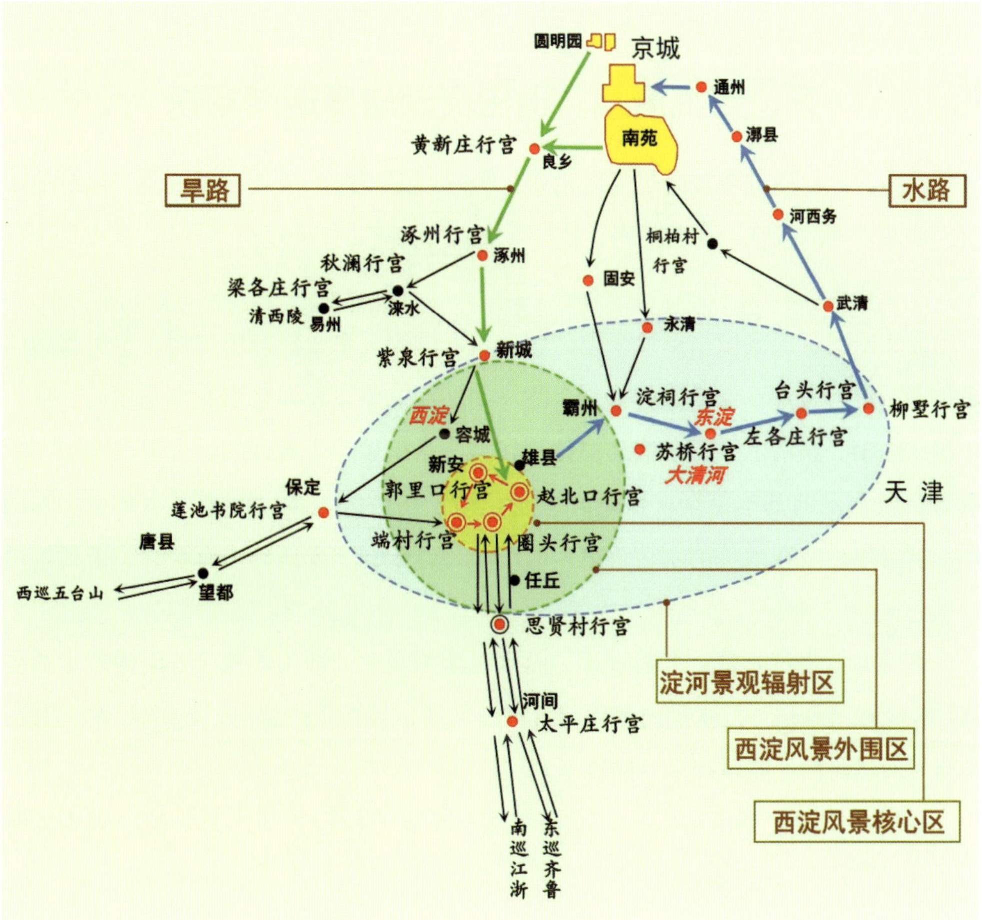

图 15　清代白洋淀皇家水猎风景地行宫体系示意图

① 《（雍正）畿辅通志》卷四十八《陵墓》。

配殿、游廊等，[1]证明了好山园的存在。而它的南部就是明代被称作黑龙潭的位置。好山园与金海龙王庙行宫隔水相望，形成两园一潭的对景布局，似仿白洋淀四行宫隔湖相望之意。

随着昆明湖的扩展开挖，金海龙王庙行宫升级改建，融入山水新图景之中，而好山园与黑龙潭则融入昆明湖里。在拆撤好山园的同时，耶律楚材祠开工建设。同期乾隆皇帝还下旨，将白洋淀赵北口行宫建筑在瓮山仿建，白洋淀圈头行宫建筑在南苑仿建。可见白洋淀景观对清漪园早期建设影响之大（见图 15）。清宫内务府造办处活计清档原文如下：

总管内务府大臣德保奉旨：赵北口西大殿、楼房、游廊着在瓮山临河处照样盖造。圈头村样式，亦着带往海子里旧衙门戏台起至转角群楼。着烫样呈览。钦此。[2]

五、系统治水、退田还湖与昆明湖拓挖

首巡白洋淀使乾隆目睹了系统治水、全局统筹策略的成效，也引发了他对瓮山泊、京城水利的重新调研与思考。次年（乾隆十四年，1749 年）六月，乾隆皇帝撰写了《麦庄桥记》。

记文论述了玉泉山水系的来龙去脉、与京城的关系，将瓮山泊置于整个水利体系中重新进行考量。瓮山泊不再是自我一湖的孤立建设，而是京城水系中的一环。拓挖昆明湖、整治上下游湖泊沟渠都是在这一系统思维下展开的。《麦庄桥记》也成为京城治水的基本依据，被刻碑立于长河麦庄桥旁，覆以碑亭以示郑重（见图 16），所以后来在系统治水接近尾声时乾隆写诗云：“麦庄碑志有亭存，节蓄根由记里论。”[3]

京城的治水核心是扩大蓄水量，而水源地的淤塞、湖田争地又是阻碍蓄水的主因。乾隆在筹划白洋淀水围时就面临着同样问题，其严重性超出了乾隆认知。因此，他自然而然将两地联系起来一同思考。

筹划白洋淀大型水围是在乾隆皇帝颁布《麦庄桥记》的六月，他计划于乾隆

① 翟小菊编著：《颐和园》，北京出版社，2018 年版。

②《乾隆十五年各作成做活计清档·记事录》（三月初五日），见《清宫内务府造办处档案总汇》第 17 册。

③《清高宗御制诗集》三集卷八十二《自长河泛舟至万寿山杂咏八首·其六》。

图 16 《麦庄桥记》碑亭。《崇庆皇太后万寿图卷》（局部），清乾隆年间绘，北京故宫博物院藏

十五年（1750 年）春奉母五台山礼佛后回京，途经白洋淀时举行。问题是，白洋淀水量虽经延期一年的准备，但仍不如康熙时期丰沛。东淀多淤为浅水，能观不能用，无法行船；能够行船者为西淀（白洋淀）21 处，水深多为 5 尺[①]，若浮起数百艘水围船只，水量并不充裕。因此，保证西淀水量充沛就成为举行水围的关键。君臣为此大费周章，反复讨论，来往奏折朱批达 25 件之多，直到次年正月才完全敲定。相关对策主要有闭闸节流、憋升水位、调拨 200 只坐船挑挖淀内淤浅之处，但这些也只能算是权宜之计。

白洋淀水量不足的因素之一就是淤地开垦。雍正时期重奖官民垦荒，同时在畿南大兴水利营田，初期效果显著，开发水田 60 万亩，可随后就产生了水源不足问题。这又与建设中重建闸筑堤、轻预留蓄水地有关。在具体执行中，地方官员还有侵耕淤地、虚报升科等流弊。治水工程的主持人怡亲王允祥去世后，60 万亩水田的灌溉难以为继，后期大都改为旱田。

乾隆虽在继位伊始停止了雍正水利营田，但迫于人口激增压力，[②]大力开垦已成养民当务之急。他秉持“垦田务农为政之本”的原则，继续鼓励开荒。乾隆曾说：

① 清代 1 尺合今 32 厘米。
② 乾隆六年（1741 年）人口达到 1.4 亿。

“民间多辟尺寸之地，即多收升斗之储。”[①] 首巡白洋淀之前，乾隆还认为湖淀“涸出者皆成沃壤”，乐观“一麦三秋”之效。

然而在商讨水围细节的过程中，乾隆皇帝思想渐变。乾隆十四年（1749 年），署理直隶总督陈大受奉旨赴淀区勘测调查，于八月十九日奏报，特别提到开垦淤地的危害（见图 17）：

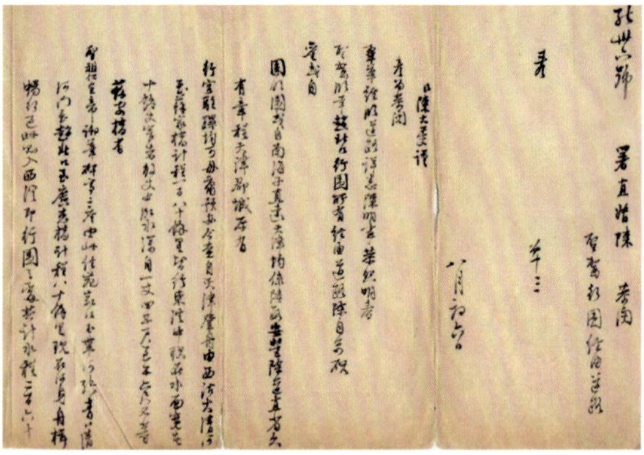

图 17　署理直隶总督陈大受《奏复圣驾行围之淀水蓄泄无妨耕作且于水利田畴兼有裨益情形》，乾隆十四年八月十九日具奏，台北故宫博物院藏

惟查东、西两淀本为众水所归宿，从前在在深通，足资容纳，纵遇春汛不虞注溢。经年以来，返淀居民沿滩傍岸就浅处栽植芦苇、菱角之属，渐至泥淤水涸。稍之播种麦禾，日久积土坚结，竟致盖房种树，复成村落，而地方官吏因其报纳佃租，未尝禁遏。清理节年，报到升租之地共七万余亩，遂致淀形日益归窄。现在东淀到处淤塞，……即西淀之中虽尚存向日圣祖仁皇帝行围处所，然较诸昔年谅已形势较窄。[②]

奏文切中治水流弊要害。同年，在淀区内任东安知县的李光昭提出更直接的观点：东、西两淀周围淤地，虽地肥土润也不可耕种，宜留为容水之区。他还引用雍正四年（1726年）怡亲王允祥的条奏：“淀池多一尺之淤，即少一尺之水。淤者不能浚之复深，复围而筑之，使盛涨之水不得漫衍于其间，是与水争地矣。下流不畅，容纳无所，水不旁溢，将安之乎？”[③]

这些论调虽与皇帝先前的旨意相悖，但乾隆并未一意孤行，他也深感淤地开垦的危害，随即改变策略，以浚挑湖淀、潴水防洪为治水重点，强调禁耕淤地，对白洋淀水利下旨云：

① 《钦定大清会典则例》卷三十五《户部》。

② ［清］陈大受：《奏复圣驾行围之淀水蓄泄无妨耕作且于水利田畴兼有裨益情形》（乾隆十四年八月十九日），台北故宫博物院藏军机处档折件，档号为故机 004793。

③ ［清］李光昭纂修：《（乾隆）东安县志》卷十五《河渠志》，清乾隆十四年刻本。

沿淀淤浅之地，民间侵占为田，渐成村落一节。小民贪得膏腴，罔知大计，侵占愈多，淀泊愈狭，将使水无所容。盛涨必致漫溢，需水之时又不足以资灌溉。亦非长策，此等俱宜留意。[①]

与白洋淀类似的是，京城瓮山泊西湖自元代伊始，与水争地就从未停止，尤以明中后期为烈，如史书中记载：

（西湖）近为南人兴水田之利，尽决诸洼，筑堤列塍，为菑为畬，菱芡莲菰，靡不毕备，竹篱傍水，家鹜睡波，宛然江南风气，而长波茫白似少减矣。[②]

溪壑间，民方田作时，大河悠悠，小河箭流，高田满岬，低田满𥖄。今湖日以亭圃，堤柳日以浓，田日以开。[③]

康熙年间的瓮山大堤溃决，就是湖床缩减的后果。然而康熙、雍正年间的应对之策也只是加固堤坝而已，与此同时又极力开发周边的土地，连坛庙和墙边隙地皆种粮种菜。乾隆在龙王庙前开辟稻田，也是因循了先祖先父的营田思路。

白洋淀水围筹划让乾隆皇帝认识到开垦与蓄水的权重关系，因而及时调整京城治水战略，于乾隆十四年（1749 年）夏秋决定：废除龙王庙前滩涂新辟的水田、停止小型造园，进而改为大规模兴修水利，尤其是要退田还湖。

这一决策面临两大风险。一是所砸旧堤历经数百年的地质沉降，基础相当稳固，而新建大堤不仅无此条件，而且因新湖库容巨大，承受的压力比旧堤更大，一旦溃堤后果不堪设想。元末开拓金口新河，引永定河水灌溉，不料汹涌的水势冲垮河堤，摧垮田宅、酒肆街坊，死伤众多，最后不得不将两位主事者砍头以谢罪。拓挖昆明湖之际，人们已测知湖堤标高与紫禁城殿顶齐平。主事官员自知责任重大，难免疑虑重重。所以乾隆说：

经始之时，司事者咸以为新湖之廓与深两倍于旧，踟蹰虑水之不足。及湖成而水通，则注洋漭沆，较旧倍盛，于是又虑夏秋汛涨或有疏虞。

---

①《清高宗实录》卷三百四十六乾隆十四年八月壬午条。

②《长安客话》卷三《郊垌杂记 · 西湖》。

③《帝京景物略》卷七《西山下 · 玉泉山》。

甚哉！集事之难，可与乐成者，以因循为得计，而古人良法美意，利足及民，而中止不究者，皆是也。[①]

二是瓮山前近千亩水田传承自明代慈宁宫、乾清宫的宫庄籽粒，是专供内廷的口粮田，也是雍正下旨特别保留的两片官种水田之一，可谓寸土尺金。退田为湖，不啻剜掉心头肉。

拓湖决策实质是对近期与远期、局部与整体利益的权衡，这确实需要极大魄力。早在雍正四年（1726 年），怡亲王允祥便已一针见血地指出：

是故，借淀泊所淤之地为民间报垦之田，非计之得者也。盖一村之民止顾一村之利害，一邑之官止顾一邑之德怨，而治水之法不能有利而无害，不能尽德而无怨。惟在司其柄者，相其机宜，权其轻重，当弃则弃，毋务小利以悦民，当兴则兴，毋惑浮言而掣肘，斯得之矣。[②]

“毋惑浮言而掣肘”与乾隆后论“致众议有弗恤”的思路一致。事实上，瓮山泊拓湖风险也只能皇帝一人才能担得起，乾隆不由感叹道：

盖天下事必待一人积思劳虑，亲细务有弗辞，致众议有弗恤，而为之以侥幸有成焉，则其所得者必少而所失者亦多矣。此予所重慨夫集事之难也。[③]

正是基于“利足及民”的远大格局，这年秋冬，乾隆正式敲定西海拓展工程，瓮山前上等水田、蜿蜒小河，以及好山园连同龙王庙前开辟的 80 余亩水田、120 余亩蒲地，从此化为一湖碧波。

乾隆十五年（1750 年）三月初，乾隆皇帝自白洋淀水围回京后，紧接着视察拓湖工程。结果令乾隆大为满意，他写下第一首昆明湖诗，前半部云：

①《清高宗御制文集》初集卷五《万寿山昆明湖记》。

②《（乾隆）东安县志》卷十五《河渠志》。

③《清高宗御制文集》初集卷五《万寿山昆明湖记》。

西海受水地，岁久颇泥淤。疏浚命将作，内帑出余储。
乘冬农务暇，受值利贫夫。蒇事未两月，居然肖具区。
春禽于以翔，夏潦于以潴。①

诗文记述了拓湖的初心与经历。一年后，他又在《万寿山昆明湖记》中总结道：

夫河渠，国家之大事也。浮漕、利涉、灌田，使涨有受而旱无虞，其在导泄有方而潴蓄不匮乎！是不宜听其淤阏泛滥而不治。因命就瓮山前，芟苇茭之丛杂，浚沙泥之隘塞，汇西湖之水，都为一区。②

需要说明的是，乾隆十四年至十五年（1749—1750年）之交，两个月挖成的昆明湖仅限于新西堤以东、瓮山山前区域，新西堤以西尚为广阔的稻田区，也就是说现在昆明主湖西南的藻鉴堂湖、西北的团城湖当年并未开挖。1991年，动用了现代化机械的昆明湖清淤工程（见图18）也用时两月（不包括排水、排冰时间），但涵盖的是昆明湖三个湖，远大于乾隆“蒇事未两月”的拓湖范围。由此也可推知，乾隆拓湖前的瓮山泊淤塞严重，水面不大。

建成的昆明湖水利设施完备，具备了近代水库的四项标配：挡水建筑、水闸取水口、溢洪设施和库容，称得上一劳永逸，惠及200余年后的今天。当年乾隆不无自豪地说道：“今之为闸、为坝、为涵洞，非所以待汛涨乎？非所以济沟塍乎？非所以启闭以时使东南顺轨以浮漕而利涉乎？”③

图18　1991年昆明湖清淤场景。摘自颐和园管理处编《颐和园志》，中国林业出版社，2005年版

①《清高宗御制诗集》二集卷十七《西海名之曰昆明湖而纪以诗》。
②《清高宗御制文集》初集卷五《万寿山昆明湖记》。
③同上。

拓湖的成功大大鼓舞了朝野信心，乾隆及管理团队又接续退田开挖了藻鉴堂湖、团城湖、高水湖、养水湖、泄水湖，以及上游的香山卧佛寺引水石渠、下游的泉宗庙万泉河。[①] 这一系列工程层层节流，力求寸水不失、务尽其用。这些都是系统治水策略下的阶段性建设。

蓄水与扩田有着正相关的规律。玉泉山水系各湖蓄水的增加，促进了三山五园地区稻田的扩大，形成水与田的良性均衡发展，可以说是基于水资源承载力的考虑。结果如乾隆诗云："新辟水田千顷绿，喜看惠泽利三农。"[②] 至乾隆末年，昆明湖周边有水田近万亩，参照《大清会典》记载的皇庄佃租数目，可知其言不虚。

六、昆明湖拓挖的时代背景

图 19　铜牛背上的《金牛铭》，冯斌摄影

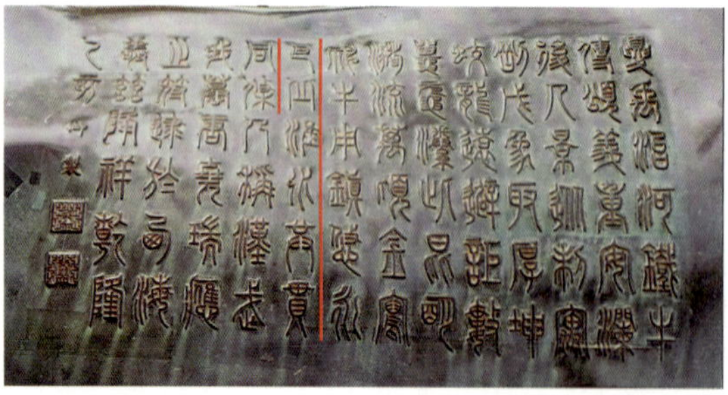

图 20　铭文"巴丘淮水，共贯同条"

昆明湖成功运营六年后，乾隆在东堤铜牛背上刻写了《金牛铭》（见图 19、图 20），其中说道："巴丘淮水，共贯同条。"即昆明湖治水与长江洞庭湖、淮河洪泽湖的策略是相贯共通的，就是说拓湖决策不仅有白洋淀的启示，还有广阔的时代背景。

乾隆皇帝自继位起，就延续了康、雍两代的垦荒与治水政策，并将其推向高潮。至乾隆十四年（1749 年），全国性大型水利项目多达 23 项。[③] 瓮山泊、白洋淀面临的库容

① 各工程竣工时间分别为：藻鉴堂湖，乾隆十七年（1752 年）；泄水湖、养水湖，乾隆二十年（1755 年）；香山卧佛寺引水石渠，乾隆二十四年（1759 年）；团城湖，乾隆二十五年（1760 年）；高水湖，乾隆二十七年（1762 年）；泉宗庙、万泉河，乾隆三十二年（1767 年）。

②《清高宗御制诗集》二集卷二十八《昆明湖上作》。

③ 大型水利项目主要有黄、淮、运综合工程，金沙江工程，浙江海塘工程，以及各省专项水利工程。其中，各省专项水利工程主要有：乾隆二年（1737 年），兰州灌溉工程；乾隆三年（1738 年），瓜州灌溉工程；乾隆三年，贵州开河通运工程；乾隆三年至五年（1738—1740 年），淮扬里下河疏浚工程；乾隆五年，安徽睢水、巢湖疏浚工程；乾隆五年至六年（1740—1741 年），河南惠济河开凿工程；乾隆八年（1743 年），云南洱海海口疏浚工程；乾隆九年至十二年（1744—1747 年），直隶畿辅水利疏浚工程等。参见孙温良、张杰、郑川水《乾隆帝》，吉林文史出版社，1993 年版。

减小、水田争地问题，同样在全国各地均有存在，如长江洞庭湖的围田、垸田，淮水洪泽湖的圩田，杭州西湖的葑田，都是与水争地的不同形式。

针对这些垦荒流弊，早有官员具奏上报，提出对策。如乾隆七年（1742年），大学士陈世倌在讨论淮河洪泽湖水灾时，就提出“弃地与水”“以工代赈”等对策，奏文云：

从来治河之要法，曰毋与水争、曰弃地与水。请将被水州县，择其地势最低下处，转加挑浚，潴而为泽。其旧有之支河，转加深阔，引高原之水入之。则下者既下，高者自然涸出。既减在内之水势，则外河通海之处自必渐平。目前虽有伤田赋原额，异日民间必收陂泽之利。有此工作，百姓又可就本地以工代赈。①

乾隆九年（1744年），湖广总督鄂弥达上奏洞庭湖地区水利事宜，提出蓄水与拓田之间的权衡之策，奏云：

臣惟治水之法。有不可与水争地者，所以祛民患也。有不能弃地就水者，所以从民便也。所谓不可争者：疏湮浚浅导壅杀流，向来泄水港汊毋令堵截，致水四溢而为灾也。所谓不能弃者：东洲西滩积淤成腴，现在居民之围田，万难开凿，致民离居废业也。

……其江边湖岸未开之隙地，须严禁私筑小垸，俾水有所汇以缓其流，臣所谓不可争者也。其倚江傍湖、已辟之肥壤，须加谨防护堤塍，俾民有所依以资其生，臣所谓不能弃者也。②

乾隆十一年（1746年），福建巡抚周学健的奏报更具启示性：福州长乐在唐代就有捐田为湖之举，面积4000亩，周边民田获益丰厚。其后湖畔淤地被豪强蚕食圈垦，占到湖面的1/4。当地官员奏请拆围还湖，立碑警示，违者治罪，获得部司批准。其奏文云：

福州府属长乐县十六都、十七都、二十三都、二十四都四里，民田七百余顷，

①《清高宗实录》卷一百七十八乾隆七年十一月庚午条。

②《清高宗实录》卷二百二十八乾隆九年十一月乙亥条。

濒海环山，水至则宣泄无余，旱干则灌溉无术。唐天宝间，邑人林鹍有田四千余亩，尽舍己田潴而为湖，以资灌溉，四里民田遂成膏腴。原税四千余亩湖粮，摊入四里民田均输。至今四里民田，带纳湖税三分。是湖皆有粮之地，无容再垦报升。自唐以后，至明嘉靖年间，近湖奸民先后占垦湖田数百亩。至本朝康熙初年，忽执有顺治九年价买湖基之照。积年久远，真伪莫辨。惟是康熙三十一年，题报升科加增银一十七两三钱零、米二石四斗七升零、湖田三百亩。彼时因奸民黄修等以湖边壅出荒田，朦混报升，遂致凡执有照者日事壅筑。现在丈量湖内垦成熟田，已有千余亩，占去原湖四分之一。总因此三百亩已经升科，效尤影射。恳敕部查明豁除。其湖面，凡堤埂以内，原属林鹍所舍之田，并无尺寸官荒可以垦升。查照原湖丈尺，尽行划除，广资蓄泄。并立石碑，长禁近湖奸民借端壅筑，侵占湖面。犯者按律严加治罪。①

乾隆十二年（1747年），湖南巡抚杨锡绂上奏，请禁垦洞庭湖垸田：

民垸宜禁再圈。查洞庭湖虽曰巨浸，然籍以受各省之水，堤垸俱系沿湖受水之地，渐次圈成，所谓与水争地也。……实贻壅水漫决之患。应请嗣后各属滨湖荒地，长禁筑堤垦田。②

朝廷与地方官员不仅关注河湖治理，而且在此问题上相互启发。如署理直隶总督陈大受就从白洋淀水围窘境出发，对各省的类似情况提出建议：

臣思，各省湖河滩地，现在行令立法清理以备旱潦，毋得任民报垦致碍水利。今两淀日就淤浅，容臣告知方观承，嘱其留心从容查办。其已成平陆者，固不能仍为污泽，然当设法稽查，无许再行垦升。其岸滩边际明立界限，永禁侵占，务期未淤之处常得疏通，将淤之处频加挑挖，冀稍为展浚，以归蓄泄之益。③

乾隆朱批圈阅了大量类似的奏章，使他对河湖治理、疏浚清淤问题有了更加深入的认识。特别是他经过实地考察、积极参与决策的白洋淀治理工程，更为其

①《清高宗实录》卷二百五十七乾隆十一年正月辛卯条。

②《清高宗实录》卷二百八十九乾隆十二年四月乙亥条。

③［清］陈大受：《奏复圣驾行围之淀水蓄泄无妨耕作且于水利田畴兼有裨益情形》（乾隆十四年八月十九日），台北故宫博物院藏军机处档折件，档号为故机004793。

积累了宝贵的实践经验。在此基础上，乾隆集思广益，从谏如流，深入思考，终于确立了京城治水的总战略。拓展昆明湖正是凝聚了各地治水经验的良法美意，如“全局统筹”“系统治水”“退田还湖”“以工代赈”“疏浚河湖”等，即使小到昆明湖南金河滚水坝、玉泉山西引水石渠的具体设施，也是参考了洪泽湖“仁”“义”“礼”“智”“信”五坝和杭州韬光寺竹槽的经验。

昆明湖的治理经验又反哺于各地的水利决策。如乾隆二十七年（1762 年），大臣范时纪奏请将霸州等处的低洼地改为水田，以除水灾之患，乾隆皇帝以昆明湖为例做出指示：

此不过偶以近来一二年间雨水稍多，竟似此等地亩素成积潦之区，殊不知现在情形乃北省所偶遇，设过冬春之交，晴霁日久，便成陆壤。盖物土宜者，南北燥湿，不能不从其性，即如附近昆明湖一带地方试种稻田，水泉最为便利，而蓄泄旺减，不时灌溉，已难遍及，倘将洼地尽令改作秧田，当雨水过多即可借以潴用，而雨泽一歉，又将何以救旱？从前近京议修水利营田，未尝不再三经画，始终未收实济。可见地利不能强同，亦共明验。[①]

皇帝还于乾隆三十七年（1772 年），对白洋淀淤地实施了最严厉的禁垦规定，“违者治罪”并追究地方官责任。谕旨云：

淀泊利在宽深，其旁间有淤地，不过水小时偶然涸出。水至仍当让之于水，方足以畅荡漾而资潴蓄。……嗣后务须明切晓谕，毋许复行占耕，违者治罪。若仍不实心经理，一经发觉，惟该督抚是问。[②]

这一规定一直延续至光绪朝。乾隆认为地方官员是治水成败的关键，倘若不能以大局着眼妥善理事，盗垦就难以禁止。他忧虑地写诗道：

西淀流为东淀池，淤泥种植各图私。夏秋潦或艰容受，此在长官善理治 。[③]

①《清高宗实录》卷六百七十三乾隆二十七年十月己酉条。
②《清高宗实录》卷九百十一乾隆三十七年六月壬午条。
③《清高宗御制诗集》三集卷六十四《淀池舟行杂咏・其六》。

积葑围泥种麦图，未能一例禁西湖。* 勤耕岂不资民食，所虑因循占水区。

*自注：西湖葑田民多占种，向于南巡时觇知利弊，随敕大吏厘核禁，将来毋许续增，致碍宣节。兹淀池内外淤地衍沃于莳麦尤宜，民间垦艺滋广，若不示以限制，恐日久有妨潴泄。自当仿浙省之例，饬禁亦在有司之经理得宜耳。①

其后乾隆还以白洋淀为例，对黄淮淤地治理提出对策，将占水为田视为大患：

至民间耕种淤地，止图目前微利，而不顾妨碍河渠，若不亟行禁止，则滩地垦艺日广，必致侵占河身，岸愈高而流愈窄，于清黄下注形势，所关匪小。即如浙江之西湖葑田、直隶之淀河麦地皆因有妨水利，严禁小民占种 。②

七、水利农功与游览

乾隆皇帝的治水历程也是实现自己的惠民理想的过程。乾隆二年（1737 年），皇帝要求各地督抚要留意水旱事宜。在诏书中，他将水利与养民紧密联系起来：

自古致治以养民为本，而养民之道，必使兴利防患，水旱无虞，方能使盖藏充裕，缓急可资。是以川泽陂塘，沟渠堤岸，凡有关于农事，豫筹画于平时，斯蓄泄得宜。潦则有疏导之方，旱则资灌溉之利，非可诿之天时丰歉之适然，而以临时赈恤为可塞责也。③

当乾隆 62 岁再经麦庄桥碑亭时，京城治水战略几乎一一实现，回首早期决策与农功初心，他作诗云：

麦浪翻风麦穗翘，幸哉今度麦庄桥。
碑亭志水昔年建，农计殷殷廑旰宵。④

① 《清高宗御制诗集》三集卷四十四《驻跸赵北口即事杂咏·其四》。
② 《清高宗实录》卷七百四十五乾隆三十年九月丁酉条。
③ 《清高宗实录》卷四十七乾隆二年七月癸卯条。
④ 《清高宗御制诗集》四集卷五《途即景杂咏·其三》。

万寿山上亭台楼阁建成后，与湖光相辉映，风景愈加优美。乾隆频繁出游，诗篇不断。游赏与灌溉争水的问题又接踵而来。每逢春夏与天旱水少之际，苑囿官员为保障游船吃水深度，不肯放水灌溉，结果受到乾隆训斥：

> 疏治昆明湖本为蓄水，以资灌溉稻田之用，每春夏之交，湖水率减数寸，盖因稻田日多，以济雨水或缺也。林丞但知守湖水尺寸，而不计及灌溉，此有司之见，严禁不许。①

他还将此意刻石立于公共区域的东堤，以使往来人等共知，其诗云：

> 辟湖蓄水图灌溉，水志亏来二尺过。
> 不误耕畴徐长足，吾宁惟是赏烟波。②
>
> 堤西水阙将断港，未可沙棠径进航。
> 灌输稻田逭旱候，便迟游兴正何妨。③

这类问题主要出现在具体执行的官员身上。曲解乾隆治水初心，成为治水中常见的阻碍因素。因此，乾隆非常重视水利官员的选拔，并强调农功优于游赏，这在白洋淀治水中更有典型事例。

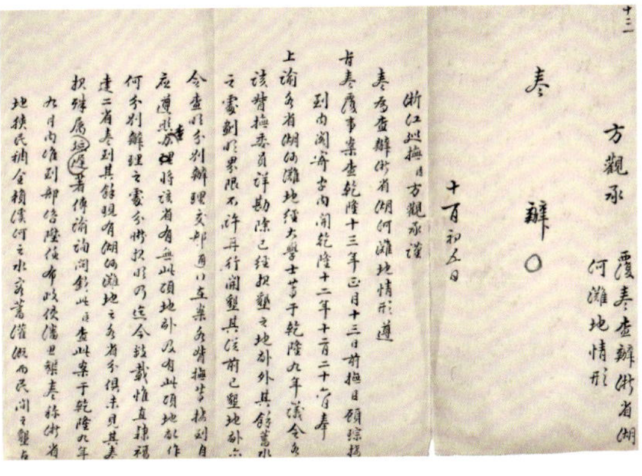
方觀承
覆奏查辦浙省湖
何灘地情形
奏
辦
十月初五日
浙江巡撫臣方觀承謹
奏爲查辦浙省湖河灘地情形遵

图 21　浙江巡抚方观承《覆奏查办浙省湖河滩地情形》，乾隆十三年十月十七日具奏，台北故宫博物院藏

直隶总督方观承原为浙江巡抚，旧任时修筑海塘、开辟水田，政绩卓著。对于垦淤地为田，他也早在乾隆十三年（1748 年）上奏（见图 21）：

> 浙省各属多有湖荡巨浸，以为境内民田旱潦之备。只缘湖身易淤，而地方官惑

① 《清高宗御制诗集》三集卷五十七《昆明湖泛舟》自注。
② 《清高宗御制诗集》三集卷九十《昆明湖上作·其三》。
③ 《清高宗御制诗集》三集卷九十《昆明湖上作·其四》。

于报垦升科之小利，以致湖身渐狭，潦则消纳无所，旱则灌溉无资。一遇歉收，转烦蠲赈，并应遵照原议立法严行禁制。①

奏文思路为乾隆所认同。方观承也因治水成果与胆识，于乾隆十四年（1749年）七月调任直隶总督，被委以京畿治水重任。他参与筹划了乾隆十五年（1750年）的白洋淀水围，以及之后的水嬉活动、督造昆明湖战船。此外，他还组织人员绘制《棉花图》16幅。这些举措都深合乾隆心意并获其赞赏。

然而，方观承之后的继任官员却乱揣圣意，低估了乾隆对占湖阻蓄的痛恨，也缺少审美品位，不了解白洋淀的风景价值。乾隆四十三年（1778 年）冬，时任直隶总督周元理、布政使杨景素为供圣观赏烟花表演，在白洋淀上建设亭台楼榭，不料乾隆游览后大为恼怒，写诗道：

供观烟火何须是，费奢长此安穷逞。况占淀池为陆地，夏涨无所容堪省。
经始二人弗在斯，在斯未必能逃眚。博喜徒增风景佳，不喜翻为煞风景。②

而何置亭台，点缀图景美。既以隘波容，而复致财靡。
愧未先预禁，成事不说矣。临窗意索然，五字惟责己。③

“占水道”“煞风景”“耗费奢靡”就是乾隆给出的评价！他似乎觉得写诗力度不够，再详加注文斥责：

（赵北口）行宫西轩俯瞰淀池，渺弥万顷，足资骋望，是以有“天水相与永”之额。今周元理、杨景素因欲供观烟火，添置亭台廊榭，既徒遮骋望，更占淀池水道，无益而徒滋繁费，办理实为不善。二人设尚在本任，未必能辞其咎也。④

周元理、杨景素乃于此点缀亭台廊榭，既占淀池夏潦之容，而且有碍骋望，徒滋靡费，实为办理不善。⑤

①［清］方观承：《覆奏查办浙省湖河滩地情形》（乾隆十三年十月十七日），台北故宫博物院藏军机处档折件，档号为故机 003561。

②《清高宗御制诗集》四集卷六十六《赵北口行宫西轩作》。

③《清高宗御制诗集》五集卷二《赵北口行宫西轩作》。

④《清高宗御制诗集》四集卷六十六《赵北口行宫西轩作》自注。

⑤《清高宗御制诗集》五集卷二《赵北口行宫西轩作》自注。

乾隆最后一次南巡途经白洋淀时还愤愤提及此事，这时周元理已去世多年，可见乾隆对其侵占淀水的深恶痛绝。其实周元理也是位治水能臣（见图 22），他错在没有把握好农功与游赏的权重关系；而乾隆的吟风颂月、频洒翰墨，也使下属官员产生了误解。

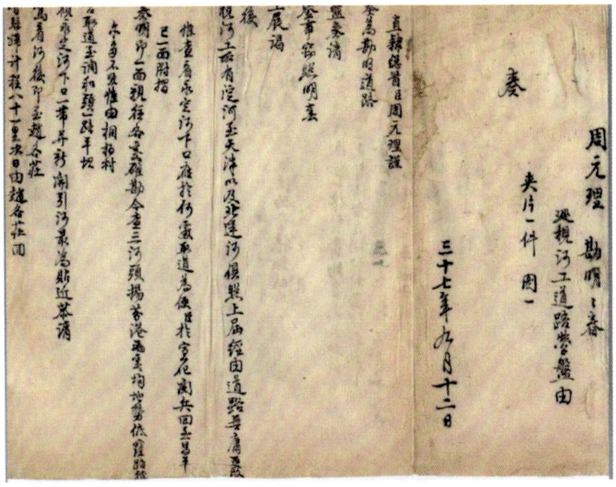

图 22　直隶总督周元理《奏报勘明明春巡视河工道路营盘缘由》，乾隆三十七年九月初九日具奏，台北故宫博物院藏

乾隆之后，随着国家的内忧外患，白洋淀地区水利投入减少，加之吏治腐败，禁垦失控，道光时期万柳堤两侧湖淀淤积殆尽，水患几乎无年不有，风景价值也随之降低。道光六年（1826 年）被迫裁撤赵北口行宫、圈头行宫，以及外围的思贤村行宫（见图 23）。道光二十六年（1846 年）再裁郭里口行宫、端村行宫，这标志着 177 年之久的皇家水猎风景地的最终完结。到光绪后期，清廷不得不开禁淀区垦荒。随着淀泊数量的减少，剩余的“白洋淀”逐渐代替了沿用数百年的“西淀”地理名称（见图 24、图 25）。

而京城昆明湖及上下游的全域维护从未停歇，用乾隆的话说就是“稻田蓄水资明岁，酌剂常筹虚与盈”[1]。水网保持着如白洋淀盛期的活力。因此，在道光取消白洋淀水围后，一些诗人开始将昆明湖称为“西淀”，如斌良诗《西淀散直晚归》、龚自珍文《书果勇侯入觐》等，隐含着人们对白洋淀昔日盛景的怀念。

清末民初，随着旧体制的土崩瓦解，昆明湖上下游的高水湖、养水湖、泄水湖、战船坞湖、万泉庄湖塘相继退水为田，堤水相伴、稻湖交错的景色消亡殆尽。

八、结语

史料研究表明，瓮山泊变身为昆明湖经历了两个过程，先是以游赏为目标的小规模景点建设，后改变为大规模的水利整治。水利整治以农功为出发点，包括退田挖湖与因水建园等内容，叠加了习武与祝寿的多重目标。

昆明湖是在清代国家水利大建设背景下产生的，反映出康、雍、乾三代治水策

①《清高宗御制诗集》三集卷七《中秋后二日万寿山昆明湖泛舟即景》。

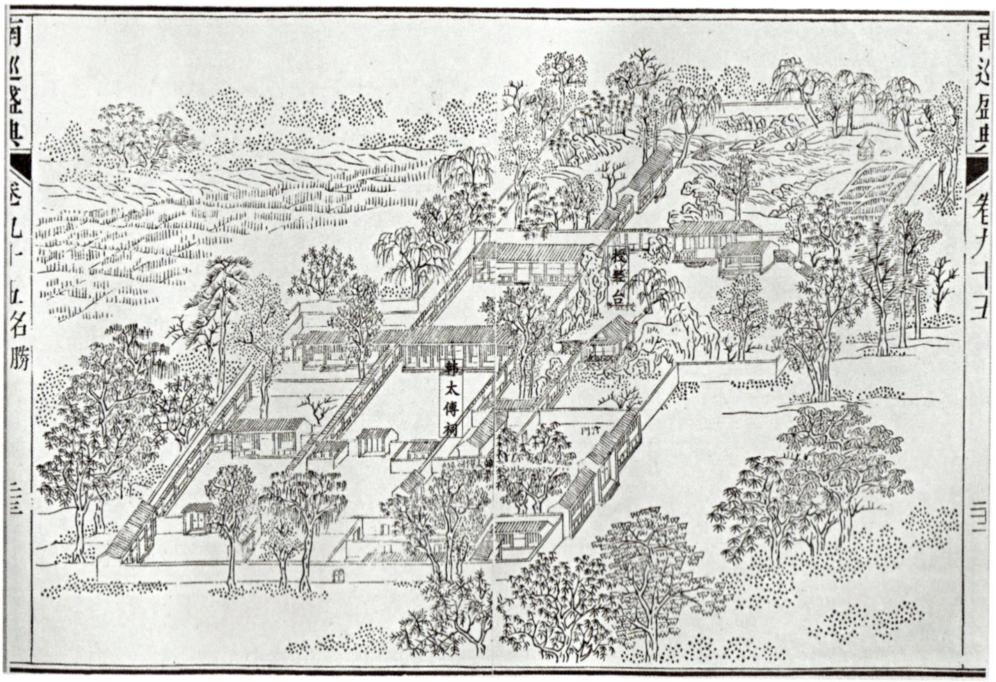

图 23　思贤村行宫图。《南巡盛典》卷九十五《名胜》插图

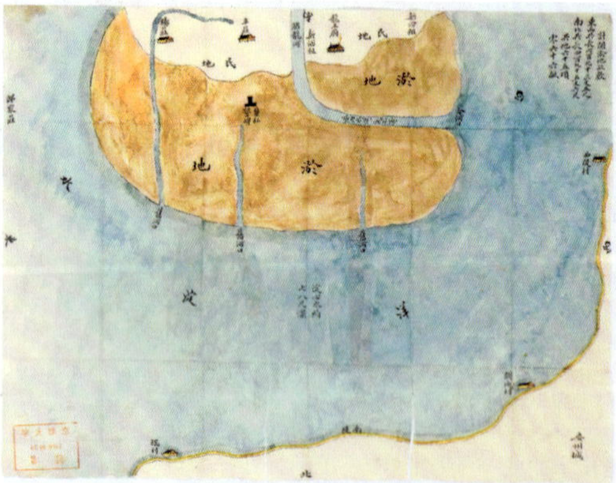

图 24　光绪时期安州淀淤地图，日本京都大学藏

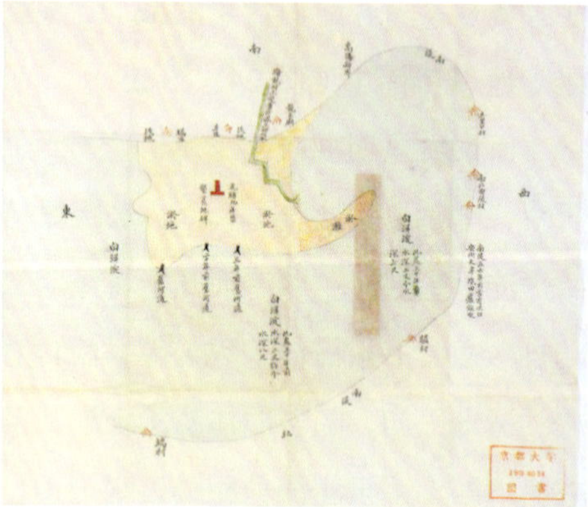

图 25　光绪时期安州白洋淀淤地图，日本京都大学藏

略的递进。拓展工程既汲取了全国的治水经验，又为各地树立了榜样。

乾隆的两次白洋淀经历，对拓湖决策产生了重大影响。昆明湖开挖初期主要受到白洋淀水利与水景的影响，偏重于农功因素，其规划思想也非一成不变。之后的乾隆十六年（1751 年）首次南巡江浙，乾隆对苏杭等地的江南风景园林有了亲身体验与深刻感悟，加之宫廷画家、造园师的渲染升华，昆明湖在前期水利骨架上不断完善，加大了审美建设，尤以西堤建设为最。

拓挖昆明湖是一项综合性治水工程，通过漕运、灌溉、景观三位一体的模式，多层次发挥水利潜能。其后，乾隆退田开挖昆明西南湖而建藻鉴堂；挖团城湖而建治镜阁；挖高水湖后建影湖楼；筑引水石渠而建四庙一瀑；整治万泉河而建泉宗庙；梳理南旱河与玉渊潭而建养源斋、钓鱼台；整治凉水河而建凤泉和团河行宫；甚至于正阳门两侧水渠建成后，也进行了点景美化。这一切皆以昆明湖为样板。这些既是乾隆成功之处，也是他常常受后人诟病指责之例。

昆明湖具有功能复合性、建设目标多样化的特点，乾隆又喜欢以其为对象来写诗作画、夸张渲染，这些因素导致当时即有官员对拓湖动机存在认知偏差，而后世的解读则更是多种多样。

今日研究者若放下预设立场，跳出旧有思维，以原真史实为依据全面考察，足可使我们发现挖拓昆明湖决策过程中的智慧火花、深厚内涵与创造精神，而不是非白即黑的简单定论。

昆明湖与水操、水猎、水嬉

治水成就了昆明湖。在这一过程中，乾隆皇帝融入了两项建设：操练水师和祝寿造园。这些决策看似一气呵成，实为两年间不断补充添加的结果，且与乾隆十三年（1748 年）的悲喜事件相掺杂。用乾隆皇帝的话说，就是“事有相因，文缘质起”[1]。本文集中谈谈昆明湖的练兵习武。

一、湖名缘起：白洋淀水围与金川之战

乾隆善于题名，也重视题名，一贯强调名正言顺、寓意于名。湖为农功而拓，山随祝寿而称，可“昆明湖”一名却与二者无任何内涵关联。若仅以娱情为目的，湖名应与山名对应，如圆明园大湖称“福海”，湖中所建三岛对应称为“蓬岛瑶台”，二名共成仙境意象。而此处“昆明”之意却在“习武练兵”，与吉祥祝寿并不呼应，似乎很突兀。不过若回顾当时背景，可知乾隆并非随意而名，而是其来有因。

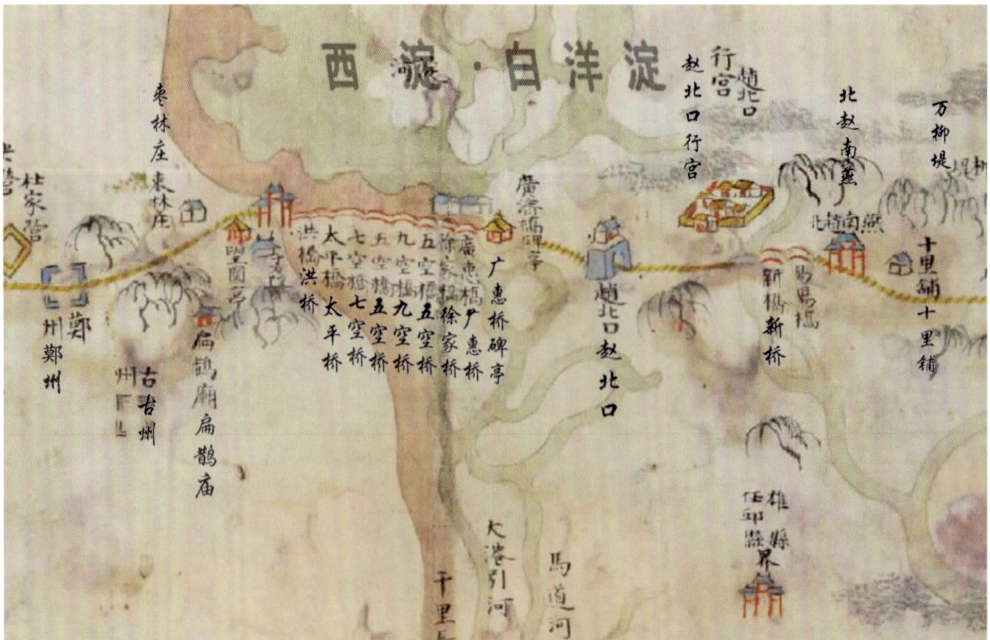

图 1 《乾隆四十五年恭逢皇上南巡经由直隶道路图说》（局部），清周元理《奏报备办南巡事》附二，台北故宫博物院藏。图中所绘为从京城至白洋淀的跸路

① 《清高宗御制文集》二集卷十《万寿山清漪园记》。

乾隆在第一首昆明湖诗中，前半部阐述了挖湖的缘起，后半部则讲述了湖名来历：

> 昨从淀池来，水围征泽虞。此诚近而便，可习佽飞徒。
> 师古有前闻，锡命昆明湖。①

其意为我刚刚结束水围，从白洋淀（淀池）来到新拓湖畔，这里同样可以操练水师，而且更近更方便。因此依据汉武帝先例，特赐名“昆明湖”。这是在说，湖名与白洋淀水围的用意相同——借水习武。

所谓水围，就是在水上围猎禽鸟。以猎练兵古已有之，然而以水围练水军则是康熙皇帝首创。康熙十九年（1680年），康熙皇帝在畿南治水过程中诞生了水围习武的思路（见图1）。康熙论道：

> 朕一年两季行幸。春日水猎，欲人之习于舟楫也；秋日出哨，欲人之习于弓马也。若此，则人不劳而禽兽亦得遂其生。是故，我朝之兵甚强健、所向无敌者，实朕使之以时而养之以节之所致也。②

康熙皇帝希望通过水围使长于马背骑射的八旗兵熟悉驾船技法。这一决定又与当时东南沿海操练水师、备战收复台湾有关。康熙二十六年（1687年），皇帝还在白洋淀接见了收复澎湖的猛将蓝理（见图2），亲视其战伤疤痕。到康熙晚期，白洋淀水围已形成固定制度，活动包括水猎、水操与水嬉三项内容，以水猎为重。康熙朝共举行了32次水围。

图2　蓝理像。［清］佚名《台湾外志后传绣像五虎将扫平海氛记》插图，厦门会文堂与上海六一书局宣统元年石印本

① 《清高宗御制诗集》二集卷十七《西海名之曰昆明湖而纪以诗》。“淀池”指西淀，清末以“白洋淀”一名代替。“佽飞”指斩蛟勇士，这里指水兵。

② 《圣祖仁皇帝庭训格言》，清文渊阁四库全书本。

乾隆对皇祖成规敬佩不已，在首巡白洋淀观围时便申明要再续家法。他写诗序道：

赵北口水围，皇祖时每于仲春举行。盖畿南之水皆汇此，俾有淀以受之则不溢而为灾，且以习舟行饬武备意深远也。戊辰二月东巡，道经是地，辄命水虞修故事，观阅之余，爰成十韵。敢云继武敬志窥天云尔。[1]

文末“继武敬志”并非套话，而是有感而发。因为当时乾隆用兵金川已达一年，却毫无进展。

乾隆十一年（1746 年），大、小金川发生冲突，后经朝廷干预双方和解。次年，大金川土司莎罗奔又攻明正土司，朝廷派兵弹压，结果遭莎罗奔反击得手。于是皇帝在乾隆十二年（1747 年）初继续增兵，并派名将张广泗统军进剿大金川。

最初，朝廷上下信心满满。金川弹丸之地，怎能抵挡 7 万大军？征战一年后，也就是乾隆巡视白洋淀时，清军却连连受挫，随后形势每况愈下。于是在结束齐鲁巡幸后，乾隆立即派首席军机大臣讷亲为经略督师增援。不承想清军因阵前将帅不和，反被莎罗奔击败。同年底，乾隆命将张广泗押回京城，亲审后以贻误军机罪斩首；对最为器重的讷亲，在押回京城途中令其自裁；而最初瞒报军情的川陕总督庆复被赐白绫自尽。乾隆一口气处死了三位朝中大员。

在追责的同时，乾隆紧急练兵，同年七月抽调八旗精兵于香山组成健锐营，仿筑金川碉楼演练云梯，故又称云梯兵。到乾隆十四年（1749 年）初，乾隆皇帝又命大学士傅恒为统帅再次进讨，香山健锐营随行入川。而此时大金川土司莎罗奔也已精疲力竭，主动求降。乾隆于是借机允许，急命傅恒班师。延续两年的第一次金川之战就这样草草收场。

这是乾隆继位后的第一次大规模用兵，尴尬至极。他对此做出深刻反省，其中一个认识就是：作为立国之本的“八旗二代”军威不再，远非康熙所自豪的“所向无敌者”。于是，他全方位收紧之前相对宽容的执政之风，决定今后关系军务的犯人要从重处理，“不少假借”。武官临阵畏惧者，一律不得保全首级。

乾隆深感习武的迫切性，在首巡白洋淀、败讯不断之际，就准备于次年举行水围以重振军威，只因水浅而推延。至乾隆十四年（1749 年），白洋淀水量仍不如康

①《清高宗御制诗集》二集卷二《赵北口阅水围诗有序》。

熙之盛，乾隆皇帝决定不再延迟，按期举行水围。“昨从淀池来，水围征泽虞”讲述的就是上述背景。

至于诗句“师古有前闻”，则是指汉武帝在长安未央宫开凿昆明池来训练水师，以讨伐云南昆明地区的各部族，这也是历史上第一次将“尚武”精神融入皇家园林。其后北魏、北周、唐代的长安与六朝的金陵都曾效法汉武，或挖拓湖泊，或变更湖名以练水军，并称之为“昆明习武”。在乾隆4万余首御制诗中，最早提及昆明习武的也是出自白洋淀之巡，其诗云：

> 跸路唐兴便，* 水围一阅之。昆明曾漏古，武烈尚贻兹。……
> 泽以虚能受，人知劳胜嬉。庙谟钦仰处，道左树丰碑。**
> * 自注：赵北口一名唐兴。
> ** 自注：皇祖御制《鄚州水淀记》今存”。①

习武、习劳是白洋淀水围的核心。随行大臣也纷纷以此为题，在唱和诗文中延展其内涵，大造声势，如汪由敦诗云：

> 教战陋昆明，湖光万顷平。
> 沿洄开远阵，联络会前旌。②

这些思想交流使“尚武”“习武”成为君臣共识。所以当乾隆一行回到京城瓮山前，湖名也就自然而题。乾隆十五年（1750年）三月初六，皇帝正式下旨：

> 瓮山着称名万寿山，金海着称名昆明湖。应通行晓谕中外知之。③

在建园前隆重宣告湖名，这在三山五园中仅此一例，可见皇帝对习武练兵寄予厚望，将其视为拓挖昆明湖的第二个目标。多年之后，乾隆四巡白洋淀时回顾初心，写诗云：

---

①《清高宗御制诗集》二集卷二《赵北口阅水围诗有序》。诗末自注：“赵北口一名唐兴。皇祖御制《鄚州水淀记》今存。”

②《松泉集·诗集》卷十七《恭贺御制白洋淀水围元韵》。

③《清高宗实录》卷三百十六乾隆十五年三月丙辰条。

潴流本为资农务，习猎兼因训水师。

渔舍蜗寮均乐利，神尧规泽至今垂。①

二、昆明湖水操

有名不能无实。在颁布新湖名后的乾隆十五年（1750年）六月，皇帝下旨扩大范围选拔水师将领，强调水军与陆军同等重要，并计划亲自考察人才，谕旨云：

国家兵制水师与陆路并重，而近来水师将弁往往不得其人，盖缘外省于拔补千把时，由游守而转送副参，由副参而转送提镇总督，节次考验，恐致驳诘，多取汉仗可观弓马娴熟，及通晓官话之人送考，而实在深谙水师者，或转不得与选。

夫水师兵丁与陆路不同。在陆路则以汉仗弓马为能，而水师则专以水战为事。况将弁为兵丁之领袖，凡风云气色、岛屿情形，以及往来驾驭之法尤须练习有素，方可指挥士卒，操纵得宜。嗣后，各省拔补水师千把，务留心选择通晓水性、熟练舟师之员，方许呈送考验。不必专于汉仗弓马取之，庶水师将弁得收实用。②

乾隆六下江南，将阅武阅水操与视察水利视为最重要的两件大事（见图3）。在京城，乾隆还将征讨金川的健锐营一部，迁至万寿山北的红石山下，成立水师，每年春秋两季在昆明湖操练。《日下旧闻考》载：

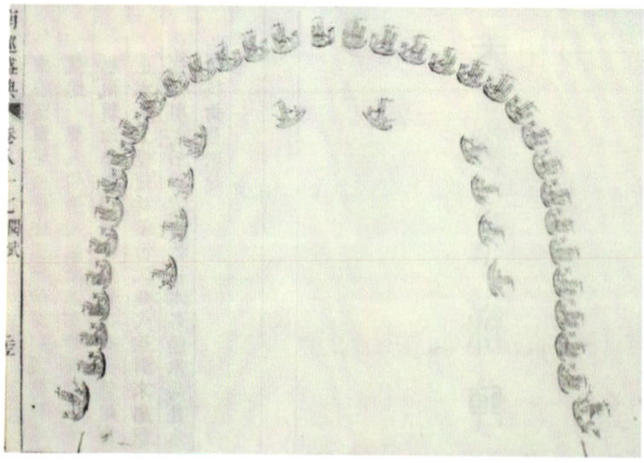

图3　乾隆南巡期间检阅的太湖水操。《南巡盛典》卷八十七《阅武》插图

① 《清高宗御制诗集》二集卷六十一《万柳堤》。

② 中国第一历史档案馆编：《乾隆皇帝起居注》第九册乾隆十五年六月二十日条，广西师范大学出版社，2002年版。

（昆明湖）设战船，仿福建、广东巡洋之制，命闽省千把教演。自后每逢伏日，香山健锐营弁兵于湖内按期水操。[1]

同期，在万寿山、玉泉山外周山坡上继续构筑金川碉楼，备战不懈，从红石山至香山沿线约有 80 座。远远望去，碉楼与湖光、云梯兵与水军高下呼应，引得来往诗人大发感慨，高歌帝国的强盛。如湖南巡抚陆耀诗云：

玉泉流出水沄沄，今昔何烦感慨纷。景泰遗陵横古道，金源荒寺隐斜曛。
坚碉近筑增形势，健锐新移宿禁军。圣代武功元近古，方开麟阁画殊勋。[2]

不久，乾隆征讨西北准噶尔，大获全胜，威震海内外（见图 4）。乾隆在昆明湖北岸罗汉堂立碑记功，在昆明湖东堤铜牛刻铭留赞，在万寿山北建须弥灵境寺庙群祭神。这些都为“昆明习武”增加了新内涵，将尚武精神融于山水，彰显着盛世的赫赫武功。

图 4 《平定伊犁回部战图 · 和落霍澌之捷》，清乾隆三十年（1765 年）丁观鹏等绘，北京故宫博物院藏

①《日下旧闻考》卷八十四《国朝苑囿》。
②［清］陆耀：《切问斋集》卷十六《游西山同王孝廉元音高孝廉景濂作 · 其四》，清乾隆五十七年晖吉堂刻本。

乾隆二十九年（1764年），皇帝发动征缅之战。因缅甸河多水恶，特派健锐营与2000名福建水师士兵参战。谁知演习时技术娴熟的福建水师中看不中用，一听枪响掉头就跑，结果还是靠健锐营水师奋勇冲锋，才把他们解救出来。乾隆在诗注中毫不留情地写道："福建水师徒有其名，而临阵殊怯。是年冬，阿思哈乘舟率健锐营兵及福建水兵攻贼，遇贼人抵御，乃福建兵一闻枪响，即欲泅水远遁，转赖健锐营兵管押救护，可见全无实用！"① 为此，乾隆重奖重罚，还反复作诗提及此事。昆明湖健锐营水师初露锋芒（见图5）。

图5《十全敷藻图册 · 缅甸进贡》，清王承霈绘，中国国家博物馆藏

图6《钦定平定台湾凯旋图》，清佚名绘，私人藏

榜样的力量是无穷的，之后在平定台湾林爽文起义中，福建水师起到重大作用。福建水陆提督蔡攀龙、梁朝桂，以及健锐营参领赛崇阿、护军参领万廷等20人被封"巴图鲁"（勇士）称号，乾隆亲笔题赞，命将其画像入悬紫金阁，列入《平定台湾功臣五十像》之中（见图6、图7）。而健锐营也在二平金川时再立新功（见图8）。昆明湖中的战船显得更加雄武。兵部侍郎玉保写诗道：

图7《十全敷藻图册 · 台湾归来》，清王承霈绘，中国国家博物馆藏

①《清高宗御制诗集》四集卷六十八《阅水操志事》。

万顷烟波望欲迷，石桥风定乱蝉嘶。云浮金凤巢阿阁，日照铜牛卧大堤。

焕馆凌霄丹嶂迥，水师校战彩帆齐。圣皇自有平时备，郑重将军旧鼓鼙。[①]

参加水操的战船最多时一次可达32艘，这些战船都装有风帆桅杆，操练的一项重要课目就是辨风操舵驶帆。昆明湖南堤外的水面被辟为战船坞，湖水与金河相通，“夹岸开稻田百顷，实以灌溉，弥望青畴宛然水乡风景，中有战舰，设水师营统之”[②]。千亩稻浪中桅杆林立，可说是昆明湖畔的另一大景观。清代弘旿的《都畿水利图卷》对此略有描绘（见图9）。

图8 《平定两金川得胜图·攻克菑则大海昆色尔山梁并拉枯喇嘛寺等处》，清佚名绘，北京故宫博物院藏

战船坞旁设有健锐营水师南营，因教习多来自闽粤，故又称“蛮子营”“小蛮营”。

图9 清漪园昆明湖中的战船。《都畿水利图卷》（局部），清乾隆年间弘旿绘，中国国家博物馆藏

① [清] 玉保《昆明湖》，见徐世昌辑《晚晴簃诗汇》卷一百四，民国十八年退耕堂刻本。

② [清] 和珅等：《（乾隆）大清一统志》卷五《顺天府二》，清文渊阁四库全书本。

道光时斌良作诗咏道：

艨艟战舰习昆明，尽翦鲸鲵庆息征。
闽粤黄头身手捷，至今犹号小蛮营。[①]

以实战而言，健锐营水师仅是一队偏师。昆明湖水操更多是象征意义，用以宣扬国家的尚武精神，警醒各级官员居安思危。自嘉庆后，清朝内乱不已，国力衰退，昆明湖操练被迫停止。道光年间水师解散，士兵就地安置。南营逐渐演变为船营村，现为船营公园。

目睹昆明习武的废弃，寄宿六郎庄的奕绘无限感慨，在词中写道：

游山归骑，过昆明忽忆乾隆新凿。蓄水机关湖四面，启闭亲劳制作。耕织图边，绣漪桥下，玉水尤澄澈。楼船飞渡，望蟾时御层阁。　　水战鼍鼓鸣雷，霓旌蔽日，火炮如星落。十里荷花强半死，剩有芦花雪白。窗网蜘蛛，墙钻鼯鼬，往事难重说。玉华宫闭，松风溪水呜咽。[②]

魏源是近代中国“开眼看世界”的代表人物，曾著《海国图志》。当他行走至此地时，同样触景生情，写诗道：

香山驰道出西冈，每岁搜巡忆武皇。百丈梵王乌藏刹，三千硼堞羽林枪。
一自溟鲸风鹤警，更无柳絮菊花觞。昆明自昔楼船地，曾宴来庭万里羌。[③]

诗人眼中的湖水与硼楼，不仅是三山五园的景观标志，更是全球视野下国家军威的象征。而这，也成为光绪朝建立昆明湖水操学堂的依据。

---

① [清] 斌良：《抱冲斋诗集》卷二十三《闰六月十七日，由双桥关帝庙至六郎庄静安禅院小憩，循堤散步，敬读乾隆御制碑碣，过绣漪桥至界湖桥，舒眺万寿山、玉泉诸胜杂兴·其四》，清光绪五年崇福湖南刻本。

② [清] 奕绘：《念奴娇·过昆明湖》，见 [清] 奕绘原著，金启孮校笺《明善堂文集校笺》卷十七，天津古籍出版社，1995 年版。

③ [清] 魏源：《古微堂诗集》卷九《游别海淀四章·其三》，清同治九年刻本。

三、白洋淀水猎与昆明湖试围

水围的最初内容是水猎，即猎取水上禽鸟，它比水操更具娱乐性。白洋淀水猎通常在初春惊蛰至清明之间举行，这时节大量水鸟汇集白洋淀淀区，停留 4—7 天。乾隆时期为保证数百艘船只的吃水深度，水猎前一年若逢大水年，需要关闭下游的张青口闸；小水年则关闭赵北口万柳堤闸。入冬后关闭万柳堤 11 座桥闸中的 9 个，留 2 个方便渔民出入通行；水猎期间则将剩余闸门全部关闭。

乾隆十五年（1750 年）大型水围前，朝廷曾对 4 座康熙行宫进行整修、扩建，同时在雄县十里堡、安各庄和端村之北的马村，设立大营备用，由负责京师三山五园建设的工部尚书三和督建。

水猎活动开始，乾隆一行先从端村行宫行围，乘船至圈头行宫驻跸，次日乘船行围至郭里口行宫驻跸，第三日行围至赵北口行宫。全程共计 23 围，水路 180 里（见图 10）。

图 10　西淀水猎线路示意图

每围采用团队阵形，先以百余只围船分左右两翼沿湖边划入包抄水上禽鸟，然后由皇帝发令射击，这也是“水围”之名的由来。围击时惊飞的禽鸟常在水面上空盘旋一阵，再飞往邻近的湖淀。白洋淀湖淀众多，提供了多次围猎的可能。乾隆十五年（1750 年）水猎的组织者、直隶总督方观承写长诗详细记录了当时的场景，今略摘一二：

鹈鹙䴔䴖鸧鴐鵝，不计其数百千万。……
远舟如鸟鸟蔽舟，黑云盘空波潋滟。
风颓气急散复合，高坠炮光低带箭。①

飞鸟升空盘旋如黑云，场面十分壮观。乾隆皇帝亲自上阵，以火枪获 50 余禽，射箭获 20 余禽。此外鱼类也是水猎的配角目标，所谓“应弦碎羽天花落，跋网惊鳞玉尺韬”②。水围后乾隆总结道：

泛滥畿南水，归斯淀受之。试围曾举昔，习武再临兹。③

水猎方山猎，欢声发棹声。合围徐俟际，五字适因成。
皇祖修春猎，端因重武功。继绳予悃切，踊跃众心同。
箭发鸥浮水，枪鸣雁落空。停桡颁获罢，满意畅东风。④

“水猎方山猎”是将白洋淀水围与热河避暑山庄围场秋狝相提并论，二者同为大清习武的重要手段。康熙早前也于白洋淀写诗云：

习战昆明汉武穿，于今江海靖鲸烟。常思远涉坚筋骨，每令平流演猎船。
雁阵惊枪离复合，鸥群畏弩散还连。衰年虽乏挽强力，黾勉春搜以德先。⑤

---

①［清］方观承：《述本堂诗续集·燕香集》上《赵北口水围恭纪长句》，清乾隆三十年桐城方氏刻本。
②［清］卢锡晋：《尚志馆文述》卷七《舟中观猎（赵北口试题）》，清康熙刻雍正增修本。
③《清高宗御制诗集》二集卷十六《叠前岁赵北口阅水围韵》。
④《清高宗御制诗集》二集卷十六《白洋淀水围》。
⑤［清］圣祖玄烨：《圣祖仁皇帝御制文集》四集卷三十五《舟中观猎》，清文渊阁四库全书本。

汪由敦则作诗补充习武备战的意义：

训士宁专罟网修，御风击楫绍先猷。
昆明早见舟师肄，有备端因为遏刘。[1]

乾隆朝在白洋淀先后举行了20次水猎，这与昆明湖水操形成互补式的水上操练。乾隆十九年（1754年），皇帝尝试在昆明湖水猎，作诗《恭奉皇太后昆明湖观水猎》：

水虞应节习昆明，缉猎轻舟罨彩旌。
汉武唐尧溯往迹，燕南赵北效前行。[2]

“燕南赵北效前行”指白洋淀水猎。乾隆在诗注中说：“淀池水围，皇祖时岁举行之，朕亦偶试二次。兹以昆明近而便，故奉皇太后观之。”

水猎范围自昆明湖至玉泉山之间。当时尚无团城湖，更没有围墙，西堤及玉河两岸水草丰美，鸟禽云集，“绿柳红桥堤那畔，駕鹅鸥鹭满汀洲”[3]。水猎共出动130只围船，加之阅围的大小御舟28只，湖面上精彩纷呈。

由于生态环境的变化，乾隆中、后期昆明湖及其外围已无“駕鹅鸥鹭满汀洲”的景象。乾隆皇帝更多的是关注练兵演习，水猎不再举行，而以水操为主。到乾隆二十九年（1764年），昆明湖水猎船大都糟朽，被拆改作为战船的修补材料。需提及的是，昆明湖战船和游览御舟主要由白洋淀船工制作与维修，这一传统延续到1949年后。

四、昆明湖水操学堂与演练

咸丰十年（1860年），英法联军焚毁三山五园后，昆明湖几乎退为野水荒泽，这一悲凉景象延续20余年才出现转机——颐和园的重建。

清末，边疆危机日益严峻，强军御敌迫在眉睫。然而国库空虚，军费投入出现“塞防”“海防”之争，朝廷最终决定二者并重。光绪十一年（1885年），总理海军事

①《松泉集·诗集》卷二十一《恭和御制水围六首元韵·其一》。
②《清高宗御制诗集》二集卷四十七《恭奉皇太后昆明湖观水猎》。
③《清高宗御制诗集》二集卷四十七《湖上杂咏·其二》。

图 11　北洋海军大阅活动中的"镇远"铁甲舰

务衙门（简称海军衙门）成立，醇亲王奕譞出任总理海军事务大臣，并于次年亲临旅顺检阅南北洋海军演习（见图 11）。检阅结束后，他深感现代海军的威力，担忧八旗权力旁落，遂以乾隆昆明习武祖制为依据，奏请于湖畔开办水操学堂，以培养八旗海军人才。其奏折云：

臣奕譞、善庆此次查阅北洋，于武备、驾驶、管轮各学堂悉心研考，……查健锐营、外火器营本有昆明湖水操之例，后经裁撤。相应请旨仍复旧制，改隶神机营、海军衙门会同经理，并由北洋大臣酌保通晓洋务文武数员来京俾资教练。[①]

醇亲王上奏当天，慈禧便采纳了建议，速下懿旨：

准海军衙门奏请规复水师旧制，参用西法，复京师昆明湖水操内外学堂。[②]

继承尚武传统，在昆明湖建立水操学堂可谓实至名归。当时洋务运动蓬勃发展，人心思强，盼望能重振国威，清朝一时出现"中兴"局面。在此背景下，建立海军大大鼓舞了人心，坊间纷纷报道，如《申报》所述：

海军衙门拟将海淀昆明湖一带挑挖深广，借以添练海军，并创建水师营房以备海部官兵驻操，并修盖武备学堂一所，仿照天津成案，拔取人材。现已勘估工程约需四百余万金。奏准。归海部承修，应需经费已由李傅相筹款拨用。朝廷筹备海防不遗余力，自强之效当于指顾间，见之诵"昆明池水汉时功，武帝旌旗在眼中"之句，不诚后先辉映乎？[③]

①［清］奕譞等：《酌拟规复水操旧制参用西法以期实济》（光绪十二年八月十七日），见张侠、杨志本等编《清末海军史料》，海洋出版社，1982 年版。

② 张侠、杨志平等编：《清末海军史料》，海洋出版社，1982 年版。

③《预备海防》，《申报》，1886 年 11 月 7 日，第 2 页。

“昆明池水汉时功，武帝旌旗在眼中”是杜甫缅怀大唐国威的名句，此刻却成为全社会对未来的殷殷期盼。而民众蒙昧不知的是，慈禧之所以如此迅速采纳设立水操学堂的建议，是为了满足自己的建园私欲。洋务官员为争取慈禧对海防的支持，也只得心照不宣。于是，昆明湖水操拉动了颐和园的建设，而后者的投入又渐成主角，声势后来居上。

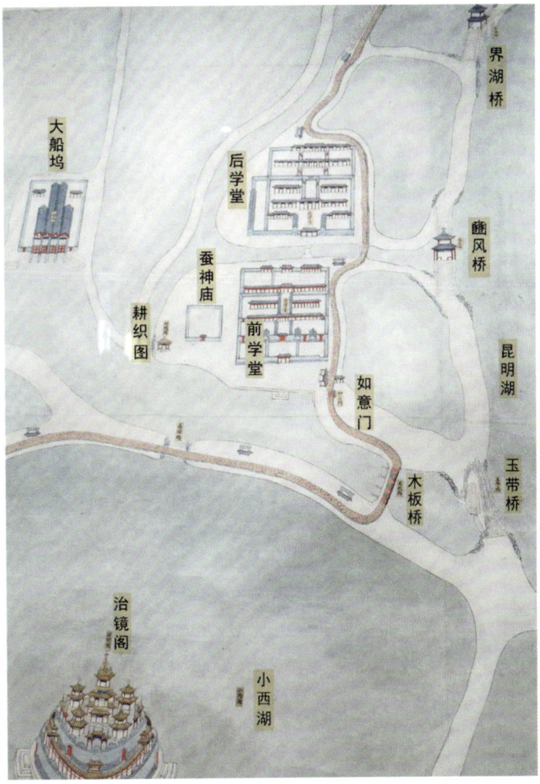

图12　颐和园时期水操学堂位置。《颐和园方位全图》（局部），首都博物馆藏

图13　颐和园廓如亭东、新建宫门外的海军衙门公所。《香山路程图》（局部），清光绪年间如意馆绘，颐和园藏。摘自北京市公园管理中心编《图说Ⅳ　这片山水这片园》，文物出版社，2022年版

学堂分内外，外学堂（又作“前学堂”）选址在清漪园耕织图织染局旧址，内学堂（又作“后学堂”，见图12）选址在清漪园耕织图水村居旧址。水操学堂是海军衙门的直属机构。在廓如亭东，还建有海军衙门公所的百余间房屋（见图13）。海军衙门另派外神机营、外火器营官兵100人驻于学堂，5日一轮换。每月逢一、六进行水上会操。

光绪十二年十二月十五日（1887年1月8日），内学堂首先开学。第一批学生共计60人，均是满族八旗子弟。开学之日，万寿山的代表性建筑排云殿也秘而不宣地举行了供梁仪式。宝廷写诗云：

又闻画舫易戈船，仿古昆池重习战。
兴来曳屐连日行，历尽东堤更西岸。

桥度青龙问玉泉，船坞增修势巍焕。
学堂共说习水师，栋宇崔嵬诧新建。①

一个“诧”字反映出当时人们的疑虑。光绪十三年（1887 年）春，即学堂开课三个月后，昆明湖举行了首次新式装备的水操演练。这次演练调用了天津水师 8 艘轮船和外火器营水师 4 艘炮船。力主海防的李鸿章陪同醇亲王检阅，他在诗注中道：“去岁始定议，规复昆明湖水操旧制，改隶神机营、海军衙门管理。”“健锐营为乾隆间征金川时奉旨创设。”诗中充满“继武敬志”、励精图治的精气神：

犀兕群推百炼锋，阿童竞说水中龙。
即今海国争雄长，何止滇池备折冲。
神策六军归上将，鬼方三载念高宗。
车攻吉日还周雅，喜复中兴觐盛容。②

光绪十四年（1888 年）初，为平抚社会舆情，朝廷以乾隆皇帝建清漪园为母祝寿为依据，发布建设颐和园以便慈禧归政颐养的公告。随后，为满足战轮吃水深度，昆明湖开始了大规模的清淤工程（见图 14）。海军衙门雇用民夫约 1800 人，分别承担挖泥、担土两项工作。其中下水挖泥者，每人除日食三餐外，给工价京钱 1600 文；而负土者，每负一袋往返给京钱 40 文，不给三餐，任便担负。这也是颐和园建设中最早竣工的项目。

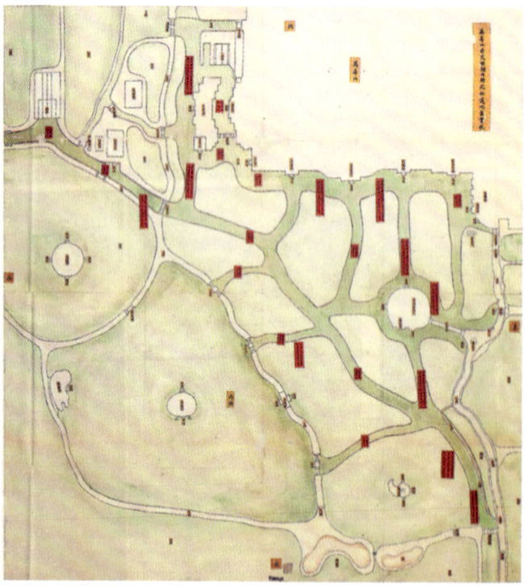

图 14 《万寿山前昆明湖内开挖船道地盘画样》，清光绪年间样式雷绘制，中国国家图书馆藏

第二年，光绪皇帝亲政。他在昆明湖南海淀检阅水师合操，《申报》对此进行了详细报道：

①［清］宝廷：《偶斋诗草》内次集卷八《湖上偶成》，《清代诗文集汇编》第 744 册影清光绪十九年方家澍刻本，上海古籍出版社，2010 年版。

②［清］李鸿章：《陪醇邸南苑海淀阅操》，见周殿龙分册主编《李鸿章全集》第 12 册《遗集》卷六《古今体诗》，时代文艺出版社，1998 年版；又见顾廷龙、戴逸主编《李鸿章全集》第 37 册《诗文》，安徽教育出版社，2008 年版。两种《李鸿章全集》中，本诗的自注都有错讹，今改正。

三月二十三日，皇上临幸颐和园。所有外火器营、健锐营、圆明园马步各队，健字、利字威远洋枪队，俱于昆明湖岸上、近玉泉山脚下列队以俟。八炮艇水师官兵伏于湖间，号衣靴帽一律新制。旗帜迎风，刀枪似雪，枪炮厂官兵亦将地雷、鱼雷预备停妥。

皇上于是日两点钟抵龙王堂，信炮三升，海螺齐鸣，各马队开操大阵，奇偶相生，枪声震地，若临大敌，其演连环阵也。人马如旋风转动，队伍并不淆混。枪声若连珠，尤叹观止。步队兵所练，仍系抬枪、鸟枪而合操之一字长蛇，新旧各阵颇见变化灵捷，枪声联络。惟外火器营小过堂小队兵皆童子，所练无逾十二岁者。

至于健字、利字等队，先演炮队，分离开合，倍形精熟。合燃之，则十二炮若

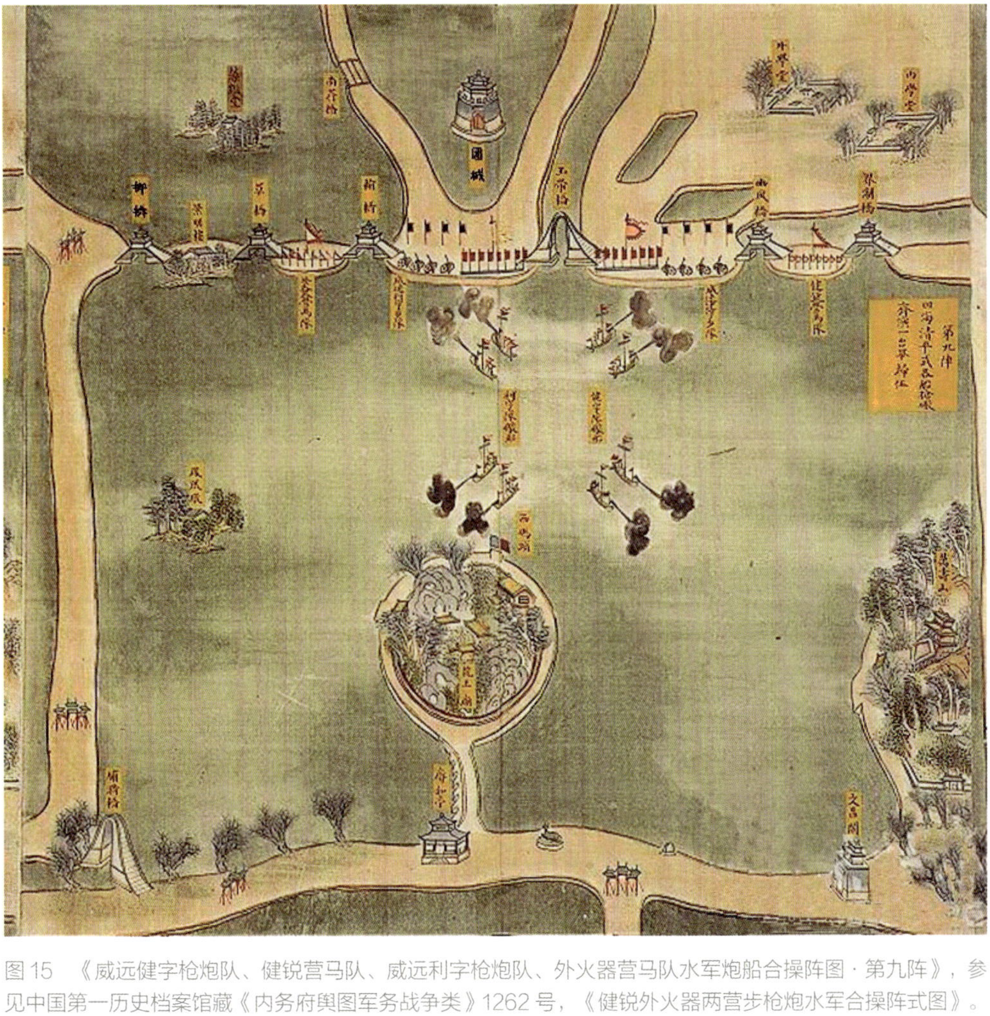

图 15 《威远健字枪炮队、健锐营马队、威远利字枪炮队、外火器营马队水军炮船合操阵图 · 第九阵》，参见中国第一历史档案馆藏《内务府舆图军务战争类》1262 号，《健锐外火器两营步枪炮水军合操阵式图》。这套图共计 12 幅，表现了清末颐和园昆明湖龙王岛至玉带桥之间水军操演的 12 个阵势

一声；分燃之，则络绎不断。洋枪练兵，演龙出水，八卦变方，中外阵式，枪声连络，步伐整齐。

终以技艺队，兵则长枪、大刀、藤牌、弓箭，各尽其妙。枪炮队演方阵，每面兵分三层，前层蹲伏燃枪，中层鞠躬以击，后层立身平燃。各炮分布四隅，管带等率技艺兵中央策应。

陆操演毕归队排立，而水操继之，计红单炮艇八只，每只设炮三尊，洋枪十杆，从湖之两旁荡浆而出，势若二龙。山水撑往湖心。八船布成一字船头，燃炮三排，枪声继之，势若长蛇。击首则尾应，击尾则首应。击中则首尾俱应，颇称娴熟。

皇上问毕时已四点钟，遂还玉澜堂少坐，乘舟而回。盖因时晏未克调阅电气等炮也。开操之际，烟气迷漫。皇太后率慧妃、皇后等于玉泉山侧，远远观览。仰见圣朝讲求武备，洵有蒸蒸日上之几也。①

光绪十五年（1889 年）的检阅水操，恰好暗合乾隆十五年（1750 年）的白洋淀水围。二者相距百余年，火轮火炮毕竟比鸟枪弓箭前进了一小步，尚武一息尚存。如果上下真能卧薪尝胆，未必不能再续辉煌。光绪皇帝满腔热血地作诗道：

风云腾虎旅，雷电助龙骧。
阅武承前烈，雄图未敢忘。②

这次阅操留下一套《威远健字枪炮队、健锐营马队、威远利字枪炮队、外火器营马队水军炮船合操阵图》，共计 12 幅（见图 15），与《申报》两相参阅，更为明晰。当时昆明湖尚无围墙，演练是在三山五园大空间中举行，慈禧与后宫嫔妃在玉泉山东远观。湖面上水操不断，炮声隆隆。③ 同期其他新式武备操练也在京城各校场紧锣密鼓中进行，时时见诸报端，给人以奋发图强的气象。

不过慈禧却一心聚焦于六十大寿。首次阅操后，建筑昆明湖大墙也被提上议事日程，并于次年开始砌筑。“自由”存在 141 年的昆明湖从此禁锢于 7000 丈④

① 《大阅恭纪》，《申报》，1889 年 5 月 5 日，第 2 页。

② ［清］德宗载湉：《清德宗御制诗集 · 昆明湖阅水操》，《清代诗文集汇编》第 792 册影清内府抄本，上海古籍出版社，2010 年版。

③ 《大阅恭纪》，《申报》，1889 年 5 月 5 日，第 2 页。

④ 清代 1 丈合今 320 厘米。

围墙之内。光绪十七年（1891 年）春，在大墙内，慈禧带领众臣在昆明湖南湖岛检阅水操。

五、白洋淀水嬉与昆明湖烟花演戏

水猎为清代康熙皇帝首创，而水嬉活动则由来已久。水嬉又写作“水戏”，属于纯娱乐性的水上活动，普遍流行于江南、湖广水乡民间，传入宫廷后则以宋代金明池水嬉最为著名（见图 16）。由于水嬉偶附水操内容，因此二者也常混为一谈。清代皇家水嬉则专指龙舟水嬉，内容有竞渡、烟花、戏剧、杂耍、灯会、歌舞等，主要在圆明园福海、西苑太液池举行，逢天旱取消。皇太后及后宫嫔妃是观赏主体。

宫廷水嬉的高峰又与白洋淀相关。乾隆首巡白洋淀的阅围中就有水嬉内容。后来东巡结束，孝贤皇后富察氏病逝于途中，乾隆悲恸欲绝。痛定之后，他将一腔亲情倾注于母亲身上，提前两年筹备寿庆活动，活动之一就是南巡江浙。

乾隆十六年（1751 年）初，乾隆奉母首次南巡，途经白洋淀时水猎节候未到，因此举行了大型水嬉表演，将这项宫廷屡见不鲜的活动“嬉”出新境界。水嬉以祝寿为主题，表演场地设在赵北口行宫西面的湖面上。夜晚，大型团体操灯会将活动推向高潮，特别是莲花灯舞，80 艘莲花灯船沿着凿开的航道，在曼妙的歌声中缓缓漂向行宫的望围楼，黑幕中骤然一齐亮灯，与水光互映似群星闪烁，如仙如幻。直隶总督方观承写诗道：

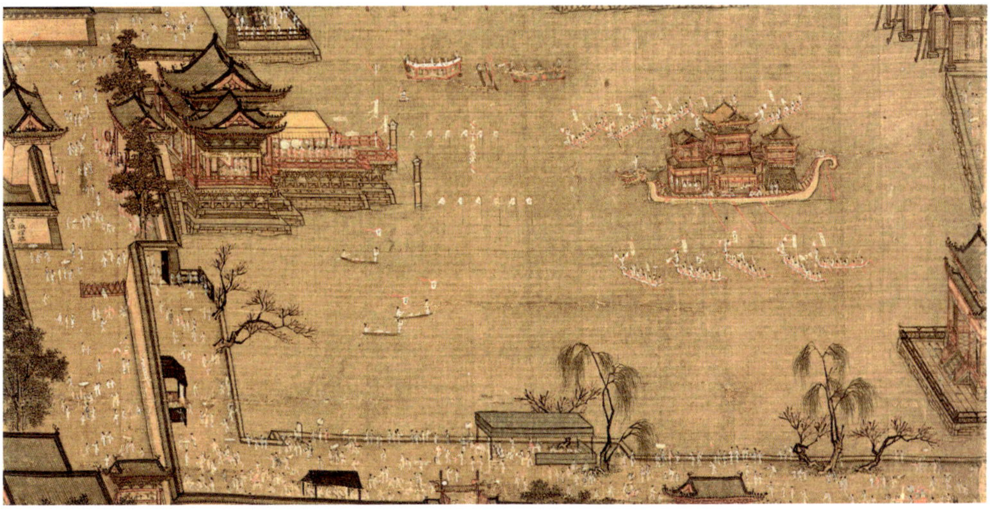

图 16　宋代的金明池水嬉活动。《金明池争标图》（局部），宋张择端绘，天津博物馆藏。

千顷冰装白玉壶，忽教涌出万红蕖。
回环灯影连高下，远近歌声乍有无。[①]

接续表演的九龙灯，则是快节奏的龙舟武戏：

夜半鱼龙斗合围，火珠旋转剧光辉。
须臾电掣雷砰处，真有千鳞破冻飞。[②]

赵北口行宫周边半里内遍挂灯笼，配以烟花，水波映楼台犹如银河天宫，不仅皇太后与后宫嫔妃大喜，扈从王公廷臣喝彩，就连当地百姓也在临湖万柳堤上欢呼雀跃。乾隆免不了挥毫赋诗：

绞缚烟花冻浦间，冰天火戏胜尘寰。春雷惊起鱼龙蛰，云物团成虎豹关。
真是水仙朝贝阙，谁教海客驾鳌山。踏灯词尽饶佳丽，此夜风光未许攀。[③]

行宫中的望围楼专为皇太后一众准备，而西淀万柳堤上的望围亭则为平民百姓的观景之地。大学士汪由敦写诗概述了这一连串的欢乐场景：

北地烟波阔，深春物象妍。今来冰未泮，顿觉景殊前。
贝阙银绳界，珠宫玉镜悬。好留明媚色，更试水围船。

五夜酬佳节，灯花照眼明。御营排日赏，韶景逐宵评。
星斗流光灿，鱼龙起蛰惊。为占丰稔庆，农事剧关情。[④]

白洋淀水嬉场面宏大，远胜京城一勺半洼的小水面，此后几成固定节目，每次乾隆出巡经过白洋淀都要举行，乾隆还特别安排班禅所派喇嘛和哈萨克使臣由京城

① [清] 方观承：《乾隆辛未正月十三日，恭逢圣驾奉皇太后南巡，江浙臣观承谨率属扈跸至景州纪恩即事，得诗二十首·其八·十六日驻跸赵北口》，见 [清] 刘统修，[清] 刘炳纂《(乾隆) 任邱县志》卷首，清乾隆二十七年刻本。

② [清] 方观承：《乾隆辛未正月十三日，恭逢圣驾奉皇太后南巡，江浙臣观承谨率属扈跸至景州纪恩即事，得诗二十首·其九·津人制九龙灯以相斗戏》，见《(乾隆) 任邱县志》卷首。

③《清高宗御制诗集》二集卷二十二《上元后夕观灯火》。

④《松泉集·诗集》卷十八《恭和御制赵北口行宫作元韵》。

赶来一同观赏。白洋淀开启了地方大员举办水嬉的先例，一时间巡幸所经之地的官员纷纷效仿，致使乾隆连连下旨，类似活动除保留白洋淀一处，其余一律禁止，以免铺张浪费。

京城昆明湖虽然继承了白洋淀水围的许多制度，但为了保持其军事化水操的严肃性，还是将水嬉局限于福海与太液池。乾隆还强调昆明习武与宋代金明池水嬉不同，作诗云：

霞旆风帆漾绿漪，搜禽恰称仲春时。
承平武备应勤习，不是金明竞水嬉。①

桀池明节度，缉猎式威仪。
继武常思亹，乘时岂为嬉。②

宋代崇文抑武，开辟金明池，名为水操实为水嬉，岁月静好，不思进取，最为乾隆所不屑。昆明湖上虽不举行水嬉，但是在节庆之际，特别是上元节，还是有类似白洋淀的挂灯装饰，远在西堤上可以观赏，这成为君民同乐的节庆景观。焦和生与洪亮吉都曾作诗以记其事：

昆明湖上月色新，垂虹桥边多丽人。
朋侪踏月寻灯处，吟诗唱和何清真。③

昆明湖水连天碧，万盏灯辉一天月。
临湖亭上看春灯，鱼龙曼衍从东升。④

乾隆御制诗中也有提及张灯之事，但他似乎并不感兴趣，常常挂灯而不燃，或仅为皇太后一众观赏。乾隆偏爱清静，常常在诗作中流露出对灯会的应付心态。如他写道：

---

①《清高宗御制诗集》二集卷二《是日复得诗四首·其四》。

②《清高宗御制诗集》二集卷十六《叠前岁赵北口阅水围韵》。

③［清］焦和生：《连云书屋存稿》卷五《中元夜登黄鹤楼观河灯》，清嘉庆二十年刻本。

④［清］洪亮吉：《卷施阁诗集》卷九《万寿乐歌三十六章并序·春灯词第六》，清光绪三年洪氏授经堂刻洪北江全集增修本。

悬灯列炬庆宵阑，趁暇名山此静盘。
祇树法云瞻宝月，如如不动镇团团。[①]

放灯连日真嫌闹，过节山斋来味闲。
何似空空朴室里，曰闲曰闹一齐删。[②]

乾隆时期的这些规矩到光绪年间皆被打破。就在颐和园万寿山重建工程就绪、慈禧六十大寿举槌开锣之际，中日甲午海战爆发，北洋海军全军覆没（见图17、图18），清政府被迫签订《马关条约》。光绪二十一年（1895年），海军衙门连带着万寿山下的水操学堂被一并裁撤。

图17　甲午海战中的场景之一。《鸭绿江战胜图》，《点石斋画报》，1894年第387期，第3—4页

水操学堂仅存在8年多，培养出24名毕业生，其中6人在清末海军重建时被委以要职，在民国前期的海军中仍能见到他们的身影。[③]

图18　甲午海战中的场景之二。《仆犬同殉》，《点石斋画报》，1895年第424期，第5—6页

水操学堂裁撤了，颐和园却被保留下来。败绩挡不住慈禧的游园观戏，昆明湖水操被水嬉所替代，灯会也一并延续下来。

光绪二十二年（1896年）正月十五日，清朝迎来甲午战争后的第一个元宵节。清末报刊《益闻录》报道了颐和园水嬉灯会的场景：

①《清高宗御制诗集》三集卷二《新春游万寿山报恩延寿寺诸景即事杂咏》。
②《清高宗御制诗集》四集卷十《味闲斋》。
③秦雷：《京师昆明湖水操学堂史论》，《北京社会科学》，2006年第1期。

十五日为元宵佳节。皇上命驾至颐和园请太后安，即陪皇太后观灯听戏。是日从王大臣、皇上俱赏听戏于颐乐殿，唤承庆班与升平署之御乐在殿前合演。

抵日薄崦嵫，又在乐寿堂前点放烟火，即于牌楼之处高搭盒架，贯以彩索，花样玲珑，奇巧百出。其玉澜堂、景福阁、排云殿、乐寿堂各处均悬挂红穗牛角灯并电灯类，共牛角灯七千余盏，电灯数百支。

各处铺陈尽皆华丽，婉嬋金翠，光怪陆离，真所谓琉璃世界、珠宝乾坤。加以火树琪花，辉煌灿烂，神摇目眩，不暇给赏。万寿山宫殿寝室，及游廊、穿廊、亭楼、牌坊各处，悉缀彩灯，晶球颗颗，纱笼浑圆。乐寿堂牌楔外有玻璃□大柱，中藏气灯两盏，光照二三里。①

万寿山上除悬挂传统宫灯，还安置了引进的电气灯。②灯会持续了四五日，“京师各处自皇城至颐和园有各旗路灯照耀如白昼，民人游观者如梭如织，金吾不禁，万姓同欢，真与民同乐之上轨也”③。这年“清明前一日”，慈禧太后回宫，“时届黄昏，由颐和园乘太平龙舟带以小火轮船，沿河两岸明角宫灯照耀，无殊白昼，迤逦至万寿寺登岸，进西直门由旧路还宫”④。

失败的氛围很快被喜气所掩盖。这年中秋节，昆明湖上举行了大型的水嬉灯会，花样之新空前绝后。《益闻录》报道：

丙申八月十八日，皇上侍皇太后于颐和园庆赏中秋佳节，以十五、六等日系皇上致斋之期，故展缓于观潮之候。是日，奉皇太后懿旨，凡随驾驻班王公大臣俱赏坐船听戏。

是晚，昆明湖南岸用四舰联泊如铁环成队作为戏台，向北驻碇，前后有小划艇五艘以便拽纤，将戏台船随意移转，顺皇太后、皇上座船。北岸排云门之前，泊画舫一艘，南向四面下碇。皇太后坐于船唇，皇上随坐于右。皇后、嫔妃俱坐舱中。左右有轮船两号，为近支王公所坐。该轮左右有平面船两号，为内大臣及司员等所坐，其宫娥、随侍妈妈等坐殿式舱船中。

---

①《皇太后游幸颐和园恭纪》，《益闻录》，1896 年 3 月 18 日第 1555 期，第 3—4 页。
②《禁苑春灯》，《申报》，1896 年 3 月 7 日，第 1 页。
③《皇太后游幸颐和园恭纪》，《益闻录》，1896 年 3 月 18 日第 1555 期，第 3—4 页。
④《凤池染翰》，《申报》，1896 年 4 月 22 日，第 1 页。

梨园名角登台，作优孟衣冠，演升平署所新创。第一出，袍笏而出唱《天香庆节》之曲，脆喉啭吻，约逾五刻时分。再换《天香庆节》带过会第二出，逾十刻之久。第三出为《樊城》《昭关》两剧，约逾四刻五分。第四出为《谢冠》，只一刻十分。第五出为《天香庆节》，则四刻十分之久。第六出亦《天香庆节》，约四刻十分。共演唱三十刻五分钟。声音之妙，技艺之精，衣裳之丽，无不巧慧绝伦，惟妙惟肖。

当暮色初起，电局机动，水木自浸前一带电灯由局中运机，灯即自明。各船舱位亦齐燃灯烛，轮舟则高点光灯专在湖面游弋，如双龙戏水，上下天光，照如白昼。

灯戏之外，有燃点烟火之平船十艇，及散放荷灯之平船十艇。烟火皆自外洋定制，燃放轰起，停于空际，可数分钟之久。或如明星晃耀，或如慧孛飘流，或如金蛇之飞舞盘绕，或如杨柳之倒垂斜侧，各极其妙，精彩迸露，几疑瑶光芝盖葆联，翩与祥云而偕。

至其荷灯，悉系红纸扎糊，或五瓣莲葩，下托木板浮于水面，中炷五色鱼蜡，约逾数千盏，用长绳贯作圆，围在各船之外，包举如长城。该荷艇四周悬挂牛角灯，晶莹千万点，远望如火城，待漏院记朝房灯火莫可比拟。

迨游兴将阑，水面放鹭鸶卧莲灯，灯中藏有花炮如九龙冲舞，奇巧迭呈，得未曾有，为庄亲王所进。其制用荆条编作簸箩一具，外用油布糊成，上装莲蓬、莲蕊、荷叶等，置灯火花爆于其中。一鹭鸶中有花筒一具，喷出金竹一丛，个个琅玕，异常出色，并有明灯喷出火光，陆离炫耀，目为之眩。

共计十二具轮船之游弋者，时时放气作呜呜声。戏船上鼓乐喧阗，歌喉婉转，洋洋盈耳。演毕，皇太后挈皇上登岸，伶人齐作万寿无疆之颂。笛韵悠扬，一洗筝琵俗响。而诸王大臣亦陆续登岸散归，翼日具折谢恩。①

活动高潮是昆明湖面上的烟火表演，花药专门从欧洲进口。节庆活动结束后，慈禧太后由长河乘舟（见图 19）回城，一路上同样是灯火辉煌。

图 19　停在长河岸边的慈禧御船“木兰艭”，清光绪三十二年（1906 年）山本赞七郎摄

乾隆当年不屑一顾的金明水嬉

① 《颐和园听戏观灯恭纪》，《益闻录》，1896 年 10 月 10 日第 1614 期，第 469—470 页。

就这样出现在昆明湖上，大清不可避免地走向了灭亡。在这次灯会 16 年后，清朝轰然倒塌。王国维忆想着湖山间的光鲜亮丽，悲哀地咏叹道：

> 磴道盘行凌紫烟，上方宝殿放祈年。更栽火树千花发，不数明珠彻夜悬。
> ……
> 一自官家静摄频，含饴无冀弄诸孙。但看腰脚今犹健，莫道伤心迹已陈。
> 两宫一旦同绵惙，天柱偏先地维折。高武子孙复几人，哀平国统仍三绝。
> ……
> 定陵松柏郁青青，应为兴亡一拊膺。却忆年年寒食节，朱侯亲上十三陵。①

这首《颐和园词》成为大清最后的“安魂的挽歌”。兵部员外郎宗韶则回忆着乾隆战船，在岸边痛吟道：

> 翘首想昆明，先朝习战际。岂徒恣宸游，勤远有深意。
> 入眼无旌旗，回头失翡翠。即今独渔舟，载客供游戏。
> 金牛卧榛莽，苔渍若流涕。诸君游赏处，当日伤心地。②

一湖涟漪闪现出百多年来国运与军威的兴衰，让人不由得感慨万千。

六、结语

昆明湖的开发利用有着多重目标，如果单从某一目标出发，或许建成的只是一座水库、一项水利设施、一处练兵场、一座寺庙，而颐和园最大的魅力就是将这些不同目标、不同功用融为一体，又与原有山水天衣无缝地结合，这无疑是中国传统造园思想与艺术的一大成就。

这种建设的综合性，也使不同时代、不同人群对昆明湖的开发利用产生了不同解读。海防洋务派强调昆明练兵的初心与武功；慈禧则大谈乾隆为母祝寿的孝心；

① 王国维：《观堂集林》卷二十《颐和园词》，《王国维全集》第 8 卷，浙江教育出版社，2009 年版。
② [清] 宗韶：《四松草堂诗略》卷四《诸君集昆明湖消寒，予不预焉，晚饮偶斋，分韵得四字》，清光绪三十年上海新昌书局铅印本。

进入 20 世纪后，人们更多将其解读为以水利祝寿为借口，满足乾隆皇帝一己私欲；联合国教科文组织则将它列入《世界遗产名录》，给予了“世界几大文明之一的有力象征”的高度评价。由乾隆开启的这项风景园林建设真可谓“千秋功罪，谁人给予评说”。

从乾隆的思维轨迹来说，拓展昆明湖是京城西北郊水利整体治理的一部分，是一切其他活动的基础；昆明湖水操与健锐营碉楼群、白洋淀水猎一样，是尚武备战的国家精神象征。而万寿山大报恩延寿寺又是他个人情感的一种补偿。他的设计团队则以高超技艺将这些元素交融组织在风景园林外貌之中，而这一艺术创作过程又是乾隆的山水兴趣所在。

或许可以这样说，以昆明湖为重要载体的清漪园（颐和园）是以水利为骨，以风景园林为貌，以漕运灌溉、练兵习武、祝寿怡情为用，满足不同需求的综合性工程。是这座园林使这片山水实现了价值最大化。

铜牛密码的破解

昆明湖畔的铜牛（见图 1）是用来镇水的，这个说法浅显清晰人所共知，但如果结合它背上的《金牛铭》细读一番，[①] 就会发现这铭文犹如十四行密码，隐藏着许多鲜为人知的故事，很值得深究探秘。

图 1　颐和园铜牛，刘巍摄

一、铁牛镇水的由来与原理

铜牛背上的《金牛铭》（见图 2）由乾隆皇帝亲自撰写，开篇直截了当：

> 夏禹治河，铁牛传颂。义重安澜，后人景从。

这是说，铜牛的安置是继承大禹治河、铸铁牛以镇水的传统。

文中的“河”专指黄河。传说大禹每治好一处河患，便铸一头铁牛沉入水底，以镇压兴风作浪的蛟怪。那么，这一传说是否留下了遗迹？铁牛镇水的原理又是什么？

关于铁牛遗迹的记载虽然不多，但还是有迹可循。史上提及的铁牛遗迹有二：一在山西平陆之南黄河中的铁牛碛；[②] 一在陕州北的黄河岸边，位于现在三门峡市的陕州区，最为著名。宋代孙倬记述道：“陕州有铁牛庙，今封为顺济王，头在河之南，尾在河之北，世传禹

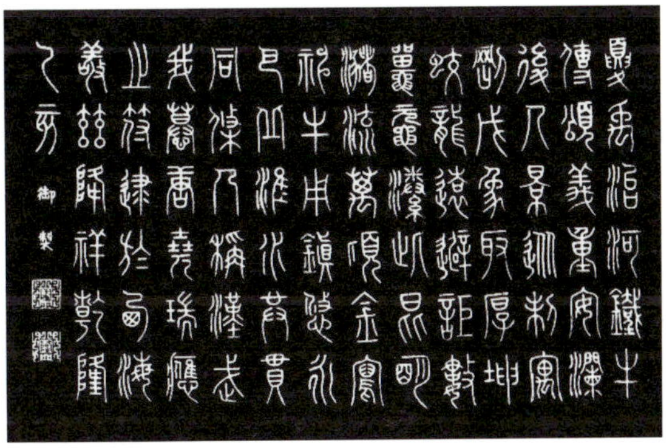

图 2　《金牛铭》拓写版

---

①《金牛铭》原文及其注释详见拙著《湖山颂碑——颐和园地区石刻碑碣集录》，北京出版社，2024 年版。

②［清］柴应辰纂修，［清］潘钺增纂：《（康熙）平陆县志》卷一《舆地志》，康熙十八年刻五十二年增刻本。

图3 《导河副图》所绘即传说中由夏禹开凿的三门峡。《钦定书经图说》卷六插图，夏怡然着色

以此镇河患也。”[①] 传说大禹曾在这一带凿开砥柱山，疏通黄河河道，[②] 从而形成了后世广为人知的“人、神、鬼”三门峡（见图3），陕州镇水铁牛即在此时所铸，许多史籍记载“牛在河中”。

孙倬只说到牛头、牛尾分处黄河两岸，那么中间的牛身、牛腹呢？在他之前的唐人孙瑾写诗说，牛身、牛腹在黄河底下延续，而且牛首、牛尾形象奇特：

> 怪形临峻岸，灵守镇惊波。
> 渚近疑巢饮，涛喧讶宁歌。
> 腹心盘下土，首尾隔洪河。[③]

这类神说启发了众多诗人，苏轼便写下名句：“谁能如铁牛，横身负黄河。”[④] 铁牛横卧黄河河底、背驮滚滚波涛，多么壮阔的图景！类似的还有宋代李新诗句“铁牛古背横黄河”[⑤]，金代元好问诗句“铁牛力负黄河岸”[⑥]，明代游潜诗句“铁牛怒抱黄河来，三山荡激如浮杯”[⑦]。总之，大禹铁牛给人的印象是一位巨型“水下工作者”。

不过，在辑录的唐代《辨疑志》佚文中，大禹铁牛就没这么有诗意了，但反而更为翔实：作者看到的铁质牛头有数尺长，大五六斗，[⑧] 上有两孔被称作牛鼻。当地传言，铁牛在河底盘结延展到黄河北岸。在北岸道观里还存留着一支铁质长杆，被称作牛尾。[⑨] 对此，诗人孙瑾不太相信，留下疑问：“谁能穷本末？千古

① [宋] 苏轼撰，[清] 王文诰辑注：《苏轼诗集》卷二十七《次韵子由送陈侗知陕州》“谁能如铁牛，横身负黄河”旧题王十朋注引孙倬注，中华书局，1982年版。

② [北魏] 郦道元著，陈桥驿校证：《水经注校证》卷四《河水注》，中华书局，1979年版。

③ [明] 邹守愚修，[明] 李濂纂：《（嘉靖）河南通志》卷二十一《古迹》，明嘉靖三十五年刻本。

④《苏轼诗集》卷二十七《次韵子由送陈侗知陕州》。

⑤ [宋] 李新：《跨鳌集》卷三《感歌行》，清文渊阁四库全书本。

⑥ [金] 元好问：《元好问全集》卷十四《马云卿画纸衣道者像》，三晋出版社，2015年版。

⑦ [明] 游潜：《梦蕉存稿》卷三《吉甫复次韵作仙游曲再复之》，明嘉靖刻清康熙三十六年补修本。

⑧ 唐代1尺合今30.6厘米，1斗合今6升。

⑨《说郛》卷二十三下引 [唐] 陆长源《辨疑志》“陕州铁牛”条。

在城阿。”[①] 唐肃宗时，好奇的陕州刺史卫伯玉也想一穷本末，于是召集士兵挖掘，考察铁牛地下走势。才挖深2丈[②]许，铁迹便消失了，也无其他旁漫支系，士兵们最后只得用土掩盖还原。[③]

图4 《大禹治水》汉画像石，徐州汉画像石艺术馆藏，杨茜摄

可见，大禹铸牛沉水仅仅是个传说而已。从文明进程看，大禹活动的年代属于青铜时代早期，冶铁技术尚未出现，也就不可能铸造什么铁牛（见图4、图5）。

或许因为卫伯玉的挖掘缺少惊喜，也或许是因为《辨疑志》的佚文鲜为人知，总之《辨疑志》的事实远不及诗人的妙笔影响广大。河岸的牛头、牛尾持续刺激着人们的想象，唐代白居易、贾至、杨谏等人都为此留下诗咏，使这位“水下工作者”越来越可尊可敬，人们也乐于传颂这个冠以夏禹的美妙故事。

图5 东汉画像砖中手执耒耜的大禹形象

到唐末，陕州铁牛后面又建起顺正庙，以尊崇牛神镇河的威力。[④] 后世册封黄河神为“朝宗顺正惠通灵显广济大河之神”[⑤]，“顺正”二字即源于此。北宋大中祥符四年（1011年），真宗皇帝慕名来访，封其为“顺济王”，并写《铁牛》诗以助神威。[⑥] 政和三年（1113年），宋徽宗也为其赐额。[⑦] 不过，这时铁牛已风化得难以辨识，“有物如铁石状”[⑧]，看来观赏性不佳。到明代，诗人邵宝来此考察后写了篇总结性诗文：

①《（嘉靖）河南通志》卷二十一《古迹》。
②唐代1丈合今306厘米。
③《说郛》卷二十三下引陆长源《辨疑志》“陕州铁牛”条。
④［宋］张邦基：《墨庄漫录》卷四，明万历间商氏半野堂刻清康熙间振鹭堂重编补刻稗海本。
⑤《明一统志》卷二十三《山东布政司·兖州府》。
⑥《墨庄漫录》卷四。
⑦［清］徐松辑，刘琳等校点：《宋会要辑稿》礼二十一之二十二，上海古籍出版社，2014年版。
⑧《墨庄漫录》卷四。

河北偃牛尾，河南峙牛头。牛身亘河内，万古镇陕郛。
作者云自禹，精深协神谋。母金厌子水，以类坤为牛。
默夺造化用，一沉永不浮。摩挲太古色，至今几千秋。
公行视其脊，欲鞭且还休。奇非铜盘比，质有石鼓侔。
愿言颂公德，屹然坐中州。中州不足抚，四海亦横流。[①]

诗人在渲染场景的同时，还阐述了铁牛镇水之理。这种解读思路始自贾至，他在《陕州铁牛颂并序》[②]中首以阴阳五行来诠释，在诗意中融入神意。后经不断补充，到邵宝时铁牛镇水的原理业已成形，即：从五行相克角度而言，牛属坤属土，土能克水；蛟类属木，金克木。从五行相生来说，铁为金，土生金，金生水，为水之母，即水为金之子，子不害母。这两个方面的属性集于铁牛一身，所以铁牛能够镇水。

在各路对神兽镇水原理的诠释中，唯有铁牛镇水的答案颇具深度，丰富了夏禹治河的传说，也被乾隆写进《金牛铭》，即“制寓刚戊，象取厚坤。蛟龙远避，讵数鼍鼋”。广而论之，这是将水利建设从工程技术层面升华到景观文化层面。

二、镇水牛的传承

传说中夏禹铁牛是沉到水下的，但是到了唐代其地位开始上升，不再在水下阻击蛟怪了，而是爬到河堤上镇守。最著名者为陕州西北方向的蒲州[③]铁牛浮桥（见图6），它是唐代首都长安的东北要津。拖拉浮桥铁索的地锚是8尊巨型铁牛，黄河两岸各4尊，每尊重达数万斤[④]。这些铁牛造型遒劲，刻画

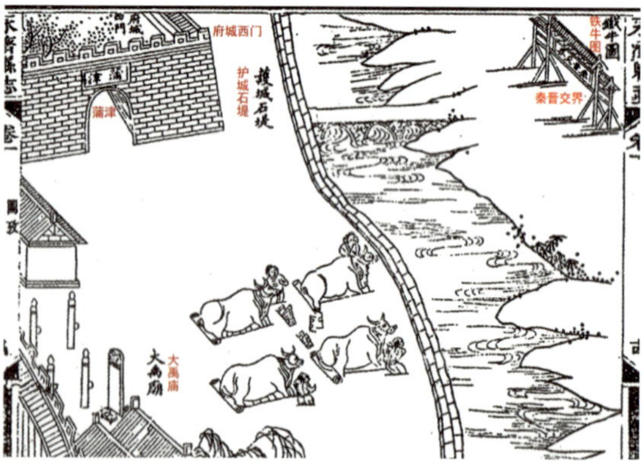

图6　蒲州铁牛图。[清]李荣和修，[清]张元懋纂《（光绪）永济县志》卷一《图考》插图，清光绪十二年刻本

① [明]邵宝：《铁牛》，见[明]王云凤《博趣斋稿》卷二十二《分题寓别诗引》，明刻本。

② [唐]贾至：《陕州铁牛颂并序》，见[宋]姚铉纂《唐文粹》卷二十二，民国八年上海商务印书馆四部丛刊景明嘉靖刻本。

③ 蒲州，今山西省永济市西南。

④ 清代1斤合今596.8克。

精美。牛旁各有铁人、铁山，其下又有铁柱深插土层，如同生根一般抓牢大地。① 蒲州铁牛浮桥铸成于唐玄宗开元十二年（724 年），这是当时社会生活中的大事件，浮桥也构成雄伟的黄河景观（见图 7）。兵部尚书张说受命作文纪颂，其中有句云："锁以持航，牛以絷缆。亦将厌水物、奠浮梁。"② 铁牛镇水兼做本职拖拉工作，功绩卓著，似乎也有真凭实据：

（蒲津关东）黄河西岸，岸去水不甚高，然不溢，他处或高四五丈辄溢，土人以为铁牛镇河，故不溢。③

这样的传说无疑为铁牛神威再增光彩。之后黄河堤上每间隔数里就有铁牛安置。④ 与早期陕州铁牛相比，蒲州铁牛除延续镇水寓意，还具有观赏性与实用性，尤其是最后一点，唯有都江堰铁牛可与之媲美，其后再无来者。此外，蒲州铁牛桥也堪称中国"铁索桥"鼻祖。铁索桥后来被广泛运用于西南地区，如著名的泸定桥（见图 8），即"仿铁索桥规制"⑤ 建于康熙年间，桥端铸铁牛、铁蜈蚣，并立铁柱牵拉铁锁。

图 7　蒲州铁牛

图 8　清光绪二十九年（1903 年）的泸定铁索桥

总之，唐代是镇水牛的兴起期。在此前后，镇水神灵家族中还有石犀、蚣蝮（又作"趴蝮""叭嗄"，见图 9）、神龟、镇海狮、铜犴、雄鸡、壁虎、蜈蚣，以及铁剑、铁柱、铁锁、铁枷等等，但都缺少深度诠释与帝王推崇，从而使铁牛独占镇水首席。镇水牛的材质、

① ［宋］谢维新：《古今合璧事类备要别集》卷九《地理门・津堠》"铸铁为牛"条注引《纪异记》，清文渊阁四库全书本。

② ［唐］张说：《蒲津桥赞》，见［宋］王应麟《玉海》卷一百七十二《宫室》，清文渊阁四库全书本。

③ ［明］韩邦靖纂修：《（正德）朝邑县志》卷一《总志》，明正德十四年刻本。

④ ［清］黄钧宰：《金壶浪墨》卷五《铁犀》，见［清］黄钧宰著，王广超校点《黄钧宰集》，陕西人民出版社，2009 年版。唐代 1 里合今 550.8 米。

⑤ ［清］圣祖玄烨：《御制泸定桥碑记》，见［清］黄廷桂纂修，［清］张晋生编纂《（雍正）四川通志》卷三十九《艺文》，清文渊阁四库全书本。

图 9　北京通州运河岸边蚣蝮，德国恩斯特·柏石曼摄

图 10　开封镇河铁犀

名称也多种多样，有铁牛、铜牛、金牛及石牛，就连堤上备用抢险的土堆也争得尊称“土牛”。犀的形象“状如牛”，古时二者互通，名为“犀牛”，自然也被纳入镇水行列，而且由石质变为铁质，号为“铁犀”，但通常都是犀名而牛身，如河南开封等地的铁犀，其形象实为牛（见图 10）。

这些逐世层累的镇水传说与文化，使“建堤—铸牛”成为治水的完整模式并流行于华夏各地。这些镇水牛的“岗位”分为两类。一类延续大禹传说，潜在水下或土中，偶露一痕。如安徽安庆府城初建之际，水害频繁，于是铸铁牛 5 尊分置城中各处，“俱藏土中，微露牛脊”[①]。还有沉在水里的，如陕西白水县铁牛河。[②] 有埋在桥下的，如邯郸城南门的市桥，下有铁柱、铁牛。[③]

北京地区最早记录的铁牛庙也是如此，位于金中都施仁门内，“有土埋铁牛，露脊，不知起于何时”[④]。后依牛脊而建铁牛庙，又环庙建铁牛坊，为元代燕城十六故迹之一，[⑤] 其地约在今天的陶然亭一带。现代历史地理研究表明，这里曾是古高梁河的流经地。

让今人想不到的是，铁牛还成为唐代之后墓葬的基本配置之一，用以镇压墓穴渗水。对其原理，唐代张说转述道：墓穴中分土、水二界，各由土龙、水龙控制，交替为恶，所以墓中宜“铸铁为牛、豕之状像，可以御二龙”[⑥]。明代《大汉原陵秘葬经》也记录了类似的实例。巧合的是，距昆明湖铜牛不远的耶律铸墓穴中，也出土了一尊铁牛，呈站立状，高近 40 厘米，长 45 厘米，[⑦] 显然延续了唐代的墓制传统。

①［清］蒋廷锡等：《（康熙）大清一统志》卷五十六《安庆府》，清乾隆九年武英殿刻本。
②［明］赵廷瑞纂修：《（嘉靖）陕西通志》卷二《土地二·山川上》，明嘉靖二十一年刻本。
③《（雍正）畿辅通志》卷四十二《津梁》。
④《日下旧闻考》卷一百五十五《存疑》。
⑤［清］孙承泽：《春明梦余录》卷六十四《名迹一》，清文渊阁四库全书本。
⑥［唐］张说：《答徐坚问葬》，见［清］陆心源辑《唐文拾遗》卷十六，清光绪十四年陆心源刻潜园总集本。
⑦ 谭晓玲：《耶律铸墓出土的镇墓神物考》，《首都博物馆论丛》，2013 年第 1 期。

镇水牛的另一类“岗位”是延续蒲州铁牛传统，将镇水牛置于岸上，唐代之后大多如此。毕竟铸造镇水牛的费用巨大，连个牛影儿都不见，总会使人心有不甘。镇水，实际就是镇住人类脆弱的心灵，坚定抗灾必胜的信心。这类实例广布各地，著名者如云南昆明盘龙江畔的金牛（铜牛），“金牛寺外八角亭中有铜牛一，重数万斤以镇水怪”[①]。黄河流域是铁牛的集中遗存区，如河南开封铁犀、山东济南铁牛、山西永济铁牛与大同御河铁牛。在北京，大运河畔的张家湾也建有铁牛寺。

如果对各地铁牛稍加分析，就会发现它们大都出现在唐代及其后，少见于唐前，更不见于大禹原始神话之中，即使陕州铁牛的传说也在唐代才出现。而早于铁牛的是都江堰地区的石犀（见图 11），传说由李冰所造。其独特造型与材质自成体系，广泛分布于成都平原，近年不断有出土（见图 12）。这应该是黄河镇水铁牛的初始形态。

图 11　2012 年出土的与都江堰石犀同时雕凿的成都蜀郡府石犀，成都博物馆藏，2021 年夏怡然摄

图 12　1997 年出土的成都望江楼公园石牛，叶小元提供

图 13　《仿唐人大禹治水图》，清谢遂绘，台北故宫博物院藏

① [清] 许鸿磐：《方舆考证》卷九十一《云南一》，民国七至二十二年济宁潘氏华鉴阁刻本。

图14 《乾隆南巡图》第四卷《阅视黄淮河工》（绢本，局部），清乾隆二十九年至三十四年（1764—1769年）间徐扬绘，美国大都会艺术博物馆藏

石犀变铁牛的背景是隋唐时期大规模的水利建设与大运河兴建，对夏禹祭祀歌颂也随之达到高潮（见图 13）。尤需一提的是，当时首都长安漕运急需黄河之利，然而河中砥柱山在隋大业七年（611 年）发生崩塌，[①] 使三门峡险滩更险。唐代曾采用各种方式进行治理，包括沿岸开凿拉纤栈道、设立漕运驿站等。

正是这些背景促成了铁牛镇水传说的兴起，而四川镇水石犀由于缺少理论补充、帝王推崇，逐渐被铁牛所替代，即使在始发地都江堰也不例外。

铁牛与石犀的形态、传说虽不尽相同，但其承载的治水精神一贯始终，鼓舞着先民乐观、不屈地抗争，正如《金牛铭》所云：“义重安澜，后人景从。”

三、昆明湖铜牛的时代背景

随着清代大兴水利（见图 14），镇水铁牛的运用也达到历史新高。在昆明湖安置铜牛之际，“治水—铸牛”已成惯例。如康熙治理永定河时，从石景山到卢沟桥一段河堤的修筑是重点工程。这段河堤承受着出山洪水的冲击，关乎京城安危。工程竣工后，河堤安置了铁牛。[②] 据说当永定河洪峰到来时，牛嘴会发出吼声，为人们报警。大堤建成后从未溃决，被称作“铜帮铁底”。可惜到了 1958 年，这尊 200

① 任乃宏：《砥柱山的崩塌与史前大洪水真相》，《青海民族大学学报》（社会科学版），2018 年第 4 期。

② ［清］陈琮：《永定河志》卷五《工程考》，清乾隆内府抄本。

多岁抗洪不倒的老铁牛被拉去炼了钢材。[①]

清代最大规模的铸牛活动发生在康熙治理淮河、洪泽湖期间，当时建成的各堤段先后铸造铁犀 16 尊（见图 15）。[②] 乾隆在整治湖北长江水利时，也谕旨在荆江各堤段铸造铁牛，落成 9 尊（见图 16）。[③] 这是当时两大国家级水利工程，《金牛铭》所云“巴丘淮水，共贯同条”，即表达了这一背景。

图 15　淮河铁牛

图 16　荆江铁牛

随着神威的加强，镇水牛管辖的范围越来越广，不仅从黄河管到长江、珠江，还从淡水管到咸水。在杭州、海宁一带的海塘大堤上，先后铸有镇海“铁牛十五，每重三千斤，雍正八年、乾隆五年、四十九年分次铸造”[④]。乾隆时举人朱文治还在《海塘铁牛歌》中，

① 京西走马：《庞村古堤十八蹬和镇水铁牛》，https://blog.sina.com.cn/s/blog_8273021f0102vug4.html。

② [清] 康基田：《河渠纪闻》卷八，清嘉庆九年霞荫堂刻本。

③《清高宗实录》乾隆五十三年十一月丁卯条。

④ 许传霈纂，朱锡恩续纂：《（民国）海宁州志稿》卷十七《金石志》，民国十一年铅印本。

比较了不同材质的镇水牛：

安澜永庆牛有功，十五头镇塘西东。笑彼石牛一见如旱魃，木牛负重凭神工。何如铁牛满身水秀勒铭古，郑家识字将毋同。[①]

在文化层面，清代祭祀夏禹的规格愈加隆重（见图17），而以大禹治水为题材的诗文、绘画、工艺美术作品更是精品迭出，其中以乾隆青玉大禹治水图山子（见图18）最为著名，这尊重达5吨的玉雕巨制，不仅刻画了治水技术，歌颂了大禹精神，也显示出清代对水利的高度重视。

图17 《大禹图》。《钦定书经图说》卷三插图

昆明湖铜牛就是在这样的背景下铸造安置的。铜牛所镇大堤最早由元代郭守敬建造，以围蓄瓮山泊湖水。这座大堤在历史上曾发生5次溃决，最后一次是在康熙二十九年（1690年）。[②]乾隆的拓湖工程使昆明湖的湖水超过旧时两倍，如何固堤安澜，成为拓湖工程的重中之重。

乾隆技术团队的对策是：在昆明湖上游连拓三湖，层层滞洪，减缓冲击之势。同时，监控青龙桥闸，一旦山水过大，及时提闸泄水。此外，进一步加固东堤，垒以巨石，连以铁锭。堤上只能步行，严禁车马。施工质量实行家族“追责制”，一人失误，罚及子孙。

图18 乾隆青玉大禹治水图山子，北京故宫博物院藏

① [清] 朱文治：《绕竹山房诗稿》卷十《海塘铁牛歌》，清嘉庆二十三年余姚朱氏刻本。

② 参见《元史》卷三十《泰定帝纪二》、卷六十四《河渠志一·白浮瓮山》；《明太宗实录》卷五十八永乐四年八月癸卯条；《明史》卷八十六《河渠志四·运河下》；[清] 朱轼等《清圣祖实录》卷一百四十六康熙二十九年六月丙寅条，中华书局影中国第一历史档案馆藏原皇史宬大红绫本配北京故宫博物院图书馆藏原乾清宫小红绫本，1985年版。

人力安妥之后，最后工序就是恭请神力助威——安置镇水牛。之所以将“铁牛”升级为“铜牛”，主因是昆明湖旧称西湖、西海，“西属金”，堤上旧有小龙王升封西海龙王，披黄描金。同理，镇水牛也以铜铸，尊称“金牛”。

这些人力加神力的措施强化了镇水功效，昆明湖自开拓至今近300年间从未溃堤，堪称典范。铜牛造像还为单调的东堤增加了游览亮点，君民共享，一如乾隆时人赵怀玉诗：

> 小步西堤上，昆明一望收。水光清鉴发，山翠澹宜秋。
> 遥作都城卫，频经御辇游。安澜恢禹绩，卌载镇金牛。[1]

四、金牛的祥瑞之兆

如果仔细端详，就会发现全国各地的镇水牛大都直眉瞪目，一副倔强执着的样子，唯独昆明湖铜牛神态安详，回首眺望，艺术感极高（见图19）。铜牛的这一回首，在景观上与万寿山形成顾盼呼应关系，而在内涵上则另寓深意，这在乾隆《金牛铭》末句中给出了提示：

> 人称汉武，我慕唐尧。瑞应之符，逮于西海。敬兹降祥，乾隆乙亥。

图19 铜牛回望万寿山，2017年刘巍摄

① [清] 赵怀玉：《亦有生斋集·诗》卷十五《昆明湖》。

意思是说：汉武帝曾开挖昆明池训练水军，开疆拓土，使四夷宾服；唐帝尧也曾停船于昆明池区域，治理水患，使天下长治久安。我对他们十分仰慕。而今，同样的祥瑞又降临西海。感谢上苍眷顾，时在乾隆二十年（1755年）。

铜牛与汉武帝有啥关系？这段话似乎与前面的镇水思路不同。大堤是在乾隆十四年（1749年）修建加固的，水利成效在第二年就已显现，并被广泛宣传。六年后，将这一成效再说一遍似无必要，那么这“祥瑞”又是指什么？

众所周知，昆明湖的开挖参照了杭州西湖，西湖又称“明圣湖”[①]，这是来自汉武帝时代的典故，因有金牛出现湖中而得名，那时正值大汉北伐匈奴取得决定性胜利之际。

而乾隆二十年（1755年），即安置铜牛的同一年，中国正经历着类似的历史大事件，这就是西北边疆的统一。这片区域的青海湖与博斯腾湖都曾被称作“西海”，因而成为地区代称，义近“西域”。清初，强悍的准噶尔汗国控制了“西海”地区，不时进扰内地，战事频发。雍正时期，清军更有和通泊[②]惨败，死伤将士2万多名，京城八旗几乎家家戴孝。到乾隆十九年（1754年），准噶尔汗国发生内乱，汗国内的一些部族归附了清朝，这是天赐的平乱良机。

就在乾隆筹划用兵之际，大多数朝臣却谈虎色变，含糊其词，只有大学士傅恒一人力挺出兵。最终，乾隆咬牙出击。开战后，战事顺利得出乎意料，清军有如天助，数月间几乎兵不血刃进占伊犁，迅速擒获叛乱首领。到乾隆二十四年（1759年），清朝已完全控制“西海”地区，彻底完成自康熙以来对这一地区近70年的征讨（见图20、图21）。

空前的胜利，连乾隆自己也深感神奇，他一再表示这是神灵的眷顾。为此，乾隆写下文记和众多诗篇，分别立碑于京城太庙、热河、伊犁，以及万寿山前罗汉堂，以表达对上苍的感激：“是役也，定议不过二人，筹事不过一年，兵行不过五月，无亡矢遗镞之费，大勋以集，遐壤以定，岂人力哉？天也！”[③]为纪念这一伟大胜利，他还建造了热河普宁寺，以及它的孪生建筑——万寿山山后的须弥灵境寺庙群。

因此，当准备安置铜牛时，乾隆自然由此瓮山“西海”想到彼“西海”，想到杭州明圣湖的祥瑞，这样就顺理成章地将铜牛视作祥瑞“金牛”。而金牛回望的万

① 十七孔桥楹联有“晴光缅明圣”之句，即指此。

② 和通泊，今蒙古国巴彦乌列盖省布彦图西南。

③《清高宗御制文集》初集卷十九《平定准噶尔告成太学碑文》。

寿山上，大报恩延寿寺、佛香阁等建筑群渐显雏形，神灵云集、佛光普照，这将是一处永无战乱的极乐世界！

昔日远征匈奴的胜利，是在汉武帝开凿长安昆明池之后，而乾隆平定准噶尔也是如此，二者何其相似。所以乾隆在《金牛铭》中强调“金写神牛”！祥瑞降临，此其时也。五年后，当钦天监奏称天象将出现“五星联珠”祥瑞时，乾隆训斥说：西北边陲平定、开疆两万里，海内安和、五谷丰登，官员干练廉洁、人民安居乐业，这些才是祥瑞！哪儿还有超于此者？[①] 这正是《金牛铭》中的“祥瑞”所指。

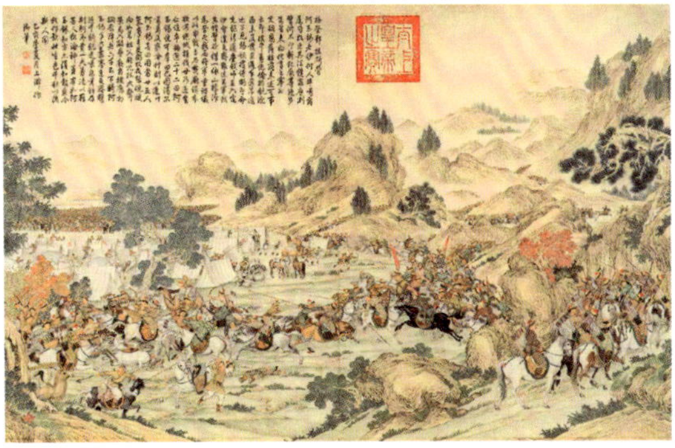

图 20 《平定伊犁回部战图 · 格登鄂拉斫营》，清乾隆三十年（1765 年）丁观鹏等绘，北京故宫博物院藏

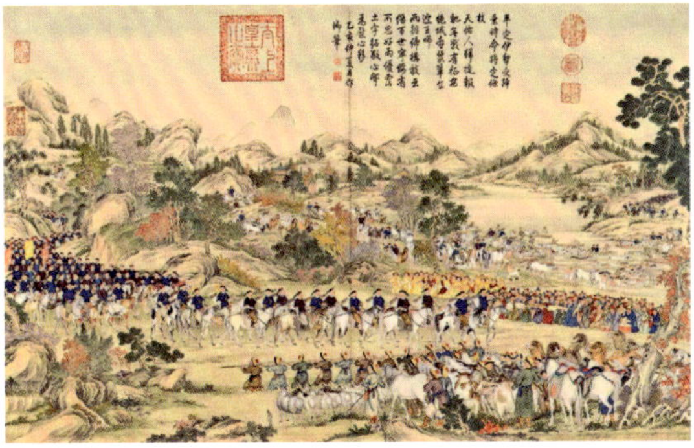

图 21 《平定伊犁回部战图 · 平定伊犁受降》，清乾隆三十年（1765 年）丁观鹏等绘，北京故宫博物院藏

对此，来京朝贡的朝鲜使臣金景善也有感悟，他写道：

世传，（昆明湖）穿湖时铁牛出于地中，或曰湖水频决，铸铁牛以压之。此皆傅会之说，而汉时杭之西湖，有金牛见于湖中，人言明圣之瑞，遂称西湖为明圣湖，铸此以象金牛云者最近之。[②]

这一评论的后半段非常到位，作为域外学者难得对中国文化领悟如此之深。

一般诗作的时间落款是另起一行，而此处则以“乾隆乙亥”作为诗的结束语，貌似寻常，实有寓意。乾隆皇帝在《平定准噶尔告成太学碑文》中，写诗提及历史上两个“乙亥”：一是周宣王乙亥（周宣王二年，公元前 826 年），南方荆蛮叛乱，

① 《清高宗实录》卷六百二十七乾隆二十五年十二月丙申条：“迩日西陲大功底定，版图式廓远逾二万余里。海宇宴安，年谷顺成。内外诸臣大法小廉，人民乐业，其为祥瑞，孰有大于此者乎？”

② ［朝鲜］金景善：《燕辕直指》卷五《铁牛记》，《韩使燕行录》第 72 册，北京书同文数字化技术有限公司影韩国成均馆大学藏燕行录本。

宣王派方叔将兵征之，荆蛮来服，此事记录在《诗经·小雅·采芑》中；另一个是康熙乙亥（康熙三十四年，1695 年），康熙皇帝阅兵于南苑，随后征讨噶尔丹，大获全胜。而今乾隆乙亥，幸运依然。《平定准噶尔告成太学碑文》末云：

凡此蒇功，荷天之衢。在古周宣，二年乙亥。淮夷是平，常武诗载。越我皇祖，征噶尔丹。命将祃旗，亦乙亥年。既符岁德，允协师贞。兵不血刃，漠无王庭。昔时准夷，弗恭弗谌。今随师行，为师候尉。[1]

五、关于铜牛的三个附会传说

东堤铜牛回望之态也引出三个附会传说：一个格杀勿论，一个流传不广，一个则被乾隆欣然笑纳。

前述朝鲜使臣的祥瑞感悟只是一个孤例，因为大多数朝鲜使臣的看法恰恰相反。这就出现了铜牛的第一个附会传说。

明清时期，朝鲜每年都派使团朝拜进贡上国，明称“朝天使”，清称“燕行使”。他们留下大量出访北京的记录，总称《燕行录》，清代有 228 篇，[2] 铜牛是其中提到最多的京城景物，而大部分相关记述却并非“祥瑞之兆”：

（昆明湖）水边有青铜牛偃卧塔石上，举头望北，宛有生动跃水之意。或云：此牛若入于水中，大清不久矣。[3]

池南堤上有石栏围住，内有金牛向东北举头而卧，俗云：水过牛背，燕运当尽。[4]

桥边湖上置铁牛，颇大，卧着石圈中。……传言：皇帝谓此牛跳入水，国乃亡。[5]

① 《清高宗御制文集》初集卷十九《平定准噶尔告成太学碑文》。

② 周俊旗：《韩国版〈燕行录全集〉对中国史研究的史料价值》，《天津师范大学学报》（社会科学版），2013 年第 3 期。

③ ［朝鲜］徐有闻：《戊午燕录·西山》，《韩使燕行录》第 62 册，北京书同文数字化技术有限公司影韩国成均馆大学藏燕行录本。

④ ［朝鲜］李在洽：《赴燕日记》，《韩使燕行录》第 85 册，北京书同文数字化技术有限公司影韩国成均馆大学藏燕行录本。

⑤ ［朝鲜］沈乐洙：《燕行日乘》，《韩使燕行录》第 57 册，北京书同文数字化技术有限公司影韩国成均馆大学藏燕行录本。

湖边有一大铁牛，背上有篆文。俗传此牛悲鸣，则其兆不祥云。①

设石榻于湖边，范铁为青牛，举头望湖精神活动，俗称牛入湖，则清运始讫云。泥马渡江、铁牛入湖，亦系运数耶？②

归纳这些记述就是：铜牛造型生动，回头一望有跳湖之意。而且一旦跳入湖中，大清必亡。

同是一牛，居然是亡国之兆！这些传说都冠以“据说”“俗传”云云，但从当时社会状况看，中国境内并无此流言。乾隆二十年（1755年）全国人口稳步增长至1.8亿，从这一数据可知百姓生活处于安定状态。

实际情况是，这一传说只流行于朝鲜国内。当时朝鲜王朝一直感怀明朝的抗倭援朝，并以中华正统自居，诩为“小中华”，伺机反清复明、尊王攘夷，先后有“北伐大义论”“复雪议”等，坊间也流传着各种关于清朝的负面传闻，认为“胡无百年之运”。正是这种氛围与心态，促使朝鲜使臣将景物与气运相联系，刻意找出清朝败亡征兆，以满足国内舆情的期待。

编造这类传说很危险，所以当一位朝鲜使臣丢失日记后惊恐万分，认为大难临头。好在他后来找到了手稿并立刻烧毁，才免于血光之灾。在康乾持续百年的繁盛面前，朝鲜使臣的态度也逐渐转变。后来在英法联军焚毁三山五园之际，朝鲜也深感唇亡齿寒，“铜牛跳湖”传说也就销声匿迹了。

另一个附会传说是水尺功用，③认为铜牛是用作测量水位的标识。其实，这是来自对都江堰铁牛的联想。都江堰早年的石犀被洪水冲走后，明代当地官员又铸两尊铁牛镇水，上刻铭文云：

问堰口、准牛首，问堰底、寻牛趾，堰堤广狭顺牛尾。水没角端诸堰丰，须称高低修减水。④

---

①［朝鲜］朴齐仁：《燕槎录》卷二，《韩使燕行录》第75册，北京书同文数字化技术有限公司影韩国成均馆大学藏燕行录本。

②［朝鲜］朴思浩：《燕蓟纪程》，《韩使燕行录》第85册，北京书同文数字化技术有限公司影韩国成均馆大学藏燕行录本。

③水尺也称水志、水则，是测量水位高低的标志物，常常放置于岸边。

④［明］陈鎏：《铁牛记》，见［明］陈文烛《二酉园文集》卷十一《修都江堰碑》，明刻本。

图 22　都江堰鱼嘴——飞沙堰

这两尊铁牛成为都江堰水利体系各单元的参照物与标识，[①]它们被安置在分水鱼嘴的水陆交接处（见图 22）。而铜牛与之完全不同，昆明湖水尺是以堤顶为基准，“昆明湖水志以露岸三尺为准”[②]。因此铜牛不具备水尺作用。尽管如此，当年修建清漪园时，还是有类似的考虑记于《伊江笔录》中：

海公望挑浚昆明湖，久而未成。有老人指点云：某处有泉穴四个，应挑两处，泉出即成湖，其余二处勿挑。海急于求成，普行挑挖。越日老人来云：湖虽速成，日久有水患。现在湖堤安设二铜牛处，其堤面与京城女墙尺寸相平，将来下游宣泄，故宜急求预备也。[③]

海望为内务府总管大臣，曾参与浙江海塘石坝与镇海牛的建设，在乾隆时期主持了三山五园的大部分工程。这个传说中提到的两尊铜牛，同样是来自都江堰铁牛的启示。这说明建造清漪园时，设计者做了湖面与城池高差的测算，为预防水患提供了思想准备。

关于铜牛的最后一个附会传说，就是今天耳熟能详的牛郎织女的故事，说是铜牛回望昆明湖西岸的耕织图，那里有织女纺作。这个传说是模仿了汉武帝昆明池的同样景观，以湖水比拟天河。

其实，在清漪园最初设定的 72 处景点中，有耕织图而无铜牛。另外，汉代昆明池的“牛郎织女”是两个人形石像（见图 23），有着同质的构成元素，而清漪园

① 熊达成：《都江鱼咀史话》，《成都科技大学学报》，1982 年第 2 期。

②《清高宗御制诗集》三集卷八十三《溪亭对雨・其四》自注。又见［清］吴振棫《养吉斋丛录》卷十八，清光绪刻本。乾隆与吴振棫所述尺寸是否准确，在此存疑。

③［清］吴熊光：《伊江笔录》上编，清光绪广雅书局刻本。

并不存在这样的艺术关联。所以乾隆说此景“名同实异”[①]，是后来的“不期而合”。这个附会出现在铜牛安装前后，来自君臣的吟咏唱和，有乾隆诗为证：

镇波金犉饮溪流，镜影新开一放舟。
耕织图边恰舣岸，从人漫拟女和牛。[②]

“从人漫拟”的附会虽属事后补缺，略显牵强，但还是被乾隆欣然接纳，毕竟艺术非同科技，不必严丝合缝。此后，昆明湖的牛郎织女便出现在御制诗咏中。不过乾隆还是一再强调，设置耕织图的主要用意是重农桑，赏景讲故事只是巧合而已：

镇水铜牛铸东岸，养蚕茅舍列西涯。
昆明汉记不期合，课织重农要欲佳。[③]

附会一经皇帝钦定，也就坐实而广为流传，这可算是“借景随机”的一个特例吧。其实，从园林创意而言，大堤东侧的六郎庄原名牛栏庄，倒是可与铜牛联系构思，不过这也只能等乾隆再世续编了。

图 23　汉长安昆明池牛郎织女石像

六、结语

铁牛镇水传说是以上古夏禹神话为源头的再创造。这是一个神化过程，与时俱进地融入铸铁技术、阴阳五行、文人诗意、造型艺术及帝王赐封，最终将黄河岸边的一堆“铁石”演变为充满神威的镇水灵物，广泛流行于全国各地。

治水抗灾几乎伴随中华文明发生发展的全过程。在灾害面前，动物选择逃离，

①《清高宗御制诗集》四集卷八十二《玉河泛舟至石舫登岸即事四绝句·其三》自注。
②《清高宗御制诗集》二集卷五十四《诣畅春园问安后遂至万寿山即景杂咏·其三》。
③《清高宗御制诗集》四集卷九十六《登舟溯游玉河沿途杂咏·其五》。

人类选择抗争。在缺少治水手段的洪荒时代，必胜的信念至关重要，大禹治水的事迹与神话便是鼓舞先民的精神源泉。铁牛镇水只是其中的一个后续片段，投射着先民执着的猛牛气势，这正是镇水铁牛的文化意义所在。

清代是中国水利发展的高峰时期，继承了数千年的治水传统，昆明湖正是这个时代的治水缩影。铜牛的铸造始于治水，成于国家的胜利，在镇水概念上叠加了祥瑞之意，最终以优美的造型、积极的内涵与园林风景融为一体。

篇后再看铜牛，它已不仅仅是一尊铜像，还是一座大堤、一段水利文明的历史，一个从工程、文化景观、精神信仰到国家兴衰的凝练符号。

西堤油菜花及其背景

颐和园耕织图昆仑石上有一首几乎磨灭无痕的御制诗（见图 1），诗云：

玉河五里玉泉接，每以寻源便溯流。
伊轧橹声知近远，菜花黄里度红舟。①

这是乾隆二十年（1755 年）皇帝从玉带桥边去往玉泉山船上的歌咏，前三句平淡无奇，末句的“菜花黄”和“红舟”却让人眼前一亮，有一种画面感。这是实有其景，还是摘章饰句？翻阅诗集，在乾隆十九年（1754 年）还有类似一首：

聊因习众水围收，几曲遥源一溯游。
夹岸菜花香递送，黄于金菊绿于油。②

图 1　耕织图昆仑石

可见所咏“菜花”不仅有实景，而且连年存在，并非偶然。循诗溯源，笔者惊喜地发现，这是当年昆明湖西堤上的一道亮丽风景线——油菜花带。不仅如此，在清代皇家园林中，曾普遍种植油菜花。

一、昆明湖西黄金带

昆明湖西堤的油菜花带是从景明楼开始，沿堤至玉带桥，再顺玉河两岸一直延绵至玉泉山下。乾隆十八年（1753 年）二月四日，苏赫讷等上奏：

昆明湖景明楼一带堤岸，及御河两岸所种油菜花一千余丈，亦需用人年例播种

① 《清高宗御制诗集》二集卷五十六《玉河》。
② 《清高宗御制诗集》二集卷四十七《由玉河复至玉泉 · 其一》。

图 2　菜花黄里度红舟——玉河两岸油菜花景观设计图

收拾。[①]

一千余丈相当于七里，试想一水如镜相映，两岸金色随行，这景色多么令人振奋！（见图 2）难怪乾隆在船上要对其反复歌咏。再看这首《泛舟至玉泉山》：

一水通源溯碧川，菜花欲败柳吹棉。
北方候冷兼逢闰，四月秧针未刺田。

入画偏欣耕织图，鸣机声里过飞舻。
醉鱼逐侣翻银浪，野鹭迷群伫绿蒲。[②]

油菜花带并非孤单一线，它们与玉河两旁耕织图景区的禾苗、桑柳、蚕房共同组成一幅田园长卷，乘舟游览美不胜收。同样，在万寿山下远望也是如此，乾隆写诗道：

①［清］苏赫讷等：《奏为昆明湖等处耕种菜园酌派四等庄头承应事》（乾隆十八年二月初四日），见中国第一历史档案馆、故宫博物院编《清宫内务府奏案》第 77 册，故宫出版社，2015 年版。

②《清高宗御制诗集》二集卷四十八《泛舟至玉泉山》。

图3　玉泉山玉河周边恢复的油菜花，2017年春高利晓摄

六桥堤畔菜花黄，影入漪澜锦七襄。
迟较青齐将卅日，农家月令信何常。[①]

菜花将岸边湖水染成精美锦缎，传递着春耕的消息。动观静赏之后，乾隆还亲临玉带桥头，近距离细品油菜花：

湖口长桥锁玉河，常时桥下漾舟过。
肩舆偶欲循西岸，绿意回苏阅菜坡。[②]

油菜花属于小瓣密集型花卉，花期长达近30天，大规模种植方显魅力（见图3），在园林运用中最宜“远观其势”。清代将油菜花列入《御定佩文斋广群芳谱》（简称《广群芳谱》）之中，[③]肯定了它的审美价值；清代造园家李渔在《闲情偶寄》中也有专章详论油菜花之美及其运用方式。[④]这些著作同时也强调油菜花的实用价值，油

①《清高宗御制诗集》二集卷六十三《初夏万寿山杂咏·其二》。
②《清高宗御制诗集》三集卷六十三《沿湖岸过玉带桥二首一韵·其一》。
③［清］汪灏等编：《御定佩文斋广群芳谱》卷十五《蔬谱·芸薹菜》，清文渊阁四库全书本。
④［清］李渔：《闲情偶寄》卷十四《种植部》，清康熙翼圣堂刻本。

菜花可谓一花“多能”（见图4）。清代农书《三农纪》则完全从农作物的功用角度总结道：

> 油菜，《尔雅》云：形微似白菜，叶青有微刺。春菜苔，可以为蔬。三月开小黄花，四瓣，若芥花。结荚收子，亦如芥子，但灰赤色，出油胜诸子。油入蔬清香，造烛甚明，点灯光亮，涂发黑润。饼饲猪易肥。上田壅苗堪茂。①

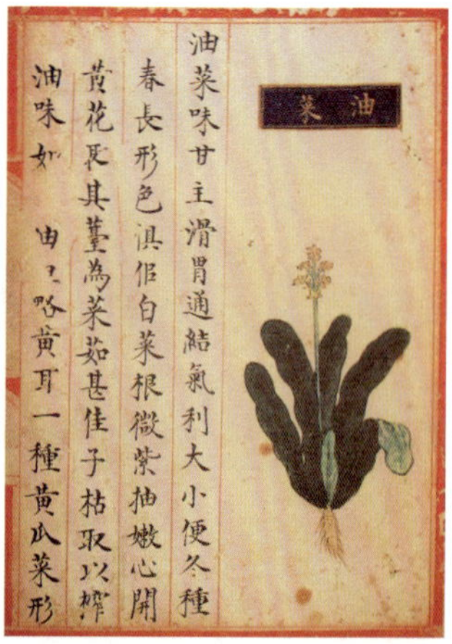

图4 油菜图。[明]佚名撰绘《食物本草（宫廷写本）》卷一《菜类》插图，华夏出版社影中国国家图书馆藏本，2001年版

在现代学科中，油菜常归属于农业植物学，实用性被突出，很少纳入园林植物。它属于十字花科芸薹属一年生草本植物，主要有白菜型油菜和芥菜型油菜两大类。白菜型油菜又分为北方小油菜和南方油白菜，② 花朵四瓣黄色，叶色深绿，帮如白菜。北方小油菜又称芸薹菜，因“塞外有地名芸薹戍，始种此菜，故名”③。油菜还有寒菜、胡菜、薹菜、薹芥等称谓。中国西北是油菜的原产地之一，北京地区也适合种植。昆明湖岸所种即为北方小油菜（Brassica campestris L.）。

观赏只是御苑种植油菜花的目的之一，更现实的目的则源于宫廷对油菜的食用需求。档案记载：

> 乾隆十八年二月本处奏准：……又兼有昆明湖景明楼一带堤岸，及御河两岸所种油菜一千余丈，照圆明园安设庄头之例，交该处酌派四等庄头一名，令其承种料理。其每年收获稻米除酌留种粒外，其余米石交官三仓收贮应用。至所得菜蔬果品，择其上好者恭进，其余菜蔬果品随昆明湖莲藕一并变价，汇总具奏。④

清漪园中除西堤，藻鉴堂岛、耕织图景区、西宫门外也有油菜种植。档案记载：

① [清]张宗法：《三农纪》卷六《油菜》，清乾隆刻本。

② 叶静渊：《我国油菜的名实考订及其栽培起源》，《自然科学史研究》，1989年第2期。

③《御定佩文斋广群芳谱》卷十五《蔬谱·芸薹菜》。

④ [清]文璧等纂：《钦定总管内务府现行则例·静明园》，清咸丰内府抄本，见故宫博物院编《钦定总管内务府现行则例二种》第2册，海南出版社，2000年版。

（乾隆十九年闰四月）本处奏准：清漪园自藻鉴堂三面泊岸、至玉带桥并西宫门外、玉河两岸、耕织图、西新闸等处，所种油菜花收得菜子，每仓斗得油二斤八两，交官三仓应用。其所得麻饼赏与庄头种稻地应用。①

磨油与麻饼（油渣）是档案中反复提到的内容。麻饼（又称油饼、菜籽饼）是油菜籽榨油剩余的渣料，为优质肥料。清漪园一带所产著名的“京西稻”，饭香四溢，施用上好肥料麻饼是其一大原因。下面档案更为详细：

（乾隆十九年）又奏准：由会计司拨四等庄头一名，承应播种油菜，所获菜子除留种外，磨油交官三仓，油饼交稻田场。②

（奉宸苑）每年种水田用麻饼二万二千斤，移咨掌关防管理、内管领事务处领取。③

除菜籽饼外，油菜植株也属上好绿肥，可以为土壤提供多种养分和有机质，其发达的根系能很好地吸收土壤中难溶性磷酸盐，增强地力。因此，传统种植常常将油菜与稻、麦轮作，还可有效减少虫害。清漪园也采用了这种方式，档案记载：

（乾隆）三十七年八月本苑奏准：因油菜秧苗生虫，改为一年播种油菜，一年播种麦子。④

（乾隆）四十六年五月本处奏准：清漪园昆明湖西岸至藻鉴堂周围、玉河两岸点景地改种麦子，一二年后再行补种油菜。⑤

从上述可知，清漪园时期园林植物品种的多样性与实用性。

①《钦定总管内务府现行则例·清漪园》，见《钦定总管内务府现行则例二种》第3册。
②《钦定大清会典事例（嘉庆朝）》卷九百二《内务府十八·园囿》。
③《钦定总管内务府现行则例·奉宸苑一》，见《钦定总管内务府现行则例二种》第2册。
④同上。
⑤《钦定总管内务府现行则例·清漪园》，见《钦定总管内务府现行则例二种》第3册。

二、御园种植油菜花的传统

御园种植油菜花早在康熙、雍正年间即已开始，圆明园、西苑种植油菜花都屡见记载。乾隆的功绩是将其推向历史高潮，不仅种植面积大，而且将生产与观赏相结合，并升华到国策高度。这主要得益于皇祖、皇父的熏陶实践与乾隆自己六巡江南的认知积累。

首先是来自皇祖、皇父的熏陶与实践。农桑为本、敬天法祖是清代治国总纲，这也体现在油菜花的种植上。在康熙创建的丰泽园中，除有稻田、桑林、蚕房，还辟有“菜町”。乾隆诗《丰泽园》记述道：

油菜登场麦秀齐，美田艺稻绿秧萋。迩来雨泽诚优矣，得共农民大慰兮。
历览恰从鳞甸外，小停取便凤城西。略因清暇寻余事，竹径松轩触绪题。[1]

可见油菜是园中的主要作物，只是规模不大，采用成畦成行式的生产形式。康熙对栽培兴趣浓厚，曾在丰泽园中选育出早熟稻种“御稻米”。对油菜也是如此，在他钦定的《古今图书集成》和《广群芳谱》中都有关于油菜的详细描述，图文并茂（见图5）。[2] 此外，在第六次南巡中，油菜花给康熙留下了深刻印象。他写诗云：

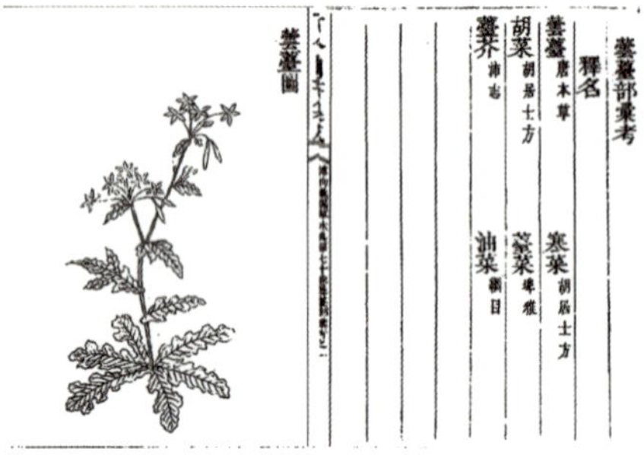

图5　芸薹图。《古今图书集成·博物汇编·草木典》第七十卷《芸薹部》插图

万井人烟春雨浓，菜花麦秀滋丰茸。
登高欲识江湖性，染翰留题文笔峰。[3]

当御舟到达松江府城[4]时，市民万人空巷“跪迎圣驾，仰觐天颜，欢声雷动”[5]，

① 《清高宗御制诗集》三集卷三十一《丰泽园》。

② ［清］陈梦雷、［清］蒋廷锡编：《古今图书集成·博物汇编·草木典》第七十卷《芸薹部》，中华书局、巴蜀书社影民国二十三年上海中华书局缩影本，1988年版；《御定佩文斋广群芳谱》卷十五《蔬谱·芸薹菜》。

③ 《圣祖仁皇帝御制文集》三集卷四十九《雨中登玉峰》。

④ 松江府，今上海市松江区。

⑤ 《清圣祖实录》卷二百二十九康熙四十六年三月丙子条。

场面十分热烈。最为夺目的是，当地农民用油菜花与紫荷相间种植，组成“万寿无疆”四个大字，登高而望，灿然亮眼。康熙大喜，分赏迎驾父老衣物。进士张梁记述道：

康熙四十六年，驾幸五茸。民间以菜花与紫荷相间，种成“万寿无疆”四字，登高望之，灿然分明，天颜有喜。[①]

“五茸”即上海松江的别名。张梁为此作《齐天乐·菜花》以记盛况：

雪消旧垡青回早，紫门便饶春意。碧柳初芽，红桃乍萼，点点曲尘先试。薹心脆美，记摘饷清斋，首春风味。转眼暄妍，紫荷相错烂如绮。　村翁此时最喜。赐衣浑一色，藜杖闲倚。艳夺陶篱，香盈异陇，迟日纸鸢声里。鸾舆莅止，笑大块文章，幻成奇字。鼓腹嬉游，岁功催又起。

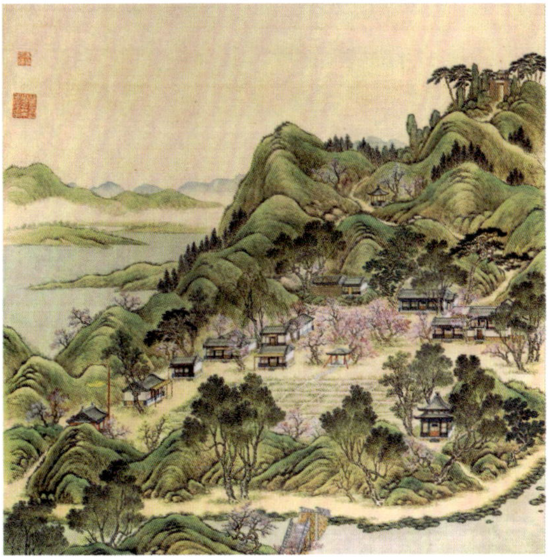

图 6 杏花春馆的前身，是雍正时期圆明园十二景之一的菜圃，这里是园内油菜花种植地之一。《圆明园四十景图咏·杏花春馆》，清乾隆九年（1744 年）唐岱、沈源等绘，法国巴黎国家图书馆藏

其后，康熙在提督张云翼及众民跪拜恳请下，两次推迟启程时间。这样的经历足以让康熙记忆犹新，丰泽园里自然不会缺少油菜。

雍正皇帝也对油菜花情有独钟，他在圆明园最初十二景中的“菜圃”（见图 6）中进行种植，并写诗云：

一行白鹭引舟行，十亩红蕖解笑迎。叠涧湍流清俗念，平湖烟景动闲情。
竹藏茅舍疏篱绕，蝶聚瓜畦晚照明。最是小园饶野致，菜花香里辘轳声。[②]

① ［清］张梁：《幻花庵词钞》卷五《齐天乐·菜花》自注，清乾隆二十四年刻本。
② ［清］世宗胤禛：《世宗宪皇帝御制文集》卷二十九《沿湖游览至菜圃作》，清文渊阁四库全书本。

诗中点明油菜花“饶野致”的美学特征，这与牡丹、芍药类的华丽风格不同，两相配植而生特色之美。

皇祖、皇父的身体力行无疑影响着乾隆皇帝。

三、南巡沿途油菜花的体验

乾隆皇帝的六巡江南是促成御园大规模种植油菜花的另一动力。清代皇家园林中许多意仿江南景观、私园之作，大多是南巡的成果。油菜花的种植也是如此。乾隆在首次南巡时，就在船中饱赏沿岸菜花美景，写诗道（见图7）：

香水犹传吴苑溪，菜花黄入岸花低。
隔堤不见林边屋，却听鸡声三两啼。[①]

到达杭州后，盛开的油菜花吸引着乾隆的目光，他写下六首《西湖嬉春词》，其一云：

桃花红罩菜花黄，遇闰蚕时未届忙。
谁道吴中歌舞地，于今都识重农桑。[②]

此时清漪园还在建设中，昆明湖西堤是仿苏堤之作，同时在建的还有堤旁的耕织图景区。杭州西湖的油菜花无疑启发了乾隆的灵感，这些田间地头的菜花看似寻常，却蕴含着农桑精神，正合乾隆心意。六年后，当他第二次南巡再游苏堤时写诗道：

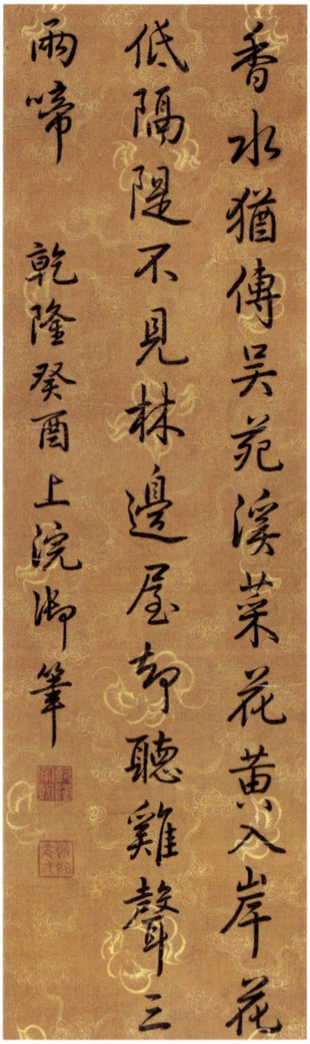

图7 《舟行杂兴三十首·其八》，清乾隆十八年（1753年）乾隆皇帝御笔

①《清高宗御制诗集》二集卷二十七《舟行杂兴三十首·其八》。
②《清高宗御制诗集》二集卷二十五《西湖嬉春词六首·其五》。

苏堤桃李略过时，油菜裳裳花正蕤。
分付从人戒蹂躏，吾民衣食此深资。[①]

双湖夹镜六桥横，堤上鸣鞭散意行。
耕织图边浑似此，偶因北望忆昆明。[②]

苏堤油菜花使乾隆不由得对比起昆明湖畔耕织图，评论其景观“浑似此”，可见昆明湖种植油菜花有本可循。

乾隆一生写了近 50 首菜花诗，大部分是在南巡途中所作。他在诗中将自己感受的菜花之美一一记录下来，如以下数首写道：

轻舟晓日别吴门，川路溪烟漾晏温。
柳叶青笼鸡犬社，菜花黄入苎萝村。[③]

杏花红覆菜花黄，间出芃芃绿麦长。
岸转川回浑助喜，为看芒穗报秋穰。[④]

绿水弯环似水乡，连塍亦见菜花黄。
却依闾左勤沟洫，迟辔聊看审不妨。[⑤]

菜花含润黄如濯，柳叶拖烟绿尚轻。
明日净慈虔祝暇，一天霁景益分明。[⑥]

扬子登舟指秣陵，中途易马度江乘。
菜花引蝶麦藏雉，画里溪村农事兴。[⑦]

可见乾隆对油菜花一往情深，诗中意境也不断融入园林建设之中。他还在第四次

①《清高宗御制诗集》二集卷七十《自苏堤跋马至圣因行宫・其二》。
②《清高宗御制诗集》二集卷七十《自苏堤跋马至圣因行宫・其三》。
③《清高宗御制诗集》二集卷七十《入浙江境》。
④《清高宗御制诗集》二集卷七十《石门道中作・其二》。
⑤《清高宗御制诗集》二集卷七十《菜花》。
⑥《清高宗御制诗集》三集卷二十一《雨》。
⑦《清高宗御制诗集》三集卷二十三《句容道中・其一》。

南巡时，以“菜花”作为士子科考的题目，“召试浙江诸生，钦命题目《菜花赋》”，并作诗《赋得春雨如膏》：

江国虞频致，今番喜恰逢。暄晴宜一豫，膏雨利三农。轻重权之久，旰宵廑以重。气蒸十折水，云接两高峰。雯霎初犹细，霈雱继遂浓。菜花黄沃濯，柳叶绿蓬松。周雅曾方惠，韩诗善写容。巡方歌玉烛，抚已慎金镕。[①]

四、御园种植新高潮

正是这些美好体验，鼓舞着乾隆皇帝在御园内广植油菜花。在圆明园中，他完善、扩大了雍正时期的景观，并继续种植油菜花。如雍正时期的菜圃经葺治后成为杏花春馆，其中的油菜花种植仍旧保留；雍正时期的多稼轩等景观被整合为映水兰香（见图 8），也种植了大量油菜花。乾隆在《多稼轩》诗中写道：

弄田园北鄙，引溜借输斟。几罫塍遥叠，数楹轩上临。
黄云菜花甲，绿水稻秧针。多稼孜孜吁，当年此日心。[②]

还宫言出御园常，旬日韶光顿尔昌。
风圻埭头桃蕾紫，暖侵阶齿菜花黄。[③]

乾隆还扩大了西苑油菜花的种植范围。档案记载：

（乾隆十六年）又奉旨：瀛台等处，着于膏腴之地善为播种油菜。[④]

乾隆十九年四月奉旨：瀛台等处见有可种油菜之地即行播种，钦此。

是年闰四月奏准：从前播种油菜之地为数无多，每年由会计司除派庄头一名，轮流承应。今查明，瀛台、永安寺、阐福寺等处所有空隙之地均可开种，并请紫光阁往南一带沿道东西俱各加展，再西苑门南北亦经开种。照清漪园之例，专设播种

①《清高宗御制诗集》三集卷二十二《赋得春雨如膏》。
②《清高宗御制诗集》三集卷三十《多稼轩》。
③《清高宗御制诗集》四集卷十九《仲春御园即事》。
④《钦定大清会典事例（嘉庆朝）》卷九百二《内务府十八·园囿·奉宸苑杂征》。

图 8 映水兰香是圆明园中另一个集中种植油菜花的地区。《圆明园四十景图咏·映水兰香》，清乾隆九年（1744 年）唐岱、沈源等绘，法国巴黎国家图书馆藏

油菜庄头一名，由会计司于所属四等庄头内拨给。[①]

（乾隆）十九年闰四月奉宸苑奏准：将瀛台、永安寺、阐福寺所有空闲之地开种油菜，于会计司所属四等庄头内拨派一名，作为专设播种油菜庄头，随经掣派大兴县采育居住四等庄头一名，随带原圈地亩，拨给奉宸苑充当播种油菜庄头（地不征粮，所办差务不隶本司）。[②]

中南海紫光阁、北海阐福寺等处河岸也同玉河一样，油菜与小麦轮作种植，一直延续到光绪十三年（1887 年）。档案记载：

（乾隆三十七年）又奏准：瀛台等处所种油菜地亩，间年种麦。收获麦子亦交官三仓。[③]

光绪十三年奏准：紫光阁、北海阐福寺等处河泊岸，向由奉宸苑庄头分年播种麦子、油菜，交关防衙门办理。今移銮驻跸，即将该庄头撤出，毋庸播种。所有应交麦子、油菜，嗣后免其交纳。[④]

西苑（中海、南海、北海）园林在明代属于华丽的宫廷风格，乾隆在《丰泽园记》中曾不屑地评论道：

若瀛台之建于有明，飞阁丹楼，辉煌金碧，较之此（丰泽）园故为美观而极土木之功，无益于国计民生，识者鄙之。[⑤]

①《钦定总管内务府现行则例·奉宸苑一》，见《钦定总管内务府现行则例二种》第 2 册。
②《钦定总管内务府现行则例·会计司二》，见《钦定总管内务府现行则例二种》第 2 册。
③《钦定大清会典事例（嘉庆朝）》卷九百二《内务府十八·园囿·奉宸苑杂征》。
④ 同上。
⑤《御制乐善堂全集定本》卷八《丰泽园记》。

康熙建立丰泽园、乾隆广植油菜花，为西苑增添了田园氛围，使其景观更加丰富，重农精神也得到充分的表达，乾隆不无自豪地吟咏道：

菜花结子麦抽芒，畅好烟畦润露光。
谁识九天城阙里，许多农景貌江乡。①

紫光阁前油菜青，御河桥下春水渟。
迩日春膏实庆幸，一夜风颠意不宁。②

五、宫廷艺术与生活中的油菜花

油菜花在中国人生活中的价值与地位，无疑会反映在文化艺术之中，历史上不仅有大量歌咏油菜花的诗文，还有众多相关的绘画作品，如沈周《写生》中的《芸薹菜》（见图 9）和《卧游图》中的《菜花》（见图 10）。这一传统也影响到乾隆的审美，他不仅写诗讴歌油菜花，还为古画题诗，融入菜花意向，如《题文徵明仿黄公望山水即用其韵》诗句：

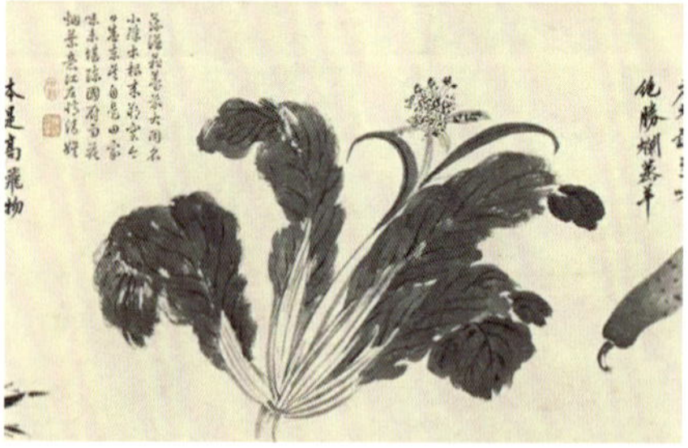

图 9　《写生 · 芸薹菜》，明沈周绘，台北故宫博物院藏

图 10　《卧游图 · 菜花》，明沈周绘，北京故宫博物院藏

江村桥及上沙塘，十里非遥接莽苍。
春日晴烘麦苗蔚，水风轻度菜花香。③

在黑白水墨画上，其实很难辨别出稻田、油菜田、麦田。乾隆题画诗则赋予了菜花意向，给人以“江村”水乡的联想。他还亲自绘写《菜花》一图，从他的题画诗中可见一斑：

①《清高宗御制诗集》二集卷四十八《太液雨泛 · 其二》。
②《清高宗御制诗集》二集卷八十五《油菜》。
③《清高宗御制诗集》二集卷六十九《题文徵明仿黄公望山水即用其韵 · 其三》。

写意无妨作囿菘，繁花结穗叶蒙茸。
书生省识春蔬味，玉食应无羡九重。[①]

“叶蒙茸”是指油菜叶片上微弱的茸毛，学名“刺毛”，一般人很少会注意到。这说明乾隆是在仔细观察，用心作画。

油菜花的实用价值也受到乾隆关注，如他所作《菜花三首》云：

黄萼裳裳绿叶稠，千村欣卜榨新油。
爱他生计资民用，不是闲花野草流。

宿雨初收幂野烟，金英千顷远蔫绵。
几株红杏低枝照，大似苏堤春晓天。

特清风味不妖芬，𫐐𫐐光中驿路分。
连垄绿牟相映处，此黄云先彼黄云。[②]

诗中强调了油菜花的民生功用。乾隆曾欣喜地谈到油菜收成：“据奏，蚕豆、油菜、春荞等项均一律丰收，虽属杂粮，于小民衣食益臻饶裕，览奏更足慰怀。”[③]

在皇家日常生活中，油菜不仅是重要的时令嘉蔬，还是春季祭品的主要内容。位于景山的奉先殿，是清代祭祀列祖之所，祭品中油菜芸薹必不可少。档案记载：

（乾隆）十八年奉旨：嗣后亲诣奉先殿后殿上香行礼，着内务府总管一人前引。一、荐新：……三月荐黄瓜、蒌蒿菜、芸薹菜、茼蒿菜、水萝卜。[④]

花后的菜籽由内务府奉宸苑加工榨油，贮存于西华门外的官三仓，再统一调配使用。

油菜花种植与京城历史、环境关系密切。明代黄佐在《北京赋》中就曾提及油菜芸薹，以夸耀帝都物产之丰富：

①《清高宗御制诗集》初集卷二十四《偶作风候写生二十四册各题以诗·菜花》。
②《清高宗御制诗集》二集卷六十二《菜花》。
③《清高宗御制诗集》五集卷九十《贵州巡抚冯光熊奏二麦收成九分有余诗以志慰》自注。
④《钦定大清会典则例》卷一百六十一《内务府·掌仪司一》。

图 11　御道夕照——玉河岸侧菜花景观路设计图

至于阜成，苑开上林。蓊蔚薆薱，瓜果成阴……亦有嘉蔬，绮葱丰本，黄芽赤根。天花石菌芜菁，芸薹葵茄姜堇。①

可见在明代，城南上林苑中就已种植了芸薹油菜，专供宫廷所需。相比之下，清代在实用基础上，发掘了油菜花的审美与社会价值，并运用于园林造景之中。

清代丰台一带也有大量的民间油菜种植，如道光时期斌良诗作《游尺五庄》云：

菜花黄白错平畴，望断荒烟古陌头。
无限风光宜远眺，何人西北起高楼。②

如此大量的油菜种植为御苑提供了丰富的经验与技术支持，只是目前尚未引人关注与研究。

①《日下旧闻考》卷六《形胜》。
②《抱冲斋诗集》卷五《游尺五庄·其二》。

六、结语

油菜花在皇家苑囿中的运用，突破了以往梅兰竹菊、玉堂富贵、柔柳贞松之类的固有模式，为中国园林艺术增加了新的内涵与活力，也促使我们重新认识似乎熟知的皇家园林。

以昆明湖西堤为代表的皇家油菜花种植体现着多种价值：首先是实用价值，显现着农作物的基本属性；其次是景观价值，它与桑、榆、枣等植物一样成为田园景色的代表性符号，营造出水乡氛围，审美属性得到开发；更深层次是社会价值，皇家种植油菜花宣扬的是农桑为本的国策，油菜花被赋予了象征意义。

昆明湖西堤、玉河两岸的油菜花早已被人遗忘，昆仑石上的诗刻也仅留模糊的“五里”“红舟”几个残字而已，然而这种审美结合生产的园林思路现今仍值得回顾总结。

笔者于2015年在主持颐和园西侧环境景观设计中，将上述史料与认知融入方案，在营造金色春景的同时，也纪念先人为这块土地之美所做的努力（见图11至图14）。

图12　玉泉山玉河周边油菜花与水稻轮作，高利晓摄

图13　玉泉山玉河周边油菜花与水稻轮作，2018年高利晓摄

图14　颐和园西玉河石牌坊油菜花，2017年杨晓娜摄

龙王庙：从瓮山大堤到诗意神岛

南湖岛上的广润灵雨祠，俗称“龙王庙”。在颐和园百余座建筑中，它的形象虽无特别之处，却是早于清漪园的景物，“论资排辈”位居第二。[①]龙王庙不仅见证了这片湖山数百年的历史变迁，而且在昆明湖造景和国家礼制中起着至关重要的作用。南湖岛因它而生，昆明湖因它而灵。清漪园的兴建从这里引发，颐和园的重建同样如此（见图1）。

图1　龙王岛（南湖岛）

一、西湖瓮山大堤的标志与亮点

现存龙王庙的最早记载是在明代成化六年（1470年）四月，户部主事左赞所著《游玉泉山记》中：

（去程）又数里，湖堤隐起，垂柳交阴，堤下多水田，农方播种。至龙王庙欲下马少憩，会中贵人较射，遂迂路折北至圆静寺（寺）。

（回程）而复经功德寺前石台，……径取湖堤回。返照入湖芒采相射，西山凝紫与湖影摩荡，荷叶贴水如盘盂。然水鸟近人，载翔载集，可玩也。至龙王庙，歇马坐柳阴，余兴未尽。[②]

可见当时龙王庙已是瓮山大堤上的重要地标，始建年代应该更早。大堤内为稻田、外是湖水，稻田范围在今南湖岛与万寿山之间，庙中龙王就是这片稻田的守护神。在庙北侧与稻田之间还有一个黑龙潭，明人余懋孳记述：

① 历史第一为耶律楚材家族墓。

②《桂坡集》后集卷八《游玉泉山记》。

遵御河直行数里，过乌龙潭，极目膏沃不知几千顷。潭上有龙王庙，负潭而抱湖。湖广袤数里，枯荷泛波，半存青色，若初秋时，不啻六桥苏堤间也。①

庙址“负潭而抱湖”，描述得精准典雅。龙王庙又称“小龙王庙”，因为它的西侧曾有过一座大龙王庙，如下二记：

西至湖堤，堤上柳阴可五六里，湖上芙蕖一望半开半落，香气袭人不散。堤强半小、大龙王二庙，庙旁小潭，相传是龙蛰处，纵目眺听，徘徊久之。②

大龙王堂西，则湖更广，若巨浸然。水浅宜芡、宜菰米、宜芹、宜蓼、宜蘋藻，独菡萏最盛。翠盖中红锦葳蕤烂然眩目。③

1991年昆明湖清淤时发现，南湖岛西边延伸的堤坝遗迹中段有一向南膨出30米、长边80米的梯形地块，④应该就是其址（见图2）。不过，大龙王庙（堂）存在时间不长，万历中期后只有小龙王庙延续下来。

因着瓮山泊的持续治理，至明代中叶，湖堤上柳荫参天，道路坦平，成为热络的山水游览线，小龙王庙也兼作休憩观景之所。如袁中道所记：

（西）湖中莲花盛开，可千亩，以守卫者严，故花事极盛。步长堤，息于龙王庙，香风益炽，去山较近，绕湖如袖。至功德寺，水渐约，花事亦减。⑤

在众多诗文中，来自华亭⑥的布衣宋彦最具慧眼，对龙王庙品评入微：

西湖北岸，长堤五六里，砌石古色可爱。夹堤烟柳，绿荫参天，树多合抱者。龙王庙据其中，仅仅一廛⑦耳。堤下菰蒲荇藻，交映翡翠。西北诸山环绕，凫雁满中流，

① ［明］余懋孳：《荑言》卷二《游西山记事》，明万历三十七年刻本。
②《醒后集》卷四《游西山前记》。
③《余文敏公文集》卷五《游西山记》。
④ 岳升阳、夏正楷、徐海鹏：《海淀文史・海淀古镇环境变迁》，开明出版社，2009年版。
⑤《珂雪斋集》前集卷十一《西山游后记・西湖》。
⑥ 华亭，今上海市松江区。
⑦ 廛，一亩半。见［汉］许慎撰，［清］段玉裁注，许惟贤整理《说文解字》，凤凰出版社，2007年版。

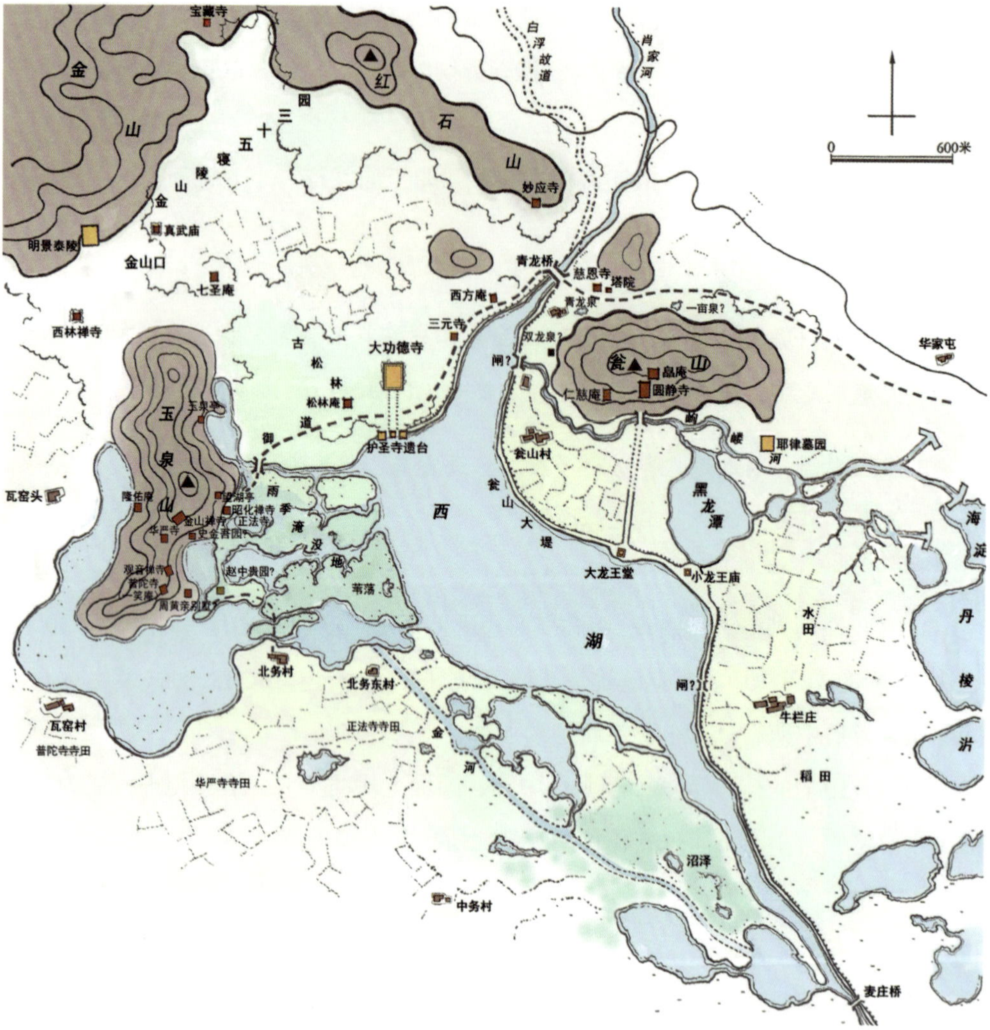

图2　明代西湖、玉泉山、金山、瓮山景观示意图

群飞声振林木。夏月行堤上，内视平畴千顷，绿云扑地。外视波光十里，空灏际天，诸峰秀色在眉睫间，绝无武陵脂粉气，更可赏也。①

小庙面积一亩有余，视野开阔，山、水、林、田诸景齐汇于此。显然，“庙据其中”占尽先机，从造园角度讲，其相地选址非常成功。文中“绝无武陵脂粉气”，则道出帝都水乡与江南的差别。作者被景观所感动，很快又回访玩味，描述也更为细腻：

日将入，步西湖堤右小龙王庙，坐门阑望湖。湖修三倍于广，庙当其冲，得湖

①《山行杂记》。

胜最全。墙东角临湖有一线路，侧身转入，隙地半规，更堪坐。坐少许，山作赭色，已而霞光万道，贯地亘天，被堤绿杨如城隔水，山如青绡，水纹如绛縠铺地。既若红色欲燃，久之霞渐紫，而瞑烟合矣。月色东上，烁烁浮动，镕金跳溢。山渐白，树稍青，所称玉淑金塘，不是过也。①

在宋彦笔下，景色曼妙流动，如音乐，如诗画，观月成为小庙的一大特点。其论“庙当其冲”“得湖胜最全”尤为点睛。“冲”本义为重要穴位，龙王庙所踞正是山水格局中的关键点，占一穴而得全局（见图3）。最后宋彦建议道：

西湖蓄水专以资运河，湖滨多水田，春夏间颇苦旱，夏秋间又苦涝。莫若专设一司，精究水利，湖宜开广、浚深，诸山水溢则能受，诸田苦旱则能泄。闸司又俟浅深以启闭，则运无阻滞，而三辅内膏腴可相望矣。②

这位布衣的“匹夫”之言，为后人治湖理水留下了思想火种。

需要提及的是，在明世宗游湖时，小龙王庙也入了圣眼，如随行大臣廖道南诗题《甲申驾还，由青龙桥奉圣母御舟，经龙王庙至高凉桥登辇恭和二首》。③世宗回宫后，随即在西苑④北闸口建金海神祠，以谢玉泉西湖滋养京城之功。大学士夏言诗云：

西湖水通北闸口，金海祠连涌玉亭。
桥下碧波翻白雪，船头明月出青冥。⑤

“金海”得名依据五行西方属金之说，因西苑三湖（太液池）与瓮山西湖相通，皆在紫禁城之西，所以称“金海”。自清乾隆开始，西苑三湖改称北海、中海、南海，“金海”则专指瓮山泊西湖（主要出现在乾隆诗文中），这也为龙王庙后来的景观升级埋下伏笔。

①《山行杂记》。
② 同上。
③《楚纪》卷五十六。
④ 西苑，今北京市区中南海。
⑤《桂洲诗集》卷二十一《五月九日侍上泛舟金海八首·其五》。

图 3　龙王庙在西湖风景区中占据最佳观景位置，层次丰富，画面迭出

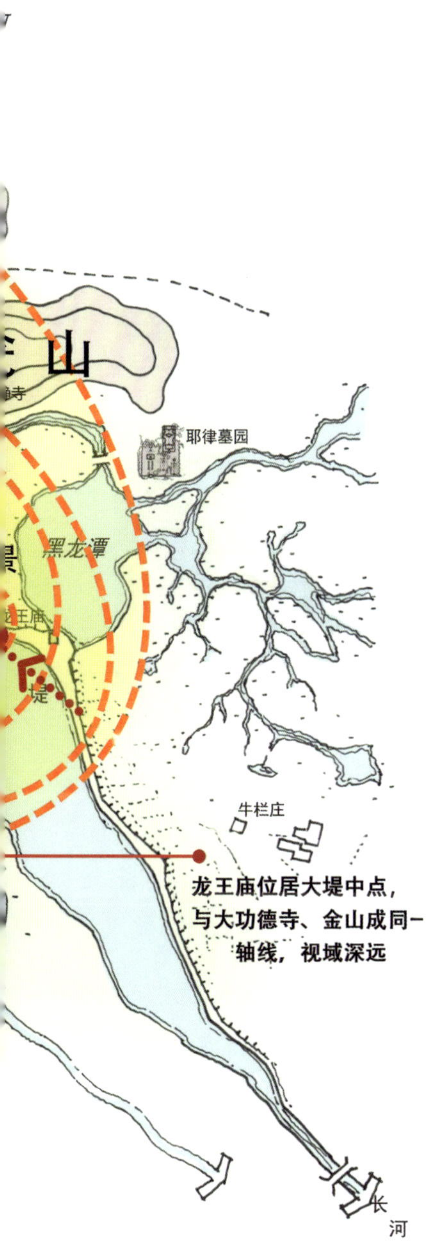

二、昆明湖上的神来之笔

小龙王庙在清代又是怎样的？瓮山大堤的亮点是否还能延续？

好在乾隆皇帝是一位风景园林大家，对西湖一往情深。乾隆十三年（1748 年）末，他依托小龙王庙建设小型园林——金海龙王庙行宫，其诗序云：“月夕涌金荡漾，堤影苍茫。”① 与宋彦的“月色东上，烁烁浮动，镕金跳溢”一脉相承，同具慧眼。

不久，乾隆皇帝调整思路，于乾隆十四年（1749 年）冬季大兴水利，将湖区扩大到瓮山脚下。小龙王庙及周边的一廛之地被精心保留下来。于是，在烟波浩渺的湖面上，一座小岛诞生了。

最初小岛形象不过是一块堤坝残片，虽有小庙及

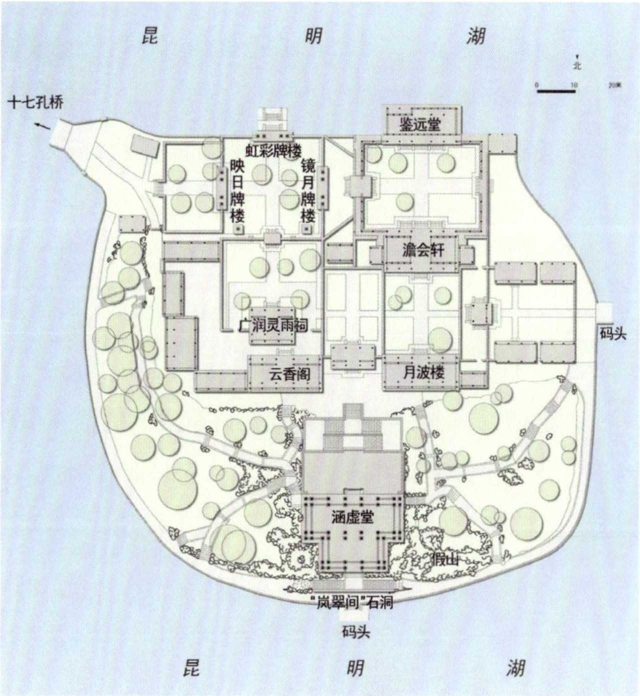

图 4　南湖岛现状平面图

① 《清高宗御制诗集》二集卷十七《月波楼》。

新增院落，也只是矮平横展，天际线扁平单调，隔水相望并无神奇之处。然而，造园家们胸有丘壑，妙笔生花，先在岛北扩地起山，内隐石窟，外植高林，跨水筑桥，后更补建高阁。最终天际亭台高低错落，树石建筑虚实相间，蓬壶意境浮出水面（见图 4）。

图 5　西望镜月，左诚摄

上岛后三座牌楼引导着视线方向，以欣赏四围不同湖景，景题先后有十二：浮玉、跃金、蒸云、浴日、飞鲸、拂斗，以及凌霄、映日、虹彩、澄霁、镜月、绮霞，[①] 逐一点出湖景的每一处精彩，“得湖胜最全”的特点得到延续，并发挥到极致（见图 5 至图 7）。

图 6　南望虹彩，左诚摄

传统亮点“月色”继续为全岛主题，月波楼、云香阁、望蟾阁、灵鼍偃月……无一不与之相关，乾隆以诗文总结道：“隔湖飞睇者，望此作蟾宫。”[②]“列岫展屏山云凝罨画；平湖环镜槛波漾空明。”[③]

图 7　东望映日，杨跃平摄

如果俯瞰全园大势，龙王岛更像是万寿山前一处水上屏风“案山”，使湖面有了聚焦点。东堤与西堤相向延展合拢，呈环抱之势，观赏视线自然而然聚拢于万寿山顶、龙王岛、凤凰墩视觉轴线。至此，瓮山从以往的附属地位，变为统领湖景的主角（见图 8 至图 11）。

就这样，一座堤坝小庙渐变为诗意盎然的翠林山岛，可谓昆明湖上的神来之笔。然而，乾隆设计团队并未止步于此，而是继续为这些形象注入灵魂，将诗意升华到神意。

① 景题刻于牌楼之上，前六题为乾隆时期所题，后六题为光绪时期所题。参见拙著《湖山品题——颐和园匾额楹联解读》，北京出版社，2019 年版。

②《清高宗御制诗集》三集卷八十二《题望蟾阁》。

③ 此为南湖岛岚翠间石刻对联。

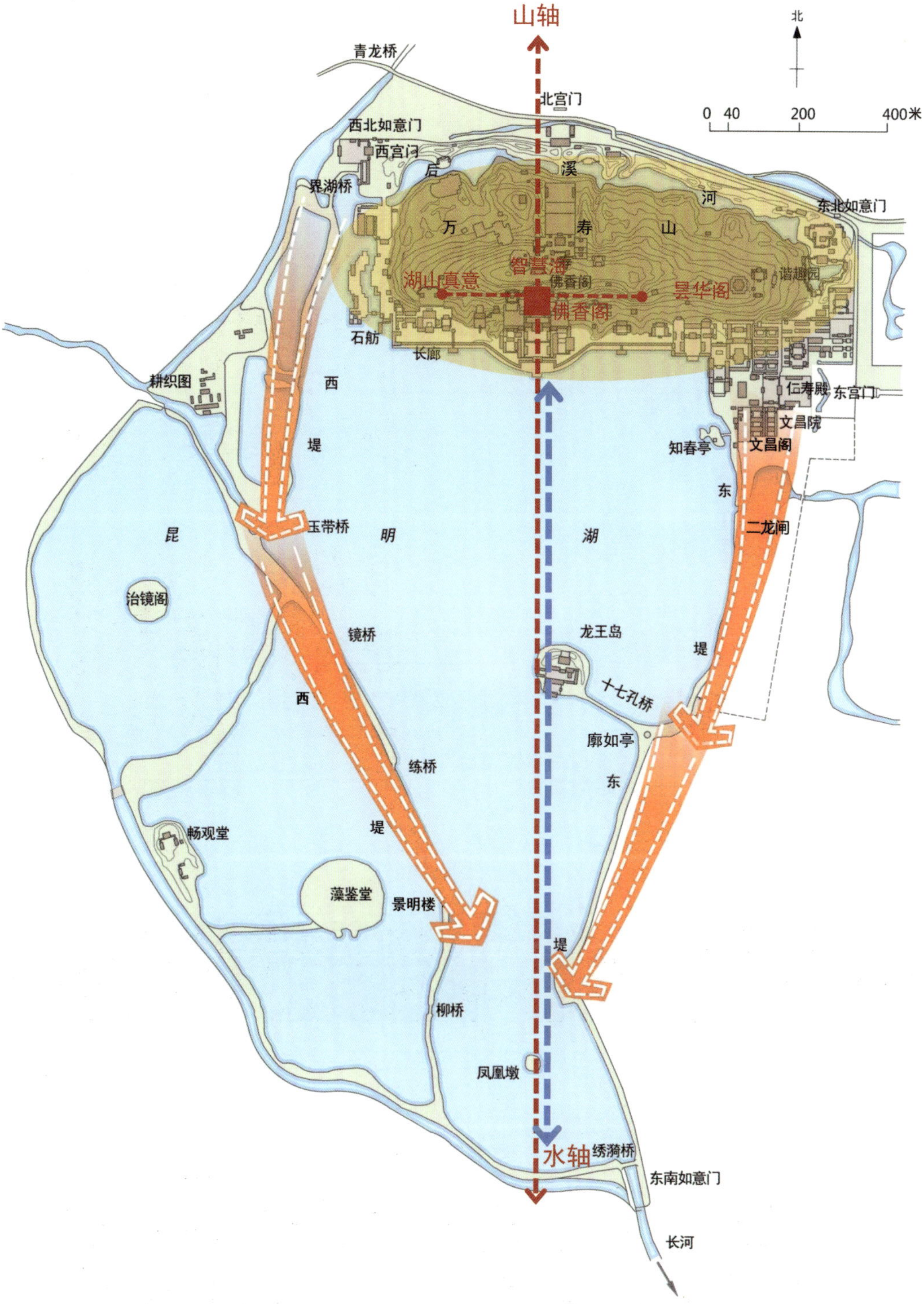

图8 万寿山昆明湖布局分析之一：龙王岛与凤凰墩、万寿山顶三点形成隐性轴线，进一步加强了山水呼应、立面关系。加之昆明湖东堤与西堤相向延展成合抱之势，渐夹出轴线，凸显出万寿山的主角地位，使全园主次分明

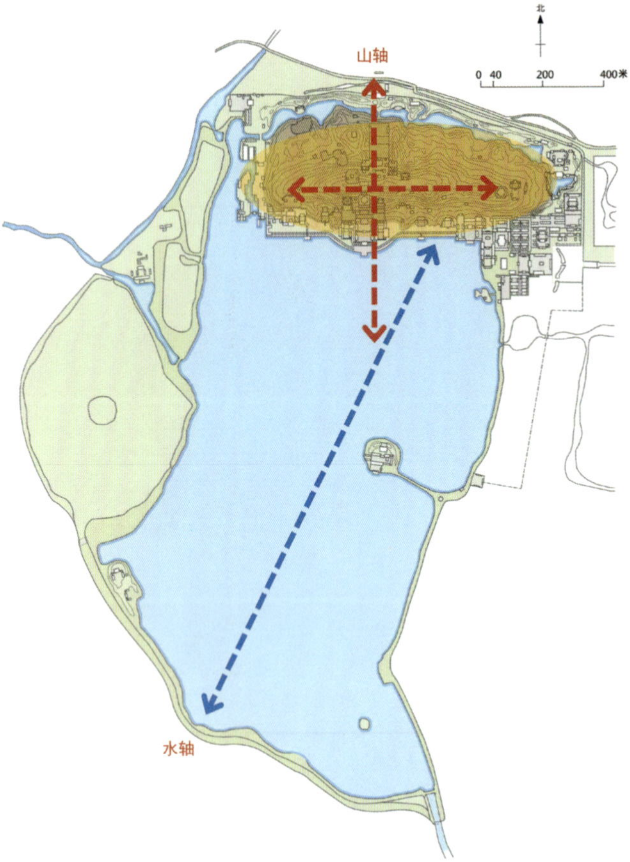

图 9　万寿山昆明湖布局分析之二：西堤走向有着重要的景观作用，假如没有西堤，昆明湖水轴线就会偏斜。若再无龙王岛，万寿山将失去中心感，偏居一角，全园难以连贯为一体

图 10　从佛香阁俯视龙王岛，马信可摄

图 11　如果不挖湖，万寿山前是一片稻田（示意图）

三、黄袍加身的龙王

龙王岛上三牌楼围成的广场，衬托出龙王庙的主角地位，加之松林掩映，庙旗高悬，使龙王庙肃穆含威（见图 12）。

图 12　肃穆含威的广润灵雨祠，杨跃平摄

在传统文化中万物皆灵，湖水蕴含着精神灵气，而龙则被尊为水的化身与代表，司云化雨，遍施惠泽，受到尊崇与祭拜。四海龙王最早由唐玄宗分封，“东海为广德王，南海为广利王，西海为广润王，北海为广泽王”①。到宋仁宗时，再加尊号，“东海为渊圣广德王，南海为洪圣广利王，西海为通圣广润王，北海为冲圣广泽王”②。

图 13　安佑普济沛泽广生龙神，杨跃平摄

“广润”本义是普降时雨，遍洒甘霖，后来几乎成为西海龙王的专称。昆明湖前身名“西湖”“西海”，因此乾隆皇帝命名新饰龙王庙为“广润祠”，他写诗留记云：

灵祠俯碧津，丹雘为重新。
云气生帷幄，波光漾栱桭。
含弘敷大泽，时济佑斯民。
梦雨昨飘瓦，知时恰及春。③

图 14　透过黄琉璃庙门—牌楼—湖山—远树，景观层次深远

又依五行之说，为龙王脸描金色，身加黄袍，披“八团龙杏黄缎袍”，④庙顶饰以黄

①［宋］王钦若、［宋］杨亿撰，周勋初等校订：《册府元龟》卷三十三《帝王部·崇祭祀第二》，凤凰出版社，2006 年版。

②［元］马端临著，上海师范大学古籍研究所、华东师范大学古籍研究所点校：《文献通考》卷八十三《郊社考十六》，中华书局，2011 年版。

③《清高宗御制诗集》二集卷十七《广润祠》。

④《内务府堂清册·鉴远堂等处陈设清册·嘉庆十二年》，见中国第一历史档案馆、北京市颐和园管理处编《清宫颐和园档案·陈设收藏卷》第 1 册，中华书局，2017 年版。

琉璃，[①] 庙前旗杆挂“黄云缎龙旗”。传说龙王常以多变形象隐于各地名川大泽，乾隆特封昆明湖龙王为“安佑普济龙神”。从此，千年瓮山泊有了神号，小庙开始“神气”十足。

原本极为普通的小龙王庙，一跃变为皇家寺庙，享受起国家级待遇，每月领取特定的香供银。[②] 过去，小庙龙王只负责瓮山脚下的百顷稻田，而今要担负起济运灌溉、惠泽生灵的国家重任（见图 13、图 14）。

广润祠建成后，乾隆皇帝多次来此求雨，直到85岁还亲临拈香，昆明龙神也被“感动”得随祷布雨。乾隆大喜，为庙名再增“灵雨”二字，由此有了现在龙王庙的全称。

嘉庆皇帝继位后一如皇父敬天尊神。嘉庆十七年（1812 年）天旱，皇帝来祠祷雨后刚回驻地，天降甘霖，半个月的旱情稍稍缓解。嘉庆又回庙谢雨，居然再现灵验，四野瑞雨尽沾，于是他在龙王名后再增四字，为“安佑普济沛泽广生龙神”，并下旨将昆明湖龙神列入国家祭祀体系，春秋二祭，还重新题写庙额为“敕建广润灵雨祠”（见图 15）。从此，小庙从三山五园及京城近 2000 座龙王庙中脱颖而出，位居极致。庙宇的匾联也依此渲染和烘托神意。

图 15　嘉庆皇帝御笔庙名，杨跃平摄

其匾额有：

灵岩霞蔚、泽普如春、兆稔施甘、甘雨普福。

其楹联有：

依旬允协为霖望；济世咸资润物功。

云归大海龙千丈；雪满中空鹤一群。

① [清] 托津等：《钦定大清会典（嘉庆朝）》卷四十五《工部 · 营缮清吏司》，《近代中国史料丛刊》三编第 65 辑，（台北）文海出版社影印本，1991 年版。

②《钦定大清会典（嘉庆朝）》卷七十四《内务府 · 掌仪司一》。

四、延续最久的国家龙神祭祀

清代的国家祭祀体系有着严密的典章制度，以体现“敬天勤民”的治国理念。“敬天”实质是感谢大自然的无私馈赠，使人心怀感恩敬畏，约束贪婪，因此祭祀仪式肃穆隆重。祭祀分大祀、中祀与群祀三级，龙神归属群祀。

清初，龙神祭祀承继明制，主祭昆明湖西北画眉山的黑龙潭龙神，明神宗封其为“护国济民神应龙王”，潭名“神应龙潭”。乾隆初年增封为“昭灵沛泽龙神”，春秋二祭，其庙成为清代第一座国家级龙神祠。同期，又封玉泉山龙神为“惠济慈佑龙神”，嘉庆皇帝再增二字合为“惠济慈佑灵护龙神”，其庙成为第二座国家级

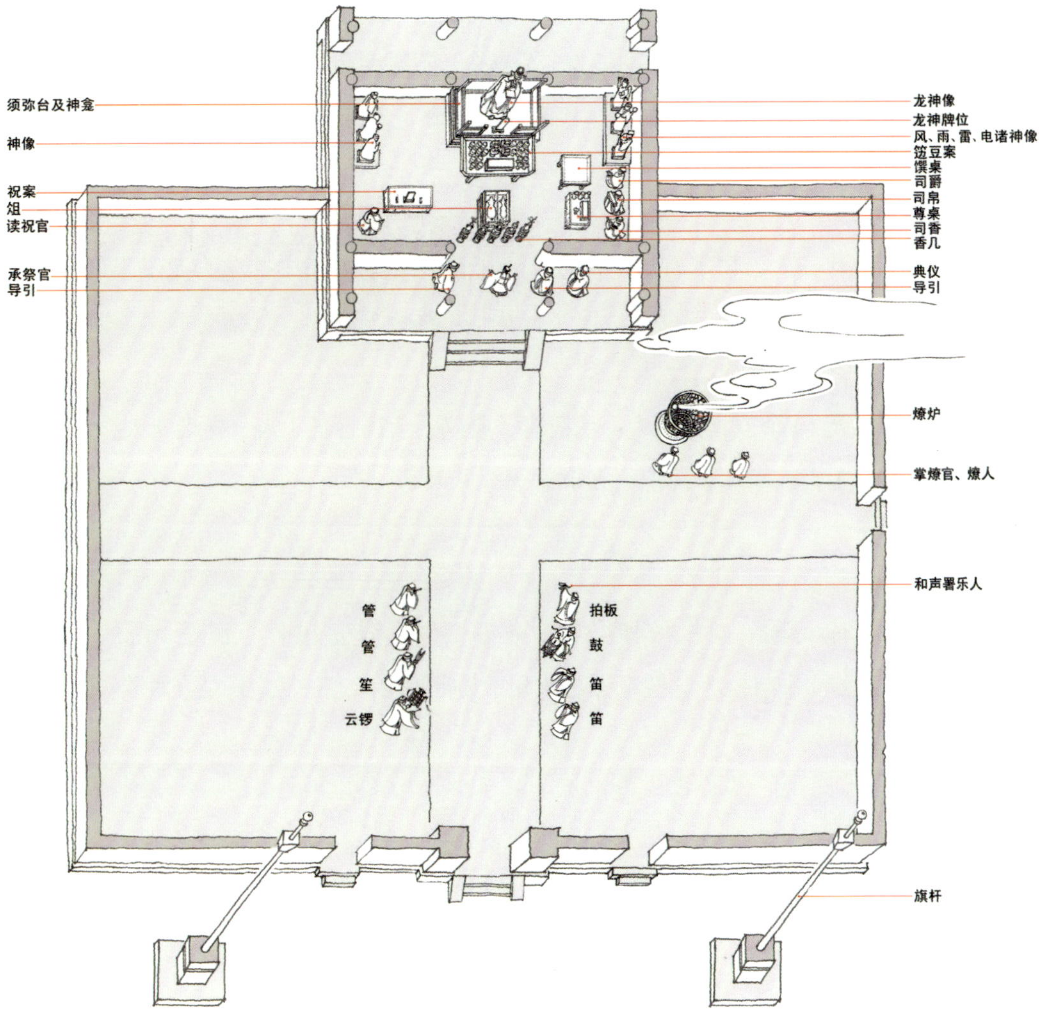

图16　广润祠祭祀礼仪说明图

龙神祠。昆明湖广润灵雨祠是第三座，第四座则是密云白龙潭的“昭灵广济普泽龙神”祠。

从此，这4座享有国家级祭祀的龙神祠被固定下来，记入清朝官方会典。每年由钦天监选定春秋致祭吉日，题请钦派大臣一员承祭。祭祀主要涉及7方面内容：承祭官斋戒、祭祀位次、祭器、祭品、祝文、奏乐、仪式程序（见图16、图17）。

1.承祭官斋戒

由清漪园（颐和园）总管大臣定期祭祀。由于这里祭祀祷告灵验、地位重要，不仅皇帝时常亲临，即使例行祭祀，也常派皇子、亲王祭祷。祭前斋戒三天，对承祭官的要求是：

不理刑名、不办事。有紧要事仍办。不燕会、不听音乐、不入内寝、不问疾吊丧、不饮酒、不茹荤、不祭神、不扫墓。前期一日沐浴，有疾有服者勿与。①

2.祭祀位次

庙内外的神、人、物都有规定位置，不能随意变动。正中神龛为龙王坐像，像前摆放神牌；神龛前安放笾豆案、俎、香几②，两旁置馔桌、祝案与尊桌。两壁陪祀为风、雨、雷、电等神站像共6尊。

主要参祭人10余位，分别为：承祭官、典仪、读祝官各1人，导引2人，司香、司帛、司爵各1人，掌燎官、燎人及和声署乐人数人。③

3.祭器

有铜爵3件、铜尊1件、铜簠2件、铜簋2件、铜笾10件、铜豆10件、黑色竹篚1件、红色木俎1件。④这些祭器与天坛、太庙所用形态一致，只是在种类、数量、

---

①《钦定大清会典事例（嘉庆朝）》卷三百三十四《礼部一百二·祭统·斋戒》。

②昆明湖、玉泉山龙神祠用香几。黑龙潭龙神祠用五石供，包括香几1个，上设香炉1件；镫几2个，上各设烛台1件；瓶几2个，上各设插有贴金木灵芝的花瓶1件。

③《钦定大清会典事例（嘉庆朝）》卷八百十四《太常寺二十一·陈设·群祀》。［清］托津等：《钦定大清会典图（嘉庆朝）》卷十七《礼制十七·文昌庙陈设附三龙神祠位次陈设》，《近代中国史料丛刊》三编第71辑，（台北）文海出版社影印本，1991年版。

④《钦定大清会典事例（嘉庆朝）》卷七百九十八《太常寺五·祭器·群祀祭器》、卷八百十四《太常寺二十一·陈设·群祀》。

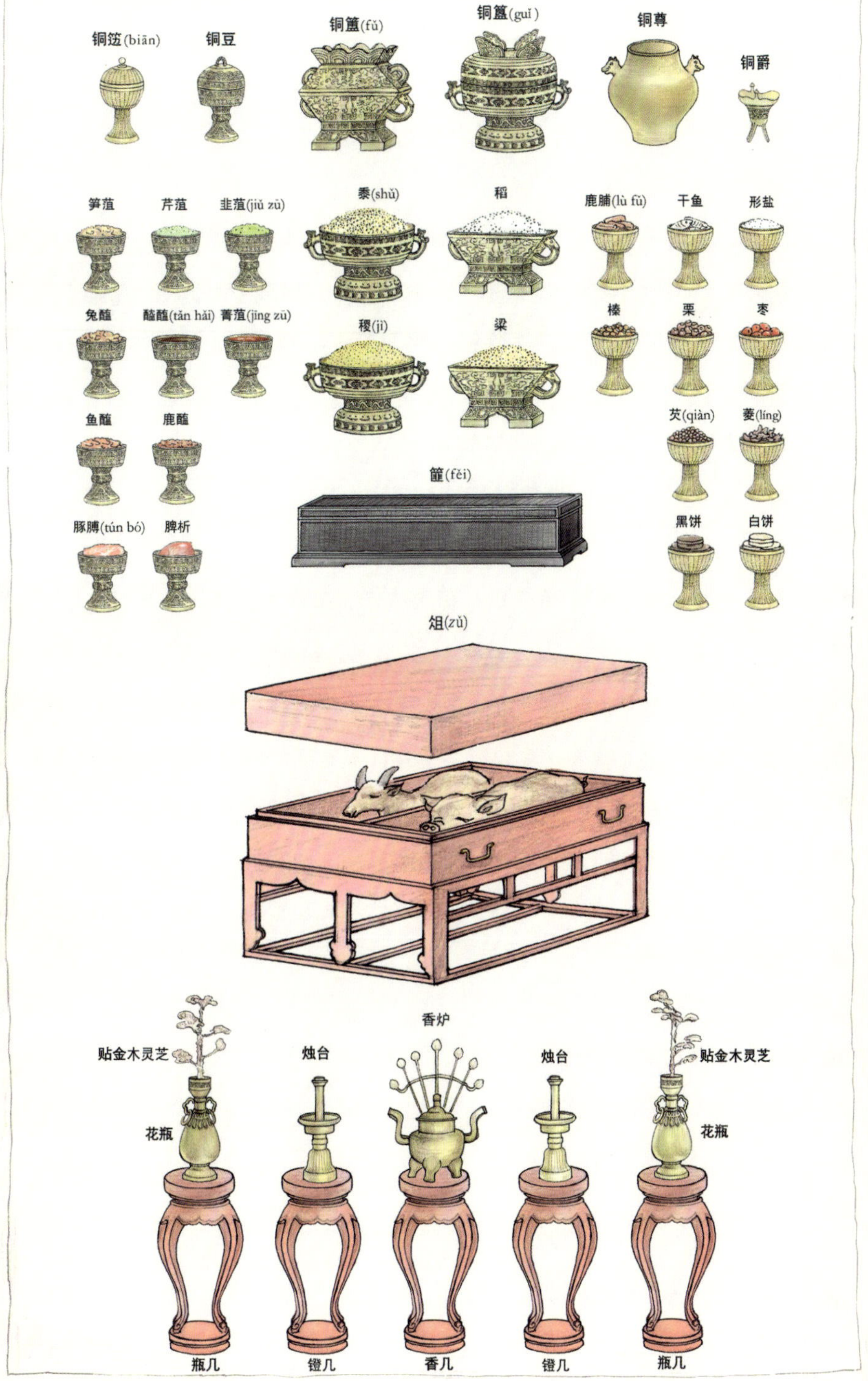

图 17　广润祠祭祀礼仪所用的祭器与祭品

尺寸、色彩、材质上表现等级差别及独特性。爵、尊用来盛酒，俎用来陈放牺牲（整只），簠、簋分别盛放不同的谷物，笾、豆盛放经过加工的熟食祭品，所用案桌又称“笾豆案”。用来摆放制帛，又称“帛篚”。

4.祭品

祭品盛于祭器之中，有四大类。肉类，选用羊和猪，盛于俎，称为“少牢”。谷物类4种，有稻、粱、黍、稷，分装于簠、簋。干脯类10种，形盐、槁鱼（干鱼）、鹿脯、枣、栗、榛、菱、芡、白饼、黑饼分装于笾。酱类10种，韭菹（腌韭菜）、芹菹（腌芹菜）、笋菹（腌笋）、菁菹（腌韭菜花）、醓醢（肉酱）、兔醢（兔肉酱）、鹿醢（鹿肉酱）、鱼醢（鱼酱）、脾析（牛百叶）、豚膊（猪肩肉），分装于豆。[①]

祭品清单中还列有丰富的作料，如青韭、葱、花椒、大笋等，尽显诚心敬意。祭祀时想必浓香扑鼻，只是不知龙王胃口如何。

在此附列昆明湖广润灵雨祠祭祀所用祭品清单：

圆柱降香1炷；降香丁1两5钱；檀香4两；6两重黄蜡烛2枝，3两重15枝，2两重7枝；酒4瓶，洗鱼酒1瓶，每瓶1斤12两；盐砖1两；白盐8两；木炭12两；芦苇1斤；春用木柴141斤，秋用100斤；净冰7块；白色礼神制帛1端；[②]羊1只；猪2口；鹿1只；兔1只；黍米7合；稷米7合；稻米7合；粱米7合；白面1斤12两；荞面1斤12两；大白菜2斤，秋则用小白菜；青韭14两；大芹菜1斤4两，秋则用小芹菜；红枣1斤12两；栗2斤2两；榛1斤1两；菱2斤12两；芡3斤4两；醢鱼2斤8两；大槁鱼1尾；小槁鱼1尾；大笋2片；葱2两；白糖4两；花椒、茴香莳、萝各5钱。[③]

5.祝文

读祝官朗诵《昆明湖龙神祠祝文》，祝文由翰林院撰写，嘉庆朝文本如下：

维嘉庆（某）年岁次（干支）二/八月（干支）朔，越（若干）日（干支）皇

---

① 《钦定大清会典（嘉庆朝）》卷五十七《太常寺·博士职掌》。

② 昆明湖、玉泉山龙神祠用白色礼神制帛，黑龙潭龙神祠用黑色礼神制帛。

③ 参见《钦定大清会典事例（嘉庆朝）》卷八百十六《太常寺二十三·支销·祭物二》。清代1端合今564厘米；1斤合今596.8克，1两合今37.3克，1钱合今3.73克；1合合今103.5毫升。

帝遣（某官某）致祭于安佑普济沛泽广生龙神曰：

惟神德隆润下，秩视升中。周禁籞以潆洄，如临左右；浚神皋而灌注，莫测津涯。灵应常昭，虔忱夙展。凡吁求乎甘澍，皆立霈于崇朝。显号优加，明禋特荐。沛然若江河莫御，被泽无疆；广矣言天地之间，资生允赖，或源也或委也；祭川隆先后之文，有祈焉有报焉。练日举春秋之典，烟凝栋宇，结彩雾以扬灵，云拥幡幢；御长风而来格，尚其歆享。鉴此苾芬。①

6.奏乐

祭祀过程中乐队演奏《庆神欢》，乐部和声署均设于甬道边。乐器有云锣 1 件、笙 1 件、管 2 件、笛 2 件、鼓 1 件、拍板 1 件（见图 18）。②

7.仪式程序

祭祀仪式主要有 10 个环节：迎神、奠玉帛、进俎、三次献爵（初献、亚献、终献）、受福胙撤馔、送神、望燎，以及行三拜礼。

在这声声祝颂、悠悠神曲与袅袅炉香中，湖水之灵散发着生命气息，也烘托出广润灵雨祠及龙王岛的“神”韵。

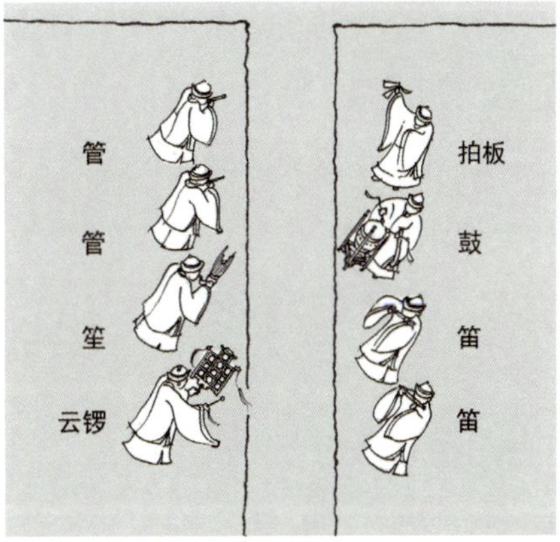

图 18　广润祠祭祀礼仪所用的乐队

在 4 座国家级龙神祠中，昆明湖这座龙王庙体量最小，祭祀时间却最长。就位置而言，祭岳要上山，才显至诚；祭水自然要到水中去，在茫茫的昆明湖中祭祀龙王再恰当不过了。昆明湖上的龙王庙香火不绝，正是得益于相地选址的深思熟虑、造园手法的娴熟，可谓中国园林艺术的经典范例。

嘉庆之后，清朝国难频频，几位皇帝疲于应付，清漪园日益疏于管理，其财政投入也越来越少，撤陈设、减官员、省维修，一片萧条。然而广润祠里的龙王却依然得到精诚供奉，香火兴隆。乾隆之后的清漪园档案中，几乎通篇都是来园祈雨的记载，皇帝、皇子、亲王大多心无旁骛，直趋龙神祠，万寿山上各庙诸神只能冷清地远远观望。

①《钦定大清会典事例（嘉庆朝）》卷七百九十九《太常寺六 · 祝文 · 昆明湖龙神祠祝文》。

②《钦定大清会典（嘉庆朝）》卷三十四《乐部 · 管理大臣职掌二》《和声署》，《钦定大清会典事例（嘉庆朝）》卷四百十三《乐部四 · 乐制 · 陈设》、卷七百九十八《太常寺五 · 乐器 · 庆神欢乐器》。

五、劫后余生

图 19 焚毁后的龙王岛，清咸丰十年（1860 年）英国费利斯 · 比托摄

咸丰十年（1860 年），英法联军闯园焚烧，也没有放过湖中小岛，龙王庙化为废墟（见图 19）。焚毁后的第 4 个月，躲在承德避暑山庄的咸丰皇帝就谕旨内务府大臣宝鋆，准备昆明湖龙神的祭祀仪式（见图 20）。

庙宇无存，只好搭建席棚，把金脸龙王从废墟中扶进就座。满园残垣断壁中，只有龙王庙香云缭绕、神乐飘扬。如此延续 20 余年后，颐和园才开始重建，才响起慈禧祝寿的乐章。光绪朝特别在祭祀礼仪中增加一项：以后每逢皇太后万寿节都要祭拜龙神，礼部提前 15 天给予提示。

昆明湖龙王的祭祀活动一直持续到 1917 年，由宣统小朝廷主持。广润灵雨祠也成为延续最久的国家级龙神祠（见图 21）。

随着清末以来的时代大变局，传统祭祀体系瓦解殆尽，昆明湖也在发生着改变。曾经偶尔一用的俗称“南湖岛”变为正式岛名，却失去了应有的文化信息，也留下“南湖”“北湖”误解之嫌。其实，岛名仍以“龙王岛”最为合宜，此名使人问名心晓，主题清晰。时过境迁，到了 20 世纪 50 年代，一首新诗代表了这时期的思潮：

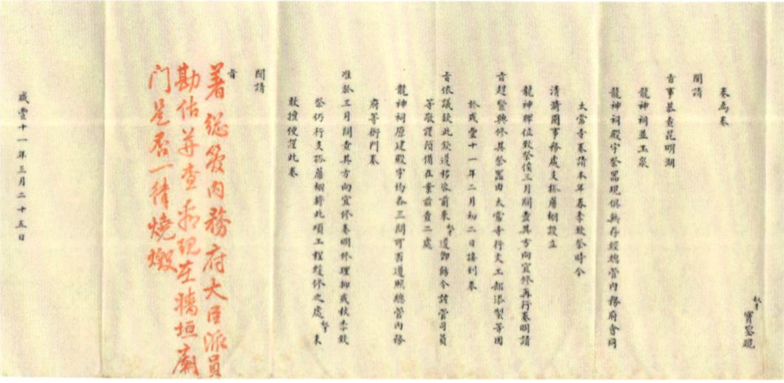

著總管內務府大臣派員勘估并查明現在牆垣廟門是否一律燒燬

咸豐十一年三月二十五日

图 20 宝鋆关于昆明湖龙神祠祭祀的奏折与咸丰皇帝的朱批

天上没有玉皇，地上没有龙王。我就是玉皇，我就是龙王！喝令三山五岭开道，我来了！

1966 年，广润灵雨祠的龙王被砸碎，风神、雨神塑像被捣毁，古老小庙再遭劫难，几乎没人意识到这是砸碎东方文明的一脉。1986 年，广润灵雨祠又重新塑起龙王，庙前牌楼和旗杆也一同重建。[1]

然而，重建人们心中对大自然的敬畏与感恩，远比重塑金身更加艰难。

六、结语

图 21　瑞雪广润祠，马信可摄于 2010 年

从明代成化年间至今已过去 550 余年，瓮山泊西湖在变，昆明湖在变，龙王庙也在变，唯一不变的是龙王脚下的这小块土地。它有若一把标尺，标识出地理、景观和时代精神的变迁。在这个过程中，也显示出中国园林艺术的境界与内涵，更显现出传统文化对大自然的态度。

如今，当国人环游世界，围观他乡祭神欢乐时，应该记得在故土也曾有过这样的节庆。敬畏自然之心曾在昆明湖中展现，诗意与神意在龙王岛上并存。

① 北京市地方志编纂委员会编著：《北京志 · 世界文化遗产卷 · 颐和园志》，北京出版社，2004 年版。

图 1 《玉带桥诗意图》，清乾隆十六年（1751 年）徐扬绘，北京故宫博物院藏

《玉带桥诗意图》·玉带·拱桥[①]

提及玉带桥，人们大多会想到昆明湖畔的汉白玉大拱桥，它是乾隆时期的园林杰作。关于这座名桥的最初形象、建造意向，历史文字与图像不多，因此乾隆时期《玉带桥诗意图》（见图 1）的出现无疑弥足珍贵。原作珍藏于北京故宫博物院，首次刊载于《清代宫廷绘画》，其所绘形象经专家鉴定为清漪园的玉带桥，[②] 这一定论被广泛引用。此后，不少专家都持同样观点。[③]

一、《玉带桥诗意图》的疑问与溯源

《玉带桥诗意图》由清代宫廷画家徐扬所绘，吏部尚书汪由敦书录乾隆御制诗，引首题词则是乾隆皇帝御笔“印合湖堤”，意为所画内容“与湖堤印证吻合”。乾隆喜好携图寻景，以境证画，题词是对画面真实性的证明。

不过按图索“景”便觉疑问颇多：首先，偏居长卷一角的单孔拱桥被认定为画题主角“玉带桥”，但描绘太过简略，其形象与昆明湖玉带桥相差甚远，且作为主题景物偏置也不合作画常规。其次，居于画卷中心位置的是座三孔亭桥，与单孔拱桥分处两堤，被认作昆明湖的“桑苎桥”，而现时昆明湖的桑苎桥与玉带桥同处一堤，

① 本文初载于《中国园林》2009 年第 5 期，此次进行了修改增补。

② 聂崇正：《清代宫廷绘画》，上海科技出版社，1999 年版。

③ 苑洪琪：《从一幅图画看清漪园的耕织图》，见北京市园林局颐和园管理处编：《颐和园建园二百五十周年纪念文集（1750—2000）》，五洲传播出版社，2000 年版。

芒桥（原鉴定）
带桥（实际景物）

玉带桥（原鉴定）
东浦桥（实际景物）

相对位置从未改变。最后，卷尾有一组寺院式建筑群，被认定是清漪园景点“耕织图”，同样也与昆明湖、玉河一带实景不符。

徐扬绘画以写实见长，有极强的场景把控力，所作《盛世滋生图》《乾隆南巡图》等鸿篇巨制，虽卷帙浩繁，景物脉络仍清晰精准。依其功力与乾隆题词，作者不会在此随意发挥。显然，此图所绘不是清漪园昆明湖的玉带桥，而是另有所指。好在画面上的乾隆题诗给了我们破解线索，诗云：

垂之则有卧波中，衔绶维鱼幻岂虹。歌咏湖山此生惯，威仪青紫若人工。
光通潋滟原规月，势委飘萧不碍风。本是印公留下物，而今还复属苏公。

诗中的“垂之则有”出自《诗经·小雅·都人士》“匪伊垂之，带则有余”，此处指称“玉带”；“印公”“苏公”来自苏轼逸闻，都是围绕玉带与桥展开的联想描写。诗作于乾隆十六年（1751年）南巡回程的龙舟中，当时乾隆皇帝带着余兴翻阅了董邦达所绘《西湖四十景》中的14幅，以三字为题、一一诗咏，《玉带桥》便是其一（见图2），由此可知诗中所指是杭州西湖的玉带桥。乾隆在诗序中写道：

（董）邦达曾为西湖各景图以献。兹临明圣，游览畅观，信足娱志。以境证画，允擅传神，旧有十景及灵隐云栖诸胜，久膻芗人间者，无不究妙吟奇，所作即书邦达册端，以志雅兴。而一溪一壑，或以路便偶经，未有专诗，或以地处幽遐，不及领要，则在全图中尚余十四景，船窗展玩，南望情驰，各体不拘，聊云补空。[1]

①《清高宗御制诗集》二集卷二十六《题董邦达西湖四十景十四幅》序。

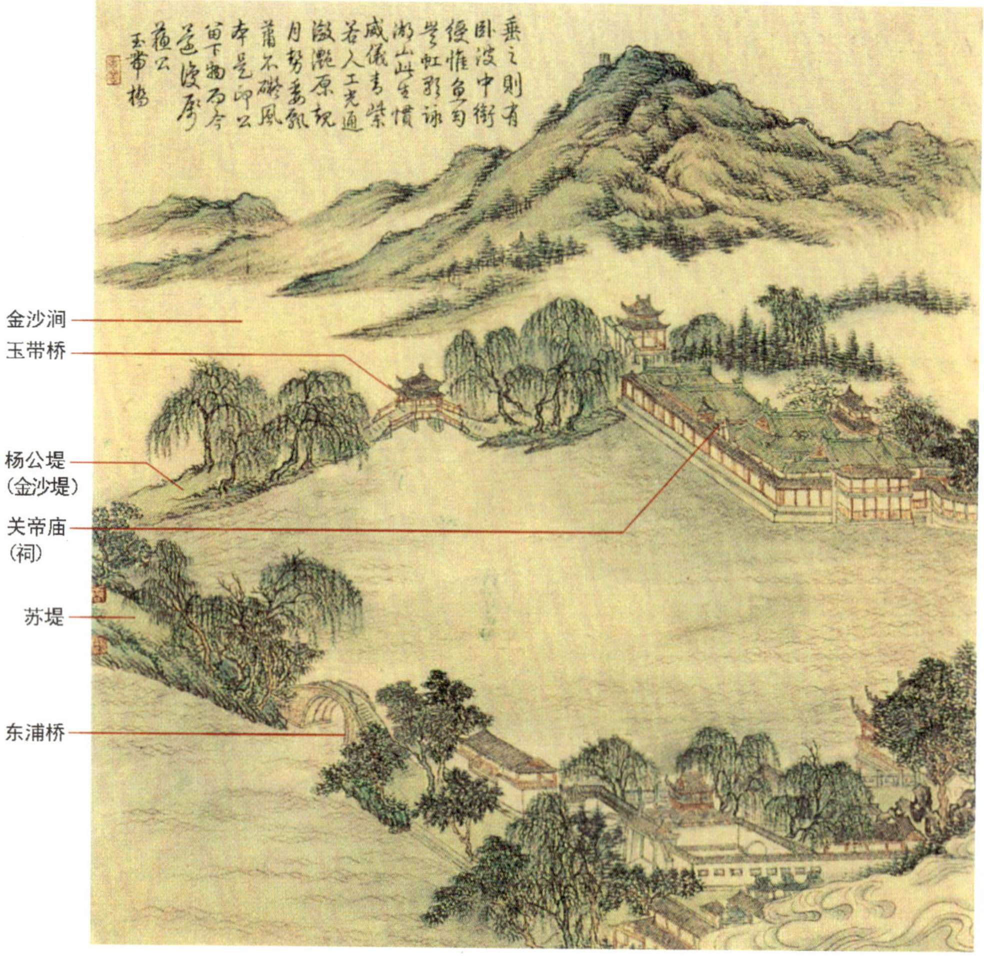

图 2 《西湖四十景·玉带桥》，清乾隆年间董邦达绘，私人藏

董邦达所绘的“各景图”，名为《西湖四十景》，共计40幅装为4册，第一册10幅，第二、三册各8幅，第四册14幅。乾隆皇帝舟中题写的即是第四册。这套《西湖四十景》40幅真迹曾随末代皇帝溥仪流落长春，几经辗转于1993年被我国台湾收藏家拍得，《玉带桥》画页也在其中。

徐画御制诗的出处应该清楚了，即最初是乾隆自己将所作诗文亲题于董邦达的《玉带桥》图上。那么徐扬的这幅《玉带桥诗意图》又是何来历呢？

原来，董邦达的《西湖四十景》绘于乾隆南巡的前一年，[①] 是对杭州西湖游览的预热性介绍；而徐扬的这幅画则作于乾隆南巡之后，是实景图录。徐扬本是苏州

① 乾隆十五年（1750年）董邦达曾绘写《西湖图》，乾隆皇帝有句：“明年春月驻翠华，亲印证之究所以。”见《清高宗御制诗集》二集卷十八《董邦达西湖图》。

贡生，乾隆皇帝南巡途经苏州时，徐扬以自作画册进献，随即被召为宫廷画师，之后便委以急务，清宫内务府造办处活计清档记载：

（乾隆十六年七月）十二日，副催总佛保持来员外郎郎正培、催总德魁押帖一件，内开为又五月十一日，太监刘成来说，首领文旦交：条画宣纸一张、册页宣纸十二张、手卷宣纸六张。

传旨：俱着徐扬画，赶出外时一定要得。钦此。[1]

文中"五月十一日"显示徐扬已到京城，"出外"则是指同年七月开始的木兰秋狝。徐扬的《玉带桥诗意图》即作于五月至七月之间。这是一组七幅小长卷的南巡纪实图，其中还有天宁寺、烟雨楼、金山等处名胜，统一由汪由敦书录御制诗，"玉带桥"是其中唯一重复作画的题材。也就是说，两幅《玉带桥》画面有同一首御制诗。

而此时昆明湖的玉带桥尚未建成，直到乾隆十八年（1753 年）才在乾隆皇帝诗中第一次出现，这也再次证明徐扬所绘并非清漪园景观（见图 3）。那么徐扬画中景物如何辨识呢？这得结合西湖的玉带桥来说明。

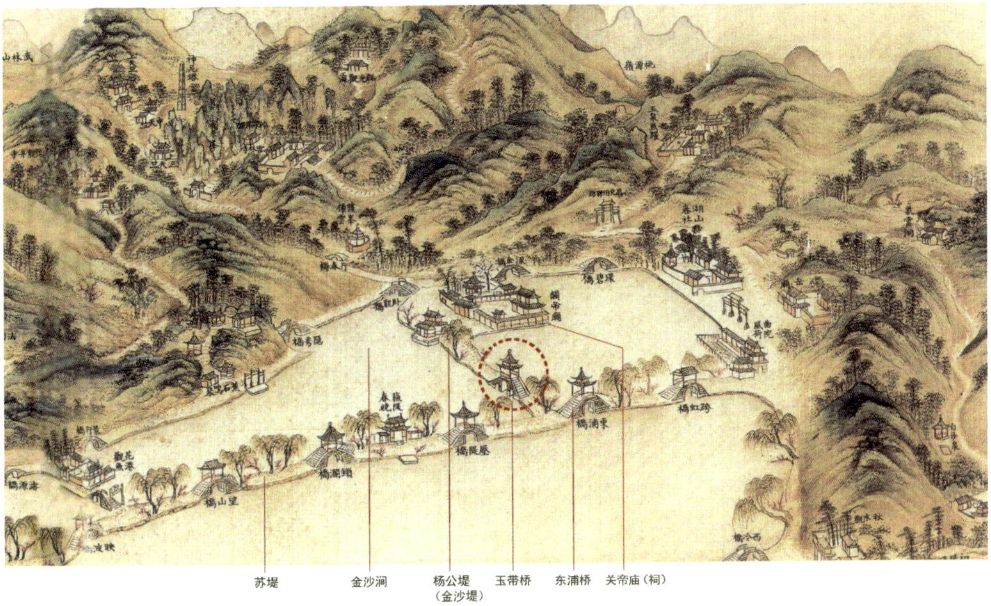

图 3 《西湖全景图》中玉带桥的位置

① 《乾隆十六年各作成做活计清档·如意馆》（七月十二日），见《清宫内务府造办处档案总汇》第 18 册。

其实，徐扬画卷居中的三孔亭桥正是画题主角——玉带桥。这座桥不在西湖苏堤上，而是在其支堤赵公堤上，所临水面是金沙涧而非西湖，因此赵公堤又称金沙堤（见图 4）。堤最初由南宋知临安府赵与簒所筑，清雍正时由浙江总督李卫重建，为方便船只通行，特建三孔桥，桥洞形如带环，故名曰“玉带桥”。

而偏居卷首的单孔拱桥，则为苏堤六桥之东浦桥，徐扬有意将其略写以免抢题，不料仍被后世误解。至于卷尾的寺庙，则为杭州西湖的关帝祠。乾隆南巡后成书的《西湖志纂》对上述景点皆有充分说明，并将三孔玉带桥列为杭州十六景之一，名“玉带晴虹”（见图 5）。原文如此描述：

> 玉带晴红。……国朝雍正八年，作堤于东浦桥之南，西接金沙涧，名金沙堤。堤上构石梁以通里湖舟楫，设有三洞，状如带环，遂以“玉带”名之。与关帝祠相属，回廊绕水，朱栏倒影，金碧澄鲜。
>
> 桥畔花柳夹映，上构红亭，飞革高骞，晴光照灼，俨如长虹卧波，横亘霄汉，与苏堤第六桥之“跨虹”远近辉映，弥觉烂然可观。乾隆十六年三月，圣驾巡幸御制《玉带桥诗》。①

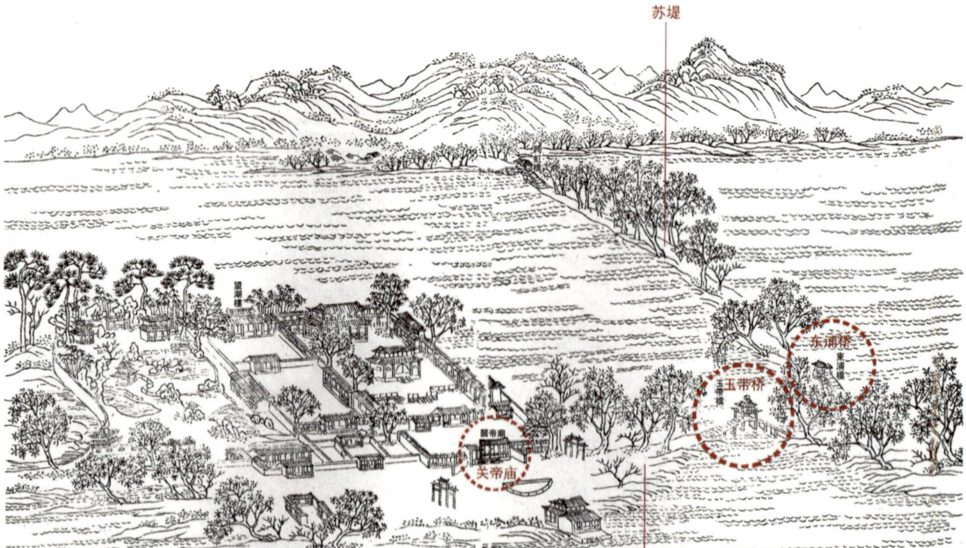

图 4 玉带晴虹。《南巡盛典》卷一百三《名胜》插图

① [清] 梁诗正等辑：《西湖志纂》卷一《名胜》，清文渊阁四库全书本。

书中对关帝祠也有详尽说明：

关帝祠。在金沙港，雍正八年，浙江总督李卫因港中滩沙涨成平陆，创建神宇。中为祠门三楹，外照面楼三楹，进内仪门三楹，享堂三楹。更进为正殿三楹，后寝五楹，上构岑楼，下接水轩。左右厢楼各五楹，后临湖面，环以回廊，朱栏掩映。辟祠西为园，由正殿绕步廊，启径而入，叠石为山。疏泉为池，杂莳卉木。创建亭宇，轩槛玲珑，栏楯衔接。内有观澜亭、垂钓亭、蔷薇洞、琼花岛，及星桥月榭诸胜。湖上关帝祠凡数处，规制宏敞以此为最。①

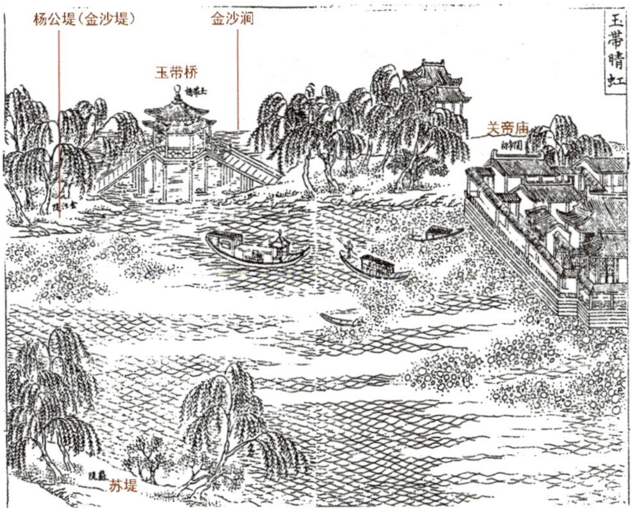

图 5 玉带晴虹。《西湖志纂》卷一《名胜》插图

书中图文并茂，一一印证了《玉带桥诗意图》中各景物的准确性，不过却是杭州的“玉带桥”。

比较前后两幅《玉带桥》，董邦达画中的主题并不突显，这使玉带桥容易与东浦桥相混淆，徐扬画卷则主次分明。此外，董画与其他版画均将玉带桥描绘为二柱桥，并非“拱”桥，而史料记载与徐扬所绘则是三洞拱桥。御题“印合湖堤”显然是在肯定后者，也暗示了此景重画的缘由。今天所见的西湖玉带桥是 1983 年改建的二柱桥，虽有董画依据，却失去了“玉带”诗意（见图 6）。

二、苏轼玉带与乾隆南巡

《玉带桥诗意图》虽然不属昆明湖，但却是清漪园玉带桥的创意来源，直接影响了其建造。乾隆造景务求意蕴丰满，清漪园中的石丈亭、青芝岫、邵窝莫不如此，而贯穿这座拱桥寓意的就是“玉带”趣闻。

① [清] 梁诗正等辑：《西湖志纂》卷一《名胜》，清文渊阁四库全书本。

图 6　杭州西湖玉带桥现状，2009 年李欣摄

图 7　玉带

“玉带”就是以玉片装饰的腰带（见图7），在古代是显贵的服饰与地位的象征。御赐腰带是极大的荣耀，而挚友之间解腰带相送，也是情珍义重的顶级表达。想来，当年街上提裤子走路的，肯定会被认为是刚刚饮酒拜了把兄弟，而非今日的逃犯之嫌。

“本是印公留下物，而今还复属苏公。”题画诗中所指就是“苏轼解腰带”的逸闻。苏轼与佛印禅师（印公）是知心好友，二人交往过密。宋神宗年间，苏轼赴杭州上任，途经镇江小住数日，当时金山寺住持正是佛印。一天苏东坡突然造访，正值佛印为僧众说法，故意不让苏东坡落座，说道：“公从何而来？此间无坐处。”苏东坡知其诙谐，随即语带禅机地答道：“暂借和尚四大，用作禅床。”佛印见他“佛”门弄斧，正中下怀，便说：“本僧有一语相问，若是说完你即答出，那便从你所请；如果稍有迟缓，那就请留下所系玉带，以镇山门。”苏轼欣然同意，解下玉腰带放在桌几上。佛印便问：“本僧四大皆空，五蕴非有，居士向哪里而坐？”四大皆空，一无所有，哪儿还有什么座位？语满禅机，滴水不漏，苏轼一时语塞，寻思之际，佛印赶紧招呼手下：“快拿下玉带，永镇山门。”

接着，佛印幽默地回赠苏东坡一件僧衣，又作二偈以谢：

石霜夺得裴休笏，三百年来众口夸。
争似苏公留玉带，长和明月共无瑕。

荆山卞氏三朝献，赵国相如万死回。
至宝只应天子用，因何留在小蓬莱？

苏轼只得笑而接受，并留诗二首：

病骨难堪玉带围，钝根仍落箭锋机。
欲教乞食歌姬院，故与云山旧衲衣。

此带阅人如传舍，流传到我亦悠哉。
锦袍错落真相称，乞与佯狂老万回。[1]

从诗意看，苏轼潇洒得很！宽袍大袖不用腰带也罢。佛印禅师为纪念此事，建造“留玉阁”以藏玉带，阁前小桥就称“玉带桥”。明代画家崔子忠依据这一典故，绘写了《苏轼留带图》（见图 8），此图成为传世珍品。

图 8 《苏轼留带图》（局部），明崔子忠绘，台北故宫博物院藏

乾隆皇帝对这一典故欣赏备至，先后在崔子忠《苏轼留带图》上题诗五首。当首次南巡到镇江金山寺时，特登“留玉阁”观赏苏东坡玉带。留玉阁曾遭火灾，所剩玉片残缺破旧，乾隆命人精心修补，共计 16 片半，珍藏于沉檀木制作的匣中，仍置阁中永镇山门。木匣四壁刻写多首御制诗（见图 9），诗序云：苏轼玉带“藏金山寺中，曾遭回禄，缺数版，为补足制匣，仍弆镇山门，以成佳话”[2]。其中一诗云：

七百余年玉带遗，笑他佳话竟何为。印公出口遂成偈，坡老围腰竟失仪。
胜在负边亦知否，匪伊即我底须垂。山僧匣衍夸珍古，问彼古人宜不宜。[3]

诗中呼应着佛印偈语“三百年来”之句，审评着七百年前的故事。乾隆对苏轼

① 《苏轼诗集》卷二十四《以玉带施元长老，元以衲裙相报，次韵二首》旧题王十朋注引“师曰”。［宋］释道融：《丛林盛事》卷上“佛印解东坡玉带”条，《全宋笔记》第 7 编第 1 册，大象出版社，2019 年版。

② 《清高宗御制诗集》三集卷二十《题苏轼玉带》序。

③ 《清高宗御制诗集》四集卷六十八《咏苏轼玉带叠乙酉诗韵》。

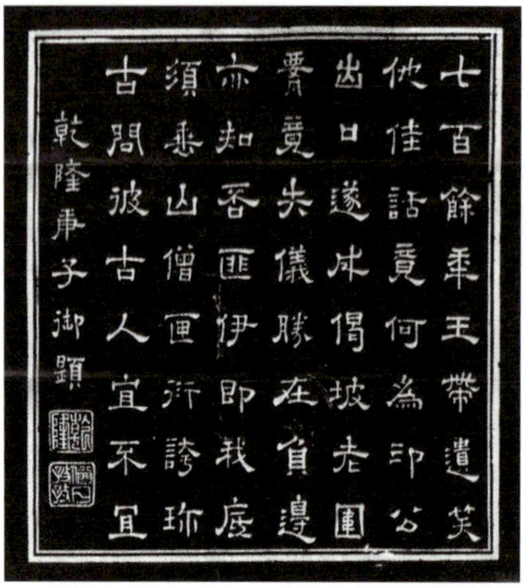

图 9 苏轼玉带贮藏盒壁的乾隆诗刻拓片

的文采推崇备至，到金山后便追寻他的足迹，处处歌咏，篇篇东坡，叠其诗韵之作先后有20余首。乾隆多年临摹苏轼书帖，到此一游更是摩崖刻石。好在金山建有皇帝行宫，方便他细游慢品。

怀着崇苏情结，乾隆到达杭州后，游览了西湖苏公堤，顺访玉带桥。乾隆题画诗的末句“本是印公留下物，而今还复属苏公”，意思是说：这条本来留给印公的玉带，如今却还回来化作拱桥，归属于苏公堤的名下。诗意构思虽然巧妙，可惜吟错了地方，误以为此堤此桥是苏轼所筑所建。数年后他方才明白过来，在诗注中纠正道：

辛未题句云“本是印公留下物，而今还复属苏公”，乃假借用之。今考《西湖志》，宋咸淳间，京尹赵与篡，筑堤以达灵竺路，名“小新堤”，中有桥夹植桃柳，以比苏堤。本朝雍正年间复接作堤，构石梁以通里湖舟楫，因桥洞如带环，遂以“玉带”名之，实未详谁所筑也。①

图 10 早春玉带桥，2016 年刘巍摄

金山寺的“玉带”原是好友间的趣事笑谈，赵公堤、玉带桥也与苏轼没有任何关联，然而却被乾隆阴错阳差地串接起来，从此“玉带”与拱桥、玉带桥与苏东坡便攀上了关系，用乾隆的话说就是“假借用之”。

首次南巡回京后，乾隆将这种诗意畅想带入昆明湖玉带桥的建造之中，并反复吟咏：

写影一围真玉带，几曾印老赚东坡。②

长堤虽不姓髯苏，玉带依然桥样摹。

① 《清高宗御制诗集》五集卷六《玉带桥》自注。

② 《清高宗御制诗集》三集卷六十三《沿湖岸过玉带桥二首一韵·其二》。

荡桨过来忽失笑，笑斯着相学西湖。①

何必留之资印老，偶然同耳借苏公。②

这些描写与《玉带桥诗意图》的意蕴一脉相承，为昆明湖桥景增加了文化趣味（见图 10）。

三、拱桥与昆明湖玉带桥

从视觉形式看，玉片串起的腰带与拱桥没有太多的联想。倒是从语言修辞上，“玉带”更易理解为“如玉般的弧形飘带”，富有诗意，因此常常用来形容拱桥，其他修辞还有“飞虹”“玉蛛”等。这些既是文人的美妙想象，也是造桥者的追求，为桥体营造激发了灵感。但在昆明湖玉带桥之前，中国园林中尚少诗意化的大跨度单孔拱桥。

常人或许不知，除去杭州西湖，历史上全国各地曾有数十座拱桥冠以“玉带”之名，如开封、成都、福州、台州灵江、苏州长洲、华亭、荆溪、金华等地都曾建有“玉带桥”，其形象不过是“三孔桥”“五孔桥”之类的造型，其中台州灵江的玉带桥有十八孔之多。昆明湖的玉带桥就是在这些实践基础上的升华。

清漪园建设之际（乾隆十五年，1750 年），皇家园林的理论思想、实践经验都已极大丰富，艺术水准趋于炉火纯青。昆明湖西堤虽仿自杭州苏堤，但此时的仿建早已没有乾隆初年的简单生硬，而是肖意写神，仿中有创。如果对比圆明园的曲院风荷九孔桥（见图 11），就可

图 11　圆明园曲院风荷的九孔桥。《圆明园四十景图咏 · 曲院风荷》，清乾隆九年（1744 年）唐岱、沈源等绘，法国巴黎国家图书馆藏

①《清高宗御制诗集》三集卷九十《玉带桥》。
②《清高宗御制诗集》三集卷九十九《玉带桥》。

以看到这种变化。

拱桥造型主要由上下两条弧线决定，一般拱桥上弧线只是略为隆起不能过大，以保证桥面通车方便；下弧线则受到跨度技术的限制。而昆明湖具体情况是，西堤没有通车的需求，桥下是通往玉泉山的水路门户，御舟大船通行更为重要，这为桥体创新提供了机遇。现实功用加以诗意想象，终而形成了自己的特点（见图 12）。

图 12　玉带桥，1924—1927 年间美国西德尼 · 戴维 · 甘博摄

昆明湖玉带桥夸张优美的曲线像一个跳跃音符，为平缓的西堤增加了一处抒情式的亮点，汉白玉材质不仅强化了“玉”感，而且在绿树碧波衬托下如诗似画，成为中国造园的经典（见图 13）。

极富诗意的“玉带桥”一词，自它出现以来唯有乾隆皇帝给予了最精彩的诠释。从此，昆明湖玉带桥几乎成为这一名称的专属符号，使人一提“玉带桥”，脑海里直接浮映出昆明湖畔的诗意画卷。

图 13　玉带桥的抒情曲线点亮了平淡的岸线，翟鹏摄

四、结语

昆明湖玉带桥借名而建，拉入苏轼，遥应杭州西湖，突破旧制。这座拱桥已不再是一个构筑物，而是一页故事、一段历史、一种文化。

从昆明湖玉带桥的建造，我们可以看到传统园林与绘画、诗词的密切关系，优秀的园林景物是诗画意境与技术的圆融结合。昆明湖玉带桥也由此具备了“三好”特点，即“好听”，名称引起诗意联想，引出话题；“好看”，造型有所突破，富于画意；“好用”，有实用功能，解决实际问题。这三者的完美结合是优秀园林景观经久不衰的重要因素。这一“三好”标准同样适于今天对风景园林的设计与评判。

历史上的造园师都有着综合的学识背景，因此创作思路也更为广阔，可以驾驭各类有形无形的素材进行造景。这就要求今日园林研究者与设计者在愈精愈细的学科壁垒之间融会贯通，只有这样，作品才能形神兼备。

苏东坡玉带与昆明湖玉带桥之间的千古文脉，形意兼备，也给今日园林设计以灵感。2021 年笔者主持徐州北京园设计时，因园址位于大湖岸滩，故而因地制宜以玉带桥作为北京园标志，选以金光穿洞的角度展开设计与建造，营造出浓郁的首都特色，而徐州又是苏轼曾经的牧守之地，古今相应，让这一千年佳话再续精彩（见图 14 至图 16）。

图 14　徐州北京园玉带桥夜景意向图

图 15　玉带桥作为徐州北京园水门

图 16　徐州北京园内望玉带桥

青芝岫畔四石说

来到颐和园乐寿堂前，总能看见各路导游围绕青芝岫大石，绘声绘色地讲述米万钟破财的故事，可谓“万口争说败家石”。这个在民国初年附会而成的明末逸事，原本是街边闲谈，现如今却成为文化遗产解读的“主线”，实在是一叶障目，掩盖了这块奇石所承载的历史文化价值。

其实，我们完全可以正正经经地从多方面、多角度讨论这块大石（见图 1）。

一、题石：瑞寿与《芝石图》

图 1　乐寿堂前青芝岫，2018 年赵站国摄

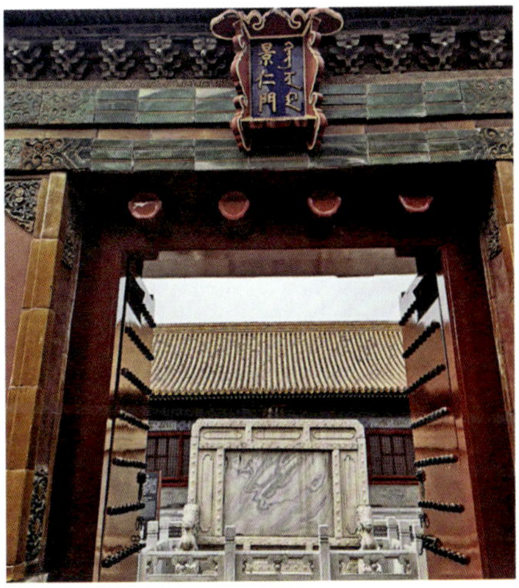

图 2　紫禁城寝宫影壁，2019 年夏英敏摄

在院中安置大石，首先是出于皇家建筑规制的要求。主体建筑乐寿堂是按居住功能设计的，通常这类建筑前都设有影壁（见图 2），以免一览无余，只不过此处以奇石替代，既合规制，又增加了轻松氛围，相当于室外屏风，用乾隆的诗句说，即“青芝岫屏湖裔馆”①，“居然屏我乐寿堂”②，一个“屏”字说明了它的基本功用。

不过，比屏风功用更被看重的，是这块奇石的祝寿寓意。在中国文化中，以山喻寿、以石祝寿的语义可远溯西周，《诗经·小雅·天保》所言“如南山之寿”可谓源头，其后不断充实，代代相传。清漪园设计延续了这一传统，建园伊始改“瓮山”为“万寿山”，就此奠定了全园祝寿基调。“乐寿堂”的题名同样如此，出自孔子箴言：智者乐水，仁者乐山；智者动，仁者静；智者乐，仁者寿。③

①《清高宗御制诗集》四集卷三十《玲峰歌》。

②《清高宗御制诗集》二集卷二十八《青芝岫有序》。

③“智”一直写作“知”，音意同“智”。2015 年出土的汉代海昏侯墓竹简写作“智者乐水”，此处从。

图3　乾隆时期的芝屏（上为正面，下为背面）

它深层次地拓展了山与寿的内涵。乐寿堂内装饰也与此呼应着设置“芝屏”（见图3）、悬挂“寿”字。

乐寿堂前安放“青芝岫”，寓意“芝瑞石寿”，就是上述思路的延续。设计环节各不相同，但主题紧扣一个，层层递进，将抽象的“祝寿”变成具体的景观景物，使人一望心晓。

“青芝岫”一名常被误解为“石形如灵芝”，然而无论我们怎么观察，无论从哪个角度都看不出一丝灵芝影子，即使米万钟、乾隆皇帝也没看出来，因为他们从未有过这样的描述。清初，熟知此石经历的李澄中这样描述道：

> （大石）首昂而俯、足跂而敛；濯之则色青而润，叩之则声清而越。①

图4　《弘历采芝图》，清雍正十一年至十三年（1733—1735年）间郎世宁绘，北京故宫博物院藏

意思是说，大石头昂而身卧，底脚趾多而聚拢，洒水则色青润，敲击则声悠扬。描述的形象是拟“动物”而非“灵芝”。李澄中与米万钟之孙米汉雯同为康熙朝博学鸿儒，共入翰林院纂修《明史》，这一描述应该有米万钟的影子。我们现在看到的青芝岫就是按这一“动物”姿态横卧摆放的，这显然也得到乾隆皇帝的认可。

如此题名，其实是来自“芝石祝寿”的文化传统。所谓“岫”，即为有孔洞的山峰、山石。而“青芝”则是青色灵芝，为传说中生长于泰山的轻身不老之药。②泰山为东岳，按五行属木尚青色，长出灵芝的颜色也相同。按照这一逻辑，还有其他颜色的灵芝，都与产

① [清] 李澄中：《艮斋笔记》，见《日下旧闻考》卷一百三十三《京畿》。
② [宋] 唐慎微：《证类本草》卷六“青芝，味酸，平。……久食轻身不老，延年神仙。一名龙芝，生泰山”。清文渊阁四库全书本。

地的五行属性相关，如红芝长于南岳衡山，白芝生于西岳华山等。[①]

灵芝为祥瑞长寿的象征，在仙境中，种芝、采芝是仙人们的经典活动，乾隆就曾将自己纳入其中（见图 4）。而在人境，据说在盛世就会有芝生于殿堂，历史上有大量相关论述，如下最具代表性：

芝草，王者慈仁则生，食之令人度世。汉武帝元封二年，甘泉宫内产芝，九茎连叶。……汉明帝永平十七年春，芝生前殿。[②]

想来乾隆皇帝也期待着盛世灵芝的出现，清漪园许多殿堂内就设有灵芝屏风，乾隆曾作《芝屏赋》，称如此陈设既合屏风之功用，更赞延寿之祥名。[③]“青芝岫”题名就是同样用意。

专题“青芝”是强调这块奇石与泰山相一致，“表东方之正色”[④]，是其象征代表。中国自古有登岱岳为母祝寿的传统，大臣钱陈群在皇太后祝寿文中论道：

泰者，太也。天地太和之气，发舒于东方也。应劭曰：“岱，胎也，宗长也，言万物皆始于东方也。”刘向曰：“泰山宣气，生万物高大之至也。”综是数说：胪万国之欢心，上九重之尊养，莫此为宜。[⑤]

文中结论是：为母祝寿之至诚，莫过于登泰山。皇帝在乾隆十三年（1748 年），以及后来母亲八十大寿时都曾亲登泰山。在乐寿堂前放置一块可以生长青芝的泰山象征石，恰如其分。

“芝石祝寿”以往大多表现在绘画中，形成《芝石图》一类的专题画，如明代蓝瑛就是其中大家，陈洪绶、吴彬、米万钟皆有作品传世（见图 5 至图 8）。到康乾时期这类题材更加普遍（见图 9 至图 11），乾隆皇帝也留下多幅画作（见图 12、

---

①［宋］黄庭坚曰：“予观《神农草木经》：‘青芝生泰山，赤芝生衡山，黄芝生嵩山，白芝生华山，黑芝生常山，皆久食而轻身，延年而不老。’”见《御定佩文斋广群芳谱》卷八十七《卉谱》。

②［梁］沈约：《宋书》卷二十九《符瑞志下》，中华书局，1974 年版。

③乾隆皇帝《芝屏赋》悬挂于万寿山殿堂，其中有“既切清防之义，匪夸延寿之名”之句，见《清高宗御制文集》二集卷三十八。

④［清］徐宝善：《壶园赋钞》卷上《青芝岫赋》，清道光刻本。

⑤［清］钱陈群：《香树斋集》诗续集卷三十一《圣主东巡登岱祝禧颂百韵》，清乾隆刻同治光绪间递修本。

图 5 《萱花芝石图》，明陈洪绶绘，广东省博物馆藏

图 6 《芝石图》，明吴彬绘，私人藏

图 7 《芝石长春图》，明蓝瑛绘，私人藏

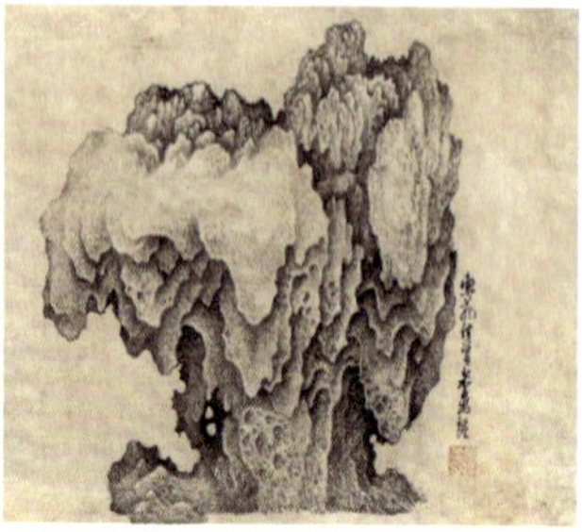

图 8 《寿石图》，明米万钟绘，私人藏

图 9 《芝英五色》，清戴衢亨绘

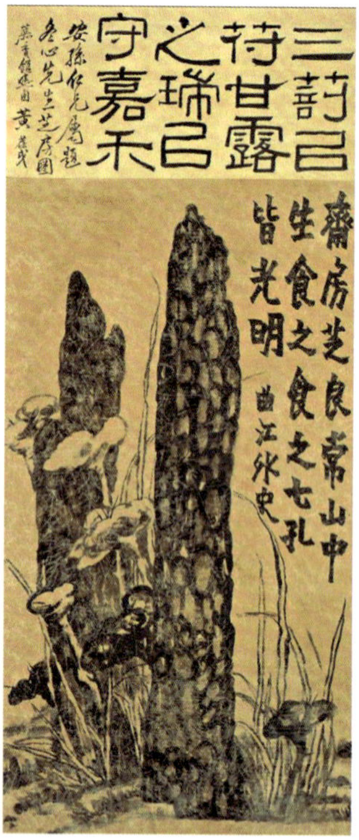

图 10 《芝房图》，清金农绘

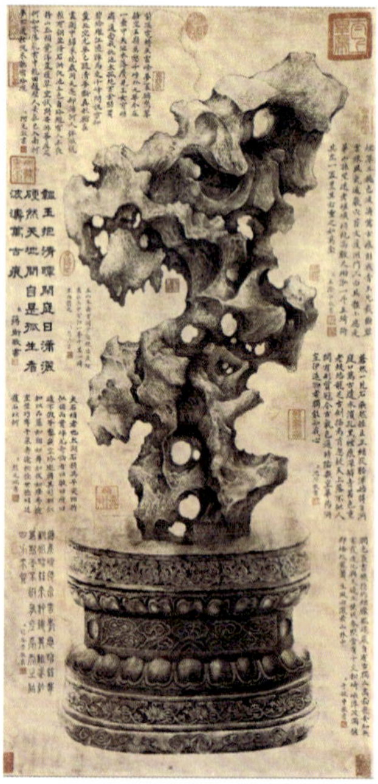

图 11 《寿石图》，清乾隆年间佚名绘

图 12　《瑞芝图》，清雍正十年（1732 年）弘历绘，北京故宫博物院藏

图 13　《芝石幽兰图》，清乾隆十六年（1751 年）乾隆皇帝御笔，私人藏

图 14　《寿石灵芝》，清张兆祥绘，私人藏

图 13）。至近现代，画家张兆祥、张大千仍有同类作品（见图 14）。这一主题的立体版就是芝石盆景，如张为邦在《岁朝图》中所绘（见图 15）。值得一提的是，这些作品都是“芝”与“石”并列，而非石如芝形。

总之，乐寿堂前的“青芝岫”是上述艺术思想与形式的大型化、室外化。题名类似于福州青芝山，意为山中长有青芝，而不是山形如青芝。“青芝岫”题名或可释为“青芝生于岫”或“孕生青芝的泰山寿石”。

上述所论只是针对青芝岫个体而言，在全国各地园林中不乏大量以“芝”喻“石”者，这种情况下的奇石大都是竖向摆放，上大下小、头重脚轻，尽可能让人联想到灵芝，与横向的青芝岫是完全不同的展示模式。

二、运石：三个传说与三个真实

“芝石”组合形成了固定的祝寿语义，而单论奇石本身，又有着丰富的审美内涵，这就是中国的赏石艺术，乐在其中的狂热者被称作“石痴”。明末米万钟就是其中一个，他的运石经历达到了“痴”的极致。

米万钟（1570—1628），字仲诏，自诩为宋代米芾后裔，不仅集石品石，还画石咏石，特意为自己取号“友石”。乐寿堂前的大石是他在房山之阴、周口山山麓

图 15 《岁朝图》，清张为邦绘，北京故宫博物院藏

发现的，[①] 长 3 丈余，宽近 7 尺 [②]。米万钟一见钟情，立刻决定将其搬至自己的海淀勺园。他的好友王思任回忆说，当时动用了千头骡子，“日鞭骡至千头，行仅一二里，贷子钱半万”[③]。运行缓慢，耗费巨大，王思任劝其放弃，他置之不理。

另一种说法是，米万钟在山里动用了近百人拖拉，大石装上重轮车后，用 40 匹骡子驮运，挪移艰难，中间歇过三次，费时七天才出山。五天后，大石运到良乡就再也运不动了。米万钟无奈，只好将大石弃置路旁，围起护墙、盖以草棚。[④]

随后米万钟雇来护石人，如守坟一般，还时常带上礼品去看望。一向洒脱不羁的他写了篇情意缠绵的《迎石文》[⑤]，以拟人手法向大石介绍：自己勺园虽小却美不胜收，问大石为何迟迟不肯前往。真情表白如同求爱一般。谁知，他很快得到大石回信，婉转扭捏千余字，原来是好友薛冈替大石写的回信《戏代房山奇石报米石隐书》，戏说米爱石之甚“必袍笏迎拜，晨夕与俱”[⑥]。见信后，米万钟又写了篇《答代石报书》，这一唱一和成为当时的文坛趣闻。

参与唱和的还有李埈、郑以伟等人。李埈把此举与米芾拜石的怪诞不羁相类比，说是石癖基因的千年传递：

拜石还迎石，今人式古人。船乘千载癖，文就一家新。
似得囊中巧，应同席上珍。灵心抒品藻，中岳是前身。[⑦]

---

① [清] 孙承泽著，李洪波点校：《畿辅人物志》卷十四《米太仆万钟》，北京出版社，2010 年版。

② 明代 1 尺合今 32 厘米。

③ [明] 王思任：《谑庵文饭小品》卷四《米太仆家传》，清顺治十五年王鼎起刻本。

④《畿辅人物志》卷十四《米太仆万钟》。

⑤ 明人李埈、郑以伟记为《迎石文》，清人李澄中在《艮斋笔记》记为《大石出山记》，此处以明人记为准。参见 [明] 李埈《读米仲诏水部〈迎石文〉却寄》，见 [清] 胡文学辑《甬上耆旧诗》卷二十四，清文渊阁四库全书本；[明] 郑以伟《灵山藏・弥戾车》卷二《米家石为仲诏缮部作时督厂清源》自注，明崇祯刻本；[清] 李澄中《艮斋笔记》，见《日下旧闻考》卷一百三十三《京畿》。

⑥ [明] 薛冈：《天爵堂文集》卷十八《戏代房山奇石报米石隐书》，明崇祯刻本。

⑦ [明] 李埈：《读米仲诏水部〈迎石文〉却寄》，见《甬上耆旧诗》卷二十四。

不知是巧合还是模仿，这样的问石互答古已有之，元代虞集就曾写诗《戏作试问堂前石》与《代石答》各五首。可见文脉不断，逸事不绝。

数年后，一位来自太湖石故乡的布衣文人葛一龙[①]进京（见图 16），对这块石头非常好奇，于是跑去寻访，写下长诗《次良乡观米仲诏宪长所移奇石》：

塔洼村北野草荒，草间突兀孤云苍。欲行不行气若郁，将雨未雨天无光。
云是米家凿山出，百步千人移数日。到此踌躇不肯前，秦鞭无技楚力诎。
大木纵横倒一林，相为枕藉岁年深。或需天手妙神用，或眷山祇萌故心。
我与之言叱之起，几时得渡浑河水。崯岈空洞宿阴霆，鲸眷鳌簪立奇鬼。
主人好礼尊石公，神物亦岂甘牢笼。不如就此树高阁，居处日对飞来峰。[②]

诗中对地点记载得很明确，即良乡县城东北的塔洼村。“大木纵横倒一林”是葛一龙亲眼所见，工程实在浩大。显然，作者也感觉这位石痴头脑发热、不自量力，于是提出两个建议：稍现实的一个是现场建阁，这样就可以天天陪伴美石，“居处日对飞来峰”；另一个则是超现实的，即“或需天手妙神用”，是说搬运这样的大石非借上天神力不可。

的确，在神话传说中，秦皇汉武就曾借助神力，干过同样的事。

关于秦始皇的传说，即葛诗提到的“秦鞭”。始皇帝欲在召石山[③]渡海看日出，于是在海中做石桥。当时有神人相助，以法术驱石自行，所以海边的城阳山上，巨

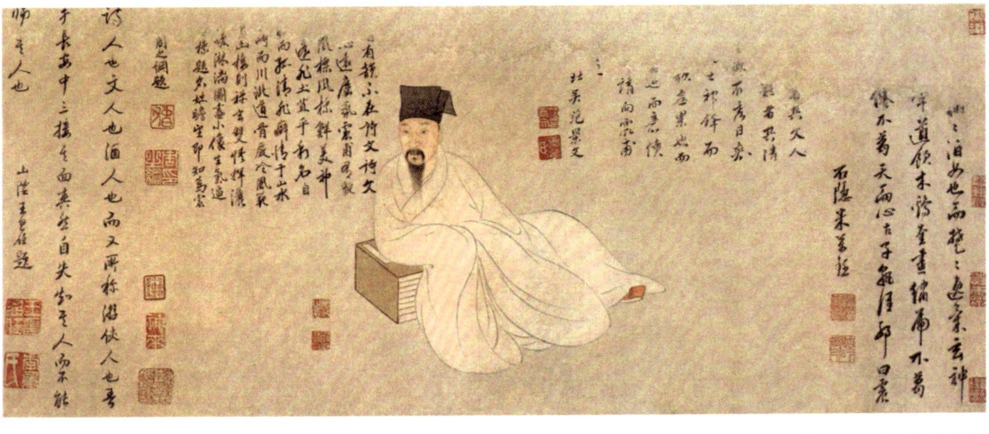

图 16 《葛震甫像》，明曾鲸绘，北京故宫博物院藏。葛一龙，字震甫。画卷上有明米万钟、王思任等人题词

① 葛一龙为太湖东山人。
② ［明］葛一龙：《葛震甫诗集·筑语·次良乡观米仲诏宪长所移奇石》。
③ 召石山，今山东省荣成市东北。

岩都呈站姿，倾斜向东做行走状。石行下海太慢，神人鞭之，石皆流血，以至于这一带山岩都有红斑与鞭痕，从此留下“秦鞭”“鞭石作桥”的典故。[①]秦始皇称得上搬运大石的始祖。

与秦始皇齐名的汉武帝则是借助神牛来搬运大石。传说汉元封三年（前108年），大秦国（罗马共和国）进贡的花蹄牛力大善走。武帝令其辇运铜石建望仙宫，牛蹄印迹留在石上呈莲花形。其中一块奇石，长10丈、高3丈，立于望仙宫前，名“龙钟石”。汉武帝末年，石陷入地，尾出于上，后人呼为龙尾墩。[②]这块奇石远比房山石大得多，拖拉的非骡非马，而是神牛！

与传说中借助神力搬运大石的秦始皇、汉武帝不同，宋徽宗在历史上真的运了一块巨石，也有些“神意”。只是这一行动使他饱受批判。北宋政和年间，灵璧县进贡一块巨型灵璧石，高20余尺[③]。舟载至京师，毁城墙、破水门以入。其后千夫拖拉不动，主管官奏请皇帝说：这是神物，应有所表彰。于是徽宗亲题“庆云万态奇峰”，赐金带挂其上，巨石方才移动，顷刻间运至艮岳苑中。[④]不久有金芝生于石上，于是徽宗改其名为“寿岳”。

葛诗人感觉，要移动这块房山巨石，非有上述神力不可。不过此时的大明天子早已衰弱得没了神气，这个建议不提也罢。

随着诗咏及逸事的传播，良乡大石名气与日俱增，在明末清初几乎成为当地一景，更多文人前去拜访，写诗纪念，如茹纶常的《良乡道中》：

望中柳色绿差差，倦客驱车又一时。
大石报书思仲诏，残碑聚讼记云麾。[⑤]

其他还有宋长白、朱彝尊的诗作。如能长此以往，米万钟弃石很可能会成为良乡地区的一大胜迹、旅游景点。

不承想百年之后，葛一龙的“或需天手妙神用”应验了，天子乾隆南巡路过此地，

---

①［宋］乐史：《太平寰宇记》卷二十《河南道二十·登州·文登县》引《三齐略记》，中华书局，2007年版。

②［汉］郭宪：《汉武帝别国洞冥记》卷二，见王根林等校点《汉魏六朝笔记小说大观》，上海古籍出版社，1999年版。

③宋代1尺合今31.4厘米。

④［宋］王明清：《挥麈录余话》卷二“艮岳奇石”条，《全宋笔记》第6编第2册，大象出版社，2013年版。

⑤［清］茹纶常：《容斋诗集》卷十八《归与集·良乡道中》，清乾隆三十五年刻五十二年嘉庆四年十三年增修本。

图 17　清代运石场景。清版《清明上河图》（局部），清乾隆元年（1736 年）陈枚、孙祜、金昆、戴洪、程志道绘，台北故宫博物院藏

发现了这块巨石。当时护墙塌了，草棚没了，石洞长满草木。乾隆透过乱草看“石质”，心中大喜，于是命人搬运到乐寿堂前，兴奋得又是题名，又是写诗作画。

塔洼村还留下一块米万钟小石，五年后也被乾隆运到圆明园时赏斋前，题为“青石片”，与青芝岫并称为“大青”“小青”。良乡的一个旅游景点就此消失了，甚至连“塔洼村”地名也未保留下来。①

至于是如何搬运的，乾隆皇帝在诗中明确说：“向曾舆运万寿山，别遗一峰此其副。”②“取自崇冈历平野，原匪不胫实车转。”③舆运，即车运。叙述很简略，显然搬运过程简单轻松，没什么稀奇可以爆料。具体场景在清版《清明上河图》中可见一斑。这幅长卷表现了雍正、乾隆之际的京城生活，卷中描绘了一辆运石大车，车轮近人高，由 20 匹骡子驮拉，多人驾驭，街上其他活动照常进行（见图 17）。可见到清代，搬运大石已不算什么稀罕事，相关技术娴熟、经验丰富，如运石体量与马匹数量就有配比及工钱标准，乾隆朝《大清会典》记载：

运石之车以石方一尺为度，积二十七尺以一马御，石大则按数递增。④

① 塔洼村地名现已无存，其地属梅花庄一带。另外房山旧城南也有塔洼村，地名尚存，但与此石无关。

②《清高宗御制诗集》三集卷五十八《青云片歌》。

③《清高宗御制诗集》四集卷三十三《再作玲峰歌》。

④［清］允祹等：《大清会典（乾隆朝）》卷七十二《工部·营缮清吏司·物材》，凤凰出版社，2018 年版。

《钦定大清会典则例》记载：

又闻从前运石，每方给银八钱九分四厘六毫。今运送多费人力，着每方增银六分，俾夫役等工食宽裕。钦此。①

（房山）大石窝青白石，每折长二丈七尺一车用骡一，日给银二两一钱。四丈六尺以外用骡二；五丈二尺以外用骡三；……十四丈以外用骡十一。

西山旱白玉石每二丈四尺三寸一车，马鞍山青砂石每二丈七尺一车，……各用骡一。②

图 18 《卢沟桥运孝陵石料图》，清南怀仁绘，法国国家图书馆藏

所运大石，最大有超过 14 丈者。相比之下青芝岫的“三丈余”实在算不上什么。清初南怀仁留下的《卢沟桥运孝陵石料图》（见图 18），记录了当时的运重设备与情形，技术含量相当高。

遗憾的是，在时下一些关于“败家石”的文字及影视作品中，编出以水泼冰运石的故事，这种蠢笨方法不仅乾隆没有采用，明代米万钟同样没有。③ 在乾隆运石之际，欧洲已开始使用纽科门蒸汽机、铁轨等技术运输重型物件，中国马车运输已经落后许多，而今一些人宁愿再贬几级，以自辱为乐而不觉。

这种杜撰很大成分抄自故宫三殿大石雕的运输传说。其实，明嘉靖十六年（1537年）时，工部尚书毛伯温就已制作 8 轮大车搬运大石料，用于修建天寿山皇陵，泼冰运石方法已不再使用。万历二十四年（1596 年）建造乾清、坤宁两宫大石雕时，工部营缮司郎中贺盛瑞采纳下属建议，进一步造出 16 轮大车，用 1800 头骡子从房山搬运大石料。④ 即便是再早的泼冰运石，也是以旱船加滚木（杠）形式搬移（见图 19、图 20），葛一龙诗“大木纵横倒一林”即是指此，泼冰目的是硬化路面。

①《钦定大清会典则例》卷一百三十五《工部・都水清吏司・海塘》。

②《钦定大清会典则例》卷一百二十八《工部・营缮清吏司・物材》。

③《日下旧闻考》卷一百三十三《京畿》引李澄中《艮斋笔记》明确记述：“车重轮，马十驷。既凿，百夫曳之。”

④［明］贺仲轼：《两宫鼎建记》卷上，清道光十一年六安晁氏木活字学海类编本。另见［清］顾汧修，［清］张沐纂《（康熙）河南通志》卷三十九《艺文五》，清康熙三十四年刻本。

另外欧洲起重、运重技术也在明代天启朝引介入华，如《奇器图说》一书即以运石为例进行了解说（见图 21、图 22），对当时及后来的皇家工程有所影响。[1] 可惜的是，这些史实现在少有提及。

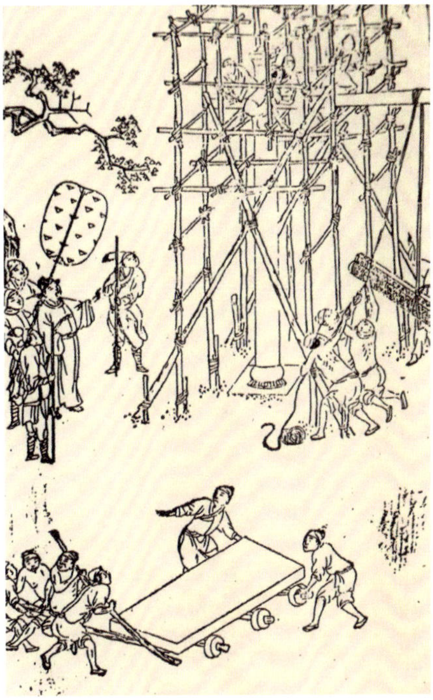

图 19　明代滚杠运重一例。［明］袁于令《隋史遗文》插图，明崇祯名山聚藏板本

话回主题，直接启发米万钟搬运大石的是其先祖——米芾，乾隆在《青芝岫》长诗中提到了他的事迹。原来米芾的宝晋斋前也立有大石，上有孔洞 81 个，发现于镇江上皇山。老米一见爱不释手，于是动用百名壮夫拖运，题石名为“洞天一品石”。在安妥后的第七天，天降甘露于石上，遍及周边植物。米芾将这一经历挥笔记下，这就是后世奉为书法经典的《甘露帖》（又名《弊居帖》，见图 23）和《书异石序帖》。后者描述道：

> 西山书院，丹徒私居也。上皇樵人以异石来告余，凡八十一穴，状类“泗淮山一品石”，加秀润焉。余因题为“洞天一品石”，以丽其八十一数，令百夫辇致宝晋斋。又七日，甘露下其石，梧桐柳竹椿杉蕉菊无不沾也。自五月望至廿六日犹未已。[2]

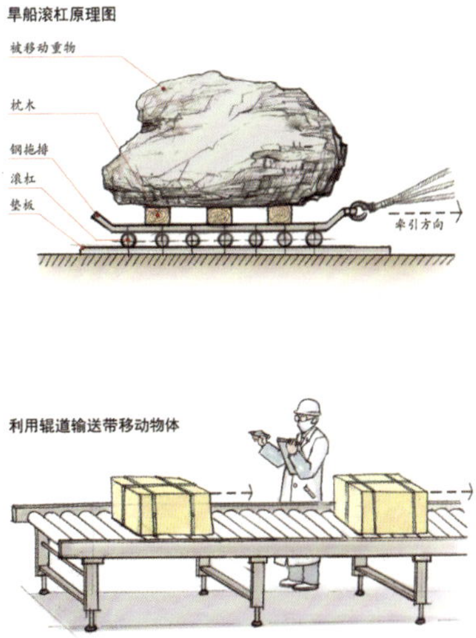

图 20　旱船滚杠运用示意图

文中一番神侃影响了后世爱石者，米万钟、乾隆皇帝都在期待类似神迹的出现，只是米芾省略了搬运之难，害得友石先生尝尽了苦头。

辇运大石的做法在唐代就已出现，最为柳宗元所不屑。他论道：

① ［明］邓玉函撰，［明］王徵绘：《奇器图说》卷三《起重》，清文渊阁四库全书本。
② ［宋］米芾：《宝晋英光集》补遗《书异石》，清咸丰元年蒋氏宜年堂刻涉闻梓旧本。

图 21　明代运石图例之一。《奇器图说》插图

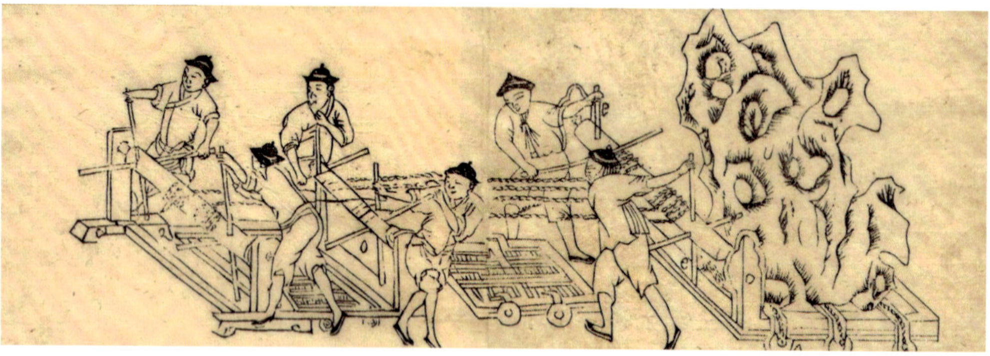

图 22　明代运石图例之二。《奇器图说》插图

将为穹谷、嵁岩、渊池于郊邑之中，则必辇山石、沟涧壑，凌绝险阻，疲极人力，乃可以有为也。然而求天作地生之状，咸无得焉！①

宋代欧阳修说得更为超脱："好奇之士闻此石者，可以一赏而足，何必取而去也哉？"② 显然，许多"石痴"的境界有待提高。

三、辩石：再议败家与破门

至于"败家石"之说，未见于明清史籍，这一闲谈最早出现在民国初年一本小册子里，也就是运石事件 300 多年后。在此传说中，米万钟因运石而耗尽家产，又说乾隆皇帝为搬石拆墙破门，以致皇太后不满地说："既败米家，又破我门，其名不祥。"这本是谐谑闲言，现在却几乎扶成正史，还扯上米万钟因石丢官及遭到魏忠贤的迫害，这里不得不多说几句。

① ［唐］柳宗元：《柳宗元集》卷二十七《永州韦使君新堂记》，中华书局，1979 年版。

② ［宋］欧阳修：《欧阳修全集》卷四十《菱溪石记》，中华书局，2001 年版。

事实上米万钟并未败家丢官。运石事件约在万历四十四年（1616年）中，这时勺园已经建成，他在园中举办了诗会雅集。园中增加大石是锦上添花的事，没有也无碍大局。既然运输难度超出预想，加之此时朝廷授命米万钟为工部郎中，赴山东临清督理皇家砖厂，他索性放弃了搬运。在与朋友的诗文唱和中，看不出米万钟有多么沮丧，反而还颇有几分得意，显然米家并未“败”。赴任前，米万钟还在绘制《勺园修禊图》长卷，直到万历四十五年（1617年）三月完稿后才起身离京，潇洒得很呢！

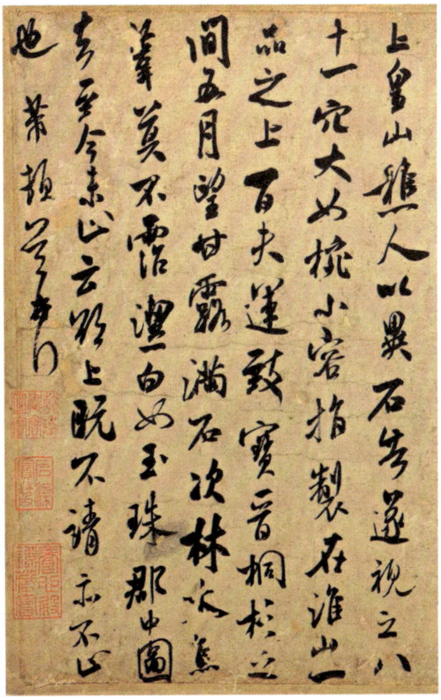

图23 《甘露帖》（局部），宋米芾书，台北故宫博物院藏

在山东临清三年间，米万钟除本职工作，还在当地主持兴建了委蛇斋、米公桥、[1]水月庵，[2]与文人往来唱和，似乎忘记了大石之事，颇有兴尽而返之意。直到他访问淄川拱玉园，见到两丈高的“海岳石”，这才勾起回忆，感慨自己勺园“乏巨丽观”，算是对房山运石初衷的解释。他在《拱玉园序》中写道：

余园“挹海一勺”幽胜而已，乏巨丽观。性雅有家颠之嗜，虽日柱笏罗拜，不过拳石之多，那得如畏甫石奇甚！[3]

畏甫是拱玉园主人毕自寅的字，万历举人。序文中，米万钟详尽描述了园中海岳石的奇妙，“突兀秀拔，昂霄岳峙，凹处渊注如海，龙头孤峭，奋怒五眼空洞，可谓奇绝”。他感到自愧不如，“事事不如，安敢问汉谁与我大”？语气中夹杂着一丝遗憾。

这之后，米万钟接连任职于浙江、山东、江西等地，勺园也就无暇顾及了。至

① ［清］张度修，［清］朱钟纂：《（乾隆）临清直隶州志》卷一《疆域志》，清乾隆五十年刻本。
② ［清］于睿明修，［清］胡悉宁纂：《（康熙）临清州志》卷二《庙祀》，清康熙十三年刻本。
③ ［明］米万钟：《拱玉园序》，见［清］张鸣铎修，［清］张廷寀纂《（乾隆）淄川县志》卷二下《拱玉园》，民国九年石印本。

于削职为民，则是在运石七年之后。天启五年（1625年）他自江西北上，路经金陵时，拒绝为魏忠贤生祠撰文写颂，遭到报复弹劾，被迫离家隐匿一年。崇祯皇帝继位，清算魏忠贤团伙后，米万钟才回京任职太仆寺少卿，晚年于什刹海营建漫园，频频诗会雅集，留下众多诗文。

清代乾隆皇帝也未因运石破门。他介绍大石、写诗《青芝岫》是在乾隆十六年（1751年）五月，而乐寿堂院落设计模型六月底才提交皇帝审核，[①]显然现场还未动工，拆门之事也就无从谈起。不过，乾隆皇帝还是对此事进行了反思，先说是物尽其用“天地无弃物，而况山骨良”，最后自审辩解道：

> 岂其出于不测渊？岂毁桥梁凿城闉？
> 所幸在兹愧在兹，作歌箴过非颂善。[②]

意思是，我并没有（像宋徽宗那样）远到太湖深渊去采石，也没有（为运石）拆桥毁城，这既是我庆幸之处，也是我惭愧之处。我为石作歌并非炫耀，而是警醒思过。

诗中与宋徽宗明确划清界限。不管是否真心悔过，作为最高统治者能拿一个反面人物来对照检讨，也算是难能可贵。此后乾隆再未运过如此体量的大石。

其实，最初“败家石”的传闻意不在说石，而是编故事以阐明大清必亡的宿命理由。历来中国各王朝的末世更替之际，民间总会有对旧王朝占卜式的传言，充满调侃与嘲讽，削弱其威严，成为革命的预兆。除这一传说，民国初年还有位作家许指严，依青芝岫编了一大段传奇，为讲故事而讲故事。倘若今天热衷于放大这些闲谈，充作史实，无疑会降低颐和园这一世界遗产本来的文化价值。

四、赏石：石之美与雅集

临峰展卷、品石刻诗，这是中国传统雅集的典型场景，其著名者如兰亭雅集、西园雅集（见图24至图26）、杏园雅集等。乾隆将这一活动移至乐寿堂前，以青

① 据《乾隆十六年各作成做活计清档·记事录》（六月二十七日），三和于六月二十六日提交了乐寿堂、玉澜堂、文昌阁等烫样五座。见《清宫内务府造办处档案总汇》第18册。

② 《清高宗御制诗集》四集卷三十三《再作玲峰歌》。

图 24 《西园雅集图》（局部），明仇英绘，台北故宫博物院藏

图 25 《西园雅集图》（局部），清禹之鼎绘，私人藏

芝岫为题，君臣吟诗唱和、共壁铭文。

青芝岫阳面刻写了乾隆近 300 字的长诗，其中有着对赏石艺术的深刻理解。乾隆自己对此颇为满意，多次书录，还以“银片字”装裱，用紫檀木匣保存。[①]长诗中以米芾“洞天一品石”为参照，从四个方面引导人们欣赏。

一是石形。青芝岫是清代宫苑藏石中体量最大者，以“雄”为胜，轮廓刚劲如刀切斧砍，凝聚着堂堂正正的气势，而不像一般太湖石那样矫揉委婉、缺筋少骨。

二是石质色泽。奇石以硬密润泽、近玉质为上，当年青芝岫“色青而润，叩之有声”，古拙沧桑，再衬以精雕的汉白玉座，显得卓尔不凡。不过，由于上百年的风化，这一特点至今已丧失殆尽。

三是结构肌理。传统奇石以孔洞纵横、通透为优，青芝岫上孔洞交错，雨来飞瀑、月来留光。大石正面朝北，天光由南斜下，孔洞中可以显现出光影。更难得的是风过石孔发出的声音，犹如大自然鸣奏之曲，古人称之为“籁”，乾隆描述道：“虚处入风籁吹声，窍中过雨瀑垂溜。”[②]讲的正是孔中音响、光影之趣。

四是安置与寓意。一般奇石都取竖向，而青芝岫采用横向卧放，如山一样的稳重，

①《乾隆三十七年各作成做活计清档·广木作》（二月二十四日），见《清宫内务府造办处档案总汇》第 18 册。
②《清高宗御制诗集》三集卷五十八《青云片歌》。

图 26　《西园雅集图》（局部），清丁观鹏绘，北京故宫博物院藏

图 27　清乾隆青芝岫影山子，福建博物馆藏

足以体现儒家的仁智精神。相形之下，米芾的“洞天一品石”仅仅就石论石，没有境界升华，又怎能与此相比？①

乾隆皇帝这些细微的分析观察，除依托于长期的文化积淀，还得益于他的临摹写生。乾隆曾泼墨绘成《青芝岫》《青云片石》二图卷，引首御笔特题“魁然屏秀”“移根友石”，分藏于清漪园乐寿堂与圆明园的秀清村中。②立石当年冬季，乾隆还作书画合璧册页，以青芝岫为题，画芝草、奇石各一幅，藏于紫禁城重华宫。③

巨石北侧是君臣共壁合作，乾隆题写“莲秀”“玉英”，大臣们题写“太青”、“湖芝”及咏石诗句。这些诗刻现已风化剥落，难以辨识，好在还有一件玉雕摆件，记录了上述内容。

这件玉雕仿青芝岫而刻，名“青芝岫影山子”（39.3 厘米 × 13.5 厘米 × 16.5 厘米，见图 27），碧玉材质，上有乾隆皇帝及蒋溥、汪由敦、刘统勋、钱陈群的诗文。众臣从不同角度阐述“乐寿”之意。④

经过一系列的装饰与歌咏，良乡路旁的弃石就这样渐变为一件文化作品，并引发后世更多的咏叹，道光时期御史徐宝善想象着前朝雅集乐事，作长文《青芝岫赋》云：

佳日春秋，皇情游息。月霁云轻，风平烟直。缅蓬岛而非遐，俪瑶台而可陟。宜

① 参见《清高宗御制诗集》二集卷二十八《青芝岫》。

② 参见［清］王杰等纂《钦定石渠宝笈续编》卷八十一《圆明园等处藏》、卷八十四《三山等处藏》，海南出版社，2000 年版。

③《钦定石渠宝笈续编》卷二十四《重华宫藏》。

④ 详见拙著《湖山真意——颐和园地区历代帝王诗文解读》，北京出版社，2024 年版。

乎驻宸，游赝睿赏。百年而拔之泥涂，一朝而开乎爔朗；低缘薜帷，斜罥萝幌；洗高梧而露落，引新篁而月上；居峭茜其作邻，坪芙蓉而齐榜，感斯石之遭逢，幸奋迹乎梗莽。[1]

此外还有咸丰进士洪昌燕的《乐寿堂青芝岫赋》，更是洋洋洒洒千余字。[2] 皇帝通过宫廷雅集与臣工在文化心态上相互交流，默契共鸣，进而达到共襄国事的目的。

由于乾隆游园“过辰而往，逮午而返，未尝度宵”[3]，因而他与房山大石青芝岫相守的时日并不多，能够真正做到“居处日对”“晨夕与俱”的是慈禧太后。

颐和园时期，乐寿堂成为慈禧太后的起居之所。庭中仍以石为主题，两厢门额“仁以山悦”“润璧怀山”都是借石发挥。周边种植玉兰、西府海棠、牡丹、芍药，与青芝岫相呼应，体现着“玉堂春富贵”的氛围，慈禧与御用画师缪素筠戏墨其间，延续着雅集的余香（见图 28）。

图 28 《奇石花蝶》，清光绪十八年（1892 年）慈禧太后御笔

随着大清的衰落，青芝岫又沦为悲歌的对象，湖南诗人王闿运在英法联军焚园后来访，写下著名的《圆明园词》，其中一段描述青芝岫的内容饱含忧伤：

玉泉悲咽昆明塞，惟有铜犀守荆棘。
青芝岫里狐夜啼，绣漪桥下鱼空泣。[4]

青芝岫成为万寿山浴火未亡的幸存者，见证着湖山之间的血雨腥风。

①《壶园赋钞》卷上《青芝岫赋》。

② 参见［清］洪昌燕《务时敏斋存稿·律赋·乐寿堂青芝岫赋》，清光绪二十年钱塘洪氏刻本。

③《清高宗御制文集》二集卷十《万寿山清漪园记》。

④ 王闿运：《湘绮楼诗》卷八《圆明园词》，清光绪三十三年墨庄刘氏长沙刻本。

五、结语

400 年来，青芝岫就这样默默矗立着，它见过米万钟的毕恭毕敬，见过乾隆皇帝的展卷挥毫、君臣雅集，也见过西方列强的烈火凶焰，还见过慈禧、缪素筠的身影。今天来访的人们如果能在大石前静静再静静地观摩，或许可以感受石窍中回荡的远音。

赏石是中国园林艺术的一部分，静与雅是其特点。如何让中华文化精品解读免于狗血戏说，让人离去时带走的不只是“败家”二字？如何使传统园林欣赏回归文化本质，而不是媚俗？值得深思。

仁寿殿的两种镜子

仁寿殿位于颐和园东宫门内，是帝王临朝理政、接见大臣与外国使节的地方，也是游览园区的起始点。这里安置有“虚”“实”两种镜子，位置显赫，突显了它们的重要性。“虚镜”指的是大殿檐下的巨匾“大圆宝镜”，“实镜”则是殿内皇帝宝座左右后方、对称竖立的两面长方形巨镜。“虚”“实”二镜虽然形态不同，但寓意相似。

一、实镜：秦皇的利器

图 1　仁寿殿内景

先说“实镜”。对称安置的两面巨镜分别镶于精雕的紫檀木框中，幽光闪闪，华贵中透着威严（见图 1）。巨镜朝向大殿前方，只要有人出现在殿门，就能清晰映在镜中（见图 2、图 3）。

这种配置在紫禁城、西苑三海，以及避暑山庄的许多朝政殿堂中反复出现（见图 4、图 5），它有一个正式名称：“仁寿镜”。因其在晋代华林园仁寿殿首次使用而得名，当时的名士陆机在给陆云的信中说道：

（晋都洛阳）仁寿殿前有大方铜镜，高可五尺余，广三尺二寸；立着庭中，向之便写人，形体了了，亦怪也。[①]

这面巨镜竖在庭中，对之一照，人的形体显得清清楚楚。尺度如此之大，影像

① ［晋］陆机著，刘运好校注整理：《陆士衡文集校注》卷三《与弟云书》，凤凰出版社，2007 年版。晋代 1 尺合今 24.2 厘米，1 寸合今 2.42 厘米。

图 2　颐和园仁寿殿内右侧的仁寿镜

图 3　颐和园仁寿殿内左侧的仁寿镜

如此清晰，在当时确实令人惊叹，也说明晋代制镜技术已经相当成熟。陆机没有解释放置镜子的目的，不过到隋唐时，宫中流行配置小型铜镜，大量的镜铭给出了答案。如当时许多铜镜上都刻有这样的铭文：

阿房照胆，仁寿悬宫。菱藏影内，月挂壶中。
看形必写，望里如空。山魑敢出，冰质惭工。
聊书玉篆，永镂青铜。①

另外还有一方著名的《有玉辞夏》镜铭：

有玉辞夏，惟金去秦。俱随革故，共集鼎新。
仪天写质，象日开轮。率舞龙凤，奔走鬼神。
长悬仁寿，天子万春。②

这些铭文告诉后人，仁寿镜是用来显现鬼魅、驱凶镇邪、保佑平安万寿的，也就是宫中的镇物。镜铭中的“阿房照胆”“惟金去秦”则是“秦镜”的典故，它又是“仁寿镜”的源头。

传说秦始皇时有一方镜，能照见人心善恶，史料记载：

高祖初入咸阳宫，周行库府，……有方镜，广四尺，高五尺九寸。表里有明，人直来照之，影则倒见。以手扪心而来，则见肠胃五脏，历然无碍，人有疾病在内，则掩心而照之，则知病之所在。又女子有邪心，则胆张心动。秦始皇常以照宫人，胆张心动者则杀之。③

① 陈尚君辑校：《全唐文补编》卷一百三十四《阿房镜铭》，据浙江出土铜镜校录，中华书局，2005 年版。
② ［明］梅鼎祚编：《隋文纪》卷八《镜铭》，清文渊阁四库全书本。
③ ［汉］刘歆撰，［晋］葛洪集：《西京杂记》卷三“咸阳宫异物”条，见《汉魏六朝笔记小说大观》。高祖，指刘邦。

图 4　紫禁城乾清宫雕云龙仁寿镜

图 5　紫禁城乾清宫仁寿镜的位置

文中的秦代“方镜”不但可以看见五脏病灶，连思维也不遗漏，这对查验阴谋邪念之人极为有用。方镜使用地点都在深宫，如咸阳宫、阿房宫，后人便称之为“秦镜”、“秦鉴”或“金镜”。

到汉武帝时，又有类似的“秦镜”出现，《汉武帝别国洞冥记》记载：

钓影山去昭河三万里，……望蟾阁十二丈，上有金镜，广四尺。元封中，有祇国献此镜，照见魑魅，不获隐形。[①]

这面金镜又名“青金镜”，实际就是“秦镜”的延续，连尺寸都相似。随着朝代更迭变化，人心愈加阴险邪恶，于是威力强大的“秦镜”不再藏于深宫秘殿，而是请出来侍卫前朝正殿，这就出现了陆机笔下的“仁寿镜”，用以镇妖辟邪，如镜铭所说“俱随革故，共集鼎新”。从此，巨大方镜成为朝堂“标配”，并得到正式名称“仁寿镜”，魏晋、北齐、隋唐，以及以后历朝的仁寿殿里，毫无例外都设有仁寿镜。

“金镜”“仁寿镜”又引申出“明察”的深意，这是帝王必备的一大素质。如何洞悉臣属的心机智愚，需要明晰如镜的“眼力”，装饰仁寿镜既是对心怀诡计者的震慑，也是对当政者的提醒，镜子功能得到最大神化，成为帝王权力象征之一，所以人们常用“握镜”一词来形容掌握大权之人。

①《汉武帝别国洞冥记》卷一，见《汉魏六朝笔记小说大观》。

二、虚镜：佛祖的智慧

图 6 仁寿殿匾额“大圆宝镜”

随着制镜技术的进步，铜镜进化为清代的水银镜，尺寸也达到极限，统治者也面临更为复杂的人或“鬼”，这就需要另一形态的镜子来辅助，也就是前述的“虚镜”——大圆宝镜（见图 6）。

“大圆宝镜”是佛经术语“大圆镜智”的通俗语。由于大圆镜子具有“圆而明亮”“真实反映”的特征，于是很早就被佛教各部经典用来诠释教义，如《成唯论》阐述：佛具四种智慧，大圆镜智、平等性智、妙观察智、成所作智。居首位的大圆镜智，是说佛的智慧可以洞察一切，犹如大圆明镜，显现世界万象，光明无纤、丝毫不遗、清净圆满。各部佛经对此都有解释，禅宗六祖惠能将其归纳为：大圆镜智是纲，此智若成，其他三智自然通会，即可明照三千界。乾隆皇帝在《万寿山五百罗汉堂记》中也讲到这四智，并以雕塑形式来诠释。

大圆镜还在佛教绘画雕塑中广泛运用，以浅显形象表达深奥之意。如北京房山天台寺曾用大圆镜铸千眼观音像，诗云：“大圆宝镜舒千手，尺五青天压乱峰。”[①]佛画中常见的佛首后衬的圆光也是同样出处。最为生动的引申故事是《西游记》真假美猴王一幕，两只孙猴打遍天上地下，各路大仙都无法识别，结果在佛祖大圆镜下，真假立显，假猴王原形毕露。因此，民间又出现了通俗称谓“照妖镜”，人们将其挂在檐下以镇宅。

大圆镜从初始的佛理比喻，逐步变为具体形象，又进一步影响到社会各个阶层，清代纪晓岚在《阅微草堂笔记》中写下三个大圆镜的故事，借用佛教精神，阐释传统的伦理道德，其中朱介如病游冥司一节谈到明镜如何把思维照出来：

人镜照形，神镜照心。人作一事，心皆自知；既已自知，即心有此事；心有此事，即心有此事之象。故一照而毕现也。若无心作过，本不自知，则照亦不见。心无是事，即无是象耳。冥司断狱，惟以有心无心别善恶，君其识之。[②]

---

①［清］顾太清：《天游阁集》卷一《游南谷天台寺二首 · 其二》，清宣统二年风雨楼铅印本。

②［清］纪昀著，韩希明译注：《阅微草堂笔记》卷十六《姑妄听之二》，中华书局，2014 年版。

康熙时大学士张照在《观音大士庙碑记》中，又解释了大圆镜智与帝王的关联：

佛是三圣大圆镜智，以是四智圆满三身。然后竖穷三际，横亘十方，同是一如，固无如者。然则天子当阳，现帝王身而度世，固必以无缘大慈，无作而成所作矣。[①]

这是说，帝王是佛的化身以度世人，自然也就具备了佛性与大圆智慧。这种说法与皇帝为“天之子”“君权神授”“奉天承运”一脉相承。

这些论述就是颐和园悬挂“大圆宝镜”的社会文化基础。在慈禧之前，宫苑题署“大圆镜”最多者为乾隆皇帝，他最早在宝月楼（今新华门）旁的同豫轩题写“大圆镜；小方壶”对联，以形容环境的清净出尘；在西苑南海岸边建佛院，名曰“大圆镜中”；乾隆二十一年（1756 年）又在太液池北岸建造颇具规模的“大圆镜智宝殿”，殿前的琉璃九龙壁成为传世精品；其后，在长春园法慧寺建“现大圆镜殿”；晚年又在香山昭庙红台东题“大圆镜智殿”。乾隆皇帝在承德《须弥福寿之庙碑记》的偈语中，阐释了“佛—镜—人”之间的关联：

上人演法轮，蠢蠢普超度。佐我无为治，雨顺与风调。
众生登寿世，慧炬永光明。合十作赞言，初非为一己。
如是大圆镜，遍照于十方。而镜本无心，回向亦如是。[②]

在崇庆皇太后万寿庆典上，闽浙总督还建有祝寿镜轩：

浙省出湖镜，则为广榭，中以大圆镜嵌藻井之上，四旁则小镜数万，鳞砌成墙。人一入其中，即一身化千百亿，身如左慈之无处不在，真天下之奇观也！[③]

大圆镜的泛宗教、通俗化的寓意在当时的文化语境中为人所共知，所以在颐和园悬挂“大圆宝镜”匾也就自然而然了。

不过不同的是，乾隆皇帝的题写集中于佛事殿堂，直书“大圆镜智”，或比喻

①《日下旧闻考》卷四十三《城市》。
②《清高宗御制文集》二集卷三十《须弥福寿之庙碑记》。
③［清］赵翼：《檐曝杂记》卷一《庆典》，中华书局，1982 年版。

图7　慈禧印玺：大圆宝镜

图8　慈禧印玺：大圆宝镜

图9　颐和园仁寿殿外景

清境乐土。到了慈禧时期，大圆镜则被直接引申为对当政者的护佑加持，是对当权者智慧的暗喻，也是对外人的“意念”震慑，直白说就是：这里上有佛光普护笼罩，下有君王明察，来者休想藏奸耍滑！

念佛的慈禧非常喜欢“大圆宝镜”一词，在她五十大寿时便将其制成巨匾，悬于紫禁城自己的住所储秀宫内，“老佛爷”尊称也从这时被广泛使用。慈禧还制作了数枚“大圆宝镜”印玺（见图7、图8），闲暇把玩。在颐和园仁寿殿（见图9）、排云殿建成后，又齐悬这一题匾，在北海团城承光殿也有同匾，全不顾环境之别、雷同乏味。在“大圆宝镜”下，慈禧又举行了数次寿典活动。

在颐和园高悬“大圆宝镜”之际，大清朝已经危机四起，当权者的惴惴不安，以及相信佛法无边、寻求神灵保护的心态在匾题中显露无遗，这与义和团的神符在身、刀枪不入同属一种思维模式，所以也就不难理解慈禧太后为何支持义和团了。

三、结语

传统中的“虚”“实”二镜只有在挂者与观者处于同一文化语境中方起作用，一旦传统信息消失，神“镜”也就失去了威力。今天，游览仁寿殿的人们个个坦然、人人微笑，全然不知殿上的两种神镜正在审视、辨别着他们的心肝脾肺、智愚忠奸。

昆明湖中望蟾阁

清漪园时期，昆明湖上最引人注目的建筑非望蟾阁莫属，它矗立在今天龙王岛涵虚堂的位置，被乾隆皇帝比拟为月宫琼楼，成为湖山之间引人注目的景观中心。遗憾的是，它只存在了 59 年便拆改为一层的涵虚堂。梳理它的兴衰变迁也是对颐和园文化的一个补缺。

一、补景之作，湖山核心

望蟾阁所在的龙王岛是清漪园中最先建成的景区。全园建设高潮是在乾隆十五年（1750 年）底，而早在当年年初，岛上就已建成广润祠、月波楼、鉴远堂、澹会轩等建筑，但其中并没有望蟾阁。乾隆于次年（1751 年）正月钦定了全园 72 处景点，这之中也没有望蟾阁。实际上它的兴建是随着岛上工程渐次完成、全园方案调整、发现缺陷后的补景之作。

这一“缺陷”我们今天仍可看到，如若站在万寿山前南望，湖面上最为夺目的是十七孔桥，近 150 米的桥体以汉白玉砌筑，气势非凡，而它所连接的湖中主角——龙王岛，在视觉上反而不抵桥长，在构图上产生桥大岛小、“压不住阵”的感觉，作为“配角”的上岛通道成了景观重心（见图 1）。

如果在岛上扩地，堆起山丘突出高度，竖立楼阁配以丰富的轮廓线，无疑可以弥补上述缺陷、加重龙王岛的主角“分量”，“竖”阁对比“横”桥还可组成一幅顿挫有力、主次分明的画面（见图 2）。

图 1　龙王岛与十七孔桥现状

图 2　龙王岛与十七孔桥，乾隆时期景观示意图

“恰好”在乾隆十七年（1752 年）初，刚刚结束的皇太后万寿庆典“剩有”三层楼阁，此时清漪园仍在建设中，于是龙王岛补景工程即刻展开。[①]乾隆十八年（1753 年）八月主体建筑完成。八月四日，乾隆亲题金匾“望蟾阁”“渊精金碧”。[②]乾隆十九年（1754 年）春，望蟾阁全面竣工，乾隆皇帝在初游诗中记述道：

凤池春水碧溶溶，雁已回翔鱼未喁。
却见湖心望蟾阁，晶盘擎出玉芙蓉。[③]

显然新阁弥补了缺陷，成为湖面上标志性景观，即使在十里外的香山静宜园也可望到（见图 3），乾隆曾在香山上写诗道：

静室香山据最高，每来得句兴因豪。
昆明湖上望蟾阁，疑是蓬莱驾海涛。[④]

望蟾阁恍若海中蓬莱仙岛（见图 4、图 5），湖景与山景呼应更为紧密。

若在望蟾阁中眺望又是别样感受：向东可以欣赏畅春、圆明诸园景色；向西可以眺望香山、玉泉山；向南俯览平湖绣野；向北尤为重要，与万寿山佛香阁建筑

① 《清高宗御制诗集》五集卷九十七《望蟾阁作歌》自注：“阁建于乾隆壬申，至今已四十余年。”
② 《乾隆十八年各作成做活计清档・油作》（八月初四日），见《清宫内务府造办处档案总汇》第 19 册。
③ 《清高宗御制诗集》二集卷五十四《昆明湖泛舟・其二》。
④ 《清高宗御制诗集》三集卷十三《静室口号》。

图 3　香山上看望蟾阁示意图

图 4　龙王岛，清末澳大利亚莫理循摄

图 5　对比：岛上有标志建筑的效果

群气脉相应，形成贯穿湖与山的轴线，使全园形散而神不散。为此，乾隆写有多首诗文表述：

畅春东望神仙区，西山真是西竺如。
北屏万寿南明湖，就中最胜耕织图。①

九霄飒爽座间披，四面画图镜中斗。
水田绿云既叠鳞，荷浦红霞复错绣。②

望蟾阁被层层美景围拢着，以 360° 视野收尽三山五园精华，其寥廓大观颇有万顷洞庭之意，因此皇帝于乾隆十九年（1754 年）再题匾文“洞庭留赏”，并先后

①《清高宗御制诗集》三集卷六《登望蟾阁极顶放歌》。
②《清高宗御制诗集》三集卷四十《登望蟾阁作歌》。

留下长短诗1800余字。直至76岁，他还亲自攀登百级台阶，在顶层欣赏湖风浩荡，品评酷夏如秋。

二、望蟾阁的形制

关于望蟾阁的来历形制，乾隆解释说："是阁结构三层，盖仿武昌黄鹤楼之制。"①黄鹤楼是一座与岳阳楼、滕王阁并列的湘楚名楼，始建于三国时期，以飞仙光临而闻名，历史上屡毁屡建。明清时期的黄鹤楼高三层，建筑平面为四边套八边形，坐落在城台上，楼体"每隅合九角，每方四溜为柱，中外三起，外二起四面各二十柱"②。其建筑最大特点是飞檐众多，层层叠叠，轮廓线非常丰富（见图6至图9），这一形制在清漪园之前的皇家御苑中尚无先例。

图6　明代的黄鹤楼。《江汉揽胜图》，明仇英款，武汉博物馆藏

图7　清同治七年（1868年）重建的黄鹤楼

图8　黄鹤楼，清同治十一年（1872年）俄国鲍耶尔斯基摄

仿建工程并未全盘照抄，而是略有增减，神似为上。望蟾阁也为三层，每层四面探出一个歇山顶小抱厦，绿瓦黄剪边、十二角攒尖顶。阁基为临湖高台，也是仿自原型的城台，不过台下石门内演绎为山洞石窟（见图10）。

两相比较，黄鹤楼上下等宽，以雄浑取胜；而望蟾阁逐层收缩，以精巧见长。而且，望蟾阁雕梁画栋，融入了皇家气质，与原型有所区别。此外，望蟾阁周边建筑群多为卷棚灰瓦顶，使高阁在岛上隆重突出，引人注目。

望蟾阁一层北侧是突出的敞厅，中间摆放"楠木藤屉"皇帝宝椅，透过檐柱挂落对望佛香阁，如面画屏。敞厅外檐题匾"渊精金碧"，将这座建筑比作西王母的神居"渊

①《清高宗御制诗集》三集卷八十二《题望蟾阁》自注。

②［明］唐枢：《木钟台集·游录·游赤壁》，明万历间刻本。

精之阙”“金碧之堂”。内檐题“洞庭留赏”[1]，意为在此可以品赏到洞庭湖的湘楚风情，[2]也呼应着西堤景明楼“春和景明”及桥景“烟雨学潇湘”[3]的寓意。内檐金柱题联：“忘机鱼鸟情何限；倒映楼台影几层”。

望蟾阁的二层，四面各悬二字匾：东“流蛛”、西“偃虹”、南“海涌”、北“天游”，分别点明四个方向的景色意趣。[4]向南室内摆放紫檀三屏皇帝宝座，背后是紫檀五屏照背，宝座前为紫檀书案，上有各类文房古玩，这里是皇帝书写诗文的主要场所。阁中恭敬地摆放着乾隆御笔墨刻《南巡记》和一部四套的《万寿盛典》等典籍。[5]

图 9　现代重建的黄鹤楼，建成于 1985 年

图 10　龙王岛上的望蟾阁。《崇庆皇太后万寿庆典图卷》（局部），清乾隆二十三年（1758 年）张廷彦等绘，北京故宫博物院藏

第三层悬挂题名匾“望蟾阁”。蟾，即蟾蜍、蛤蟆，传说月宫中住着三腿蟾蜍，所以月亮又称“蟾宫”，望蟾即赏月之意。题名将黄鹤楼原意“骑鹤飞仙”替换为月宫主题，与早已建成的“月波楼”“灵鼍偃月”意境保持一致（见图 11）。乾隆还在诗中反复渲染点题：

霄映漪光碧，波含倒影红。
隔湖飞睇者，望此作蟾宫。[6]

① 题于乾隆十九年二月初二，《乾隆十九年各作成做活计清档·木作》（二月初二日），见《清宫内务府造办处档案总汇》第 20 册。

② 清初沿袭明制，湖北、湖南为同一行政省，称湖广省。康熙元年（1662 年），湖广开始分省，至康熙六年（1667 年）正式分为湖北、湖南二省，但仍常设湖广总督统辖二省。时人常以洞庭湖作为湖广地区的风景代表。

③ 十七孔桥匾联详解，见拙著《湖山品题——颐和园匾额楹联解读》，北京出版社，2019 年版。

④ 望蟾阁匾联详解，见拙著《湖山品题——颐和园匾额楹联解读》，北京出版社，2019 年版。

⑤《内务府堂清册·鉴远堂等处陈设清册·嘉庆十二年》，见《清宫颐和园档案·陈设收藏卷》第 1 册。

⑥《清高宗御制诗集》三集卷八十二《题望蟾阁》。

图 11　望蟾阁月色意象图

试看镜里广寒界，七宝团栾不借修。[①]

为强化望蟾阁的中心地位，乾隆补建云香阁，与西侧已有的月波楼等距对称，不过却使得空间颇为局促。这也是补景之作难于两全的地方。

“望蟾阁”一名并非乾隆原创，而是来自汉代传说：汉武帝曾于钓影山上建十二丈高的望蟾阁，阁中安置金镜。山上云雾缭绕，望之如山影，影中生长着仙草丹藿，叶浮水上，一派神仙气象。[②] 乾隆如此借名题额，旨在强化月宫仙境之意。

三、朝鲜使臣的记述与观感

关于望蟾阁的细节，国内文献大都过于简略，倒是朝鲜使臣的记述详多。当年万寿山上下为宫禁区，即使王公大臣也难能一览全貌，更别提藩属使臣。不过，文昌阁以南的东堤却是开放的公众区，龙王岛管控松懈，朝鲜使臣常常通过小费、礼品得以上岛观光，也因此留下大量记录，体现出很高的汉语水准与艺术感悟力。如使臣李在学写道：

① 《清高宗御制诗集》三集卷六《登望蟾阁极顶放歌》。

② 《汉武帝别国洞冥记》卷一，见《汉魏六朝笔记小说大观》。

（广润）寺后望蟾阁高压岛山，画栋之辉辉，水波之渺渺，一望佳境。[①]

“高压岛山”点出了湖中主角所在：是“岛”而不是“桥”。境外游者也能一目了然，可见补景之作的成功。再如使臣李押的记文：

（龙王岛）中央有三层八面阁，高为数十丈，金碧璀灿，四面有扁……楼北有一高阁，扁曰“渊精金碧”，亦皆乾隆笔也。阁内铺以碱石，皓皓如玉，无一点尘埃，结构极侈，不觉心神恍惚，未知天上瑶宫比此果何如也？[②]

朝鲜使臣对景观感受深刻，笔下仙意盎然。此外还有许多诗作，同样极尽铺陈渲染之能事，如使臣洪良浩的《自圆明园向西山，渡十七桥登望蟾阁》：

星宿派分作奥区，西山奇胜埒西湖。长虹饮水生云雨，飞阁连空挂画图。
日月高悬仙佛界，烟花长拥帝王都。乘槎使者寻源到，天上人间定有无。[③]

其中许多文字可以弥补国内史料的缺失，如当年清漪园有 4 处巧夺天工的大规模叠山，分别在佛香阁众香界周边、惠山园涵光洞寻诗径、畅观堂复岫亭周边及龙王岛望蟾阁。后 3 处或消失，或改变，记录无多，使今人难窥原貌。而朝鲜使臣则不厌其详地描述了望蟾阁周边的山石洞窟，由此不仅可以还原当年景象，还可推测其他失存的叠山情景。

龙王岛本是湖堤平地，通旷无奇。为增加中心感与仙境的神秘，阁址筑起土山以抬升建筑，土山内叠筑石窟，营造玄幻意境。登阁前需经过一段幽暗的山道，形成登顶后的豁然大观。从阁中还可经幽冥曲折的岩洞，降达波光耀眼的湖边。朝鲜使臣详述云：

① ［朝鲜］李在学：《燕行日记》下，《韩使燕行录》第 58 册，北京书同文数字化技术有限公司影韩国成均馆大学藏燕行录本。

② ［朝鲜］李押：《燕行记事》，《韩使燕行录》第 52 册，北京书同文数字化技术有限公司影韩国成均馆大学藏燕行录本。

③ ［朝鲜］洪良浩：《燕云续咏・自圆明园向西山，渡十七桥登望蟾阁》，《韩使燕行录》第 41 册，北京书同文数字化技术有限公司影韩国成均馆大学藏燕行录本。

（岚翠间）门内二路，乃入石假山洞天也。架以石栈，盘回层折其上，阁道随山之势，斫若鬼斧，夹槛罘罳如隔纱窗，石上置两石鼓，松影参差，起小亭于石门之上，……假山之嵌峙尽是太湖之石。亭阁之清绝若入君山岛，便无一点尘埃矣。①

复道横亘左右，且叠石为窟，隆然深谷，入其窟北有小石门，门外遍是江（湖）水，纵目一望，玉泉之塔、万寿之瓦如对几案，峰峰奇树，谷谷层台，荡漾于空碧中，宛如是西湖副本。②

记文所叙的景观体验，恰与“岚翠间”的门联灵犀相通：“列岫展屏山云凝罨画；平湖环镜槛波漾空明。”山洞并非一贯到底，而是忽明忽暗，时断时续。其间夹杂着松影枫姿、奇花异卉：

（望蟾）阁前方石小坛，周以石栏，阁下洞穴幽窅可隐憩。环其旁峭者、为峦隆者、为阜散者、为矶蹬道，可左右下上，夹以红绿小栏干，杂卉垂藤，蒙茸侧生，细枫聂聂，罥人衣裾。③

图 12 《黄鹤楼图》，宋李公麟绘，广东省博物馆藏

图 13 《黄鹤楼图》（局部），宋赵千里款，私人藏

叠山技艺之妙，使人游其中如入仙境。这与传统画家表现黄鹤楼的手法殊途同归，即竭力营造“仙”的意境，着重写意而非写实（见图 12 至图 14）。岛上景观囊括了传统描绘仙境的大部分要素：楼阁、牌坊、岩洞、石桥与隔尘水面，参阅宋画《蓬莱仙会

① ［朝鲜］李在学：《燕行日记》下。

② ［朝鲜］金士龙：《燕行录》，《韩使燕行录》第 74 册，北京书同文数字化技术有限公司影韩国成均馆大学藏燕行录本。

③ ［朝鲜］权复仁：《天游稿燕行诗·西山记》，《韩使燕行录》第 94 册，北京书同文数字化技术有限公司影韩国成均馆大学藏燕行录本。

图 14 《黄鹤楼图》，明安正文绘，上海博物馆藏

图 15 《蓬莱仙会图》，宋赵大亨绘，台北故宫博物院藏

图 16 仙境要素分析，以《蓬莱仙会图》为例

图》（见图 15、图 16）可一目了然。若与乾隆初年圆明园四十景之“蓬岛瑶台”（见图 17）相比，龙王岛仙境的塑造更为娴熟，望蟾阁与石窟的巧妙结合是其成功的关键所在。

使臣记述中还表达出，古人造园并非仅仅关注建筑个体，而是将建筑与山丘、石窟、桥梁通盘考虑，从而产生浑然一体的序列艺术感染力。如使臣权复仁的游览感悟：

图 17 《圆明园四十景图咏·蓬岛瑶台》，清乾隆九年（1744 年）唐岱、沈源等绘，法国巴黎国家图书馆藏

方其渡十七（孔）桥时，侧见西山[1]宫殿才露一半，驻桥上不忍移步，后者促之始能前。及登洞庭之阁，平立正视，湖势平圆，玻璃万顷，彩霞需云，隔水翔空，

① 此处“西山”指“万寿山”。

是为西山一副全本也！[①]

“洞庭之阁”是朝鲜使臣对望蟾阁的称谓，自廓如亭、十七孔桥起步，就开始了展读画卷、渐入佳境的过程，而望蟾阁则是卷中高潮（见图18）。再读使臣权时亨的记述：

图18　渡桥就是展画过程，2021年李小虹摄

有一阁北抽作丁字形，翼然临水，正北楣上大署“洞庭留赏”四字，……相与指东问西，其喜洋洋。余之在东时，有人自北而还，盛称北京观光，语到西山遂击节叹赏曰：“东人[②]若至西山，则不得不一番痛哭。”余问其故，其人答道：“不幸生小东方国，西山许多壮观不得任意管领，此是痛哭处也。”余以谓言过其实，倒作嘲戏。今日乃知其非过，实语也！使余若有青莲之酒量、少陵之诗拳，则洞庭湖争雄、黄鹤楼椎碎[③]都不让于他人，而以若瑰观壮游、归无实迹之可以施人咄叹！

……

噫戏，壮哉！从古帝王之宫室楼台、苑囿池塘之尚侈何代无之，而岂有如此之甚是哉！此池创在永乐，至今清增制，无一不人力所到，以东人之小眼孔，不胜惊怯也。

……

于焉之间，日轮将西，马头催还，一行还渡十七桥，各相恋恋。[④]

记述直白而真情四溢，美景让使臣们“不忍移步”“一番痛哭”“不胜惊怯”“各

① [朝鲜]权复仁：《天游稿燕行诗·西山记》。

② 当时朝鲜人自称，因居于中国之东而言。

③ 用典出自明代解缙诗《采石吊李太白》：“平生落魄赢（羸）得虚名留，也曾椎碎黄鹤楼，也曾踢翻鹦鹉洲。”见《文毅集》卷四，清文渊阁四库全书本。

④ [朝鲜]权时亨：《石湍燕记》卷三，《韩使燕行录》第91册，北京书同文数字化技术有限公司影韩国成均馆大学藏燕行录本。

相恋恋”……今天读来，我们仍为其感动，不由得赞叹中国园林曾经的魅力，忍不住要向乾隆及那一代造园家们致敬。

四、祝寿献木阿里衮

望蟾阁补景如此成功，最初建议是从何而来？望蟾阁又有哪些典故？

这就不得不提到阿里衮（见图 19）。乾隆三十九年（1774 年）夏，皇帝登顶望蟾阁对景题诗，在诗注中首次提及湖广总督阿里衮祝寿献木一事：

> 是阁式肖黄鹤楼为之。盖圣母六旬万寿，阿里衮为湖广总督庆典所备，嫌其所费多，因赐以万金，而留材木构阁于此云。①

图 19　阿里衮像

其后在另一首望蟾阁诗注中更注明这些木料有三层之多：

> 乙亥年，因圣母大庆，阿里衮所备仿武昌黄鹤楼三层木料，给值筑于此。②

这位出现在小字诗注中的阿里衮，其实足以大书一番，这里仅做简述。阿里衮曾祖父为清初五大臣之一额亦都，曾祖母为努尔哈赤之女，祖父遏必隆为康熙初辅政大臣，姑姑是康熙皇帝的第二任皇后。长兄策楞官至四川总督，为平叛西藏、征讨准噶尔的功臣；二兄讷亲为保和殿大学士、军机处领班大臣，是讨伐大金川的统帅；三兄阿敏尔图后来担任驻藏办事大臣；四兄爱必达为云南巡抚，后官至云贵、湖广总督。整个家族是典型的朝中勋贵。

阿里衮 30 岁左右就在政务上崭露头角，通达谙练，任职山西、山东巡抚时，乾隆就多次赐诗文、手书勉励（见图 20）。赴任湖广总督前，原总督永兴、布政使严瑞龙弹劾巡抚唐绥祖徇私，双方互相攻讦，是非难辨。阿里衮被钦点调查，他到

① 《清高宗御制诗集》四集卷二十一《题望蟾阁》自注。六旬万寿庆典举办于乾隆十六年（1751 年）。

② 《清高宗御制诗集》五集卷二十四《登望蟾阁极顶作歌》自注。乙亥年，即乾隆二十年（1755 年）。

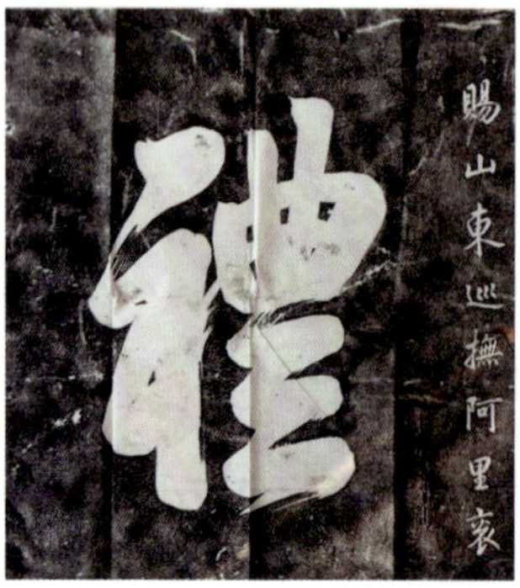

图 20　乾隆皇帝赐阿里衮手书

任不久，便把事件查得水落石出，深受赞赏。这只是阿里衮办理的诸多案件之一，民间还有阿里衮京城除恶僧的传说。[①]

阿里衮在乾隆十五年（1750 年）十一月就任湖广总督，正逢次年为皇太后祝寿[②]的筹备活动。这是普天同庆的大事，各地督抚争相进京祝寿，寿礼之一是分摊装饰从清漪园到紫禁城寿安宫的庆典街道与景点。获准参与者各显其能，争奇斗艳，如漕运总督瑚宝就搭建了一组巨型河船，顶风张帆，船头绘有鳌头，因形象新奇又合职位背景而引人注目（见图 21）。

阿里衮也是如此，他与兄长策楞、爱必达负责装饰两段各长 62 丈 5 尺（合今 200 米）的景观路：一段从西苑紫光阁门至吉德居，另一段为小马圈至丰泰当，位置都在金鳌玉蛛桥以西。阿里衮代表两位兄长设计图样，于乾隆十六年（1751 年）八月初四呈送皇帝审阅。[③]

图样选择辖区内的黄鹤楼（见图 22、图 23）为蓝本，它的仙意与形胜非常契合庆典主题。阿里衮在奏文中解释，如此设计是为了表达“冈陵川至”之意。这是出自《诗经·小雅·天保》“如山如阜，如冈如陵，如川之方至，以莫不增”的祝寿意象。阿里衮准备在庆典前一个月进京，亲自指挥组装。显然木料都是预制好的，这也为其后来的二次利用埋下伏笔。

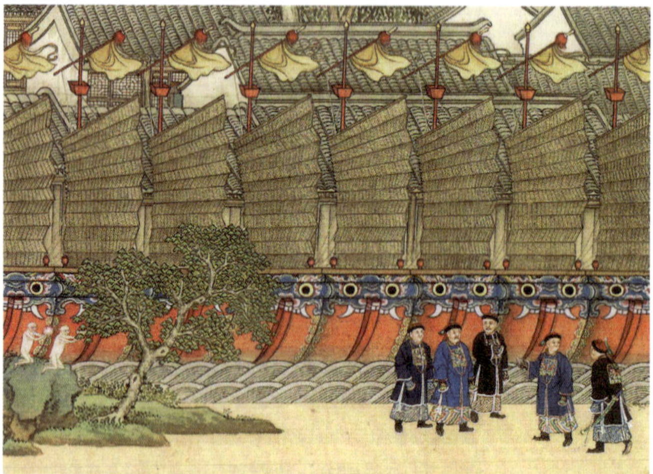
图 21　漕运总督瑚宝的庆典献礼。《崇庆皇太后万寿庆典图卷》（局部），清乾隆二十三年（1758 年）张廷彦等绘，北京故宫博物院藏

① 伍承乔原著，秦阳、甄艳萍校注：《清朝官场那些人》，西南师范大学出版社，2012 年版。

② 乾隆母亲崇庆皇太后六十大寿日为乾隆十六年十一月二十五日（1752 年 1 月 11 日）。

③［清］阿里衮：《奏报预拟庆贺太后万寿图式折》（乾隆十六年八月初四日），台北故宫博物院藏宫中档奏折，档号为故宫 025960。又见台北故宫博物院编《宫中档乾隆朝奏折》第 1 辑，（台北）台北故宫博物院，1982 年版。

庆典上的景观效果记载不多，好在时人赵翼两次亲游，在《檐曝杂记》中记下寥寥数语：

皇太后寿辰在十一月二十五日，乾隆十六年届六十慈寿，中外臣僚纷集京师，举行大庆。……楚省之黄鹤楼，重檐三层，墙壁皆用玻璃高七八尺者。[①]

赵翼在众多景点中选出黄鹤楼进行描述，显然是因为其特色鲜明，这在《崇庆皇太后万寿庆典图卷》中有直观的画面：有十四角攒角顶的三层楼阁，每层檐下均挂满花灯（见图 24）。当然最满意的还是皇帝，他久慕这座名楼，曾在明代仇英所绘的《黄鹤楼图》上题诗云：

两个地仙谁跨鹤，千秋佳话空传楼。
高楼江夏今好在，我欲寻之叹路悠。[②]

乾隆还命邹一桂、董邦达等宫廷画家绘写黄鹤楼画卷，并为之题诗。阿里衮早年任总管内务府大臣，熟悉乾隆的品位喜好与苑囿事务；又与清漪园营造总管三和结为儿女亲家，对园中建设了如指掌。他很有可能参与了龙王岛的补景筹划，庆典选用黄鹤楼应是预谋之作。阿里衮后来还参与了皇太后七旬庆典的筹备活动。[③]总之，万寿庆典结束后，其他献礼景观装饰皆被拆撤，唯有金鳌玉蛛桥西的黄鹤楼被移植到昆明湖中。为此，乾隆写诗云："庆典本缘学武昌，构移湖上恰相当。"[④]

历来工程改建难于新建，望蟾阁"恰相当"的成功补景，显然是经过周密的推敲斟酌，而乾隆将阿里衮祝寿"献楼阁"淡化为献"木料"，流露出纠结心态，即营建清漪园本以治水为始，在此过程中却不断升级为自己喜好的艺术追求，"以与我初言有所背，则不能不愧于心"[⑤]。

当年庆典装饰花费皆由各地督抚自己掏钱贡献，乾隆皇帝擅于精打细算，公私

①《檐曝杂记》卷一《庆典》。

②《清高宗御制诗集》初集卷三十《南苑行宫题仇英黄鹤楼图用崔颢韵兼效其体》。

③ 乾隆二十六年十二月二十八日，阿里衮曾与傅恒、兆惠、三和联名上报皇太后七旬庆典的奏销折，显示出他在操办六旬庆典中的运筹能力得到认可。

④《清高宗御制诗集》四集卷二十一《题望蟾阁》。

⑤ 乾隆九年（1744 年），皇帝在完成圆明园扩建工程后，在《圆明园后记》中表示："后世子孙必不舍此而重费民力以创建园囿矣。"见《清高宗御制文集》初集卷四。

图 22 《登黄鹤楼》，清康熙四十九年（1710 年）袁江绘

图 23 《黄鹤楼》（局部），清关槐绘，台北故宫博物院藏

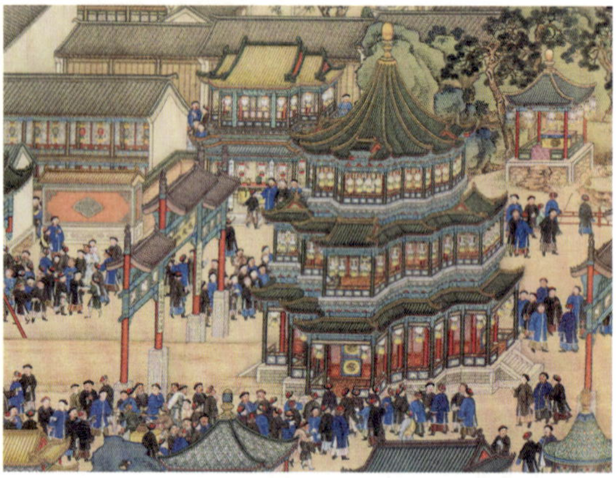

图 24 万寿庆典街景中的黄鹤楼。《崇庆皇太后万寿庆典图卷》（局部），清乾隆二十三年（1758 年）张廷彦等绘，北京故宫博物院藏

分明，为什么单单要为阿里衮的献礼买单呢？这些木料值得“万金”吗？

这里需要交代一个背景。清代皇家工程用料以就近为原则，只有名贵木材才会远途采办。清漪园在兴建之初便规定在山东采办木材，而像望蟾阁这样高度、地处湖沼的建筑，需要防腐耐湿的巨木，因此远购南方的楠木在所难免。当时楠木资源几近枯竭，采办费时费钱，广东官员就因钦工楠木费用超标而集体赔银 3.6 万余两。①

当初在筹备寿礼材料的同期，阿里衮曾与长兄策楞合作，督运钦工 15 根巨楠

①[清]苏昌:《奏议分赔钦工楠木案未完银两折》(乾隆十六年九月二十一日)，台北故宫博物院藏宫中档奏折，档号为故宫 026307，又见《宫中档乾隆朝奏折》第 1 辑。

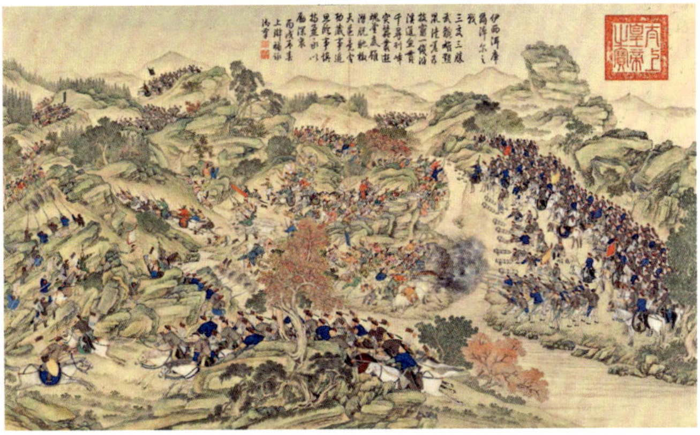

图 25 《平定伊犁回部战图 · 伊西洱库尔淖尔之战》，清乾隆三十年（1765 年）丁观鹏等绘，北京故宫博物院藏。阿里衮参与了此战

进京，策楞负责在四川采集发货，阿里衮在武昌楚江段护送。事后二人分别向皇帝奏报详情，可见乾隆皇帝对楠木的重视。①

这些巨楠用途是否与祝寿有关不得而知，但由彼及此，可以推测阿里衮提供的祝寿木料应该就是珍贵的楠木。当时兄弟三人任职的川、楚、云贵，正是楠木主产区，而签收木料、计划使用的又是阿里衮的亲家三和，这样的裙带背景使得征集工作易于协调、按时完成。关键是，也只有楠木这样的材质才值得乾隆皇帝“赐以万金”。

建成的望蟾阁并未赶上皇太后的六十大寿，但还是被画进成稿于乾隆二十三年（1758 年）的《崇庆皇太后万寿庆典图卷》，而同期完成的惠山园却没有，可证望蟾阁补景的“预谋”之实，也可说明它在全图与景观中的重要地位。

与后来的战功相比，阿里衮祝寿献木实在是小事一桩。他最辉煌的功绩是征战准噶尔，先是驰援定边将军兆惠于黑水河，取得对大小和卓的胜利，后与富德合兵追敌至中亚哈萨克，俘虏万人，多次以少胜多，因此图形紫光阁，排名前五十功臣（见图 25）。乾隆三十四年（1769 年）征讨缅甸时，他背疮恶化仍坚持指挥进攻，最终病逝军中，时年 58 岁。乾隆命入祀贤良祠，并荣葬于安定门外的遏必隆墓地（位于今北京亚运村一带）②，春秋两祭。其后，阿里衮又被乾隆评定为当朝五功臣之一，评价他“性诚笃，遇事力任，不避艰阻”③。

乾隆在望蟾阁写诗注明来历时，阿里衮已经去世，两次重提旧事应是触景思念吧。

---

① 参见［清］阿里衮、［清］恒文：《奏报委员接到楠木督催前进折》（乾隆十六年七月初八日），台北故宫博物院藏宫中档奏折，档号为故宫 025742；［清］策楞《奏报遵旨购办楠木运出川境折》（乾隆十六年七月二十一日），台北故宫博物院藏宫中档奏折，档号为故宫 025837。两件折子俱见《宫中档乾隆朝奏折》第 1 辑。

② 原址在大屯乡祠堂村，后为北京动物医院、慧忠里。参见冯其利：《安外一等公遏必隆墓地》，见《京郊清墓探寻》，学苑出版社，2014 年版。

③《清高宗御制诗集》四集卷五十八《五功臣五首 · 故户部尚书一等果毅公阿里衮》。

五、望蟾遗址涵虚堂

望蟾阁为什么会被拆除，又何时改建为涵虚堂？因无明确记载，以致众说纷纭，但广搜史料还是能找出脉络。

乾隆三十八年（1773 年），望蟾阁进行了大修，施工对象集中于地基、阁顶及周边山石。主因是扩填区地质松软，加之冻胀，使得地基沉降，建筑出现破损，岩洞山石酥散。建筑修复耗银 1.06 万余两、山石 800 余两。[①] 这次整修并未根治问题，次年（1774 年）海堤土泊岸又出现"膨裂"。额驸福隆安奏称：他遵旨派工部员外郎泰宁、灵秀查看，查明是因上次修理时未能遵旨在泊岸满铺石料，河边地势窄小，仅以灰土筑成，至春天融冻致泊岸膨裂。[②] 于是再次补修，满铺石料"以期坚固"，主管刘浩被罚赔银 1700 两。

这次修整使望蟾阁又延续了近 40 年。嘉庆元年（1796 年），乾隆以太上皇身份进行了最后一次游览，写诗作记。嘉庆六年（1801 年），朝鲜使臣李基宪来访留诗云：

绣漪桥迴龙舟系，流蛛楼高玉槛斜。
更有铁牛铭壮迹，十里沟塍作富家。[③]

"流蛛"为望蟾阁东侧匾额。从东堤上眺望，望蟾阁并未有颓败的迹象，仍是一派壮丽。嘉庆十五年（1810 年），嘉庆皇帝还有诗作提及望蟾阁。[④] 最明确的文献当数嘉庆十八年（1813 年）的《鉴远堂陈设清册》，详尽记录了望蟾阁中各类物件。次年（1814 年）陈设清册中"望蟾阁"无记，而代之以"涵虚堂"，[⑤] 由此可确定改建工程完成于嘉庆十八年至十九年之间。皇帝于嘉庆二十一年（1816 年）四

①［清］总管内务府：《销算拆修清漪园望蟾阁银两》（乾隆四十三年六月初四日），见中国第一历史档案馆、北京市颐和园管理处编《清宫颐和园档案 · 营造制作卷》第 1 册，中华书局，2015 年版。

②［清］总管内务府慎刑司：《奏为议处修理望蟾阁土泊岸不如法官员事》（乾隆四十年三月初十日），见《清宫内务府奏案》第 210 册。

③［朝鲜］李基宪：《燕行诗轴 · 往圆明苑遍观西山次正使韵》，见《韩使燕行录》第 64 册，北京书同文数字化技术有限公司影韩国成均馆大学藏燕行录本。

④［清］仁宗颙琰：《清仁宗御制诗集》二集卷五十三《昆明湖泛舟至藻鉴堂即景成什》，《清代诗文集汇编》第 461 册影清嘉庆十六年武英殿刻本，上海古籍出版社，2010 年版。

⑤《内务府堂清册 · 鉴远堂陈设清册 · 嘉庆十八年》《内务府堂清册 · 鉴远堂陈设清册 · 嘉庆十九年》，见《清宫颐和园档案 · 陈设收藏卷》第 6 册。

月首次游览涵虚堂，写诗《涵虚堂对雨》。[①]

涵虚堂是在望蟾阁基址上兴建的，保留了旧有的叠石山洞。随着建筑高度的降低，离月远了，离水近了，改名“涵虚”也算合宜，只是缺少了原有的高昂气势与中心感。不过有着原址土山台基的举衬（见图 26），涵虚堂还算夺目。道光皇帝有诗云：

暄和景象一园中，万顷晶莹冰未融。
入望涵虚堂远峙，雪晴松柏更茏葱。[②]

从涵虚堂中向外望，视野也由原来的高远变为平远，如道光的另一诗《涵虚堂》：

名园饶夏景，趁晓放轻舟。峰影窗前映，云光天外浮。
堂虚风暗度，水阔暑无留。万象归清妙，林峦一望收。[③]

平视中的湖面更显辽阔。道光八年（1828 年），朝鲜使臣李在洽来游，挥笔记文，情景交融：

图 26　由于利用了原高阁台基，涵虚堂比例欠佳，台大堂小

坐于涵虚堂北望，尽是无限瑰观，而北京之胜此可以第一矣。凡池外西北都是画中，临水者、依山者皆四五层，彩阁奇形诡制，无所不有。楼台亭榭不一，其规方者、圆者、半月形、磬曲状、尖者、圭者、长者、平者、三面八角之制，或藏于林曲出面岩侧。凡池西北十余里内外，隐隐入瞩，不知作何样，而水中照耀眩晃靡定，镜面澄碧，游鱼可数。一渔夫棹小艇垂竿而行，菡萏盛开，香风津津。西南浦溆芦苇，极目如痴如醉，坐而忘起，恨不与东方诸益谈畅赋诗于

① 《清仁宗御制诗集》三集卷三十五《涵虚堂对雨》，《清代诗文集汇编》第 462 册影清嘉庆二十四年武英殿刻本，上海古籍出版社，2010 年版。

② ［清］宣宗旻宁：《清宣宗御制诗集》余集卷六《万寿山 · 其一》，《清代诗文集汇编》第 539 册影清道光咸丰武英殿刻本，上海古籍出版社，2010 年版。

③ 《清宣宗御制诗集》初集卷十三《涵虚堂》。

此矣。“涵虚”所望不过豹文一斑，而犹且如是，其外未窥者，都在默会也。①

使臣笔下诗情四溢，将此处列为京城第一胜景。大清国势虽趋衰弱，但美景还在延续。咸丰皇帝也有诗作：

平铺万顷碧波光，稳泛轻舲晓气凉。
指点灵奇标胜处，涵虚堂峙水中央。②

可惜不久，英法联军的战火就把满眼风光、灵奇标胜焚为残垣断壁，咸丰这首诗作也成为清漪园最后的绝唱（见图 27）。

图 27　战火之后的龙王岛，清末澳大利亚莫理循摄

慈禧重建颐和园，涵虚堂又是较早恢复的建筑，除作为祭祀龙王之余的休息场所，还成为水操检阅台，光绪皇帝有诗《昆明湖阅水操》：

① [朝鲜] 李在洽：《赴燕日记》。

② [清] 文宗奕詝：《清文宗御制诗集》卷七《清漪园即景》，《清代诗文集汇编》第 718 册影清同治二年武英殿刻本，上海古籍出版社，2010 年版。

鸾舆西出郭，桃柳正芬芳。揽胜穷千里，涵虚有一堂。

风云腾虎旅，雷电助龙骧。阅武承前烈，雄图未敢忘。[①]

诗中努力想写出些气势，然而再也无法恢复以往的辉煌。

六、结语

由上述可知，昆明湖望蟾阁的建设是经过整体景观推敲调整后的结果，强化了湖面的仙岛氛围。高立的建筑形象也成为一种模式，衍生出后来的团城湖治镜阁和高水湖影湖楼、界湖楼，以及凤凰墩会波楼，使湖景富有变化，也与山上建筑风格呼应，气韵相贯。

地基缺陷是导致望蟾阁拆撤的主因，也为后来的水中建设提供了经验，之后建成的治镜阁地基即十分坚固，遗留至今。

清漪园时期昆明湖地区水域中的5座楼阁皆已消失，颐和园时期也无力恢复，这是湖区风景的一大缺憾。在未来可能条件下，恢复遗址尚存的治镜阁或许是一个补偿，可以让今人体验到昆明湖水域曾经的盛景。

① [清]《清德宗御制诗集·昆明湖阅水操》。

清漪园耕织图景区（一）：风景演变与御苑田园

现状耕织图景区位于颐和园西北部，重建于2004年，恢复了清漪园时期的延赏斋（见图1）、玉河斋、《耕织图》石刻、蚕神庙，以及光绪时期的水操学堂等。这种布局虽然展示了耕织图景区在两个不同时期的一些特点，但难以体现景区最初的农桑内容与意境（见图2）。

图1　现状耕织图景区延赏斋

光绪的水操学堂建在清漪园织机房、络丝房基址上，区内“织”景已无。同期修筑的围墙，又隔绝了原本属于景区的西部田野。如此一来，“耕织图”里“织”无机房、“耕”无农田，有名无实，游者不能问名心晓。

当然，这些都是光绪时期留下的缺憾。颐和园重建之初就将这一景区完整地剥离出去。也就是说，光绪时期的颐和园没有“耕织图”，21世纪初重建的“耕织图”只存在于乾隆至咸丰时期的清漪园，而且只是当时耕织图景区的一个小局部。

清漪园耕织图毁于咸丰十年（1860年）。那么，在此之前它是什么样的，其建设又是出于怎样的思想与文化传承？下面就来谈谈相关的方方面面。

一、独特的耕织图景区及其演变

清漪园耕织图景区与园中其他景区有着极大的不同。所谓景区，通常是指有着共同风貌、统一内涵的景观区域，划分景区既避免了景观的杂乱，又使游人能够有序地体验变化的情景。清漪园分为5个景区：前山前湖景区以金碧辉煌、张扬凸显的宫廷风格为特点；后山后溪河景区体现的是含蓄淡雅、山林隐逸的气质；东部景区是婉约的江南情调；西部景区则是艺术化的水街山市；最后便是耕织图景区。前4个景区皆以万寿山为中心延展形成，营造的是佛国仙境与脱尘出世（见图3），基本没有生产功能。

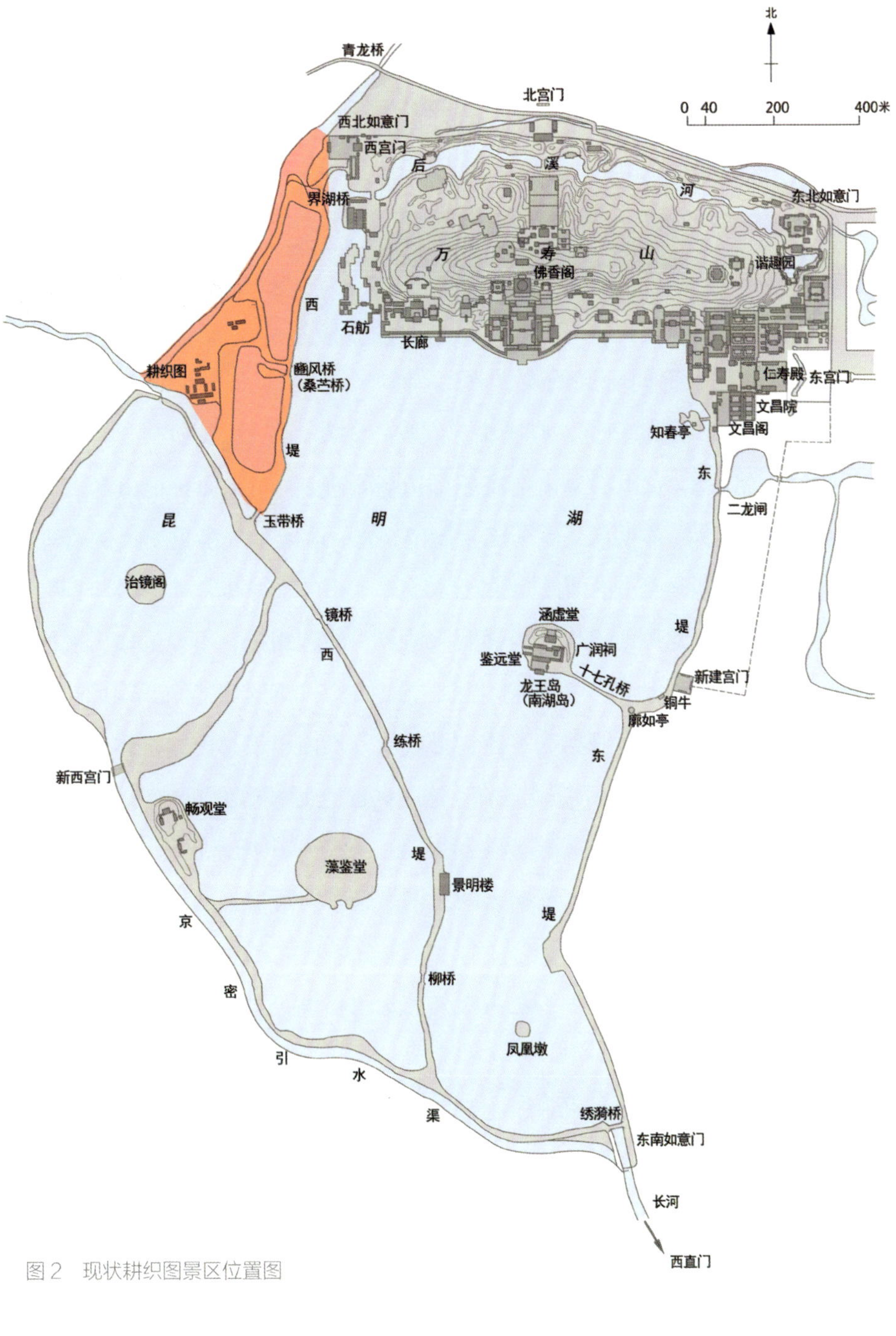

图 2　现状耕织图景区位置图

而耕织图景区则截然不同，它是以稻田为中心，以质朴水乡为特色，生产是基本功能，兼以游览观赏，是世俗的乡村场景。乾隆曾在杭州苏堤上说：“昆明湖仿此为六桥，桥外即耕织图，育蚕种水田处也。”① 可见其定位为“农桑”，面积相

①《清高宗御制诗集》二集卷七十《自苏堤跋马至圣因行宫》自注。

图 3　以佛国仙境体现祝寿主题，李晓虹摄

当于万寿山陆地各景区面积总和。

其次，万寿山山麓各景区、昆明湖水面均为宫廷禁区，与大内紫禁城、圆明园宫禁制度相同，即使王公贵戚也不能随意进入，园区由清漪园总管大臣统一负责。耕织图景区则安排于清漪园的西宫门外，为公共开放区，住有不同阶层的人群，有织染局、稻田场的官员，有庄头、农夫、织女、匠役与蚕户，有寺院僧人，饲养有牛、马、猪、禽。农田部分由奉宸苑稻田场管理，河湖水面种植由奉宸苑管理，其他机构还有清漪园、静明园、步军统领衙门，这一地区呈现多重交叉的管理状态。

此外，耕织图景区还是两山景观的连接区，一田兼顾两园。清漪园时期，昆明湖西岸、玉带桥至青龙桥河道以西为静明园地界，两园相接，不设围墙，视线通透。而耕织图水田如楔形绿地嵌入静明园辖区，沿西堤、玉河延绵至玉泉山下，与静明园外围田地相接，将两园景观融为一体，形成从万寿山至玉泉山的整体大场景。

上述特点的形成，缘于清漪园之前，这一区已是延续数百年的功德寺、青龙桥水乡风景地。清初以这里为皇家稻米生产基地，设立稻田场，强化了生产与管理，也使田园风光持续稳定、优美。清初云间派词人宋徵舆写道：

（青龙）桥在功德寺前，去玉泉山数里，清湖稻田，宛然江南风景也。①

康熙皇帝时常与大臣们舟游本区，大学士张玉书记述道：

沿途稻田村舍、鸟鱼翔泳，宛然江乡风景，而郊原丰缛气象又为过之。②

“丰缛”意为绚丽多彩，是说本区比江南景色还好。张玉书来自江南鱼米之乡，如此评价颇具分量。同期的另一重臣张英写有《西郊杂诗二十七首》，歌颂这一带田园风光：

---

①［清］宋徵舆：《林屋诗稿》卷七《青龙桥暮眺》自注，清抄本。

②［清］张玉书：《张文贞集》卷六《赐游畅春园、玉泉山记》，清文渊阁四库全书本。

青龙桥畔柳毵毵，野色泉声性所谙。
莫讶夕阳吟望久，水村漠漠似江南。[①]

御苑西通辇道铺，水田粳稻杂菰蒲。
千峰黛色频回首，十里秋荷裂帛湖。[②]

淙淙野水乱成溪，获稻人家近大堤。
闲过牛庄小村落，秋风禾黍瓮山西。[③]

可见“瓮山西”的田园风景极具观赏性。乾隆继位初也常常携母荡舟这一区，写下多首诗篇，如《西海泛舟因至玉泉山》云：

小舠泛西海，西峰如在囿。招提隐岩阿，金彩树间透。沿流试寻探，玉泉宛相就。
是时新雨后，活活涌银溜。拖为绮縠纹，激作珠玉漱。犹疑天上云，飞自石边窦。
山鸟何间关，林阴亦浓茂。郊圻一骋望，绿畴如错绣。忧旱心稍释，此焉遣清昼。[④]

诗中品味景色细致入微，皇帝在此游览几与御苑无异，而且没有园墙约束，一片自由天地。这是一个成熟的风景区。

因此，清漪园的建设，在大格局上是将西部功德寺、青龙桥水乡风景与东部新建的佛国仙境相衔接。设计重点是在西部生产功能上增加艺术性、思想性，在衔接地带增加景点过渡，使东、西景观自然渐变融合。耕织图景区中的织染局、延赏斋、水村居等建筑组团就承担了这些功能。景区建设的指导思想是“农桑为本”的国策，其主题“耕作桑织”与东部主题“万寿祝寿”完全不同。

为全面体现主题，本区在西部水田间增设了“织”景。乾隆将内务府织染局从城里迁来，在原下属三局（织局、络丝局、染局）机构中，增加蚕户房与采桑等室外景观内容，以及织染设施用房，周边广植桑林、开辟麻田，调来织女、匠役，形成从采桑到织绣的全套流程，《耕织图》中的桑织各幅内容在此都得以真实展现。

---

① [清] 张英：《文端集》卷二十八《西郊杂诗二十七首·其二十五》，清文渊阁四库全书本。
② 《文端集》卷二十八《西郊杂诗二十七首·其二十六》。
③ 《文端集》卷二十八《西郊杂诗二十七首·其二十七》。
④ 《清高宗御制诗集》初集卷十四《西海泛舟因至玉泉山》。

乾隆还将织染局管理权移交清漪园总管大臣，以便统一管理。

乾隆十六年（1751 年）景区建成后，乾隆皇帝借用古画之题“耕织图”为景名，启发游人的想象，为游览田野预热。他用多首诗篇表述自己的构想：

位置溪村率就成，披来卷轴百千横。
本缘寓重农桑意，引胜还娱揽结情。①

育蚕种稻学江南，率欲因之民务探。
耕织图边看活画，四明楼琦较应惭。②

横云寿峤万年寿，新水明湖千顷明。
骋望六桥阿那畔，载阳耕织重关情。③

“位置”在此为布置、布局之意，乾隆将农桑之意规划在“活画”般的田园之中。后一首则将东部“寿景”与西部“农景”并列、比对，二者特点各异，互为补充。

二、御园农业景观的传承

耕织图景区的建成，丰富了清漪园的景观与内容，也将中国皇家苑囿所包含的农耕活动与弄田形式继承发扬。历史上，自商周开始，王（皇）室就设有以农业生产、畜兽饲养为基础的苑囿，这是一种大尺度的游览地，其中还建有祭祀、歇息、观景等构筑物。在长期的发展过程中，祭祀、观景部分演变出建有亭台楼阁的园中“园”；其余部分则继续发挥初始功能，并成为帝王举行观稼、观织、亲耕等农桑活动的场所。这些活动被视作帝王勤政亲民的一项政绩内容。也就是说，在大型皇家园林中，除怡情养性的山水之趣，农田景观与农桑活动是另一项标准配置。

汉代皇家苑囿中就辟有农田，称为“弄田”，以未央宫弄田最为著名。这一传统代代相沿，如宋代含芳园、玉津园皆有设置，北宋前期即有皇帝到开封城外玉津园观稼的传统。同样，明代在西苑（中南海）也建有豳风亭、无逸殿等景点，以此占年知农，鼓励耕织。

①《清高宗御制诗集》二集卷三十七《泛舟昆明湖遂至玉泉·其三》。
②《清高宗御制诗集》三集卷十二《昆明湖泛舟至玉泉山·其二》。
③《清高宗御制诗集》三集卷二十八《春正万寿山》。

到清代，康熙首先在皇城西苑建设丰泽园，一水横带，稻畦数亩，桑数十株，筑知稼轩、秋云亭，并将此写入《耕织图序》中，强调“生民之本以衣食为天”，“有天下国家者，洵不可不留连三复于其际也”[①]。他还在畅春园辟有100余块稻畦（见图4），时常躬耕。

雍正在圆明园中建有耕织轩、多稼轩、稻香亭、贵织山堂等，并在《圆明园记》中进一步点明御苑设置农田的意义与苑囿本质：

> 园之中或辟田庐，或营蔬圃，平原朊朊，嘉颖穰穰，偶一眺览则遐思区夏，普祝有秋。至若凭栏观稼，临陌占云，望好雨之知时，冀良苗之应候，则农夫勤瘁，穑事艰难，其景象又恍然在苑囿间也。[②]

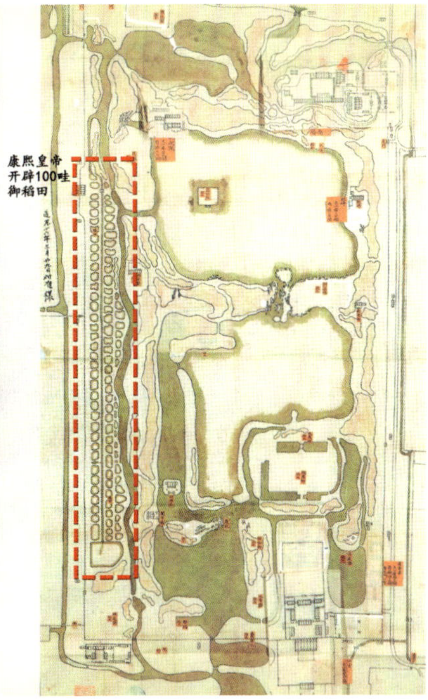

图4 《畅春园地盘形势全图》，清道光十六年（1836年）样式雷绘制，北京故宫博物院藏。图中虚线内为康熙皇帝开辟的御苑稻田

对于祖训中一再强调的重农精神，乾隆深刻领会并将其发扬光大。他曾说：“予小子仰圣踪之同揆，其敢弗蘉兹？”[③]并在《春耦斋记》中表达了自己的一腔衷情：

> 皇祖建此丰泽园于西苑，以劭树艺而较晴雨。至于皇考岁举耕耤之典，必先演耕于园北弄田，以视周家世业肯获者，有过无弗及。予小子聪听祖考之彝训，亦惟是无逸作所。民本食天之念，拳拳毋懈，不敢以一己之贵而忽万姓之穷，不敢以四方之丰而忘一隅之歉。二十一年以来，此物此志也。[④]

继位之初，他在圆明园中增建多稼如云、杏花春馆、水村图、稻凉楼等农田景观，

---

①《圣祖仁皇帝御制文集》二集卷三十二《耕织图序》。

②《世宗宪皇帝御制文集》卷五《圆明园记》。

③《清高宗御制诗集》初集卷四十四《丰泽园嘉谷既获，命大学士、九卿观之，兼成近体八韵》序。

④《清高宗御制文集》初集卷七《春耦斋记》。

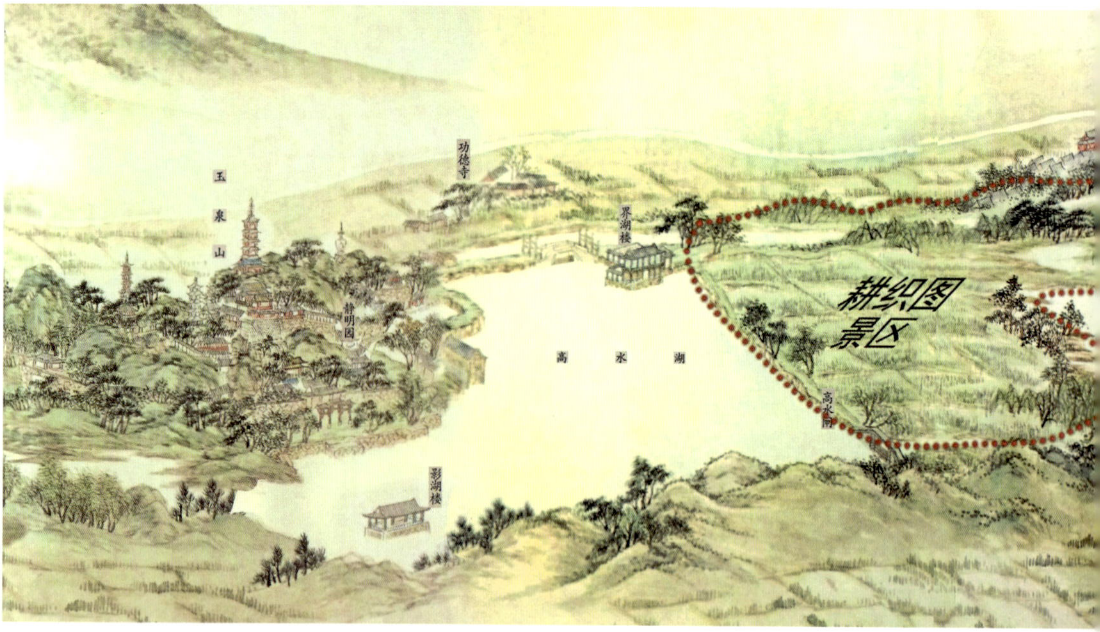

图 5　乾隆晚期耕织图景区的区位。《都畿水利图卷》（局部），清乾隆年间弘旿绘，中国国家博物馆藏

如《题多稼轩》诗云：

园中辟弄田，引水学种稻。轩名额多稼，奎章悬圣藻。
无非垂教心，当识谷为宝。要惟雨旸时，逢年般祝好。①

而最终建成的清漪园耕织图景区则把这一传统主题发展到了极致，更加规模化、艺术化与精神化，是超越前辈的大手笔。乾隆及后任的皇帝、臣属在这一景区写下数百首诗篇，将观稼、观织与观景三者合一。

三、耕织图景区的范围

耕织图景区的范围，最初泛指西堤以西的稻田区域，当时团城湖还是一片稻田。清漪园建设延续了10年，方案有所变化，边界并不稳定。不过，依据乾隆诗意、清漪园竣工后的管辖范围，以及样式雷图纸，可以勾勒出大致区界：昆明湖西堤以西，高水湖以东，北至功德寺御道与青龙桥一线。耕织图的面积达千余亩。

①《清高宗御制诗集》四集卷三十七《题多稼轩》。

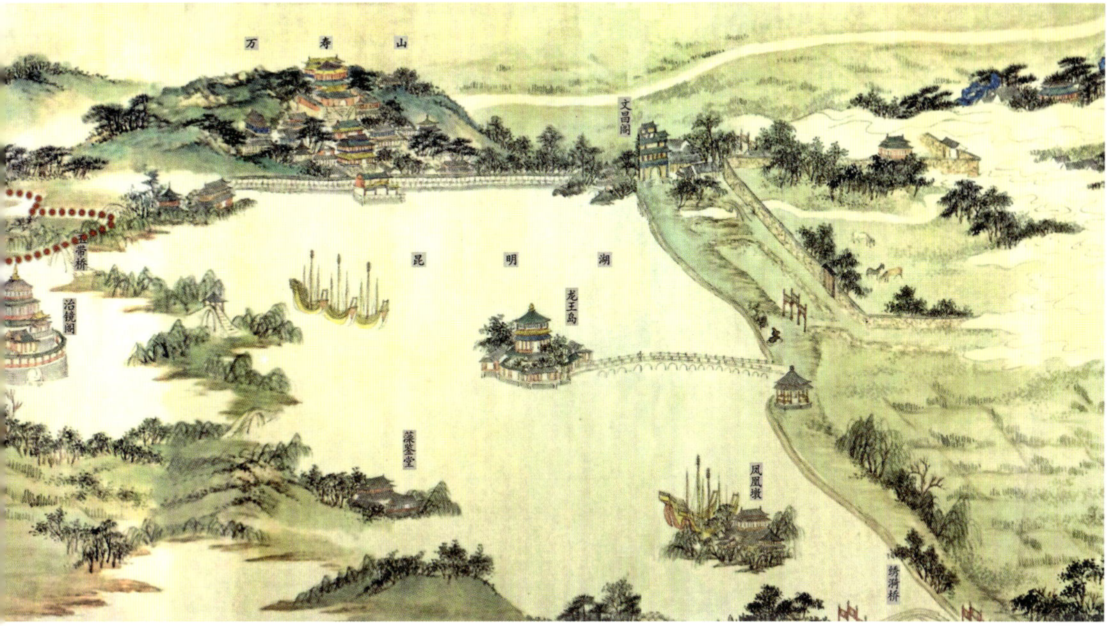

这一片横亘于万寿山与玉泉山之间的稻田，仿如大地图画，横贯中部的是核心游览线玉河，而织染局、水村居等建筑组团则是景区的“点睛”所在（见图 5 至图 7）。

清漪园建设初期（乾隆十六年，1751 年），将玉河沿线水面管理权从奉宸苑移交清漪园总管大臣，并明确职权范围：“除青龙桥闸座外，自凤凰墩以北，青龙桥以南至静明园一带湖面、河道、堤岸、桥闸、船只、锋拨、割除、苲草等项差务俱隶清漪园理照。”①

乾隆十六年（1751 年）明确清漪园设闸军 100 名。② 闸军沿上述水面布岗，向西直到静明园五孔闸前大虹桥，职责包括对 100 余艘船只的打扫看护、撑船摆渡、巡视河堤、开闭闸门、起落桥板、捞割水草、清理驳岸、养护岸树等，其后又将沿河稻田划归稻田场与清漪园共管，清末则全部由颐和园管理。

这一系列的管理措施为耕织图景区的形成与良性发展提供了体制保障。区内设置堆拨，平时有流动哨所，皇帝来巡则临时布警。田户、织女日出而作，日落而息，往来于景区田野、机房与水村居、稻田场、六间房之间。乾隆常常在此观稼，“每过辄

①《钦定总管内务府现行则例·清漪园》，见《钦定总管内务府现行则例二种》第 3 册。
② 同上。

与田翁课晴量雨”[①]，也时常去机房观织。这是一片君民共享的区域。

耕织图景区内的土地权属、作物品种与种植方式统一由奉宸苑管理，从而避免了无序种植，以及宅基地各自建设带来的乱象，也使万寿山至玉泉山之间的田园风景延续了300余年，其间再未出现像元明时期那样的豪强、太监蚕食侵占的现象。

道光二十三年（1843年），织染局被裁撤，主要建筑依在，但在咸丰十年（1860年）毁于英法联军。光绪重建颐和园时，由于财政匮乏不得不将耕织图景区划出墙外，重点复建东部的“祝寿”区域。

光绪重建颐和园之初，策划者们仍竭力保留耕织图景区，曾计划添建南、北两道围墙，分别连接颐和园、静明园大墙，将两园之间的耕织图稻田与高水湖一部分包含其中，独立成园，并绘制多幅草图，形成了正式的《谨拟颐和园至静明园添修大墙图样》。但这项计划未能实现，最终不得不将整个景区划出大墙之外。光绪十三年（1887年）在织染局、水村居基址上建设了水操学堂（见图8、图9）。

① 《清高宗御制诗集》二集卷四十二《溪田课耕》序。

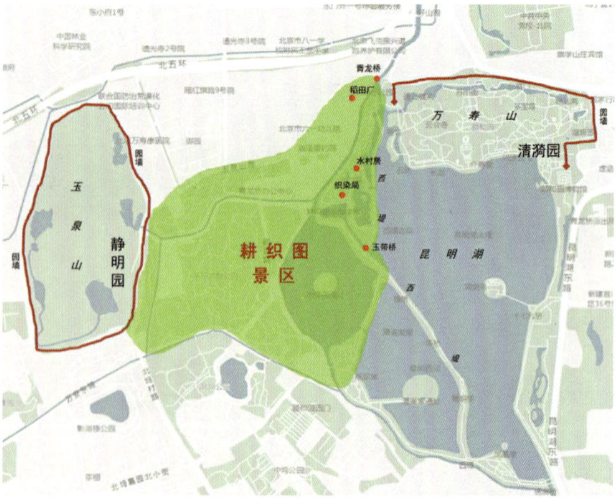

图6 清漪园早期耕织图景区大致范围，水田面积巨大

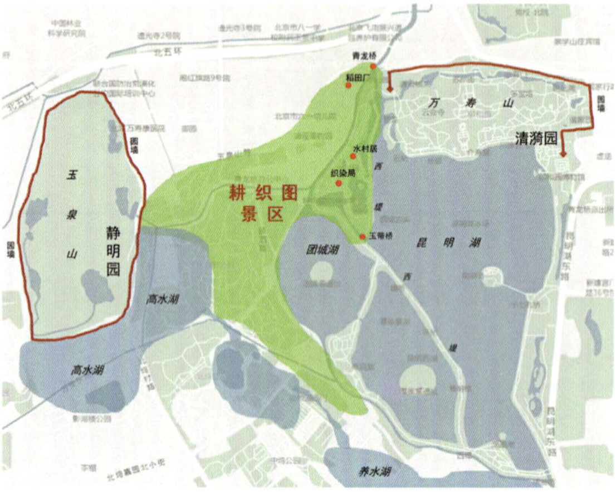

图7 清漪园全盛时期耕织图景区大致范围，蓄水与开田达到均衡

图8 清光绪颐和园将耕织图景区划出主园，并拟订了建设围墙的方案

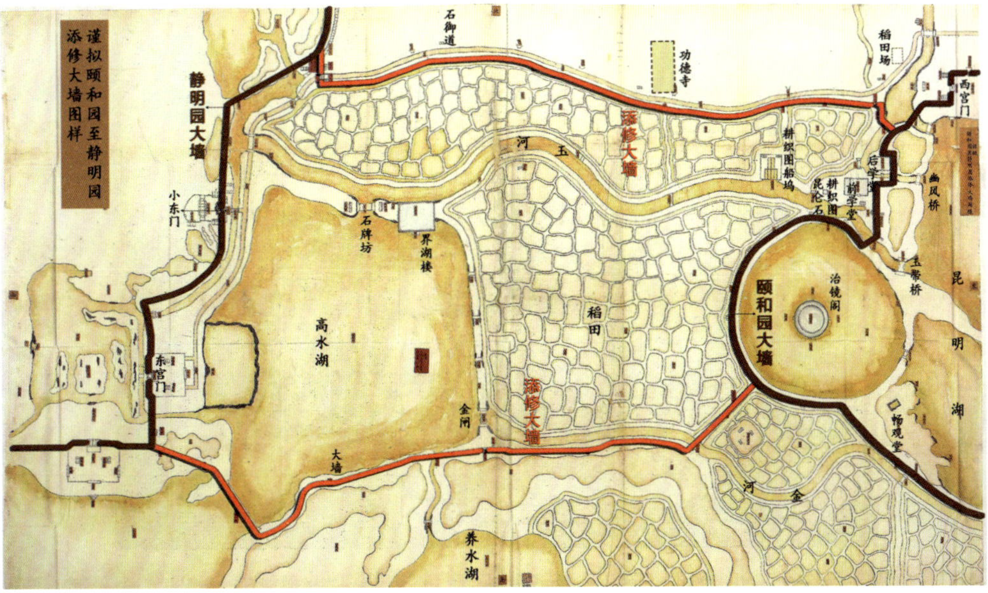

图 9 《谨拟颐和园至静明园添修大墙图样》，清光绪年间样式雷绘制，中国国家图书馆藏

四、耕织图景区的风景要素

水田稻作在北方地区虽属稀缺资源，但并非一概有观光游览价值。那么，耕织图水田究竟美在何处？为什么游览久盛不衰？

这或许要从园林与农业美学说起。

景区的基础之美来自水田的大块基底与沟塍肌理。大块基底指覆盖田地，色彩、高矮整齐划一的禾苗景象，犹如大地织毯（见图 10）。在各类作物中，叶片越纤细、植株越低而密，就越易形成“织毯”效果。水稻叶片为线状披针形，宽 1—1.7 厘米，幼苗与草叶无异，植物分类学上同属于禾本科。宋代范成大对此有精细的描述：

种密移疏绿毯平，行间清浅縠纹生。
谁知细细青青草，中有丰年击壤声。[1]

水稻田一年会呈现 3 种景象。春季分蘖期，秧苗初长，株间水光潋滟，“水”景、“稻”景并呈，范成大描写的就是此时景观。远望即为“浩白”光影效果，刘

① ［宋］范成大：《石湖居士诗集》卷七《插秧》，民国八年上海商务印书馆四部丛刊景清爱汝堂本。

图 10 耕织图稻田的“黄云”景象——由万寿山望玉泉山，1998 年航空摄影

侗曾对这一时节的功德寺稻田景观有过精彩描述：

山好下影于湖，静相好也。湖好上光于水田，旷相好也。道西堤行湖光中，至青龙桥，湖则穷已。行左右水田，至玉泉山，山则出已。[①]

夏季水稻长穗期，禾叶将田埂覆盖，见稻不见水，呈现出连片的“绿毯”景象，即所谓“碧毯线头抽早稻，青罗裙带展新蒲”[②]。

秋季开花结实期，即“稻花香里说丰年”[③]之际，显示的是滚滚“黄云”景象。

与“大块基底”交替出现的景象是沟塍肌理，也就是沟渠与田埂构成的大地图案，乾隆有诗云：“点缀村房与稻塍，图同农乐有秋登。”[④]其“点缀”二字体现出以设计立场来进行农田布局。

沟与塍是构成图案的两大要素，源自中国传统农业的沟洫之制，简单说就是将耕地按田字形、以沟塍分出小区以便种植。“沟”即排灌水渠，由宽到窄分为 5 级，各有专名，依次为川、浍、洫、沟、遂，水依级次流入。“塍”即田埂、土垄，用

① 《帝京景物略》卷七《西山下 · 功德寺》。
② 《白居易诗集校注》卷二十三《春题湖上》。
③ [宋] 辛弃疾著，邓红梅、薛祥生注：《稼轩词注》卷二《西江月 · 夜行黄沙道中》，齐鲁书社，2009 年版。
④ 《清高宗御制诗集》三集卷二十九《农乐轩口号》。

来围出一个个地块“畦”，保水育苗，从宽到窄也有专名，依次为路、道、涂、畛、埂。沟塍相辅，宽窄纵横，进而形成大地景观。清代将其简化整理，列入皇室基础教科书《钦定书经图说》（见图 11），以便向皇帝讲解、教育皇子皇孙。

为保证水流在每一畦里平稳地流进排出，稻田的沟塍营造要比旱田更为精细，图案也更加精美（见图 12）。乾隆皇帝为此搜尽美词来形容功德寺稻田：“耨池分罫，条衣水田。”[①] 即田池美如棋盘网格、高贵似袈裟纹样。还有“绣壤”“大块文章”“鳞塍”等，雪后则称“玉鳞”。文人们也有创意，如明代赵统诗云：“雨过行湖上，绿塍画水田。”[②] 刘侗说海淀“水田龟坼，沟塍册册”[③]，即如龟甲纹理、似竹简编连，讲的都是肌理之美。这使得稻田即使处在没有绿植的时段，也仍具有观赏性（见图 13）。

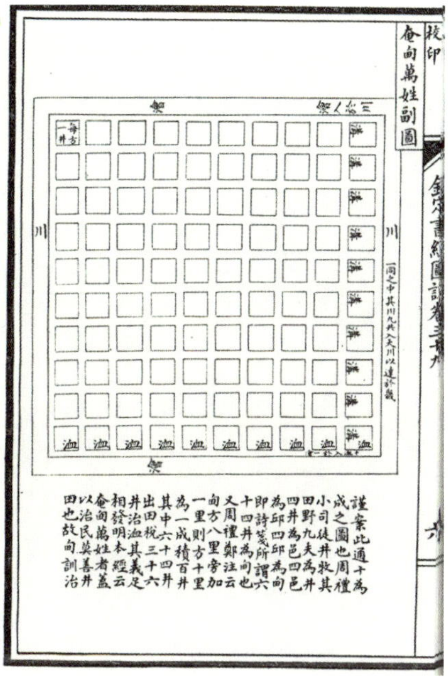

图 11　川浍洫沟示意图。《钦定书经图说》卷三十九插图

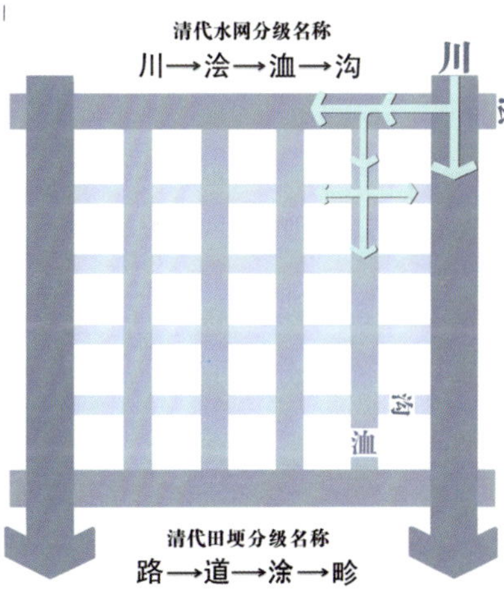

图 12　川浍洫沟示意图

田园风景中最常用的一字“塍”，又称“塍陌”“畦径”，其在围水的同时兼作步行小径，诗意场景如袁中道所述：

> 功德寺宽博有野致，前绕清流，……有老僧持杖散步塍间，水田浩白，群蛙偕鸣。噫！此田家之乐也！[④]

① 《清高宗御制文集》二集卷二十七《重建功德寺碑记》。罫，棋盘上的网格。条衣，僧人所穿之衣，其图案有九条至二十五条之别，故名。

② 《骊山集》卷四《雨过自龙王庙取归路》。

③ 《帝京景物略》卷五《西城外·海淀》。

④ 《珂雪斋集》前集卷十一《西山十记·记一》。

图 13　耕织图水田的沟塍肌理与“浩白”景象

一年中大块基底与沟塍肌理两种景象显隐交替，四季变化，使人感受到大自然的脉动，其意趣如古人云：

沟洫浍川上，堤柳行植，与畦中秧稻分露同烟。春绿到夏，夏黄到秋。都人望有时，望绿浅深，为春事浅深；望黄浅深，又为秋事浅深。[①]

这些都属于稻田的基础之美，与其他水田并无太大差别。决定耕织图景区独特美的根本在于，区内视线所及，田、湖、山、林、溪诸景俱全，而且各景观单元比例合宜，彼此呼应、高下互答，几如天造地设。

以荡舟、骑马、步行来欣赏田园景色，田野并非越大越好。面积过大，会将山、湖比小，且人困马乏；面积过小，景色又缺少震撼力。本区面积与昆明三湖、高水湖，以及玉泉、万寿二山相当，又在两山的最佳视域内（见图 14），从田间仰望，悠然可见山上楼台；平视，则有堤树岸林的分隔围合，避免了田野过旷而生单调之感。

① 《帝京景物略》卷一《城北内外·三圣庵》。

对此，乾隆有诗云：

蜗庐蟹舍学江村，桑叶阴阴曲抱原。
诗意画情神会处，疑披合幅阅王孙。①

“曲抱原”的品评，与“一水护田将绿绕，两山排闼送青来”②的理想田园格局不谋而合。六里玉河在两山一横一纵的背景下，宛转“绕”田而流，船上视角不断转换，山、水、林、田相互位移，乾隆敏锐地捕捉到了这种变化，留下许多精美描述：

岸转舟回山改向，何殊揽景泛吴江。③

清溪几转路萦纡，觌面呈来耕织图。④

画船六棹如舒翮，柳岸萦纡历几湾。⑤

玉河一程有8道湾，乾隆几乎一湾一咏，咏的就是一个“绕”字，田野空间随“绕”而开合变幻，加之两山霞起云飞，呈现出一幅幅天然画面（见图15）。历经元、明、清的多次治理，玉河一直保持着自然曲线与驳岸，从未采用截弯取直，或是硬质石砌的工程手段。⑥乾隆时期还在昆明湖西堤和玉河两岸种植油菜花，增加了风景价值。

玉河的东西方向为主河道，向北分出的支脉通达青龙桥，沿途形成水中有岛、岛中有塘的幽深氛围。

这些大格局奠定了本区可游、可赏的基础。在此之上的人工锻景，则是艺术升华的点睛之作。景区内人工构筑主要以《耕织图》为蓝本，如茅草亭、织机房、络丝房、蚕神庙、棕毛屋等（见图16）。农舍单体建造参照江南形制，竹篱茅舍依溪临流，乾隆在诗中称之为“蜗庐蟹舍”：

---

①《清高宗御制诗集》二集卷七十三《玉河泛舟至玉泉·其二》。

②［宋］王安石撰，刘成国点校：《王安石文集》卷二十九《书湖阴先生壁二首·其一》，中华书局，2021年版。

③《清高宗御制诗集》三集卷八十七《自玉河泛舟至昆明湖即景得句·其三》。

④《清高宗御制诗集》三集卷七十二《自玉河泛舟回即景杂咏·其三》。

⑤《清高宗御制诗集》三集卷七十四《自玉河泛舟至石舫·其一》。

⑥ 清末颐和园时期，玉河曾有削弯取直及建闸计划，未施行。

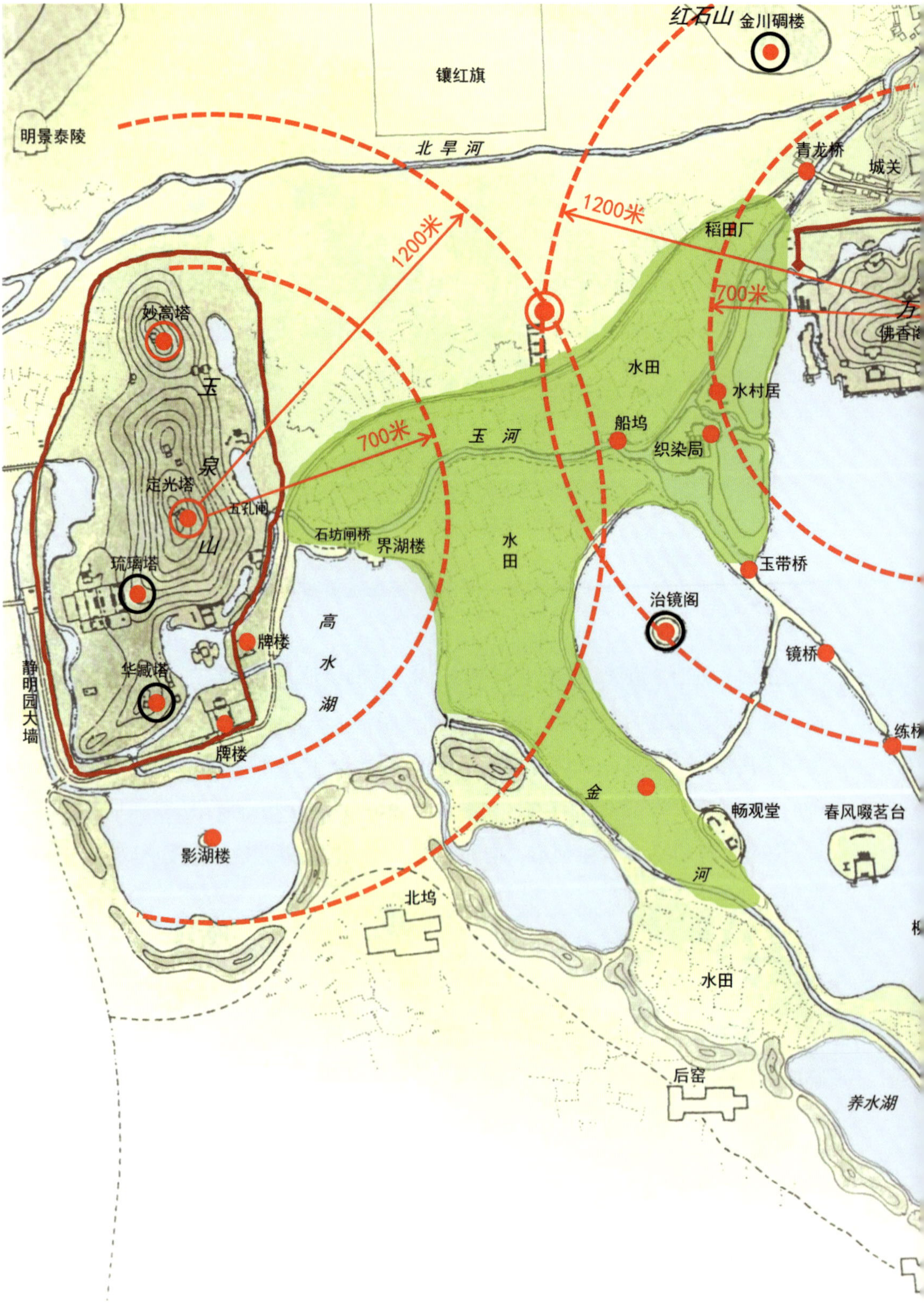

图14　耕织图景区与玉泉、万寿二山视距分析，田间悠然可见山上楼台

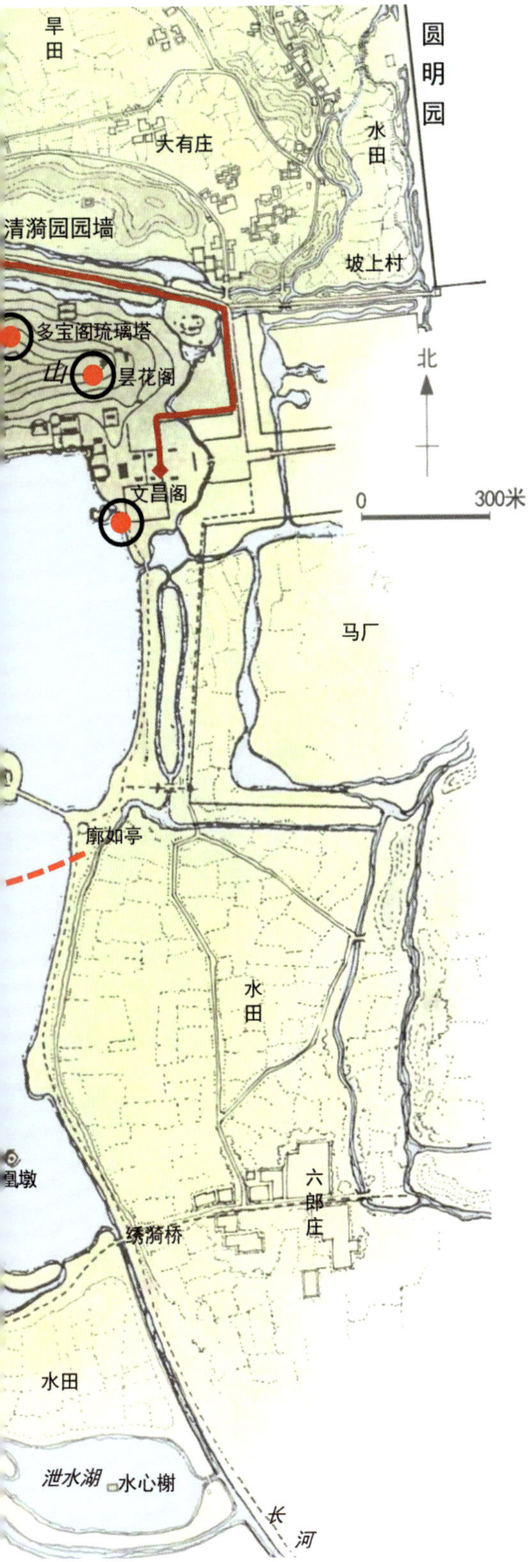

竹篱风送枣花香，渔舍蜗寮肖水乡。
陌上从新桑叶长，新丝缫得过蚕忙。[1]

即使匠役宿舍的布局，也采用园林手法，避免成行成排，兼顾了实用与美观。乾隆十六年（1751 年）清宫内务府奏销档记载：

今该局移往万寿山，……共盖造小房八十余间，每人赏给房各一间，但此项房间若盖连房，似觉未宜，请交该工于局作附近地方，合其形势或二三间、三四间不等，布成村落，以标幽致，即于该匠役所住房间空间之地，种植桑株以养丝蚕，如此则匠役等既得栖止之地，而村屋、蚕桑点缀于山水之间，盖著园亭之盛也！[2]

此外，在湖田内外散点布置皇家建筑，各距 500—800 米，如影湖楼、界湖楼、治镜阁，以及木牌坊、石牌坊等，这些个体之间，以及个体与山上建筑之间构成视线网络，呈现出疏与密的渐变：万寿山上密集—织染局、水村居疏朗放松—湖田间散点遥应。一如书法飞白，笔断意连，将田野笼罩在浓郁的皇家氛围之中（见本书第 15 页图 13）。

田间河道中还浮动着大量皇家画舫，各

①《清高宗御制诗集》三集卷七十四《自玉河泛舟至石舫·其三》。

②［清］总管内务府：《奏议织染局移设万寿山额定官员工匠等项事宜折》（乾隆十六年六月十七日），见中国第一历史档案馆、故宫博物院主编《清宫内务府奏销档》第 40 册，2014 年版。该局，指织染局。

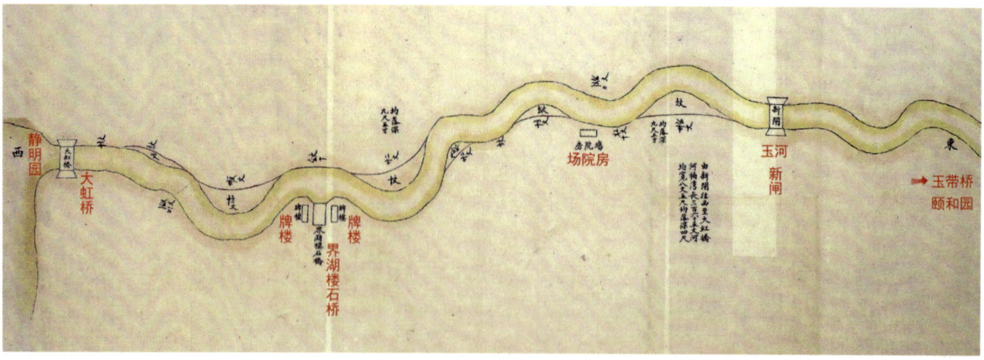

图 15　光绪之前玉河的“湾”。《新闸往西至大虹桥河桶丈尺地盘样》，清样式雷绘制，中国国家图书馆藏

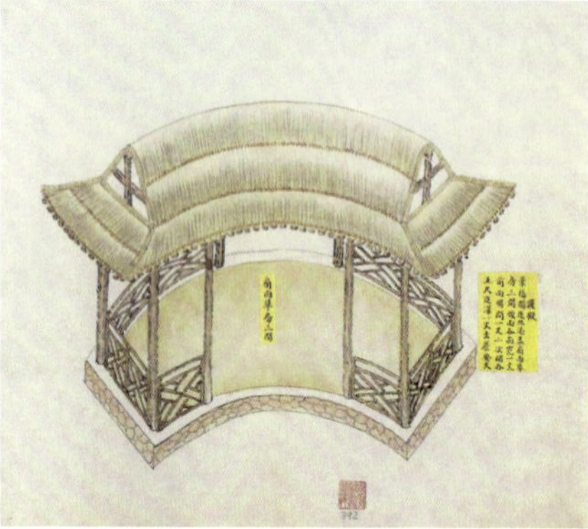

图 16　颐和园茅草亭。《景福阁北扇面草房三间立样》，清末样式雷绘制，中国国家图书馆藏

标嘉名，如澄虚船、镜中游、芙蓉舰、万荷舟、得源舟等，增加了水景的丰富性，远观仿佛游动于稻浪之中，使田野显出独特神采。

值得一提的是，乾隆时期耕织图景区中劳作的田户、织女都享受俸禄，衣食无忧。在山水美景中，寻常的田间劳作、采桑织锦、牧童骑牛都成为一种景观，即所谓“活画”。对此，乾隆诗作与文人歌咏异曲同情。乾隆作诗云：

天未风吹溽暑清，家家铚艾庆西成。宜人爽气山前景，载我扁舟画里行。
田父村头闲共语，牧童牛背笑相迎。年来屡见三秋稔，拟报农祥慰圣情。[①]

清初进士吴世杰则写道：

出（功德）寺东望，山光入湖，湖影影然摇碧落。解带临风，数月缁尘顿尽。循陇上行，见荷插者、带锄耕者、馌携筐者、牧者，彷佛置身甓湖烟浪间，见妇子勤播种事，为徙倚不忍去。[②]

景区活动还有春祭水村居、秋祭蚕神庙，体现了《耕织图》中所描绘的祭神场

①《御制乐善堂全集定本》卷二十三《游玉泉山见秋成志喜》。
②《甓湖草堂集》近集《西山纪游草·隆教寺》。徙倚，指徘徊。

图 17　春祭先农。《胤禛耕织图·祭神》，清雍正年间佚名绘，北京故宫博物院藏

图 18　秋祀蚕神。《胤禛耕织图·祀神》，清雍正年间佚名绘，北京故宫博物院藏

景（见图 17、图 18）。这一系列天成与人设之景相汇聚，加之丰富的内涵与活动，使原本单一的生产性农田升华为风景游览区。

以上这些特点正是耕织图景区区别于其他地区水田的关键所在，也由此衍生出连绵不断的观光活动，形成了水路船游、御道马游，以及山上俯览三种游览形式。

五、《耕织图》、延赏斋石刻与乾隆的田园情结

耕织图初建时，乾隆仅是借古图题名以寓桑田如画之意。在他的视野中，景题与画题殊途同归，务使园景、诗情、画意三位一体。乾隆说道："是处向多题咏，而以图名者，即景可得画意。"[①] 让人戴上画意的"眼镜"看田野。

巧的是乾隆三十四年（1769 年），标名宋代刘松年的《耕作图》《蚕织图》画本被呈进宫中，乾隆仔细鉴定后确认为元代画家程棨所作（见图 19、图 20）。其论据之充足，显示出乾隆的博学与严谨。

这里需要补充一下画本的背景。《耕织图》是一套讲解耕织生产过程的图册总名，共 45 幅。始画者为南宋初年的楼璹，他在任知於潜县[②]时，作耕图 21 幅、织图 24 幅，描绘了耕作与桑织生产的各个环节。画作完成后，楼璹得到宋高宗嘉奖。其后，楼璹之孙将画页刻石拓帖，《耕织图》得以广泛流传。当时朝廷遣使持《耕织图》册

① 《清高宗御制诗集》五集卷六十六《耕织图题句》自注。

② 於潜，今浙江省杭州市临安区於潜镇。

图 19 《耕织图 · 耕作图》，元程棨摹，美国弗利尔—赛克勒美术馆藏

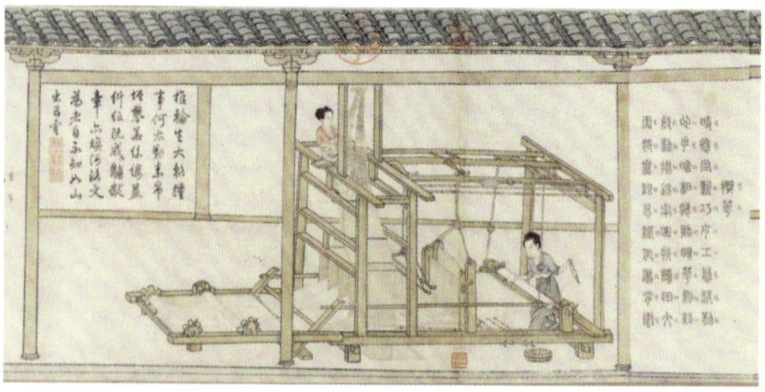

图 20 《耕织图 · 蚕织图》，元程棨摹，美国弗利尔—赛克勒美术馆藏

页巡展各地郡邑，置之于府衙两壁，以鼓励农桑生产、推广耕织技术，这也成为后代帝王、官府劝农的重要形式。

图 21 《耕织图》，日本延宝四年（1676 年）狩野永纳摹，美国国会图书馆藏

随着时代变迁，楼璹真迹渐无踪影。后世各代都有《耕织图》的摹本及再创作版本，从官印到民印多达百余种。《耕织图》成为一个专类画题，并流传至日本、朝鲜、琉球、越南等国家（见图 21），其中以元代程棨摹本最接近楼璹真迹。

清朝入主中原后，继续推行“农桑为本”国策，不仅延续了绘制《耕织图》的传统，还将其推向历史新高。康熙钦点画家焦秉贞重绘《耕织图》，作《耕图》《织图》各 23 幅，亲笔为每幅题诗。卷首《耕织图序》开宗明义阐述了重农桑乃国家之本的观点，以及绘制《耕织图》的民生意义。《耕织图》在绘成后镌刻成版，广为传播。在康熙八十大寿庆典上，还设有彩棚展示《耕织图》（见图 22）。雍正继位前也聘人绘制《耕织图》，将自己与福晋的形象绘入图中（见图 23），表达践行皇父农桑

图 22 康熙万寿盛典中的《耕织图》展示廊

政策的真心实意。

乾隆还是皇子时即深受重农思想教育，曾认真研读康熙所作的《耕织图》诗文，自己作耕织诗46首，一一敬和皇祖《御题耕织图诗》原韵。① 他继位后更是效仿前辈，从文化角度做了一系列有关《耕织图》的工作：首先整理了宫中残本《织图》，命造办处补绘《提绩》《染色》《攀花》三幅；又将焦秉贞的《耕织图》仿绘于雍和宫太和斋。他还先后命宫廷画家徐溥、西洋画家艾启蒙绘制《耕织图》；又以皮糙玉雕制《耕织图》玉山子，而后延展至瓷器、竹雕、漆器等工美创作之中，使这一主题得到不同艺术形式的表现。这些文化活动实际是对国策的宣讲，把《耕织图》与国计民生紧密相连，正如撄叙《恭题耕织图》所云：

图23　雍正皇帝将自己画入了《耕织图》。《胤禛耕织图·灌溉》，清雍正年间佚名绘，北京故宫博物院藏

民生重衣食，王业本农桑。熟悉闾阎事，亲栽云汉章。

画图颁御府，风俗想江乡。共仰深宫里，心心念万方。②

乾隆皇帝善于“跨界”思考，惯于将书斋创作与现实相结合，这是他的独到之处。以往历代帝王将绘制《耕织图》与弄田建设分别进行，室内室外两条思路各不交集。而乾隆则追求图景合一，将平面与空间创作相融合。绘画有了新领域，园林景观有了灵魂与文化深度。

在乾隆十年（1745年）三月的祭先蚕大典上，乾隆皇帝下旨将24幅《桑织图》贴挂在先蚕坛（见图24）平门上，开图、景结合的先例。他还将唐代《五牛图》两件摹本陈设于紧邻稻田的春耦斋中，每一展观，田畴牛耕的场景如现眼前。

受皇帝言行启示，直隶总督方观承组织画师绘制了《棉花图》20幅，于乾隆二十年（1755年）进呈上览。皇帝龙颜大悦，视其为《耕织图》姊妹篇，亲自为各页题诗，拓印100套，分其3套藏于万寿山。同时，拓印《耕织图》墨刻册页50套，拨其部分陈列于清漪园的乐寿堂、耕织图澄鲜堂、藻鉴堂、怀新书屋等处。

①《御制乐善堂全集定本》卷二十五《恭读皇祖圣祖仁皇帝御题耕织图四十六景诗，敬和原韵》。

②［清］撄叙：《益戒堂自订诗集》卷四《恭题耕织图》，清雍正元年撄永寿谦牧堂刻本。

图 24 《亲蚕图 · 采桑》，清郎世宁等绘，台北故宫博物院藏。图中描绘了在先蚕坛举行的祭蚕活动

另外制作耕织图墨条，分拨 1 套陈设于写秋轩，使建筑内外景观主题紧密一致。

乾隆还热衷于田园写意画的创作，常常为这类题材画卷题名留诗，或是命题作画，宫廷画家董邦达、高其佩、金廷标、邹一桂等都留下此类画作（见图 25），其中《水村图》又是常见画题。乾隆在这些画作的题诗中，赞美了田园风光，憧憬着世外桃源般的诗意乡村。

图 25 《春野新耕》，清金廷标绘，台北故宫博物院藏

两相比较，《耕织图》系列是对农桑生产时序、技艺的细部描绘，而田园写意画则是对农桑生活的诗意讴歌，展现乡村整体之美，这两类绘画都对御田建设起到了潜移默化之效。乾隆继位初年，在圆明园中以古画《水村图》名称、意境建设了一处水田景观，成为耕织图建设前的“试笔”。

这一系列文化活动显示出乾隆浓厚的田园情结，而程棨《耕织图》的进宫为乾隆提供了新灵感，他借此契机弥补景区有名有景却无图的缺憾，先是为程画题诗题跋，共成 48 幅，收藏于圆明园多稼轩的贵织山堂；继而依图镌刻上石，历 3 年而成，乾隆三十七年（1772 年）将其镶嵌在延赏斋左、右廊壁，延续了将《耕织图》悬挂于府衙两壁的传统（见图 26）。

自此，“耕织图”景区、景物、景名与出处《耕织图》四者完美统一，其设计不啻是中国古典园林的一大经典之作。游人来此可以赏景思义，乾隆十分满意地记述道：

> 近日题次程棨《耕织图》诗，既合装原卷贮御园多稼轩中，而以摹成石刻，列置于（延赏）斋之前轩，是地本名耕织图，得此尤为名实相副。[①]

图 26　延赏斋《耕织图》石刻

在这近乎完美、可以收官之际，乾隆却无意罢手。刻石当年，乾隆在紫禁城重华宫举行了大型茶宴联句活动，高晋、刘统勋、于敏中等 28 位重臣参加，君臣以《耕织图》为题，一一唱和，多达 130 句，由《四库全书》继任总裁官王际华正楷书录。

细读这些联句，可知乾隆君臣的默契与文化底蕴。参会诸臣需要接应上句，中作一联，并给出下句。这不仅需要娴熟的写作技巧，还要对 48 幅《耕织图》内容融会于心，实质上就是要对国策的基础工作了如指掌。这无疑是一次大考，没有真材实料的官员必定上不了乾隆的台面。

乾隆的田园情结还来自参加耕作活动时的感受。他曾说："朕缵承基绪，鉴前代生深宫之中、长阿保之手，诚知稼穑艰难，日与中外臣工为斯民筹食用至计。胼胝机杼之作苦，日廑于怀。"[②] 皇帝亲耕有三种形式，即藉耕、演耕与躬耕。藉耕是典礼上的耕作，演耕是预先演练，而躬耕则是闲暇时的一试身手。他将耕作感受作诗记录，如下二首：

弄田播种近臣从，不比亲耕典秩宗。
布谷有声春已暮，看花无兴草全茸。
劳躬漫谓勤民亟，愁意多缘望雨浓。
丰泽藉田将御苑，年年端是重三农。[③]

弄田耕罢憩华斋，宴坐芸窗却惆怀。
为忆良农勤畎亩，茅檐安得暂闲佳。[④]

---

①《清高宗御制诗集》三集卷七十九《延赏斋·其三》自注。
②《清高宗御制文集》初集卷九《授时通考》。
③《清高宗御制诗集》初集卷三十一《御园耕种》。
④《清高宗御制诗集》三集卷六十四《春耦斋》。

诗中流露着对农夫辛勤的关怀，非亲身经历难得其情。此时回看《耕织图》画作，就如康熙在图序所说：“农人胼手胝足之劳，蚕女茧丝机杼之瘁，咸备极其情状。”“俾知粒食维艰，授衣匪易。”[①]因此，乾隆一再强调建设耕织图的深意：

（玉带）桥右为耕织图，乃苑户耕作蚕织之所。

耕织为小民衣食之源，予六十年来无日不以民事为念，设立是处正以示敦重农桑之意，非徒游目骋怀。间一来此，意固在西而不在东也。[②]

鉴于这些思想与实践的重要性，吏部尚书彭元瑞将《耕织图》刻石、《棉花图》题诗列为盛世300项文治武功之一，编为《万寿衢歌》，配以乐谱，在乾隆八十大寿庆典上演唱：

程楼妙迹石碑摹，岸转横陈耕织图。
饱食暖衣恒愿众，重农兼及重桑夫。[③]

岂止千丝与万丝，玉题锦軆称装池。
布棉题句廑民瘼，絜矩田家卖谷诗。[④]

就这样，耕织图景区及其文化活动，将生产与景观、文艺、国策、情怀串联起来，成为农耕文明展示的大舞台。

六、耕织图景区的生产：京西稻与丝织品

耕织图景区的基本功能是农桑生产，风景游览只是它的衍生结果，那么它的主业生产情形是怎样的，效果又如何呢？

①《圣祖仁皇帝御制文集》二集卷三十二《耕织图序》。

②《清高宗御制诗集》五集卷九十五《过玉带桥》自注。

③《钦定大清会典事例（嘉庆朝）》卷四百十九《乐部十·乐章·万寿衢歌·其一百六十二》。

④《钦定大清会典事例（嘉庆朝）》卷四百十九《乐部十·乐章·万寿衢歌·其一百六十三》。《万寿衢歌》一部六册曾陈设于万寿山云绘轩中。

1.耕织图景区的作物生产

耕织图景区作物主要有：稻米、莲藕、小麦、油菜花和豆类。

稻米是景区的核心产品，其生产有两大特点：形成优良品牌“京西稻”，以及其长期的稳产丰产。京西稻是本区一系列优良稻种的总称，最早来自康熙皇帝在丰泽园里的亲选品种，并在畅春园及功德寺、青龙桥御田推广种植，时称“御稻米”，最初特点是色红味香、耐寒早熟。

> 其米色微红而粒长，气香而味腴，以其生自苑田，故名御稻米。一岁两种，亦能成两熟。口外种稻，至白露以后数天不能成熟，惟此种可以白露前收割。故山庄稻田所收，每岁避暑用之尚有赢余。①

雍正皇帝也曾在此试种过暹罗稻米，还为种田能手赐予“老农”称号，相当于九品官职。其后乾隆南巡，带回优良品种“紫金箍”试种，在本地水土作用下，最终形成京西稻自己的特点。道光时期户部尚书英和在《谢人赠稻田厂米》中谈道：

> 昆明池水溉原田，嘉种南来色味鲜。
> 不同野橘逾淮化，略比明珠结体圆。②

佐证了稻种来源。英和还自注云：“官田早米，例于七月初十前贡新。”这些收获的稻米首先供宫中食用，其次奖励臣属，剩余的则全部变卖，所得钱财作为御苑的修缮基金。除京西稻，其他稻种还有丰泽园试种的香稻与喇嘛稻，按惯例这些品种也会在本区推广种植。

最高统治者的亲自参与，促进了耕作技术的改良与稻种优化。至清末，“京西稻”已是声名远扬。

耕织图景区的重要粮食作物还有小麦，主要种植于玉河两岸，与油菜花轮种。

这些作物能够丰产稳产，首先得益于完备的水利体系。查慎行在青龙桥畔写诗云：

---

①《圣祖仁皇帝御制文集》四集卷三十一《御稻米》。

②［清］英和：《恩福堂植杖集》上卷《谢人赠稻田厂米》，《上海图书馆未刊古籍稿本》第 50 册，复旦大学出版社，2008 年版。

灌园余润及平畴，千亩从无旱潦忧。总秸已供三壤赋，陂池新奉上林游。
神弦报禜秋长早，勾盾征租岁倍收。别与《豳风》编月令，筑场时节火西流。[①]

“千亩从无旱潦忧”的保障之一就是采用沟洫之制。在本景区，玉河即为灌溉主干渠，相当于“川”的功用。乾隆解释说：

玉泉山阴别有泉源，大小不一，汇为平湖。由迤北三孔闸东泻者，为高水湖。其山南天下之第一泉，乃趵突涌出，为平湖。由五孔闸东泻者为低水，二水合流为玉河，归昆明湖以资灌溉。御园周围高低稻田不下千顷，实总资灵源利益也。[②]

其次，稳产丰产的保障是精耕细作。本区土壤肥沃，这不仅源自先天的地利优势，更得益于长期精耕的积累。朝廷不断聘请有着“种地蛮子”之称的江浙种稻农师，轮流在御田指导生产。康熙皇帝还亲自研究栽培技术。以往本区稻米产量不高，原因是玉泉水过冷，康熙南巡时发现福建有应对方法，于是下旨引入，效果良好：

朕又曾见舟中满载猪毛、鸡毛，问其故，曰：“福建稻田以山泉灌之，泉水寒凉，用此则禾苗茂盛，亦得早熟。”朕记此言，将玉泉山泉水所灌稻田亦照此法，果早熟丰收。江浙稻田，俱池中蓄水灌之，池水不寒，所以不用此也。[③]

乾隆后来在昆明湖周边的截流、开湖、蓄水，无疑有助于提升水温，促进禾苗生长。

作物长势与景观有着正比关系，频遭旱涝虫害的作物难获丰收，也必不美观，而上述措施不仅保证了稳产丰产，也奠定了水乡田园之美。嘉庆皇帝跨过青龙桥时，欣喜地记述了这里水田与景观的情形：

玉泉之水汇而为湖，并疏为渠，灌溉稻田数百顷。每至夏初，插秧莳种，畍亩布列，弥望青葱不异东南阡陌。晚秋刈获，则比栉崇墉，村村打谷，较他处每多丰穰。

①《敬业堂诗集》卷十七《玉田观早稻》。
②《清高宗御制诗集》五集卷八十九《写琴廊纪事》自注。
③《圣祖仁皇帝圣训》卷二十一康熙三十二年癸酉六月庚子条，清文渊阁四库全书本。

盖泉甘土沃，故玉粒倍觉精腴。兹过青龙桥，凭览田家风景，弥深劭农之意尔。[①]

与稻作相伴的塍埂种豆，也是一项生产内容。乾隆写诗云：

稻田吐穗露华浓，町上豆秧绿更丰。
无隙地还无不美，真教额手庆良农。[②]

今岁插秧早往岁，鳞鳞水弗缺溪田。
陇间已喜芃稻润，埒上仍看种豆骈。[③]

“埒”即田埂，在上种豆充分发挥了田地资源，这也受到乾隆关注。在乾隆写诗之际，全国人口已接近 2 亿（以后更突破 3 亿），民生衣食压力与日俱增。

莲藕等水生作物是仅次于水稻的大宗生产种类，种植不佳会受到处罚。乾隆三十七年（1772 年）三月，于清漪园惠山园、耕织图、治镜阁、藻鉴堂、景明楼 5 处种植了大量藕秧，但到六月、七月所出荷苗甚少，花朵无多。为此，全部经办官员罚俸 6 个月，所耗费用分期赔还，并于次年进行补种。皇帝还对其上层官员提出疑问，以“疏忽例”处罚总管内务府大臣刘浩、副都统和尔经额 3 个月的俸禄。[④]

水生作物变卖所得作为园中修缮，以及念经进香等活动资金，清宫档案载：

（乾隆十八年，静明园）至所得菜蔬果品择其上好者恭进土产外，其余菜蔬果品随昆明湖莲藕一并变价，汇总奏闻，交圆明园银库。[⑤]

二十二年六月本处（清漪园）奏准：嗣后所有本处铺面房间及昆明湖莲藕等项所得钱文，停其交圆明园银库，即在本处派员值年经管，以备办理大报恩延寿寺等处庙宇香供并各处坐更羊烛等项，毋庸向工程处领取。余平倘仍有余剩，留为陆续粘补糊饰以及岁修应用。统俟年底将一年所得房租、莲藕钱文及各项用过钱文数目

①《清仁宗御制诗集》二集卷二《静明园华滋馆作》自注，《清代诗文集汇编》第 460 册。

②《清高宗御制诗集》三集卷六《玉河泛舟遂至玉泉山静明园得诗四首·其三》。

③《清高宗御制诗集》五集卷十六《怀新书屋》。

④［清］刘浩等：《奏为所种藕秧出苗甚少请补种等事折》（乾隆三十七年七月初九日），见《清宫内务府奏销档》第 97 册。

⑤［清］总管内务府：《奏为昆明湖等处耕种菜园酌派四等庄头承应事》（乾隆十八年二月初四日），见《清宫内务府奏案》第 77 册。

汇总奏销。[1]

万寿山的果树收成也同样处理，清宫档案记载：

二十五年十一月本处奏准：将万寿山等处收得山桃、山杏变价，于每年所卖钱文亦存贮本处应用，俟年底入于房地租内奏销。[2]

2.耕织图景区的桑织生产

桑织生产主要分为四个环节：养蚕、缫丝、染色、纺织。

养蚕、缫丝程序连接紧密。耕织图与圆明园北远山村为两个皇家养蚕处。圆明园养蚕处先建于雍正七年（1729 年），其后拨蚕户 13 名至清漪园耕织图工作，配以官房、狐帽、羊裘。清宫档案记载：

（乾隆十七年）又奏准：蚕户十三人移往清漪园归并织染局，每名每年给食银十二两，米二十四斛，夏季蓝布单袍褂各一件，冬季蓝布棉袍褂袄裤各一件，五年一次冬给狐皮帽、领布面羊皮裘一件。[3]

养蚕人五户，平时归稻田厂种稻。养蚕时由本局传唤饲养，每年清明时修整器具，至谷雨日浴蚕，蚕出即采桑饲养，三眠后入夏，令蚕长分箔，小满前后蚕上山，成茧抽丝。得丝后，其蚕户等仍归稻田厂。[4]

耕织图蚕丝产量每年都有记录，最多 10 斤，最少 6 斤，与圆明园养蚕处共同记账，每 5 年与广储司对账一次。

蚕户工作区集中在织染局和水村居，并延绵至北面石御道六间房一带，这一地区沿堤岸种植了大量桑树。在后营村及玉泉山北还种有苎麻田，其生产一直延续至 20 世纪 70 年代，[5] 可见西堤“桑苎桥”并非虚名。

---

①《钦定总管内务府现行则例·清漪园》，见《钦定总管内务府现行则例二种》第 3 册。

② 同上。

③《钦定大清会典事例（嘉庆朝）》卷九百三《内务府十九·园囿·匠役》。

④《钦定大清会典（嘉庆朝）》卷七十三《内务府·织染局》。

⑤ 王继秀：《记忆中的耕织图》，见政协北京市海淀区学习和文史委员会编《京西古镇青龙桥》，学苑出版社，2015 年版。

纺织、染色二工序衔接紧密，集中于织染局院落，设有织机16架，管理人“司匠”2名。乾隆朝各工种匠役82人。嘉庆朝则为70人，细分为：织匠26人、络丝匠22人、络经匠6人、挑花匠4人、拣绣匠2人、染匠5人、画匠1人、带子匠4人。这些匠役以手艺高下分为3个等级，分别为6人、17人、47人，按级发放钱粮。[①]其中部分高手由江南三织造（江宁、苏州、杭州）选派，轮流在京当差，每半年更换一次。所有匠役配给官房，其他待遇都有类似蚕户的清单，其中的南方高手待遇更优，具体钱粮不再赘述。

桑织的生产情况可从内务府大臣和尔经额的奏折中略见一斑：

奏闻事，耕织图养蚕处于三月初四日浴蚕，四月初一日蚕俱结茧，内除成蛾生子存于次年浴养外，其余蚕茧共抽得八斤三两。稍为粗脆，尚堪织造官用屯绢、帐寝带条。请仍交织染局库贮入项应用。谨此。[②]

从质量上看，耕织图的丝织品属普通级别。材质有缎纱、斗纹、宫绸、宁绸、屯绢、纱绢、合络纰等，主要用于宫中装饰，如欢门幡带、褡裢、带条、缦带、马鞍、桌围等。清漪园香岩宗印之阁的佛幔即由耕织图织作，清宫内务府造办处活计清档载：

万寿山三世佛殿内幡四首（各高一丈三尺三寸，宽二尺五寸）纸样一张持进，交太监胡世杰呈览。

奉旨：着交耕织图照样织做。其万寿山三阳楼[③]幡高了，照静宜园三世佛殿幡尺寸样式一样织做。要三蓝地、织金龙边，幡心亦要三蓝素地，得时再绣字，其幡头做一面木胎、扫金罩漆的。钦此。[④]

此外，有时急用礼品也由耕织图赶织。如乾隆七十大寿、六世班禅来京祝寿，不足的丝绸礼品即由耕织图赶作。清宫内务府造办处活计清档载：

---

①《钦定大清会典（嘉庆朝）》卷七十三《内务府·织染局》。
②［清］和尔经额：《奏报抽得蚕茧数目片》（乾隆二十五年五月十四日），见《清宫内务府奏销档》第58册。
③ 香岩宗印之阁仿西藏桑耶寺建造。三阳楼即桑耶寺的音译，为其俗称。
④《乾隆二十二年各作成做活计清档·皮裁作》（十一月十六日），见《清宫内务府造办处档案总汇》第22册。

六月二十四日太监常宁传旨：着传与耕织图，将鹅黄直径地纱作速织做二匹，得时即随报发来，赏班禅额尔德尼。钦此。[①]

染丝所用染料都具有原生态特点，种类有：红花、靛青、碱、猪胰子、黄柏木、明矾、大黄、黑矾、橡椀子、苏木、黄栌木、槐子、乌梅、五棓子、鱼鳔、杏仁油、栀子、麸子。[②]

这些原料可以配出各种颜色：

凡染造各色，有明黄、金黄、柿黄、杏黄、葵黄、大红、桃红、水红、紫红、火焰红、银红、鱼红、红青、石青、元青、油绿、豆绿、沙绿、官绿、松花绿、瓜皮绿、宝蓝、月白、古铜、沉香、秋香、黄香、青莲、藕荷、玫瑰紫，及米色、灰色、酱色、墨色、紫色，皆以生经纬丝，先湅净而后染。其颜料等按经纬斤数核销。[③]

各色调兑的具体配方尚不清楚。在污染日益严峻的今日，这些传统生态方法对工艺创新或许有某种启示作用。虽然丝织品的质与量都不高，但其政治意义、示范意义、景观意义远大于此。

3.耕织图景区的种花地、花圃

花地、花圃位于功德寺旁，使本区的景观色彩更加丰富。史载：

各宫殿陈设花卉，由功德寺、丰台二处园头交至南花园熏养培植，或移栽花盆，或采取瓶花，随时呈进。……功德寺种花地二十亩，丰台种花地六十亩。[④]

4.耕织图景区的深远影响

光绪二十八年（1902年），慈禧在万寿山东部增建如意庄、平安室一组建筑，

①《乾隆四十五年各作成做活计清档·记事录》（六月二十六日），见《清宫内务府造办处档案总汇》第44册。

②《乾隆二十年各作成做活计清档·织造缎匹纱绸绢等项钱粮用过丝金颜料出入数目》，见《清宫内务府造办处档案总汇》第21册。

③《钦定大清会典（嘉庆朝）》卷七十三《内务府·织染局》。

④《钦定大清会典（嘉庆朝）》卷七十九《内务府·奉宸苑》。

种桑 55 株，题名“桑农轩”，后演变为“乐农轩”。

光绪三十二年（1906 年）三月获得批准创办的农工商部农事试验场（今北京动物园前身），[①]更是继承了耕织图景区的基本精神。农工商部农事试验场最初分为农林、蚕桑、动物、博物、畜牧、会计、书记、庶务八科，从事谷麦、蚕桑、蔬菜、果木、花卉五种试验。[②]

中华民国成立后，农工商部农事试验场于 1916 年 2 月改称农商部中央农事试验场，[③]设有树艺、园艺、蚕丝、化验、病虫害等科。树艺科辟出水田，以京西稻之紫金箍粳稻为首选，兼选其他 7 种优良稻种进行种植对比；蚕丝科选择数十类蚕种进行对比养殖观测，设有蚕室等，室外则有桑树种植区，进行物候观测；园艺科则进行果树与花卉的栽植试验。[④]

此外，在溪田林果花之间，建有畅观楼、豳风堂、鬯春堂、自在庄、万字楼、观稼轩、荟芳轩、来远楼、松风萝月亭、牡丹亭等休憩建筑。

慈禧与光绪曾巡幸农工商部的农事试验场，这不仅延续了耕织图观稼、观织、观景的余韵，[⑤]而且引导着全国各地农事试验场的建立，开现代农业科研、科普与观光之先河（见图 27）。

御苑的农桑景观与其建设思想也必然影响到私家园林的布局，尤其在京城王府官宦的园林中，普遍设置有农桑景观。这既是私园主人对国策的响应贯彻，也是其在精神文化方面的追求，并非局限于实用功用。这种潮流在当时的文学作品中也有体现，典型如《红楼梦》中的稻香村（见图 28），有乡村田园布局的描述，也有贾政“归农”之意的解说，代表了那个时代的普遍风气。这一风气的形成，与皇家园林的表率作用息息相关。

---

① [清] 陆润庠等：《清德宗实录》卷五百五十七光绪三十二年三月己丑条，中华书局影北京大学图书馆藏定稿本，1987 年版。

② [清] 农工商部统计处：《光绪三十四年第二次农工商部统计表·农政》第 2 册，中国国家图书馆藏。

③《饬中央农事试验场第一二三号（二月十日）：饬知改称中央农事试验场并将批令及原奏抄发由》，《农商公报》，1916 年 3 月 15 日第 2 卷第 8 期，第 24 页。

④ 农商部中央农事试验场编：《农商部中央农事试验场第三期成绩报告》，1917 年铅印本。

⑤ 刘声木：《苌楚斋五笔》卷三《孝钦显皇后幸农事试验场》，中华书局，1998 年版。孙宝瑄：《忘山庐日记》下册光绪三十四年四月二十三日，上海人民出版社，2015 年版。

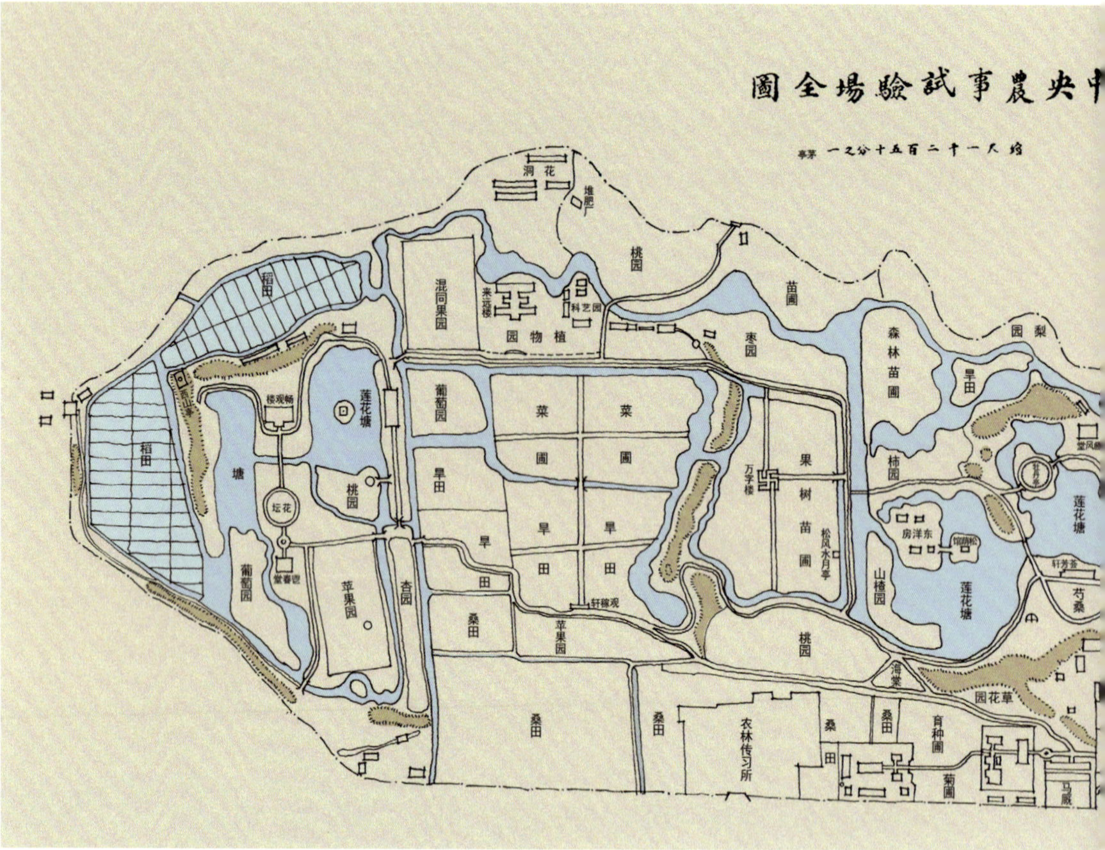

七、结语

现状颐和园耕织图景区与大墙外的田野本是一个整体景观，这一片貌似自然形成的田地实际是经过精心布局、长期耕耘的结果。这些田地的存在，使国家决策者得以近距离观察农业生产，同时也昭示后人：农耕是这个民族曾经赖以生存的基础，为夯实这个基础，历朝历代从风景园林、文化角度做出过巨大努力。

耕织图景区建设不同于小尺度的造园，采用的是大尺度的风景规划，其要点就是在景观美的总体把控下，水利、农田、文化的综合建设。它叠加了农耕技术、农耕审美和农耕政治，是中国农耕文明的集中体现。

从文化艺术而论，《耕织图》系列绘画是对农桑生产及其环境的升华提炼，而不是原样“拍照”，其中加入了画家的艺术再创造，是对田地的诗意展示。借“图”而建的景区，则是造园家的再次升华，加之诗人歌咏等活动，这一连串多门类的艺术创作，使生产性田地升华为文化景观。

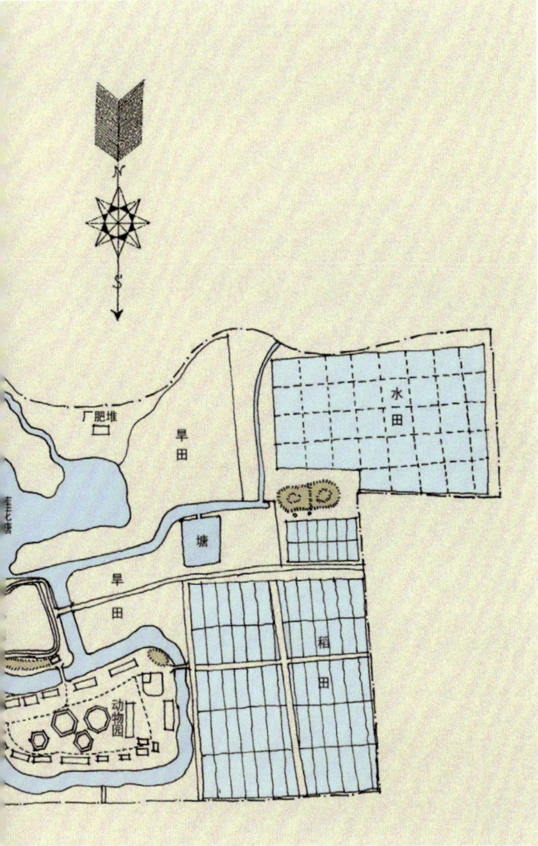

图 27 《中央农事试验场全图》。据《农商部中央农事试验场第三期成绩报告》插图重新绘制并着色

图 28 田园成为清代别墅园林中的时尚内容，图为《红楼梦》中的稻香村。《红楼梦》画册，清末孙温绘，旅顺博物馆藏

自元代以来，玉泉山与瓮山之间的水乡田园一直兼具生产与游览功能，到乾隆时期达到炉火纯青的境界，寄托着治国者的政治抱负，展现了农耕社会的理想境域——山水田园，诗意人居。同时，耕织图景区也将勤政观稼、观织与澄怀的观景有机融合。

从某种角度来说，万寿山的魅力就集中在两幅天地大画之中：一幅是湖光山色，展现了永恒的仙境梦想；另一幅是绿色田野，提供了做梦的经济基础。总而言之，在颐和园这个世界文化遗产中，耕织图景区是不可或缺、特色鲜明的组成部分。

2004 年颐和园重建的耕织图建筑组团群，将颐和园园墙向西扩延，这是自光绪十三年（1887 年）以来的大手笔，给后人留下一角凭吊之所。如何进一步将耕与织的内涵体现出来，补足这座世界文化遗产的原有精神，将是一个挑战性的课题。

清漪园耕织图景区（二）：游线与景点

风景区的结构简单来说是由观赏点与景物两部分组成，形成“看”与“被看”的关系。游动的观赏点称为“游线”，静止的观赏点称“景点”。耕织图景区设有一系列的景点，并形成三种游览形式，即水路的船游、御道的马游，以及从两山俯视景点。

一、水路游览与景点

图1　耕织图景区主次水路航线。底图为《清漪园河道地盘样》（局部），清样式雷绘制，中国国家图书馆藏

水路游览是耕织图景区的最大特色（见图1）。主河道玉河（北长河）近6里长，始自玉带桥，乘船向西航行止于界湖楼，在此换船由高水湖进入静明园。这条游线上偶尔可以使用挂帆大船，沿途田野辽阔，一派“漠漠水田飞白鹭”景象。由于玉河冬不结冰，四季均可行船，乾隆常常雨泛、雪泛。每逢船行，浪花引来鱼鸟相随。他曾写诗描述道：

窈窕出结撰，[①] 耕织入画图。
兰舟信不约，漾漾随锦凫。[②]

入画偏欣耕织图，鸣机声里过飞舻。
醉鱼逐侣翻银浪，野鹭迷群伫绿蒲。[③]

玉河北支线（次河道）有着泄洪的水利功能，景观特点是堤岛纵横，树高河幽，加之竹篱茅舍，最具江南情调（见图2）。使用小舟游览时，河溪板桥皆可开启，各由两名闸军负责。

---

① 结撰，指园林建筑及景观的构思与布局。

②《清高宗御制诗集》二集卷三十四《于昆明湖往玉泉山舟中瞻眺》。

③《清高宗御制诗集》二集卷四十八《泛舟至玉泉山·其二》。

玉河一主一次水路游线，形成了旷奥两种特色景观，也串起以下众多景点。

图 2　玉河北支线河道景观幽闭，江南水乡特点鲜明

1.玉带桥

玉带桥相当于耕织图景区大门，又称水津门（见图 3），水津即水路之意。自昆明湖过桥向西可进入耕织图景区，乾隆写诗云：

> 玉带桥边耕织图，织云耕雨肖东吴。
> 每过便尔留清问，为较寻常景趣殊。①

图 3　作为水门的玉带桥，也是景观转换点。1924—1927 年间美国西德尼·戴维·甘博摄

若是反向游览，则由质朴的水乡变为华丽的仙境。桥体即是两种景观的分界点，所以桥西楹联写道：

> 地到瀛洲星河天上近；
> 景分蓬岛宫阙水边多。

“地到”“景分”二词点明了“门”的功用。玉带桥是一座立交桥，是西堤上的步行连接与观景点。乾隆在桥上写诗《过玉带桥》云：

> 玉泉津逮湖洄始，西子春光想象中。
> 耕织图犹近咫尺，勤民意寓豫游丛。②
>
> 桥学苏家湖界堤，右图耕织左平溪。
> 设云一棹堪流睇，吾意非东重在西。③

“左水右田”景象主要出现在玉带桥南北两翼堤路上。清漪园初期堤西皆为稻

① 《清高宗御制诗集》二集卷四十《自玉河放舟至玉泉山·其二》。
② 《清高宗御制诗集》三集卷九十九《玉带桥》。
③ 《清高宗御制诗集》五集卷九十五《过玉带桥》。

图4 豳风桥（桑苎桥）景色

田，这在《崇庆皇太后万寿庆典图卷》中表达得很清楚。其后，桥南稻田改为团城湖与治镜阁，桥北稻田改为荷塘。[1]“堤”的形象也因此更加鲜明，西堤成为远观耕织图景区的主要游线。

西堤北段桑苎桥（见图4）与耕织图织染局隔水互为对景，清溪绕田、桑柳藏舍，乾隆在桥边荡舟描绘道：

图5 界湖桥景色

种齐夏稻闲眠犊，缫得新丝罢绩蚕。

桑苎桥边鸣桂棹，溪村何异过江南。[2]

西堤最北的界湖桥（见图5）与水村居北堤相连，同是欣赏耕织图的佳处，乾隆《界湖桥》诗云：

图6 耕织图昆仑石

堤长横亘东西界，桥六首分内外湖。

而我农桑为要务，先从耕织阅佳图。[3]

2.耕织图织染局

织染局位于玉带桥西邻。“耕织图”本是大景区的总称，因刻石立此，也渐成本地块名称（见图6）。景区实际主体是织染局，位于中心位置，以生产为主，也是地块主题所在。其外围点景建筑有蚕神庙（见图7）、延赏斋、玉河斋、澄鲜堂，以及耕织图昆仑石。这些建筑散点布置，由织染局院落向南发散，

图7 耕织图蚕神庙

①《清高宗御制诗集》三集卷十二《治镜阁八韵》，《钦定大清会典事例（嘉庆朝）》卷九百二《内务府十八·园囿·奉宸苑杂征》。

②《清高宗御制诗集》三集卷三十九《昆明湖上·其三》。

③《清高宗御制诗集》五集卷六十六《界湖桥》。

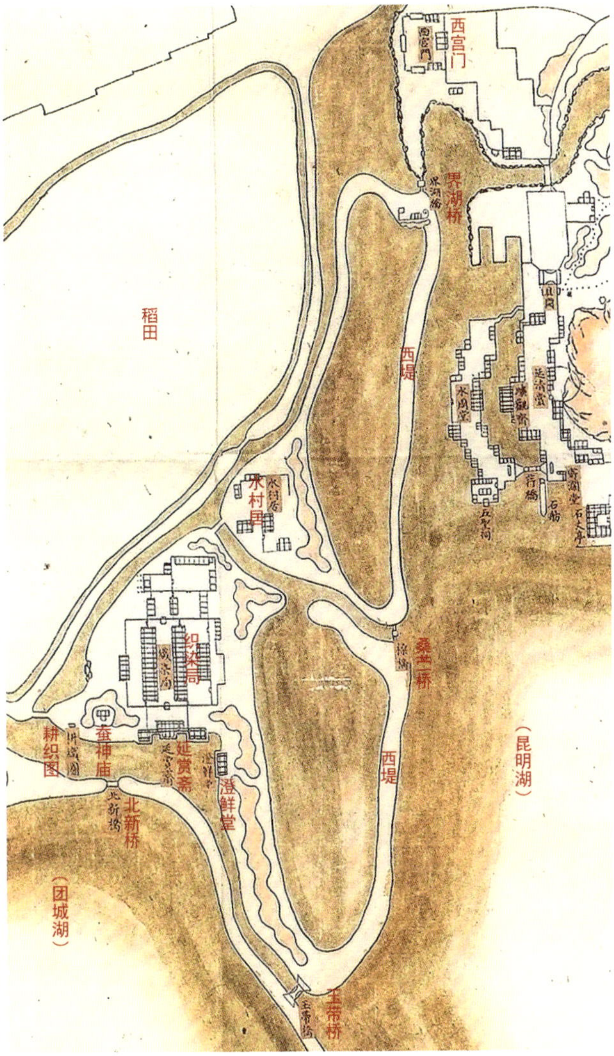

图 8　织染局、水村居布局。《万寿山清漪园地盘画样全图》，清样式雷绘制，北京故宫博物院藏

弥补了织染局南墙外景观单调的缺陷，也与河湾、林岸相连接。地块被溪流环绕，形同洲岛，设有码头及 4 座桥（见图 8）。

岛上环植桑树，这些桑树叶片肥大、冠硕色深，同堤上桑荫衔接形成群体效果，与其他景区的柳林、松柏林形成对比，特色十分鲜明。乾隆诗云：

长堤几曲绿波涵，堤上柔桑好养蚕。

为重女功劝燕北，漫猜画意肖江南。[①]

---

①《清高宗御制诗集》二集卷六十三《初夏万寿山杂咏 · 其四》。

图9 清漪园早期西堤北段“左湖右田”景观。《崇庆皇太后万寿庆典图卷》（局部），清乾隆二十三年（1758年）张廷彦等绘，北京故宫博物院藏

织染局周边布局舒朗随性，极富乡村意韵。若与谐趣园、赅春园相比较，其意象顿时清晰。耕织图昆仑石面河而立，相当于进入景区的提示牌，石壁还刻有乾隆玉河舟游诗作。织染局为三进院落，连以跨院，主朝向面东，院中安置“三局一房”，由图文资料可见一斑：

> 织染局内前为织局，后为络丝局，北为染局，西为蚕户房，环植以桑。又西隔玉河皆稻田，河水自此西接玉泉，为静明园界。①

这里集中体现了《耕织图》中《桑织图》的内容（见图9），包括采桑养蚕（蚕户房）、抽茧缫丝（络丝房）、染丝（染局）及织锦（织局）。乾隆写诗道：

> 耕织图中阅耕织，绿秧插就白丝成。
> 心闲赢得延清听，轧轧机声答棹声。②

在这里，织机声、蚕食声与摇橹声取代了东部湖山的鸟鸣、竹语、泉音，别是一番风韵。

织局、络丝局都是两层建筑，工作环境优良，室内装饰颇为讲究，设有皇帝观

---

①《日下旧闻考》卷八十四《国朝苑囿》。

②《清高宗御制诗集》三集卷六十五《自玉河泛舟至昆明湖即景杂咏·其三》。

织宝座，装饰有绘画、书法条幅，以及如意等摆件，还有绢质壁纸。清宫内务府造办处活计清档记载：

（乾隆三十年四月）二十九日，笔帖式五德来说太监胡世杰传旨：耕织图殿内群肩糊窝子纸处着搭勘，应糊绢处糊绢。钦此。①

（乾隆三十年五月）十三日，首领董五经传旨：万寿山耕织图养蚕房殿内，换邹一桂画条，用画条一张，着王炳画。钦此。②

乾隆曾携蒙古部落首领来此观织，写诗云：

阅织端因麾授衣，戋戋分赐任携归。
北人不识南人巧，真道天孙付锦机。*
* 自注：是日，携蒙古王公观织帛者，即以分赐。③

道光年间，诗人斌良也曾与友人来此观赏，作诗云：

机声鸦轧劳丝匠，稻陇纵横集稼夫。
耕织开图钦帝德，谁将楼钥句重摹。④

临河的延赏斋与澄鲜堂（见图 10）最早出现在《崇庆皇太后万寿庆典图卷》上，但题名则是在乾隆三十二年（1767 年）二月二十四日。清宫内务府造办处活计清档记载：

图 10　耕织图澄鲜堂

太监胡世杰交：御笔白纸“澄鲜堂”匾文一张、白纸“延赏斋”匾文一张（耕织图）。

①《乾隆三十年各作成做活计清档·匣裱作》（四月二十九日），见《清宫内务府造办处档案总汇》第 29 册。
②《乾隆三十年各作成做活计清档·如意馆》（五月十七日），见《清宫内务府造办处档案总汇》第 29 册。
③《清高宗御制诗集》二集卷三十八《初春游玉泉山·其五》。
④《抱冲斋诗集》卷二十三之三《云司僳直，饭后偕大树庵侍者普瑞同游昆明湖。过青龙桥，绕湖岸至西方寺，看凌霄花，并赏珍藏米迹。复游大悲庵，观稻田。入织染局，观织。还至大树庵小憩，杂题·其三》。

传旨：着做一块玉粉油蓝字匾二面，各随托钉挺钩。钦此。①

新题名的澄鲜堂陈设《耕织图》墨刻册页一套。乾隆三十七年（1772 年）于延赏斋两侧游廊嵌《耕织图》石刻 48 方，其成为景区灵魂与点睛所在，乾隆在多首诗注中介绍说：

（耕织图）临河为延赏斋，斋之左右廊壁嵌石刻《耕织图》，织、染、络丝各局、蚕户房皆在其处。桑径稻畦，迤逦相接，足资游览。②

织染局管理工作似乎相当轻松，法式善生父广顺任职织染局司库，其家传中介绍了他当时的潇洒之态：

织染局近玉泉山，水木明瑟，可以游憩。（广顺）暇，辄放舟湖滨或泊舟选幽处，坐卧与村氓言耕牧事，日夕忘倦，披襟戴笠，人亦忘其为居官也。不佞佛而深于禅，尝游万寿山寺，有五百应真像，徘徊移时，若有所悟，夜半忽起索笔疾书，得偈五百首，语多出于思议。③

3.水村居

水村居位于耕织图织染局岛北。与现状不同，当年这里也是一处被溪流围绕的洲岛，岛上东侧原有水田，于乾隆二十九年（1764 年）改为荷塘，隔塘与西堤相望，绕堤与桑苎桥（后名豳风桥）、界湖桥相通。南面与西面分架板桥，与织染局、稻田相连。④村中也设有皇帝休憩房，装饰有绘画、书法，以及《圣驾南巡》册页、《万寿盛典》图书等。⑤在乾隆诗中，这里是一处诗意盎然的水乡环境：

舟往仍须舟与还，沿缘棹过水村湾。竹篱茅舍春增趣，蚕事农功时尚闲。
墙外红桃才欲绽，岸傍绿柳已堪攀。蓄鸡放鸭非无谓，借以知民生计艰。⑥

①《乾隆三十年各作成做活计清档 · 油木作》（二月二十四日），见《清宫内务府造办处档案总汇》第 30 册。
②《清高宗御制诗集》余集卷十三《玉河泛舟至万寿山石舫作》。
③《亦有生斋集 · 文》卷十三《御园织染局司库伍尧君家传》。
④《钦定大清会典事例（嘉庆朝）》卷九百二《内务府十八 · 园囿 · 奉宸苑杂征》。
⑤《内务府堂清册 · 延赏斋等处陈设清册 · 嘉庆十二年》，见《清宫颐和园档案 · 陈设收藏卷》第 2 册。
⑥《清高宗御制诗集》三集卷七十九《水村居》。

几家连郭外，一水到门前。左右鸡豚社，高低黍稻田。
可因验民计，益切祝丰年。茅土风犹在，小停着系船。[①]

村中有母鸡抱窝、黄牛卧眠，还有猪走鸭游；杂植桑枣桃榆，隐以柴门竹篱，这是乾隆营造的乌托邦。他还记述了村民生活：

吟牖自开入蝴蝶，钓竿闲置立蜻蜓。
西邻东舍隔流水，摩诘诗情绘有灵。[②]

村民临流垂钓，隔水唤邻，俨然世外桃源。乾隆又补充道：

农务蚕功尚未兴，于茅那借暇之乘。
安居老幼都无事，唤作画中人亦应。[③]

村民领官饷，住官房，不必自己整修，全由官府打理，安居如在画中。村中还设有歇脚聊天的公共场所，清宫档案记载，乾隆五十一年（1786年）修缮水村居敞厅二间。[④]

不过到了乾隆晚期，皇帝开始不满起来：长期领取官饷后，耕者、蚕者反而“偷闲弗勤”，不再勤奋工作。他进而推及其他，感慨说：“凡资官养者无不如是，此为政之所以难。”并写诗抱怨道：

水村本是肖江南，稻未发秧迟育蚕。
有暇索绹都弗力，胥资官养亦何堪。[⑤]

农闲时别处村民都做些搓绳之类的副业，而这里却疏懒怠工，全仗官养，这让

①《清高宗御制诗集》三集卷九十《水村居》。
②《清高宗御制诗集》三集卷九十九《水村居》。
③《清高宗御制诗集》五集卷五十二《水村居》。
④《清漪园乐安和等处各座粘修销算银两黄册》，见《清宫颐和园档案·营造制作卷》第 7 册。
⑤《清高宗御制诗集》五集卷二十九《水村居口号》。

乾隆大失所望，“爱戴民情意默存”① 的初衷深受损伤。

至今尚未发现本区的详图，但据清宫内务府奏销档记载，织染局盖房选址时，“于局作附近地方，合其形势或二三间、三四间不等，布成村落，以标幽致”②，即为此处，这也与乾隆诗描述相符。另外乾隆朝《大清会典》记载：

（织染局）凡匠役八十二人，三织造选送十有二人，余由局募民充补，各给以工食、房屋。③

记录的匠役人数与“共盖造小房八十余间，每人赏给房各一间”④相合。然而，在《清漪园地盘画样全图》上标识的水村居房间很少，与“八十”之数相去甚远，这又如何解释？

答案应是道光二十三年（1843 年）裁撤织染局机构，匠役被遣散，水村居房屋数量自然也随之调整，画样所绘应是裁撤前后的情形。图纸虽未标明年代，但根据图上没有构虚轩（道光十九年焚）、云绘轩无细部（道光二十年撤），而怡春堂尚存（道光二十四年焚），可知绘图年为道光二十年至二十四年（1840—1844 年）间。

4.水操学堂

光绪朝重建颐和园时，建水操学堂于织染局与水村居建筑遗址上（见图 11），分别称之为“外学堂”“内学堂”，共有房 220 间，⑤ 这时已处园墙之外。1943 年出版的《闲话西郊》描述了这一区的景色之美，补充了很多细节：

（昔之水师学堂）景色绝佳。东临万寿山，西为玉泉山，北为青龙桥红山口。共有两院，南院北向，面红山口，北院南向，中隔一水，有桥通焉。溪流环绕，正所谓“水声常在耳”“山色不离门”也。

①《清高宗御制诗集》三集卷五十一《水村居》。

②［清］总管内务府：《奏议织染局移设万寿山额定官员工匠等项事宜折》（乾隆十六年六月十七日），见《清宫内务府奏销档》第 40 册。

③《大清会典（乾隆朝）》卷九十二《内务府・织染局》。

④［清］总管内务府：《奏议织染局移设万寿山额定官员工匠等项事宜折》（乾隆十六年六月十七日），见《清宫内务府奏销档》第 40 册。

⑤《颐和园内外等处已修、续修各工清单》，见《清宫颐和园档案・营造制作卷》第 6 册。

树木阴翳，夏景固佳，而严寒之冬景则非游人过客所能领略者，其四周河流多泉，冬日地中水温度较高，溢出后自有挥发热，故即蒸发，遇冷凝成云雾。每晨，水面恒有如云似雾之晨霭，高数尺，天愈寒、愈无风、愈高，极寒之日，有高丈余时，树木楼阁遮断下部，恰似山水画之云断，的为奇景。土人见惯不以为意，且亦不能为文作记，以告于有烟霞癖者。虽非山中岭上，固亦“只可自怡悦”“不堪持赠君”者也。[①]

景区氤氲之态如水墨画一般，为以往记述所不及。文中的南院、北院也就是清漪园时期的织染局与水村居。

5.耕织图船坞

耕织图船坞[②]，又称西船坞[③]、四卷船坞[④]、大船坞。位于耕织图

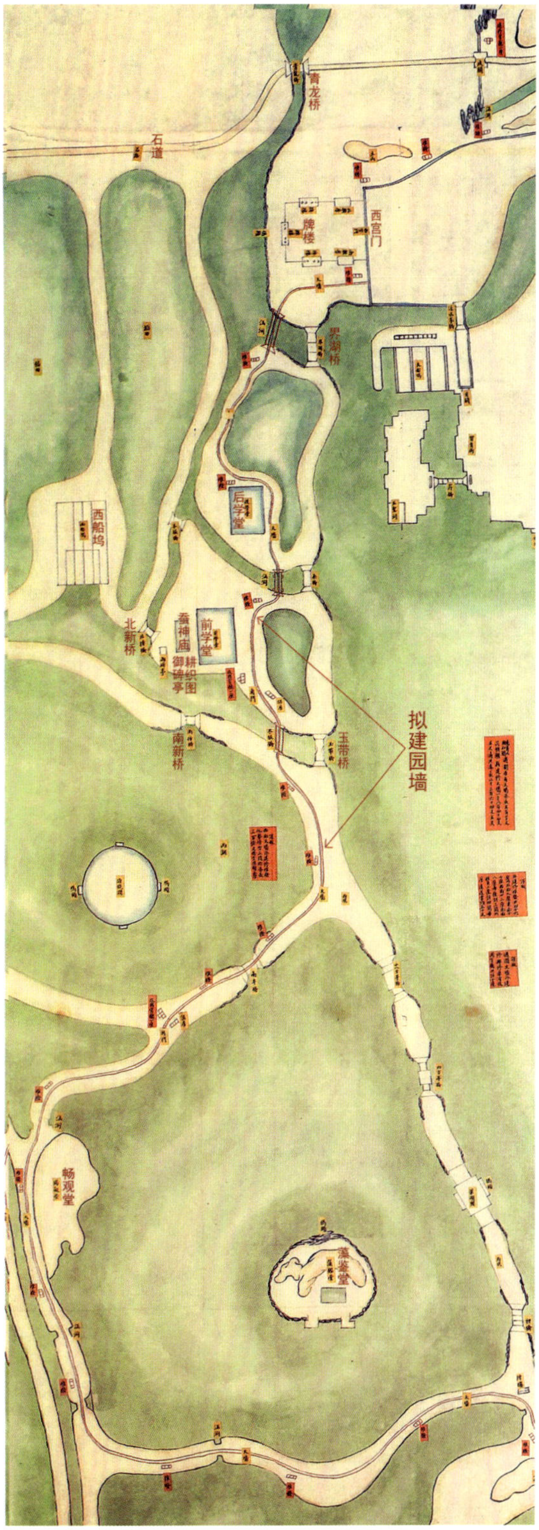

图11　颐和园时期水操学堂位置。《昆明湖添建大墙做法图》（局部），清光绪年间样式雷绘制，中国国家图书馆藏

① 白文贵：《闲话西郊》上，治安总署印刷所，1943 年版。

② 中国国家图书馆编：《国家图书馆藏样式雷图档·颐和园卷》第 14 函第 22 幅《颐和园至静明园添修大墙图样》，索书号 385—0048，国家图书馆出版社，2018 年版。

③《国家图书馆藏样式雷图档·颐和园卷》第 1 函第 4 幅《昆明湖添建大墙做法图》，索书号 337—0149。

④《奏销清漪园等修缮工程费用》（乾隆四十五年正月初九日），《清宫颐和园档案·营造制作卷》第 1 册。

昆仑石以西约200米处、玉河左岸（北岸，见图12）。建筑形式为四卷棚36间，东西各有一院，是田野上一座大型地标建筑。乾隆十六年（1751年），清漪园有船71艘、静明园有船17艘，[①] 两园船只最多时达178艘，大部分停泊此处维修。清末停泊有慈禧的捧日轮、翔凤轮，因此又称轮船坞、洋船坞。[②]

图12 耕织图船坞与玉河，美国西德尼·戴维·甘博摄

6.玉河石牌坊

玉河石牌坊也称界湖楼石桥。[③] 位于玉河上游的高水湖出水口。高水湖为昆明湖的储备水源湖，其东南还有养水湖、泄水湖。三湖功能相同，使玉泉山、西山来水层层节蓄，避免一泻无余。高水湖设南、北二闸向昆明湖供水，玉河闸为北闸，形式为一孔闸桥，桥东西各立一座石牌坊，四柱三门，雕有石兽等装饰（见图13、图14），是水路游览的西终点。柱上4副乾隆题额对联，将沿途风景特色逐一点明（见图15）。

图13 界湖楼石牌坊，清光绪二十六年至宣统二年（1900—1910年）间法国菲尔曼·拉里贝摄

石桥东牌坊东侧匾联：

题额：云霞舒卷；

对联：层楼延阁镜光里；

绿柳红桃烟霭中。

图14 界湖楼石牌坊

① 《钦定大清会典事例（嘉庆朝）》卷九百三《内务府十九·三山职掌》。

② 《简明万寿山游览指南·万寿山游览指南·园外之各名迹》，中华书局，民国时期铅印本。

③ 《简明万寿山游览指南·万寿山游览指南·园外之各名迹》。

石桥东牌坊西侧匾联：
题额：湖山罨画；
对联：风月清华赢四季；
　　　水天朗澈绕三洲。

图 15　界湖楼石桥东牌坊西侧匾联，上联“风月清华赢四季”，下联“水天朗澈绕三洲”，横批“湖山罨画”

石桥西牌坊东侧匾联：
题额：兰渚蘋香；
对联：何处仙家觅蓬阆；
　　　此间逸兴寄潇湘。

石桥西牌坊西侧匾联：
题额：烟柳春佳；
对联：天光水态披襟袖；
　　　岸芷汀兰入画图。

图 16　界湖楼复原示意图

7.界湖楼

界湖楼（见图 16）位于玉河闸石牌坊东侧，是玉河至高水湖游览的转乘点，临河设有码头，皇帝在此从河船转乘高水湖船——“得源舟”，开启静明园玉泉山的游览。楼址南湖北河，如浮水面一般，乾隆介绍说：

南堤堤上界湖楼，蓄水高低夹镜浮。
讵以寻常缀烟景，灌输总为利田畴。[①]

诗中讲述了建楼的初衷是为水利而建。他还更直接地介绍建闸蓄水的功用：

界湖楼迴俯长川，建闸高低资节宣。
缀景讵因供游赏？大都图以灌溪田。[②]

是处高水湖为昆明湖上源，常时蓄潴不轻下放。惟遇春夏之交，雨水或少始递

①《清高宗御制诗集》四集卷九十六《登舟溯游玉河沿途杂咏·其二》。
②《清高宗御制诗集》三集卷八十七《自玉河泛舟至昆明湖即景得句·其二》。

图 17　由北坞望影湖楼、界湖楼、万寿山，一幅风景长卷

泄以灌溉稻畦。①

界湖楼实际是一组两进院落。主楼二层朝向高水湖，另有西配殿面对玉泉山，二者组合尽得山水之趣（见图 17）。乾隆写有 70 余组船游玉河诗，一组有多至 8 首者，总计百余首，大都以界湖楼为结束篇，它是玉河两岸风景的小结。“耕织图”一词也频频出现在沿途诗咏中，行舟如展图卷，也佐证了景区范围所指。试举一组为例：

玉带长桥接玉河，雨余拍岸水增波。
静明园古林泉秀，便趁清闲一晌过。

两旁溪町夹长川，稚稻抽秧千亩全。
意寄怀新成七字，绿香云里放红船。

①《清高宗御制诗集》四集卷十一《自玉河泛舟至昆明湖登石舫溪路沿揽杂咏得诗八首·其三》自注。

吴越曾经风物探，每教位置学江南。
请看耕织图中趣，一例豳风镜里涵。①

界湖楼与闸桥牌楼由此成为田野上的地标，现状尚存石坊残体。

8.玉河石堤

玉河两岸的石堤以南堤最为重要，堤坝筑造坚固，也是公共游览路。东连玉河斋、玉带桥，西通界湖楼、静明园小东门。石牌坊正是横跨在这条长堤上。道光年间麟庆来此游览，记文绘图《玉泉试茗》（见图18），其景色充满自然野趣：

图18　玉河至高水湖石堤。《鸿雪因缘图记》第三集下册《玉泉试茗》插图

沿石道至高水湖，水澄以鲜，漾沙金色。荷花香艳异常，鵁鶄䴔䴖，低飞远立，稻田弥望，俨是江南水乡。②

清末伍兆鳌从玉泉山沿玉河游走至青龙桥，把沿途景致记录下来，颇具总结性：

言随玉泉水，步至青龙桥。凫鸥戏碧流，荇藻俱动摇。大道平于掌，酒旗时见招。银艕照寒漪，浣女金凤翘。却望瓮山顶，松翠团空霄。往在田间时，讴吟混渔樵。朝衫一羁束，鱼鸟去人遥。乐哉有今日，野店倾三蕉。③

二、御道游览与景点

耕织图景区以功德寺前的石御道为北界。石御道也是旱路游览线，以青龙桥为起点，向南转入稻田北岸，沿路经功德寺向西到达静明园小东门。其线形即为古瓮

① 《清高宗御制诗集》二集卷三十四《泛舟玉河至静明园三首》。
② 《鸿雪因缘图记》第三集下册《玉泉试茗》。
③ ［清］伍兆鳌：《展峰诗草》卷六《复游西山八首·其七》，清光绪二十四年至三十四年递刻本。

山泊北岸，高于水田近 1 米。石御道于 1919 年改建为灰石路面，名“仁慈路”。[①]

石御道沿线景点有稻田场、西方寺、七圣庵、功德寺。寺庙历史悠久，在明朝万历之前皆临湖水。之后湖水渐退，滩涂辟为稻田，这些庙宇又成为赏禾佳地。石御道北侧为丛林村舍，间以麦田菜圃。沿路而行，前后有玉泉塔、佛香阁远景相招。乾隆写诗道：

> 红锦一湖迷蝶栩，绿荫十里夹蝉鸣。
> 玉泉常住高空净，兰若疏钟向我迎。[②]
>
> 每过青龙桥，为之迟按辔。桥西不五里，近接玉泉山。
> 山气翠蔚佳，已在眉宇间。路右带野村，路左皆水田。[③]

沿途景点简述如下。

1.稻田场（厂）

稻田场，又写作“稻田厂”，俗称“御米仓”[④]。南边设有码头，隔水湾与清漪园西宫门相邻，门殿三间南向，隔堤与水村居相望（见图 19、图 20）。稻田场建于康熙五十三年（1714 年），负责皇家稻田的租赁、耕种、收获、存贮等事务，办公院落前后四重，有房屋 64 楹，见《日下旧闻考》：

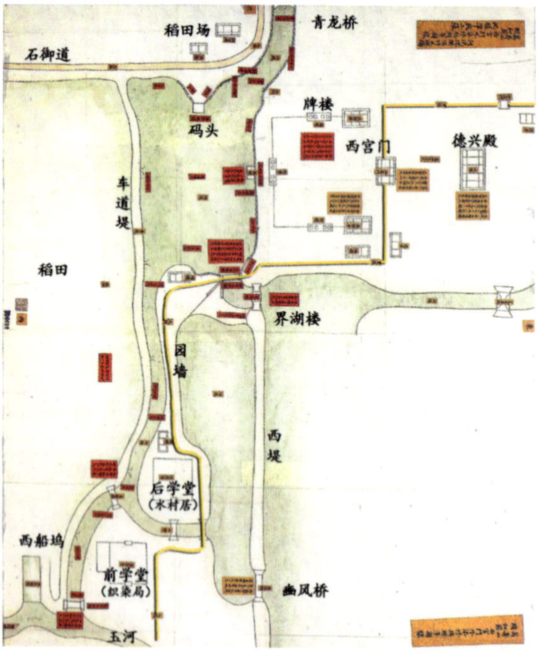

图 19　稻田场与颐和园西宫门。《万寿山颐和园西宫门外添修码头等图样》，清光绪年间样式雷绘制，中国国家图书馆藏

> 稻田厂廨宇建于玉泉山之青龙桥南向，存贮米石，仓廒及官署、

①《简明万寿山游览指南·万寿山游览指南·园外之各名迹》。
②《清高宗御制诗集》初集卷二十二《雨后过青龙桥二首·其一》。
③《清高宗御制诗集》三集卷十五《六月廿九日青龙桥西即事二首·其二》。
④《简明万寿山游览指南·万寿山游览指南·园外之各名迹》。

图 20　稻田场记忆复原设计示意图

碾房具备焉。又官场二处：一在功德寺西，房四间；一在六郎庄南，房十六间。[①]

稻田场的位置是湖水退去的新地，根据它与西方寺的距离，可测知昆明湖的地理演变范围。其周边景色可圈可点，乾隆时期景安（字忆山）写诗《题青龙桥官署》：

何事来官舍，流连竟懒还。酒酣仍策杖，日暮更登山。
野阔炊烟直，亭孤客意闲。却怜新月上，纤影落幽湾。[②]

景安的另一首诗《赴青龙桥》记述更为详尽：

策马石桥西，春堤草色齐。到来疑入画，随处尽堪题。
放眼湖光远，登楼山雨低。若非官吏雅，那得此中栖。[③]

诗人把来此工作视为乐事，将此地称为“园林办公区”也不为过。至清末，稻田场所辖稻田300余顷，其权属归民国政府所有，末代皇帝溥仪退位后承借至1924年。[④]

①《日下旧闻考》卷七十一《官署》。

②［清］景安：《深省堂闲吟集》卷二《题青龙桥官署》，清道光刻本。

③《深省堂闲吟集》卷二《赴青龙桥》。

④《内务部由溥仪接收稻田厂》，《益世报》（北京），1924 年 11 月 23 日，第 7 版。

2.西方寺

西方寺位于稻田场之西，明代称西方庵，拥有大量寺田，盛极一时。清初，西方寺依旧兴旺，被雍正钦选为柏林寺住持的明玢上人，曾在此耕田自给。清漪园建设之初，耕织图景区的部分水田即购自西方寺，直隶总督方观承在奏折中曾提及：

臣方观承谨题：为檄饬查办事。该臣查得宛平县西方庵僧人界慧、广济寺僧人方实等名下地亩，于乾隆十六年奉清漪园、静明园圈用，详报除粮。[①]

当年“圈用僧人界慧等屯地一顷十四亩八分”[②]。到清中期，西方寺以碗口粗的凌霄花和米芾真迹《狮子赞》为镇寺之宝，法式善诗《西方寺》对此做了专述：

寺既名西方，僧宜空诸有。米帖与欧书，墨云不离手。
花影上石栏，棋声出松牖。胸涤玉泉水，尘烦谢已久。
春寒两湖月，风送千波柳。堤前曳杖来，曾得新诗否？[③]

斌良也有诗专述凌霄花与四周景色：

入寺访良朋，四壁空所有。奇石绣苔钱，滑腻不留手。
凌霄幂女萝，翠荫分虚牖。可惜正花时，我来未携酒。
明年当再游，僧言时太久。不如看稻田，秋深问湖柳。
莞尔对奚奴，其言是与否？[④]

寺内赏字看花，寺外观稻问柳。1942年周肇祥记述，当时凌霄花仍在，附高柏而上，绚丽烂漫，寺外即可望见，寺中还存有明神宗母亲出资制作的瑞莲观音造像。[⑤]

---

① [清]方观承：《题报宛平县西方庵僧人界慧等香火粮地，经勘明圈用一顷一十四亩八分，应准开除粮额，请于乾隆十九年为始除粮》（乾隆二十年五月二十二日），（台北）“中央研究院”历史语言研究所内阁大库档案，登录号为049873。

② 同上。

③ [清]法式善：《存素堂诗初集录存》卷二十三《西方寺》，清嘉庆十二年王墉刻本。

④《抱冲斋诗集》卷十六《西方寺看凌霄花，访苑丞嵩（阿礼）不值，和壁间梧门先生旧韵》。

⑤ 退翁（周肇祥）：《鹿岩小记》，《国学丛刊》（北京），1942年第10期，第53—56页。

清漪园时期，由青龙桥起步，游西方寺、大悲庵、水村居、耕织图织染局至西堤六桥，是文人墨客环游昆明湖的线路，如斌良组诗《云司僳直，饭后偕大树庵侍者普瑞同游昆明湖，过青龙桥，绕湖岸至西方寺，看凌霄花，并赏珍藏米迹。复游大悲庵，观稻田。入织染局，观织。还至大树庵小憩，杂题》，[①] 诗题涵盖了这一游线的主要景点。

西方寺于1924年改为圆通庵，[②] 后“邓姓丘婆夷居之，红墙高筑，双扉严扃”[③]。1947年住持为贤觉，1948年为宗修。

3.七圣庵

七圣庵位于西方寺之南，清代所建，详情缺失。庵址疑为明代的三元寺，其寺“甚隘而颇饶水木之胜”[④]。清道光年间，斌良在游昆明湖诗中屡提大悲庵观稻田，参照地理坐标，似指此处。不过，这与四槐居大悲庵相雷同。笔者推测，七圣庵或为大悲庵下院，或为附近关帝庙前身，但尚无相关证据。

这一区为清漪园时期十三蚕户房，以及园户房、桑树的聚集区，东面（后营村）还辟有苎麻田。向南有堤通向水村居，直线距离近300米。乾隆有诗云：

稻田蚕屋带河滨，正值课耕问织辰。
漫拟汉家沿故事，一般深意在勤民。[⑤]

蚕户房、园户房为官建，内务府定期修缮。乾隆皇帝诗记述，乾隆二十六年（1761年）曾拨款修理这一带被雨冲坏的房屋：

路右带野村，路左皆水田。村房被霖颓，即此知民艰。
未可听荒落，为之葺以官。子舆辟子产，恧之行所安。[⑥]

---

①见《抱冲斋诗集》卷二十三之三。

②有文记作“慈圣寺”，不知何据，记此存疑。见民国时期《简明万寿山游览指南》；又见吴质生《万寿山名胜核实录》，斌兴印书局，1931年版。

③退翁（周肇祥）：《鹿岩小记》，《国学丛刊》（北京），1942年第11期，第63—64页。

④《日下旧闻考》卷一百《郊坰西十》。

⑤《清高宗御制诗集》五集卷四十八《耕织图二首·其一》。

⑥《清高宗御制诗集》三集卷十五《六月廿九日青龙桥西即事二首·其二》。

嘉庆年间曾沿石御道整修破败建筑，其中包括：

又奏准有碍观瞻应粘修清漪园……东北门、北楼门、西宫门、庙宇、铺面、堆拨、园房、蚕户房二百八十五间，山门、门楼、角门六座，钟鼓楼二座，旗杆八座，牌楼三座，方亭三座，城关三座，墩台二座，焕章号铺面、堆拨、园户房三十间。①

这些建筑到清末渐成聚落，地名“六间房”，尚有老房基与古桑遗存。

4.功德寺

功德寺位于耕织图景区北界。背林丛、面溪田，是耕织图田野中最为鲜明的点景建筑群，原址为元代大承天护圣寺、明代大功德寺。清初庙虽衰败，但尚可住宿，王崇简、曹寅等都曾寓居于此。众多诗篇记述了当时寺内外景色，如宋徵舆作诗云：

青龙桥边好山色，功德寺门湖水直。
寺中古木两三行，翠叶摇空映云日。②

王崇简作诗云：

功德寺前蛮子营，稻畦麦垄递纵横。
绿杨篱落多茅屋，若在江南岸上行。③

古木、稻田、湖水是其风景特色。乾隆雨泛玉河时特别提及：“玉泉山功德寺，种稻田最多处”，其诗云：

嫩荷贴浪故田田，岸转冥蒙别有川。
何处箫声传晚籁，参差犹带一溪烟。④

---

①［清］永庆等：《抄录具奏清漪园等三园修竣工程丈尺做法相符原奏移咨该园照办》（嘉庆二十四年十二月初六日），见《清宫颐和园档案·营造制作卷》第 2 册。

②《林屋诗稿》卷五《自玉泉山至功德寺道中作》。

③《青箱堂诗集》卷二十八《西山即事·其七》。

④《清高宗御制诗集》初集卷三十二《雨中泛舟·其三》。

爱看西山有渰萋，霏微试泛碧玻璃。
遥思功德溪田畔，翠刬新秧已插齐。[1]

乾隆中期，功德寺庙宇近于湮灭，“重门三涂不可识已，延睇香积、颓垣离立芀菼间”[2]。乾隆皇帝为祝母亲八十大寿及自己的六十寿辰而重建功德寺，兼有点缀田园、延续史迹的目的。乾隆三十五年（1770 年），皇帝亲写《重修功德寺记》，对寺院与溪田风景评述道：

自层闉周阿，登登戢戢。以逮幡楔钟鱼，靡弗严净具足。夫其背倚嵚岑，旃檀蔚森，迦陵啭梵，六时送音，非功德之林耶？面俯湖堧，神瀵奫潫；耨池分罫，条衣水田；非功德之泉耶？[3]

乾隆将门前玉河喻为佛法八功德水，把耕织图田野喻为佛国福田，视功德寺为理想的兜率净土。寺庙重建规模小于明代，点景装饰目的十分清晰，乾隆明确说道：

日下曾传功德寺，层层梵宇布金田。
规模减昔颓葺旧，为系观瞻非佞禅。[4]

寺庙为三进院落，重要建筑有山门、天王殿、大胜因殿、毗卢塔、三宝佛楼（见图 21）。门前石兽称作“辟邪”，斌良写诗云：“大镜圆光照寺门，辟邪对峙学狮蹲。”[5] 诗中“大镜圆光”指功德寺前的水田光影。

大胜因殿为正殿，供有三世佛。后殿院中设有镂木七级宝塔，寺内几十株古柏形成清幽的氛围。乾隆另有诗云：

梵声出树静，法雨润田优。
废彻缘罗刹，荒唐说木球。
门前功德水，兜率可同不。[6]

---

①《清高宗御制诗集》初集卷三十二《雨中泛舟·其四》。
②《清高宗御制文集》二集卷二十七《重修功德寺碑记》。
③ 同上。
④《清高宗御制诗集》四集卷二十七《肩舆归御园四首·其三》。
⑤《抱冲斋诗集》卷二十三之二《游功德寺》。
⑥《清高宗御制诗集》三集卷九十八《功德寺拈香作》。

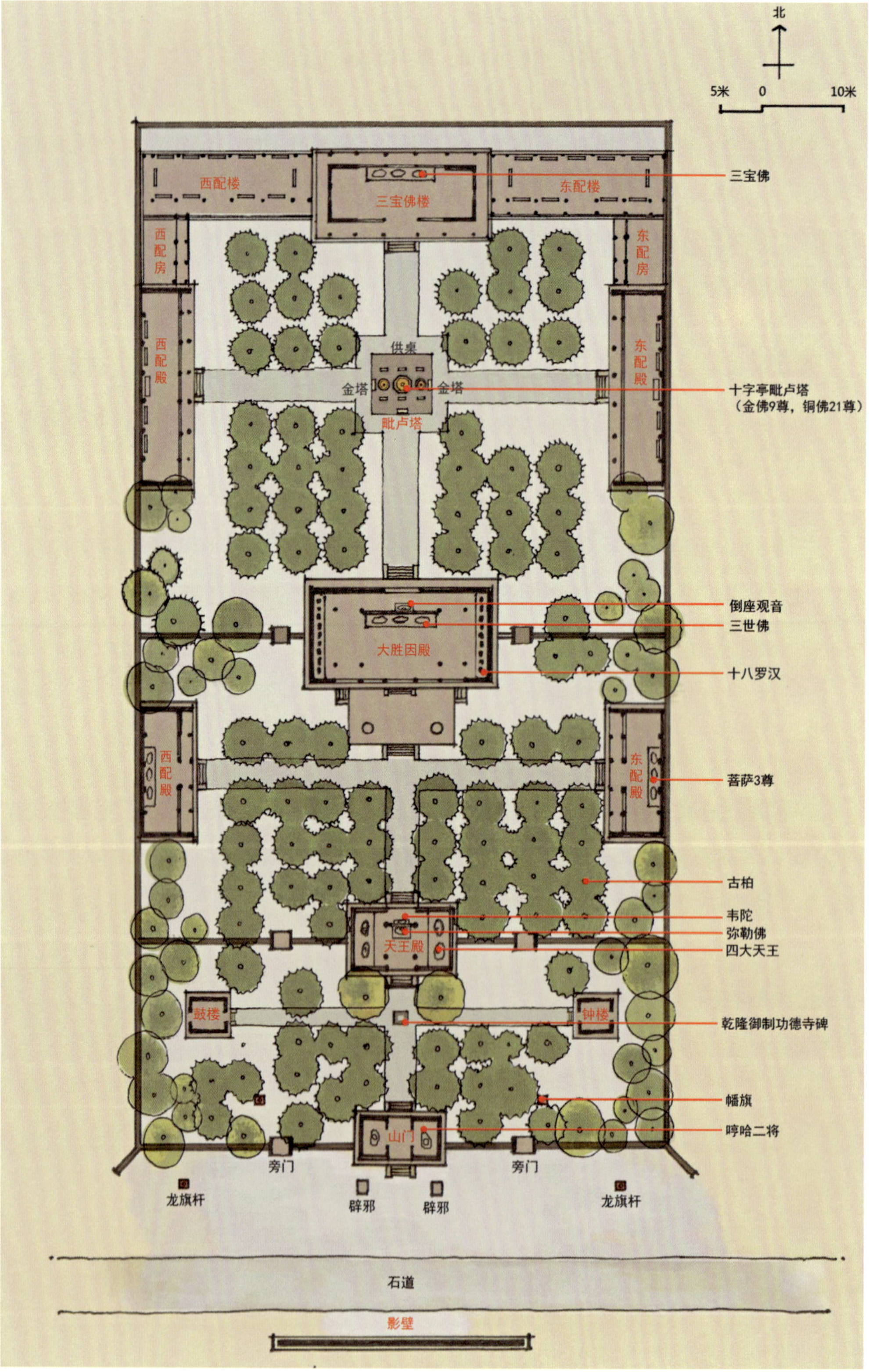

图21　清代功德寺平面推测图

寺钟梵音笼罩着田野，营造出空灵的氛围。这种感受斌良也有描述，他在《雨后至昆明湖，度青龙桥晚眺，入功德寺小坐》写道：

山雨才收翠霭重，石桥东畔瘦扶筇。
绿杨如荠湖堧路，又听斜阳水寺钟。[①]

功德寺处在青龙桥至玉泉山之间的中点位置，成为游览歇息之所。斌良另有诗《昆明湖上功德寺啜茗，复乘马沿静明园后墙至香山途中即目》：

古寺量茶罢，沿堤策短筇。云低穿塔影，叶脱露山容。
香刈千畦稻，风传一杵钟。翘瞻翠微里，欲陟惜无从。[②]

品茗后出游，一路稻香、钟声相伴，口鼻耳目各得其缘。功德寺重建后成为藏传佛教寺院，由清漪园管理，设庙户 4 名，寺务由章嘉呼图克图国师总责。嘉庆时期，寺中喇嘛定额 43 名，享受俸禄，其中 34 名定期入清漪园诵经。[③] 至 1918 年，功德寺由达喇嘛洛绸住持。1922 年，寺中喇嘛因近两年无钱无粮，生活困苦，合伙将庙中十余株古柏砍伐变价。事发，领头喇嘛被羁押。[④] 其后，寺庙由民国初年的外交总长胡惟德（字馨吾）以 800 金租住，寺中喇嘛则移居海淀陈（成）府太平庵。胡惟德对庙堂进行了改造，“毁山门，撤石额”[⑤]，并在寺后筑有小楼。1933 年胡惟德病逝后，寺庙使用权转与嘉南孤儿

图 22　清末功德寺

图 23　功德寺曾作为北平女青年组织“女学界消夏会”会址，《世界画报》（北京），1928 年第 164 期，第 2 页

①《抱冲斋诗集》卷二十三之二《雨后至昆明湖，度青龙桥晚眺，入功德寺小坐》。
②《抱冲斋诗集》卷三十四之二《昆明湖上功德寺啜茗，复乘马沿静明园后墙至香山途中即目》。
③《钦定总管内务府现行则例 · 掌仪司二》，见《钦定总管内务府现行则例二种》第 3 册。
④《因穷锯树 喇嘛被押》，《益世报》（北京），1922 年 2 月 9 日，第 7 版。
⑤ 退翁（周肇祥）：《鹿岩小记》，《国学丛刊》（北京），1942 年第 10 期，第 53—56 页。

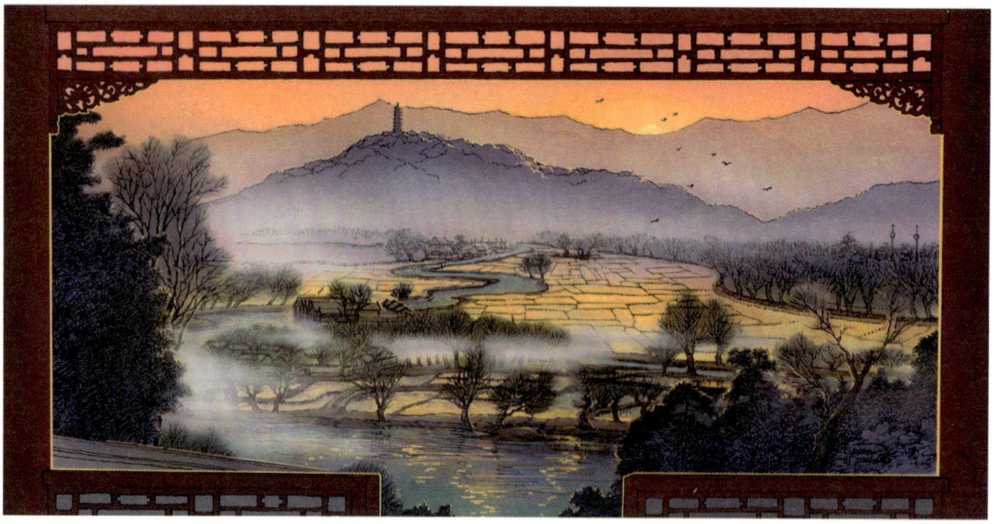

图 24　颐和园湖山真意敞轩西望，依据民国初年残旧照片绘制

院，1947 年由程砚秋捐款买下改为中学。功德寺也逐渐失去风景游览功能（见图 22、图 23）。

总的来说，旱路游览线上的各景点建筑量大，功能复杂，形成了耕织图景区的北界面，也为中心水路游览线提供了背景。

三、两山俯览景点

图 25　乾隆印玺：即事多所欣

为欣赏耕织图景区，乾隆在万寿山西坡、玉泉山东坡，以及昆明湖上建立了众多观赏点，以此形成了耕织图的第三种观赏方式。其景观特点是场面宏大，展现出大国气势、盛世豪情。如果没有耕织图田野，这种气势将无从领略，这些景点也将失去意义，或大为减色。

万寿山上最经典者为山脊西端的“湖山真意”敞轩，这里是眺望耕织图田野的佳处，景名出自陶渊明诗“山气日夕佳，飞鸟相与还。此中有真意，欲辨已忘言”[①]。在此观景品题，幽然与古人相契（见图 24）。

万寿山西麓的石丈亭西厅题名“多所欣”（见图 25），是

① ［晋］陶渊明著，逯钦立校注：《陶渊明集》卷三《饮酒二十首 · 其五》，中华书局，1979 年版。

向西隔堤望田之处。题名来自陶渊明诗“平畴交远风，良苗亦怀新。虽未量岁功，既事多所欣”①。

荇桥北卍字河边的旷观斋同样如此，乾隆诗《旷观斋有会》云：

长堤亘湖面，堤外接溪田。
骋望殊空旷，兴怀无际边。
融融识韶意，霭霭扬春烟。
斋里观如此，返观斯智焉。②

图 26　畅观堂北侧的稻田。《清漪园河道地盘样》（局部），清样式雷绘制，中国国家图书馆藏

位于昆明湖西南岸土山的畅观堂，当年紧邻稻田（见图 26），乾隆诗注称“是堂北对耕织图”，其诗云：

回廊曲转处，向北有书堂。
远挹山峭茜，近披湖渺茫。
诗聊说情性，图以阅耕桑。
便是畅观所，敬勤敢暂忘。③

畅观堂西配殿“怀新书屋”，也取义于陶渊明的田园诗。屋内陈设有《耕织图》《棉花图》墨刻册页各一套。

位于南湖岛山上的望蟾阁，也是耕织图景区的极佳观赏点，乾隆在《登望蟾阁极顶放歌》中写道：

①《陶渊明集》卷三《癸卯岁始春怀古田舍二首·其二》。
②《清高宗御制诗集》四集卷四十二《旷观斋有会》。
③《清高宗御制诗集》三集卷八十二《畅观堂》。

畅春东望神仙区，西山真是西竺如。北屏万寿南明湖，就中最胜耕织图。
黍高稻下总沃若，是真喜色遑论余。亦有晓蟾西宇留，三五清光得未酬。①

耕织图景区对玉泉山景观影响更大（见图27），因为玉泉山山体主要延展面正对这片田地，得景最易。在玉泉山东坡、东南坡，至少有6处景点因耕织图田野而得名：丽瞩轩、罨画窗、犁云亭、冠峰亭、远风亭、层明宇，另外还有妙高寺。

丽瞩轩位于主峰中段东坡，背山面田，“丽瞩”意为秀美大观，乾隆诗云：

向东小岭登，轩构岭之巅。
其名曰丽瞩，心境超清便。
左右近而遥，顾盼一揽全。
青青者麦町，新苗思雨湔。
溶溶者稻田，水足迟种旃。
农务廑恒虑，玩景其次焉。②

图27　从玉泉山佛塔顶部远眺颐和园玉泉山稻田

罨画窗是与丽瞩轩辗转相连的一处小厅，“罨画”即色彩鲜明的绘画，乾隆《罨画窗作歌》云：

丽瞩轩傍向东窗，名之罨画亦久矣。登高仆从岂不劳，息彼因之坐徙倚。
近界湖楼远昆明，一揽沧茫悉源委。近源者沼为溪田，远委者汇为湖水。
楼台点缀镜影中，村墟掩映春烟里。红桃绿柳更解事，治而未酣契妙理。
活画富有游目间，笑彼倪黄寒俭体。既为怡然复默然，设无作者安有此？③

犁云亭位于东坡，是观赏春耕之所，乾隆《犁云亭》中写道：

①《清高宗御制诗集》三集卷六《登望蟾阁极顶放歌》。
②《清高宗御制诗集》五集卷二十九《丽瞩轩》。
③《清高宗御制诗集》四集卷八十七《罨画窗作歌》。

阅耕亭子青云表，锄雨犁烟悯最勤。
每值秋来方稍慰，绿云即渐作黄云。[①]

冠峰亭位于北峰东侧近山脊处，乾隆《冠峰亭》中云：

远则昆明近水田，峰巅亭子览观全。
南朝纱帽曾何谓，合拟称冠曰进贤。[②]

远风亭的景名源自前引陶渊明的名句“平畴交远风”，乾隆有诗云：

舟系聊重登翠冈，虚亭纳景足徜徉。
远风今日于何胜，满野吹来禾黍香。[③]

层明宇是静明园后十六景之一，乾隆在《层明宇》中写道：

绝顶平凌下视云，水村山郭望中分。
以斯朗照通为政，何虑人情物理纷。[④]

妙高寺位于北峰，同是赏禾佳处。乾隆在此将水乡田野比作佛境琉璃世界，写诗云：

花宫极顶茁青莲，瞥眼落成忆去年。
石火分明示无住，法云缥渺现依然。
迎眸翠润琉璃界，惬意黄熏辫麦田。
飞兴设因妙高会，民天端复胜江天。[⑤]

①《清高宗御制诗集》二集卷六十四《犁云亭》。
②《清高宗御制诗集》四集卷三十四《冠峰亭》。
③《清高宗御制诗集》三集卷八十三《远风亭》。
④《清高宗御制诗集》二集卷四十三《层明宇》。
⑤《清高宗御制诗集》四集卷六《妙高寺瞻礼》。

名称取合原无定，佳处游多得未逢。
新辟水田千顷绿，喜看惠泽利三农。[①]

水田鳞次接塘陂，陌上柔桑蚕起时。
貌得江乡自人力，阴晴谁料亦相随。[②]

一水湖洄堤两边，接堤陆垄复溪田。
麦收黍稻均芃茂，慰矣因之倍惕然。[③]

这些景点也成为乾隆创作田园诗的灵感之地。

四、结语

山岳风景、湖泊风景源于大自然，具有相当长的稳定性，而田园风景则是人工创造的结果，它的稳定性影响着游览的持续性。依托田园而建的景点、园林也就时时刻刻需要考虑田园的“健康”维护。我们从样式雷图纸可以看到，清代造园师不仅要设计亭台楼阁，还要设计田地水渠，园林与田园实为一体，可称为“自然美的一体化设计”（见图 28）。

图 28 恢复后的玉泉山稻田

2003 年，笔者主持海淀公园（畅春园西花园址）的规划设计，方案以畅春园御稻田为依据，开辟了 700 平方米（1 亩 3 分）的稻田，这也是北京公园首次设置稻田景观，深受欢迎。至 2019 年，海淀公园已成功举办 16 届插秧与收割节。2014 年笔者主持颐和园西两山公园景观设计，以功德寺稻作传统及耕织图景区为依据，再次设计水稻及油菜花种植，初见成效。本文即在这两次设计成果，以及业内“美丽乡村”研讨会讲稿的基础上扩充而成。

①《清高宗御制诗集》二集卷二十八《昆明湖上作》。
②《清高宗御制诗集》二集卷三十三《昆明雨泛·其四》。
③《清高宗御制诗集》三集卷八十二《自长河泛舟至万寿山杂咏八首·其三》。

山水诗画青龙桥

颐和园西北的青龙桥是座与昆明湖共生的桥（见图 1），最早建于元初白浮渠开凿之际，是一座以水利为基本功能的“桥闸”，控制着昆明湖水位的高低。历史上无论是治理瓮山泊、西湖，还是昆明湖，都必“拉上”青龙桥，其水利地位之重不言而喻。此外，它还是通往前后西山的关口要津，正处在万寿山与红石山相夹的岔道口，多条大道在桥前交会。

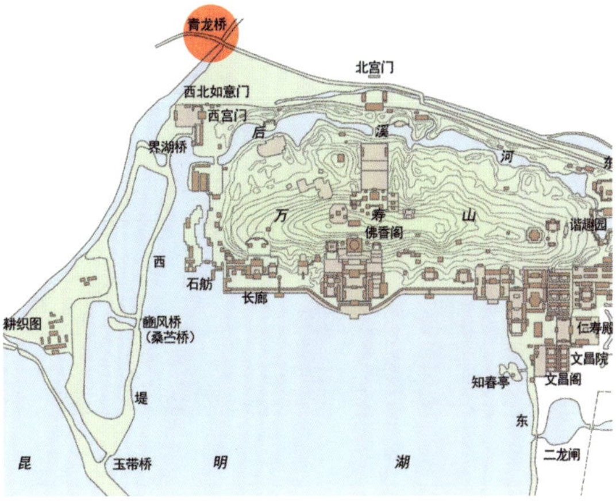

图 1　青龙桥与颐和园位置图

随着瓮山泊风景区的日益兴盛，青龙桥景色之美也逐渐彰显，桥边村落渐成风光小镇，青龙桥也因此由水利设施、交通要道，一跃而成为风景名胜。

正是这些因素的叠加，使得“青龙桥”一名内涵变得丰富多元，既是指这座单体建筑物，又是指桥边小镇，还是这片区域的代名词，[①] 每个意指背后都是一段故事。

一、诸景汇聚青龙桥

历史上的青龙桥具有哪些特色？现存三幅古图及两位古人诗文给出了一个基本答案。

第一幅是清代康熙时期的《京杭道里图》（见图 2），[②] 表现的是京杭大运河 1794 千米的沿途景色，2 米多的长卷上省略了许多景物，瓮山、西湖与青龙桥却图上有形。《京杭道里图》描绘的瓮山山前是一片田地，当时尚无清漪园，青龙桥成为这一片区的重点，桥体夸张，两侧聚集着村镇，反映出它在京杭大运河体系中的

① 《日下旧闻考》卷一百《郊坰西十》：“臣等谨按：七里泊、碾庄系旧地名，今土人惟通称曰‘青龙桥’耳。”

② 此图有两个版本，本文所用为浙江本。见席会东《海峡两岸分藏康熙绘本“京杭运河图”研究》，《文献》，2015 年第 3 期。

图2 康熙时期的青龙桥。《京杭道里图》（局部），清康熙年间佚名绘，浙江省博物馆藏

重要地位。

第二幅是清代乾隆时期的《都畿水利图卷》（见图3），这时清漪园已经竣工，成为水系沿岸的表现重点。偏居一角的青龙桥仍然形象显著，弘旿以众多屋顶来表现小镇的繁盛，画技虽欠功夫，但仍可看出他在竭力表达青龙桥的重要性。

第三幅是清末的《五园三山图》（见图4），画中清晰地表达了青龙桥与小镇的全貌，显示出乾隆盛期青龙桥镇已成为三山五园地区的重要组成部分。

三幅古图呈现了这片区域的发展轨迹：先有青龙桥，后有清漪园；始于水利，盛以风景。

两位古人则用文字对青龙桥做了诗意概括。一位是法式善，清乾嘉时期学者型官员，他在诗作《青龙桥》中简洁生动地描述道：

天恐四山影，浑成翠一片。截之以横流，曲折使各见。清泉迸古石，青碧汇为淀。长桥亘厥中，蜿蜒倚晴甸。过桥水声大，况有春风扇。一双蝴蝶飞，杏花满僧院。①

一桥横跨清流，四周青山环立，上下通碧，这就是青龙桥的诗中意象。法式善浪漫地解说道：上苍唯恐四山翠影重叠桥下，与碧水混成一片，让人分不清是山绿还是

①《存素堂诗初集录存》卷一《青龙桥》。

图 3　乾隆时期的青龙桥。《都畿水利图卷》（局部），清乾隆年间弘旿绘，中国国家博物馆藏

图 4　清代全盛时期的青龙桥。《五园三山图》（局部），清宣统元年（1909 年）以后或民国时期佚名绘，海外藏

水绿，才用洁白的水花来区分。在绿影中，水借春风愈响，杏引花蝶双飞，还有清泉古石、僧院水淀，这一切都环桥而生。

法式善 5 岁时移居海淀镇，其生父任职于青龙桥南侧的耕织图织染局，这使得幼年的法式善有机会游览昆明湖，14 岁时作《纪游诗》颇受好评。自然，他对这一带风景体察至深。

诗中“四山”虽是泛指，也略有对应。青龙桥边分别有万寿山（瓮山）、红石山（常与金山混称），桥东有慈恩寺后山（又名卧虎山），桥西之北有小丘（又名曹家山，红石山前凸起的小岗），后两座现在几乎无存。

“四山环桥”的特点其实早在明代就已被关注（见图 5），明代嘉靖时期的布衣文人宋彦来访时记述了许多优美细节：

抵青龙桥东张氏房寓下马，……归已暮矣，酌村醪三四杯，步（青龙）桥上，淡云微月，烟树朦胧，四山夹水，两水夹桥，桥下流水霅霅有声，徙倚久之，四顾村中灯火光灭尽，乃归。归坐窗下听雨，更余乃寝。[1]

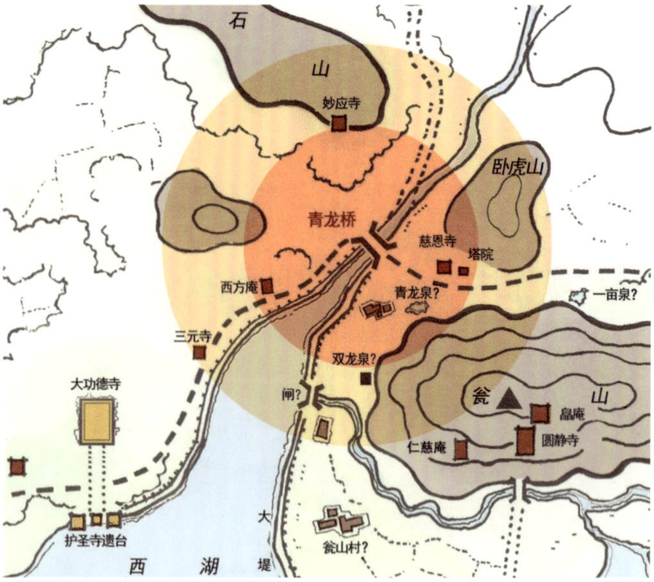

图5　明代的青龙桥为这一区域的中心，其与周边山水、寺庙、园林关系密切

山夹水、水夹桥，层层环拢，一川清音。夜色下的青龙桥有如一幅晕染朦胧的水墨图。坐桥观月成为一景，这种诗意也被另一位诗人王衡所体验，写下《夜踏青龙桥》一诗：

散步逐流月，月流溪满门。薄晕生纤妍，中天澹孤痕。殷殷犬声里，往往见墟村。夜气清微钟，烟华瞀陵屯。转历灯火尽，平桥坐言言。忽见招摇星，澹荡落酒樽。今夜一何遽，叹息休山樊。[2]

在桥周“四山”中，以瓮山与红石山对桥区风光影响最大，成为推窗入户的景物。宋彦在桥东寓所里描述道：

晓起，雨初霁。开南窗，见瓮山磊磊诸石，如洗出绀玉。启北扉，望金山松柏菁葱，掩映台殿，翠色欲滴。忽白烟一缕如线亘天，渐远渐分，如盖如席，白云四出，晴色朗然矣。急握笔记之。[3]

①《山行杂记》。

②《缑山先生集》卷三《夜踏青龙桥》。

③《山行杂记》。

在他笔下，清新的桥区景色跃然纸上。文中的“金山”即红石山，为景泰陵金山余脉，“台殿”指红石山妙应寺的毗卢阁。妙应寺建于明成化四年（1468年），其布局分山下、山上两部分，与瓮山圆静寺、畾庵布局类似。“妙应寺之毗卢阁，阁处半山中，由石级婉转而上。”①半山间的毗卢阁临崖向野，是眺望瓮山泊及京城的胜地。明代诗人何栋对此描写得最为酣畅淋漓：

> 不上西峰望，谁知帝宅雄！星河围紫极，龙虎抱金宫。
> 王气千年在，朝宗万国同。皇图天共久，形胜陋关中。②

诗中描述的“王气”自然也笼罩着青龙桥小镇。明代皇帝游览西湖，驻跸功德寺，部分随从大臣便借寓此庙，少不了登阁望远，吟诗作赋。如王祖嫡《扈驾宿妙应寺毗卢阁》：

> 绀殿俯平川，霜林媚夕烟。慧灯明净界，宝月上瑶天。
> 西极玄踪杳，南山别梦牵。尘缘犹未了，那问老僧禅。③

明万历时袁中道来游，描写得更为清晰：

> 憩青龙桥，桥侧数武有寺，依山傍岩，古柏阴森，石路千级。山腰有阁，翼以千峰萦抱，屏立积岚沉雾。前开一镜，堤柳溪流，杂以畦畛。丛翠之中，隐见村落。降临水行，至功德寺。④

红石山毗卢阁成为明代青龙桥桥区抢眼的景观建筑。入清后，妙应寺渐趋衰落，山上毗卢阁基址周边新建了山神庙、金川碉楼，构成新景观。嘉庆时期妙应寺山下庙址尚存，法式善来访写诗《妙因（应）寺峰顶》云：

---

①［明］王祖嫡：《师竹堂集》卷十六《游西湖记》，明天启刻本。

②［明］何栋：《登妙应寺回眺京邑作》，见《日下旧闻考》卷一百《郊坰西十》。

③《师竹堂集》卷四《扈驾宿妙应寺毗卢阁》。

④《珂雪斋集》前集卷十一《西山十记·记一》。《（光绪）顺天府志》卷十七《京师志十七·寺观下》将寺认作“慈恩寺”，不符。袁中道虽未写出寺名，但依文意指辨，非妙应寺莫属。

图 6　卧虎山与慈恩寺，2016 年杨跃平摄

颓寺寂无人，斜阳与荒草。峰头极苍翠，万丈春风扫。攀萝陟古径，咫尺接晴昊。苍茫一气中，千家声浩浩。但觉三山云，直压雨湖倒。微分断桥柳，难辨平沙稻。楼台经指点，尽入吾诗稿。白发乞鉴湖，狂哉笑贺老。①

峰顶远望，昆明水态、西堤烟柳尽入胸怀，气势不减明代。

青龙桥东北侧小山俗名“卧虎山”（见图 6），是瓮山与红石山之间的过脉，山前为护国慈恩寺（见图 7），始建于明万历二十一年（1593 年），由明神宗母亲慈圣皇太后捐资，有山门、天王殿、钟鼓楼，主建筑为大通智胜殿，左右为伽蓝、祖师殿，后为藏经阁，贮大藏经 678 函，又设大士一堂，具三十二像，璀璨陆离，焕然屹然。明万历大学士赵志皋曾作《敕赐护国慈恩寺碑》详述始末。

图 7　慈恩寺遗址，2015 年 6 月高利晓摄

清漪园建设初期，对卧虎山周边进行了整治，移走各类坟茔，在山上点缀六方亭。② 民国时期周肇祥评述说：“慈恩寺后山为万寿（山）过脉处，可坐揽宝藏、遗光（寺）诸胜。”随后他捐出启动资金重建慈恩寺，还同寺僧圆福于 1919 年延请普泉老人住持讲经。③

慈恩寺东为塔院，建有明代古风淳禅师舍利塔，古风禅师是八里庄慈寿寺（现

① 《存素堂诗初集录存》卷二十三《妙因（应）寺峰顶》。

② ［清］总管内务府：《约估昆明湖工程需用银两数目》，见《清宫颐和园档案·营造制作卷》第 1 册。

③ 退翁（周肇祥）：《鹿岩小记》，《国学丛刊》（北京），1943 年第 12 期，第 65—67 页。

称玲珑塔）的第一任住持，其寺也为慈圣皇太后捐建。塔身镌刻赵志皋所撰《敕建大护国慈寿寺开山第一代住持古风禅师灵塔》。民国时期院址东侧建有隐修庵。

这些寺庙处在卧虎山与瓮山合围之中，为青龙桥区营造出一种超凡脱俗的氛围。随着清漪园的建成，万寿山上佛宇峥嵘，气壮古桥。瓮山由宋彦记述的“磊磊诸石”变为绿木森森，青龙桥也随之进入了历史新阶段。

由于桥体处于万寿山阴坡脚下，晨望山上梵宫佛殿，其轮廓会呈现出逆光剪影效果，闪烁着佛国乐土的神采（见图 8）。清代诗人樊增祥赞美道：

羊欣着意写蓬莱，金界如云迤逦开。
绝似青龙桥上望，碧莲花里起楼台。[①]

清代万寿山的气势远超红石山，也提升了青龙桥的景观品质与声望。

在四周青山绿林围拢下，河水也彰显出魅力。闸坝跌流使“桥下水声如雷”[②]，山上听来别有风味。宋彦曾在红石山毗卢阁中大发议论：

听（青龙）桥下水，若挂千琴于松间，风吹无断续，声与下听者迥绝。看水宜近；看山宜远。听水宜高，水近则旷，山远则深，听水愈高则声愈响。[③]

青龙桥笼罩在天地大乐之中。桥下之水源于玉泉，冬不结冰。清初，果亲王允礼在此写下轻快的渔歌：

图 8　从青龙桥望万寿山，2016 年杨跃平摄

① 樊增祥：《樊山集》卷六《金台集·奉答爱伯师约游西山三解即书辛楣所画便面·其二》，清光绪十九年渭南县署刻本。

② ［明］钱习礼：《游玉泉山记》，见《古今游名山记》卷一。

③《山行杂记》。

青龙桥上雪漫漫，青龙桥下水团团。
吹短笛，收长竿，前船后船歌声寒。①

雪桥、渔舟、垂竿，又成一幅活生生的青龙寒钓图！

青龙桥以南水面，在明代时呈喇叭口状与西湖连成一片，近柳远湖，愈远愈阔。明世宗初游西湖，便是在青龙桥登船，当时停泊大小御舟 28 艘。桥南触目可及的还有岸边的西方庵，“梵宇不雄伟而极精严，庵后一楼尤工致”②。西方庵到清代改名为西方寺，寺西南还有三元寺（七圣庵）、功德寺，殿角隐现，梵钟时闻。

青龙桥以北水面，则是近河远山，红石山倒映河中。而在桥上东西横望，又是石衢店铺、水鲜山货。一桥尽得山水、市井之趣。

总之，俯仰四顾，水景、山景、声景与岸景齐聚于此，构成青龙桥桥区的核心景观。

二、风景大观青龙桥

关于“青龙桥”之名的由来，一直众说纷纭。若从区域视野来看，会有比较合理的解答。元明时期，瓮山泊西湖靠近玉泉山，元文宗在玉泉山—瓮山中点位置临湖建设大承天护圣寺，明代又为大功德寺，此地遂成为地标。庙址左为瓮山，右近玉泉山，其堪舆五行寓意十分清晰，建寺之后“青龙桥”一名才开始出现。而在明代，玉泉山与金山相对山口又被称作“白虎口”，显然这些都是以护圣寺（功德寺）为中心，左青龙、右白虎对称而来。青龙桥附近出土的明末买地券中，对周边山水有更明确的详细评价：

召命堪舆，择地于香山西湖之旁，乾[亥][来]龙，天皇结穴。隐隐隆隆，平若铺毡之状；沉沉缓缓，高如吐乳之形。后枕金峰，一带青峦叠翡翠；前迎玉液，百川汇泽聚玻璃。依瓮山青龙昂首，指玉泉白虎藏头。四神朝拱，八向通流。最喜水口固密，封闭几重关锁；惟爱明堂宽畅，堪容数万貔貅。乃附近神洲之吉壤，今创为少祖之佳城。宜下亥山巳向，内兼乾巽二分。③

① [清] 允礼：《静远斋诗集·辛丑诗集·渔歌互答（效张志和鱼歌体四首）·其四》，《清代诗文集汇编》第 283 册影清雍正刻本，上海古籍出版社，2010 年版。

②《山行杂记》。

③《明戚畹诰封锦衣昭勇将军王学买地券》，中华石刻数据库（历代石刻拓片汇编数据库），编号 ZHB053000034M0004043，http://inscription.ancientbooks.cn。

券文中“金峰”指金山、寿安山，“玉液”指瓮山泊西湖。这是以道家观点的评价，指明瓮山为青龙山，因此其脚下桥名“青龙桥”也就顺理成章了。

元明两代，护圣寺、功德寺是西北郊风景区的核心，向西连接起寿安山、香山游览线，向北通向黑龙潭、温泉、旸台山游览线。青龙桥则是南北风景区的起点“大门”，也是周边片区的代称。《慈恩寺碑记》如此描述道：

（慈恩）寺在西直门外二十五里，地名青龙桥，向隶宫庄，有玉泉之峰、西湖之水，山川形胜，境界清幽。①

显然，文中“青龙桥”已不是指单体构筑物，而是区域的概念。从城而来的大道都在桥前汇集，一条路线是由瓮山泊大堤而来，沿途东临田、西滨水，自元、明两代一直使用到清初，景观最为优美，铺满了文人歌咏。明代李流芳记述道：

是日跨蹇而归，由青龙桥纵辔堤上，晚风正清，湖烟乍起，岚润如滴，柳娇欲狂，顾而乐之，殆不能去。②

钱习礼在文中写道：

稍东度青龙桥，桥下水声如雷，迤逦并湖堤以行，湖畔野树向摇落，枯荷残苇、槭籁洲渚间。堤下皆水田，稻多未获，弥望如黄云，宛然有江湖景。③

清代钱大昕有诗云：

崎岖卵石路延缘，雁齿平桥望渺然。
十里长堤虹影落，一湾浅碧縠纹圆。④

① ［明］陈懿典：《陈学士先生初集》卷八《敕建护国慈圣寺碑》，明万历四十八年曹宪来刻本。
② ［明］李流芳：《檀园集》卷八《游西山小记》，明崇祯刻清康熙二十八年陆廷灿重修嘉定四先生集本。
③ ［明］钱习礼：《游玉泉山记》，见《古今游名山记》卷一。
④ ［清］钱大昕：《潜研堂集》卷三《青龙桥》，凤凰出版社，2016 年版。

乾隆皇帝开拓昆明湖后，西堤取代瓮山泊大堤，成为新的游线。游线左右两侧皆为水，起点为绣漪桥（见图 9），仍以青龙桥为终点，形成环昆明湖半圈的公众游览线，以钱载描述最为清爽洒脱：

万寿寺门同倚松，老僧借我入山筇。
秋光似镜昆明路，大报恩瞻第一峰。①

另一条路线为万寿山北侧御道，以大石条筑成，伴溪而行，串联起大有庄、松树畦及青龙桥小镇，沿途是一种短视距的山林田村景观。清人斌良歌咏道：

湖桥小市夕阳开，渔舍人家隐曲隈。
最爱清漪园畔路，华严香海见楼台。②

这条石御路西端为青龙桥城关（见图 10），与清漪园同期兴建，它将散漫的村镇凝练为一个醒目标志，与桥体分居小镇东西，相互呼应，组成完整的景观形象。这一布局与万寿山荇桥至宿云檐城关的买卖街如出一辙。

图 9　清代年画，表现了普通民众跨绣漪桥游昆明湖西堤的景象

图 10　青龙桥城关

倘若没有这道城关限制，很容易出现商铺沿路摆摊儿的情形，势必会影响北宫门及其周边的景观氛围。乾隆题写城关门额“山馆环阛”③、“湖桥列市”，准确提炼了城关东、西景色的不同特点。关东是金碧参差的山楼云台，关西则

①［清］钱载：《萚石斋诗集》卷十五《题凌郡丞西山诗后八首并序·其一》，清乾隆刻本。
②《抱冲斋诗集》卷二十《青龙桥》。
③阛，瓮城。这里意为小城。

是店铺栉比的市井（见图 11）。

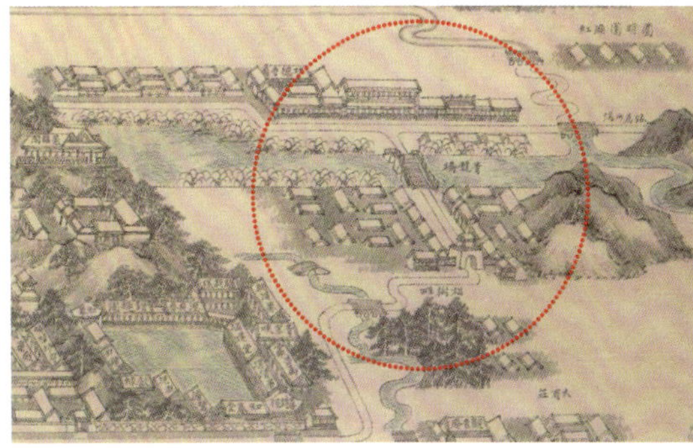

图 11　清末民初的青龙桥。《京西名园胜迹图》（局部），民国初年佚名绘，北京大学图书馆藏

自此，青龙桥“镇”的形象明确起来，让人一下子抓住了景观特点。需说明的是，沿街主要铺面房、茶楼等建筑皆由朝廷统一建设，与城关一样，都属于清漪园工程的一部分，这有效地保证了街景统一，并与万寿山上景观相呼应（见图 12）。

青龙桥小镇成为大风景的转折点，东部幽深、西部敞阔。若自东部一路走来，先是受山林限制，视野窄小；而后转山口、穿城关、过街巷，空间愈来愈窄。窄极之后立足青龙桥上，景观大变：万亩稻田迎面，数脉溪流远山，欲扬先抑不言自明。清人宝鋆有诗云“青龙桥凸控烟波”，一个“控”字意境全出。而法式善则以“省然”一词描述这一换景感受：

> 穿林途径纡，沿溪村巷永。言过青龙桥，省然非人境。
> 目睇白湖烟，化作云万顷。鞭丝漾树外，却似孤帆影。①

“非人境”虽是夸张，但确实让人喜不自禁。斌良对此也有精彩描述：

> 路转历峰口，城闉少尘嚣。小憩傍茶肆，税驾青龙桥。
> 波滢鉴毛发，泉响铿咸韶。稻香吹盈襟，衣袂共飘摇。
> 湖光万顷铺，泼雪暖不消。晴岚落渔市，满目青烟撩。②

青龙桥西呈现的是开阔风景，不仅田野、远山美景如画，即使脚下溪流也同样引人入胜。王士禛云：

①《存素堂诗初集录存》卷六《由南海甸历青龙桥至宝藏寺》。

②《抱冲斋诗集》卷二十三之三《云司散直，至大树庵，斋后命奴子等巾车先行。余偕朱湘帆主事（国琛）、朱毅甫郎中（璟）闲步，由马厂、万寿山西角门，沿溪至青龙桥，过西方寺，看凌霄花，观米南宫〈狮子赞〉墨迹。复登车游金山宝藏寺，僧留宿未果。晚归坐斋中，觉湖光山绿隐约目前，得五古四章，并邀湘帆、毅甫同作，以纪胜游·其二》。

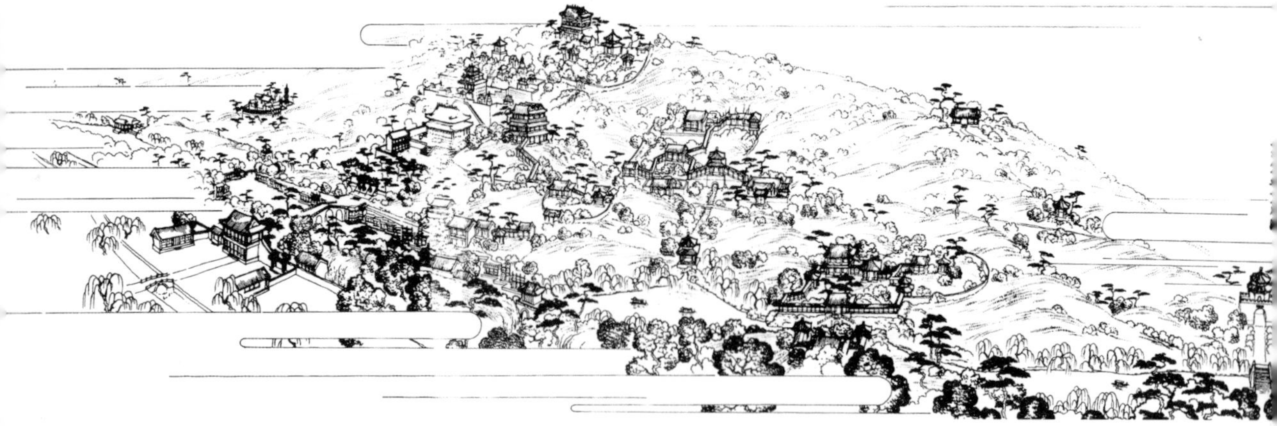

图12　青龙桥镇与万寿山上的皇家景点相呼应。清漪园后山景区复原图，金柏苓绘

（玉泉水）至桥西汇为潭，膏渟黛畜，清不掩鳞。水由闸下入西湖，如辊雷喷雪。自是而西沿青龙河行，泉与人时时争道。[1]

祁寯藻记述道：

青龙桥西林麓断，稻田流水柴门开。
玉泉万寿争入眼，裂帛昆明无点埃。[2]

这一景观突变增添了青龙桥的风景魅力，乾隆皇帝到此也赞叹不已，每次过桥都要专题赋诗，计有30余篇，最著名者当数《青龙桥晓行》：

屏山积翠水澄潭，飒沓衣襟爽气含。夹岸垂杨看绿褪，映波晚蓼正红酣。
风来谷口溪鸣瑟，雨过河源天蔚蓝。十里稻畦秋早熟，分明画里小江南。

猎猎金飔荡彩斿，迎凉辇上露华流。横桥雁齿回朱舫，远浦兰苕起白鸥。
禾黍香中千顷翠，梧桐风里十分秋。凭舆喜动丰年咏，却忆三春午夜忧。[3]

①《带经堂集》卷七十七《玉泉游记》。青龙河，即玉河前身。
②［清］祁寯藻：《䜩𫗦亭集》卷十三《香山歌》，清咸丰刻本。
③《清高宗御制诗集》初集卷十《青龙桥晓行》。

桥西景色在皇帝眼里不仅仅是美丽图画，更是观稼课耕、占候卜年的农桑观测场。皇帝的心思得到臣属呼应，大臣梁诗正、鄂尔泰、汪由敦等都有奉和之作，犹如一场“青龙桥”诗会。有了这一先例，后任皇帝至此也一一作诗，欣赏美景与测年观稼融为一体。而这些效果都是在青龙桥周边大风景的烘托下产生的。

三、安保重地青龙桥

水利安全是青龙桥闸的第一要务，瓮山泊、昆明湖风景全赖于此。在元代，青龙桥是昌平白浮渠来水的入水口，进水多少关系着十里瓮山泊大堤的安全，有元一代至少发生 3 次溃堤事件，这多少与青龙桥闸有关。

至清代，白浮渠彻底断流。若无人为控制，瓮山泊西湖水会随着南高北低的自然地势向北流，经肖家河汇入清河，青龙桥又成为出水口。为迫使湖水南流进城，在常态下青龙桥闭闸以免河水北流（见图 13、图 14）。而当洪水突至溢满之际，则需开闸泄洪，这一功能被称作“尾闾”。如乾隆三十五年（1770 年）四月大暴雨，湖浪拍击大堤，乾隆急命启闸，避免了水灾。乾隆记述云：

图 13　清末的青龙桥，清宣统二年（1910 年）美国西德尼·戴维·甘博摄

青龙桥建闸，为昆明湖尾闾之泄。专派大员董其事，视水志盈缩以为节宣。

闰月十六夜，雨势稍大，山水挟潦骤注，湖波拍堤。因敕尽启青龙闸版，盛涨顿消，大得设闸之利。[①]

图 14　1930 年的青龙桥。摘自汤用彬、陈声聪、彭一卣编《旧都文物略》，华文出版社，2004 年版

乾隆三十年（1765 年）十二月在桥北添建了一道 4 尺高的滚水坝，[②] 以减缓河水冲击，平日里桥北则是波光粼粼的景象。桥边长期

① 《清高宗御制诗》三集卷九十一《过青龙桥二首·其二》自注。

② ［清］总管内务府：《销算青龙桥北滚水坝工程银两并请将报销迟延之该管监督查议》（乾隆三十四年六月十七日），见《清宫颐和园档案·营造制作卷》第 1 册。

驻有“闸军”，他们是青龙桥镇上的常住人口。闸军负责桥闸河道的昼夜巡查，还包括清理水草、打扫河岸等工作。清漪园建成后，自乾隆十九年（1754 年）起，分拨 4 名闸军专责从青龙桥至景明楼南牌楼沿线的清洁工作。[①] 当时镇上有闸军专属用房，据清代内阁大库档案记载，乾隆二十四年（1759 年）三月的一次大火，烧毁了青龙桥镇上房屋 49 间：

傅恒奏：青龙桥地方民人汪茂贵当铺失火，延烧官盖铺面房、楼房、堆拨、闸军房等共四十九间，应将端汛守备官桂、把总翟成业、外委马元等照例议处。[②]

在景观生态安全方面，青龙桥周边的瓮山、红石山、金山在明嘉靖时就被列为重点保护对象，禁止建坟、挖窑，这些措施一直延续到清代，如康熙五十二年（1713 年）题准：

红石口蝎子山、自青龙桥往北高儿山、破头山、杨家顶一带，俱关风水。行文顺天府宛平、大兴二县，五城、三营，八旗及内务府管领等，俱令通行严禁、毋许采砍，若有将禁止处所私行偷砍石料者，或经查拿发觉之日，交与该部，严加治罪。[③]

正是由于青龙桥镇周边景观与生态得到了官方的政策保护与财力支持，这片湖山美地才得以传承至今。

社会安全是另一层面的管理重点。由于地处三山五园地区关口，青龙桥镇管理严于其他地区。嘉庆时期，青龙桥镇与其他22村被列为重点区域，治安细节被列入《大清会典则例》。这一区域时时受到督查，由此保证了小镇生活的安宁。

因着水陆交通便利优势，雍正时期在桥北建立起“丰益仓”，存储护军旗营的粮饷。定期的士兵开支，带热了青龙桥镇上各种物资的交流，使小镇呈现一派繁荣景象（见图 15、图 16）。民国初年财政部指令在此设卡收税：

---

① [清] 总管内务府：《清漪园总领、副总领、园丁、园户、园隶、匠役、闸军等分派各处数目清册》（乾隆十九年闰四月初九日），见中国第一历史档案馆、北京市颐和园管理处编《清宫颐和园档案 · 园囿管理卷》第 2 册，2015 年版。

② [清] 傅恒：《兵部为青龙桥失火交部查议事》（乾隆二十四年四月），（台北）“中央研究院”历史语言研究所内阁大库档案，登录号为 186664。

③ [清] 允禄等：《大清会典（雍正朝）》卷一百九十九《工部 · 营缮清吏司 · 物料》，《近代中国史料丛刊》三编第 77—78 辑，（台北）文海出版社影印本，1994 年版。

图 15　由万寿山北坡中轴西望青龙桥镇，1933 年澳大利亚海达 · 莫理循摄

指令京师税务监督所，请于青龙桥、蓝靛厂二处添设分卡，以杜漏税等情，应准先行试办，仰随时将办理情形呈部备核文（七月八日）。[①]

图 16　由万寿山北坡中轴西望青龙桥镇，1933 年澳大利亚海达 · 莫理循摄

自此青龙桥镇又成为保证税收安全的关口重地。

四、诗意栖居青龙桥

随着瓮山泊西湖风景区的发展，青龙桥畔“民庐颇稠”[②]，人们生活自足自乐，民风淳朴。明嘉靖进士何御游经青龙桥，偶遇居住此地的旧人，于是被热情邀请到瓮山村居中，受到诚挚款待。他感动万分，写下《青龙桥南遇山人汪旦》一诗：

①《财政部指令二则》，《财政月刊》，1919 年第 6 卷第 68 号，第 20 页。

②［明］都穆：《游京师西山上记》，见《古今游名山记》卷一。

山居当瓮麓，转岐路非遥。松膏堪继夜，菰米足供朝。
畦蔬滴露薤，林果炊新蕉。慷慨珍来意，宛恋停予镳。①

诗中描绘的瓮山生活，惬意得有如《过故人庄》中的诗意。同样，青龙桥镇上也弥漫着闲适的生活气息，尤以餐饮最为兴隆，所产豆腐因以玉泉水制作而名盛一时：

松阴幂历碧环溪，楼阁挽云半未齐。
最好湖亭闲买醉，豆羹香溢滑流匙。②

黎祁淡味出冰光，瀹釜依然玉截肪。
刻画霜巉水归壑，嵌空窠缀蜜分房。
虞家三德全融结，穆氏诸昆孰比量。
来自青龙桥外店，先春一夜送泉香。③

著名特产还有“莲花白酒”，以莲藕和玉泉水酿制。斌良有诗《游昆明湖坐青龙桥茅店中，沽莲花白酒自饮》，④临桥把酒，品味香醇的同时更是品味山水，而这些正是稳定富足社会的特征。小镇还是居民的社交中心。如住在六郎庄的诗人韩是升，饭后散步来到青龙桥茶馆小品一番，心情轻快地吟咏道：

无多村落野人家，饭后来尝碧碗茶。
活水绕篱深一尺，野荷犹有未残花。⑤

饮茶是由头，览景观人是真意。就连桥旁衙署中的官员也享受着山水之乐。如法式善的生父广顺，作为织染局的司库，工作颇有诗意：

① ［明］何御：《青龙桥南遇山人汪旦》，见［清］朱彝尊编《明诗综》卷四十七，清文渊阁四库全书本。
②《抱冲斋诗集》卷二十三之三《云司僝直，饭后偕大树庵侍者普瑞同游昆明湖。过青龙桥，绕湖岸至西方寺，看凌霄花，并赏珍藏米迹。复游大悲庵，观稻田。入织染局，观织。还至大树庵小憩，杂题·其一》。
③ ［清］翁方纲：《复初斋诗集》卷四十七《冻豆腐》，清刻本。
④《抱冲斋诗集》卷十二之二。
⑤ ［清］韩是升：《听钟楼诗稿》卷三《自陆郎庄散步至青龙桥》，清嘉庆刻本。

（广顺）公自司织染局，遂移家玉泉山下。官闲事简，地当山水之胜，尝驾一小舟，从二老隶，徜徉湖曲。遇寺观幽僻处辄憩息，买蔬果食之。乘兴招田夫牧竖，问耕牧事，薄暮踏月影归。[1]

青龙桥宜居的环境，也吸引着城里人来此构筑别业园林。清代于此有私园肃府园亭，可以临湖远眺玉泉山，斌良诗云：

菟裘小筑俯奔泷，竹屋花篱倒影双。
曾借西斋舒远瞩，浓岚如雨泼疏窗。

诗人特别注明“肃府林亭在湖东，余曾借西斋延眺”[2]。民国时期，著名京剧艺术家程砚秋也曾隐居青龙桥，此事成为当时的新闻热点（见图 17）。倘若不是镇域空间所限，青龙桥一带的园庭建设必不在少数。

图 17　民国报刊对程砚秋在青龙桥畔隐居农耕的报道

五、结语

青龙桥，颐和园西北一座貌似寻常的小桥（见图 18），古往今来承载过帝王、诗人、渔夫与商贾，他们留下了众多歌咏诗文，使青龙桥辉煌耀眼，显赫一时。青龙桥从一座水利桥、交通桥再到风景桥，青龙桥地区由渔庄发展为风景小镇，乃至西山风景区的门户，贯穿其中的是人们对诗意生活的美好追求。

图 18　青龙桥现状，2015 年高利晓摄

①［清］法式善：《存素堂文集》卷四《本生府君逸事状》，清嘉庆十二年程邦瑞扬州刻增修本。

②《抱冲斋诗集》卷二十三之三《云司僿直，饭后偕大树庵侍者普瑞同游昆明湖。过青龙桥，绕湖岸至西方寺，看凌霄花，并赏珍藏米迹。复游大悲庵，观稻田。入织染局，观织。还至大树庵小憩，杂题·其四》。

万寿山北风景地（一）：御道景观带与田园风光

万寿山地貌属于典型的孤山残丘，其景观特点是对周边平原区域形成360° 的视觉影响，平原上因此有了借景依托与聚焦点，一山荣则万顷春。同时，平原也为山上俯视提供了前景，二者互为看与被看的关系（见图1）。

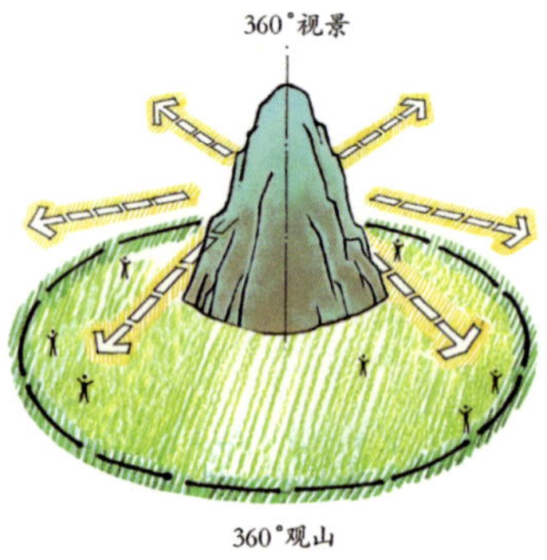

图1　孤山景观特点：看与被看

乾隆二十五年（1760年），万寿山南坡佛香阁建筑群建设的完成，使南部广阔湖区田野有了看点与背景，水山相映、光彩竞发。几乎在同期，万寿山北坡须弥灵境、香岩宗印寺庙群也大工告成，展现出同样的魅力。楼阁金碧、神采四溢的寺庙群，将清漪园北墙外，以大有庄为代表的北部地区笼罩在美景之中，使这一区拥有了良好的借景资源（见图2）。

为了使山上视野良好，外围环境优美，皇家设计师在北部区域构筑了两条景观带，将万寿山景色自然地外延发散，墙虽隔而景不断，奠定了园北风景地的基础（见图3）。光绪时期，随着颐和园的重建，园林建设进一步向北渗入，并达到历史新高潮。

本区景观受到定期维护，治安保卫工作受到严格监督检查，这一区域实际上成为御苑外围的保护地带与后勤基地，晚清时期更与园内政治息息相关。

时过境迁，颐和园北墙外地区变化巨大，如今已建筑林立，车水马龙，面目全非。但依据史料文献，结合样式雷图纸，我们仍然可以对清漪园、颐和园两个时期的景观风貌有一个大致了解。

一、园北御道游览线及山水格局

在清代诗人笔下，万寿山北园墙外是一条充满诗情画意的游览线。道光时期，内阁中书邵懿辰沿园北石御道而行，写下风景组诗，描绘了沿途大有庄、松树畦一带的景色，如组诗第二首云：

北
0 50 200米
100
正黄旗营
河
家
肖
肖家河村
关帝庙
肖家河桥
河北新营
正红旗营
骚子营
红
石
山
达官村
圆
明
园
安河桥
丰益仓
将军庙
河
旱河山
稻田厂
青龙桥
大有庄
石御道
松树畦
功德寺
北宫门
蝠式河
坡上村
界湖桥
香岩宗印之阁
智慧海
谐趣园
万
寿
山
自得园
石舫
东宫门
涵虚牌楼
御道
昆明湖
阅武楼

图2 万寿山北部地区

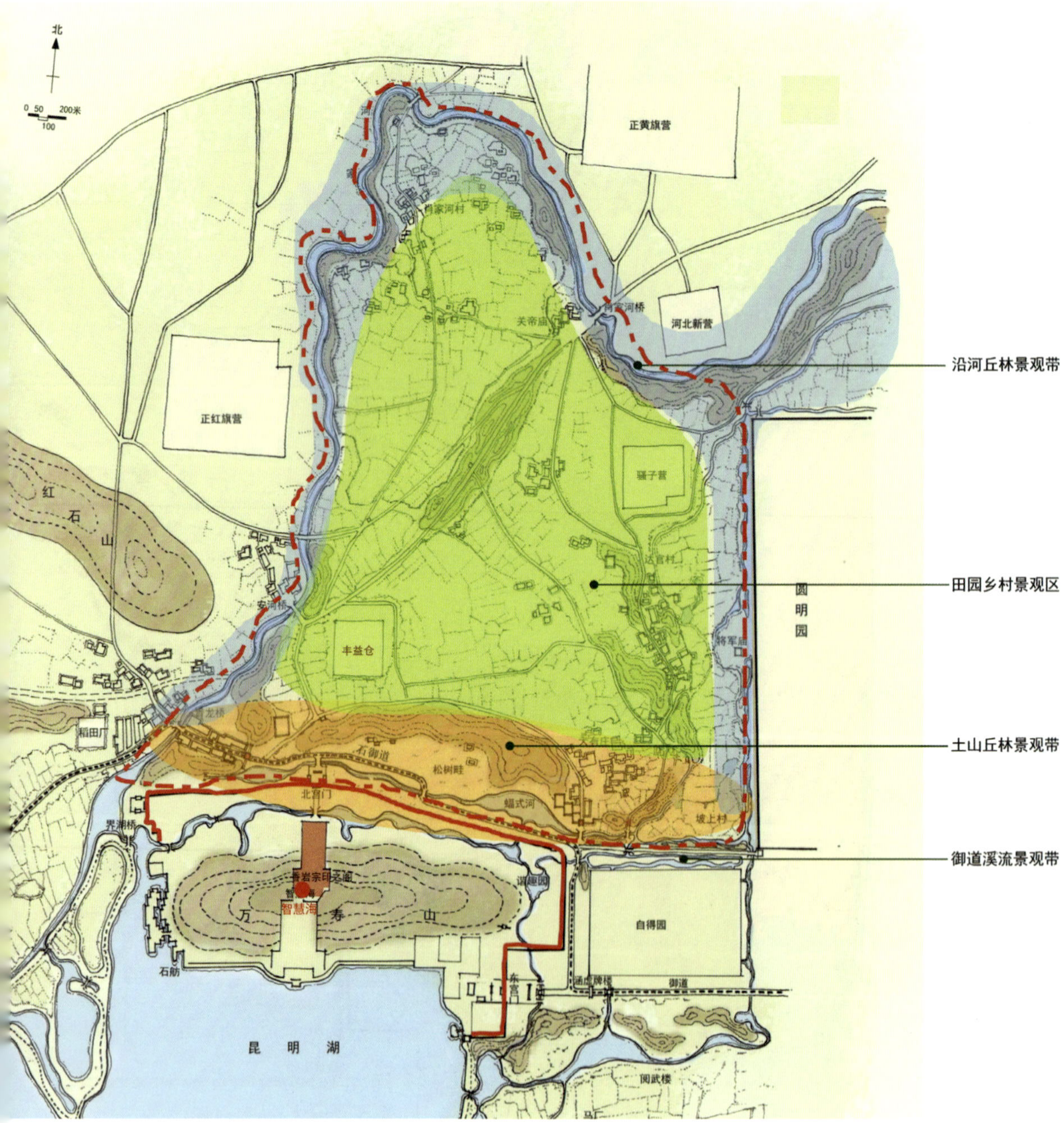

图3 万寿山北部与风景带

路出瓮山背，缘路青松长。
溪旁多浣女，水流松花香。[1]

诗文呈现出一幅清新的水乡画面：溪流、浣女、山影与松荫。这条路的尽端是青龙桥，过桥后景观豁然开朗。邵懿辰在第三首诗中接着写道：

林开秋原旷，时时肄佽飞。
尚想先朝事，碉楼矗翠微。[2]

从“缘路青松长”到“林开秋原旷”，两相对比将园北游线的空间特点反衬出来：这是一条南为寿山、北为林带，山林相夹、一水相随的带状“绿廊”。更多诗篇也印证了这一点，如秀水派诗人钱载的诗作：

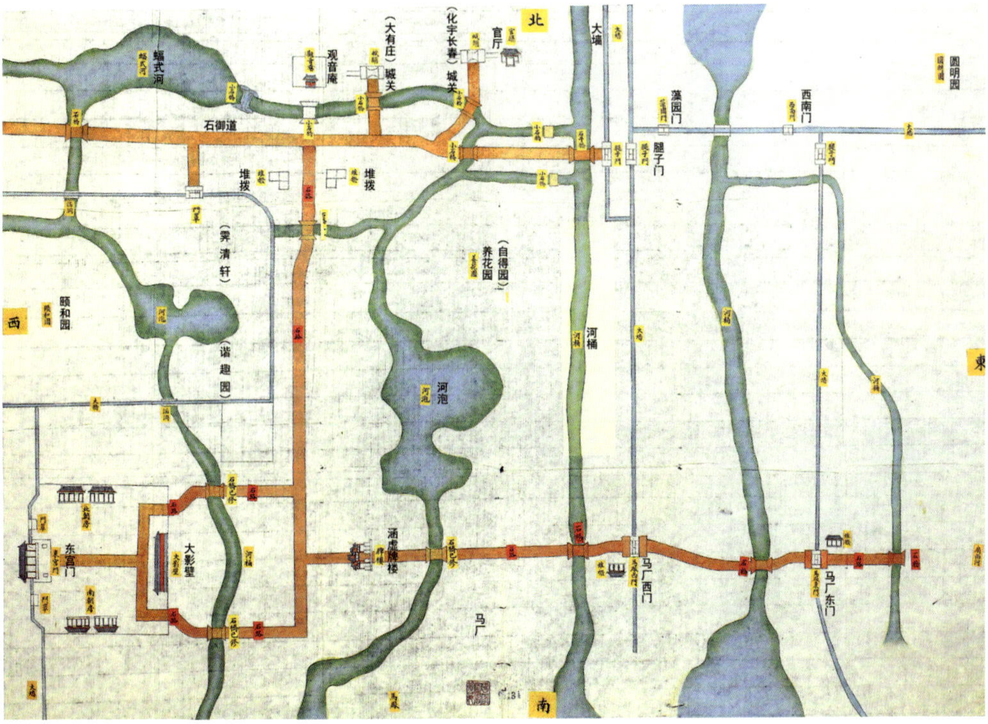

图 4　石御道与大有庄双城关、藻园门、自得园的联系。《颐和园东宫门外牌楼西至观音庵前接修石路图样》，清光绪年间样式雷绘制，中国国家图书馆藏

① [清] 邵懿辰：《半岩庐遗诗》卷下《香山五绝句 · 其二》，民国十一年仁和邵氏刻。
②《半岩庐遗诗》卷下《香山五绝句 · 其三》。

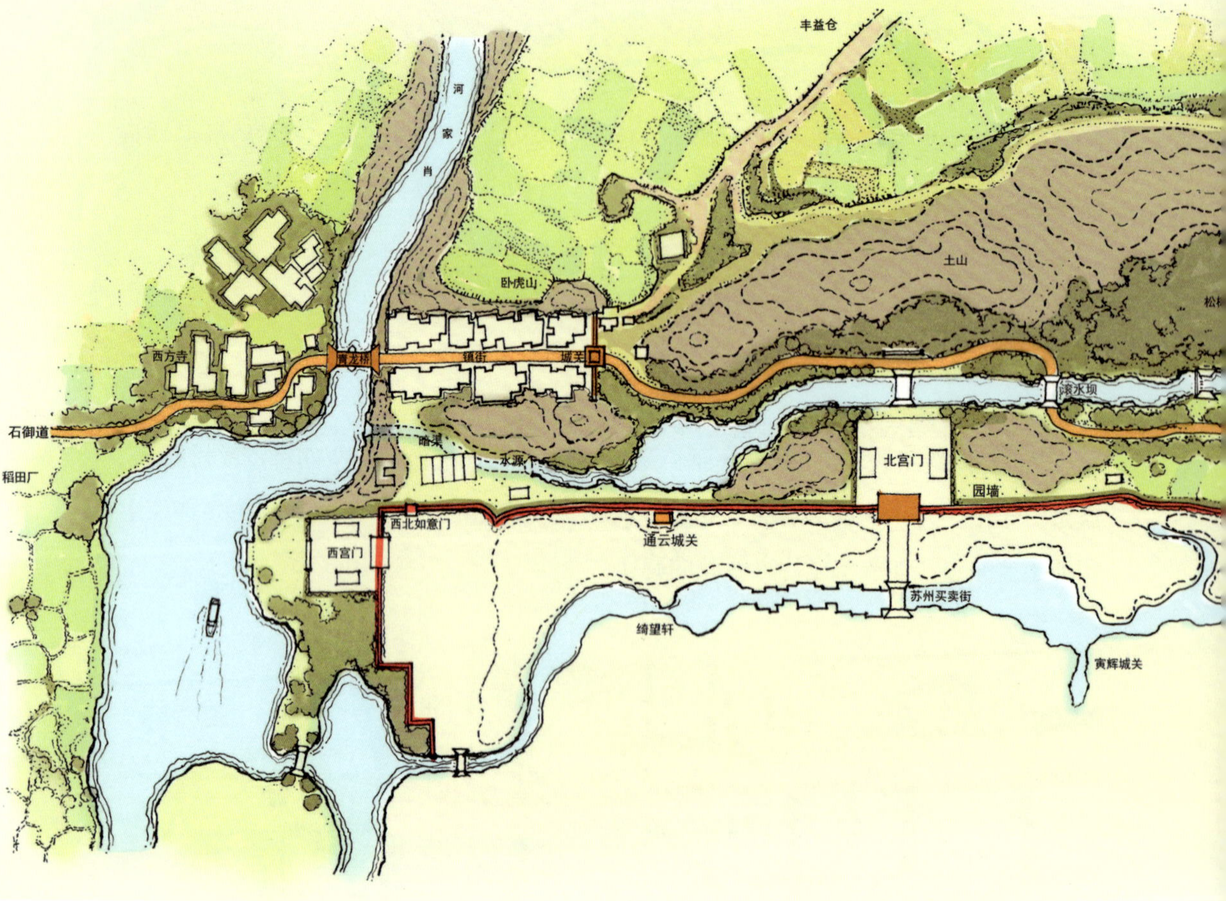

图5　清漪园墙北游览线示意

万寿山阴石路平，朝凉十里肃趋行。沿湖树转高山静，拥岫云开远水明。

藕叶稻苗村缀景，松轩螭舫圣留情。今年降澍原沾足，倍觉郊垧夏绿盈。①

沿路还有荷塘、稻田、村舍及御园台榭等景观。御道由大条石铺成，东起圆明园西南角的藻园门，西至青龙桥城关，全程2000余米，相当于从万寿山的东山脚至西山脚，这是皇帝出巡三山的捷径。另有自得园西侧的短街（东宫门前街）将这条石御路与罨秀牌楼前的东西向大御道串联起来，向东可达圆明园大宫门与扇子湖。在这条游线上（见图4、图5），平视是水乡田园，抬头是万寿山上的黄瓦红台、

①《萚石斋诗集》卷二十九《静明园晓直》。

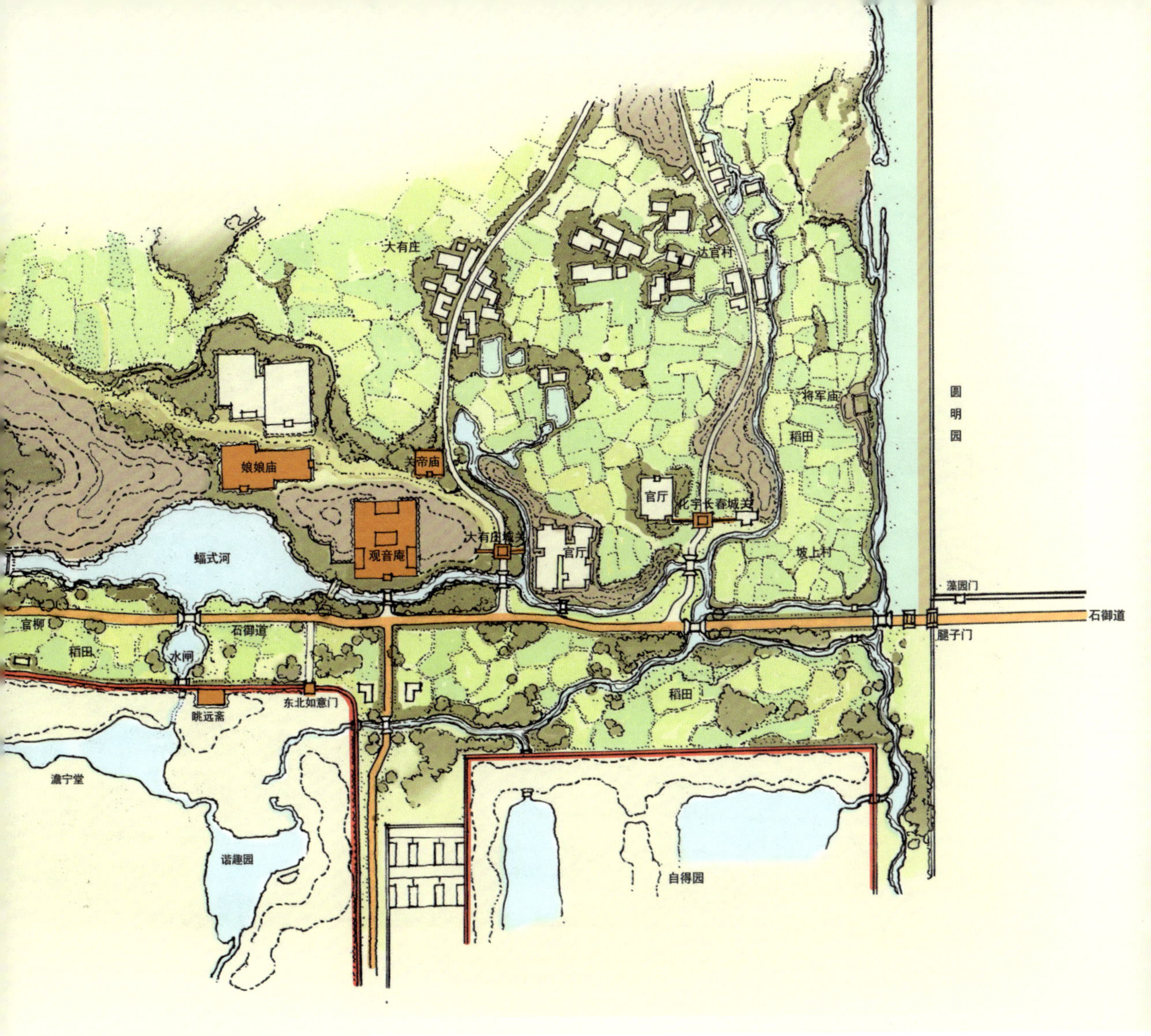

佛光罩顶，诗人斌良在路上热情地高歌道："最爱清漪园畔路，华严香海见楼台。"①

由于后山景点焚后多未恢复，加之园墙外环境剧变，今天人们很难感受到上述诗文中的意境。好在金柏苓先生于 1981 年发表了万寿山北坡的研究论文及其全景图（见图 6），② 让我们可以一睹万寿山北坡的风景之美。

从画卷中可以看到，香岩宗印之阁、须弥灵境寺庙群雄踞中轴线上，殿堂楼宇冠山而上。中轴两侧呼应分布着四大部洲与八小部洲，善现寺与云会寺，东部花承

① 《抱冲斋诗集》卷二十《青龙桥》。

② 金柏苓先生后对论文的部分内容改写，单独发表。参见《清漪园后山的造园艺术和园林建筑》，中国圆明园学会主编《圆明园》第 3 期，中国建筑工业出版社，1984 年版。

图6　万寿山北坡景点复原效果图，金柏苓绘

阁的多宝佛塔与西部的构虚轩。山林中还掩映着7园1水街。[①]后山建筑群主次分明、起伏跌宕，雄浑气势不逊于前山佛香阁建筑群，尤其是红白藏式建筑使佛国意味更为浓烈。

遗憾的是，在园墙内根本无法欣赏到这幅“后山长卷”的全景，只缘身在此山中。因为距离太近，看到的只能是一角半边式的局部景观。如想领略全貌，需要退远到一定距离。

退多远才是最佳视点？周维权先生曾分析万寿山山南3个视距弧，结论是，在距山体建筑群500米至1200米弧线之间，是欣赏全景的最佳区位。太远则模糊，太近则不全（见图7）。[②]

按照这个规律，观赏万寿山北坡全景的最佳地带在大有庄土山东段、坡上村、

① 即绮望轩、赅春园、构虚轩、绘芳堂、嘉荫轩、花承阁、澹宁堂与苏州买卖街。

② 参见清华大学建筑学院编著《颐和园》，中国建筑工业出版社，2000年版。

十字街及丰益仓一带（见图 8）。为充分利用景观资源，皇家设计师在园北营建了两条景观带。

第一条景观带为御道溪流景观带，这就是前述的游览线即随溪延展，水流由西向东。水源位于清漪园西角门（西北如意门）附近，位置相当于园墙内的通云城关。水从墙侧山石间涌出，仿若天然，实际是经暗沟引自青龙桥的河水（见图 9）。

溪水先向东北流，而后向东隔土山水田、平行园墙东流，直到圆明园西界折北为圆明园护墙河。水溪全程

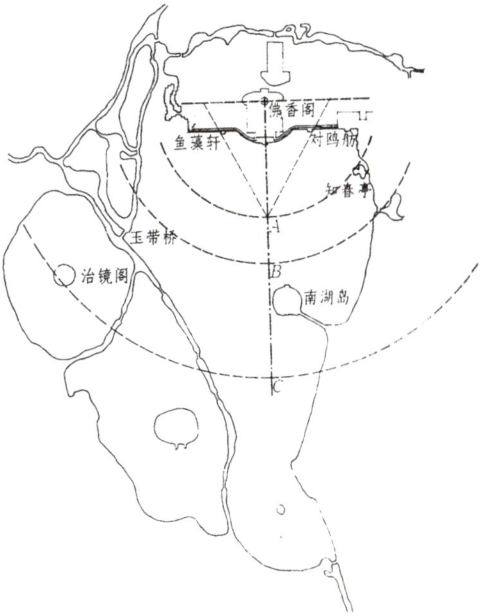

图 7　万寿山前山景观视域分析。清华大学建筑学院编著《颐和园》插图，中国建筑工业出版社，2000 年版

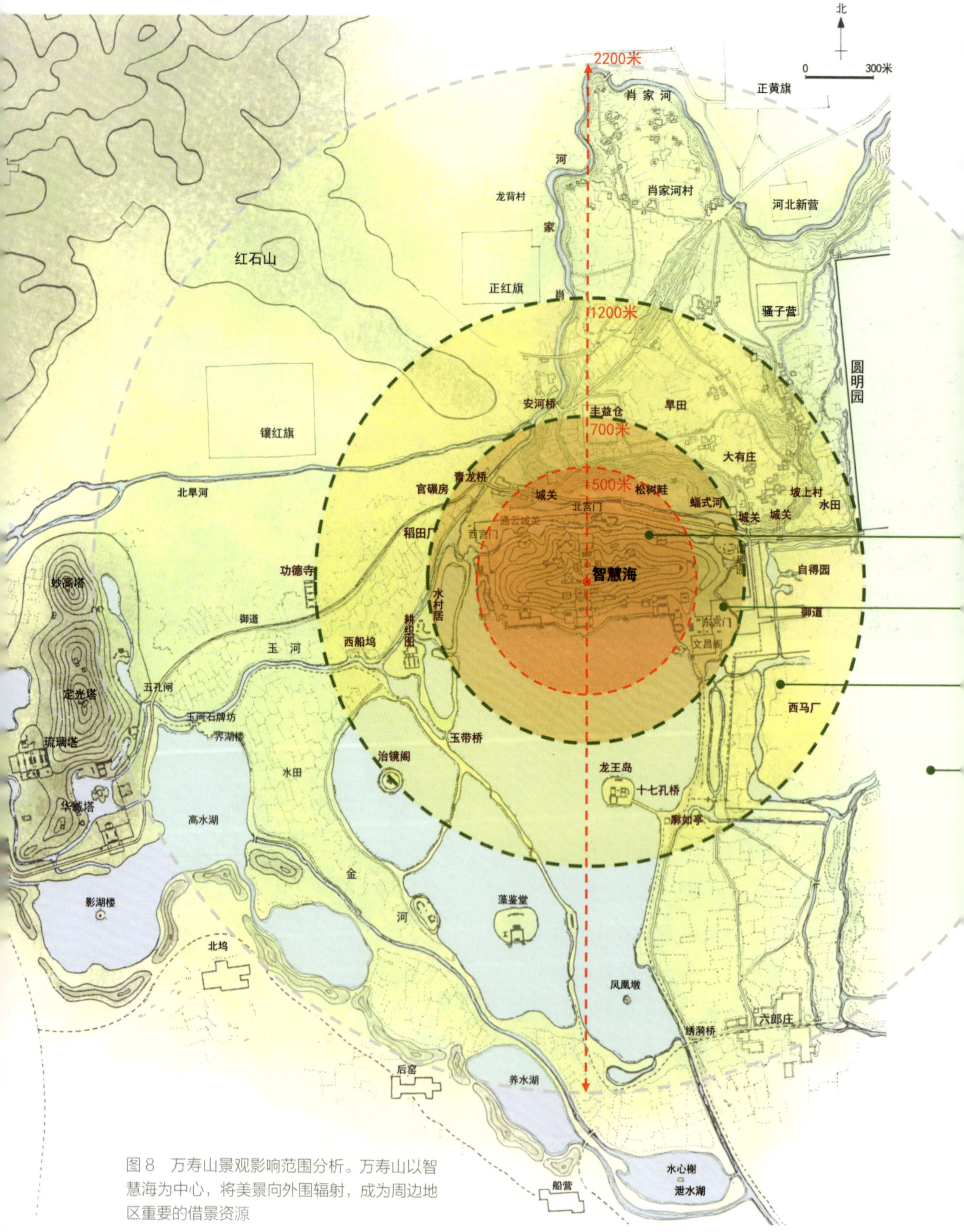

图8 万寿山景观影响范围分析。万寿山以智慧海为中心，将美景向外围辐射，成为周边地区重要的借景资源

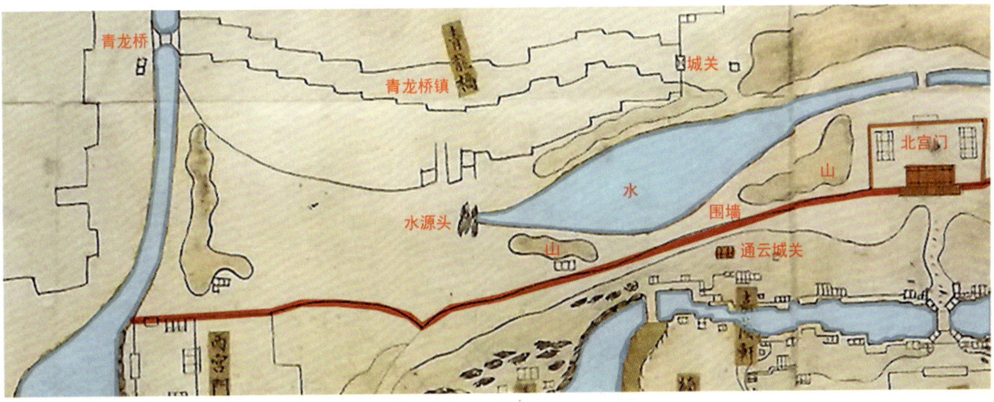
青龙桥
青龙桥镇
城关
北宫门
山
水
水源头
围墙
山
通云城关

图 9　清漪园墙北溪流水源局部。《清漪园地盘画样》（局部），清道光二十年至二十四年（1840—1844 年）间样式雷绘制，中国国家图书馆藏

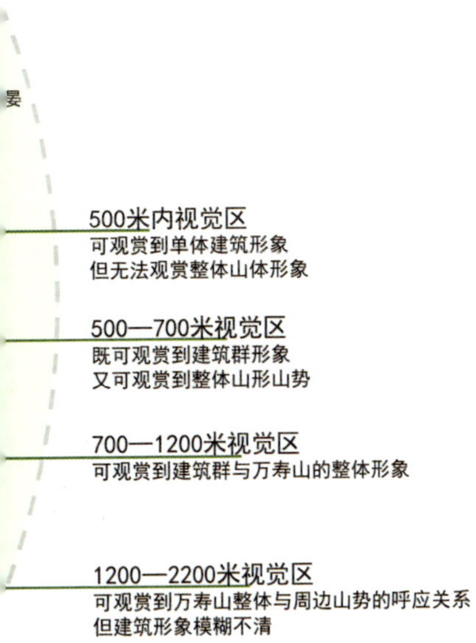
500米内视觉区
可观赏到单体建筑形象
但无法观赏整体山体形象
500—700米视觉区
既可观赏到建筑群形象
又可观赏到整体山形山势
700—1200米视觉区
可观赏到建筑群与万寿山的整体形象
1200—2200米视觉区
可观赏到万寿山整体与周边山势的呼应关系
但建筑形象模糊不清

时窄时宽，在北宫门东、西各有一处扩大的湖面，西侧湖面 1 公顷有余，紧接水源口；东侧湖面称作“蝠式河”，湖面近 2 公顷，有清漪园内后溪河支脉出墙汇入（见图 10 至图 12）。

溪水沿岸以山石砌筑，设三处拦洪滚水坝，溪声潺潺。石御道傍水而行，东段路位于溪流南岸，接近北宫门处遇土山转北跨桥，再沿北岸西行。途经板桥四五座，使视线一直处于变化之中。

溪河与稻田、丘林穿插交缠，在北宫门以东形成开阔明朗的空间：蝠式河与高柳相映。御道两旁古柳高 13—17 米，[①] 浓荫蔽日。北宫门以西，御道空间渐渐收窄，高柳被长松替代，渐为松林笼罩，峰回路转之后出现青龙桥城关（见图 13）。

青龙桥城关南侧为土山，与北宫门两旁土山、颐和园墙内林山相呼应，使西角门水源湖面格外幽深，并将园墙消隐于丘林之中。

前述众多游览诗篇就是在这样的环境中产生的，这完全是造园师设计的结果。这一游线处于万寿山顶 500 米视域之内，可以看清各个园林建筑形象，但看不

①《青龙桥之老柳　全被砍伐》，《实业杂志》（张家口），1926 年第 1 卷第 6 期，第 120 页。

图 10　万寿山北石御路沿途风景。《香山路程图》（局部），清光绪年间如意馆绘，颐和园藏。摘自北京市公园管理中心编《园说 IV　这片山水这片园》，文物出版社，2022 年版

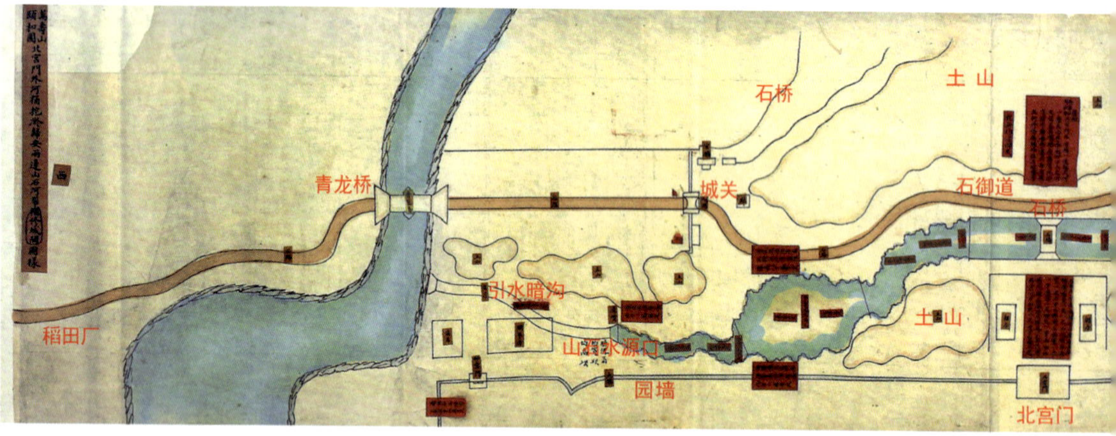

图 11　清漪园墙外西段详图。《万寿山颐和园北宫门外河桶挖淤归安两边山石河帮补修城关图样》（局部），清末样式雷绘制，中国国家图书馆藏

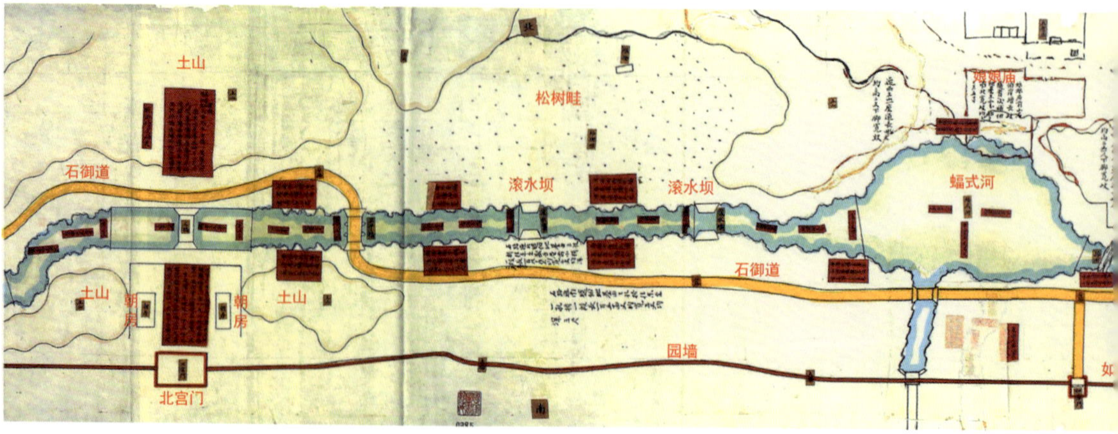

图 12　清漪园墙外东段详图。《万寿山颐和园北宫门外河桶挖淤归安两边山石河帮补修城关图样》（局部），清末样式雷绘制，中国国家图书馆藏

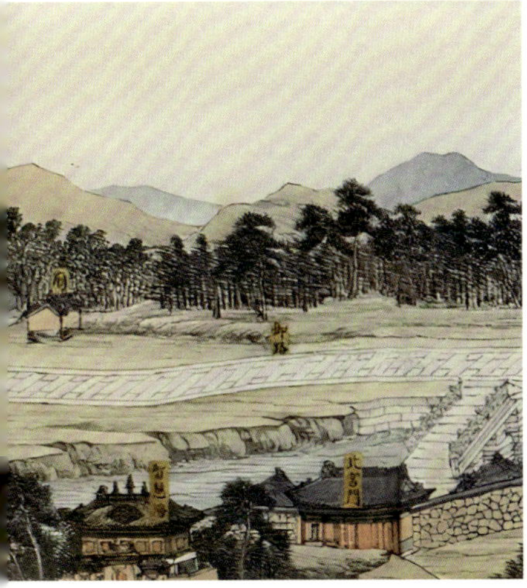

到山体全景，不过在溪回路转之际景观变化丰富，几乎与园内游览无异。

第二条景观带是土山丘林景观带。在园墙北 500—700 米，堆筑了一条弧形土冈山脉。土冈向万寿山呈环拱之势（见图 14），其主体均高约 6—10 米。[①] 土冈东端接大有庄城关，西端抵青龙桥城关，[②] 并与桥旁卧虎山相接。山脉中部远离溪河，种植大片松林，名“松树畦”。东、西两端山脚又回转临溪，岸曲水随，仿若天然（见图 15）。

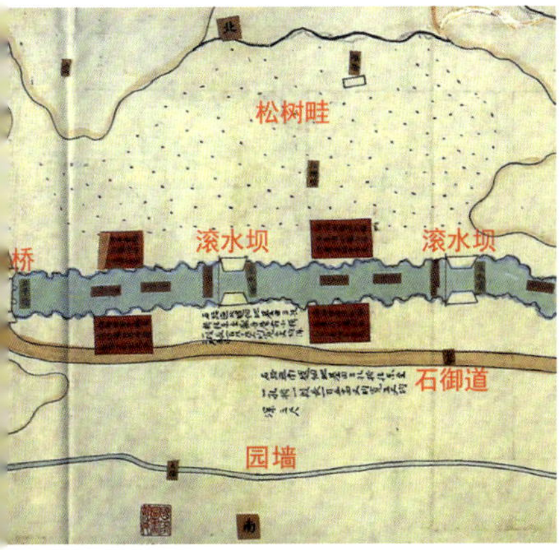

这溜土山与清漪园墙内土山山脉遥相呼应、相伴延绵，强化了御道溪流的绿廊感（见图 16），同时将村庄、农田统统屏于土山之北。土方来自挖河及整理田地的余土，山上以松林为主，兼植桃柳榆杏。这一模式还出现在清漪园东部的六郎庄、万泉庄，以及南部的北坞村。至 20 世纪 80 年代，六郎庄还有“北山”“山猫山”等名称，本区则有老公坟的称谓，这些都是当年人工堆山的遗存。

在东段山丘上，可以望到万寿山北坡全景，相当于山南知春亭望佛香阁的效果。西段近青龙桥的山丘视野更为开阔，可以清晰环望三面诸山（万寿山、红石山、百望山），景色绝佳。土山脉以北地势下倾延展，分布有安河圈御马厩、丰益仓与广袤的田地，在田间可以“悠然见南山”，眺望到香岩宗印寺庙群。这里是万寿山全景最佳观赏区域。

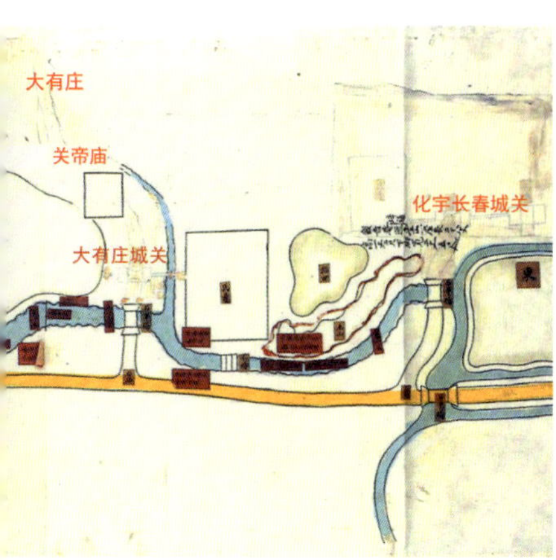

① 《万寿山颐和园北宫门外河桶挖淤归安两边山石河帮补修城关图样》上标注有土冈尺寸，如：“娘娘庙迤西土山一座，……均高二丈”；“娘娘庙迤东土山一座，……均高三丈一尺”；“观音庵迤东土山一座，……均高一丈二尺”。见中国国家图书馆编《国家图书馆藏样式雷图档·颐和园卷》第 8 函第 58 幅，索书号 385—0056，国家图书馆出版社，2018 年版。

② 焦雄：《北京西郊买卖街》，见柳茂坤、白鹤群等《京旗外三营》，北京出版社，2000 年版。

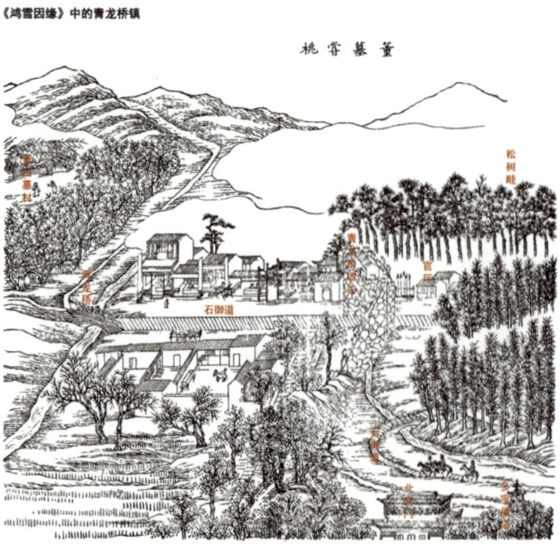

图 13　青龙桥城关前的曲径松林。《鸿雪因缘图记》第三集下册《董墓尝桃》插图

稍远一点，沿肖家河南岸也有延绵的护岸土山高林，遥遥回应，形成视觉界限。在这一脉土山上仍可望见万寿山的佛殿楼台。在更远的清河桥同样如此，斌良写诗道：

小试劳薪第一邮，
枣林新绿照清沟。
云开瓮麓名蓝涌，
垒剩萧梁废堞留。①

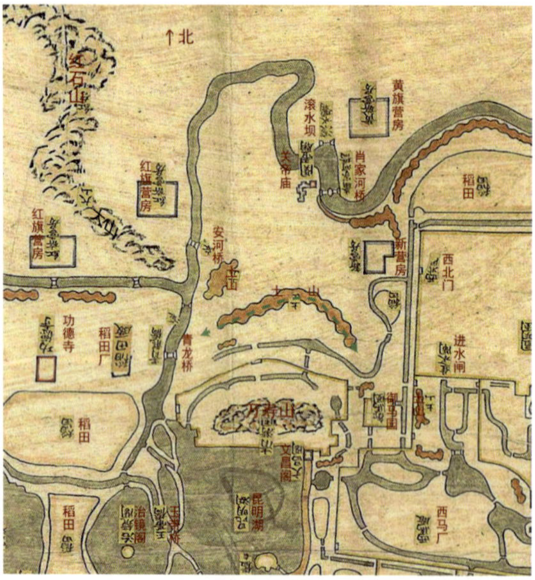

图 14　清漪园北土山早期呈现明确的环拱意向。《京城内外河道全图》（局部），清道光二年（1822 年）至咸丰十年（1860 年）间样式雷绘制，中国国家图书馆藏

其诗注云：“清河桥上远望万寿山佛阁。”这一片区域相当于万寿山南湖区凤凰墩、绣漪桥的位置，后山上的建筑形象已经模糊，但万寿山与红石山交错起伏之势却更为清晰。

园北这两道景观带至为重要，它们将山上的绿色生机与皇家氛围蔓延扩散，提升了村庄、田野、私园、寺庙的视觉品质，石御道则是这些场所的串联线。斌良的一组出游诗极具代表性，诗题很长，相当于一幅游线图，记述了从东部挂甲屯大树庵起步，向西经清漪园马厂、自得园、万寿山西北角门至青龙桥，一路伴溪而行的情景。组诗其一云：

云司初散直，就食伊蒲饭。巾车仆先行，携侣步独健。溜激琴筑撞，雾豁烟鬟献。
白袷飘轻飔，凉意袭人嫩。地迥马群空，天近龙楼建。延缘石径纡，幽绝缁尘溷。

①《抱冲斋诗集》卷十三《奉命赴察哈尔那林郭尔查验马匹，于四月廿五日晚宿清河》。

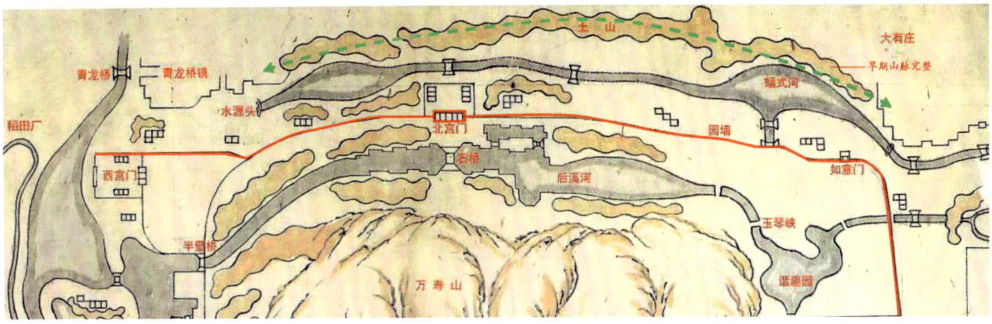

图 15　清漪园北土山早期脉络完整连续，东西两端与城关相接。《万寿山全图》（局部），清样式雷绘制，中国国家图书馆藏

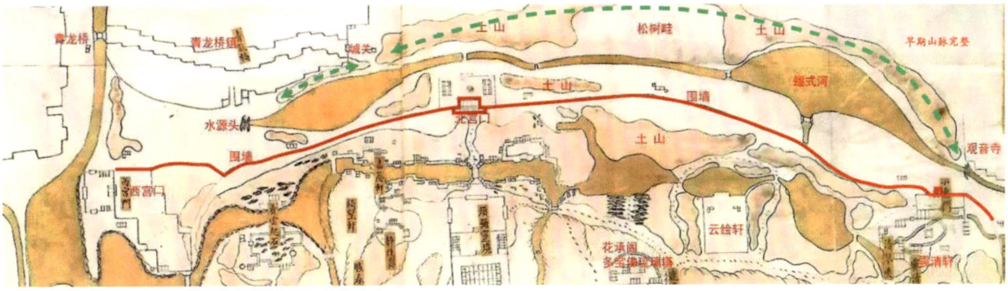

图 16　道光中期清漪园北土山脉络仍然完整。《清漪园地盘画样》（局部），清道光二十年至二十四年（1840—1844 年）间样式雷绘制，中国国家图书馆藏

鹭凉翠足翘，驹汗明珠喷。松杉夹涧森，菱荇澄溪蔓。悁瓯睹飞甍，金碧楼台坌。仙籞禁人行，顾瞻徒缱绻。信矣三神山，可望难登顿。何日逢阆巅，畅游洽心愿。①

诗中对沿途风景品赏细致入微，随着诗人的描绘一路走来，清漪园内外景色交融，低头抬头皆为画面。

二、万寿北坡观风景

清漪园北景观带与沿线田园乡村的建设，保障了园内北坡至山麓的宁静氛围，也使园内后溪河北岸的人工山脉更为逼真、幽深。这条山脉由挖河土方堆筑而成，上植树丛，人至其间如入深山老林；同时点缀景观建筑，如通云城关、花神庙、嘉荫轩等，体量微缩以与土山尺度相匹配。以嘉荫轩为例，乾隆有多诗描述云：

① 《抱冲斋诗集》卷二十三之三《云司散直，至大树庵，斋后命奴子等巾车先行。余偕朱湘帆主事（国琛）、朱毅甫郎中（璟）闲步，由马厂、万寿山西角门，沿溪至青龙桥，过西方寺，看凌霄花，观米南宫〈狮子赞〉墨迹。复登车游金山宝藏寺，僧留宿未果。晚归坐斋中，觉湖光山绿隐约目前，得五古四章，并邀湘帆、毅甫同作，以纪胜游·其一》。

天籁时闻飒沓鸣，芃葱秀木郁南荣。
两山台榭平分翠，一水舳舻相对清。①

长河舟径达昆明，登岸犹欣风日清。
爽飒小山开北户，荫森嘉树覆南荣。

岩如重障无轻造，川自平流有暗声。
秀木居然千古意，风人高致缅崇情。②

若无园墙外两条景观带的伴随呼应，“天籁”“重障”“千古”的氛围很难形成。

从万寿山上俯视，北部区域西界、北界有肖家河宛转环流，红石山、百望山及军都山次第相环，东界有圆明园护墙河北去，而南界则是颐和园北园墙（见图17）。园北环境的美化整治，为万寿山提供了眺望前景与观稼机会，这成为北坡各小园的营造主题，如霁清轩、构虚轩、清可轩、绮望轩等（见图18），简述如下。

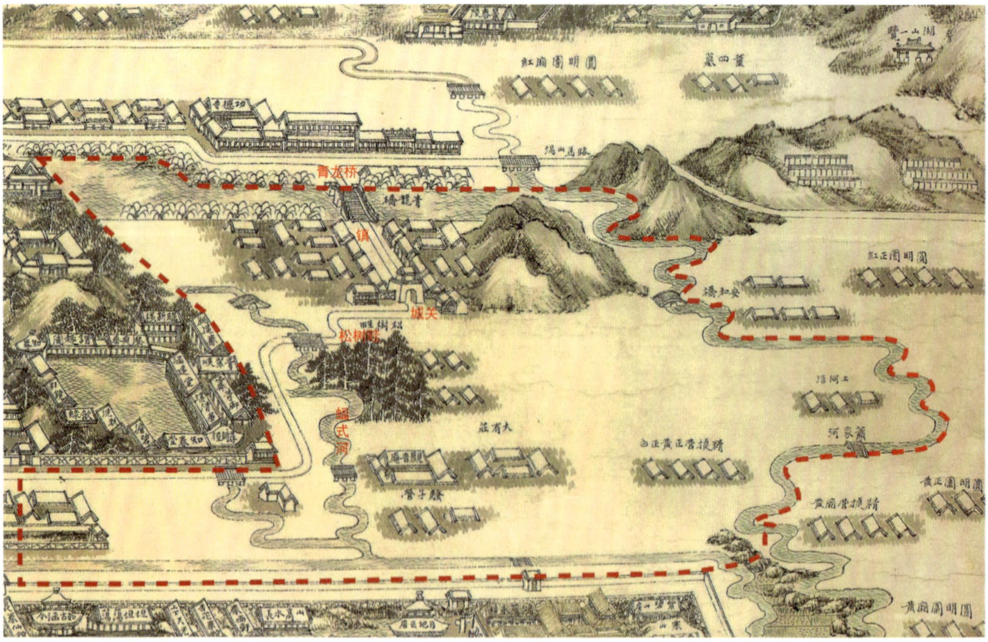

图17　清漪园墙北溪流与肖家河成为田园风景边界。《京西名园胜迹图》（局部），民国初年佚名绘，北京大学图书馆藏

①《清高宗御制诗集》二集卷七十六《嘉荫轩》。
②《清高宗御制诗集》三集卷六《嘉荫轩》。

1.霁清轩

霁清轩（见图 19）是一座位于岩石高岗上的小园林，南邻谐趣园（惠山园），北为东北如意门，紧邻石御道。园中主建筑高出园界围廊顶 5 米余，视线豁达，可尽览北部百望山至军都山一带的风光。乾隆雪后记游诗《霁清轩》云：

雪后天色澄，霁清真霁清。北山几千叠，一律玉崚嶒。
浮来寒气嫩，铺出润泽平。凭轩聊纵目，徙倚堪怡情。
烟村于耜人，指日将举耕。①

远望千叠雪山，近览烟村耕人，小园大视野，百里风光尽收一轩。每到秋收时节，轩中又是一幅新画卷：

山顶虚轩堪骋望，野无隙地大田耕。
雨沾麦穗正宜晒，今日方知喜霁清。②

“野无隙地”显示出乾隆是在仔细地审视农情：广阔田野得到充分耕作，不余荒地。诗中还将麦收所需气象条件与园名“霁清”的“雨晴之意”联系起来，显示出他对农耕环节的熟悉。

霁清轩距圆明园最近，皇帝常常由此前往藻园门回圆明园。出门后沿御道所见，又与山轩不同，是一个近距离的观稼过程。乾隆《观麦》诗提到：

游山午前归，咫尺近园门。门外有麦田，停舆便以观。
吐穗逮将齐，芃芃作浪翻。宜旸更宜风，绿波酿黄云。③

2.构虚轩

构虚轩位于须弥灵境西侧小山顶，三层阁式建筑，凭虚向野，北望千里（见图 20、图 21）。“纵目望苑外，绿畴蔚每每”④，乾隆诗《构虚轩》云：

---

①《清高宗御制诗集》三集卷六十二《霁清轩》。
②《清高宗御制诗集》五集卷二十四《霁清轩》。
③《清高宗御制诗集》五集卷二十四《观麦》。
④《清高宗御制诗集》三集卷九十九《构虚轩》。

图 18　万寿山北坡景点分布

图 19　霁清轩——以北部田园远山为主要观赏内容。依清华大学建筑学院编著《颐和园》插图着色

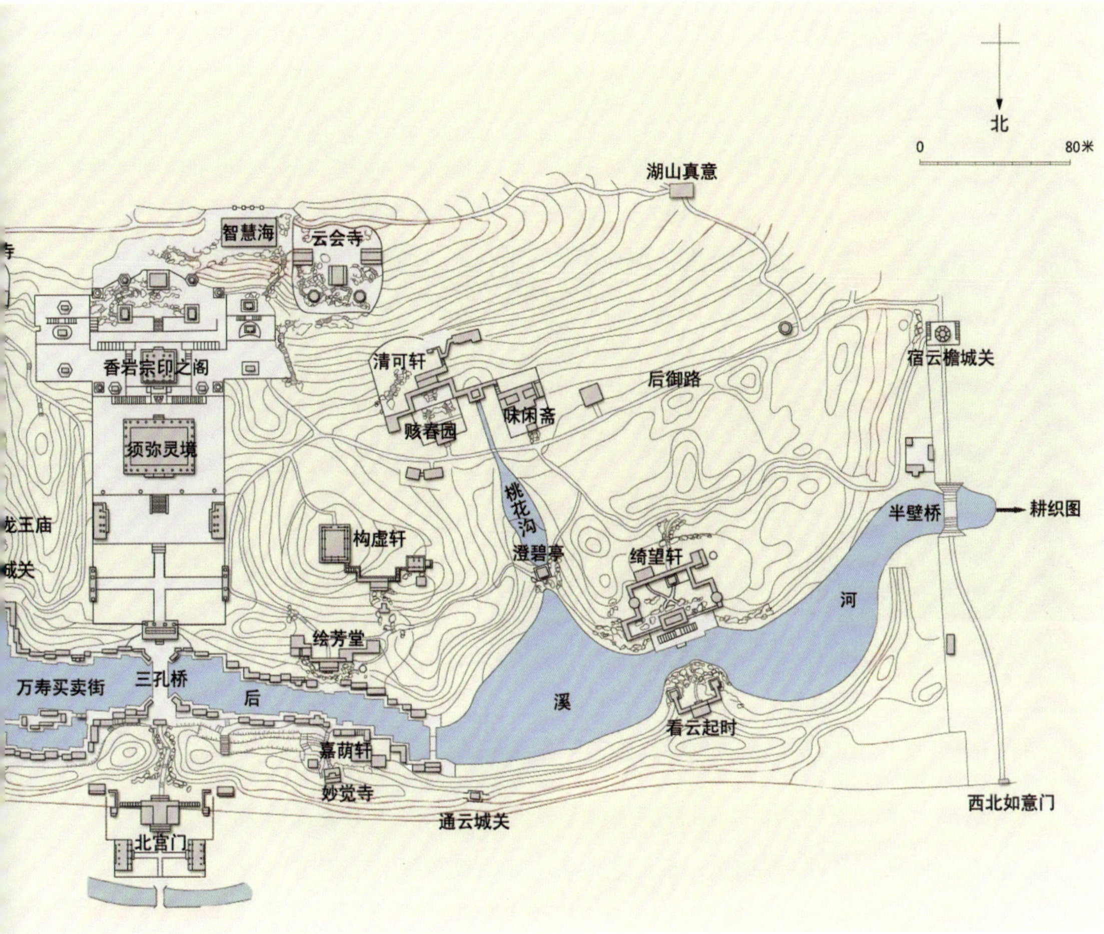

图 20　构虚轩以远望为特点

图 21　由构虚轩遗址眺望大有庄田野，1933 年澳大利亚海达 · 莫理循摄

山阴别一峰，虚轩构其上。乘暇偶陟攀，原田畅俯望。辫麦及禾黍，芃绿微风扬。常年所艰致，何修得此况。玩景致幻缘，祈年希实状。[①]

3.清可轩

清可轩（见图 22）在万寿山北坡西部，依崖面北而建，开门可畅观田野大画面：

倚岩栖迴轩，畅望俯平楚。烟村春始韶，沃壤雪犹聚。
省耕将及时，不足筹所补。清憩那怡神，切切虑民苦。
石壁付弗知，春秋阅万古。[②]

“省耕将及时，不足筹所补”即孟子所说“春省耕而补不足，秋省敛而助不给”[③]，这是君王之责。园北成为乾隆评估年景丰歉、体恤民情的样板田。

①《清高宗御制诗集》四集卷八十一《构虚轩》。
②《清高宗御制诗集》三集卷七十八《清可轩》。
③ 方勇译注：《孟子 · 梁惠王下》，中华书局，2018 年版。

图 22　清可轩与赅春园

4.绮望轩

绮望轩是一组下临后溪河的小园林，同样面迎墙外的千亩良田。“绮望”意为绚丽多彩的景观，类似玉泉山的“丽瞩轩”“罨画窗”。开轩所见是黄云般的麦浪、纵横有韵的田埂，分明是幅色彩绚丽的天地大画。且看乾隆心得：

山阴构疏轩，一水回环抱。悦心仁智间，纵目烟霞表。麦畴及稻畦，秋夕将春晓。万景纷来参，大块富文藻。偶来试凭临，兴会殊不少。今朝概且置，吾将事幽讨。[①]

万寿山上从东到西，园外景色纷呈入眼，农田景象与园林诗意融为一体（见图 23 至图 25），不仅乾隆皇帝兴趣盎然，即使是域外使臣也多有感慨。乾隆五十五年（1790 年）八月，为庆祝乾隆皇帝八十大寿，朝鲜国王派“进贺兼谢恩使”来京祝贺，副使徐浩修受邀游览了清漪园，他登上万寿山顶记述道：

又登五十级玉阶为“众香界”，即最高顶也。……北瞰村闾，酒旗茶旌错综于街巷，药圃菜畦连布于阡陌，宛然以都市而兼郊墅。舒啸移时，已觉心凝形释，与万化冥合。[②]

①《清高宗御制诗集》二集卷四十《绮望轩》。

②［朝鲜］徐浩修：《燕行录》，《韩使燕行录》第 51 册，北京书同文数字化技术有限公司影韩国成均馆大学藏燕行录本。

图 23　从万寿山北坡望坡上村方向，1908—1932 年间美国西德尼 · 戴维 · 甘博摄

图 24　从花承阁山上望大有庄西部，清咸丰十年（1860 年）英国费利斯 · 比托摄

图 25　由万寿山北坡中轴远望北部田园风景，1933 年澳大利亚海达 · 莫理循摄

文中“村间”即大有庄、青龙桥一带，使臣的赞美比乾隆诗文有过之而无不及。

5.眺远斋

眺远斋是光绪时期山北唯一新添景点，居于东北如意门与出水闸之间，依园墙而建，斋外即蝠式河。最初翰林们拟题为“漱玉轩”“清远轩”，均与水景相关，但慈禧太后最终另选“眺远”为名。眺望墙外热热闹闹的妙峰山香会表演，名虽“远”而景实近，倒是民间俗称“看会楼”更为贴切（见图26）。

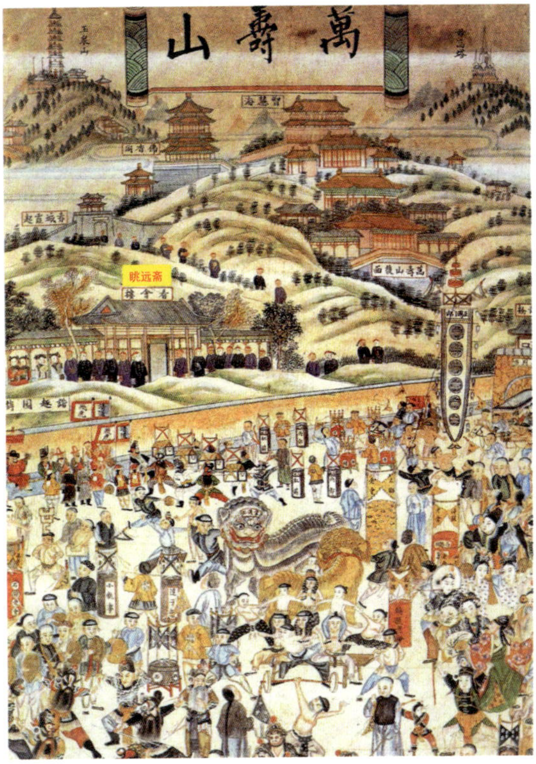

图26　大有庄与眺远斋。《万寿山过会图》（局部），清末民国时期佚名绘制，首都博物馆藏

妙峰山进香是一种流行于京津地区、敬拜碧霞元君娘娘的民俗活动，以求一年的平安顺利。活动自每年四月初始，持续半个月，人数最多时近30万人。进香人组成各种香会，在走向妙峰山的途中，每逢知名庙宇都要停下表演、烧香祝颂，节目有百余种。大有庄前的娘娘庙就是其中一站，也因此引起慈禧太后的兴趣。光绪十八年四月二十九日（1892年5月25日），《申报》对此进行了报道：

妙峰山去京城西百数十里，每岁四月朔开寺门，至望日止。此半月内，善男信女之拈香叩祷者络绎如云。本届恭值皇太后驻跸颐和园，知妙峰山香会为诸庙之冠，谕令由中北道赴妙峰山之少林棍、五虎棍、开路幢幡、太狮少狮、花砖、杠子、高脚秧歌、什不闲、花钹跨鼓、竹马等会，无论进香、回香均须绕青龙桥，在松树畦茶棚演练一次，皇太后登颐和园内小山观览。会中人各思一呈其技，相约于初八日回香时各展生平绝技，以冀慈颜怡悦。

计是日回香诸会二十余起，皇太后最爱者为什不闲、杠子、秧歌数会，遂令留于此处，以备翼日进园备阅。除赏给银两外，并准换用黄龙旗幌，书“万寿无疆”

字样。至未留之会，每人赏银二两。①

有关妙峰山香会论述繁多，在此仅摘录当时报刊以补遗漏。光绪十九年五月九日（1893 年 6 月 22 日），《申报》又进行了报道：

皇太后驻跸颐和园，所有各样走会之太狮少狮、少林棍、五虎棍、花砖、石锁、扛子、开路秧歌、什不闲、铙钹跨鼓童子、清音八角鼓，多至一百六七十堂，一一恭备懿鉴。其中扛籍幢幡、竹马旱船俱蒙皇太后优加奖赏。是以京西柳村竹马、树村旱船，定于四月二十二日赴宛平县城隍庙挂号，意图一邀慈眷，即可换用龙旗黄幌。至礼部之幢幡、兵部之扛箱久已著名谅明岁恭逢。②

表演受到慈禧的赏识，以及被授予“万寿无疆”黄龙旗幌，成为各会引以为豪的荣耀。据说，慈禧太后坐在眺远斋里用望远镜观赏香会，总不过瘾，于是下旨邀请香会进园表演，《妙峰山琐记》记述的香会表演多达 240 余场。③

当年颐和园北的香会表演地点，除大有庄，还有青龙桥茶棚、红山口茶棚，都位于园北御道沿线，这是妙峰山香道体系中表演最为密集的区段。

换一角度说，万寿山北坡不仅有可观赏田园山川等自然静物的建筑，还将民俗动态场景纳入园中。

三、清漪园北区域的景观维护

在景观上，本区的岁修维护被归为万寿山工程的一部分，纳入清漪园（颐和园）档案之中。如乾隆三十三年（1768 年）对东北门及大有庄城关进行的整治工程，见于清宫内务府档案记载：

清漪园东北门外，旧有水泡东西长二十九丈五尺，均宽七丈一尺五寸。今清底挖淤，东西开宽凑长三十六丈七尺五寸，南北开宽凑长五十九丈。旧有水沟长

① 《五云楼阁》，《申报》，1892 年 5 月 25 日，第 1 页。

② 《陶然亭逭暑记》，《申报》，1893 年 6 月 22 日，第 1 页。

③ 奉宽：《妙峰山琐记》，国立中山大学民俗学会，1929 年版。

九十六丈五寸，量势开宽五尺至三丈五尺不等，再拆砌泊岸，开挖引河一道，长十丈二尺五寸。北墙内成做暗沟长九丈三尺，添修一空（孔）石桥一座，出水闸一座，小石桥四座。

添盖城关一座，歇山房三间，成砌虎皮石墙，凑长十丈四尺八寸。

添修石道长二十一丈。并粘修诸旗房。①

整治后的水泡子成为大有庄前优美的小湖，因形如蝙蝠，故名“蝠式河”。又如嘉庆二十四年（1819年）内务府档案记载：

又奏准三园由“化宇长春”城关外起，至静宜园大宫门止，沿途一带有碍观瞻（之清漪园）东北门、北楼门、西宫门……等处庙宇、城关、堆拨、铺面蚕房等工，暨三园年例零星粘补、岁修等项活计修理完竣，奏请钦派大臣查验。②

这次维修工程主要为御道游览线两侧的建筑，清漪园北段工程量如下：

遵旨清漪园双城关拆去西一座，添堆点缀山石。

又奏准有碍观瞻应粘修清漪园观音庵殿宇房间十八间，练桥一座，板桥二座，东北门、北楼门、西宫门、庙宇、铺面、堆拨、园户、蚕户房二百八十五间，山门、门楼、角门六座，钟鼓楼二座，旗杆八座，牌楼三座，方亭三座，城关三座，墩台二座，焕章号铺面、堆拨、园户房三十间。③

从中可知，当年御道沿线的建筑与设施比现在所知者更多，景观也更为丰富。这些工程建设同时振兴了乡村经济，到清末，大有庄已成为京城著名的繁华大村。民国初年，《西郊乡土记》云：

---

①［清］总管内务府：《清漪园等处刨挖河道等项工程》（乾隆三十三年七月初二日），见《清宫颐和园档案·营造制作卷》第1册。

②［清］永庆等：《抄录具奏清漪园等三园修竣工程丈尺做法相符原奏移咨该园照办》（嘉庆二十四年十二月初六日），见《清宫颐和园档案·营造制作卷》第2册。

③ 同上。

大有庄在颐和园东北隅。南面湖墙，……东望圆明园，西连三岔口、松树畦，可通青龙桥、安和桥，为环湖最大之庄也。居民三百余户，铺户十数余家。庄中成十字街，横穿小巷数道，四通八达，地势隆高。北面出庄，地势伏下，庄前有观音庵、娘娘庙、罔极寺。[1]

四、结语

清漪园时期的万寿山北坡，以绚丽景色影响着园北的乡村田野，带动了村容村貌的建设，大有庄地区（见图 27）成为古都众多美丽乡村之一。风景在本区有着三种构成形态：条状的溪流丘林景观带，大面积的稻麦田园风光，以及点状散落其间的宅园、公所与寺庙。三者交织，与万寿山景色过渡有序，整幅画卷别开生面。

图 27　大有庄、松树畦与青龙桥城关。《三山五园外三营地理全图》（局部），清光绪二十三年（1897 年）常印绘制，中国国家图书馆藏

不过颐和园园北的风景规划设计，范围还只限于两条景观带，大有庄等乡村内及北部田野并未涉及，这使得风景资源未能充分利用，如果能在横街、十字街及丰益仓一带稍加规划，大有庄完全可以成为一个街景优美的风景小镇，足与清漪园内买卖街相媲美。

当然这些是“事后”的现代思维。这一局面也自来有因，咸丰十年（1860 年）之前，清漪园不是政治中心，园北人口尚不稠密，田多庄小，景色足美。更主要的是，此时的规划意识是以皇家为中心，以御园活动需求为动力，因此也就不可能对村庄有进一步的建设举措。加之嘉庆以后国力衰落，园林建设停滞不前，更不会有设计思想的进步。

① 关承琳：《西郊乡土记》，《都市教育》，1918 年第 4 卷第 2 期，第 32—41 页。

万寿山北风景地（二）：私园、村貌与御苑联系

颐和园北御道沿线的乡村主要有大有庄、坡上村、哨子营、松树畦，还有安河圈、丰益仓、肖家河村等。溪流水塘、稻田麦地穿插各地块之间。完善的昆明湖北流水利体系提供了稳定、丰沛的水源，万寿山上的亭台楼阁，以及两条景观带的衔接过渡，增加了本区的借景优势与游览性，坐落其中的庙宇、私园、公所不断增多，皆以眺望万寿山为共同营建目标（见本书第 461 页图 2）。除此之外，本区还在多个层面与御园产生密切联系，如生活、娱乐、政务、治安等，为颐和园增添了不少故事。

一、御道沿线私园与乡村景观

清漪园时期的园林建设主要集中于御道沿线。至颐和园时期，随着其政治中心地位的确立，园林建设渗透于村域之中，这体现在众多公所、别墅与庙宇的建设上。主要私园与乡村景观如下。

1.自得园、养花园与毓春园

自得园（见图 1）位于颐和园涵虚牌楼东北，面积近 270 亩，园东紧邻圆明园，其他三面临路：南侧为来自圆明园大宫门扇子湖的御道（同庆街），北侧为始于藻园门的石御道，园西墙外有短街（东宫门前街）串联起上述两条御道。

自得园始建于雍正三年（1725 年），是皇帝赐予十七阿哥果亲王允礼的私园，也是清代距离瓮山最近、建设年代最早、面积最大的一座私园。建成之时，西面的瓮山还是绿草萋萋的荒山，山下为正红旗马厩，也是犯错太监的劳役农场。

允礼《御赐自得园记》详述了建园始末：全园借自然洼地之势，挖湖堆山，形成“高”“洼”“奥”“旷”不同的地势地貌，在其间构筑“台榭亭厦，桥梁磴瀑”以突显形胜，配植“竹树葩卉”以应四季。其中

图 1 《自得园》题额，清雍正皇帝御笔

重要的四景由雍正亲自题写：春和堂、静观楼、心旷神怡、逊志时敏。人游其间，自得天然之趣与脱尘之想。①

园中最大特色是水面众多与借景瓮山、红石山、百望山。允礼诗《静观楼成咏》概括了这两大特点：

面面层峦向我楼，含青碧沼映空幽。买山徒自登高峻，泛水恒难际顺流。月夕静观澄镜影，晴朝历数秀峰头。赏心惬目仙都兴，犹记当时纵意游。②

水面堤岛纵横、潭溪相通，可以荡桨行舟，允礼有诗云：

随波上下纵轻船，想象江湖思渺然。
把酒临风期皓月，一声款乃近堤边。③

蓬莱方丈紫薇天，敕许亲臣处一偏。
凫岛鹤洲宁比胜，所欣咫尺是甘泉。④

住在附近红桥别墅的慎郡王允禧来游后，也留有诗句：

红楼翠榭倚虚空，竹外花边一径通。
螺髻晓凝山字黛，镜奁晴晃水心铜。⑤

从诸诗描绘来看，园林风格属于自然疏朗型。允礼（见图2）常常从园中出游于大有庄、瓮山泊、青龙桥一带，他在诗作《大有村》《渔歌互答四首》等中记述了清代早期的瓮山北部景色。

① [清] 允礼：《自得园文抄·御赐自得园记》，《清代诗文集汇编》第283册影清刻本，上海古籍出版社，2010年版。

② [清] 允礼：《春和堂诗集·静观楼成咏》，《清代诗文集汇编》第283册影清雍正刻本，上海古籍出版社，2010年版。

③《春和堂诗集·泛舟》。

④ [清] 允礼：《春和堂纪恩诗·恩赐筑园于西苑旁恭记》，《四库未收书辑刊》第8辑第30册影清雍正刻本，北京出版社，1998年版。

⑤ [清] 允禧：《紫琼岩诗钞》卷中《果亲王十七兄园林之游有作》，《清代诗文集汇编》第317册影清乾隆二十三年刻本，上海古籍出版社，2010年版。

乾隆三年（1738年），允礼去世。因其无子，由雍正第六子弘瞻过继后承袭爵位，为第二代果亲王（见图3）。他是乾隆最小的弟弟，受到特别关爱。自得园在他手里更加丰富多彩，园内养有鹿和驴，禽鸟有白鹤、鹦鹉、画眉、相思鸟，还有宠物猫、狗。园艺活动有洗桐、移竹、摘莲、踏藕、剪瓜、撷蔬、收梨、打枣、割蜜、酿秫。园中时常举办灯会雅集，其与友人的雅集联句云：

图2 果亲王允礼骑马像，清郎世宁绘

> 仙梵飘层阁，慈灯照远川。
> 沤浮千盏动，秀擢百枝骈。
> ……
> 倒影成重萼，流辉散列钱。
> 丹华窥宝镜，清汉浸星躔。[①]

园林灯饰显示出主人的富有奢侈，“弘瞻既得嗣封，租税所入给用以外，每岁赢余不啻矩万”[②]。或许是受到过多的照顾，弘瞻举止乖张，其贪吝之举受到乾隆皇帝的严厉斥责，弘瞻不久郁郁而亡。之后自得园由其子继承，景色依旧，如嘉庆二年（1797年）成亲王永瑆诗：

图3 第二代果亲王弘瞻像，清郎世宁绘

> 入门随眺望，系马各迟延。
> 扑地野花足，谁家秋水偏。
> 眼明翻蝶处，心远浴鸥前。
> 不意劳迎送，相过亦适然。[③]

---

① [清]弘瞻：《鸣盛集》卷四《中元夕自得园泛舟观荷灯偕施静波、顾端卿即席联句》，《清代诗文集汇编》第379册影清乾隆二十三年钱塘汪绣写刻本，上海古籍出版社，2010年版。

②《清高宗实录》卷六百八十六乾隆二十八年五月己巳条。

③ [清]永瑆：《诒晋斋集》卷六《过自得园三侄、十一侄寓》，清道光二十八年刻本。

嘉庆中期至咸丰时期，自得园改为御马圈，与东侧、南侧马厂景观呼应。斌良经过此地时写道：“地迥马群空，天近龙楼建。”[①] 他还记述了园南御道上所见景色：炊烟、渔网、虎圈、草场及御苑高松。

更复纵远目，万瓦起烟爨。
渔村掴网佃，虎圈树栅扞。
射苑接球场，隐约松篁干。[②]

清末重建颐和园时，自得园由御马圈改建为养花基地，俗称“养花园”，光绪二十年（1894 年）三月正式题名“毓春园”。[③] 早期方案“东南北三面缘墙皆土山”，空出西部，便于借景万寿山（见图4）。后期方案其西界建有升平署与步军统领衙门（见图 5）。1923 年《增订实用北京指南》中记述：

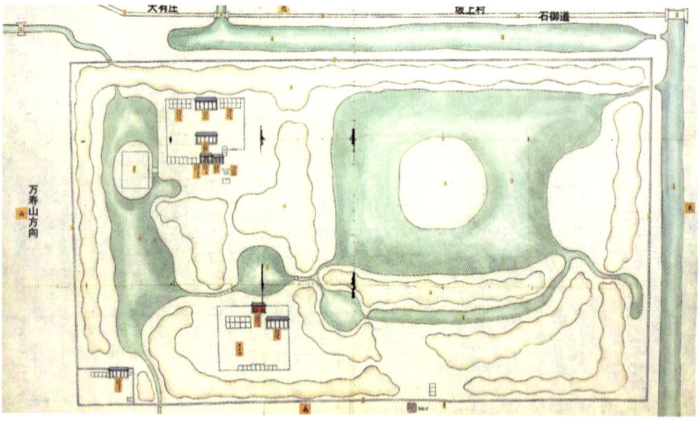

图 4　光绪年间养花园早期设计方案。《自得园内现存房间图样》，清光绪年间样式雷绘制，中国国家图书馆藏

毓春园，在颐和园宫门前，东近圆明园，西建升平署，南临马路，北面大有庄，前门在宫门东路北，后门在观音庵东路南。入门垂柳两行，绿阴夹道，东南北三面缘墙皆土山，水自北来，中汇成池为芦塘。塘西岸建盆库花洞二所，屋基爽垲，门悬“毓春园”额。今为陆军第十三师修械所，隙地皆为水田。[④]

①《抱冲斋诗集》卷二十三之三《云司散直，至大树庵，斋后命奴子等巾车先行。余偕朱湘帆主事（国琛）、朱毅甫郎中（璟）闲步，由马厂、万寿山西角门，沿溪至青龙桥，过西方寺，看凌霄花，观米南宫〈狮子赞〉墨迹。复登车游金山宝藏寺，僧留宿未果。晚归坐斋中，觉湖光山绿隐约目前，得五古四章，并邀湘帆、毅甫同作，以纪胜游·其一》。

②《抱冲斋诗集》卷十一《廿二日至董思村枣香山馆，饭罢，邀家可盦吉如游宝藏寺，僧（静省）留坐清凉厂，汲玉泉水煮茗，开窗望三山、昆明湖诸胜，留诗疥壁，兼订后游》。

③《上谕·光绪二十年三月二十五日传修建颐和园内各工程谕旨》，见《清宫颐和园档案·营造制作卷》第 4 册。

④ 徐珂编纂：《增订实用北京指南》，商务印书馆，1923 年版。

中华民国成立后，1928年由崔庆祥发起，买下部分园址筹建“北京万寿山毓秀园居士林”，这是源自“世界佛教居士林”的佛教组织，为居士提供学习教理、净化身心的场所。当年《大公报》报道：

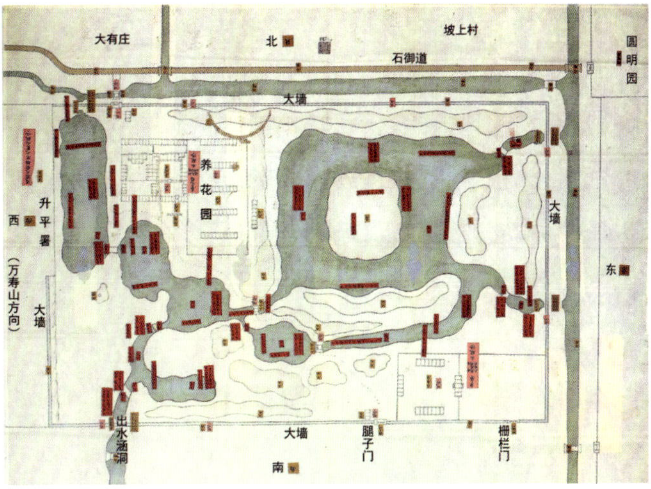

图5　光绪年间养花园后期设计方案。《颐和园外自得园地盘样》，清光绪年间样式雷绘制，中国国家图书馆藏

> 京西万寿山毓春园为清慈禧莳花之名地，背枕大有庄，旁临颐和园。山清水秀，交通便利。莲池稻田，清香馥馥。极乐国土，大梵天宫，殆不是过。闻有王与楫、崔庆祥、丁淑秋等购买该地一部分，创办男女居士林。①

1941年后，养花园旧址成为日伪时期的建设总署土木工程学校，在使用功能上脱离了与颐和园万寿山的依存关系。1945年改为清华大学农学院，1949年后为中央党校南园。

2.坡上村、罨秀村与达官村将军庙

坡上村位于自得园北，隔御道、溪河与之相望。原为大有庄的稻田区，后独立成村，东界为圆明园西护墙河，北连达官村（见图6）。坡上村因村中有两道高坡得名，另外它还有个颇具诗意的名称“罨秀村”，源于清漪园时期东宫门外牌楼东侧题额“罨秀”，这是进入北部风景地的第一眼文字，其北短街（东宫门前街）正对坡上村。斌良曾写诗《过罨秀村》：

> 石路马蹄响，连镳逞隽游。近冈盘磴险，放溜断冰浮。
> 虎圈笼籁守，渔村罛网收。球场草萌蘖，寒色上貂裘。②

① 《万寿山与居士》，《大公报》（天津），1928年2月12日，第2版。

② 《抱冲斋诗集》卷十一《过罨秀村》。

诗人在冬季由青龙桥一路向东而来，马踏石道发出清脆声响，显示出环境的幽宁。当年村南有溪流、土山，也就是诗中的“冈盘”“放溜”。诗中描绘了清漪园外东北及东部的景色。

“罨秀村”一名仅出现在斌良诗中，应是随兴而起，流传不广。他曾穿过坡上村，住宿于将军庙，写诗《晚至坡上将军庙》：

> 小寺垂杨里，田衣划稻塍。草窗山影入，湖石藓花凝。
> 旧事谭犹忆，香禅学未能。将军空戴甲，献果傍龛镫。①

诗中描述了坡上村内的景色：垂柳、稻田与万寿山影。不过他错把将军庙位置记成坡上村，实际上将军庙在达官村，紧邻坡上村北界。达官村是瓮山北部最早的村庄，也称达子营、哨子营、骚子营、稍子营，清代为圆明园护军营驻地，隶属清河北岸正黄旗，营地又称河南新营。将军庙本为观音庵，《日下旧闻考》记载：

> 达官村……观音庵，俗称将军庙，以殿内观音大士像左右有石像二，刻为将军侍立之形也。石像未详所始，殿前碑一，无撰人姓名，本朝乾隆五年立。②

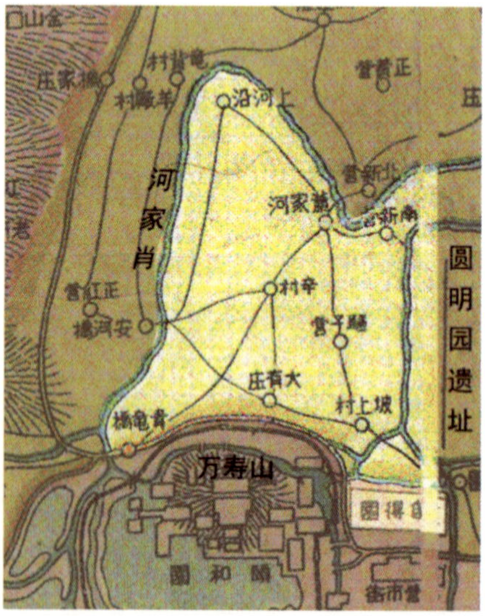

图6　1934年万寿山北大有庄区域。《北平四郊详图》（局部），1934年王华隆编，北平最新地学社出版，中国国家图书馆藏

斌良在诗注中也说：“石将军像手拈香花并无干戟。”③“殿中石将军像，手擎花果一盘，侍立龛侧，不知创自何年。”④可见庙址从乾隆至道光年间一直未变。

或许道光时期坡上村仅具雏形，村界不清造成斌良的误解，他另有一诗《过海淀罨秀村将军庙》，详述了庙内外景色：

---

①《抱冲斋诗集》卷三十五之二《晚至坡上将军庙》。

②《日下旧闻考》卷一百《郊坰西十》。

③《抱冲斋诗集》卷二十三之一《过海淀罨秀村将军庙》自注。

④《抱冲斋诗集》卷三十五之二《晚至坡上将军庙》自注。

澄溪环野寺，四面渌沄沄。
山黛当门立，钟鱼隔坞闻。
湔裙逢士女，掷戟笑将军。
待到韶华丽，还来叩竹云。[①]

“山黛”指郁郁葱葱的万寿山当门而立。诗文虽以将军庙为题，展示的却是从石御道至坡上村、达官村的水乡景色。将军庙本身并无太多亮点，但它延承了寺庙相地选胜的传统，成为两村风光的观景点与地标，也是眺望万寿山全景的佳地。

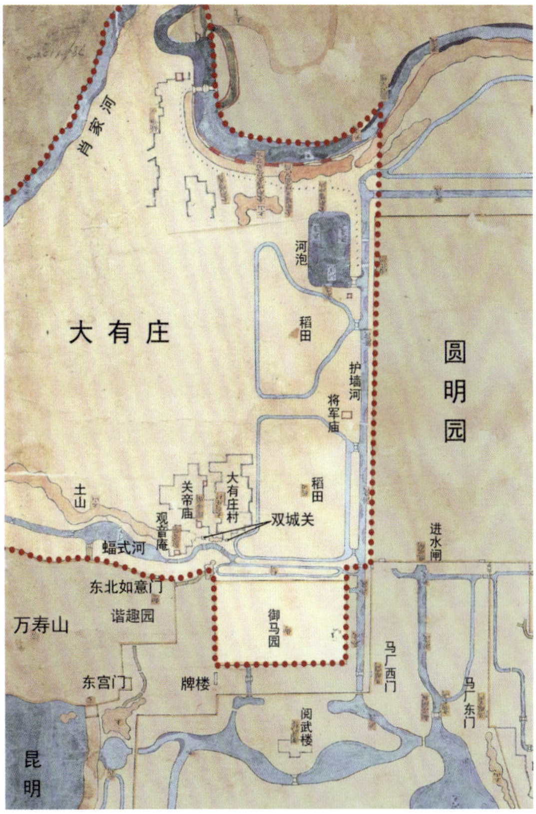

图7　同治时期的大有庄一带，图中可见将军庙。《圆明园河道图》（局部），清同治年间样式雷绘制，中国国家图书馆藏

道光十三年（1833年）春，宗室诗人奕绘与夫人顾太清借宿庙中，同样领悟到小庙的视野之美。奕绘写诗《将军庙晚眺》云：

阅武楼前春水生，将军庙外晚霞横。西山近在圆扉里，雪椮烟糊画不成。
将军庙外稻千畦，水藻岩莎绿米齐。独立寺门看过客，残霞一抹乱峰西。[②]

诗中“西山”意指万寿山。在将军庙不仅可以欣赏万寿山，还可望见牌楼东南阅武楼前的湖水，而近处则是水田环映，集中了乡村景观的精华（见图7）。民国初年，程砚秋也曾到此一访，但景色已非昔日，庙址成为办公场所，失去了风景功能。村中还有泰山圣母庙、关帝庙。

达官村与坡上村东界同临圆明园护墙河。这是一条景观化的河道，宽窄相间，青草池塘，来水与清漪园墙北溪流相通。咸丰时期诗人宝廷曾沿溪而游，写下组诗，其中三首云：

①《抱冲斋诗集》卷二十三之一《过海淀罨秀村将军庙》。
②《明善堂文集校笺》卷六《将军庙晚眺》。

圆明园侧水澄清，浣女如云石岸盈。
碧柳垂阴草铺径，南风远送捣衣声。①

西南门外接清陂，聚浣池边尽艳姬。
此地山川芒萝胜，钟灵应有美如施。②

稻田随处水潺潺，小径沿湖湾复湾。
缘岸故多行数里，只图看尽水边山。③

景色自然，平淡中却是满满的画意。这也吸引了官宦、富商来此筑宅建园，“昔日宅院大都建在坡上村，如梳头王宅院、蜈蚣街豆腐脑边家宅院、魏家宅院”④。即使一般殷实之家也选址此地。下面是一位坡上村老住户的访谈摘录，颇具代表性：

我家住在大有庄坡上村，是在我老祖的时候从营子里搬出来的，……我老祖在坡上村买的房，然后又盖的新房，房子都特别讲究，一进门有个影壁，然后是二门子，二门子进来是四间南屋，三间大房一间耳房，然后又进一个二门子，垂花门，垂花门头里是影壁，是四扇门，影壁进来是东西屋、北屋，这北屋呢往那儿一坐，大玻璃，一直能看到我们的地，地里种的荷花都能看到。我们家院子种的芍药、牡丹，那牡丹都是墨牡丹哪，紫的，黑紫，还有姚黄，三棵都是上品，都是“文化大革命”给刨的。从我爸爸小时候就在这儿住，一直到解放。⑤

从大玻璃一直能看到荷塘的景象，让人很容易想到米万钟勺园“北窗一拓，则稻畦千顷”⑥的意趣，赞为美丽乡村绝不为过，这种景色一直延续至20世纪60年代，用园林术语可称之为“坡上景区”。

①《偶斋诗草》外次集卷一《昆明湖上杂诗·其十一》。

②《偶斋诗草》外次集卷一《昆明湖上杂诗·其十二》。

③《偶斋诗草》外次集卷一《昆明湖上杂诗·其十三》。

④ 焦雄：《北京西郊买卖街》，见柳茂坤、白鹤群等《京旗外三营》，北京出版社，2000年版。

⑤ 定宜庄：《您说我们家封建到什么程度！——赵颐女士访谈录》，见《最后的记忆——十六位旗人妇女的口述历史》，中国广播电视出版社，1999年版。

⑥《日下旧闻考》卷七十九《国朝苑囿》。

3.大有庄

大有庄南邻石御道与万寿山相对，东南为自得园（见图 8、图 9）。村名最早出现在清代果亲王允礼的诗文中，时称大有村。[①]他在诗中吟咏道：

太平人住太平村，面面青山正对门。
篱落犬声知客到，呼僮命酒具鸡豚。[②]

闲趣山间村里，醉他沽酒人家。
谁道官身多事，能来篱下看花。[③]

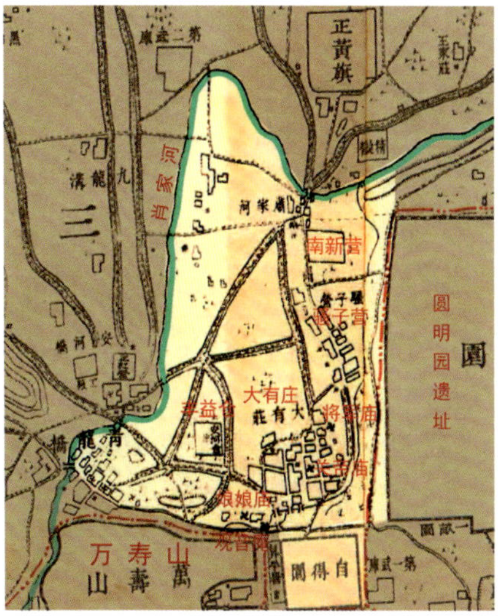

图 8　1915 年颐和园北大有庄区域。《实测京师四郊地图》（局部），1915 年内务部职方司测绘处绘制，中国国家图书馆藏

当年瓮山与村庄之间没有围墙、大路，山与村一体，加之西北有红石山、百望山做背景，借景资源丰富。“面面青山正对门”“山间村里”可谓抓住了本庄形胜要点。允礼另诗《赋得柳暗花明又一村》，应是沿山路乡游所见：

山水遥环路欲遮，但逢好处莫辞赊。
垂丝细展纤腰柳，照眼初开笑面花。
村僻依微通石径，林深杏霭露人家。
莫云此地无遗逸，尽有青门学种瓜。[④]

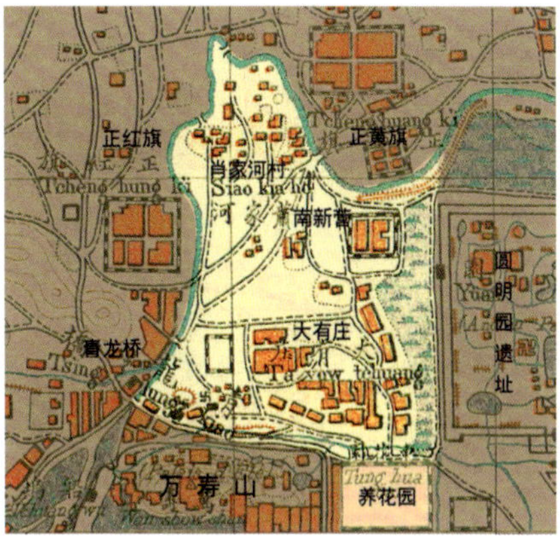

图 9　1923 年万寿山北部大有庄区域。《北京周边地图·黑龙潭》（局部），1923 年法国普意雅测绘

早期村中林木繁盛，人烟不多，绿围田园，极富唐诗意境：“绿树村边合，青山郭外斜。”随着清漪园的建设，居民大增，村庄外延，在东南分出坡上村。村容也开始了第一轮建设，重要标志是乾隆三十一年（1766 年）临御道而建的大有庄城

① 所谓“穷八家”一名，只出现在民国初年的戏说中，不足为据。
②《春和堂诗集·大有村即事》。
③《春和堂诗集·大有村酒肆》。
④《春和堂诗集·赋得柳暗花明又一村》。

关与庄名碑（见图 10 ）。次年，于村东口再建城关一座，内务府总管大臣三和奏折云：

> 大有庄南口添建城关一座，两边成砌虎皮石墙，并接添石道等工，约需工料银……[①]

奏折“添建”一词即是对应村西城关而言，乾隆皇帝为之题额“化宇长春”，意为“教化之区春色长存”。嘉庆朝档案将二者称为“双城关”，这在皇家图纸上也得到印证。

图10　大有庄题名碑，清乾隆三十一年（1766 年）夏立

城关的建立有着景观意义，与御道西端青龙桥城关首尾呼应。城关上为歇山顶三间小阁，城台两翼延展与土山相接，形成“关山”意象。城关的实用功能在于限制了村庄向清漪园方向蔓延、“摊大饼”式的扩张。如果与承德避暑山庄丽正门门区相比，可见其必要性。乾隆晚期丽正门前被蔓延的城市房舍包围，失去了皇家园囿应有的肃穆氛围（见图 11 ）。

整修后的大有庄成为一处引人入胜的乡村景观，法式善诗《大有庄》云：

> 草香及水香，沁人肠腹内。渴饮南山泉，饥餐北峰黛。
> 遂令诗人胸，不着纤尘秽。草堂谁所辟，幽洁殊可爱。
> 虚沙涨石根，残竹倚花背。晨窗弄纸笔，午市售鱼菜。
> 夕月照前溪，松林黑无碍。[②]

“前溪”指蝠式河。“南山泉”“北峰黛”“绿水生香”是大有庄给人的第一印象（见图12）。清漪园时期本区游览人群主要以过客为主，大有庄是其中重要一站。再看斌良的诗：

> 看山兴胡勇，梍车乘晓晴。槎枒诗思殷，时共山云生。荷气扑衣澹，松吹掠耳轻。

①［清］总管内务府：《清漪园等处刨挖河道等项工程》（乾隆三十三年七月初二日），见《清宫颐和园档案·营造制作卷》第 1 册。

②《存素堂诗初集录存》卷一《大有庄》。

图 11　嘉庆时期避暑山庄门前拥挤的房屋区。《避暑山庄全图》（局部），清嘉庆十五年（1810 年）后佚名绘，避暑山庄博物院藏

云开鸩鹊丽，岸啮龟鱼横。意行度湖堧，翠潋摇光晶。庄仍大有历，桥以安和称。
樵歌闻稍起，涤耳远市声。茅茨酒旗卓，宕荡朝暾明。甘瓜碧藤蔓，林枣朱实成。
槐夏暑渐阑，白袷凉飔萦。群玉浓黛泼，萧爽接太清。中藏四百寺，绁马寻碑铭。
村翁佩牛归，相值依柴荆。耦语叩城市，米价近可平？①

诗人沿御道从大有庄一直描述到安河桥周边，美景目不暇接（见图13、图14）。村中庙宇成为游人的观光、借宿点，如法式善诗《人日至大有庄憩佛寺》：

亭午始炊饭，老僧能耐贫。孤村人日酒，高树佛堂春。
冰啄鸟声碎，云皴山影新。过桥踏寒绿，一样画图身。②

大有庄中寺庙主要有观音庵、关帝庙、娘娘庙、③极乐寺（罔极寺）。前三庙以两条景观带为依托，临近蝠式河、溪流与万寿山，跨桥与御道相连，景色宜人。《日下旧闻考》载：

①《抱冲斋诗集》卷十六《由大树庵至大有庄望昆明湖上玉泉诸山》。
②《存素堂诗初集录存》卷一《人日至大有庄憩佛寺》。
③ 关于这 3 座寺庙文献记载颇为含糊、矛盾，主要资料有《1936 年北平市政府第一次寺庙总登记》、《翁同龢日记》、样式雷图档等，本文试为梳理。

图12　眺远斋与大有庄娘娘庙复原效果图

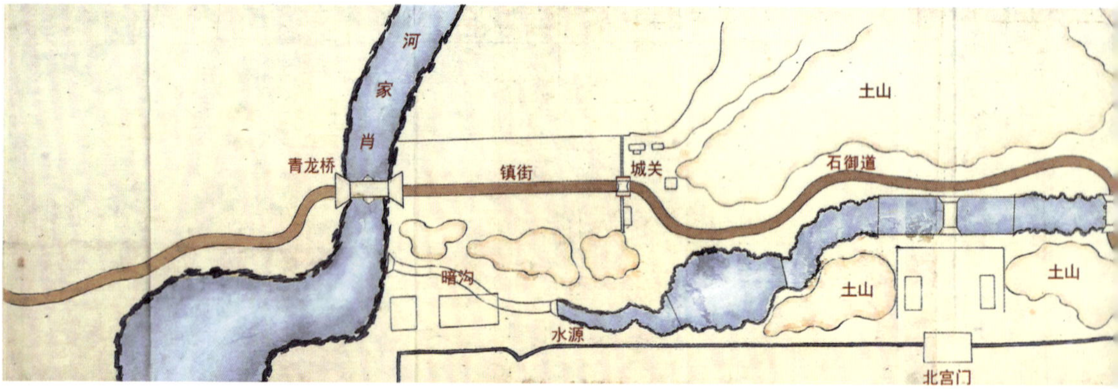

图13　万寿山北御道草图西段。《万寿山颐和园北宫门外河桶挖淤归安两边山石河帮补修城关图样》(局部)，清末样式雷绘制，中国国家图书馆藏

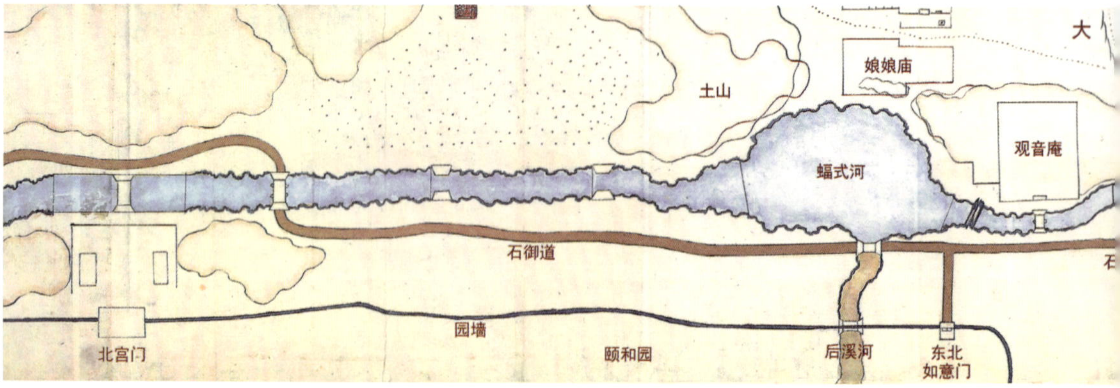

图14　万寿山北御道草图东段。《万寿山颐和园北宫门外河桶挖淤归安两边山石河帮补修城关图样》(局部)，清末样式雷绘制，中国国家图书馆藏

达官村西南里许为大有庄。庄前为御道，道北有观音庵、关帝庙。……大有庄观音庵，铁炉一，明嘉靖四十年造。铁磬一，万历十九年造。关帝庙铁钟一，成化二年造。[①]

在嘉庆时，观音庵为内务府管理、修缮，房屋 18 间，[②] 南对东宫门前街，庵内供奉观世音。光绪时期在其两侧修建了值班公所。观音庵俗称娘娘庙，如《翁同龢日记》中的“娘娘庙”即指此，这很容易与西侧供奉碧霞元君的娘娘庙相混淆。

关帝庙，其位置在观音庵东北，几乎正对大有庄城关，所以“大有庄”村名碑立于庙前。民国时期曾用作难民接收站。[③]“解放初期还存在山门 1 间，大殿 3 间，僧房 8 间。庙前，大有庄汉白玉石碑 1 座。”[④]

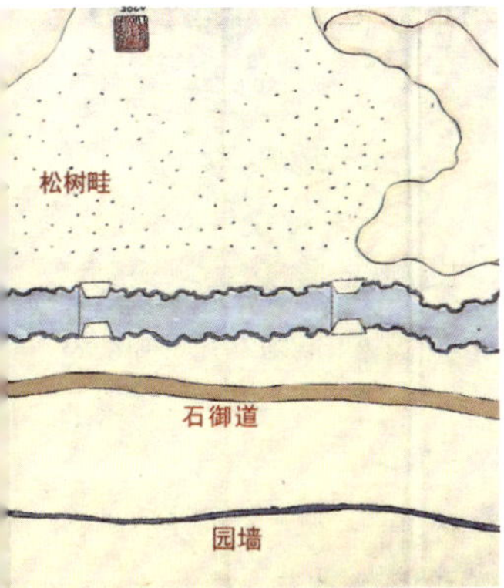

娘娘庙全称“大有庄娘娘庙三村合议（意）茶棚，有道光八年仲夏碑”[⑤]。光绪二十三年（1897 年）在原址上进行整修，[⑥] 南隔蝠式河与园内眺远斋对景，也是观赏万寿山北坡全景的佳地之一。庙址辟山而建，左右土冈相夹，隔冈西为松树畦，东为关帝庙、观音庵。庙内布局简单，以前殿 3 间代山门，后殿 4 间，西配房 3 间。内供碧霞元君、送生娘娘，值得注意的是此娘娘非彼观音娘娘。庙南开阔，成为妙峰山香会的表演场地，以致吸引了慈禧太后，催生出颐和园内眺远斋的建设。

颐和园眺远斋踞园墙而筑，成为大有庄前一处景观画面。光

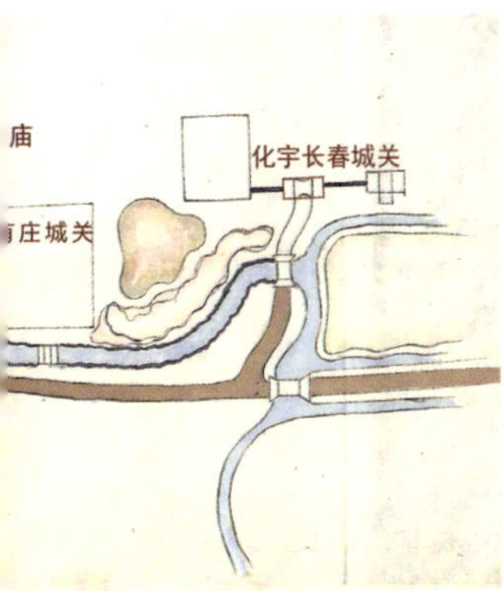

①《日下旧闻考》卷一百《郊坰西十》。

②［清］永庆等：《抄录具奏清漪园等三园修竣工程丈尺做法相符原奏移咨该园照办》（嘉庆二十四年十二月初六日），见《清宫颐和园档案·营造制作卷》第 2 册。

③《红卍会又设收容所八处　二十三日一律成立》，《益世报》（北京），1926 年 5 月 19 日，第 7 版。

④ 青龙桥街道：《大有庄寺庙文化》，见政协北京市海淀区学习和文史委员会编《京西古镇青龙桥》，学苑出版社，2015 年版。

⑤ 奉宽：《妙峰山琐记》。这应是娘娘庙的始建年代，当时凿断土山而成。在此之前，土山连续延绵至大有庄城关。

⑥ 青龙桥街道所写《大有庄寺庙文化》云，娘娘庙建于光绪二十三年，依据不详。据清华大学建筑学院所编著的《颐和园》，眺远斋建于光绪十九年、户部公所建于光绪二十三年，则娘娘庙的建设年代大致不差。又据娘娘庙中有道光碑，推测光绪年应是原址修建重饰。

绪二十三年（1897 年）九月借宿村中吏部公所的王同龢，记述了园墙外观赏的情景：

偕采南散步于掖垣之外。倚垣有楼五楹，晶棂纱幔，极为洞朗。凝睇仰窥之，楼内陈设隐约可辨。询之居人，云名看会楼。太后时或幸此，以观垣外游人往来，虽农父村妇，不禁经行也。午刻回寓，气候甚热。（“心旷神怡，一尘不滓；天高地垌，万象在旁。”此楼上之楹联。）①

眺远斋联语清晰可辨，是对北部田园风景的赞美，也是对“化宇长春”“山馆环阓”城关题额的呼应。

大有庄极乐寺又称罔极寺，重建于光绪二十二年（1896 年），以泥塑、石雕、瓷观音三绝而著名。

颐和园北部地区的其他寺庙，如安河桥的三官庙、三圣庵、兴隆寺，肖家河桥的延福禅林、地藏庵，因与万寿山景观关联不多，不再赘述。

在颐和园成为政治中心之后，为方便进园议政，朝廷各衙署纷纷在此修建值班公所，使大有庄成为东宫门外又一处衙署办公集中区。这里先后有吏部公所、户部公所、政务处公所、军机大臣公所、内务府会计司公所等，② 大都附有园林建设。

在众多衙署公所中，以户部公所最为著名。公所原位于马厂门，即涵虚牌楼东500 米左右，后迁至大有庄观音庵东壁，庵西侧为军机处值房。户部尚书翁同龢亲自查看环境、形势，值班之余还散步于田间塍埂，稻田起着如今草坪的休憩功用。清末大臣、后任北洋政府总统的徐世昌在《大有庄》诗序中回忆道：

昔年，上驻跸颐和园，政务处随扈，设办公之所于大有庄，风景极佳。世昌与陈瑶圃邦瑞、荣华卿庆、郭春榆曾炘、陈雨苍璧、铁宝臣良、于晦若式枚、左子异孝同、许稚筠秉琦分班值宿。回首前尘，宛如隔宿之梦也。

其诗云：

---

① 王同龢：《栩缘日记》卷一光绪二十三年九月初十日，见王同龢著，顾廷龙编《王同龢集》，上海古籍出版社，1998 年版。

② 焦雄：《颐和园是清末最后一处第二个政治活动中心》，见郑欣森、朱诚如主编，中国紫禁城学会编《中国紫禁城学会论文集》第 5 辑，紫禁城出版社，2007 年版。

昔年珥笔傍湖庄，数亩荷花万绿杨。莎草晚晴调马地，蘋花流水捕鱼塘。

忧时谋国趋朝早，说剑谈诗下直忙。回首升平歌舞地，西山一角夕阳黄。①

诗人对大有庄的林田水态记忆深刻，称之为“湖庄”，“万绿杨”应是后来在民国时被伐的巨柳，“调马地”为村北安河圈马厩。后任户部尚书的那桐（见图15）在日记中也写到，值班时所见的大有庄景色如诗如画：

晚饭后查夜。西山一带积雪浮云，溪水未冰，与微月相辉映，真一幅雪夜溪山图画。策马游赏，爽人心目，此境殊不易得也。②

图15 那桐

另外，替慈禧太后撰写《罪己诏》《变法诏》的樊增祥，也曾入住大有庄，以便次日进园祝寿。他描写了由圆明园扇子湖御道而来，及至大有庄时的傍晚雪景：

画角催寒晚霁开，水边无数好楼台。

一条扇子湖西路，看尽风荷看雪来。③

十月之交天宇澄，石桥沙路晚登登。

冰胶野水乌啼柳，雪积寒林犬吠镫。

地远两僮俱僦马，劫余数寺不逢僧。

西山晴黛来朝展，画汝修眉老尚能。④

溪桥寒林、山影雪村，画意犹然，这是光绪二十九年（1903年）的情景。

同期，村中宅园别墅开始增多，有工部尚书怀塔布宅园、兵部尚书孙毓文宅园、

① 徐世昌：《水竹邨人诗集》卷二《大有庄》，《近代中国史料丛刊》正编第67辑，（台北）文海出版社影印本，1966年版。

② 那桐著，北京市档案馆编：《那桐日记》上册光绪二十八年十一月十二日，新华出版社，2006年版。

③ 樊增祥：《樊山续集》卷十九《晚诣湖上积雪满地》，清光绪二十八年西安臬署刻本。

④《樊山续集》卷十九《夜至大有庄》。

总管内务府大臣田季瞻宅园、刘诚印宅园、马辉堂宅园、方介梅宅园，以及坡上村的朗贝勒园、润贝勒园。这些宅园中大都设有花园，其中的巨树、叠山、奇石、花草提升了村容品质，如怀塔布宅园的古槐、马辉堂宅园的三峰奇石（牡丹石、芍药石、菊花石）与茂竹等。①

民国《闲话西郊》作者白文贵曾对这一区私园有所评价：

六郎庄、大有庄……到处有园，纵不尽属宏构，往往一泓流水、几椽精庐，而板桥竹坞别具风姿，触目情生亦能得少佳趣。②

所言极是。由于颐和园时期万寿山北坡景点未能恢复，因此本区私园皆以村中、园内小景为意趣，结构简单，整体水准不及康乾时期环拱畅春园与圆明园的王公官宦的私园群。

4.寄云别墅

寄云别墅原为东公所，宣统八年（1916 年）二月，由尚居紫禁城中的溥仪转赐惠端亲王绵愉之孙、惠敬郡王奕详第一子载润（见图 16、图 17），《宣统年交旨档》记载：

图 16　宣统三年（1911 年）初清政府大臣校阅新建陆军时合影，右起第三人为载润

钦奉谕旨：朗润园着赏给贝勒载涛，大有庄东宫所着赏给贝勒载润，大有庄西公所着赏给贝勒毓朗，……均着加恩作为私产。钦此。宣统八年二月二十二日。③

光绪二十一年（1895 年），载润曾上交园庭一座，《清德宗实录》载："又谕，多罗贝勒载润回缴元狐端罩及园庭，均着收回。"④ 这与大有庄园庭是何关系，尚

① 焦雄：《北京西郊宅园记 · 马辉堂宅园》，北京燕山出版社，1996 年版。

②《闲话西郊》下。

③ 宣统八年二月二十二日谕旨，见《宣统年交旨档》第 2 册，全国图书馆文献缩微复制中心，2004 年版。

④《清德宗实录》卷三百五十九光绪二十一年正月丙戌条。

不清晰。

载润字寄云，因此将私园题名为“寄云别墅”，俗称“润贝勒园”。园门坐北朝南，第一进为三合院，后面是东、西两个四合院，西院为花园，有假山、水池、古柏。[①] 载润曾作诗云：

淋雨兼旬万户秋，今年七夕懒登楼。
不关怅望云千里，忽见西南月一钩。
村屋机头忙织女，农夫垄上缓牵牛。
要知衣食为民本，底贵乘搓星汉游。[②]

诗中重农之意，或许就来自大有庄田园的体验。宅园后被国际关系学院征用，因扩建校舍被拆无存。[③]

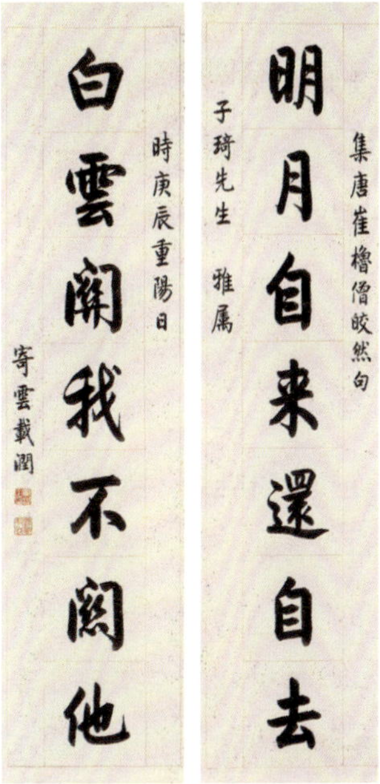

图 17　书法，1940 年载润书

5.绿杨别墅

绿杨别墅原为吏部公所，又名西公所，后转赐毓朗（见图 18）。毓朗是乾隆长子定安亲王永璜的五世孙、定慎郡王溥煦次子，袭封贝勒。他还是末代皇后婉容的外祖父。东公所与西公所相连，布局大致相同，因此他以“绿杨宜作两家春”之意，题为“绿杨别墅”，俗称“朗贝勒园”，占地 10 余亩，“院中种有海棠、柿子、桑、柏、槐、松等树木 270 余棵”[④]。

图 18　毓朗

毓朗号余痴，别号余痴生，在《题侗将军西园》诗中可见其对园林的感悟：

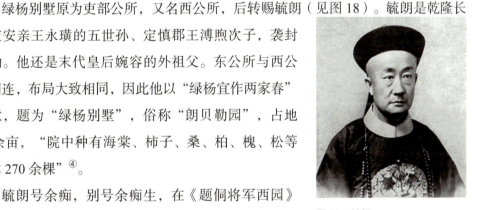

① 王秀华：《中央党校校园述往》，见北京市政协文史资料委员会编《北京文史资料精选·海淀卷》，北京出版社，2006 年版。

② 载润：《己丑七夕用温飞卿韵》，见陈维山主编《诗词撷英》，中国文史出版社，2014 年版。

③ 焦雄：《颐和园是清末最后一处第二个政治活动中心》，见郑欣淼、朱诚如主编，中国紫禁城学会编《中国紫禁城学会论文集》第 5 辑，紫禁城出版社，2007 年版。

④ 王秀华：《中央党校校园述往》，见北京市政协文史资料委员会编《北京文史资料精选·海淀卷》，北京出版社，2006 年版。

敛心玩泉石，缩眼察园林。野老无拘束，山泉有妙音。
地偏尘世隔，树密屋庐深。霭霭夏山色，寻阶上素襟。①

绿杨别墅园址保留至今，改名为“绿杨宾舍”。

6.松树畦

松树畦位于大有庄村口之西，御道溪河北侧，相对于颐和园眺远斋与北宫门之间。文献记载，松树畦为清漪园的松树养植基地，民国《增订实用北京指南》云：

松树畦，在京西万寿山后，冈阜隆起。东西延亘，半里有余，间有平壤，广约数十亩，阜之上下，松林丛密，苍翠地蔽天，地名松树畦，曩曰养松之所也。路北有营房医院，南临石道、面湖墙。缘墙建朱车堆，筑土马路。墙有水门，上覆小桥，水自湖中潺潺而来，汇成小塘于畦之东，东流入圆明园。夏种菱藕，其西河道堵塞，石桥通往来，南岸有宫门，地毗大有庄，西临青龙桥。登阜远眺，北望安和桥，南望万寿山。溽暑之时，穿畦而行，浓阴匝地，小憩林下，几忘其为夏日也。②

“养松之所”在清宫档案中尚未发现相关资料。从松树畦后的土岗走势看，除苗圃功能，它还有环拱万寿山的景观意义。在土山背景下，松林和流水形成了另一种画意，为北部区域增添一处特色景观。咸丰时期内务府总管大臣宝鋆写诗云：

松树畦长拥钓矶，水光山色画依稀。
风鬟雾鬓人多少，疑是前明旧浣衣。③

留下记述的还有麟庆，他写道：

---

① 毓朗：《余痴生诗集·题侗将军西园》，《清代诗文集汇编》第789册影民国十一年宗人府第一工厂石印本，上海古籍出版社，2010年版。

② 徐珂编纂：《增订实用北京指南》，商务印书馆，1923年版。

③［清］宝鋆：《文靖公遗集》卷三《海淀杂诗·其二》，清光绪三十四年羊城刻本。

取道大有庄松畦，密翠千株，风涛澎湃；南望万寿山北楼门内五色琉璃多宝塔，轮相庄严，凌虚标胜。①

可见松树畦不仅独具特色，还是南望万寿山的佳处。1926年，古松林几乎被砍伐殆尽。②

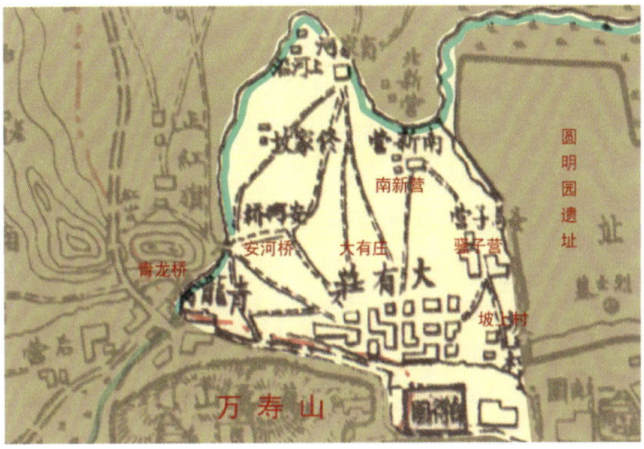

图19　1947年万寿山北大有庄区域。《北平市城郊地图》（局部），1947年北平市工务局绘制、印行

二、园北地区的村务与水务安全

大有庄一带（见图19）的区位与规模使治安管理尤为重要，安全级别等同于紫禁城两翼，一旦发生案件，则按《兵部处分则例》规定的期限破案，并对过期未破的主管官员治罪：

圆明园附近地方窃盗案件题参限期：圆明园附近之侯家庄、过街楼、水磨村、侍卫营、吉水庄、成府村、旱河桥、槐树街、蒋家胡同、杭家村、佟府村、红桥、篓斗桥、南楼门、挂甲屯、五空闸、马厂东门、一亩园、自得园、大有庄、坡上、松树畦、青龙桥城关、青龙桥、安河桥、丰益仓、石作村、稍子营、萧家河村、老爷庙、前河沿、树村街、二河闸，三十三村庄遇有寻常窃盗案件，二月限满无获，即行题参。持械吓禁事主强劫之案，一月限满无获，即行题参，各照本例分别议处。③

上述33个村庄中有一半以上位于园北地区。嘉庆十八年（1813年）发生天理教攻入紫禁城的癸酉之变，在随后的搜捕中，发现有逃犯曾在大有庄居留。朝廷大为紧张，砌高了清漪园北部大墙。嘉庆皇帝再次强调：

青龙桥、大有庄等处俱附近御园，其地与皇城之东华、西华门外相等。④

①《鸿雪因缘图记》第三集下册《董墓尝桃》。
②《万寿山名胜核实录》。
③《钦定兵部处分则例·绿营》卷三十一，嘉庆二十五年刻本。
④《清仁宗实录》卷三百嘉庆十九年十二月庚申条。

随后朝廷对圆明园、清漪园周边进行严查，嘉庆十九年（1814 年）兵部左侍郎禧恩奏折云：

于本月十三日赴圆明园，连日分往附近园庭等处，逐一细查，并因园户匠役多有居住大有庄、坡上村、哨子营等村庄，恐其中有奸徒藏匿，随将各村门牌间数家抽查一两处。①

光绪时期，随着革命党人的暗杀活动增多，清廷再次将颐和园园北大墙加固加高。至清末，经历过“围园弑后”的虚惊与庚子逃难，统治者早已风声鹤唳，每逢两宫驻园，便在大有庄至青龙桥一线增派护军，搭建临时营帐。安保级别的不断提升，反映着清王朝的日益衰落。到辛亥革命前夕，清廷更调军队常驻松树畦以保卫颐和园，“松树畦地方向驻兵队五百人，拟调毅军一营填扎”②。据宣统三年（1911 年）统计，松树畦有营房 3 所，房 144 间；大学堂 1 所，房 126 间。③ 这成为后来本区建筑量增加、城市化加速的开端。

园北治安的严格，还在于大有庄人与园内有着密切联系，用当地老人话说：“大有庄这片人都是吃颐和园里边的饭，跟慈禧有关系，都是伺候她的。”④ 村人进出御苑频繁，其最基本的工作就是园内建设与维护。这之中有石匠、泥瓦匠、役匠等，其他还有洗衣女、菜户、园户、园丁等。到光绪时期，颐和园工程外包私人木厂，参与者有天利、同和、森昌、恒顺等 20 余家，大多在村中设有备料加工基地。即使两宫驻园时，仍有大量来自大有庄的工匠在园中施工。

大有庄还为园中提供餐饮服务，如大有庄的魏家豆汁便被钦点供膳。⑤ 此外，每逢节庆特别是为慈禧祝寿之际，大有庄村民还要入园表演。他们在德和园大戏台表演“万年普庆太平棍”“少林太平棍”，舞枪弄棒者有 42—45 人之多；表演“万

① [清] 禧恩：《奏为遵旨查明圆明园附近住房门牌事》（清嘉庆十九年十二月十九日），中国第一历史档案馆藏，档号为 03—1603—069。

② 刘锦藻：《皇朝续文献通考》卷二百四《兵考三 · 兵制》，民国二十四至二十六年上海商务印书馆十通本。

③《陆军第一镇移交禁卫军松树畦步队一营营房营具清单》（宣统三年四月二十一日），《兵部 · 陆军部档》，转引自赵生瑞主编《中国清代营房史料选辑》，军事科学出版社，2006 年版。

④ 定宜庄：《您说我们家封建到什么程度！——赵颐女士访谈录》，见《最后的记忆——十六位旗人妇女的口述历史》，中国广播电视出版社，1999 年版。

⑤ 焦雄：《北京西郊买卖街》，见柳茂坤、白鹤群等《京旗外三营》，北京出版社，2000 年版。

寿普庆太平秧歌”的演员也有38人。[①]这些活动直接关系到统治集团的人身安全。

大有庄北设有皇家马厩，称“安河圈”，徐世昌诗中名之曰“调马地”。安河圈饲养马匹最多时有200余匹，[②]用于御园出行的交通服务。同期还饲养大象等动物，为驻园的慈禧太后表演。在昆明湖西堤还特别建有马戏场，由三利、森昌、源通三家木厂施工。大象定时在园北溪河中洗浴，成为大有庄前的一道景观。

在各项管理中，水利安全更为重要。园北地势低洼，由昆明湖发源的两条溪河分别由东南、西北环绕本区。一条为前述的御园北墙外溪河，东流转北连圆明园外护墙河，有闸3座。另一条为肖家河，由西而北环绕，其间有青龙桥与肖家河二闸控制。《日下旧闻考》云：

萧家河旧有桥闸，今仍其制。其水由青龙桥来，东北流绕圆明园后，约三里许至卓房村合红桥河水，并御园内外诸河水，又三里许入清河以归白河焉。[③]

两条溪河最终汇入清河。诸闸中以青龙桥最为关键，桥旁常驻闸军负责沿河清理、堤坝保护，以及提闸放水等事宜，管理范围包括整个北部地区。文献记载：

（乾隆）六年奏准：圆明园后河堤、萧家河及（圆明园）西墙外出水河、五空闸出水河、东门外旧有出水河五道，石桥三座并萧家河之石桥，均交奉宸苑管理。[④]

清漪园（颐和园）北部水系在清朝时管理严密，未有疏漏，人们渐忘其功。到民国初年，时局动荡，这一地区的水系疏于管理，水灾频发。1924年8月7日昆明湖水泛滥，“白浪滔天，往东灌注，如同海潮”。洪水不及宣泄，致使大有庄等村被淹没，“平地水深三四尺”，房屋、庄稼浸泡水中。村民70余人赶往青龙桥，请求提闸泄水，才使险情得以缓解。[⑤]次年7月水灾再次发生，大有庄至圆明园间

①《内务府掌仪司承应各项香会花名册》，见《清内务府档案文献汇编》第8册，全国图书馆文献缩微复制中心，2004年版。

②《钦定大清会典则例》卷一百六十六《内务府·上驷院》。

③《日下旧闻考》卷九十九《郊坰西九》。

④《钦定大清会典则例》卷一百六十七《内务府·奉宸苑》。

⑤《昆明湖水泛滥》，《益世报》（北京），1924年8月9日，第7版。

的稻田被大水浸泡，农民叫苦连天，联合请愿。[1] 这些水灾也说明昆明湖与北部风景地的紧密联系。

三、村居与园内的政治风云

清漪园（颐和园）园外村野不仅与园内山水风景相应，在清末大变革之际，更与国家命运息息相关。许多朝中要人往返于大有庄与颐和园之间，其中以观音庵户部公所气氛最为热络，成为大臣入园觐见前后的议事场所。先后任户部尚书的翁同龢（见图 20）、那桐、荣庆，以及户部左侍郎张荫桓（见图 21）自然是这里的主人，在他们的日记中都有大量大有庄议事记载。礼部尚书李鸿藻、军机大臣刚毅也在大有庄中租住，此外还有军机大臣钱应溥、内务府大臣立山、翰林院庶吉士陈熨盛等。

图 20　翁同龢

图 21　张荫桓

光绪二十四年（1898 年），也就是戊戌年，是大有庄和户部公所最为紧张的一年，其中又以康有为的到来最具故事性。四月二十七日（6 月 16 日）康有为（见图 22）来到大有庄，准备次日进园面见皇帝，这是他奋争十年获得的一次机会，至为关键。在张荫桓安排下，他同张元济与元老李鸿章（见图 23）在公所共进晚餐。饭后他与张荫桓在公所西院安歇。

与此同时，在另一院落里，光绪皇帝的师傅翁同龢与军机大臣刚毅、钱应溥、廖寿恒三位重臣相聚“痛谈”[2]，这一天既是翁同龢的生日，又是惊雷炸顶的日子。皇帝一纸诏书罢免了他，也让满朝大臣惊诧不已。因为就在五天前，光绪皇帝宣布变法维新，其“明定国是诏”便是由翁公所拟。与此同时，皇帝又任命荣禄为直隶总督兼北洋大臣，其任命耐人寻味，背后是维新与守旧、帝党与后党、皇帝与皇太后之间错综复杂的较量

---

①《西北郊之水灾》，《益世报》（北京），1925 年 7 月 27 日，第 7 版。

②［清］翁同龢著，陈义杰整理：《翁同龢日记》第 6 册光绪二十四年四月二十七日，中华书局，1998 年版。

与斗争。

凑巧的是，当日雨雾由小变大，笼罩着万寿山与大有庄，犹如时局，中国何去何从几乎无人知晓，包括皇帝与皇太后。这一夜，大有庄的几位朝中要员想必都在辗转反侧之中。

图 22　康有为

次日，康有为在颐和园仁寿殿，见到了急切维新的光绪皇帝，君臣相谈近两小时，双方坚定了变法决心。当天被召见的还有荣禄，等待召见之际荣、康谈及变法，话不投机，二人或许都未意识到，各自已是两大阵营的领军人物。

图 23　李鸿章

其后，变法步伐加速，迫使居住在大有庄的一位住户频繁来往于庄与园之间，他就是礼部尚书怀塔布。他家宅园离康有为所住观音庵不远。康有为离开不久，光绪帝一次性罢免了怀塔布等 6 名堂官，同时大力提拔维新官员。被罢职的怀塔布在大有庄中串联活动，指使妻子以同宗之亲进园陪老太后唠家常，借机哭诉，由此促成慈禧太后召见被免官员。“怀塔布、立山等率内务府人员数十人环跪于西后前，痛哭而诉皇上之无道。又相率往天津就谋于荣禄。而废立之议即定于此时矣。”[①] 怀塔布成为力请太后出来训政的干将之一。在此前后，慈禧已将兵权、人事权牢牢掌握在手中，“废立之谋”也在加速收网，京城开始流传“将有宫闱之变”，“人几尽知”。

预感危机的光绪皇帝连发密诏，并在园内玉澜堂急召袁世凯。康有为也在园外与毕永年、谭嗣同等谋划在袁世凯策应下，带壮士百名“围园弑后”。与此同步，慈禧心腹荣禄则密调董福祥军入京“以备举大事”。一时间，大有庄与颐和园同处剑拔弩张之中。

两天后光绪帝被囚，禁于玉澜堂，103 天的变法维新失败。荣禄、康有为成为追杀与被追杀的角色。在守旧派支持下，慈禧太后再次垂帘听政，正如乐寿堂联语所谀：“亿载诒谋德超千古；两朝敷政泽洽九垠。”

① 梁启超：《戊戌政变记》，岳麓书社，2011 年版。

大权回归，慈禧志得意满。听政议事虽忙，但观戏听曲赏香会一样不少。特别是大有庄的香会表演，还让她得到更深刻的心理满足。香会供奉的碧霞元君为女神，麟庆曾诠释说："天地大德四生，万物非母不育。《震》居东方，《坤》厚载物，元君之泰，义取诸此。"这无疑暗助了慈禧的垂帘信心。作为缺少系统从政历练的女人，慈禧要在朝堂之上一言九鼎，镇住满朝王公贵戚、能臣强吏，若无超强的自信不足以立威。

早在同治三年（1864 年），处于第一次垂帘时期的慈禧太后就曾赐匾妙峰山碧霞元君祠。二次垂帘，她再赐妙峰山匾额 18 面。这不仅大大鼓舞了香会活动，也改变了朝廷的以往立场。自嘉庆朝癸酉之变后，香会活动受到朝廷的监视与限制，这种提防一直延续至咸丰朝。而在同治光绪时期，慈禧大权在握后，一改限制为鼓励，香会声势陡然壮大，"环畿三百里间，奔走络绎，方轨叠迹，日夜不息"[①]。可以说，大有庄前的歌舞又是颐和园政治的外现。

图 24　杨圻

与风景赞美、香会颂歌不同，清末户部郎中杨圻（见图 24）在大有庄写下忧愤之作《宿万寿山户部公所，夜闻颐乐殿箫鼓声》：

千门灯火望琼楼，只道繁华不道愁。
墙里笙歌墙外月，十分富贵二分秋。[②]

时在光绪三十四年（1908 年），也就是戊申年，大清灭亡已成定局，然而园墙内歌舞依旧，这位 28 岁的青年不由得悲从心生。也就是在这年末，光绪皇帝与慈禧太后先后驾崩。

中华民国成立之后，大有庄仍紧随时代脚步。民初作家凯军所写的小小说《他也没有理她》[③]，就是以大有庄为背景，讲述了村中十字街旁一户拜神老夫妻与来村反迷信、砸神灵的青年人之间发生冲突的故事。梁漱溟与熊十力也曾在庄中租房

①《天咫偶闻》卷九《郊垌》。
②杨圻:《宿万寿山户部公所，夜闻颐乐殿箫鼓声》，见杨子才编著《民国六百家诗钞》，长征出版社，2009 年版。
③《大公报》（天津），1930 年 2 月 3 日，第 1 版。

图 25　1945 年昆明湖与颐和园北部地区的航拍图

共住，讨论儒家哲学与中国未来。

总之，大有庄因着颐和园的关系，而与时代、与国运紧紧联动，这一切都掩映在溪田风光之中（见图 25）。

四、结语

以往颐和园研究往往局限于园墙之内，墙外田园的风景价值常常被忽略。其实，古代园林师们有着更广阔的视野与工作领域，而田园又是中国诗人、画家笔下常见的题材。这些工作内容与现代风景园林职业范畴相吻合。时下“美丽乡村”概念同样与古人理想有着契合之处，颐和园北部风景地无疑是最好的范例。

由于相关史料与研究的不足，颐和园园北的风景园林遗存并未被视作文化遗产的一部分，溪流、林丘、绿带早已湮灭无存，天翻地覆的城市化景象，也使后人很难想象曾经的风光。

昆明湖第二水源：引水石渠及其景观建设

在万寿山画中游的石坊上有一副楹联（见图 1），对仗工整，意境清新：

闲云归岫连峰暗；
飞瀑垂空漱石凉。

图 1　万寿山画中游牌坊上刻写着乾隆瀑布诗句

不过让人疑惑的是这周边并没有“飞瀑”，搜遍整个万寿山也没有踪迹。回查御制诗文，方知这是出自乾隆皇帝歌咏香山瀑布的诗句：

黛峻亲切挹山光，纳爽从容步夕阳。
野果坠烟红琥珀，新篁敲露绿琳琅。
闲云归岫连峰暗，飞瀑垂空漱石凉。
自我皇皇法尧舜，输他坦坦傲羲皇。①

当年香山一带植被良好，泉水丰沛，尤其在雨季瀑布时见，“泷泷小瀑注阴溪”②；“西山诸兰若……流泉满道，或注荒池，或伏草径，或散漫尘沙间”③。香山的泉景为何会刻在万寿山上？

很可能是乾隆皇帝“触景生情”，此联刻于乾隆十八年（1753 年）十月，这时的昆明湖已经拓展成功，波光万顷，映射山林。然而漕运、稻田用水量也在增大，如何保持这湖碧波常盈不竭、水源不断，成为亟待解决的问题。而此时，乾隆皇帝正在进行着另一项重大工程建设，即引香山一带的“飞瀑”流泉，作为昆明湖的第二水源（见图 2）。

①《清高宗御制诗集》二集卷三十五《夏日香山静宜园即事四首·其四》。
②［清］阎尔梅：《白耷山人诗集》卷六上《从洪光寺转下香山至来青轩宿》，清康熙刻本。
③《日下旧闻考》卷八《形胜四》。兰若，指寺院。

图 2 昆明湖上游引水石渠示意图

一、寻找昆明湖第二水源

乾隆面对的问题，其实早在 500 年前就已存在。元代初年，为提供京城生活与漕运用水，郭守敬首先梳理了瓮山泊的第一水源，即玉泉山下的泉水群及玉泉河。其后又引来昌平白浮泉作为瓮山泊第二水源，获得巨大成功，景色也最为壮观。元末白浮瓮山渠断流之后，明清两代再也未能恢复，城市、漕运用水不足一直是个亟待解决的问题。

皇帝于乾隆十四年（1749 年）冬拓展昆明湖，之后又接连开挖养水湖、高水湖及泄水湖，将玉泉山以东所有潜在水资源整合起来。即便如此，昆明湖水源仍只玉泉一脉，缺水之虞仍在，因而引导西山泉脉成为补救之策。这个计划其实早在昆明湖开挖前就已成形，乾隆皇帝在这年夏季撰写的《麦庄桥记》，是对北京整体水系的综合论述，其中谈到西山诸泉：

盖西山碧云、香山诸寺皆有名泉，其源甚壮，以数十计。然惟曲注于招提精蓝之内，一出山则伏流而不见矣。玉泉地就夷旷，乃腾迸而出，潴为一湖。[1]

可见香山引水工程是细致研究后的决定，也是自元代以后开辟的第二水源。

①《清高宗御制文集》初集卷四《麦庄桥记》。

昆明湖上游引水区域东起玉泉山，西至香山，北到寿安山，南到南旱河。这里是小西山山脉由南北向东面分支的转折区，地貌近似盆地，汇水丰沛。山地为泉源区，平原为汇流区，土壤渗透性强，水出山则不见，因此这一带田产为旱地作物，林木以耐旱山杏类小乔木为主，与玉泉山以东稻柳水乡景观截然不同（见图3）。

清康熙时期，渗水的平原区用作军事演习场，康熙皇帝曾五次阅兵于“玉泉山西南平旷之地”[①]，演习中使用了红衣大炮，声震山谷，落弹区域应该就是这片渗水区。雍正时期也循例举行。可见本区人口不多，土地也非良田。到乾隆时期，将阅兵场地移至香山余脉万安山下，建立阅武楼；火炮演练则移至卢沟桥北侧河滩地。这些调整为本区的引水工程和环境美化提供了条件。

山地泉源区主要有两条泉脉：卧佛寺西樱桃沟泉脉与香山碧云寺泉脉。其中，樱桃沟一脉最为著名，明代已成游览热点。如文徵明诗《游普福寺观道傍石涧寻源

图3 玉泉山西引水石渠周边景观示意图。底图根据侯仁之主编《北京历史地图集·政区城市卷》，文津出版社，2013年版

①《清圣祖实录》卷一百六十五康熙三十三年十月丙午条。

至五花阁》所述：

> 道傍飞涧玉淙淙，下马寻源到上方。怒沫洒空经雨急，泆流何处出云长。
> 有时激石闻琴筑，便欲沿洄泛羽觞。还约夜凉明月上，五花阁下听沧浪。①

泉水流量大，到清乾隆时期依然不减。举人边中宝在《樱桃沟》中专门描写了水势之猛：

> 飞瀑千寻石罅吐，迅疾直过离弦弩。辗转横翻道士羊，震摇欲撼将军虎。
> 水石喷薄势洄漩，怒浪排空惊掣电。乃知造物心力奇，穷幽凿险开生面。②

描写似乎有些夸张，但水量丰沛应该不虚。

清代共有三次导引这些泉脉的水利工程建设。第一次是乾隆十八年至二十四年（1753—1759 年），为疏源建渠，向昆明湖输水。第二次是乾隆三十七年至三十九年（1772—1774 年），为开河分流，以保护第一次建设的成果，并向城里输水。这是不同时段的两次工程，在以往诸多论述中常被混为一谈。在这两次水利工程实施的同时，还伴随着风景园林的建设。第三次在咸丰、同治年间，是对第一次工程的修复与延长。

二、第一次建设：引泉两脉赴昆明

第一次建设分为两步。首先是引水工程，将山中两泉脉引向山下平地——四王府南的蓄水池。

一脉是樱桃沟水，源头在樱桃沟中一块巨石下，上刻大字“志在山水”，后称“水源头”。这一脉沿途收纳 8 条山谷汇水，经过三个重要地理节点：五华寺（五

① [明] 文徵明：《莆田集》卷十《游普福寺观道傍石涧寻源至五花阁》，清刻本。

② [清] 边中宝：《竹岩诗草》上卷《樱桃沟》，《清代诗文集汇编》第 285 册影清乾隆四十年刻本，上海古籍出版社，2010 年版。

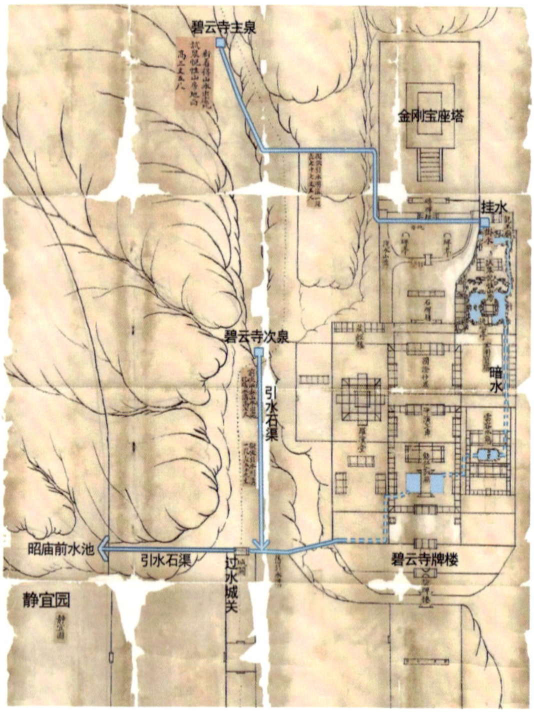

图 4 《碧云寺接引山水地盘样》，清样式雷绘制，台北故宫博物院藏

花阁）、卧佛寺行宫和正白旗营，最后到达四王府蓄水池，长 1137.56 丈①（3640.19 米②）。

另一脉是碧云寺香山水，实为两小脉的合流，其一源自碧云寺悦性山房右墙外③77.5 丈（248 米）的山谷中，泉水经洗心池、静演三车出碧云寺右墙后，接纳同一山谷的另一泉水，再以渡槽形式跨过山谷，进入香山静宜园（见图 4），流经昭庙、见心斋，到达勤政殿前月牙河，长 393.43 丈（1258.98 米）。另一小脉源于静宜园东南山上的双清泉、双井，经内买卖街，长 215 丈（688 米），也到达勤政殿月牙河，与碧云寺小脉汇合流出大宫门，之后再沿 742.8 丈（2376.96 米）石渠，最后到达四王府蓄水池，与樱桃沟泉脉汇合（见图 5）。

输水所用的石渠，是在长方形豆渣石（花岗石）上凿出凹形石沟，拼接成槽（见图 6 至图 8），也被称作“龙沟”“石沟”。这一做法在卧佛寺地区由来已久，见明代记载：

（卧佛寺）凿石漕水贮僧厨，不下三百武，流声汤汤。其高处大石嵯峨，泉如河迸，坐石上浮白掬水漱齿，不减濠濮。④

清代沿用了这一做法，“石泉皆凿石为槽，以通水道，地势高则置槽于平地，

① 长度出自《樱桃沟修理水沟等工销算丈尺做法清册》《碧云寺修理水沟等工销算丈尺做法清册》等，日本东方文化学院东京研究所藏清抄本。

② 清代测量土地，官方使用营造尺，1 尺合今 32 厘米，1 丈合今 320 厘米。参见卢嘉锡总主编，丘光明等著《中国科学技术史 · 度量衡卷》，科学出版社，2001 年版。

③ 最早位于后墙外。

④ ［明］熊明遇：《绿雪楼集 · 西游记》，明天启刻本。

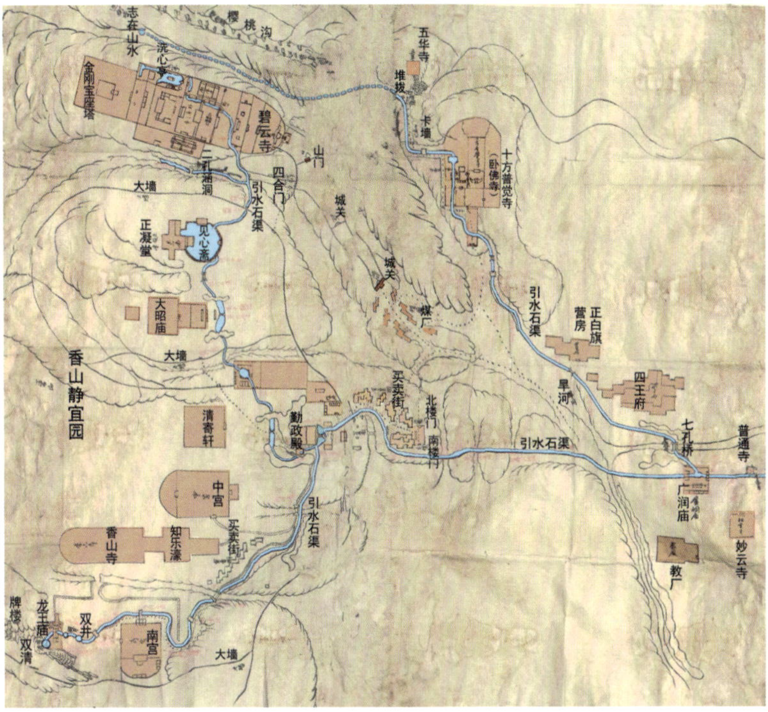

图5　香山一樱桃沟二泉源至四王府引水石渠。《静宜园、碧云寺、卧佛寺至广润庙水道图》，清同治六年至七年（1867—1868 年）间样式雷绘制，中国国家图书馆藏

覆以石瓦；地势下则于垣上置槽”①。“垣上置槽”又称作“水墙”“墙渠”“墙河”，即在墙上安装石槽输水。

由于四王府蓄水池地位重要，因此依池建有广润庙，以求水神龙王佑护。庙址以东地势低展，坡降大，工程采用墙渠方法以减缓水流冲击，使之平缓输往玉泉山，全长 569.72 丈（1823.10 米），这是此次建设中最重要的一环。墙体随地势由西向东逐渐增高，最终接到玉泉山西崖，形成瀑布后落于山脚的涵漪湖，再向南经玉泉湖、高水湖汇入昆明湖（见图 9）。乾隆皇帝对这一脉络了如指掌，颇为得意地多次描述：

图6　引水石槽遗存（香山）

①《日下旧闻考》卷一百一《郊垧西十一》。

（玉泉）山右之水与玉泉不同，源盖别自香山卧佛寺引来也。卧佛寺，唐时名兜率，其地亦以泉胜，向年命引其流，筑墙甃小渠其脊，层递导注静明园西之山，垂为飞瀑，下汇成湖。东流亦与玉泉合，而出水城关，由高水湖入昆明湖。①

这一设计借鉴了杭州韬光寺“刨竹引水”的做法，是皇帝在乾隆十六年（1751 年）南巡时得到的启示，这一借鉴促成引水工程的启动。他解释道：

图 7　引水石槽遗存（碧云寺）

西湖韬光寺，山顶有泉，寺僧刳竹引之，随山势高下曲注云林（寺），以供香积之用。是瀑即用此法，而易以砖沟。②

从两泉脉源头算起，引水石渠总长度共计 2990.4 丈（9569.28 米）。石渠沿线还设有水口，以便浇灌沿渠田地，达到了乾隆预期的目标，即“疏流合汇玉泉盛，以节为宣宝稿蓄”③。

图 8　引水石槽部件遗存（香山）

石渠开建年代目前缺少直接的记载，但可以肯定的是，它与玉泉山涵漪斋景区同时建设，这一景区是静明园十六景建成后的后续工程，以石渠来水为主景。由此可知，石渠的开工是在乾隆十八年（1753 年）。在这个时间节点之前，静宜园碧云寺（见图 10）、卧佛寺已分别完成了整修建设，使决策者对西山泉源更加了解，这与南巡的水利考察、昆明湖的拓展经验一起，为引水工程提供了参考与信心。

①《清高宗御制诗集》五集卷二十九《飞淙阁》自注。

②《清高宗御制诗集》三集卷六十三《练影堂咏瀑・其二》。

③《清高宗御制诗集》四集卷九十六《涵漪斋登舟有作》。

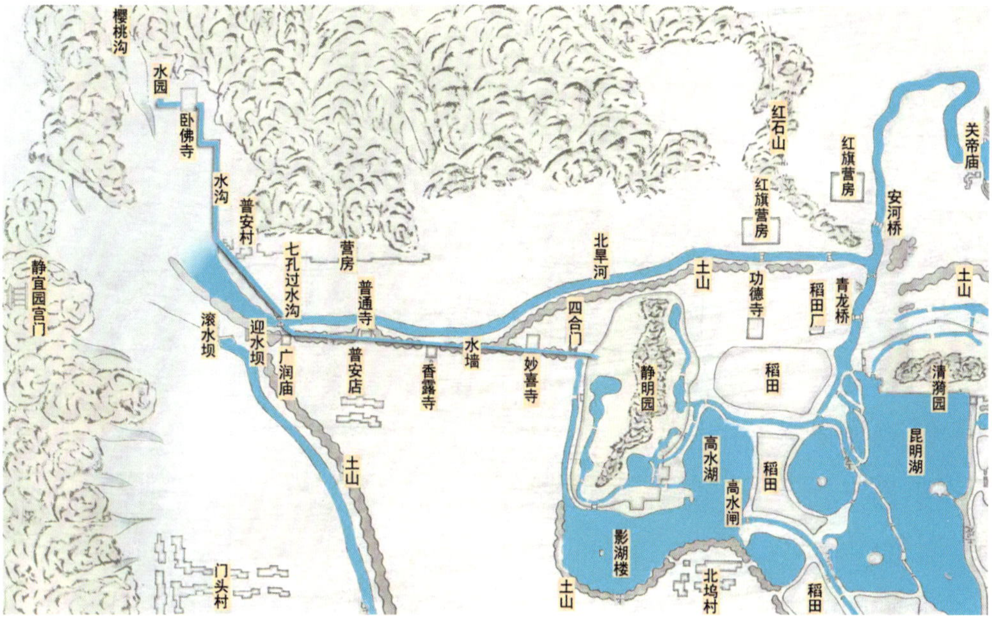

图 9　昆明湖上游的引水石渠。《京城内外河道全图》（局部），清道光二年（1822 年）至咸丰十年（1860 年）间样式雷绘制，中国国家图书馆藏

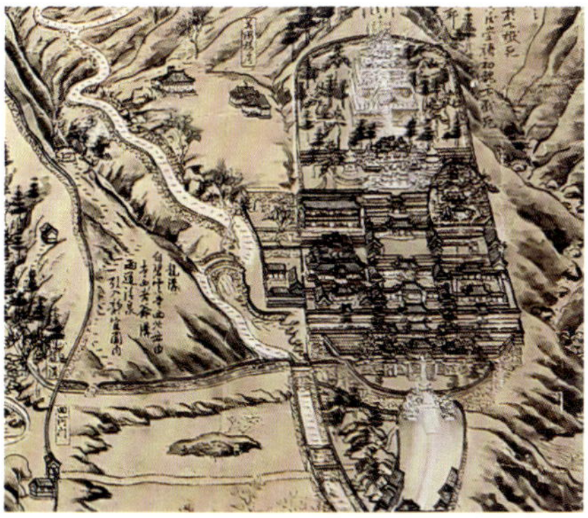

图 10　碧云寺泉源与石渠“龙沟”，图中特别标注了“龙沟”走向。《香山形势图》（局部），京兆希之绘，首都博物馆藏

引水石渠的完工时间，可根据涵漪斋景区的建成时间进行推测。乾隆二十一年（1756 年）八月初三，皇帝为本景区题写了 9 面匾额：

> 太监董五经来说：首领桂元交御笔宣纸“飞淙阁”匾文一张，御笔宣纸“涵漪斋”匾文一张，御笔宣纸“倩晴楼”① 匾文一张，御笔宣纸“含峭居”匾文一张，御笔宣纸“从玉亭”匾文一张，御笔宣纸“练影堂”匾文一张，御笔宣纸“挂瀑詹”② 匾文一张，御笔宣纸“岑华阁”匾文一张，御笔宣纸“千岩秀”。
>
> 传旨：俱作黑漆金字一块玉匾。钦此。③

这是主体工程完成的时间，石渠竣工应为同期。余下工作是景区各建筑的室内

① “倩晴楼”，当作“倚晴楼”。

② “挂瀑詹”，当作“挂瀑檐”。

③《乾隆二十一年各作成做活计清档·油作》（八月初三日），见《清宫内务府造办处档案总汇》第 22 册。

装修与植树栽花。一年后乾隆皇帝游览了景区，写下第一诗《题倚晴楼》：

快雨连宵欣快霁，玉河沿溯玉泉迎。岩栖构筑初断手，吾亦因之号倚晴。
黍高稻下蔚生意，山容水态都怡情。西山复见云缕吐，北漠惟期露布呈。
一喜一虑一凭览，喜那胜虑方寸萦。①

“岩栖构筑初断手”“黍高稻下”说明景区全部完成。《题倚晴楼》作于乾隆二十二年（1757年），皇帝曾于这年五月十一日、六月十六日到玉泉山龙王庙拈香。②结合创作《题倚晴楼》的时间范围，乾隆游览涵漪斋景区，当是在六月十六日到龙王庙拈香之际。这意味着，乾隆二十二年五六月间，涵漪斋景区已最终完成，这也是引水石渠正式完成的时间。

三、“一瀑四庙”景观的形成

第一次建设的第二步工程是园林美化。类似于昆明湖整治，引水建设遵循了乾隆的一贯原则，即水利工程景观化，在将两泉脉引向四王府蓄水池的同时，于玉泉山与香山之间构成一道风景线。

图11　玉泉山涵漪斋景区与瀑布

石渠建设与静明园扩建交叉进行，其直接成果就是涵漪斋景区的形成。它位于玉泉山西坡中部一个突出的山崖下，引水石渠在此与崖壁相接成为终点。乾隆设计团队将这一终点处理得极富想象力：渠水先汇注山腰的蓄水池内，然后沿9.3丈（29.76

①《清高宗御制诗集》二集卷七十三《题倚晴楼》。

②《乾隆帝起居注》第十六册乾隆二十二年五月十一日辛丑条、六月十六日丙子条。

米）挂水沟撞崖，形成瀑布。在水流垂落路径中设置上、中、下三处观瀑点，上为练影堂，中为挂瀑檐，下为涵漪斋，可谓“一瀑三赏”，构成一个以瀑布为主景的小园林（见图 11）。

这个小园由三个院落组成，串联十余处轩堂。布局参照了宋代画家郭忠恕所绘的《临王维辋川图》（见图 12 至图 14），乾隆介绍说：“位置若还觅粉本，辋川图里辨新丰。”并在诗注中说道：“《石渠宝笈》藏郭忠恕《辋川图》，是处位置略仿之。”[①] 郭图是幅二十景合一的长卷，仿自王维《辋川图》。景区所仿应是长卷中“栾家濑”“南宅”“华子冈”部分，主要学其山水环抱之势、“瀑布流泉”及“高松泉庭”，比对图景可知确实是“略仿”。

景区的主建筑为涵漪斋，景区也因此而得名，内部景点有飞淙阁、真珠船、岑华室、倚晴楼及涵漪湖等（见图 15）。从景名可知，大多数建筑都以瀑布为题。倘若没有引水墙渠，这处园林也就不会存在。乾隆皇帝对此十分喜爱，先后写下 72 首诗，其中《练影堂》一诗概括得比较全面：

图 12 《临王维辋川图》（局部），宋郭忠恕绘，台北故宫博物院藏。图中所绘是栾家濑柳港，为瀑布与湖溪景观

图 13 《临王维辋川图》（局部）。图中所绘是南宅，为高松与山水的结合

图 14 《临王维辋川图》（局部）。图中所绘是华子冈与辋水山势围合，林木掩映

盘下最高峰，西峪更佳致。有山复有湖，湖承瀑所坠。
瀑下置书堂，练影窗间泌。直垂一匹白，分擘两崖翠。
徒观流之淙，因忆源之自。骑墙十里来，香山碧云寺。[②]

①《清高宗御制诗集》三集卷三十六《涵漪斋》。
②《清高宗御制诗集》三集卷五十八《练影堂》。

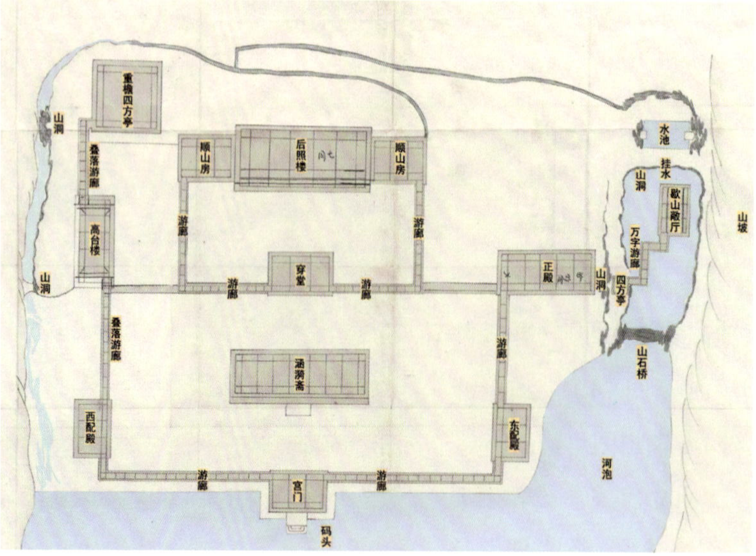

图15　静明园涵漪斋。摹自《谨查静明园内涵漪斋图样》，清样式雷绘制，中国国家图书馆藏

诗中“骑墙十里来”表明，引水石渠工程与涵漪斋的景观构思是同步进行的，瀑布的高度决定了墙渠的高度，这显示出设计者大尺度空间的整体把控能力，也是中国园林“巧于因借”的范例。瀑布成为乾隆诗咏中的主题词，有论其气势的：

大珠小珠空落，日面月面烟生。
香炉蓦问李白，三千尺此何争？①

瀑自峡中垂，却拟檐前挂。……
百丈水晶帘，合相琉璃界。②

有论其细腻的：

一泉分数派，面势得两间。
落崖犹曲折，入沼乃潺湲。③

乾隆皇帝几乎是在一寸一寸地品味这溜垂瀑。最让他得意的是对玉泉“垂虹”

①《清高宗御制诗集》三集卷二《飞淙阁》。
②《清高宗御制诗集》三集卷三十《挂瀑檐》。
③《清高宗御制诗集》二集卷七十三《练影堂》。

景观的再现。“玉泉垂虹”是北京沿传数百年的八景之一，乾隆还是皇子时就已心神向往，曾作燕京八景诗，其中写到《玉泉垂虹》：

涌湍千丈落垂虹，风卷银涛一望中。
声震林梢趋众壑，光浮练影挂长空。
跳波激石珠丸碎，溅沫飞花玉屑红。
自此恩波流处处，公田时雨泽应同。[①]

诗中对“垂虹”大加渲染。待他继位后亲身游历，才发现泉是从水面喷出，根本无“虹”可“垂”。失望之余，乾隆检讨自己轻信传闻，自嘲道：“笑我亦尝传耳食，未能免俗且雷同。”[②]随即改景名为“玉泉趵突”。而此次引水为瀑，不免旧事重提，再发议论：

普觉寺前有源水，引来飞瀑挂前川。
笑予八景题过刻，原有垂虹在玉泉。[③]

自嘲中夹杂着得意。从中可知引水石渠设计之初，除需完成昆明湖的补水目标，还有营造瀑布的任务。自此，这道石渠为玉泉山弥补了“垂虹”的空白，其后乾隆反复写诗文说明，唯恐被人忽略，其中一诗序云：

昔年命自香山碧云寺引流，筑墙甃小渠其脊，递注于此，挂为飞瀑。是则与垂虹之意恰合。[④]

“甃”，意为砖瓦砌筑。石渠以广润庙至玉泉山之间 2000 米段最为抢眼，墙体局部高达 4 米。如此尺度、直线横亘在田野上，无疑会显得突兀笨重。皇家团队为此进行了美化设计，以广润庙为起点，沿墙渠安置 4 座小庙用以点景，即所谓“缀景招提”，分别为广润庙、普通寺、香露寺、妙喜寺，交错分列在水墙的南北两侧，

①《御制乐善堂全集定本》卷二十四《玉泉垂虹》。
②《清高宗御制诗集》二集卷二十九《玉泉趵突》。
③《清高宗御制诗集》五集卷四十《挂瀑檐口号》。
④《清高宗御制诗集》五集卷五十三《挂瀑檐》自注。

图 16　2020 年石渠公园景观设计草案之一

庙墙与水墙合而为一。广润庙、香露寺的后院墙为过水墙；普通寺、妙喜寺的前庙门为过水门。在与道路交叉处还设有渠下通行的涵洞门，门框涂以朱色。后世当地“红门村”“单水门”“双水门”地名即由此而来。当年，人从渠下过，泉在头上流，景观甚是奇妙（见图 16、图 17）。

图 17　2020 年石渠公园景观设计草案之二

此外，沿水墙还堆筑了连绵起伏的土山（见图 18、图 19），坡脚叠以山石，护墙同时兼顾美化。据同治时估算，引水工程沿线叠石需用山子匠（叠石师傅）3450.5 个工[①]，完全是造园的手法。寺庙周边及沿山种植了大量松林、桃林，至道光年间已是郁郁葱葱。诗人斌良游访妙喜寺时写道：

图 18　四王府广润龙王庙东侧土山残存，2014 年笔者摄

策马来寻不二门，潆洄晴渌抱孤村。
万松环寺香成海，三阁朝元位独尊。[②]

图 19　残存的引水石渠护墙土山，2014 年笔者摄

呆板生硬的大墙被装点成一道亮丽的风

① 《修理城外水沟河桶等工销算银两总册》，日本东方文化学院东京研究所藏清抄本。《樱桃沟修理水沟等工销算丈尺做法清册》，日本东方文化学院东京研究所藏清抄本。

② 《抱冲斋诗集》卷三十五《妙喜寺》。

图 20　石渠四庙。《都畿水利图卷》（局部），清乾隆年间弘旿绘，中国国家博物馆藏

景线（见图 20）。4 座庙宇在绿树围合中，流泉作响，宁静脱俗。乾隆再赐嘉名，将水与佛意相联系，赋石渠以灵魂，也与碧云寺、十方普觉寺（卧佛寺）寓意相贯通。各庙略述如下。

1.广润庙

广润庙为引水中枢，二进院落。北院中心为蓄水池，泉水从东厢房下流出，导入庙东侧土山石渠。庙中祭祀龙王，故又称“广润龙王庙”，与昆明湖“广润祠”之名相似。所在地四王府原为明代皇家陵寝区，有了流泉后也变得生机勃勃。乾隆时人福增格在四王府写诗云：

槐陌莺啼小市东，潺潺水绕故王宫。
辽天未见归丁鹤，雪爪何年问塞鸿。①

2.普通寺

因祭祀滴水观音，普通寺又称观音寺，位于广润庙之东，与南部妙云寺隔御道相望（见图 21）。普通即“普遍流通”之意，比喻佛法如甘泉香露“名德流布，普通十方”。庙南墙为水墙，门楼上安置有 1.87 丈的过水石槽。

图 21　普通寺与妙云寺隔林相对，现存古槐，2014 年笔者摄

① [清] 福增格：《酌雅斋诗集·卧佛寺东里许有故园寝土人以四王府呼之》，清乾隆间刻本。

3.香露寺

香露寺（见图 22）又称释迦佛庙，供奉释迦牟尼佛，位于普通寺东。庙名寓佛“降慈悲云，垂甘露雨”，是净土中的殊胜庄严之一，庙后院墙为过水墙。

以上三庙归静宜园管理，嘉庆时期清宫档案中记载：“广润、普通、香露寺殿宇房间四十二间，山门一座”，与静宜园外买卖街等一同修缮，[1] 可知其大概规模。

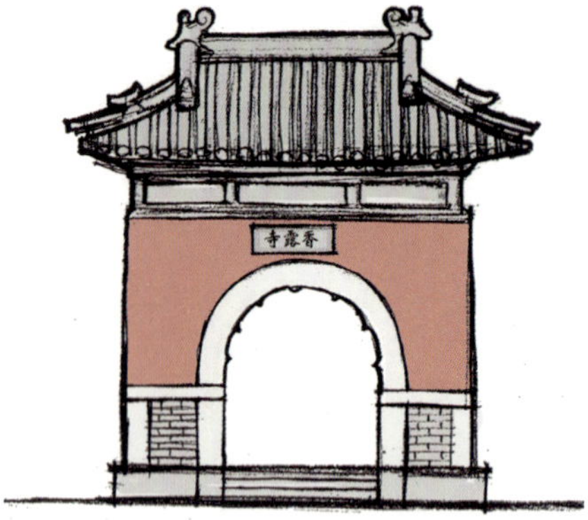

图 22　香露寺山门立面图。摹自《香露寺立样糙底》，清样式雷绘制，中国国家图书馆藏

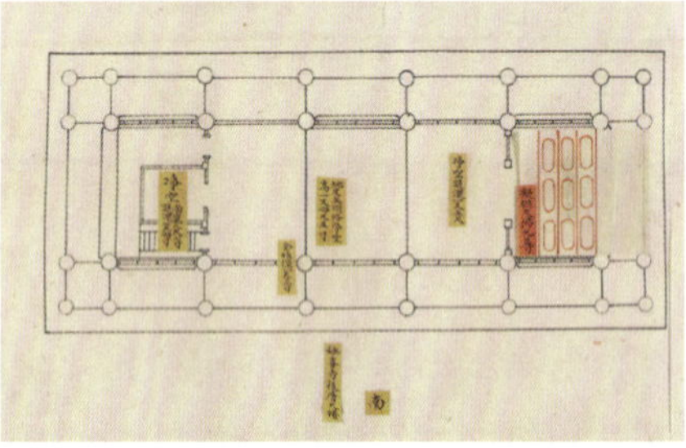

图 23　《妙喜寺后屋大楼平样》，清样式雷绘制，中国国家图书馆藏

4.妙喜寺

妙喜寺又称观音庵，在香露寺东，通过四合门与静明园西墙相通，为四庙中最大者，归静明园管理。共四进院落（见图 23），山门与水墙一体，安装过水石槽 2.25 丈。

一进院为左右钟鼓楼、旗杆与天王殿。设有弥勒佛、四大天王、韦驮神像。

二进院为大雄宝殿与东西配殿。大雄宝殿五楹，乾隆题额“香海同源”，楹联“毫相涌祥辉等成七宝；镜光澄慧照合证三摩”。内供三宝佛 3 尊、铜镀金释迦牟尼佛及阿蓝伽舍 2 尊、罗汉 18 尊。东配殿供三圣 3 尊及从神 8 尊，西配殿供祖师 3 尊及从神 8 尊。

三进院佛殿五楹，乾隆题额“优昙应现”，楹联“大圆镜照三千界；微妙香凝二六时”。殿内铜镀金无量寿佛、菩萨 2 尊、佛 1 尊，以及印子佛 4308 尊。

四进院后正楼两层，东西为配楼。正楼有乾隆题额“菩提普印”，上下两层都设有皇帝宝座，内供九大法身佛，其体例可参见先它一月安装于圆明园法慧寺的 9 尊供佛，手中各握红、黄、翡翠三色玻璃钵（见图 24）。[2]

---

① ［清］永庆等：《抄录具奏清漪园等三园修竣工程丈尺做法相符原奏移咨该园照办》（嘉庆二十四年十二月初六日），见《清宫颐和园档案·营造制作卷》第 2 册。

②《乾隆二十四年各作成做活计清档·玻璃厂》（九月二十四日）：“郎中白世秀、员外郎金辉来说太监胡世杰传旨：法慧寺楼上现供佛九尊，手内酌量大小配红、黄、翡翠三色玻璃钵九件。钦此。”见《清宫内务府造办处档案总汇》第 24 册。

历史上各地有过多所妙喜寺，以湖州者最为著名。唐代陆羽在寺中撰写了传世著作《茶经》；颜真卿为之留下书法珍品《妙喜寺碑记》，乾隆皇帝曾反复临摹。而此处妙喜寺临近玉泉山第一泉，在泉旁的竹炉山房，乾隆写下众多品茶诗，每每都会提及陆羽，寺名应源于此。

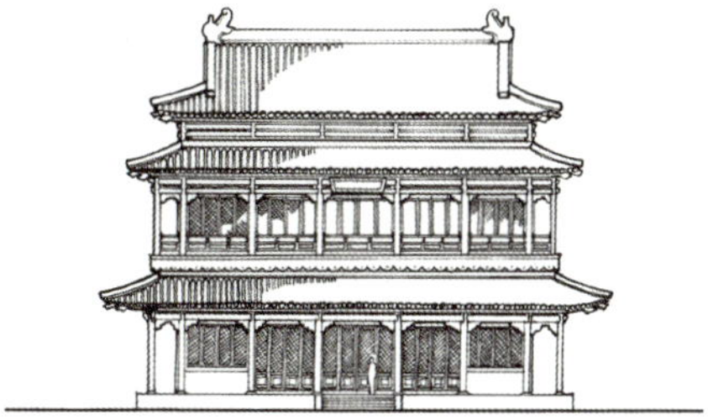

图24　妙喜寺后殿立面图，参照，清样式雷《妙喜寺平立样并圣缘寺慈云殿平样糙底》绘制，中国国家图书馆藏

四座庙建成于乾隆二十四年（1759 年），见清宫内务府奏销档十月十六日记载：

十六日，奴才三和、吉庆、德保、和尔经额谨奏：为请旨事，查得静明园西宫门外新建妙喜寺、释迦佛庙、观音庙、龙王庙等四庙业已告竣开光，应请安设住持僧人，敬谨焚修、洁净打扫。[1]

这标志着第一次引水石渠建设的全面竣工。在这一过程中，泉脉的所有潜质——功用、美感、精神各个层面都被开发出来，相互融合，浑然天成。

四、第二次建设：开河分流与田园风景的形成

北京雨季集中、雨量大，倘若石渠不能及时消纳来水，极易被冲毁，下游昆明湖大堤也会受到威胁。为此乾隆三十七年（1772 年）夏季，乾隆皇帝下旨展开第二次引水工程建设，即以广润庙为中心开挖泄水河，分流暴雨带来的瞬时汇水。

具体而言，就是在四王府广润庙南、北各挖一条河道，挖出的土方堆成连绵起伏的挡水岸山，上植花木强化稳定性（见图 25）。向南的河道称作“南旱河”，经小屯村、平桥庄、双槐树东，汇入八里庄西的玉渊潭，顺势营建钓鱼台养源斋园林风景区，最后流入护城河。同时，在广润庙北利用明代旧河道开挖“北旱河”，向东北连通肖家河，最终流入清河接济漕运。这项工程又称“新开引河”，乾隆三十九年（1774 年）竣工，乾隆皇帝视察后写诗纪念，并详细解释：

① ［清］三和等：《奏请静明园外妙喜寺等庙建成安设住持焚修折》（乾隆二十四年十月十六日），见《清宫内务府奏销档》第 55 册。

图 25　四王府广润龙王庙东侧土山残存，曾护固引水石渠东流，2014 年张锦伟摄

香山、卧佛及西山一带山沟，夏秋雨水下注，俱归静明园之高水湖，转入昆明湖。遇山水过大之年，漫流积潦，既淹没民田，而汇入昆明湖者宣泄不及，水去堤面无几。壬辰夏，命英廉等于香山东、昆明湖西，开泄水河二……同达于通州以济运。自此河开成，河东民田全免水患，昆明湖水亦无涨溢之虞矣。[①]

广润龙王庙正是由于具有分流的作用，故又称为“分水广润龙王庙”。

图 26　民国时期从玉泉山南望石御道古槐与大柳树村，1933 年澳大利亚海达 · 莫理循摄

此次建设带来的另一项成果，就是形成了玉泉山以西的田园风景。如果说“一渠四庙”属于“点”“线”式的缀景，那么与分流工程共建的则是“面”的美化。在此之前，本区环境开阔有余，迂回不足，缺少藏风聚气的围合感。随着第二次引水工程的完成，本区空间尺度变小而亲切宜人。两溜旱河岸山上桃红柳绿，与原有的荷叶山共同形成围合感；远有寿安山、玉泉山、香山余脉万安山为背景，层次丰富；中间是绿色田园、“一渠四庙”点缀，使这里成为一处宁静的世外桃源。此外，通往香山的

图 27　民国时期从金山望玉泉山西石御道古槐带与引水石渠遗迹，1933 年澳大利亚海达 · 莫理循摄

① 《清高宗御制诗集》四集卷二十一《泛舟由玉河至玉泉山登陆往驻香山静宜园沿途即事得六首 · 其六》自注。壬辰，指乾隆三十七年。

御道穿行其中，沿路种槐形成绿廊（见图 26 至图 28）。至乾隆三十九年（1774 年）后，人工痕迹逐渐模糊，景观宛自天开。乾隆皇帝以《玉泉山西》为题，反复歌咏这里的田园景色：

偶忆香山欲暂居，西沟缓辔一循诸。种槐已自荫涂满，芃麦何曾见尺余。
农事兆佳真慰矣，天恩盟独只瞿如。三朝便尔偷闲往，几务仍勤敢懈予？[①]

御道南侧的妙云寺，经乾隆四十三年（1778 年）整修后成为御道旁的景观点与歇脚场所。

图 28　御道古槐与北部柳林，2014 年张锦伟摄

本区还进行过庆典活动的景观设计，即沿御道展开万寿装饰。国家图书馆藏有设计草图《静明园至静宜园典景房立样图》，其中标有妙云寺、广润庙，沿途设牌楼、线法山、松棚、葫芦架、南瓜架、亭台廊榭等一系列布景，从静明园西宫门一直延续到静宜园东城关（见图 29 至图 31），手法与康乾时期三幅万寿庆典图内容相同。这一图纸为三山五园研究提供了新视野。可惜除图名外，缺少更多的文字资料，笔者推测为乾隆七十大寿所备，但需进一步论证。本文依立样图推导绘出万寿庆典图景，以求教方家。

第二次引水工程完善了原有的输水体系，扩大了灌溉范围，也奠定了玉泉山以西田园稳产的基础与宜人的景观环境，自此玉泉山静明园与香山静宜园的风景带形成稳定的结构体系。

五、成果管理与第三次引水工程建设

建成的引水设施及景观的管理有如下安排：沿线四庙中的广润、普通、香露三庙归静宜园管理事务大臣负责，妙喜寺归静明园管理，所有树木、沟渠就近由绿营

① 《清高宗御制诗集》三集卷十三《玉泉山西》。

图 29　御道与静明园西宫门复原设计图

图 30　御道与妙云寺复原设计图

堆拨稽查管理。[①] 沿线设有值勤士兵，见国梁诗作《宿普恩淀不寐》：

黄荻霜风号，玉泉塔月落。
空山阒无人，秋心碎寒柝。*
* 自注：夜有营兵击柝不绝。[②]

上述“一渠四庙”南侧为普安店村域，其环境与治安也因此受到管控。四庙中以妙喜寺殿宇最大，安设住持僧人 2 名，每月官给香灯供献银 8 两 1 钱 9 分。每逢

① ［清］三和等：《奏请静明园外妙喜寺等庙建成安设住持焚修折》（乾隆二十四年十月十六日），见《清宫内务府奏销档》第 55 册。

② ［清］国梁：《澄悦堂诗集》卷十二《宿普恩淀不寐》，清嘉庆十五年刻本。普恩淀，即普安店。

静宜园至静明园 正

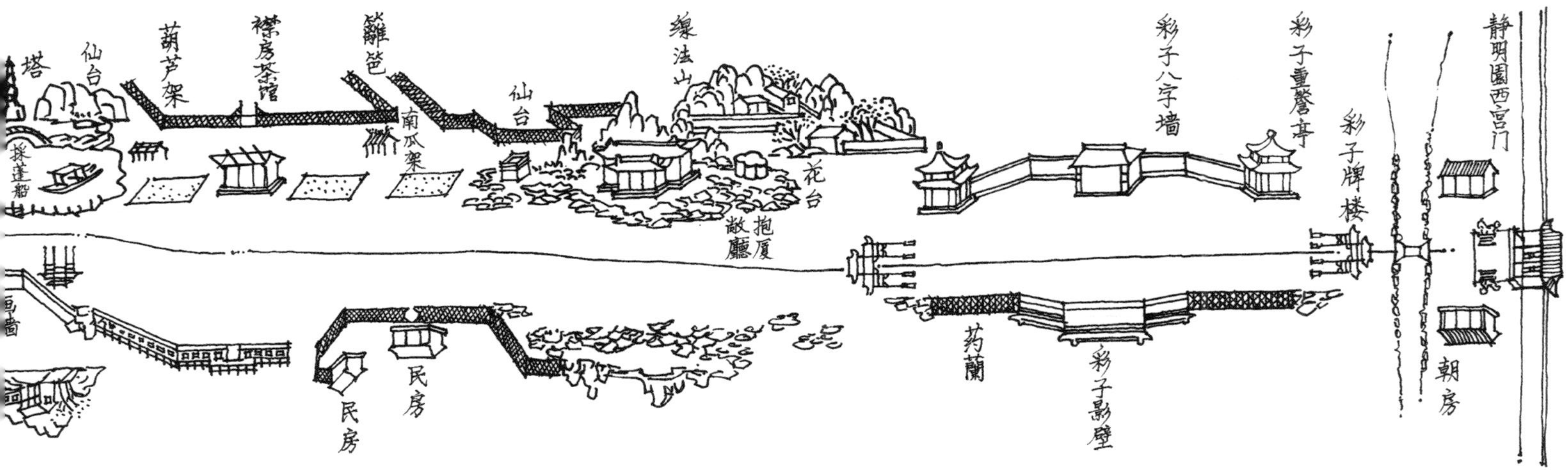

静宜园至静明园

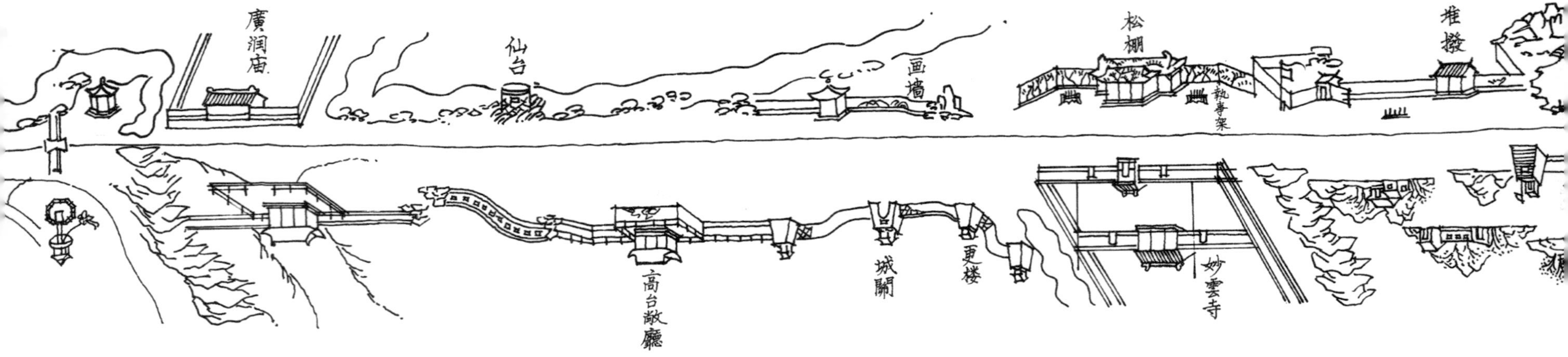
廣润庙
仙台
画墙
松棚
執事桌
堆撥
高台敞廳
城關
更楼
妙雲寺

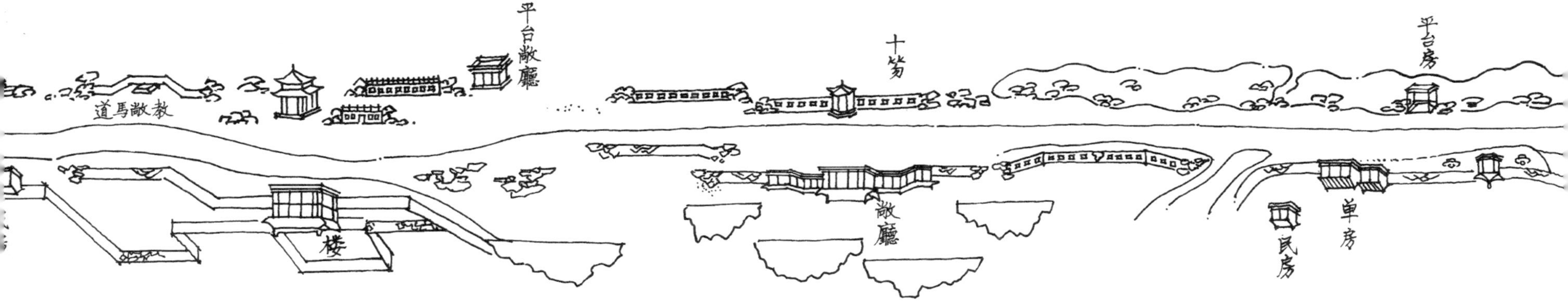
平台敞廳
十笏
平台房
道馬敞教
樓
敞廳
单房
民房

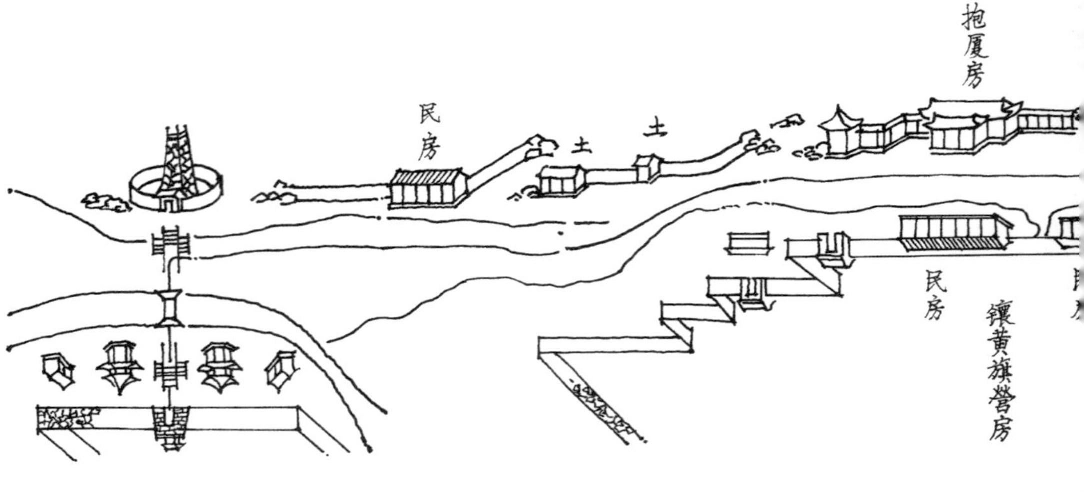

图 31　玉泉山至香山御道推测图。据《静明园至静宜园典景房立样图》设计，赵站国手绘

三节道场（万寿圣节、元旦正月初一、四月初八佛诞节），另给承办道场银 6 两。其他三庙人员与经费减半。①

乾隆三十八年（1773 年），广润龙王庙附近的引水石渠断裂，有关人员因整修迟误被处分。②同年七月，刚刚疏通的樱桃沟石渠又被冲毁，乾隆皇帝派大臣英廉调查处理。③乾隆四十三年（1778 年），对樱桃沟至妙喜寺段的引水石渠进行了疏通维护。④

嘉庆十七年（1812 年），妙喜寺群楼曾准备拆移，添建到静明园内的涵漪斋，提议此事的三山总管大臣穆腾额因此受到嘉庆皇帝痛斥，最后被贬至盛京。⑤嘉庆二十四年（1819 年），妙喜寺与静明园含辉堂、清音斋等殿宇、房间 41 间，一同整修竣工。⑥

咸丰初年石渠已经断流，因此皇帝于咸丰九年（1859 年）六月下旨勘察，以备进行第三次引水工程建设：

朕闻香山卧佛寺西墙外，地名樱桃沟，有石板一块。下有涌泉可注于玉泉山飞淙阁，汇为瀑布。若此水畅旺转达昆明，即可提闸济运。着派绵勋、钱宝青，明日前往该处查勘具奏。寻奏，遵查泉源虽不甚旺而下注不息，计达七八里之遥。如能引归长河，于济军不无裨益。报闻。⑦

这一建设还未展开，第二年英法联军便火烧三山五园，引水石渠遭到破坏，“一瀑四庙”同毁。

同治四年（1865 年），北京地区持续大旱（见图 32），到同治五年（1866 年）

① [清] 三和等：《奏请静明园外妙喜寺等庙建成安设住持焚修折》（乾隆二十四年十月十六日），见《清宫内务府奏销档》第 55 册。

② [清] 总管内务府：《奏为龙王庙引水石沟断修理迟误处分有关人员事折》（乾隆三十八年四月初十日），见《清宫内务府奏销档》第 101 册。

③《清高宗实录》卷九百三十六乾隆三十八年六月丁酉条。

④ 香山公园管理处编《香山公园志》：“乾隆四十三年，……园外樱桃沟至妙喜寺疏通引水沟，凑长八百五十一丈三尺八寸。”中国林业出版社，2001 年版。

⑤《清仁宗实录》卷二百五十九嘉庆十七年七月辛卯条。盛京，今辽宁省沈阳市。

⑥ [清] 永庆等：《抄录具奏清漪园等三园修竣工程丈尺做法相符原奏移咨该园照办》（嘉庆二十四年二月初六日），见《清宫颐和园档案・营造制作卷》第 2 册。

⑦ [清] 周祖培等：《清文宗实录》卷二百八十咸丰九年四月癸卯条，中国第一历史档案馆藏原皇史宬大红绫本配北京故宫博物院图书馆藏原乾清宫小红绫本，1986—1987 年版。

六月，缺水日趋严重，御史陈梦兰奏报，“禁城外河水渠干涸”。[①]垂帘听政的慈安太后与慈禧太后，以同治皇帝名义下旨，将城内水田一律改为旱作，以减少用水量；又于同治六年（1867年）正月二十八日，命工部右侍郎魁龄及于凌辰、王维珍、文硕等人探查香山各地，寻找新水源。经初步踏查，魁龄等人乐观地上奏道：

图32　清同治初年，北京地区干旱严重，昆明湖湖床持续干涸，远处为治镜阁。同治十二年（1873年）摄，摘自故宫博物院编《紫禁倩影——西洋镜里的皇家建筑》，故宫出版社，2023年版

遵旨查探西山水源。查得昆明湖来源出自玉泉，玉泉之水实借助于香山、樱桃沟两泉。拟请力加疏瀹，节节导引，停蓄于昆明湖中。待其积长增高，自仍循故道入长河以达京城。请钦派大臣覆勘修理。[②]

其中“力加疏瀹”等语显示出魁龄一行人的信心。

然而，仅仅不到一个月时间，魁龄便改口说：“恐虚耗国帑，泉水未见流通。”[③]原来，引水工程规模浩大，其范围延展至昆明湖及下游长河，直抵北护城河入城水关铁棂闸，规模超过乾隆时期。而此时非彼时，各地局势动荡，朝廷财政吃紧，魁龄在估算工程资金后，心里发凉。于是，他奏请暂缓办理，结果引来两宫太后与同治皇帝的训斥：

西山一带泉源关系京城水脉，该侍郎等奉命覆勘，自当妥筹办法，以期于事有济，岂能畏难中止！仍着魁龄等悉心筹商，设法疏浚，固不可稍涉虚糜，亦不得意存推诿。[④]

① 何瑜主编：《清代三山五园史事编年·嘉庆—宣统》，中国大百科全书出版社，2014年版。

② [清]沈桂芬等：《清穆宗实录》卷一百九十五同治六年正月癸未条，中华书局影中国第一历史档案馆藏原皇史宬大红绫本，1987年版。

③《清穆宗实录》卷一百九十六同治六年二月戊戌条。

④ 同上。

魁龄等人只好硬着头皮，提出具体的施工方案。鉴于国库空虚的现状，此次引水工程将南北泄水旱河、沿线美化等项目统统省略。按照魁龄“节节导引”的思路，全部工程分为6个区段，各段分别估算，详细列出工程量及所需材料、资金（见图33、图34）。按照轻重缓急，各区段逐次施工。

二月十八日，两宫太后与同治皇帝批准了魁龄等人的方案，先行启动香山、樱桃沟区段引水工程：

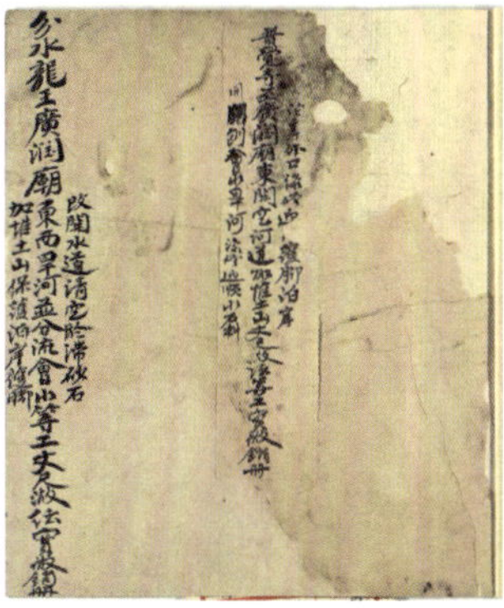
图33　同治时期整修石渠档案，中国国家图书馆藏

（二月）壬寅，谕内阁：魁龄等《奏覆勘泉河各工，请分别缓急试办》一折，所有香山、樱桃沟石渠及各处泉河故道，即着魁龄等先行试办。并将香山等处封闭煤窑设法搜采，以裕水源。其积水潭、十刹海并南、北、中三海各工，并着照所请办理。一面行文钦天监，即行择吉。至所奏请将附近泉河稻田一律改种陆田，并请酌减税课，妥为抚恤之处，着奉宸苑妥速议奏。[①]

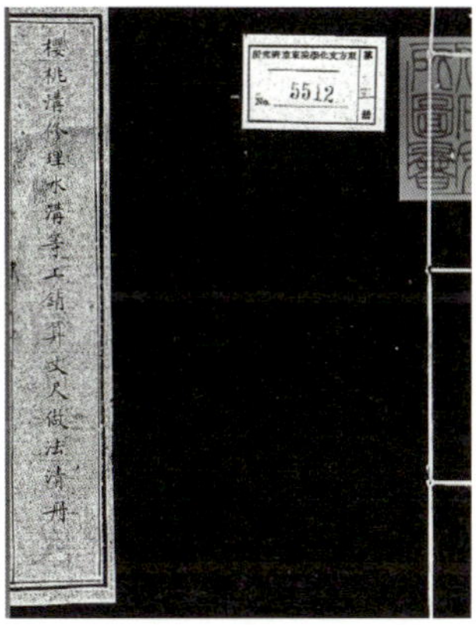
图34　同治时期整修石渠的档案文件《樱桃沟修理水沟等工销算丈尺做法清册》，日本东京大学藏

同时，增加樱桃沟的保卫设施：

同治六年奏准：在樱桃沟志在山水源沟口扼要之地，添建堆拨一处，派兵栖止，昼夜巡查，用资守护。并于沟口迤西、卧佛寺迤西添建卡墙二道，以防践踏。[②]

第三次昆明湖上游引水工程，就这样在内忧外患中正式开工。

倒霉的是，同年七月初四开始，京城大雨不停，城内外交通受阻。到了初八，天刚放晴，同治皇帝就赶到大高玄殿谢晴。谁知三天过后，大雨杀回，夹杂着雷电又是十余日，[③]樱桃沟刚刚建好的引水设施被山水冲垮。同治皇帝闻讯再次严责，

①《清穆宗实录》卷一百九十七同治六年二月壬寅条。

②［清］昆冈等：《钦定大清会典事例（光绪朝）》卷一千一百五十七《步军统领二·官制·守卫二》，中国第一历史档案馆藏本。

③［清］翁曾翰著，张方整理：《翁曾翰日记》同治六年七月初一日至二十三日，凤凰出版社，2014年版。

命魁龄等参与者赔修，降住俸一级，建成后方可恢复。①

赔修档案《普觉寺至广润庙东开挖河道加堆土山丈尺做法等工实做销册》现存于中国国家图书馆，其中详细记述了赔修工程的项目、范围与资金。据徐征研究所述，赔修工期从同治七年（1868 年）三月初三至四月十一日，随后检查验收，② 其效果如何不得而知。而平地的引水石墙及下游工程最终不了了之。

至于光绪十二年（1886 年）开始的颐和园重建，昆明湖上游是否连带展开引水工程，尚无充足证据来证明。即使有，也应是策划估算阶段。随着八国联军入侵，引水石渠的恢复彻底无望。

总之，第三次昆明湖上游引水建设以半途而废告终，其景观体系随之瓦解。清末民初，区内皇家庄田逐渐被变卖，先后建有万安公墓、福田公墓及吴佩孚墓，其他如公路修建、农田整治等。南北旱河土山被蚕食推平，原有田园肌理被打破，这一区域成为三山五园整体长卷中最先破碎的区段。

残存的妙云寺及其门前几株御道古槐成为本区仅存的历史景观（见图 35）。1918 年，樱桃沟水源头及周边山林由周肇祥从太监陈宗寿处购得，他对泉水、林木进行了整治，水脉重新旺盛，“悬流下注，杂木蓊蔚，远望如瀑布之落树杪也”③，水源头至卧佛寺山涧仍有溪流。1929 年，北平特别市工务局对上游引水设施进行了调查测量，留下最后一份引水石渠图纸（见图 36）。

1936 年，侯仁之先生实地考察了引水石渠遗存，对古人成就给予了高度评价，撰写专论并留下珍贵的历史照片。到 1985 年，昆明湖上游引水工程痕迹全无，对此侯仁之先生无比痛惜道：

图 35　妙云寺外御道古槐，2014 年刘琦摄

没有料到，在北京水源开发史上这最后一次重要的工事，在最足以显示其设计特点的上游一带，如今也已无丝毫踪迹可寻。作为全国

① 《清穆宗实录》卷二百八同治六年七月丁卯条。

② 徐征：《样式雷疏浚西郊水道》，见北京市海淀区政协学习和文史委员会编《海淀文史资料》第 14 册。

③ 退翁（周肇祥）：《鹿岩小记》，《国学丛刊》（北京），1941 年第 1 期，第 28—32 页。

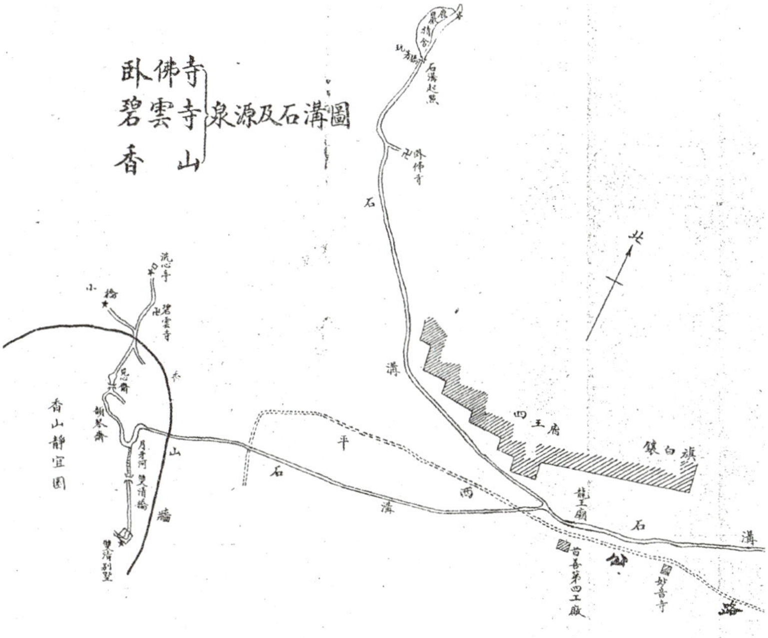

图 36 《卧佛寺、碧云寺、香山泉源及石沟图》，1929 年北平特别市工务局制

最重要的历史文化名城，它所拥有的具有重要意义的——亦即直接关系到它的历史发展，而且独具特色的遗址，本来是可以维修和利用的，至少也是可以作为历史的见证，用以说明劳动人民改造北京城自然环境的过程中所显示的聪明才智。计不出此，而任其摧毁泯灭，实在可惜。①

六、结语

清代昆明湖第二水源的三次建设，是北京城市发展史上的重要事件，其中乾隆“漕运、灌溉、美化”三位一体的建设思路，将水利工程与园林景观建设相融合，无疑是清代皇家园林建设的一大成就，也给后人以启示。

颐和园也因第二水源的引水工程与静明园、静宜园紧密连成一体。至此，三山五园形成整体性的园林风景区，意义重大，画中游牌坊上的楹联正是点明了这一切。

受侯仁之先生论述的启示，笔者在 2013 年丰台园博会北京园设计中加入了水墙景观（见图 37），在海淀两山公园、北京城市副中心办公区绿地沿用了石槽形式

① 侯仁之：《北京历代城市建设中的河湖水系及其利用》，见《侯仁之文集》，北京大学出版社，1998 年版。

以代表北京文化。在海淀园外园石渠公园设计中也提出类似方案，以纪念前人为北京水源建设所做的努力（见图 38 至图 40）。

图 37　京西引水石槽纪念墙——丰台园博园北京园入口

图 38　引水石渠记忆片段景观设计草案之一

图 39　引水石渠记忆片段景观设计草案之二

图 40　引水石渠旁荷叶山景观设计草案

妙云寺之谜（一）：传说与图思德家庙

妙云寺位于玉泉山以西御道南侧，地邻普安店村（见图1）。由于史料的缺失，以及昆明湖引水石渠的湮灭，这座小庙的来历扑朔迷离。

图1　北京妙云寺位置图

在《日下旧闻考》中，妙云寺与昆明湖引水石渠的四庙是合在一起描述的，记载有两段，原文如下：

静明园西宫门外迤北有妙喜寺、香露寺、普通寺、妙云寺，四王府北有广润庙。①

妙喜寺西为香露寺，又西为普通寺，普通寺南为妙云寺，又西为广润庙祀龙神，皆乾隆年间敕建。②

《（光绪）顺天府志》按此照抄，二段合一。这个记载本身没有问题，单纯地记述环境实景。只是因为没有更多介绍，很容易让后人误以为妙云寺与其他四庙具有同样的性质与功能，也是昆明湖输水设施的一部分。

2014年，笔者带队对妙云寺周边进行园林景观设计，受记载影响，曾设想将庙址作为昆明湖第二水源引水工程历史的展示基地，然而在仔细查阅史料后发现，妙云寺与“一渠四庙”是不同性质、不同功用的两类庙。③

图2　妙云寺外景，2013年田文革摄

①《日下旧闻考》卷一百一《郊坰西十一》。

② 同上。

③ 参阅本书《昆明湖第二水源：引水石渠及其景观建设》。

妙云寺位于玉泉山路（原御道）南侧，整治前被挤在违建房屋、餐厅和小铺中间（见图 2）。在庙额“石居”以北 240 米，才是当年引水石渠的位置，显然它不可能是输水设施的一部分。环视庙外，东部连片的民房中有一土岗，古木稀疏，若稍加地形整理，日后可成观景小山（见图 3）。然而穿院上岗一望，直觉告诉我，这里与西侧的妙云寺有着某种关联（见图 4）。待到第二次踏查，周边违建房屋已被拆除，判断顿为清晰，这座土岗应该是一处坟冢（见图 5）。

图 3　妙云寺东侧土岗与民房，2014 年笔者摄

图 4　妙云寺东侧土岗与民房，2014 年徐南松摄

图 5　妙云寺东侧土岗上，2014 年徐南松摄

那么，妙云寺到底是什么来历？土岗果真是坟茔吗？二者之间又有什么关系？

复查《日下旧闻考》和《（光绪）顺天府志》都无记载，倒是现代记述众说纷纭，版本最多的是说妙云寺为山东巡抚泰贵的家庙，[①] 也有说是刘墉的寄寓之所，[②] 最活灵活现的说法是贪官曹国舅、曹国泰的家庙。[③] 然而，这些传说没有任何真凭实据，显然属于民间“戏说”。

最后一个说法，是石居主人张荫棠传递的：妙云寺是和珅之弟的家庙，这被记录在胡适的日记中，[④] 貌似靠谱。然而一查可知，和珅之弟和琳的祠堂，因受和珅案牵连，被嘉庆皇帝下旨拆毁，其子丰绅伊绵后来承袭了和珅儿子丰绅殷德的爵位，也就不可能有什么和琳的家庙。即使丰绅伊绵胆大私建，也不可能明目张胆地建在御道旁边。

总之，现有的 4 个来历都经不起推敲，也无法回答上述疑问。

① 北京市文物事业管理局编：《北京名胜古迹辞典》，北京燕山出版社，1989 年版。

② 户力平：《光阴里的老北京》，新华出版社，2017 年版。

③ 张宝章、阎宽搜集整理：《妙云寺的传说》，见张宝章、彭哲愚编《香山的传说》，河北少年儿童出版社，1965 年版。

④ 胡适著、曹伯言整理：《胡适日记全编》第 4 册 1924 年 1 月 13 日，安徽教育出版社，2001 年版。

一、图思德与祖茔家庙

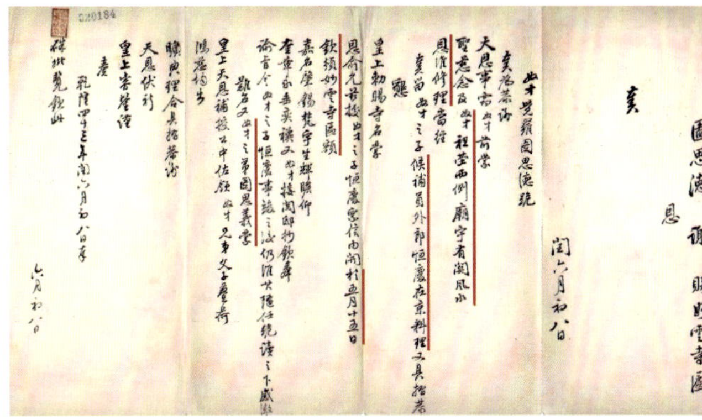

图 6　贵州巡抚图思德《奏谢恩赐奴才祖茔西侧庙宇妙云寺匾额》，乾隆四十三年六月初八日具奏，台北故宫博物院藏

继续探寻，有了新收获。现存的两份清宫档案给出了最准确的答案，其中一份还是手书原迹，时间是乾隆四十三年（1778年）六月初八，由贵州巡抚图思德给乾隆皇帝的奏折（见图 6），内容是感谢皇帝准许他整修自家祖茔西侧的庙宇，尤其感谢御赐“妙云寺”庙名匾额，同时感谢皇帝让自己的儿子恒庆继续随任，以及授予胞弟图思义职位。奏折抄录如下：

图思德谢赐妙云寺匾恩。奏。闰六月初八日。

奴才觉罗图思德跪奏为恭谢天恩事，窃奴才前蒙圣慈，念及奴才祖茔西侧庙宇有关风水，恩准修理。当经奏留奴才之子候补员外郎恒庆在京料理。

又具折恭恳皇上敕赐寺名，蒙恩俞允。兹据奴才之子恒庆家信，内开于五月十五日钦颁妙云寺匾额。嘉名肇锡，梵宇生辉。瞻仰奎章，永垂奕祀。

又奴才接阅邸抄，钦奉谕旨，令奴才之子恒庆事竣之后，仍准其随任。跪读之下感激难名。又奴才之弟图思义蒙皇上天恩，补授公中佐领。

奴才兄弟父子叠荷鸿慈，均出旷典，合具折恭谢天恩，伏祈皇上睿鉴。谨奏。

乾隆四十三年闰六月初八日，奉朱批：览。钦此。

六月初八日。

图思德的这份奏折，还有一份誊写版，内容一模一样。两份奏折均藏于台北故宫博物院。[1] 这就准确无误地说明了妙云寺的来历，即妙云寺最初为图思德的家庙，

① [清] 图思德：《奏谢恩赐奴才祖茔西侧庙宇妙云寺匾额》（乾隆四十三年六月初八日），台北故宫博物院藏军机处档折件，档号为故机 020337。[清] 图思德：《奏谢钦颁奴才祖茔西侧庙宇匾额事》（乾隆四十三年六月初八日），台北故宫博物院藏宫中档奏折，档号为故宫 061065，又见台北故宫博物院编《宫中档乾隆朝奏折》第 43 辑。

图 7　香山昭庙遗址，2012 年马信可摄

图 8　香山昭庙仿扎什伦布寺而建。《静宜园全景图》（局部），清乾隆晚期清柱、沈焕、嵩贵绘，中国第一历史档案馆藏

东侧还有其家族的祖茔。

那么，这个图思德是何许人，为何享此殊荣？

图思德，觉罗氏，满洲镶蓝旗人，承祖荫从光禄寺笔帖式做起，历经安徽布政使、贵州巡抚、云贵总督，直至湖广总督。他获准修庙并获赐庙名“妙云寺”之际，正在贵州巡抚任上。之前他曾在金川之战中及时派出 3000 名黔兵携 20 万支箭赶往四川，获得皇帝嘉奖。在任期间，他还查出彰宝贪污案，以及为保证滇黔铜铅供应而制定了诸多制度。

图思德工作虽勤恳稳重，但也无甚惊人亮点，特别是在对缅甸的交涉中还屡有误判。之所以恩准修庙并赐名，是因为他家坟寺紧邻御道。

这一时期，图思德祖茔周边的环境日新月异：北侧的引水石渠及沿渠四庙已经建成，并得到进一步完善；北旱河拓挖也已竣工。尤为重要的是，乾隆即将迎来他的七十大寿，拟请西藏六世班禅进京。为表达欢迎之意，乾隆在香山筹建宗镜大昭之庙（简称昭庙，见图 7、图 8），这是仿班禅的扎什伦布寺而建。① 玉泉山至香山昭庙的御道也在整修之列，图思德家庙正处在线路的中点，既可美化御道，又可作小憩之所，这些都要求家庙环境有所改观。

乾隆四十二年（1777 年）夏，在图思德回京进宫述职时，乾隆表达了上述要求。

① 史界常以乾隆四十三年十二月，班禅提出进京祝寿请求作为乾隆七十大寿朝觐活动的起始点，而实际筹划应该更早，因为乾隆四十二年七月，静宜园昭庙烫样已经出来，名称确定为“宗镜大昭之庙”。而图思德已于这年六月启程赴京述职，于七八月间受乾隆皇帝召见。参见《乾隆四十二年各作成做活计清档·行文》（七月初十日），见《清宫内务府造办处档案总汇》第 40 册；《奏报恭报交印起程赴京陛见日期》（乾隆四十二年六月十七日），台北故宫博物院藏宫中档奏折，档号为故宫 057619，又见台北故宫博物院编《宫中档乾隆朝奏折》第 39 辑；《为恭报回任接印日期》（乾隆四十二年九月二十八日），台北故宫博物院藏宫中档奏折，档号为故宫 058512，又见台北故宫博物院编《宫中档乾隆朝奏折》第 40 辑。

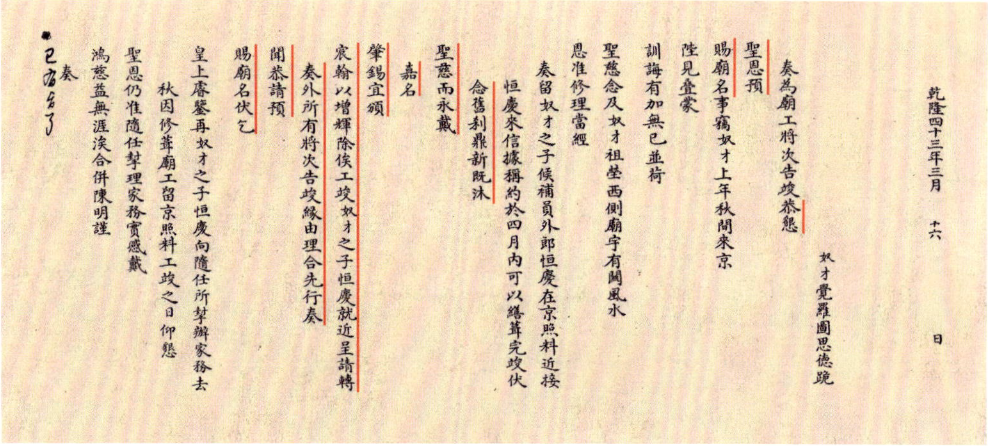
乾隆四十三年三月 十六 日
奴才覺羅圖思德跪
奏為廟工將次告竣恭懇
聖恩預
賜廟名事竊奴才上年秋間來京
陛見蒙
訓誨有加無已並荷
聖慈念及奴才祖塋西側廟宇有關風水
恩准修理當經
奏留奴才之子候補員外郎恒慶在京照料近接
恒慶來信據稱約於四月內可以繕葺完竣伏
念舊刹鼎新既沐
聖慈而永戴
嘉名
肇錫宜頒
宸翰以增輝除俟工竣奴才之子恒慶就近呈請轉
奏外所有將次告竣緣由理合先行奏
聞恭請預
賜廟名伏乞
皇上睿鑒再奴才之子恒慶向隨任所幫辦家務去
秋因修葺廟工留京照料工竣之日仰懇
聖恩仍准隨任幫理家務實感戴
鴻慈益無涯涘合併陳明謹
奏
已有旨了

图 9　贵州巡抚图思德《奏谢钦颁奴才祖茔西侧庙宇匾额事》，乾隆四十三年六月初八日具奏，台北故宫博物院藏

于是图思德便留儿子恒庆在京督工，胞弟图思义则赴台湾就职。

有了皇帝旨意，图思德全力以赴，搭上全部家底，不仅提高了家庙的建筑规格，材料质量务求精良，而且附设了园林，此外在御道与坟茔之间还堆筑土丘，种植林丛予以遮挡，当地传说中的灰山就是指此。

乾隆四十三年（1778 年）三月初，寺庙整修完成。一般家庙常以姓氏为名，而此次整建以美化御道为目的，惯例不宜，于是图思德在同月十六日向皇帝提出赐名的请求（见图 9）。[①] 乾隆皇帝遂于“五月十五日钦颁妙云寺匾额”，而前述奏折正是对赐名的感谢。

妙云寺东侧土丘即图思德祖茔，当年不止一座坟冢。图思德的八世祖与当朝皇帝的先祖同为一人，即兴祖直皇帝福满。[②] 自福满以下，图思德的先祖依次是七世祖索长阿，六世祖务泰，五世祖洞峨洛，四世祖龙锡（长史），曾祖阿哈（二等轻车都尉），祖父札克丹（原任护军统领，因罪发遣），父亲阿尔嵩阿（见图 10）。[③]

先祖中以四世祖龙锡最为著名，曾是后金时期女真族的大学问家，识满、汉、蒙古字，通五经，晓朝鲜语，赐号巴克什，汉译为通儒，入《儒林传》，世袭骑都尉。

① [清] 图思德：《奏为庙工将次告竣恭恳圣恩预赐庙名各事，并仰恳圣恩仍准奴才之子恒庆于工竣之日随任帮理家务事》（乾隆四十三年三月十六日），台北故宫博物院藏宫中档奏折，档号为故宫 060279，又见台北故宫博物院编《宫中档乾隆朝奏折》第 42 辑。

② 福满为努尔哈赤曾祖父，被追尊为兴祖直皇帝，索长阿为其第三子。索长阿第二子为务泰。

③《皇朝文献通考》卷二百四十五《帝系考七》，清文渊阁四库全书本。

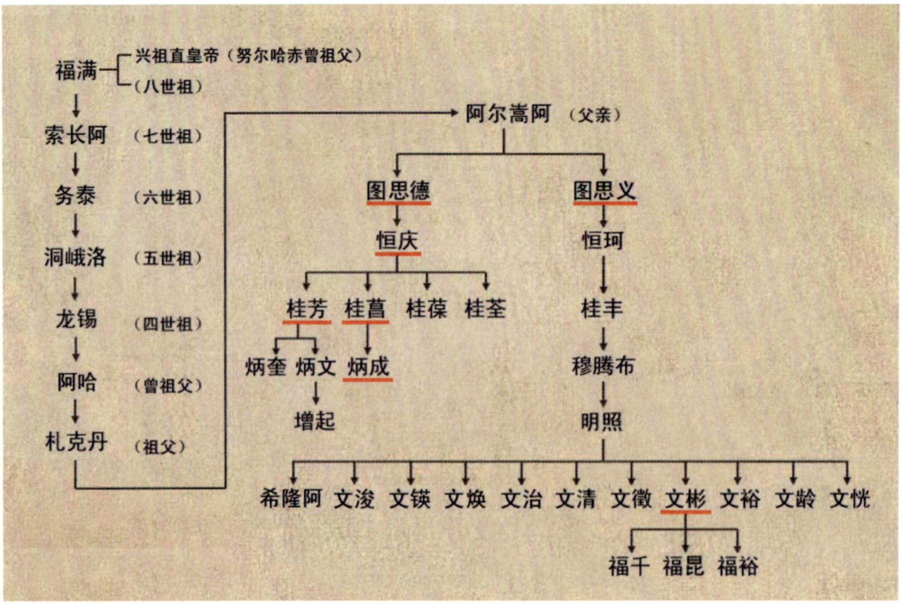

图 10　图思德家族谱系图

自此家族后代大都以文为主业，举人徐嵩有诗“开国儒臣重，传家忠孝长”即指此。[①] 入葬妙云寺坟茔的应该是入关后的几位。

在获赐妙云寺名的第二年初，也就是乾隆四十四年（1779 年），图思德调任湖广总督，同年十二月二日在武昌去世，弥留之际还笔迹工整地写下“臣病垂危”的奏折。皇帝谕旨：“湖广总督图思德，简任封疆，宣力有年，实心任事。正资倚任，忽闻溘逝，深为轸惜。”[②] 赐祭葬，归土于妙云寺旁。图思德墓碑上的评语是“敬慎褆躬，朴诚矢志”[③]，后来民国时修《清史稿》，他名列其中。

乾隆四十五年（1780 年）二月，朝廷颁与谥号“恭悫”。悫，意为诚实，谨慎，厚道。谥号与碑文评价都非常吻合中肯，图思德的谨慎、厚道不仅体现在公务上，还体现在家风上。他的家庭温馨圆满，祖母周氏“以礼以法，能俭能勤”，妻子岱佳氏“娴励妇节”，两人被朝廷分别诰赠“一品夫人”及“夫人”封号。图思德病逝后，其夫人于次年初扶灵回京，不久也悲伤过度去世，葬于丈夫身旁。族亲、诗人国梁写《图恭悫公夫人挽诗》云：

① 杨钟羲：《雪桥诗话续集》卷六，民国八年吴兴刘氏嘉业堂刻求恕斋丛书本。

②《清高宗实录》卷一千九十六乾隆四十四年十二月戊午条。

③《原任湖广总督图思德碑文》，见［清］盛昱集录《雪屐寻碑录》卷十四，民国二十至二十三年辽海书社排印辽海丛书本。

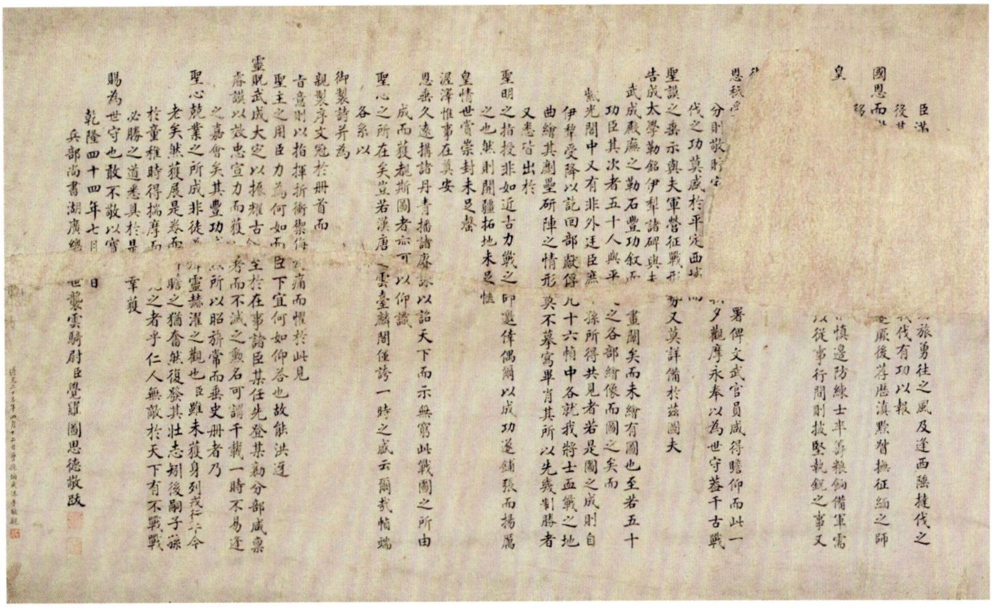

图 11 《御制战图跋记》，清图思德书

油幢崔嫂返江乡，魂断年余称未亡。苦忆常时调巽瑟，只今何处觅坤裳。

离鸾竟返三珠树，别鹤悬惊六月霜。亲串不堪瞻马鬣，白杨风起妙云凉。

诗末的“妙云凉”即指妙云寺，诗文特别加注：“妙云寺在恭悫公墓侧。”[①]

图思德留世的书法遗墨不多，但能体现出很深的艺术功力与修养。他在乾隆所赐《御制战图》上书写的跋记，字体工稳端庄（见图 11），可谓字如其人。他的言传身教及家风，对子女产生了深远影响，其孙辈又将家族声望推向了顶峰。

二、恒庆督工妙云寺

图思德奏折中提到的儿子恒庆，字余堂，一字梅村。28 岁时授员外郎，随父协助公务。此次妙云寺整修事关重大，因此他留京负责庙工。

妙云寺所在的普安店村，西有万安山蜿蜒左环，东有玉泉山长岭右护，北（前）为寿安山、金山交错如屏。妙云寺庙门向北，恰得三山环抱之势。而近处有荷叶山、北旱河与昆明湖引水石渠的两溜土山，高林叠翠，对面有普通寺隔林相望，景色极佳（见图 12）。

①《澄悦堂诗集》卷十二《图恭悫公夫人挽诗》。

图12　妙云寺地理形胜示意图

细说起来，妙云寺东侧的祖坟才是场地的主体，庙宇只是配套设施，为超度念经、上坟祭祀及管理之用。这种格局在明代北京西郊、西山极为普遍，称为“坟寺”，到清代被延续下来。不过这次家庙整修并非单纯的祭祀，更有美化环境的功用。

造园对恒庆来说并不陌生，他不仅善诗文、喜绘画，对造园更有心得。在他侍从父亲任职云南时，“滇南制府署西偏，池亭楼阁颇幽修宜人”，他读书其中，品评山水，题为八景，并邀请族亲国梁赋诗唱和，[1] 显示出良好的园林修养。同样，恒庆对普安店周边风景也极为熟悉，常常徜徉其中，如他所作组诗《西山纪游》之一云：

寻游闲结侣，策杖碧峰头。古木真如画，深山别有秋。
雨中归猎骑，天半敞云楼。欲寄烟霞兴，凭谁借一丘。[2]

这些山水感悟被恒庆融入庙工之中。妙云寺分为前寺、后园两部分。前寺院落建有天王殿、钟鼓楼，这是一般家庙所不具备的。庙里大钟更是由图思德亲自督造，刻名钟内。后院及侧院是精致的小园林，以山石为特色，石高五六丈，国梁在诗中介绍说：“殿后怪石突兀，方五六丈，乃斫石所余者。寺之创建因此石起。”[3] 即使到了民国，这一景观仍然存在，社会名流周肇祥来访后也说，庙“有林木之胜，寺后巨石兀立，高过屋，平地罕觏”[4]。景石甚大，极具视觉冲击力。

① 《澄悦堂诗集》卷十一《宜园八咏次恒梅村韵》。
② ［清］恒庆：《怀荆堂诗稿》卷二《西山纪游·其一》，清道光十三年浙西官舍碧云仙馆刻本。
③ 《澄悦堂诗集》卷十二《过妙云寺》。
④ 退翁（周肇祥）：《鹿岩小记》，《国学丛刊》（北京），1942年第7期，第61—64页。

乾隆题名“妙云”应是一名二义。一指佛经中的妙云、妙香之喻，以示佛法的神奇；另外指奇石的美妙。古人认为云触石而生，所以常称美石为云根，或以云代称。乾隆还赐对联一副。

图 13　妙云寺内古白皮松，2014 年徐南松摄

妙云寺山石的东、西、北三面有池水环绕，参天古木也为庙宇增添了空灵氛围（见图 13、图 14），恰为一处精巧的寺庙园林。整修用了近 8 个月的时间，可以说是恒庆的一大作品。在他父母去世后，庙宇又成为恒庆三年守孝之所，国梁《午出西郊》诗云：

雨送新寒峭，晴招薄暖回。
素心临水净，青眼到山开。
野店行厨便，芦林晚吹哀。
栾栾棘人在，未暇礼香台。

图 14　妙云寺内局部，2014 年笔者摄

诗后注明“时恒梅村方庐墓”，香台“谓妙云寺”。[①]国梁还有诗记述说，乾隆皇帝在去往香山静宜园的途中时常光顾妙云寺，并派人敬香：

密迩佳城佛火燃，金舆望幸此年年。* 劚云石剩苍严骨，漉雨池留功德泉。
众木合阴森幂历，远山飞翠集幽偏。不须别觅烟霞窟，小坐经时便合仙。
* 自注：寺为制军[②]奉敕建。驾幸静宜园时尝临幸，之后每岁銮舆经过，辄遣使升香。[③]

不过，在乾隆的《御制诗集》与《御制文集》中却没有游寺之作，想来妙云寺

① 《澄悦堂诗集》卷十一《宜园八咏次恒梅村韵》。
② 制军，明清时期对总督的别称。
③ 《澄悦堂诗集》卷十二《过妙云寺》。

园林的规模、品相无法与相邻的两大皇家御园相比，进去歇脚喝口水倒是可能的。乾隆在这段御道写下数首同题诗篇《玉泉山西》，只有一篇略点一笔：

小驻静明更向西，途旁农务绿芃齐。不教随骑轻为躏，益切因心敬以跻。
古寺无风林静树，野村有露菜铺畦。沿观颇觉情怀适，佳景香山许历题。①

诗中“古寺”即为妙云寺，乾隆皇帝诗作大部分都在歌咏三山环翠下的整体景色，古寺为已有的田园画面增加了色彩。

当年普安店一带或许还有沼泽水面，因为曾住此地的国梁将地名写作“普恩淀”，诗题有《宿普恩淀不寐》《普恩淀晤恒梅村，因忆客秋同游灵光寺时母夫人尚在，不禁怆然》。② 此外，这一带地下岩层为透水的奥陶系灰岩。“普恩淀”是误写，还是实有其景？这给人以更多的遐想与考证空间。如果确定是实景，那说明当时的景色比我们现在所知的更美丽。

总之，整修后的妙云寺一变成为御道周边的亮点，弱化了原有孤村野坟的悲凉氛围。寺内水石小景与周边田园大美也给恒庆带来了终身慰藉，成为乡愁的牵挂（见图 15）。

嘉庆元年（1796 年），恒庆由员外郎出任湖北督粮道，开始了平剿白莲教的生涯。在戎马间隙，他时常回忆普安店妙云寺的景色，如他的乡愁诗《途中见红叶》云：

图 15　妙云寺推测图

① 《清高宗御制诗集》五集卷六十五《玉泉山西再叠己酉韵》。
② 均见《澄悦堂诗集》卷十二。

高低掩映夕阳斜，谁染枫林醉晚霞。一片秋光真似画，十分春色却非花。
空教瘦马餐风客，错认前村卖酒家。回忆故园霜信好，玉泉西望乱红遮。[1]

“故园霜信”指的就是妙云寺，遥望万安山一带层林尽染。他在卧病时更是吐露心声，向往着玉泉山西安稳的田园生活，如《重阳感怀》：

家山小别再经秋，两度重阳悔浪游。佳节惊心愁对菊，他乡卧病怯登楼。
笙歌几处开清宴，莲梗终年类野鸥。自笑奔驰何日息，薄田二顷足悠悠。[2]

“薄田二顷足悠悠”成为他最大的祈盼，然而他来不及回到这块“薄田”，就在湖北武昌染上重病，于是告假由水路回京，船经山东夏津[3]时身故，时在嘉庆七年（1802年）七月初。诗友、漕运总督铁保写诗云：

湖楚称兵日，劳劳感岁华。角声惊草木，杯影变龙蛇。
谁觅三年艾，难回八月槎。临清关外水，哀雁咽平沙。[4]

回京后的恒庆灵柩也应葬在妙云寺旁。

三、玉泉山西大柳林

妙云寺在图思德的第三代手中是什么情形？没有直接的记载。不过这代人却为妙云寺与坟茔赢得一个新地名——大柳林，使这块土地有了新的故事。

恒庆有嫡子桂芳、桂菖，庶子桂葆、桂荃。这些后生都接受了良好的教育，其中以长子桂芳成就最大，大柳林之名便是因他而来。

桂芳（1773—1814），觉罗氏，字子佩，号根仙，又号香东。年轻时他即随父在楚北军中生活，辗转历练，奠定了后来发展的基础。同父亲一样，他在军中诗作不断，气质非同一般，如这首《军中晚眺》：

①《怀荆堂诗稿》卷二《途中见红叶》。
②《怀荆堂诗稿》卷二《重阳感怀》。
③ 夏津，属临清州，今山东省德州市夏津县。
④［清］铁保：《梅庵诗钞》卷三《挽恒余堂观察四首·其一》，清道光二年石经堂刻梅庵全集本。

战气苍茫四望中，大旗挂月马嘶风。鼓鼙激壮声如豹，火阵连环焰似龙。
一色刀光漫地白，万条烛影射天红。书生绝少平戎策，毛帐豪吟气亦雄。①

诗中充满豪情与必胜的信心，没有一丝文弱之气。另一首《投杯》诗更显格局：

丈夫辨一死，泰山与鸿毛。舍身报知己，论功空尔曹。
投杯跃马去，笑看腰间刀。②

这些斗志昂扬的诗篇在颓废的八旗官三代中独树一帜。其后，桂芳回京参加科举，为嘉庆四年（1799 年）进士，选为庶吉士、授检讨。父亲恒庆虽然公务繁忙，仍不忘引导教诲子女。京城发大水，桂芳来信告知，家屋“大半倾颓，不堪栖止”，恒庆回信诗云：

烽火全销解战袍，东归日夜簿书劳。偷闲亦有南楼兴，爱客空怀北海豪。
江上清歌喧杂沓，梦中无眼醉酕醄。贫寒原是儒臣事，莫羡连云甲第高。③

诗末一句成为广为流传的名言。此外，恒庆的许多悯农诗作也深深影响了桂芳。桂芳诗《枣阳妇》正是这一家风的传承之作，诗中讲述他路过战后荒村，遇见一位瘫卧病妇乞求一死的经历，尤其是写到妇人：“不愿赐良药，不愿分干糗。愿污腰间刀，游魂瘗荒阜。”④不求给我药，不求分我粮，但求玷污您的刀，断我命一条。可谓悲情四溢。这不只是写作技巧的娴熟，更是悲恸至极的奔泻。这首诗也是清代中期反映社会现实的名作之一。

正是这些社会底层的历炼，使桂芳的思考更为深刻老到，也因此受到嘉庆皇帝的青睐，被赞为“奇才”。他很快入直上书房，成为皇三子绵恺的老师，后来又以年轻资历破格掌管翰林院，与名宿曹振镛同事。桂芳还曾任礼部、吏部、户部侍郎

①［清］桂芳:《敬仪堂诗存·军中晚眺》,《清代诗文集汇编》第 508 册影清道光十三年浙西官舍碧云仙馆刻本，上海古籍出版社，2010 年版。

②《敬仪堂诗存 · 投杯》。

③《怀荆堂诗稿》卷二《寄示长男桂芳》。

④《敬仪堂诗存 · 枣阳妇》。

等职，兼直南书房，颇受嘉庆帝重用。

桂芳为官清廉耿直，两次主考乡试。门生有送礼者，桂芳皆“封还之”。最能服众的是他在癸酉之变中的表现。嘉庆十八年（1813年）九月，林清领导的天理教突然攻入紫禁城，此时嘉庆皇帝正在去往避暑山庄路上，桂芳恰在宫中值班。他沉着应变，与皇二子绵宁偕诸王大臣率兵反击、挫败事变，叙劳加二级。

遇此暴乱，嘉庆皇帝亲写《遇变罪己诏》向列祖列宗认罪自责，字字含泪。同时将御制文七篇传示内廷诸臣，命各抒己见。桂芳在上奏文中，层层剖析，切中时弊，嘉庆帝大加赞赏，将其文附在御制文后公之于众。桂芳又对时局提出批评建议，文稿先示董诰。董诰一向以迎合君意为强项，见稿后说：“公言虽是，恐不合上意。”耿直的桂芳驳斥道：“此何等时？尚以迎合为言耶！”随即直接上书皇帝，结果“上嘉纳之”。[①] 他见“时相禄康，以苟且为政”，心中“深恶其人”，毫不留情地当面斥责道：“宗臣中有如公之行者，真污蔑带间物矣！”[②]

桂芳因正直勤勉被嘉庆屡屡提拔，身兼数职，很快升为军机大臣，赐紫禁城骑马，成为有清一代升迁最快的官员之一。嘉庆十九年（1814年），他被钦点前往广西查案，途中又授予漕运总督一职。当他路经湖北武昌时身染重病，嘉庆皇帝赶紧降旨“令其安心调理，方冀不日就痊”[③]。不承想几天后桂芳病逝，时年42岁。嘉庆深为惋惜，评价“其心地端正，遇事直言”，并赋诗云：

应运生名哲，仕朝仅十年。才华学有本，直爽性无偏。枢府新参政，书斋旧侍筵。何因遘痼疾，难得是英贤。酹酒酬师谊，挽诗述己悁。楚疆陨三世，定数总萦牵。[④]

嘉庆帝命皇三子代为祭奠，葬桂芳于妙云寺旁，周围遍植柳树。皇帝的悼诗由英和抄录刻石，于嘉庆二十一年（1816年）七月立碑，评价桂芳“立心直爽，处事精明”[⑤]。谥号文敏，追赠太子少保加尚书衔，后人因而称其为桂文敏。桂芳后来也列名《清史稿》中，图思德家族声望在桂芳时达到顶峰。

桂芳生前的工作生活与风景园林交织在一起。他曾任总管内务府大臣，管理奉

---

①［清］昭梿：《啸亭杂录》卷八，民国六年商务印书馆排印本。

②《雪桥诗话》卷十。

③《清仁宗实录》卷二百八十九嘉庆十四年壬午条。

④《清仁宗御制诗集》三集卷二十三《追赠尚书觉罗桂芳，灵柩至京，命皇三子代赐奠酒，诗志悼惜》。

⑤《晋赠太子少保、加尚书衔、原任漕运总督桂芳碑文》，见《雪屐寻碑录》卷十五。

宸苑事务、新旧营房事务、畅春园及圆明园事务，这些都与三山五园、普安店紧密相关。他还曾在圆明园旁澄怀园[①]办公，住于食笋斋。这些经历及家学传统，势必影响了他的审美情趣。在度过早年贫寒后，桂芳在海淀镇杨家井安置了一处别墅小园，在其中的过燕楼内珍藏了米芾的一幅作品。解元张深（字茶农）曾写诗记述这座小园：

丹王宅畔杨家井，淀水沙沟错路蹊。人已云亡图亦废，夕阳门掩乱鸦啼。
樊山南去楚江开，天问招魂字字哀。为语园丁勤洒扫，云车风马有时来。[②]

民国杨家井海淀小学很可能就建在这座园林旧址上。不过，桂芳诗集中对此都没有记述，也没有妙云寺诗文，这或许与他的心境有关。他曾在武昌黄鹤楼写诗云：

江水茫茫去，高楼阅古今。仙人绝消息，名士几登临。
放眼干戈满，忧时涕泪深。题诗让崔老，睹胜更无心！[③]

站在高楼上，他看到的是满目硝烟，“无心”赏景，因此他的诗中少有风花月露之咏，多为悲壮悲情之歌。而在内心深处，桂芳与父亲恒庆一样，向往着解甲归田，这在诸多诗篇中都有流露，如：

暖生锋镝差添趣，心恋林泉又怆神。
何日家山归卧去，小楼细雨寄闲身。[④]

何日乡园才聚处，不堪戎马已经年。
商量归计非难事，只欠躬耕二顷田。[⑤]

乡园是魂牵萦绕的归宿。父子俩不约而同地提到了家乡“二顷田”，或许并非

① 澄怀园又称“翰林花园”，是一座优美的衙府园林。
②《雪桥诗话续集》卷七。
③《敬仪堂诗存·黄鹤楼》。
④《敬仪堂诗存·帐中供杏花一枝有感》。
⑤《敬仪堂诗存·襄阳军次省觐》。

泛指，很可能就是妙云寺所附的香火田。然而遗憾的是，二人都没有实现自己的愿望。

从图思德开始，祖孙三人都因在湖北武昌染疾而去世，让人不得不生宿命之叹。就在桂芳病逝之际，的确发生了一个宿命故事。当时体仁阁大学士曹振镛值班内廷，夜里梦见桂芳来说："你我二人都是杭州理安寺僧人，如今我该回去了。"曹振镛惊醒怔忪之时，恰逢湖北桂芳的讣告传到，于是赶紧向皇帝奏报。桂芳之弟桂菖将此事撰为对联，刻写在西湖理安寺松巅阁的楹柱上，联云：

薄宧寄明湖，有梦难寻荆树影；
前因迷法雨，招魂空叩木樨禅。

桂菖在联后跋语中简述了这段奇闻，[①]并亲绘《理安访梦图》邀友题咏。[②]这件事流传后又衍生出各种版本，愈加绘声绘色，如《曹振镛奇梦》《文敏前身是僧》等。桂芳不会想到自己的死，还为杭州西湖山水留下一段典故（见图16）。

图16　杭州理安寺山道牌坊

同样，桂芳在妙云寺的墓茔也被视为京西名胜古迹，列入民国时期诸多旅游书中。如1929年北平民社编写的《北平指南》中写道：

清桂文敏公芳墓。在玉泉山西普安店，垂柳环之，俗呼为大柳林。[③]

类似记述还有《北京便览》（1923年）、[④]《北平旅游指南》（1941年）。[⑤]大片柳林景色非常抢眼，在玉泉山南山上可以一目了然，因此产生了以它为背景的

① [清]梁章钜：《楹联丛话》卷六《胜迹上》，清道光二十年桂林署斋刻本。
② [清]胡敬：《崇雅堂诗钞》卷十《题桂杏农观察理安访梦图》，《清代诗文集汇编》第493册影清道光二十六年刻本，上海古籍出版社，2010年版。
③ 北平民社编：《北平指南》，北平民社，1929年版。
④ 姚祝萱编：《北平便览》，文明书局、中华书局，1923年版。
⑤ 马芷庠编：《北平旅游指南》，经济新闻社，1941年版。

民间故事《佛大殿小的传说》。[1]清末民初，依大柳林而居的农户渐多，形成村落“大柳林村”，该村于20世纪末并入普安店村。

当年桂芳墓茔周边应该有赑屃、石碑等礼制器物，向西与祖父图思德等墓冢、妙云寺相连，是一派柳浪掩茔碣的景象。据岳升阳先生介绍，北京大学西门的一对石狮即购自大柳林（见图17）。[2]现状妙云寺周边已不见碑石与古柳，倒是新植嫩柳蔚然成林，与御道古槐、庙内古松、岗上古柏摇曳呼应。

图17　北京大学西门石狮子移自大柳树桂芳墓，2023年张婷摄

四、官庙之判——是错案还是阴谋

有了“大柳林”的称谓，墓冢与妙云寺的来历理应人所共知。然而，这一明晰的线索到清末民初反而变得模糊不清了。

桂芳有二子一孙，分别是觉罗炳奎、觉罗炳文，以及觉罗增起。嘉庆十九年（1814年），炳奎被授予京城七品小官，历六部主事，被工部评定为“行走勤奋，实心任事”，后为松江府知府，道光十六年（1836年）告病还京。炳文则承袭了云骑尉爵位，道光二十八年（1848年）任直隶大名镇总兵。

桂芳病逝后，弟弟桂菖整理刊印了桂芳诗集《敬仪堂诗存》，以及父亲恒庆的《怀荆堂诗稿》《从军诗抄》，把家族文脉留存下来。桂菖字杏农，官至宁绍台道。他虽没有诗文存世，却留下一座宅园，《竹叶亭杂记》云：

宣武门内武公卫胡同，桂杏农观察菖卜居焉。宅西有园，曲榭方亭之前凿小池，砌石为小山。有一石砣然苍古，为群石冠，苔藓蒙密。摩挲石阴，得“万历三十年三月起堆垒山子。高倪修造”十六字，杏农属余书小额。详记之。[3]

① 鲍致口述，焦雄搜集整理：《佛大殿小的传说》，见张宝章、彭哲愚编《香山的传说》，河北少年儿童出版社，1965年版。

② 岳升阳：《三山五园周边地区历史遗迹》，《颐和讲堂》第2讲，2021年版。

③［清］姚元之：《竹叶亭杂记》卷七，清光绪十九年姚虞卿刻本。

桂莒的这座小园也是以石取胜，显然是受妙云寺水石景观的影响。道光二十年（1840 年）八月，桂莒因公务忧急，在浙江任上自缢身亡。[①] 留有一子炳成，字集之，50 岁后号半聋，人称“满洲老名士”。炳成喜金石书画，善评论。图思德遗墨上就留有他的字迹：“道光二十三年四月十二日，曾孙炳成沐手观览。”（见图 18）其子、其妻的早亡使他郁郁寡欢。后来，炳成筑楼于陶然亭野凫潭畔的龙树院，以读书卖画度过余生。[②]

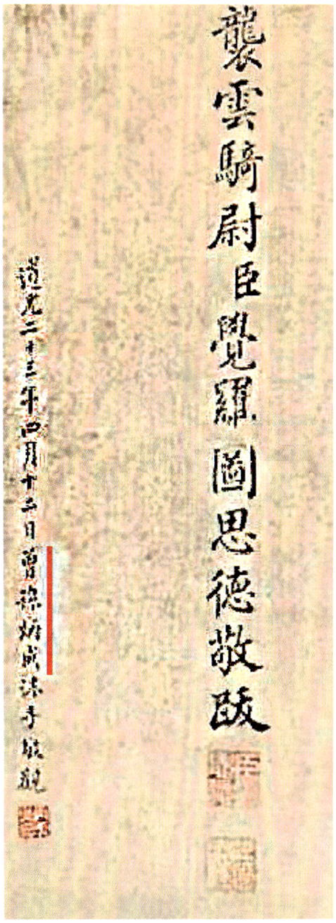
图 18　炳成题识图思德手迹

桂葆，字真庵。初为官户部主事，道光十六年（1836 年）任职山东东平州。曾刊《孟子编年略》一卷，著有《敦善堂集》。桂荃，先后任朝阳、山海关、威县知县。任职威县时因挪用公款而被罢官，缴还钱款后于道光十七年（1837 年）八月免罪。

桂芳之后，整个家族渐趋没落，不过妙云寺与茔地性质没有变。可谁知民国初年的一场官司彻底改变了过往的一切。

1913 年，由京师地方审判厅判定，以欺诈取财罪，将图思德家族后人文彬、明恩拘禁。判决书综述如下：

原告僧人岫山、月林等述：文彬及同族明恩在普安店有祖遗墓地一顷四十二亩，靠近敕建妙云寺，因前代僧人向文彬祖上募捐修建了该寺，所以每次他家扫墓时都在庙中休息，与寺僧岫山及其徒月林相识。至本年一月间，文彬等见该寺租种慈因寺地一顷八十亩，图谋冒认。于是趁岫山外出之时，向徒弟月林诈称此寺是他们的家庙，寺中所有田产是乾隆年间拨给他祖上，作为庙宇岁修、僧人及衣食之用。月林不知详情，随即让出。文彬与叔父明恩便占据该寺。待岫山回来知道后，便以霸占庙产上告。

① [清] 花沙纳等：《清宣宗实录》卷三百三十八道光二十年八月辛巳条，中华书局影中国第一历史档案馆藏原皇史宬大红绫本，1986 年版。

② 天台野叟：《大清见闻录》，中州古籍出版社，2000 年版。

原告岫山提供有乾隆五十五年、慈因寺拨给妙云寺一顷八十亩的租地合同，以“证明寺产来历”。

被告文彬等坚不承认岫山所说的寺产来历，并举寺钟刻有“图思德虔造”五字、庙产内有数座坟茔，并提供一顷四十二亩的地契、祖传红契、各地亩数清单作为祖产家庙的证明。庙中还供有御旨牌及乾隆御书匾对。

随后检察厅现场取证，丈量地亩数多于文彬清单所列，且所呈地契四至不明，即令地契属实，也提供不出庙契，不能证明庙与契中之地为一体。检察厅认为被告“供词狡猾，坚不吐实”，并有三个理由认定庙为官庙、地为庙产：

1. 妙云寺为香山御路五庙之一，载于《（光绪）顺天府志》，注明该寺与普通寺、香露寺系乾隆间敕建寺庙，且有天王殿、钟鼓楼，均合官庙体制，不合家庙。

2. 妙云寺庙产一顷八十亩租种合同，在骑缝处写有“各持一张”四字，为两寺僧所保存，此次由妙云寺僧岫山与慈因寺僧亮珠呈上，经查验纸色、笔迹、骑缝字一致，所列亩数也与丈量一致，是为该庙产铁证。

3. 有村民王泰、朱玉等证明妙云寺是乾隆年敕建的香山御路五庙之一，也是他们合村公议之所，是为官庙的又一证明。

检察厅又举三个理由，证明庙非家庙、地非私产。

除上述外，还有种种理由足以认定文彬、明恩有欺诈取财行为，证据属实。按民国《暂行新刑律》，各处三等至五等有期徒刑。惟查该犯先代曾于该寺有所施舍属实，以致该犯等认为己有，与无端诈取似有区别，故减刑各处拘役五天。[①]

至此，妙云寺不再属于图思德家族。妙云寺的来历也随即出现了第五个版本，即守庙和尚岫山的老前辈募捐而来，图思德家族只是施舍的捐款人。

然而，细读判词就可看出这是一个令人发蒙、破绽百出的判案。

首先，最大的蒙点在于原告与

图 19　妙云寺前院两座无字碑，2014 年赵站国摄

① 参见熊元翰、张宗儒等编《京师地方审判厅法曹会判牍汇编》第一集《刑事》下册《诈欺取财·文彬等向僧岫山诈欺取财》，商务印书馆，1914 年版。

被告之争，无论各自所述真假，都是私庙所有权之争。即使文彬“霸占”，也是“霸占”了岫山和尚的私庙。然而，终审却以官庙与私庙辩论定案，这与案件起因毫无关联，为何如此审理？让人大惑不解。

图 20　妙云寺无字碑局部，2014 年笔者摄

其次，在双方所有权依据辩述中，被告文彬叙述了庙产来历，提供了相关契文。

而原告岫山和尚却没有叙述传承关系，这是所有权的重要证据，通常会刻在庙碑上，包括建庙缘起、开山和尚、寺庙名称及捐款人姓名等。然而，庙里两通石碑文字全部被磨掉，成为无字碑（见图 19 至图 21）。即便如此，这些信息作为寺庙“所有者”的岫山和尚本该抢着口述，法官也应首先询问、索要才能展开下一步的判定。可是法庭却没有这一步的程序与笔录。

最后，在被告文彬已提供的 3 份契约基础上，检察厅进一步索要地契、庙契、墓地契，却没有向原告岫山和尚索要同类证明，而只凭其提供的，也是唯一的租地合同来判案。其公正性很值得怀疑。

至于所谓御道五庙是敕建寺庙，显然是审判厅和检察厅对庙产背景缺乏调查了解。敕建寺庙有狭义、广义之分，狭义敕建是指完全由皇家出资建设、管理。引水石渠四庙就是如此，完全享受国家待遇，从聘用僧人、香火费到岁修费用都有相应的财政支持，其保存状况、室内布置还要列入清宫档案，如《妙喜寺陈设档》《广润庙普通寺香露寺等处佛像供器清册》等，分别由静明园与静宜园管理，白纸黑字列得很清楚。但是妙云寺不在其上，所以说妙云寺不是皇家寺院，不是“官庙”。

广义敕建寺庙就是朝廷仅仅赐予个名号，其所有权仍归私家。也正是如此，妙云寺才由图思德家人恒庆来督建，而“官庙”则是由清宫内务府派人督建。因此，妙云寺的性质仍为家庙。

此外，由附近村民来做证更不足为据，后世所谓曹国舅、贵泰的传说也是由村民而来，好在当时还没编出来，否则会出现 4—5 个庙产拥有者，真不知审判厅会如何判案。

争讼之中，被告文彬等人没有提供充足的辩论及论据也是一大缺陷。毕竟其祖

图 21　妙云寺无字碑局部，2014 年笔者摄

上桂芳曾任总管内务府大臣，这些资料他本应比别人更清楚，也更有权威性。可是文彬显然并不十分了解妙云寺的来龙去脉。

不过，即使文彬提供了充足论据，也未必能保住这份祖产，看看时代背景就会顿解疑惑。当时正值辛亥革命后不久，旧体制与政治思想体系土崩瓦解。全国各地开始出现抢夺庙产的群体性暴力事件，至 1913 年趋于高潮。[①]

袁世凯政府连续出台一系列法规条例，最初将前清寺庙分为官产、公产和私产三项，具体标准是：

> 如该祠庙隶属于国家祀典者为官产，其有年代、碑记无考、非公非私者亦属官产；由地方公共鸠赀或布施建设者为公产；由该祠庙住守人募化及以私财建设者为私产。[②]

一旦确定属于官产和公产，即可由地方政府随意征用，如长河万寿寺便拍卖给五台山佛教会作为疗养院。这也就是审判厅为什么要绕过起因，硬判妙云寺为官庙的谜底。这场官司其实早有了腹稿，目的只有一个：抢夺前清贵族遗产，判案不过是个体面台阶而已。

尽管袁世凯政府于 1913 年 6 月又紧急出台修改条例，废除将民间庙产分为公产和私产的做法，加强对庙产的保护力度，规定“寺院住持及其他关系人不得将寺院财产变卖、抵押或赠与于人”，“不论何人不得强取寺院财产”[③]。但随后又颁布法令，明确法律不溯既往的原则，也就是说在此期限前被分掉、抢走的庙产不再追究法律责任。

① 《中华佛教总会致国务院呈》，见民国政府《国务院关于保护寺庙财产致内务部公函》（1914 年 1 月 7 日）所附抄件，中国第二历史档案馆编《中华民国史档案资料汇编》第 3 辑文化，江苏古籍出版社，1991 年版。

② 《内务部通咨各省都督民政长调查祠庙及天主耶稣教堂各表式请查照饬遵文》，《政府公报》，1912 年 10 月 19 日第 171 号，第 7—9 页。

③ 《寺院管理暂行规则》（1913 年 6 月），见《中华民国史档案资料汇编》第 3 辑文化。

在这样背景下，可怜的文彬等人只能眼睁睁看着祖产丢失，想必个个气血冲顶、非死必伤，这或许是后来妙云寺种种传说谜团无人出来澄清的原因。需要补充的是，案中的文彬是图思德胞弟图思义的直系后代，谱系是这样的：图思义—恒珂—桂丰—穆腾布（有3弟1妹）—明照（有2弟2妹）—（明照11子）希隆阿、文浚、文镆、文焕、文治、文清、文徵、文彬、文裕、文龄、文恍。

文彬父亲明照及妻子也葬在妙云寺旁。文彬为第八子，育有3子：福千、福昆、福裕。这三“福”子如果有文字遗存，或许会对妙云寺的沿革讲得更为清楚。

话说回来，200多年前八旗入关，跑马圈地连个判决走过场都没有；相对而言这次算是给足文彬面子了。只不过进入现代文明的民国也未跳出冤冤相报的怪圈，历史竟在此刻再次上演。

妙云寺的轨迹从此变得扑朔迷离，本文开篇的四大传说谜团开始出现，一如庙中无字碑，来历似有却无（见图22）。[①]

图22　妙云寺东侧绿地景观设计草案

① 2021年在妙云寺东侧环境整治草案中，笔者对上述历史信息进行了景观设计表达。

妙云寺之谜（二）：张荫棠与石居别墅

图 1　张荫棠（前排左）

图 2　妙云寺匾额改为“石居”，2014 年笔者摄

1913 年，在判决图思德族人“欺诈取财罪”后，妙云寺很快就从岫山和尚转手到一个金姓买家。过了两年，金姓庙主四处兜售，找到文化名人周肇祥，周看过之后，大赞庙“有林木之胜”，但临路太近不清静，所以未买。

不久，妙云寺由驻藏帮办张荫棠（见图 1）以 7000 番（银圆）买下，这在当时是相当便宜的价格。他很中意庙中的奇石水景，与石相伴，意趣悠长，于是改庙名为“石居”。延续近 140 年的“妙云寺”之名，自此从庙门上消失了（见图 2）。

庙既然改作人居，神就得搬家。张荫棠派人挪走各殿佛像、拆除钟鼓楼，这中间居然拆出意外之财。原来钟鼓楼的木料全是楠木，卖掉之后获利丰厚。①

这或许是冥冥之中上苍对张荫棠功绩的奖赏。

一、张荫棠的功绩

张荫棠（1860—1935），号憩伯，② 广东新会双水人，③ 其父为清末浙江海防水师副将张蓉光。光绪八年（1882 年），张荫棠由官附生中举人、授员外郎。次年，派充海军衙门章京。后参与慈禧六十大寿的庆典撰文，负责万寿庆典点景事务。光绪二十二年（1896 年），他随伍廷芳出使美国，为三等参赞，次年改任旧金山总

① 退翁（周肇祥）：《鹿岩小记》，《国学丛刊》（北京），1942 年第 7 期，第 61—64 页。

② 生卒、名号有多种记载：一说生卒年为 1866—1937 年，字朝弼，号憩伯、少卿。另一说为 1864—1935 年。参阅马忠文《清季查办藏事大臣张荫棠的家世、官迹与交游》，《学术研究》，2019 年第 6 期。

③ 双水，今广东省江门市新会区双水镇。

领事，不久调职西班牙代办。光绪二十六年（1900 年）卸职回籍，后经伍廷芳奏保并请赏，加布政使衔。

光绪三十年（1904 年），张荫棠被朝廷召为直隶补用道。因其了解洋务、娴于外交，经唐绍仪举荐参与处理西藏事务，为维护我国对西藏的主权和领土完整做出了重要贡献。

张荫棠驻藏期间，还做了两件与风景园林相关的事情。一是“张大人花”。他到西藏时，带来波斯菊花籽，赠予当地官员与高僧，结果这种花非常适应当地气候，很快开遍街巷、开遍山野河滩。当地人把它命名为“张大人花”，以表达感激之情，其声名流传至今。

其二，张荫棠提出建立植物园的设想，园中分为五谷、蔬菜、果实、树木、花草五大区，而这恰恰是一种基于中国农耕思想的分类方法，与康熙皇帝主持编纂的《广群芳谱》是同一文化源流。张荫棠还拨款千金植树造林，在通往内地道路两旁种柳。①

宣统元年（1909 年），张荫棠受命任美、墨、秘、古国大使，任期内竭力维护华侨权益。宣统三年（1911 年）墨西哥内乱，大批华侨遭劫杀，他向墨西哥政府反复交涉，使其从开始的慢条斯理，到赔礼缉凶。张荫棠一路追究，最终使墨西哥政府赔偿 310 万墨元，安置受难侨胞。在美期间，他接替伍廷芳为公使，同样为平息当地排华而奔走相救。

就在这一年，武昌起义爆发，张荫棠辞去公使职位，有报道说他剪去了辫子。②他在辞职书中分析总结了清代外交中的战略失误，以及对未来中国外交的建议，③肺腑之言，真知灼见。

中华民国成立后，张荫棠又成为第一任驻美大使。袁世凯极为赏识他的能力，评其为五位时俊之一。④

1914 年，张荫棠回国被任命为参政院参政，刚刚一个月即辞职。其后，政府又有意聘他为外交次长、参议院副议长，以及黎元洪组阁成员等，他都未予接受。

---

① 张荫棠：《札饬噶布伦转行农务局补种拉萨至江孜两旁柳树并查明捐款存银数》《上外部条议筹如藏政经费说帖》，见吴丰培编《清代藏事奏牍·张荫棠驻藏奏稿》，中国藏学出版社，1994 年版。

②《驻英钦使张荫棠已将发辫剪去》，《新闻报》，1911 年 1 月 13 日，第 5 版。

③《使美张荫棠奏敬陈外交事宜并请开缺简授贤能折》（宣统二年六月初一日），见王彦威纂辑《清季外交史料》第 4 册，书目文献出版社，1987 年版。

④［日］内藤顺太郎著，张振秋译：《正传袁世凯》，广益书局，1914 年版。

二、石居生活

不久，张荫棠便买下妙云寺，开始了“石居”生活。他在这里“凿井编篱，开畦艺果”①，早年办理庆典点景的经历多少有了用武之地。

根据普安店人杨浩口述，② 这时期寺中园林有西、南两部分，西跨院中心为池潭，几座假山偏居水面西南角，峰峰呼应，倒影碧波。池北岸建有一座卷棚歇山顶书斋，向南放眼，尽得水光石色。

图 3　石居（妙云寺）内古白皮松，2014 年笔者摄

西跨院向东，沿甬道经月亮门，与南部另一处水院相通。这处水面更大，一座高大假山居于池中，仿作仙岛，高峻奇秀，成为全园观赏中心。沿池岸散置峰石，与中心岛相呼应，有山石汀步可从北岸通于石岛。平坦的东岸山石丛中有一座单檐四角亭，小巧玲珑，与月亮门互为对景。这一布局保留至 20 世纪 90 年代。

图 4　石居（妙云寺）外古松，2014 年笔者摄

有着建设植物园的理想和播种“张大人花”的经历，张荫棠对园林植物情有独钟，书斋前种植数十株丁香花，配以翠柏古木（见图 3 至图 5），幽静中清香四溢。经过一系列的调整，妙云寺原有的肃穆祭祀氛围消失了，石居变成了一座可行、可望、可居、可游的小园林。张荫棠就在这样的环境里接待亲朋好友，如《胡适日记全编》1924 年 1 月 13 日记载：

与梦麟、任光、余文灿、张希伯（荫棠）先生，同游西山。希伯先生年六十五，精神尚好。他有别墅在玉泉山之南，名石居，旧为和珅之弟的家庙，很精致。我们在石居吃饭，饭后游西山，回来又到石居吃晚饭。饭后回城。

① 退翁（周肇祥）：《鹿岩小记》，《国学丛刊》（北京），1942 年第 7 期，第 61—64 页。

② 焦雄：《北京西郊宅园记 · 石居别墅》，北京燕山出版社，1996 年版。

今夜是旧历初八（腊八），在石居见月，月色极好。……回家时，忽起大风，尘土蔽人，勉强睁眼看那将落的月，已朦胧作黄色，令人起憔悴的联想。

石居

松针筛月上眉头，心上凄清感旧游。

一样半规初八月，照人狂态照人愁。[1]

张荫棠作风内敛，石居即隐居。此前有关他的活动频繁出现于各种报刊，累计500余件。待他搬入石居后，报刊对他的关注几乎全部消失，仅有极少的报道，如他出席1929年燕京大学的落成典礼，与广东籍学者相聚。岭南学者冼玉清为此写有《青燐十记·忆张荫棠丈》。

图5　石居（妙云寺）前御道古槐，2014年笔者摄

这时期张荫棠还在国立北平大学俄文法政学院任教，面对民国政府的频繁内讧、军阀混战，他认为只有法治才能使国家得到长治久安。1931年，他在校庆32周年集会上致辞道：

国不欲治则已，欲治其国，非有法以纲纪之，不可得而治也。

只有建成法治国家，才能赢得国家尊严。他接着说：

纳全国人民于轨道之中，而造成一法治国。夫而后，东西各国对于我国疆土不敢于侵略之谋，对于我国人民不敢有藐视之念。

“侵略之谋”“藐视之念”，正是他作为弱国外交官始终面临的两大挑战，也是奋

① 胡适著，曹伯言整理：《胡适日记全编》第4册1924年1月13日，安徽教育出版社，2001年版。

力抗争的内容。他最后热情鼓励年轻学子：

语云：有志者事竟成，又曰天下兴亡，匹夫有责，愿持斯义，与诸君予交勉之。[①]

纵观张荫棠的一生，他也正是这两大箴言的践行者。1934 年，他为陈少白题写挽词："正其谊不谋其利；明其道不计其功。"[②] 这既是对逝者的评价，也是律己修身的座右铭。

张荫棠子女婚后都居住于天津，因此他常常乘火车往来于平津之间，而石居远离市区，多有不便，所以居住十余年后便冷落下来。1930 年，石居被出借给当时影响很大的中国基督教女青年会，作为每年一度的消夏避暑之所，公告介绍石居"交通方便，景致清幽，屋宇宽敞"，女会员在此可增进友谊，交流新知识。[③] 石居从此成为北平西山著名的社交场所之一。

1935 年冬，张荫棠在京城家中病逝。与他离京赴藏、离京赴美时媒体的广泛报道相比，他的离世几乎不为人知，以至于后世出现了两个去世年代的记载。[④] 或许他已经看空一切，作为一个弱国的睿智外交家，外受欺凌、内睹不争，心中郁结外人难以体会，也只有石居古松记得他月夜徘徊的身影。《清史稿》总纂官赵尔巽为他写下这样一副挽联：

礼隆祖墓，惠遍乡闾，方期修史功成，退老神山娱岁月；
勋著清朝，节高民国，何遽骑箕仙去，化身星斗绝尘寰。

其实，小小的石居未必能让他娱情山水、抚慰一腔壮怀。从他所著《使藏纪事》及《张荫棠驻藏奏稿》中可以看出，他不仅是位坚定稳健的外交家，还是一位具有国际视野、远见卓识的思想者，尤其是对"国家主权"概念思考透彻，并予以实践与宣讲，对中国外交走向现代有着重要的意义。

---

① 俄文法政学院三十二周年纪念筹备委员会宣传股编：《国立北平大学俄文法政学院三十二周年纪念特刊》，俄文法政学院，1931 年版。

② 意为：维护公理，阐明道理，以公道行事，不谋一己私利，不贪一时近功。语出董仲舒"正谊明道"，后被朱熹解释为"正其义不谋其利，明其道不计其功"。

③《女青年会举办西山消夏所　在香山玉泉山之间》，《京报》，1930 年 7 月 2 日，第 6 版。

④ 分别为 1935 年和 1938 年。

由于身处改朝换代之际，加之为人低调，张荫棠的功绩被大大忽略，民众更是知之甚少，只有青藏高原开遍的“张大人花”，以及玉泉山西这座石居常常提醒人们：中国近代曾有这样一个人，为国家主权而奋争！可以说，石居是最佳的张荫棠纪念地。

对张荫棠评价很高的军机大臣荣庆去世后，也安葬在石居西南不远的地方。[①]

张大人没有想到的是，石居前身妙云寺的扩建正是缘于六世班禅的进京，而这与他极力倡议的九世班禅进京不谋而合，都是为了国家的统一大业。如果把香山昭庙比作中央与西藏的纽带，那么石居就是这纽带上的一个亮环。

三、张荫棠的后人与贝聿铭

随着张荫棠的离世，石居的后来也变得含混不清。传说石居由在协和医院工作的张氏后人继承，日占时期因挂美国国旗，得以保留。他的女儿成为袁世凯的儿媳。[②]但这些信息都未有出处。来自海外的资料或许更准确一些，不过仅限于人事，至于石居的传承仍是谜团。

图 6　张公撝，时任驻智利全权公使，1934 年摄

张荫棠有一子一女，他与唐绍仪结成儿女亲家。唐绍仪为中华民国第一任总理，与张荫棠是广东同乡，两人又在外交战中并肩奋争，因而结成莫逆之交。二人也同好造园，唐绍仪曾任天津海关道、北洋大学校长，在天津运河北建有新中式宅邸花园，在家乡广东香山县建有共乐园，园中奇花异木数百种，大多从东南亚和欧洲引进，很像一座植物园。张荫棠的植物园设想或许是与他切磋的结果。

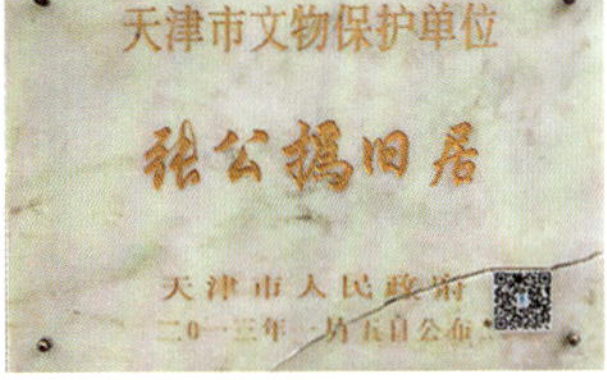

图 7　张公撝旧居说明牌

张荫棠儿子张谦，字公撝（见图 6），早年赴美留学，获宾夕法尼亚大学法学士学位、加利福尼亚大学博士。先后任美国旧金山、纽约总领事，担任过智利、葡萄牙、荷兰全权公使。他是提议收复澳门的第一人，也是第一次联合国大会的中国代表团秘书长。张公撝娶唐绍

① 退翁（周肇祥）：《鹿岩小记》，《国学丛刊》（北京），1942 年第 11 期，第 63—64 页。

② 焦雄：《北京西郊宅园记 · 石居别墅》，北京燕山出版社，1996 年版。

仪的次女唐宝璋为妻，育有2女，旧居在天津英租界（今属和平区），是一座英国风格的别墅住宅，至今尚存，被列入“天津市历史风貌建筑”（见图7、图8）。在津时，这对夫妻为社会名流，与张学良及黎元洪长子黎绍基交往密切。在1929年天津万国服装大会上，唐宝璋（见图9）曾作为中方指导，展示中国历代服装；两个女儿也登台走秀。16岁的女儿张美玉展示的新娘时装艳惊全场，成一时美谈。一家人于1955年后入籍美国。

图8　张公扮旧居

张荫棠女儿英文名爱丽丝·张（Alice Chang，见图10），嫁给唐绍仪外甥卢炳玉（Ping Yok Loo，见图11）。卢炳玉自小随唐绍仪在天津长大，后于清华学堂毕业，赴美麻省理工学院攻读工程机械，其间两获校际摔跤冠军，成为学院摔跤队队长，被视为中国留学生的骄傲。1916年毕业后，他作为机械工程师任职美国机械出口公司，后任天津炳耀工程公司总经理，抗日胜利后组建华宁工程公司参与国家重建工作。与张荫棠女儿结婚后，卢炳玉住在天津英租界马场道，靠近张公扮宅。1955年一家入籍美国。

卢炳玉夫妇共育有二女二子，其中长女卢淑华（英文名Ellien Loo，译成卢爱玲、卢艾琳，也有写作陆书华），[①]1920年9月21日出生于天津，少年时应与外祖父相

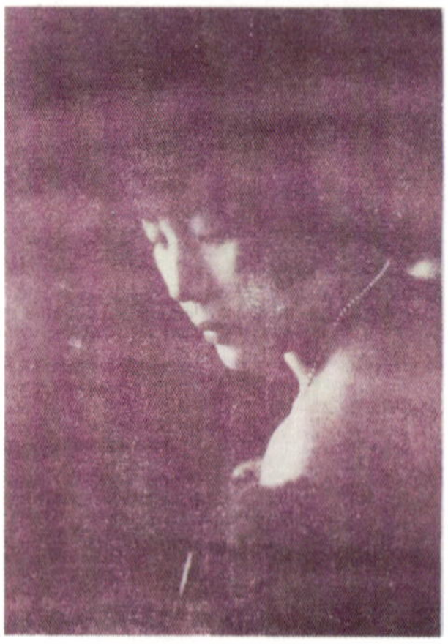

图9　张公扮夫人唐宝璋。周瑟夫摄，《北洋画报》，1927年第119期，第1版

图10　张荫棠之女爱丽丝·张

图11　张荫棠女婿卢炳玉

① 周季和编：《东莞文物游记》，解放军出版社，2007年版。

处过，当时多有报道张荫棠乘火车往返于京津两地，应该是祖孙三代团聚。张荫棠不会想到，这个天津小姑娘成人后有着与自己同样的园林喜好，更重要的是，她还为家族带来一位优秀成员——贝聿铭。

图 12　张荫棠外孙女卢淑华与丈夫贝聿铭

1938 年，也就是张荫棠去世不久，18 岁的卢淑华来到美国卫斯理学院（Wellesley College）攻读艺术，到达时遇见了自己的白马王子贝聿铭。两人一见钟情，于 1942 年，在卢淑华毕业典礼后的第五天举行了婚礼，贝聿铭也正式成为张荫棠的外孙女婿。接着，卢淑华进入哈佛大学研究生院攻读风景园林专业。哈佛大学是世界上第一个开设此类课程的高等学府。在学习期间，卢淑华劝说贝聿铭转读哈佛大学建筑学硕士学位，为其以后的发展奠定了坚实基础。1945 年秋，梁思成作为中国代表来到纽约参与联合国大厦设计，便是由卢炳玉夫妇在家中为之接风，陪伴的还有年轻的卢淑华与贝聿铭。

图 13　卢淑华与贝聿铭

卢淑华是贝聿铭深以信赖的职业高参（见图 12、图 13），她的良好学识与敏锐判断力，被儿子贝定中形容为“秘密武器”[①]，两人的学术默契比肩梁思成与林徽因。1979 年，贝聿铭受中国政府委托来到北京香山，在昭庙南面的山坳里设计香山饭店。狮子林的幼年经历，使他对奇石情有独钟，特别选用了云南石林的峰石点缀主厅及室外园林，山林、石影与建筑浑然一体（见图 14）。这一充满中国特色的作品广受赞誉，获得了 1984 年美国建筑学会荣誉奖。陪伴贝聿铭

图 14　贝聿铭设计的香山饭店泉石外庭，金柏苓摄

① 张一苇：《神秘的东方贵族——贝聿铭和他的家族》，苏州大学出版社，2014 年版。

工作的卢淑华或许不清楚，在饭店东侧不远的地方，就是她的外祖父思考写作的石居，也有着相似的水石情趣。对园林和奇石的喜爱，在这隔世两代人的血脉中流淌，说到底是一份浓浓的中国情。

卢淑华于2014年6月25日去世，终年93岁，也是她四兄妹中最后离世的一位。《纽约时报》讣告中的一部分是这样写的：

> 爱玲·卢贝（Eileen Loo Pei）……她对艺术和文化有着敏锐的目光、极好的品位和持久的热情，是丈夫和家人永远不可或缺的支持，在所有问题上提供明智的忠告，温暖、幽默和实用的、充满爱心的建议。她以轻松的风格、高雅与善良而闻名。[①]

这些评价多少能反映出张荫棠的家风与“娴于外交”的基因。卢淑华行事低调，认为出名并无好处，对家人身世的“私人领地”更是三缄其口，这或许是来自外祖父的家训。贝聿铭也是同样，以至于被同行称为“隐士”。

正因如此，关于卢淑华的父亲又出现不同的说法，国内众多书刊、网文说是出生于广东东莞虎门的卢宝贤，入籍加拿大，为温哥华耆英会永久名誉会长。[②] 国内信息也少有提及她的外祖父张荫棠，这成为妙云寺题外的另一个谜团。本文完稿之际，贝聿铭先生刚刚去世，谜团或许还会延续下去。

图15 妙云寺前御道改造草案

① “Eileen L. Pei Obituary,” *The New York Times*, April 25, 2014.

② 詹文格：《虎门姑爷贝聿铭——享誉全球的建筑大师》，见虎门镇人民政府编《虎门文史》第4辑，广东人民出版社，2019年版。

四、结语

玉泉山与香山之间的妙云寺，掺杂着太多的谜团，从昆明湖的引水石渠，到御赐庙名的图思德家庙，再到石居别墅，它既是一座小庙历程的印记，也是国家与两个家族兴衰的见证，更是时代变迁的缩影，积淀着这方土地丰富的文化内涵。

寻找真实的历史记忆，是文化学者的职责，也是园林设计师努力的方向。在人类发明文字以后，如果一座城市、一个地区的历史还停留于传说，那只能说明那里文化的贫瘠，而三山五园地区不该如此。

将记忆写在大地上、融进景观中是园林设计师的职责，正如贝聿铭倡导的建筑是历史延续的一部分，景观设计更应如此。具体到妙云寺周边的园林设计，在未见真实史料前，方案中曾准备将民间传说“九缸十八窖”“念出金银修座庙”融入设计之中。然而当完成上述研究后，笔者便打消了这些想法，重新对妙云寺周边进行了设计构思（见图 15、图 16）。

玉泉山西这座小庙与它脚下的土地承载着更广阔的视野、更深厚的底蕴，不应被肤浅所掩盖。张荫棠值得敬仰与纪念，一个民族不应忘记那些做出贡献的人。

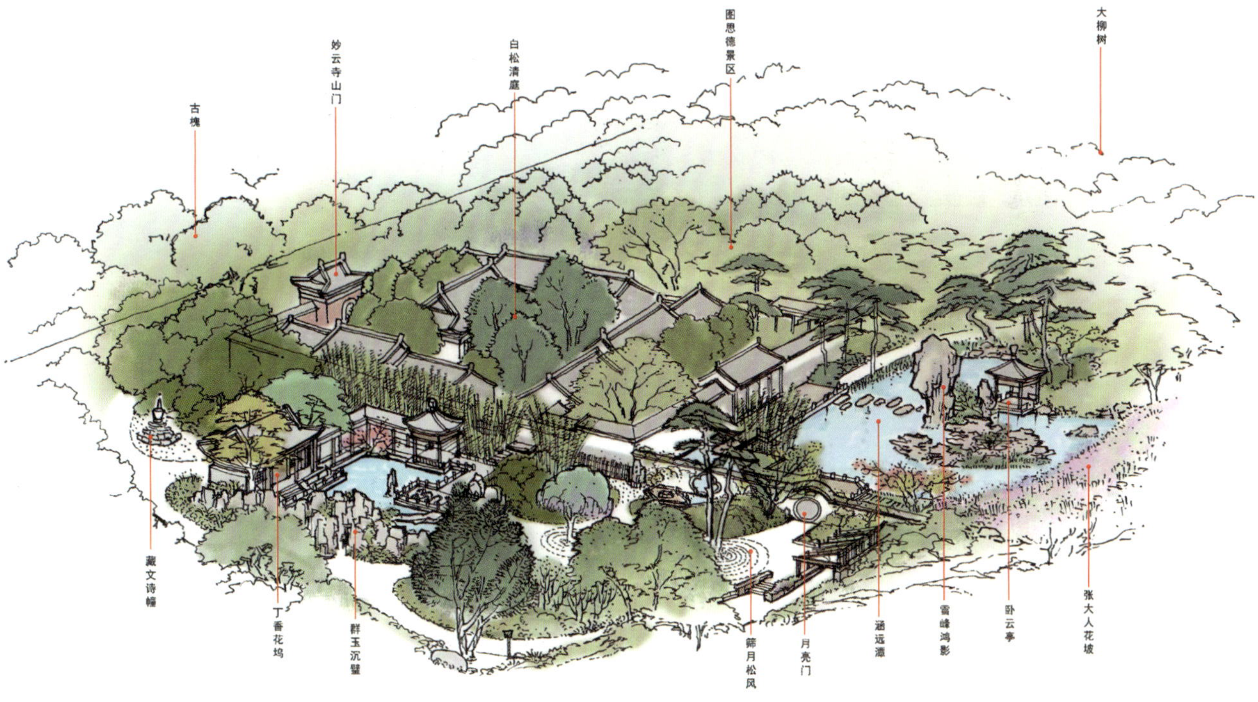

图 16　妙云寺西院历史记忆设计草案

六郎庄三村风景（一）：发展历程与昆明湖

颐和园东南紧邻的六郎庄、巴沟村与万泉庄，三村同根同源，田地相连（见图1）。几十年前，这里还是一马平川的水乡景象（见图2）。更早的清漪园时期，三村稻浪与昆明湖水、长河碧波隔堤相伴，水阔田远，横无际涯，成为清漪园的辽阔前景，也烘托出万寿山的辉煌壮丽。放眼这片蓝绿天地，站在山上的乾隆皇帝意气风发，挥写“燕台大观”四个大字，刻之于山前岩壁。

图1 由万寿山望文昌阁及六郎庄、巴沟村、万泉庄、泉宗庙一带，澳大利亚海达·莫理循摄

早在远古时期，六郎庄三村之地便与昆明湖、万寿山有着“地脉亲缘”。后来，六郎庄三村因借景万寿山而村美，分水昆明湖而稻香，同时又有着自己的发展历程。早在汉代，这里就有先民活动的踪迹，元代则成为京城稻米产区，至明代发展为水乡风景地，孕育出众多名园。到清代，六郎庄三村渐入佳境，诞生出三山五园中最早的畅春园园林集群。乾隆二十九年（1764年）开始的大规模整治，更使本区风景园林达到历史顶峰。园庭与田野穿插交错，成为君臣与平民共游之地，也标志着三山五园一体化的完成。了解六郎庄三村的本末源流，可以更全面地认识颐和园的历史文化。

图2 从六郎庄田野望万寿山昆明湖，1991年摄

一、与颐和园相同的地脉

六郎庄三村区域位于长河、昆明湖东堤之东，万寿寺路以西，北至畅春园西马厂，南至长春桥路（见图3）。三村同处海淀台地西南“岸线”下的低谷洼地，分据南中北三处，南高北低。南部万泉庄泉宗庙海拔49.5米；中部巴沟村48米，与昆明湖底海拔相近；北部六郎庄47米；再北阅武楼45米。洼地缓斜向东北延展，经圆明园接于古清河河床，因此被称作“清河低地”或“巴沟低地”[①]，地表水自然北流。海淀台地“岸线”与低地高差1—2米（见图4）。

图3　六郎庄三村区位图

这一洼地形成于远古的永定河，当时河水在三家店出山后向东北流经本区，河面宽阔，西北岸即为玉泉山与瓮山，东南岸就是海淀台地。大致在5000年前，古永定河改道南移，河床中留下众多出露土地和残水。最初在海淀台地上生存的先人，开始不断向低地迁移形成聚落。海淀台地西下的六郎庄曾出土过汉献帝时期的金盆，[②]瓮山前低地也发现有辽金人居遗迹，这里或许就是后来瓮山村的前身。

图4　海淀中关村附近地形图。摘自岳升阳主编《侯仁之与北京地图》，北京科学技术出版社，2011年版

① 岳升阳、夏正楷、徐海鹏：《海淀文史·海淀古镇环境变迁》，开明出版社，2009年版。

②《六郎庄掘出汉代古金盆》，《北平午报》，1932年4月26日，第4版。

宽阔低地中的残水呈现为淀洼沼泽形态，星罗棋布，大者为玉泉山与瓮山间的古瓮山泊、六郎庄的古丹棱沜、海淀水[①]等，先人们与水相伴，发展出悠久的稻作农业。考古发现在万泉河、勺园土层剖面中存有1400年前的稻田土，含有稻米植物残体，[②]这表明本区水稻种植至晚在北魏宣武帝时就已出现。在检测昆明湖湖相沉积花粉浓度时也得出近似的结论。[③]

古永定河离开后，清河低地水源主要来自玉泉山泉水群和瓮山的部分泉水，[④]这些泉水汇集为古瓮山泊后，以多脉流入六郎庄三村低地，又得到万泉庄、巴沟等处泉水群的补充，汇合后经圆明园一带流入清河。泉水如此之多的一个原因是本区处在永定河冲洪积扇的泉水溢出带上，[⑤]勘测研究也表明，玉泉山出水岩层与永定河清水涧一带河床同为渗水的奥陶系灰岩。[⑥]泉水之外的水源还有雨雪地表水。

瓮山泊溢出的溪流与六郎庄丹棱沜、海淀水宛转相通，将两地沼泽湖田相连，呈现出混沌不清的大片湿地景象。直到乾隆十四年（1749年）前，还剩有一条连通小河，或称岣嵝河，或称青龙桁河。“岣嵝”本义为大禹治水的记功碑文，字如蝌蚪，扭转、点线相间，此处或许用来形容湿地中的水道似河又似洼，雨大为湖、天旱为泽。

二、六郎庄三村风景的开发时序

1. 水田开拓期

元代初年郭守敬开挖瓮山泊，筑起瓮山十里大堤，将“清河低地”分成两大风貌。大堤以西，众多水泡子被整合为一，并引入白浮渠沿线11泉，形成辽阔的“整块”大水面——瓮山泊，北京史上人工化的玉泉山水系正式形成，为大都提供了稳定的水源。

而堤东瓮山村及六郎庄三村区域仍是零散的湖淀沼泽。随着人口的聚集开垦，退水为田，原始水体呈现碎片化的趋势，渐为田野。《元史》记载了至少6次加固瓮山大堤的建设，这些措施大大降低了洪水威胁，也提供了稳定的灌溉用水，稻田

① 从史料表述看，“海淀”一词，除有地名之意，还泛指低地中的水泽。海淀水与元代丹棱沜之间并无明确划分，二者或有重叠，或本为一体。

② 岳升阳、夏正楷、徐海鹏：《海淀文史·海淀古镇环境变迁》，开明出版社，2009年版。

③ 黄成彦等：《颐和园昆明湖3500余年沉积物研究》，海洋出版社，1996年版。

④ 明代前期，瓮山还有一亩泉、青龙泉、双龙泉、玉龙泉、仁慈庵泉等水源。

⑤ 蔡蕃：《北京古运河与城市供水研究》，北京出版社，1987年版。

⑥ 详见本书《昆明湖，玉泉山边漂来的湖》。

有了规模化的发展。[①] 到元文宗时，仅瓮山泊护圣寺就有田千余亩，未入记载的应不在少数。

这时期瓮山村稻田与六郎庄三村不分彼此，禾苗生长平稳，景色日新，田园诗文开始出现。诗文数量是中国风景名胜区兴衰的一项重要指标，元代著名诗人陈旅、周伯琦、宋褧等都在此留下田园诗作，以宋褧《七月望日西山即景十二韵》为例：

仙馆旧时通辇路，官沟佳处似江津。
郊扉亭榭皆沽酒，石岸湾埼半鬻薪。[②]

他在诗注中明确说“官沟”即广源闸长河一带，景色有如江南。

2. 水乡田园风景形成期

明代六郎庄三村水田进一步扩大，三村名称开始出现：牛栏庄、八沟村、万泉庄。三村又与史料中“南海淀”的指称范围相重合。瓮山大堤设有 3 处水闸：瓮山闸、华家屯闸与牛栏庄闸，由此可知灌区村落及其与瓮山泊的密切联系。牛栏庄即后来的六郎庄，八沟后称巴沟，此外还有东稚村、西勾桥等地名，显示着人口增加，古丹棱沜不断萎缩，形成大约八条散流乱水，这些散流乱水最终演变为田地，退水后泉眼大量显露出来，方才有了“万”字之喻的村名。

随着南方熟练稻农移民至此，田地得到精耕细作。至明中叶，六郎庄三村与瓮山水田景色更加优美，又因着清华园、勺园和瓮山圆静寺，两地成为京城人出游的联袂目的地。圆静寺景胜在山，而二园景胜以水。淀沼众多、溪田交错是三村有别于瓮山的风景特点，王嘉谟详尽记述了与三村交错的丹棱沜水景：

循沜而西，或南或西，町塍相连，有石梁一，是曰西勾。复潴为小溪，溪上有大盘石，有小石，瑟翠可爱。溪中倒映见西山诸峰如镜，小鱼淰淰如吹云。又南为陂者五六，沜水再潴为为溪。……沜虽小，然忽隐忽潴，连以数里，可舟可钓，足食数口，负山丛丛。盖神皋之佳丽，郊居之选胜也。[③]

①《元史》卷六十四《河渠志一·通惠河》：“文宗天历三年三月，中书省臣言：‘世祖时开挑通惠河，安置闸座，全借上源白浮一亩等泉之水以通漕运。今各枝及诸寺观权势，私决堤堰，浇灌稻田、水碾、园圃，致河浅妨漕事，乞禁之。’”

②《燕石集》卷七《七月望日西山即景十二韵》。

③《蓟丘集》卷三十九《丹棱沜记》。

其后，《长安客话》《帝京景物略》也相继表述了同样意象：

高梁桥西北十里，平地有泉，滮洒四出，淙汩草木之间，潴为小溪凡数十处。北为北海淀，南为南海淀，远树参差，高下攒簇，间以水田町塍相接。①

高梁桥西北十里，平地出泉焉。滮滮四去，潨潨草木泽之，洞洞磬折以参伍，为十余奠潴。……水田龟坼，沟塍册册。远树绿以青青，远风无闻而有色。②

这些文字是明代对本地风景的总结，也使六郎庄三村声名远扬，文人游客纷来沓至。这里成为瓮山、玉泉山游览的先前一站。赞美六郎庄三村的诗文层出不穷，如朱国祚有诗云：

东雉村边水，西沟桥下流。
濯缨人不至，处处浴沙鸥。③

王嘉谟作诗道：

西山吾夙好，水竹幸为邻。
晴日苍烟在，青苔古树新。

雀勤雏尚彀，灯报客愁人。
岩壑朝将往，丹棱沜可津。④

观稻赏水的私家园林开始出现在这一地区。著名者除六郎庄东邻的武清侯清华园、北海淀的米万钟勺园，还有六郎庄三村的一些小园，如王思任所记史姓宦官别墅：“牛栏庄史内监之乐地，此公能弈、能酒，雅好客。”王诗云：

①《长安客话》卷四《郊垌杂记·海淀》。

②《帝京景物略》卷五《西城外·海淀》。

③［明］朱国祚：《西勾桥口占》，见《明诗综》卷五十九。

④［明］王嘉谟《海淀望西山》，见《帝京景物略》卷五《西城外·海淀》。《蓟丘集》卷十八所收版本与此不同。

白鹭水田，黄鹂夏木。
楼尽西山，亭规南服。①

万泉庄、巴沟村还有一些规模相当大的“坟寺”，遗迹留至清初。清初张英在诗中描述道：

前朝陵墓久沧桑，石马丰碑卧夕阳。
底事中涓留一窟，至今争踞万泉庄。②

王泽宏诗云：

旁有崔嵬墓一区，中涓作事何其愚。
凿石筑墙费巨万，丰碑华表踞一隅。③

“涓留”指太监。明代太监权势炽盛时，纷纷在京西风景之地建寺，死后为墓，请僧人管护，称为坟寺。巴沟村的圣化寺、永宁观也应是同类性质。圣化寺在明代称作“大圣化寺”，寺前有7顷水田，隶属紫禁城乾清宫的宫庄子粒。明许宗鲁《憩圣化寺》诗云：

春前杖屦看山约，野外林塘古寺过。花径泉渠流水细，石房钟磬白云多。
翻阶露色苞红药，□户烟丝袅碧萝。暂对芳华留啸咏，顿令遐思属岩阿。④

除远山近水，借景稻田也是各私园的主要趣向，如勺园“北窗一拓，则稻畦千顷，不复有缭垣焉”⑤。至明晚期，六郎庄三村与海淀已成为京城著名的水乡田园风景地。不过与后世相比，这时的六郎庄三村还处于风景区的起步阶段（见图5）。

①《谑庵文饭小品》卷二《纪京西旧事·其八》。
②《文端集》卷二十八《西郊杂咏二十七首·其十七》。
③［清］王泽宏：《鹤岭山人诗集》卷十四《万泉庄看花即事》，清康熙刻本。
④《少华山人集》前集卷十一《憩圣化寺》。
⑤《日下旧闻考》卷七十九《国朝苑囿》。

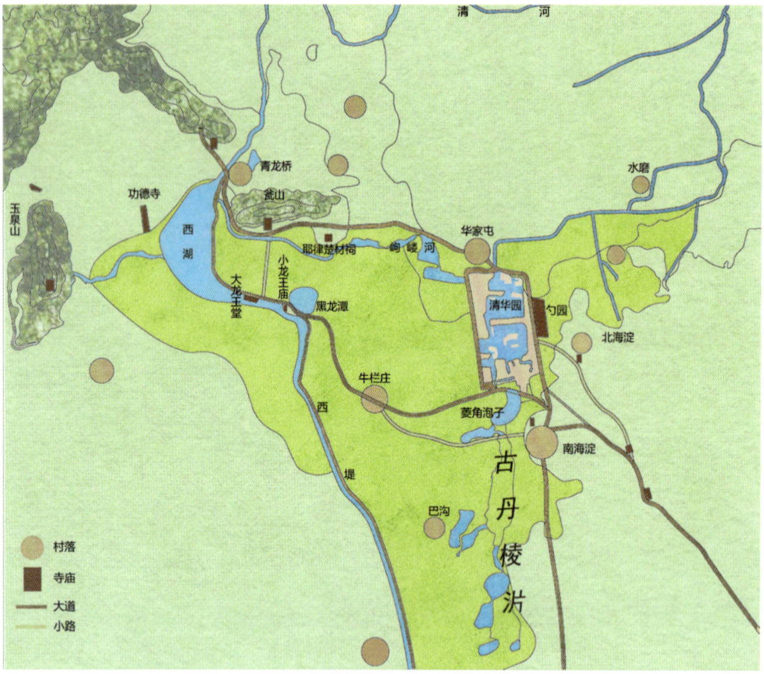

图 5　明末六郎庄三村与西湖水道关系示意。依据岳升阳、夏正楷、徐海鹏《海淀文史·海淀古镇环境变迁》插图绘制

3. 风景园林初盛期

明末清初，本区水面大为缩减，丹棱沜残剩为菱角泡子，田地已与水面比例相当了。周边的私园衰败无存，瓮山林木也被砍伐一空，寺庙、泉脉全无痕迹。不过六郎庄三村田园风光依旧优美，清初茹纶常诗云：

> 蹇驴才出国西门，拟问门头旧日村。
> 海淀前途劳远目，更无人说米家园。
>
> 清华园址已全迷，水鸟沙禽接稻畦。
> 最好西勾桥上路，西山更在瓮山西。[1]

清室继承了前朝宫廷田产，继续大力经营。对于六郎庄三村的田地，如果说明代还是以生产为主，风景园林属于无意间的附带产物，那么清代则是有目标的整体规划与开发。

康熙十一年（1672 年），本区开始了第一次大规模的水利农田整治，目标是将东侧的天然万泉河向西引水灌溉，范围是瓮山大堤与黑龙潭以东的田地，面积总共

①《容斋诗集》卷十八《出阜城门即目》。

244 垧，[1] 相当于 3660 亩。[2] 具体工程有四。

第一，开挖贯穿地块东南至西北的万泉新河，由巴沟桥向西偏北延挖长近 6 里，河道上口宽 1 丈。巴沟桥水深 3 尺，以此为基准，向下游逐渐深挖，远端最深处达 9 尺 4 寸 3 分。在河道下游端点开辟深 9 尺的潴水潭（后人所称的“马坑”或源于此）。

第二，开辟支脉沟渠，将灌溉水渗透进田间，总长 1 里有余。

第三，沿上述沟渠脉络将田地分为 13 方，每方边长约 300 尺，使灌溉均衡分布，这就是后来传说的“南北十三圈”。

第四，疏理泉眼，为新河补水。将圣化寺南 600 尺、永宁观南 130 丈的两个泉眼疏通后，通过上宽 1 丈、底宽 3 尺、深 5 尺的河渠引入新开河道，也为圣化寺至西花园的行船打下了基础。

全区筑建长短各类堤坝近 11 道，均高 4 尺，最高 9 尺，底宽 6 尺，顶宽 4 尺。堤脚以荆笆地钉加固，沿岸植柳以固堤防。整个项目用工 18075 人。

比利时籍传教士南怀仁（见图 6）参与了治水筹划，在施工中使用了西方的测绘设备（如水平仪）与测绘技术（见图 7），以及土方计算方法，大大降低了造价，费用由最初的万余金降为“不过千金”。可以想见这些技术也会运用于后来的皇家工程之中。

三村田野很快面貌一新，康熙皇帝频频出巡西郊“观禾”“观获”，并赞誉“直今西苑之西南所谓万泉庄者，固郊畿一胜境也”[3]，与明代王嘉谟等人的评价隔世相合。

水乡生态一旦稳定，赏景园林便随之而生。康熙初年重修了圣化寺、永宁观，作为驻足之地。平定三藩之后，康熙皇帝南巡江浙，风景园林见识大为丰富，回京后先后营建玉泉山静明园、香山别墅，并于康熙二十六年（1687 年）在万泉庄北、六郎庄东利用清华

图 6　南怀仁像

① 韩琦、吴旻校注：《熙朝定案·工部为请旨事一疏》，中华书局，2006 年版。

② 本处以 1 垧合 15 亩计算。

③《圣祖仁皇帝御制文集》三集卷二十四《重修西顶广仁宫碑文》。

园旧址建设畅春园（见图8）与西花园，使其成为紫禁城之外的第二政务区，同期还扩建了圣化寺。皇帝在各园之间巡游观稼，交通除旱路外，还有水路由圣化寺通航至西花园，船只9艘。六郎庄三村村庄也逐步具备了服务皇家园林的后勤功能。

图7 南怀仁测量万泉河，法国巴黎国家图书馆藏

这样的布局、管理与游览方式已经具备了风景区的基本特征。随着更多皇族功臣私园的环拱建立，六郎庄三村风景愈发引人入胜。康熙不无自豪地写道："沃野平畴，澄波远岫，绮合绣错，盖神皋之胜区也。"[①] 大学士张英写诗27首，从不同角度描述了六郎庄、万泉庄的风景，其中两首写道：

御苑西通辇道铺，水田粳稻杂菰蒲。
千峰黛色频回首，十里秋荷裂帛湖。[②]

淙淙野水乱成溪，获稻人家近大堤。
闲过牛庄小村落，秋风禾黍瓮山西。[③]

"西通辇道"是畅春园经六郎庄通向瓮山大堤的直道；"裂帛湖"即瓮山泊；"牛庄"即六郎庄。稻浪延绵至瓮山脚下，诗人随意从六郎庄漫步到瓮山之西。康熙朝礼部尚书王泽宏则对田泉乡树进行了描述：

近南庄以万泉名，数里溪泉泉水清。掘地一尺凉珠涌，环村几曲冰玉鸣。
我来寻芳游绮陌，芳树平畴万象碧。杏花烂熳似粉红，梨花鲜新如雪白。[④]

---

①《圣祖仁皇帝御制文集》二集卷三十三《畅春园记》。
②《文端集》卷二十八《西郊杂咏二十七首·其二十六》。
③《文端集》卷二十八《西郊杂咏二十七首·其二十七》。
④《鹤岭山人诗集》卷十四《万泉庄看花即事》。

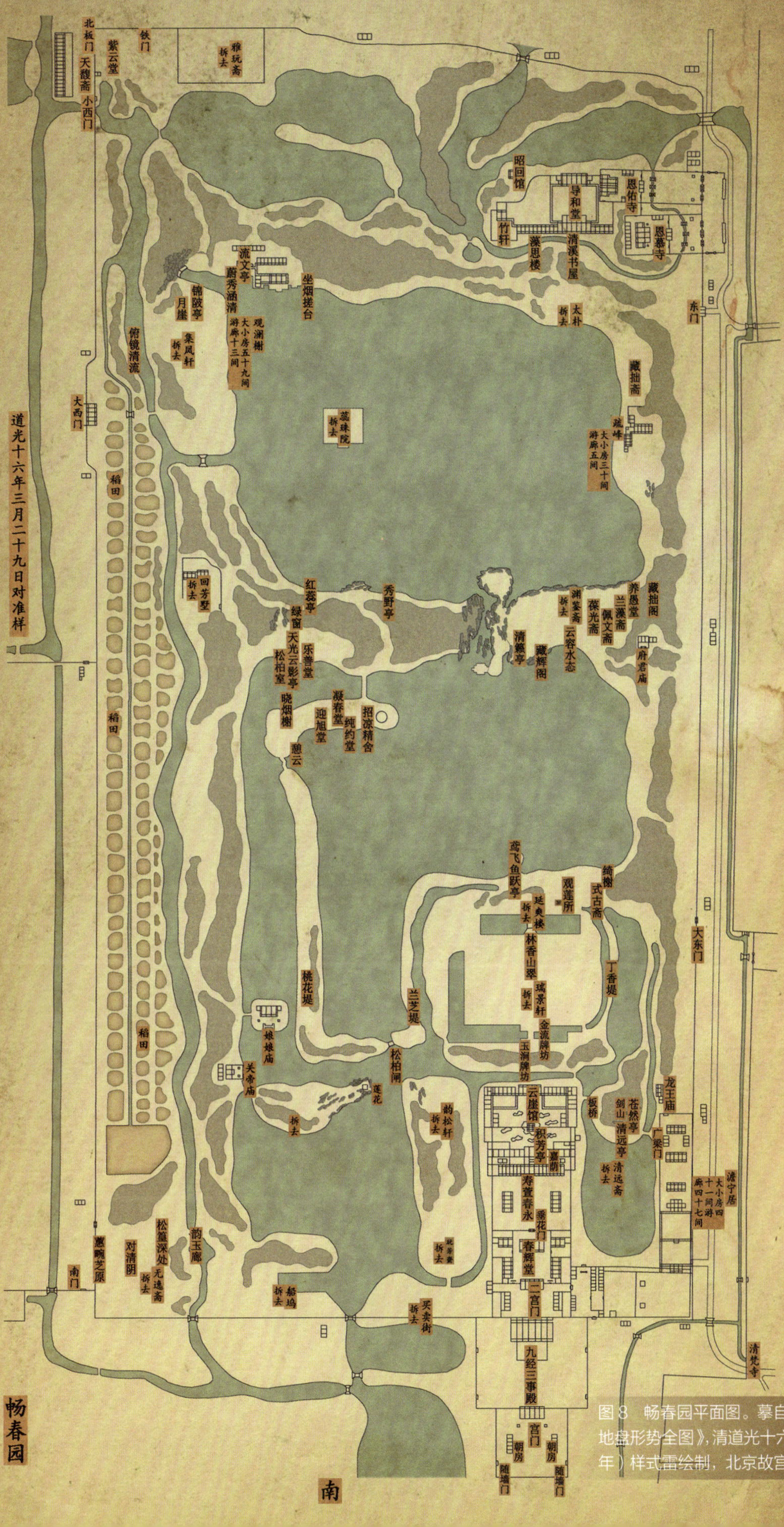

图3　畅春园平面图。摹自《畅春园地盘形势全图》，清道光十六年（1836年）样式雷绘制，北京故宫博物院藏

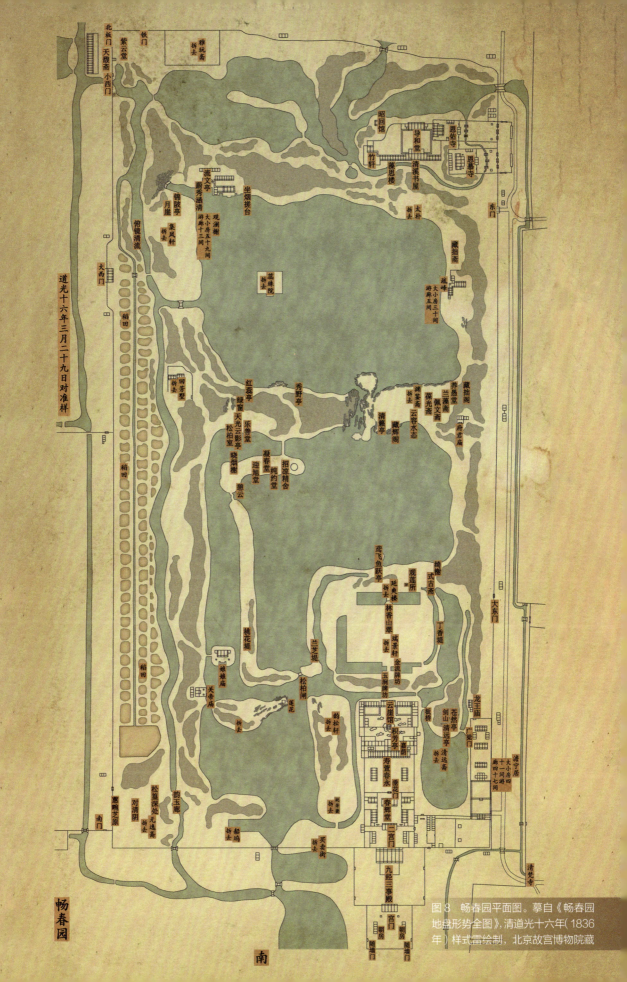

从水文地质自然演变而言，玉泉与万泉本为一脉水系，郭守敬的建设诞生了人工化的玉泉山水系，而康熙的这次整治也使“人工化”的万泉河水系正式形成，与玉泉山水系并列而为京城两大供水系统，分道南北。万泉河一脉至此闸坝设施完备，自成一体，减少了对瓮山泊的天然依赖。而此时的瓮山荒芜依旧，山下稻田虽好，但在裸岩荒岭背景下风韵无存，明末至乾隆初的百年间关于此地的歌咏无几，其风景价值为零，只能作为稻米生产、养马与太监劳教基地。相比之下，六郎庄三村园田交错、柳绿荷香，引来文人的赞美传唱，两地景观品质开始出现差距。

为加强田产管理，康熙还在六郎庄设置稻田场分部，引进新的稻作技术与稻种，从而使本区稻米稳产丰产。上述建设对后世影响巨大，树立了至少四个方面的范本。

其一，开启园居理政新模式。康熙明示园居并非恣意享乐，而是澄怀养性、观稼课耕、高效勤政，并不时警醒戒奢防怠。这与明初朱元璋禁别苑、止巡游，以免嬉戏荒政的极端政策完全不同。

其二，田与园穿插式布局。先做好治水营田大环境，再穿插点缀园林，然后在园林中再次辟出水田。田中有园，园中有田，这是对皇家园林传统模式的新突破。以往皇家园林虽有弄田设置，但远不如清代如此深入“骨髓”。尤其是畅春园内将水田细分为近百畦，以便皇帝亲耕操作，从而将“农桑为本”精神穿插于政务与生活场所之间。

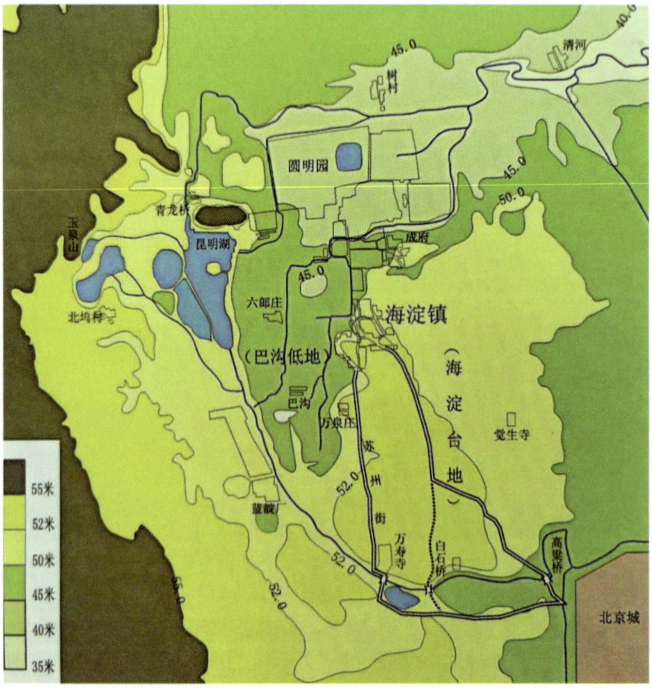

图 9　明末海淀附近水道意想图。摘自岳升阳主编《侯仁之与北京地图》，北京科学技术出版社，2011 年版

其三，园林设计遵循“依高为阜，即卑成池，相体势之自然”的原则，将造园思想与因地制宜的农业思想相融合，使田地艺术化，也为中国园林打上农耕文明的烙印。

其四，园林建筑古朴，围墙低矮，最大限度将园内外景色互融。在苑囿建设中引入各地风土精华，特别是引入江南园林的经验成果，使皇家园林焕发活力。

其后，雍正停止了本区的观稼游览，也无任何园林建设。他仅从土地利用出发，在圣化寺以北建立八旗子弟及各省勇兵的训练基地，大建营房。雍正在本区唯一的田园贡献是在此试种暹罗进贡的占城米，对作物品种选育有着倡导意义。

乾隆继位后重续祖迹，频频出巡本区，“欲验农桑功，因揽湖山景”①，观稼兼观景。溪田景色让他兴奋不已。此时万泉河尚能行舟，河面上飘荡着乾隆轻快的歌咏：

万泉十里水云乡，兰若闲寻趁晓凉。
两岸绿杨蝉嘒嘒，轻舟满领稻风香。

远山螺黛映澄潭，润逼溪村绿意含。
谁向萧梁庚开府，帧头买得小江南。②

万泉十里接西湖，两度舟行忧喜殊。
一夜甘霖盈尺泽，高原下隰总回苏。

两岸溪田一水通，维舟不断稻花风。
课耕农父蓑台笠，只此忧欣尔我同。③

这时的万泉河游览是与瓮山泊连贯而行的。皇帝于乾隆八年（1743年）开始整修圣化寺、永宁观，取消练兵基地，恢复了康熙的观稼巡视成规，此外并无更多工程（见图9）。

4. 风景园林鼎盛期

乾隆中期，清朝综合国力达到历史顶峰，作为第二政治中心的西北郊地位越来越重要，环境也出现新变化。

---

①《清高宗御制诗集》初集卷十五《虚静斋》。
②《清高宗御制诗集》初集卷十五《西园泛舟至圣化寺》。
③《清高宗御制诗集》初集卷二十一《泛舟至圣化寺》。

首先，新建成的昆明湖万寿山与玉泉山之间变为方圆 10 余里的景观中心区，特别是万寿山佛香阁、智慧海、须弥灵境及玉泉山定光塔，成为周边各类建设的借景焦点。三山五园一体化的意识与建设渐已成形。

图 10　由万寿山望十七孔桥及六郎庄、巴沟村、万泉庄、泉宗庙一带，澳大利亚海达 · 莫理循摄

其次，是瓮山泊水体扩大东移，与六郎庄隔堤为邻。瓮山山前的稻田化为碧波，稻浪景观则集中于六郎庄三村，两地景观“分工”更具特色，也更为鲜明，从而形成互补性的大地景观，游览线相互交叉。

最后，是万泉河下游圆明园一带，园林集群与水田规模急剧扩大，人口增加，用水量供不应求。而康熙时期的水利设施年久失修，泉眼淤塞，河渠坍塌狭窄，水利功能大大降低。

因此，在清漪园及昆明湖上游水利建设完成之后，乾隆二十九年（1764 年）启动了六郎庄三村的整体治理工程。这是自康熙之后在六郎庄三村地区的第二次大兴土木，也是乾隆全流域治水战略的延续，模式同于昆明湖：治水—拓田—缀景。治水拓田为第一阶段，属于农田水利工程；缀景为第二阶段，属于园林美化工程。两个阶段各用时 2 年，全部工程于乾隆三十二年（1767 年）竣工（见图 10）。

康熙时期重建的圣化寺、永宁观仅将观稼游览延伸至低地沼泽区的中部，而乾隆时期的建设则将游览边界推进至南部，直抵海淀台地分水线下，将水利资源

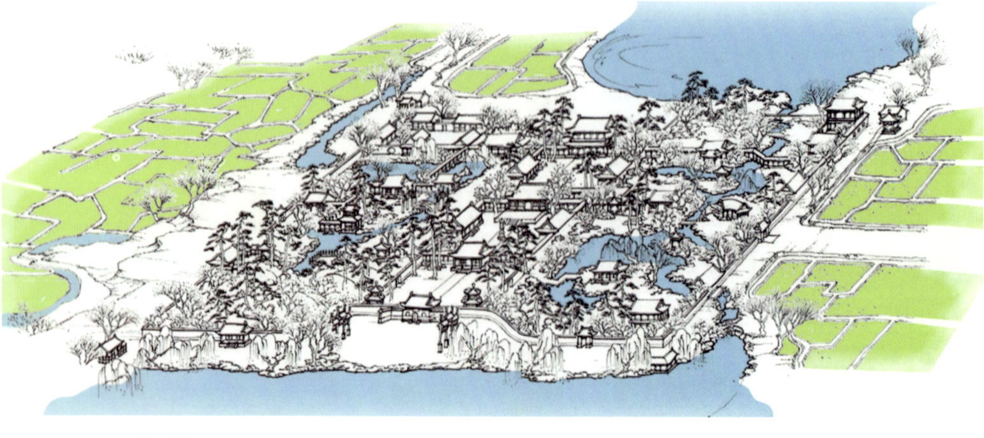

图 11　泉宗庙推测图

挖掘到极致，并依泉建设泉宗庙景点（见图 11）。三村村庄的皇家生产与后勤服务功能越来越重要。

本区风景园林结构自此正式定型，达到了历史鼎盛，空前绝后（见图 12）。

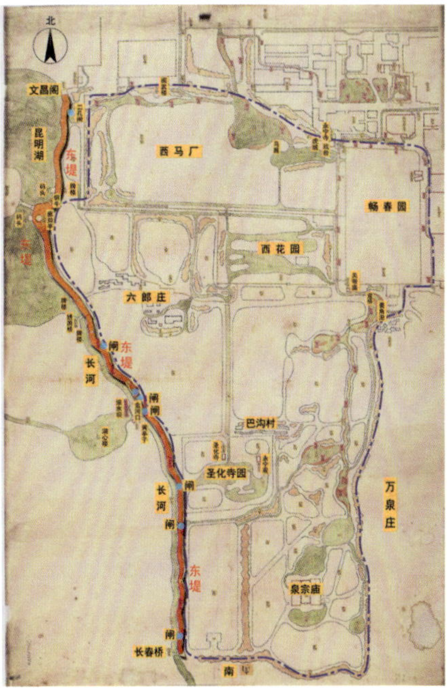

图 12　六郎庄三村与畅春园集群范围。《圆明园泉水并河道全图》，清同治年间样式雷绘制，中国国家图书馆藏

5. 现代农业生产期

咸丰十年（1860 年）战火后，畅春园等皇家园林大部分荡然无存，只有圣化寺、泉宗庙残存下来，田园风貌依在。随着颐和园的复建，六郎庄三村的后勤功能得以延续，仍保持着非同一般村庄的活力。不过颐和园大墙的建设，隔断了三村与昆明湖万寿山的景观交融，乡村风景与游览体验大为失色（见图 13）。

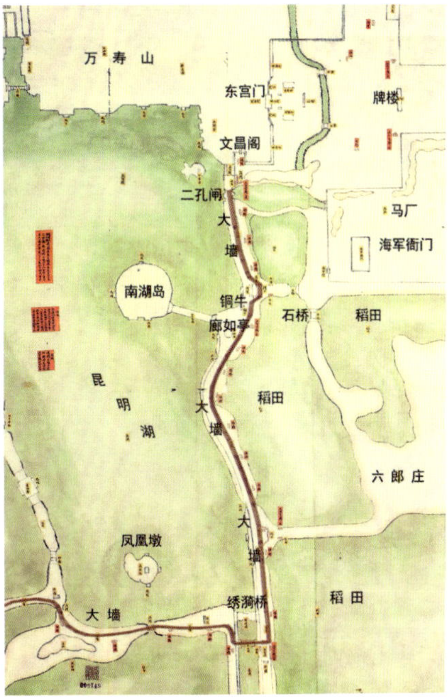

图 13　颐和园东堤围墙。《昆明湖添建大墙做法图》（局部），清光绪年间样式雷绘制，中国国家图书馆藏

1912 年清王朝灭亡，颐和园的政治中心地位不复存在，三村后勤功能随之消亡，本区的游览也趋少于无。这时的田园变为纯粹的稻米产地，曲线形田地肌理改为横平竖直；“一株翠柳一株桃”的堤路林带被砍伐殆尽；大多数土山被挖平；一切皆以便于机械操作、多产粮食为出发点。（见图 14）

民国政府全盘接管了清代皇家财产。1924 年时，巴沟、海淀及圆明园内外稻田同隶颐和园管理，共有水旱田 210 余顷，岁收租金 1.2 万—1.3 万元。①1928 年，《调查圆明园记》中再次明确：巴沟、六郎庄、海淀、大有庄、高水湖、养水湖等处水田同隶颐和园，放垦收租，每年十月一日开征，至年底止。②

① 颐和园管理处编：《颐和园志》，中国林业出版社，2005 年版。

② 同上。

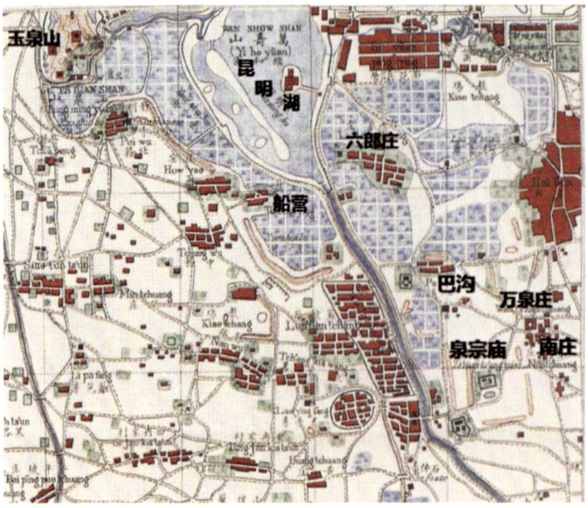

图 14　1923 年的六郎庄三村。《北京周边地图·八大处》（局部），1923 年法国普意雅测绘

图 15　六郎庄稻田。摘自政协北京市海淀区学习和文史委员会编《昆明湖畔六郎庄》，中央文献出版社，2014 年版

图 16　从六郎庄稻田望万寿山佛香阁，1991 年摄。摘自田建春主编《北京市海淀区地名志》，北京出版社，1992 年版

御田稻米产量大大增加，普通大众得以一品稻米精华，“京西稻”之名开始享誉京城（见图 15）。而生产性稻田也继续为万寿山贡献着绿色前景（见图 16）。直到 1998 年前后，随着水源短缺，城市化快速推进，万泉庄、巴沟村彻底消失在水泥楼群之中。

三、结语

六郎庄三村从农业生产到景观开发与昆明湖风景相生相伴，息息相关，有着四个层次的演进：生存、稳产、文化、精神。湖淀沼泽变水田是生存；水田旱涝保收是稳产；随着逐年积累而形成的水乡风貌，引发园林建设与观光游览，赋予本区文化内涵；而依水建庙则是对大自然的感谢，祈求这片风光长久延及子孙，属于精神追求。每个层次的递进都有着技术、财力、文化的支撑。这四个层次的叠加实为中国农耕文明的理想境界，也是六郎庄三村超越京城其他稻作产区的特色所在。

在这一演进过程中，六郎庄三村的建设吸纳了传教士参与其中，采用了先进的测绘技术，显示出清代早期对西方新技术的积极引进。可以说，在水利与风景园林建设领域中，“闭关锁国”一词并不适用。

六郎庄三村风景（二）：景观结构与昆明湖

六郎庄三村于乾隆二十九年（1764 年）开始的水利治理，是昆明湖上下游水系整治的一个组成部分，本区的风景格局也在这一过程中形成。这是三山五园一体化的标志性建设，也是中国风景园林的一大典范。整个建设工程包括水利营田与点景造园两部分，这是两类不同性质的工程，皆由皇家造园团队统一设计，自然而然融入了对景观美的追求，使这一地区产粮与风景兼顾。

一处田园风景延续几年容易，难在持久、惠及子孙，六郎庄三村风景连续繁荣百余年，必有其合理性。此外，京城稻田众多，为什么人们偏偏来此一游？解读其中景观结构，答案自明。

一、新水网体系的建立：双泉合一

乾隆初年还在荡舟歌咏的万泉河，到乾隆十三年（1748 年）以后已经无法行船了。因此当清漪园建设与静明园扩建接近完成时，皇帝开始谋划下一步工作，于乾隆二十四年（1759 年）七月派主管大臣和尔经额调研万泉庄的水源情况，并很快得到回奏：

> 今查得万泉庄、八沟等处泉窍发源之水，沟浍之宽仅一二尺不等，其流泉支岔错综，全赖疏引入河，而注菱芡泡蓄养。启双闸之板，流达畅春园、圆明园等处河道。[①]

康熙时期 1 丈宽的河渠只剩 1—2 尺，可见水利工程破损严重。乾隆皇帝对此仅做了简单疏浚，暂未有大举措。直到乾隆二十九年（1764 年），昆明湖万寿山已收拾妥当，其上游高水湖、养水湖、引水石渠也已竣工运行，于是乾隆皇帝开始大兴土木，正式启动六郎庄三村的整体治理，这也是昆明湖水系建设的最后一环（见图 1）。乾隆写诗记录了这一行动：

① [清] 和尔经额：《奏为圆明园万泉庄等处河渠奉旨养哲库讷管理事》（乾隆二十四年七月初三日），见《清宫内务府奏案》第 112 册。

疏治昆湖大局成，迤西延及迤东营。
万泉有事剔淤塞，相视无非为利耕。[①]

西园犹忆放烟篷，岁久河湮舟不通。
屈指阅年一十六，未经行处忽应同。[②]

河西本借昆明水，润罫方方待插秧。
只有河东借泉溉，为筹引导并潴藏。[③]

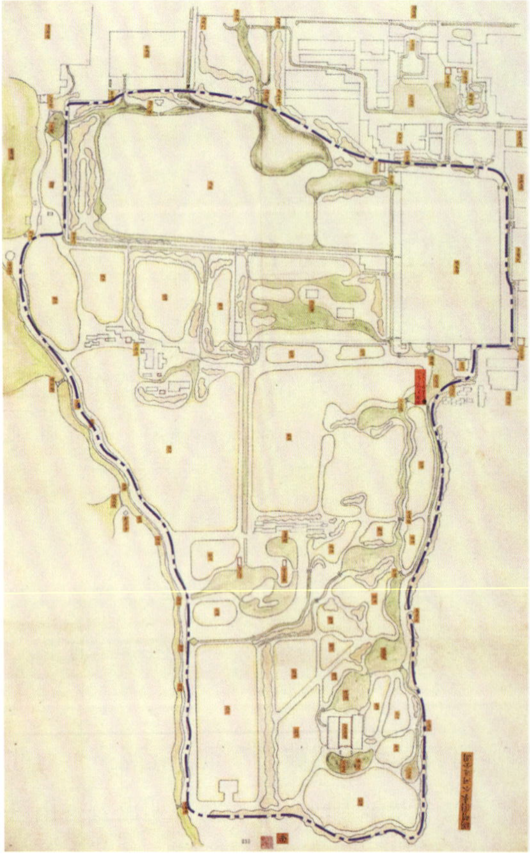
图1　同治时期的六郎庄三村与畅春园，已延续百余年。《圆明园来水河道全图》，清同治年间样式雷绘制，中国国家图书馆藏

这次整体治理具体包括三项内容：建闸、疏泉、浚河。首先是建闸，实质是引入新水源。昆明湖蓄水两倍于旧湖，今非昔比，已有足够资源大量供水。尤其是旧湖主水面东移2里余，紧邻六郎庄北部，使其取水更为便捷。因此，引昆明湖水进庄成为本次整治的一大目标（与康熙完全不同）。工程在长春桥以北至文昌阁大堤上设置了8个水闸，为历史之最。在此基础上，再延展出复杂有序的水网，并与北部畅春园、圆明园水系相沟通。乾隆解释道：

万泉庄泉虽多，然以稻田广辟，又输为御园湖沼，故水常忧其不足。乃资长河之南，自西顶广仁桥流入

①《清高宗御制诗集》三集卷三十八《轻舆由万泉庄遂至圣化寺杂兴四首·其一》。
②《清高宗御制诗集》三集卷三十八《轻舆由万泉庄遂至圣化寺杂兴四首·其二》。
③《清高宗御制诗集》三集卷三十八《轻舆由万泉庄遂至圣化寺杂兴四首·其三》。

京师者，于其东岸设涵洞，分泻至泉宗庙，转而北流，亦天地自然之利也。[1]

其次是疏通泉脉。在本区南部万泉庄一带清理出众多泉眼，大者32个，其中以大沙泉、小沙泉、沸泉出水量最大，清理田间小泉眼不计其数，民间称“鸡屁股泉”，这也是本区田埂高于一般田地的一大原因。这一过程吸取了各地治水经验，留足蓄水场地，依泉建立泉宗庙和大小潴水池塘6—7个，有名者为“大沙泉泡子”“小沙泉泡子”“黑鱼坑”等，输蓄并举，而不是一味开垦，避免有田无水的教训（见图2）。乾隆诗云：

沙泉大小汇成池，潴蓄宣通实赖之。
利在农田合祈报，经营方向构神祠。[2]

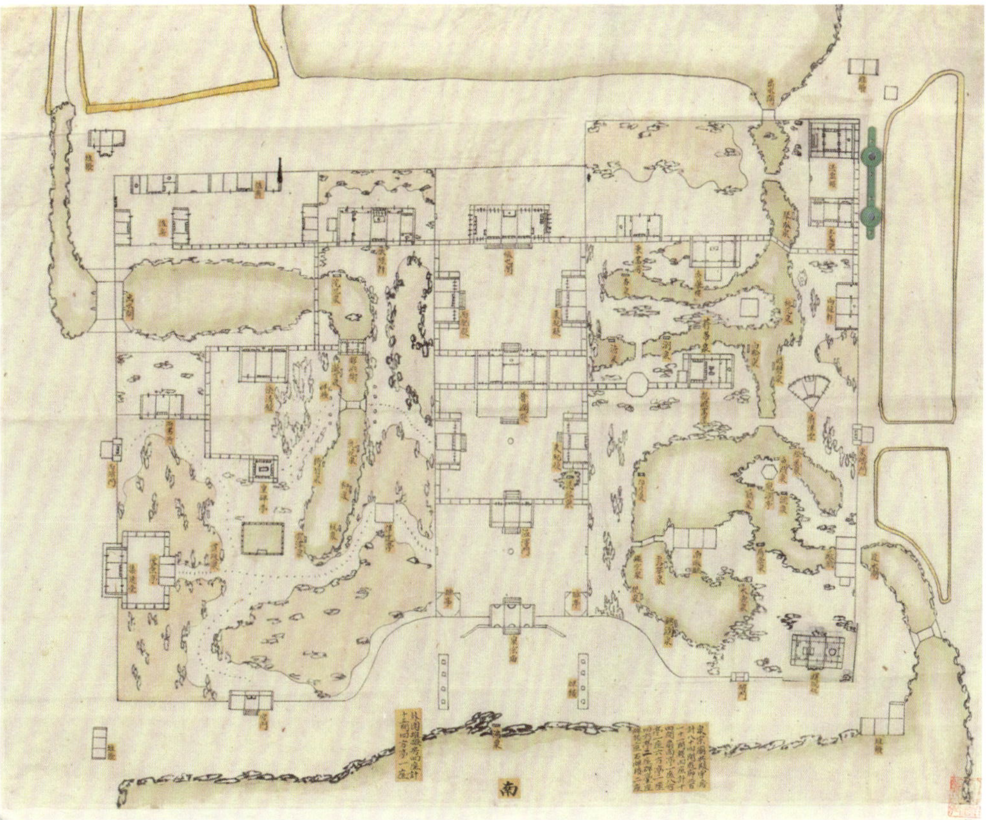

图2　《泉宗庙地盘画样》，清样式雷绘制，中国国家图书馆藏

①《清高宗御制诗集》五集卷十六《挹源书屋》自注。
②《清高宗御制诗集》三集卷五十七《由万泉堤上至圣化寺即景杂咏·其三》。

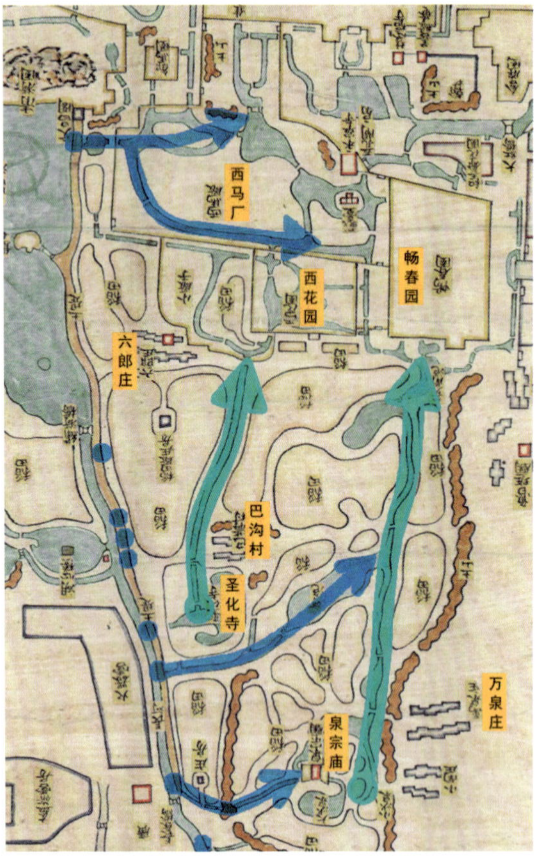

图3　六郎庄三村域内水利干渠示意图。《京城内外河道全图》（局部），清道光二年（1822年）至咸丰十年（1860年）间样式雷绘制，中国国家图书馆藏

在昆明湖周边御田区块（功德寺、北坞等）中，本区预留水面占比最高，以至百年后仍能安享荷菱水产红利，这使六郎庄三村的水乡特色最为鲜明。

最后是浚挖河渠。全区浚挖“两纵三横”干渠（见图3），“两纵”的一脉是沿地块东侧的天然万泉河，由泉宗庙水源北流至畅春园前菱角泡子；另一脉是位居地块中线，由圣化寺北流至西花园，在康熙时开拓的万泉新河，乾隆早年荡舟的河道即此。“三横”的一脉由长河在长春桥附近设闸引水入泉宗庙水源区；一脉由长河圣化寺南闸引水向东接河泡、于巴沟桥南汇入天然万泉河；第三脉由昆明湖二龙闸，经文昌阁南水泡子汇入马厂河。

“两纵三横”干渠依沟洫之制，发散出支渠、毛渠，与众多菱塘荷池相连通，构成完整的水网体系，成为水乡风貌的内在骨架。这些建设几乎是耕织图景区的另外版本，住在双桥寺的奕绘（见图4）就将本区与昆明湖西岸联为一体歌咏，作诗《两泉行》：

玉泉之水东南流，穿城绕郭达通州。下接潞河利漕运，郭公始凿南公修。
城西有泉号泉宗，泉西北流御园中。惟我仁皇不忍夺，漕用始浚此水通。
离宫惟我纯皇继制作，开田万亩资老农。清渠百转利灌溉，稻秧嫩绿莲轻红。
芰头菱角间蘋藻，苍苍芦苇吹西风。昆明之湖习水战，望蟾高阁凌虚空。
湖西特开织染局，意欲后妃知女工。君不见唐有温泉九成宫，元有琼岛广寒殿。
但供行乐一霎时，何如我朝耕织之图作宸衷。[①]

①《明善堂文集校笺》卷六《两泉行》。

诗中“郭公”指郭守敬，“南公”指南怀仁。郭守敬利用玉泉整合瓮山泊，建立了稳定的玉泉山水系；南怀仁引万泉庄泉水，将散漫的“八沟”水稳定下来，奠定了万泉河水系。而乾隆则将二者合一，其中“两纵”干渠就是“升级版”的万泉河水系，而“三横”则是重新引入玉泉山水系，由此有力保障了六郎庄三村及畅春园、圆明园园林集群的用水。乾隆写诗阐述他的构想：

图4　奕绘像

万泉庄固称泉盛，未及玉泉实大源。借得长河一分水*，益增曲沼势潺湲。

地势右高左乃低，长堤为界隔东西。南流水自涵洞泄，翻向北流灌稻畦。

*自注：长河之源为玉泉，汇昆明湖之水，南流其势甚大。万泉庄虽有泉，不及此也。故长河东岸为涵洞，分流北注以灌稻田，而泉宗庙亦藉其流为湖沼。[①]

二、农田园林化：独特的大地肌理

本区水田呈现出自然多变的曲线轮廓，而非一般农田的横平竖直，这在样式雷图纸上一目了然，其构图形式与现代公园设计几无区别（见图5）。田堤路上的视

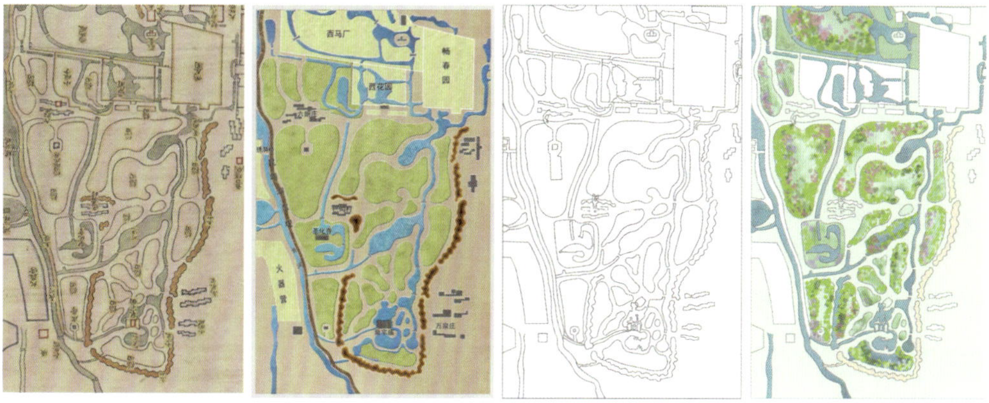

清代样式雷图　　田园风景元素整理　　田园线条提炼　　现代公园构图形式

图5　园林化农田与现代公园对比

① 《清高宗御制诗集》四集卷九十七《四月望日，往西顶瞻礼，自永宁寺出无逸斋门，至泉宗庙小憩，沿途即目触绪杂吟·其七》。

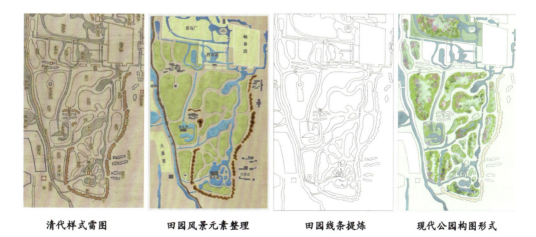

线也因此变化丰富，极具观赏性，称其为园林式农田并不为过。当年诗人们也心有灵犀，奕绘就形容这里“十里纡回转稻畦”“稻田宛转”，作诗云：

春水直通蓝靛厂，西山尽入上皇诗。
稻田宛转双桥路，澹宕天光飞鹭鸶。[①]

作为工程最高主持人，乾隆涉及本区的诗文中也有大量“曲”“宛转”字眼出现（见图 6），诸如：“蒲埒沙堤几曲沿，行无五里到当前。”[②]“宛转循堤竺宇通，清溪左右绕烟宫。”[③]“沙堤宛转栽桃柳，春仲经斯花未开。”[④]“曲堤闲散步，径造读书堂。”[⑤]这与他在两山玉河行船时的“宛转”感受颇为相似。

图 6　田间堤路宛转，景色变化丰富。《耕织图》，清陈枚绘，台北故宫博物院藏

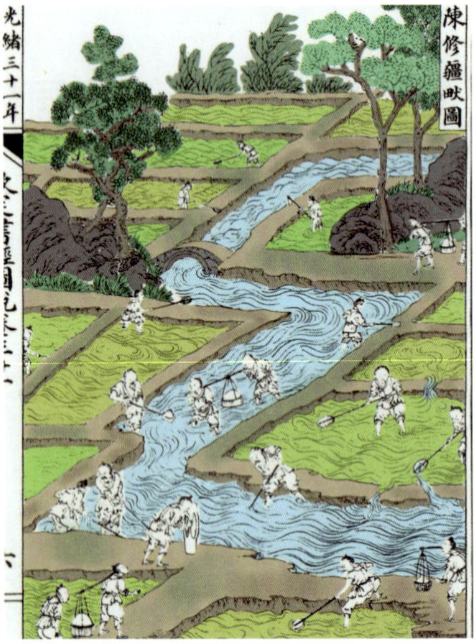

图 7　先民围堰退水为稻田的景象。《陈修疆畎图》，《钦定书经图说》卷三十一插图，笔者着色

促成水田间形成“宛转”形态的因素有四个。首先，这种“宛转”形态并非造园师的凭空创造，而是来自天然形态。本区水田多由沼泽退水而来（见图 7），王嘉谟《丹棱沜记》中提到淀 2 个、沜 5—6 个、小湖 1 个，这个数量与样式雷图中的田池数量大致相等。其次，这一地区的景观开发与水利建设，深受传统农业“因地制宜”营田理念的影响，其出发点虽是产粮，结果却与造园“巧于因借”的艺术原则殊途同归。再次，皇帝的审美取向对水田形态的形成有重要作用。最后，造园师们的因势利导，注定了六郎庄三村大

①《明善堂文集校笺》卷九《次日早晴，携儿载钓试马西岭，晚宿双桥》。
②《清高宗御制诗集》四集卷四《出畅春园门至泉宗庙即景杂咏四首 · 其四》。
③《清高宗御制诗集》三集卷五十七《由万泉堤上至圣化寺即景杂咏 · 其四》。
④《清高宗御制诗集》三集卷九十一《畅春园门自堤上至泉宗庙即景杂咏 · 其三》。
⑤《清高宗御制诗集》三集卷九十一《含醇堂》。

田肌理的独特性。

据乾隆朝《钦定大清会典则例》粗计，本次整治开辟水田近3000亩，[1]实际数目或不止于此，但足以使我们看到治理成效的巨大。此外，档案所记不同的岁租银又体现出不同地块的肥沃程度。

三、特色堤路与环拱堆山

六郎庄三村水利营田伴随着两项土方工程。一项是筑建堤路，建路与筑堤合一并形成体系：堤—坝—塍—埂，既用于挡水，又作为不同宽度的田间路，其中的两条宽堤路通称“万泉堤”，一条自畅春园到圣化寺5里长，另一条从圣化寺到泉宗庙3里长。堤路两侧相间种植桃与柳，遮阴的同时，也使田间层次丰富，画面叠出。乾隆写诗云：

理政罢犹清暇余，泉宗非远试游诸。
溪田夹路足春水，桃柳风中度笋舆。

稚绿才看笼嫩红，轻荑铺陌未成丛。
韶光那是绝胜处，只在含姚酿冶中。

一带青山列若眉，几塍碧水漾舆帷。
栖霞西往金陵路，有趣无尘故若斯。

蒲埒沙堤几曲沿，行无五里到当前。
清泉白石依然好，笑我无端别二年。[2]

诗中描述了一路看到的四五种不同远近的景物与色彩，应接不暇，给人的总印象即水乡，说这里是水景园也无不可（见图8）。对此，乾隆反复介绍提醒：

万泉久湮塞，甲申岁始命疏浚。即其地开水田，今春复加垦辟，稻畦鳞次，属以长堤迤逦至圣化寺，宛然江乡风景。[3]

①《钦定大清会典则例》卷一百六十七《内务府·奉宸苑》。
②《清高宗御制诗集》四集卷四《出畅春园门至泉宗庙即景杂咏四首》。
③《清高宗御制诗集》三集卷五十七《由万泉堤上至圣化寺即景杂咏·其二》自注。

第二项工程是堆山，山脉围合是本区田地的一大特色景观。这是乾隆的明确旨意，他说：

（泉宗庙）道旁水池稻田多有淤垫……即以淤泥加于附近土山，添种树木，既可饰观，而水源通畅，田塍亦足敷灌溉矣。①

图 8　田塘交错的水乡景色。《耕织图》，清陈枚绘，台北故宫博物院藏

康熙时期的田泥堆放朝向、位置不定，以就近为原则。随着园林品位的提高，特别是佛香阁与玉泉塔建成后，三村区域内有了眺望焦点，之后的土山主要堆于田野外围的东界与南界，绵延 10 余里，同时空出西北方向，借景万寿山、玉泉山。山体做出主峰、次峰、余脉，以石收脚挡土，而非是大土堆。其手法与造园堆山并无二致，空旷田野上呈现出不同的围合空间，收放相间，使游览体验更为丰富。乾隆诗云：

凿湖积土遂成山，山色湖光映带间。
只以灌田费经理，岂缘问景事游攀。②

长堤五里夹溪町，欲穗秧苗过雨青。
大似摄山山下路，柳围花绕向江宁。③

“柳围花绕”可见乾隆深谙空间围合的妙趣，土山加以花木，园林意味更浓，正所谓藏风聚气，使人愿意停留欣赏。

这些堆山手法也大量运用于北坞村与大有庄的田地外缘，形成了以万寿山、玉泉山及御苑为中心的田林环抱之势。反之从两山俯视，田野也有了层次与朝拱之势，御苑不再孤孤单单（见图 9）。

这些土山在清末民国尚有遗存，不过大多残退成断续状孤山土丘。大有庄土山西段被太监拓为墓地，地名老公坟；北坞村一些土山被辟为窑洞，清末首批外交家

①《清高宗御制诗集》五集卷七十九《题依绿轩》自注。

②《清高宗御制诗集》四集卷十八《出畅春园门由堤上至泉宗庙揽景有作・其四》。

③《清高宗御制诗集》三集卷七十五《出畅春园观稻遂至泉宗庙・其三》。

图9 六郎庄、北坞村、大有庄田边土山环拱之势。《京城内外河道全图》（局部），清道光二年（1822年）至咸丰十年（1860年）间样式雷绘制，中国国家图书馆藏

之一的志刚就曾隐居其中。土山以六郎庄三村遗存最多，分别称为西长山、后山、山貘山（山猫山）、北山、祖家山、小龟山等。这些残山中也有些是康熙时期的高堤颓变而来。

四、田间景观林带与特色种植

一般而言，纯生产性田地都会伐光树木，以免影响作物的光合作用与收成，这也使得田间行走暴晒而不舒适。此外，北方田野每年有近6个月的枯荒期，这也是田园游览常常出现在南方的一大原因。因此，北方若营造田园风景，田间乔木的种植数量、方式至为关键。本区采用三种方式，兼顾生产与游览（见图10）。

图10 画意中的湖田林麓成为治水中的范本。《耕织图》，清陈枚绘，台北故宫博物院藏

其一，堤路种植。植柳固堤是传统的水利手法，康熙时期就在三村河堤上种植了大量树木，品种以柳、榆为主。到乾隆时林木成带，田间舟游是在树叶掩映下进行的，所以乾隆有诗云：

延缘览穑事，乘流桂舟刺。
两岸嘉木繁，万亩良苗翠。①

在此次整治中，乾隆又增加了桃树等春花植物，这也是来自江浙田园风景区的启示。乾隆诗述道：

一道长堤几曲湾，红桃绿柳镜光间。
插秧未到兴犁候，问景今朝好是闲。②

山桃春冷尚迟开，借助韶光有是哉。
恰似栖霞寺傍路，一株柳树一株梅。③

工程很快呈现效果，堤路上柳成荫、桃成色，缀景的园林寺观则植苍松翠柏，乾隆诗云：

一径穿桃柳，两傍尽水田。农功虽未起，春色已如然。
柏树参今岁，莲宫近百年。万民沾圣化，讵祗奉金仙。④

诗中一个“穿”字，说明树已成荫，道尽桃红柳绿，“一径”堤路，满目风光。

其二，土山植树。田边土山是大乔木的集中种植带。季相上充分考虑了冬季景观，常绿树占到总绿量的40%，这一比例与现代城市公园种植比例近似，有效降低了冬季田间的荒凉感。

以乾隆三十一年（1766年）泉宗庙、圣化寺建设为例，外围土山植树共35314棵，其中常绿树14387棵，品种5个。落叶树20927棵，品种25个。春季观赏植

---

①《清高宗御制诗集》初集卷三十二《万泉庄》。
②《清高宗御制诗集》三集卷八十《畅春园由堤上至泉宗庙·其二》。
③《清高宗御制诗集》四集卷二十七《出畅春园门往泉宗庙揽景杂咏·其四》。
④《清高宗御制诗集》三集卷八十《自堤上至圣化寺》。

物占27%，夏季1.7%，秋季5%，春华秋实0.3%。常绿树营造出四季翠绿背景，而以春季花木最为灿烂。值得关注的是，本区苗木名录中并没有果树类，因为果林并不能解决冬季的荒凉窘境。

其三，庭园种植。集中在6处皇家园林中，属于精细化的养护培育。观赏花卉主要有牡丹、芍药、海棠、竹林、碧桃等，如乾隆咏圣化寺牡丹云：

闲斋精洁足磐桓，烂漫阶前绽牡丹。

春雨频滋风复少，枝头花朵大如盘。①

牡丹"大如盘"并不夸张，反映着小气候良好。特别是在半阴环境下，最宜牡丹生长。园林中的大乔木则移自万寿山、圆明园，清宫档案记载此次整治，泉宗庙、圣化寺庭园共移植大规格松、柏、杂树222棵，立地成景。

大乔木通常沿园界外围种植，常绿品种占据多半，外界面为苍翠色，氛围神圣，隐隐发散出帝王之气。而村庄外围则更多是柳榆等落叶树丛，如乾隆对泉宗庙、圣化寺的描述：

新松笼户枝交干，* 夏卉绕阶花满丛。

春雨固佳颙再霈，瓣香应鉴此深衷。

* 自注：是庙建于丙戌至丁亥春，落成阅今二十年，所种新松已交干成阴矣。②

松涛泛翠寒，峰黛多古色。

布席顿经年，听漏无停刻。③

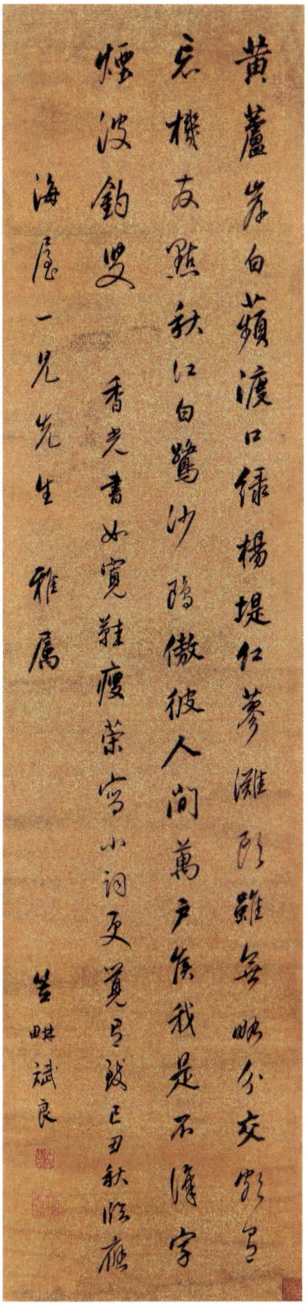

图11　清斌良书法

① 《清高宗御制诗集》三集卷五十七《由万泉堤上至圣化寺即景杂咏·其五》。

② 《清高宗御制诗集》五集卷十六《泉宗庙瞻礼》。

③ 《清高宗御制诗集》二集卷五《虚静斋小憩》。

上述各类竖向凸起的绿色，反衬出禾苗稻浪、田埂豆类和荷池菱塘等平展大田作物的欣欣向荣。田间色彩也应季而变：春苗嫩绿与柳丝鹅黄、秋色金稻与苍松翠柏。

这些丰富的大地色块，又与昆明湖的碧蓝、万寿山的富丽形成互补景观，组成畅春园与清漪园两大园林集群的整体风貌，美景并未藏在园墙之内。全区植物具有“点—线—面”的节奏感，稻田与荷塘占据了主要视野，这也是功德寺、北坞村御田的欠缺之景。对此斌良（见图 11）、魏燮均都有过精彩描写，氛围轻盈爽亮：

> 堤畔渔庄号六郎，莲泾围住柳丝乡。
> 商量我欲移家住，酒美粳香恣饱尝。①
>
> 水国风来四面香，芙蓉围住小村庄。
> 此中知有人如玉，应说莲花似六郎。②

诗中“莲花似六郎”是著名的唐代典故，既用来形容人的容貌姣好俊美，又被广泛运用于歌咏莲花的诗词中，苏轼、辛弃疾等大家都留下过名句，这是“六郎庄”地名的本义，充满了浪漫色彩，以说明庄田莲藕水产之盛、之美，并非仅仅是放牛的“牛栏庄”。

而传说中村名出自杨六郎的故事，不过是清末民初的杜撰。略知清代文字狱的残酷，就难以相信这一说法。大清天子脚下怎能会出现一个痛击胡虏、充斥反清情绪的村名？更何况清初村民中旗人占据了大半，并享受着优于他村的待遇。

五、田地与庄园交错布局

从万寿山上俯视，在六郎庄三村广阔的田野上坐落着两类聚落组团：村庄与皇家园林。这些组团掩映在树林之中，如同散落在稻麦金浪中的绿岛，乾隆形容其为“孤村”，诗云：

---

①《抱冲斋诗集》卷二十三之三《闰六月十七日，由双桥关帝庙至六郎庄静安禅院小憩，循堤散步，敬读乾隆御制碑碣，过绣漪桥，至界湖桥舒眺万寿山、玉泉诸胜杂兴·其二》。

②［清］魏燮均：《九梅村诗集》卷十一《过六郎庄》，清光绪元年红杏山庄刻本。

泉宗揽结出西门，堤上春光概可论。
绿柳放条临曲岸，红桃着色护孤村。[①]

近观围苑柳丝黄，迤逦轻舆进苑墙。
行漏泠泠未临午，弃闲耐可到溪堂。[②]

这一区域鼎盛期的皇家园林主要有4个隔田相望的园林组团，即南部泉宗庙、中部圣化寺—永宁观、北部畅春园—西花园，以及最北端的马厂—阅武楼。这些园林建筑并不张扬，都以密林环护，远望与村庄形态无异，只是御园边界更为清晰完整，翠柏绿松中闪出金碧檐角，显露着皇家特征。如泉宗庙“堤行迤逦向南高，碧瓦红墙绿树韬”[③]。“韬”即荫蔽。圣化寺也是“别墅闷松云，近此招提境”[④]。闷，即关闭、隐蔽之意。

这些绿岛成为观稼赏景的停留点，在它们之间往返相当于“跳岛式”游览。而各“岛”内部又别开生面。如圣化寺，在堤路上看是一片树丛包裹，“轻舆迤逦至祇园，古柏茏葱护法门”[⑤]；进入后却是一系列院落深深的小空间，而非一览无余。且看乾隆的感受：

郭外川原曲复斜，千章夏木荫清嘉。披云步屐扳萝磴，扫石烹泉掇药花。
隔岸数声闻牧笛，负林一带恍山家。清吟静赏消长日，未拟心田长道芽。[⑥]

就使用功能而言，畅春园为办公朝政区，西花园为皇子教育基地，泉宗庙为祭神场所，圣化寺为参禅祭祖之地。六郎庄、巴沟村、万泉庄则相当于皇家后勤区，提供劳作人员、牲畜与田舍。而最北的西马厂草地平缓，属于运动型场地，为农耕大风貌补充了游牧氛围的景观。

4个园林组团具体包括6组皇家园林：畅春园、西花园、圣化寺—永宁观、泉

①《清高宗御制诗集》四集卷四《由泉宗庙沿堤遂至圣化寺即景杂咏·其一》。
②《清高宗御制诗集》三集卷八十七《自万泉堤至圣化寺·其三》。
③《清高宗御制诗集》四集卷二十七《出畅春园门往泉宗庙揽景杂咏·其三》。
④《清高宗御制诗集》初集卷十五《虚静斋》。
⑤《清高宗御制诗集》三集卷三十八《轻舆由万泉庄遂至圣化寺杂兴四首·其四》。
⑥《清高宗御制诗集》初集卷十五《再题圣化寺别墅》。

宗庙、西马厂—马厩—阅武楼—虎城、慈佑寺—戏台。每座园林中的各个单体建筑，又与周边田园特点对应题名，固化了景观指向。乾隆随意吟咏题诗，如下二诗云：

祠东迤逦至祠西，触目成吟逐处题。
刚报辰牌原有暇，祇园趁便重寻蹊。①

溪堂高下列亭台，各有名称各义赅。
设问今游义何在，答言乘兴觅题来。②

这些园林虽然尺度不一，却都是本区点睛之处。朝鲜使臣李在学《燕行日记》记述道：

由畅春园墙南路，渡巴沟村桥，开堰引沟，殆过五里洄转作巴字样，沿流而下十余里，两岸之红亭彩阁，步步相连。古松垂柳、石假山之属，无非奇赏矣。③

记述虽有臆想夸张成分，却为我们展现了万泉河沿岸的整体风貌。此外，区内还点缀着各种景观小品，如32处御制泉名石碣、2座石牌坊、2座碑亭等，巴沟桥旁还有桥名御题摩崖等，这些常见的造园手法，被广泛运用于田间地头，无一不在调动着游人的兴趣与话题。如文臣陆锡熊的纪游诗：

东雉西勾路旧谙，赤阑桥外柳毵毵。泥融不误新归燕，水软还宜乍浴蚕。
一片花飞如杜曲，几番风信到江南。小桃笑客头堆雪，惯着朝衫候晓参。④

泉宗庙泉水冬不结冰，与功德寺前玉河类似，缓解了冬季游览的枯燥乏味。此外，乾隆在本区出游时常常不带仪仗，忙里偷闲地随意散步，其诗云：

---

①《清高宗御制诗集》三集卷九十一《肩舆由万泉堤至圣化寺·其一》。
②《清高宗御制诗集》三集卷八十七《自万泉堤至圣化寺·其四》。
③［朝鲜］李在学：《燕行日记》下。
④［清］陆锡熊：《篁村集》卷十二《西直门外郊行》，清道光二十九年陆成沅重刻本。

灵源不冻玉泉同，五里而遥莅梵宫。

颇有亭台各缀景，遂教散步自西东。[①]

政务详裁无逸斋，余闲未报午时牌。

出园一揽泉宗胜，减从何须法驾排。[②]

长堤几曲似江郊，减从无须拂翠旓。

底识今年春事早，山桃枝上已含苞。[③]

畅春园、西花园等个体园林已有大量专家论作，不再赘述，本文仅对泉宗庙、圣化寺与阅武楼这三处半开放的皇家园林略作补充。

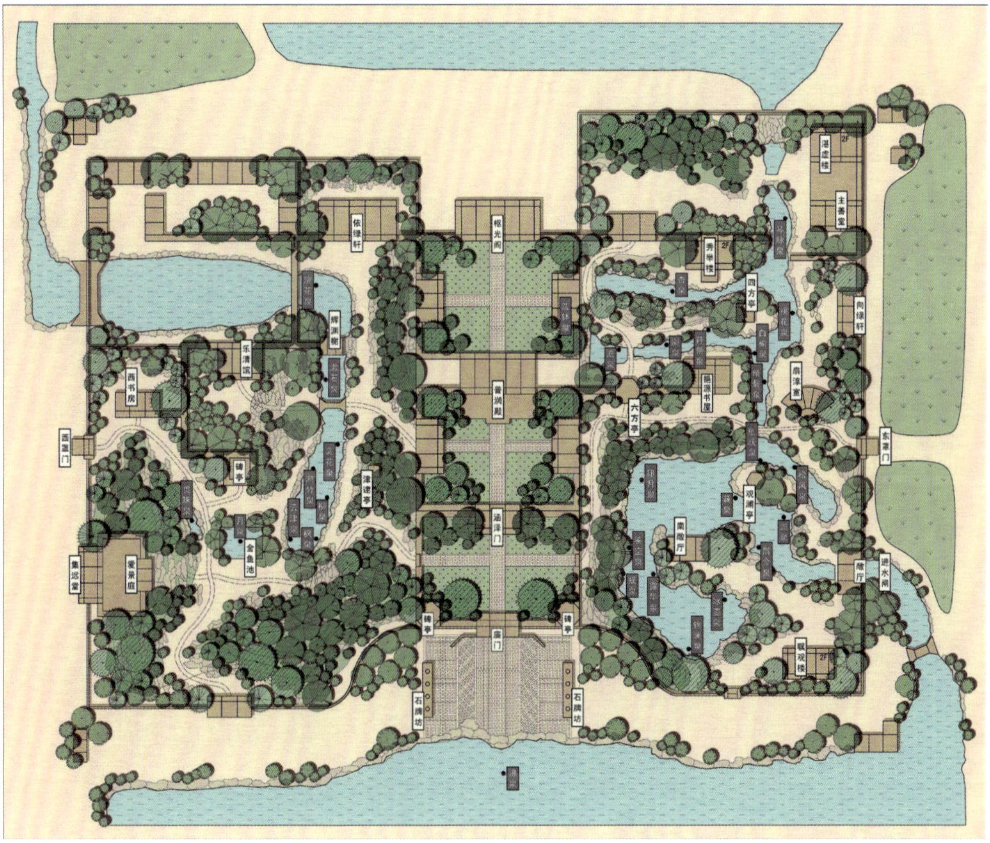

图 12　泉宗庙平面图。据清样式雷《泉宗庙地盘画样》绘制

①《清高宗御制诗集》三集卷八十七《出畅春园门自堤上至泉宗庙杂咏·其一》。

②《清高宗御制诗集》三集卷八十七《出畅春园门自堤上至泉宗庙杂咏·其四》。

③《清高宗御制诗集》四集卷十八《出畅春园门由堤上至泉宗庙揽景有作·其三》。

泉宗庙是本风景区最后定型的关键点（见图 12），它将原有的游览范围向南扩大数百亩。这个过程也应运用了南怀仁的勘察测绘方法，乾隆诗云：“咫尺万泉资灌溉，重教相土一详斟。”[①] 相土，即相地、勘测之意。

康熙时期在南部仅开发了两个泉眼，作为功能性的供水点。相比之下，乾隆营建更具园林特色，将水源景观化，对清理出的 32 处泉眼一一题名：

大沙泉、小沙泉、沸泉、滮泉、屑金泉、冰壶泉、锦澜泉、规泉、露华泉、鉴空泉、印月泉、藕泉、跃鱼泉、松风泉、晴碧泉、白榆泉、桃花泉、琴脉泉、杏泉、澹泉、浏泉、洗钵泉、浣花泉、漱石泉、乳花泉、漪竹泉、柳泉、枫泉、云津泉、月泉、贯珠泉、巴沟。

乾隆亲自书写，字体为行书，刻石立于泉畔，为这些出水点加入了文化的形式与内涵，扩大了想象空间。其与庭廊台榭缠绕围合，庙廊间处处泉响，使原本田间地头的“鸡屁股泉”升华为一幅幅诗情画面，可列为中国传统水泉园之首。乾隆特镌碧玉印信“万泉庄宝”（见图 13），并以宋笺本书写《万泉庄记》《泉宗庙记》两幅书法，录入《石渠宝笈续编》，收藏于紫禁城宁寿宫中。

图 13　乾隆印玺：万泉庄宝

同期，乾隆扩建了圣化寺（见图 14、图 15）与永宁观，并在二者之间增建了北所、西所等 7 处景点，将它们整合为一座园林。称其为“圣化寺园”更为准确。圣化寺主奉藏传佛教，由理藩院管理。庙舍曾作为准噶尔使臣的接待处。雍正十二年（1734 年），在平准之战中俘获的准噶尔乌梁海一个首领的儿子札勒布，解京后即留养于此。[②]

永宁观，道光二十八年（1848 年）更名宝真观，又写作“葆真观”。康熙年间由白云观紫衣道士住持，大学士鄂尔泰曾管理此处。康熙八十万寿盛典时，住持上清正一嗣教真人张继宗，在此举行了大型祈福延寿仪式——金箓醮坛。后有奕绘描述了道观景色，作词《桂殿秋 · 过葆真观》：

① 《清高宗御制诗集》三集卷五十七《由万泉堤上至圣化寺即景杂咏 · 其一》。

② ［清］傅恒等：《平定准噶尔方略》前编卷五十，清文渊阁四库全书本。

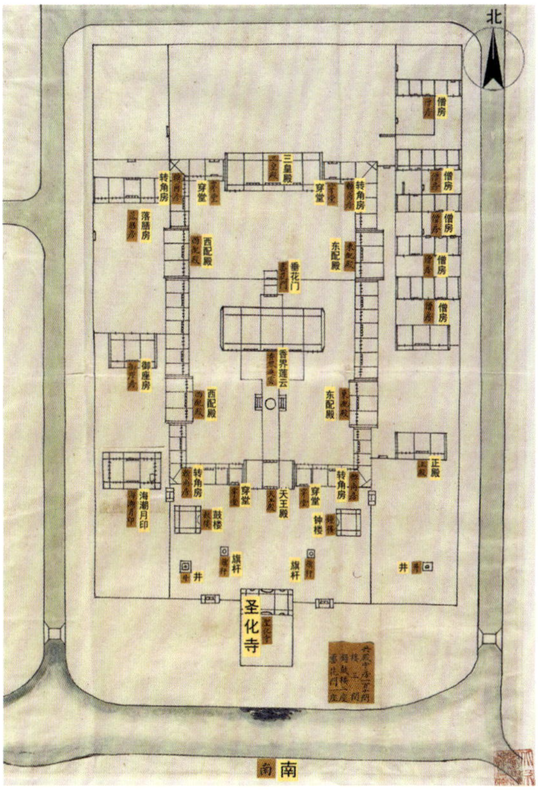

图 14 《圣化寺地盘画样》，清样式雷绘制，中国国家图书馆藏

图 15 圣化寺中的四大天王（局部），旅顺博物馆藏，何天宇提供

> 松林下，道士家，山门野水养虾蟆。一坡芳草浓于绣，绿叶黄英紫白花。[①]

西马厂自成一区，性质有别于六郎庄三村。这里在明代为华家屯与牛栏庄田野的交接地带；入清后划为马厂，养马驯马，但环境却为园林形态，草地如掌，堆山连绵，林木围簇，近似于现代公园树丛背景下的大草坪。

由昆明湖而来的溪流杂以水泡子而成马厂河（见图 16），其前身很可能就是峋嵝河。马厂河在草场东端与西花园来水交汇，流向圆明园，厂内跨河桥有 19 座。乾隆三十六年至四十二年（1771—1777 年）建造了阅武楼与虎城，由畅春园管理，圆明园护军营使用。宝廷从六郎庄散步至此作诗云：

> 阅武高楼西近湖，
> 阶前小渚聚菰蒲。
> 为来此地习攻战，
> 四望平田似纸铺。[②]

康熙年间，西马厂曾作为上元节的烟花燃放处，放花之日对民众开放，六郎庄三村父老是近水楼台的受益者。总体说来，在农耕社会背景下，与四季变化的稻田

①《明善堂文集校笺》卷十六《桂殿秋·过葆真观》。

②《偶斋诗草》外次集卷一《昆明湖上杂诗·其二》。

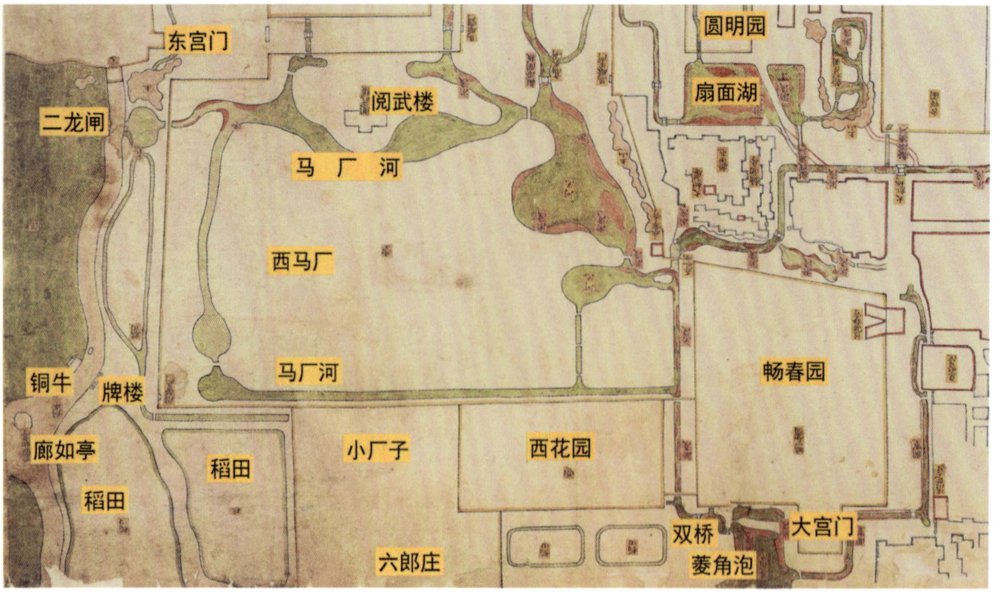

图 16　同治时期的二龙闸与马厂河。《圆明园河道图》（局部），清同治年间样式雷绘制，中国国家图书馆藏

相比，草地景色缺少变化，因此游览人群远少于六郎庄三村。

六、昆明湖东堤景观带

鼎盛时期的六郎庄三村稻浪向西同金河、战船坞、北坞村、高水湖水田环连一片，与昆明湖、万寿山、玉泉山相互映衬，共同组成三山五园地区气势恢宏的核心区。

昆明湖东堤是清漪园与畅春园两大集群的管理分界线，但在视觉上却营造为景观融合带，左田右湖，不仅将御苑与村景交融为一，更将畅春园与清漪园两大园林板块联结在一起。这是三山五园一体化的具体体现，在视觉与游览体验上是整体而不是分界（见图 17）。

东堤南起长春桥，向北止于文昌阁，堤上巨柳交枝成“廊”，沿堤节奏性地设置了 3 座牌坊、2 方昆仑石、1 尊铜牛和 1 座巨亭。

长春桥作为起始点，东通万泉庄，西连广仁宫，为交通十字路口，因此在向北御苑方向设有挡众木与堆拨哨位，以便监管。沿岸还安置了乡村式亭廊店铺作为点景，类似于万寿山西所及后溪河买卖街。此外，在东岸安置水闸以浇灌万泉庄稻田。乾隆朝清宫内务府奏销档记载：

乾隆十六年五月内遵旨：……长春桥开挖湖泡一处，新建房二间、方亭一座、六角亭一座、游廊十九间、木桥一座，花墙凑长三十八丈八尺五寸，散水凑长一百四十七丈九尺七寸，开挖河一道，进水河口二道，并堆做土山，安砌云步，栽种树株，以及油画、裱糊毡竹帘雨搭、红白毡条等项。……长春桥南北两岸添造稻田进水出水涵洞五座。①

《钦定总管内务府现行则例》也记载：“长春桥北瓦房三间、仰瓦灰埂房四间、六方灰亭一间、四方灰亭四间。”②

朝鲜使臣李遇骏记述了从绣漪桥沿东堤回城的景色，可作为上述档案的注脚：

还渡（绣漪）桥复寻（回城）归路，左右皆筑长堤，堤外水田千顷，漠漠无涯，而畦畛井井。循堤而东，亭榭连络至于皇城，绣户纹窗，曲曲异制，以处宫姬。每皇帝游幸，奉茶酒竞来驻驾。云想当四时佳节来此者，西望则荷花十里，彩舰中流，天云一鉴，鱼鸟上下。东眺则翠稻染烟，白鹭翻雪，业临则千门万户，错出如画，都邑楼台之胜，山水田野之趣，岂非兼有而两得者耶！③

一堤兼得“都邑楼台之胜，山水田野之趣”，可见朝鲜使臣深悟东堤景观之精髓。长春桥西为西顶广仁宫，每年香会盛大，游人如织，刘日萼诗《游西顶》把东堤长春桥十字路口的功能记录得很清楚：

御堤北接长杨馆，驰道中通细柳营。杏酪麦饧齐供佛，进香天气十分晴。
年年四月开香社，纨扇流苏照绮罗。斜日绣漪桥上望，领巾来往内妆多。④

“细柳营”指圣化寺对岸的火器营（见图18）。东堤上还有圣化寺园西门与码头，与昆明湖水上游览相串联。

---

①［清］总管内务府：《奏报长春桥至小白石桥等处用过物料工价银两数目折》（乾隆十九年三月初八日），见《清宫内务府奏销档》第43册。

②《钦定总管内务府现行则例·奉宸苑一》，见《钦定总管内务府现行则例二种》第2册。

③［朝鲜］李遇骏：《梦游燕行录》下，《韩使燕行录》第77册，北京书同文数字化技术有限公司影韩国成均馆大学藏燕行录本。

④［清］刘日萼：《篋山诗草》卷下《游西顶》，清光绪十七年活字印本。

图 17　清漪园昆明湖东堤上的祝寿马队，东堤两侧左田右湖。《崇庆皇太后万寿庆典图卷》（局部），清乾隆二十三年（1758 年）张廷彦等绘，北京故宫博物院藏

廓如亭是这一南北游线的高潮点。亭东设有牌坊，朝向西马厂与六郎庄斜街北口红桥；亭西临昆明湖设码头，通往玉泉山；亭西南接十七孔桥通南湖岛。“廓如”直译即“壮阔如此啊”！这一题名实为点睛之笔。乾隆写诗《廓如亭》阐述建亭意境：

湖岸构敞亭，沧茫眄烟水。万顷固其诞，纵横实数里。
初绿虞夏潦，继为兴春耜。因之有堤岸，种以桃与李。
复间置楼台，六桥亘迤逦。于外则鳞塍，校前多陪蓰。
利农兼缀景[①]，初岂计及是。因循有是乎，为愧非为美。
将欲游香山，登舟必由此。虚明森廓如，庶几同斯耳。[②]

其用意很清楚，即“利农兼缀景”。在亭中观稼赏湖，蔚为大观。亭中还悬挂有乾隆在长河沿途的田园诗咏。

普通大众是东堤游览的主体，寄居六郎庄的宝廷就常常漫步至廓如亭，写下大量诗文，如《昆明湖上杂诗》16 首也是将六郎庄纳入昆明湖大景观中欣赏的，摘句如下：

廓如亭建碧湖边，千顷清波望渺然。
步下苔阶数十武，铜牛特卧白堤前。[③]

① 缀，原作“级”，疑误。
②《清高宗御制诗集》四集卷二十一《廓如亭》。
③《偶斋诗草》外次集卷一《昆明湖上杂诗·其一》。

龙王庙在湖中央，楼阁参差深树藏。
白石为梁孔十七，往来不待登轻航。[①]

芦苇青葱遍野塘，绣漪桥畔可乘凉。
拈毫不敢轻成句，御咏刊碑立路旁。[②]

王培新《京西郊行即事》则描述了在廓如亭中饮茶的情景：

长堤一带接晴峦，何处金牛扣角难。
记得廓如亭上坐，唤茶小憩瀹龙团。[③]

朝鲜使臣对廓如亭与大堤景观更为敏锐，权时亨在《石湍燕记》中所记颇为详细：

行至上十七桥头，有一座八棱虚阁，有额“廓如亭”三字，御路东边皆是水稻田，不知为几石落，高丽店以后始见水田。昆明池为溉源，真个是膏腴沃畓，每于秋熟时，皇帝登廓如亭观野色捧税而为御供，此是公田故也。[④]

---

①《偶斋诗草》外次集卷一《昆明湖上杂诗·其三》。
②《偶斋诗草》外次集卷一《昆明湖上杂诗·其五》。
③［清］王培新：《蓄墨复斋诗钞》卷四《京西郊行即事》，清光绪二十二年刻本。
④［朝鲜］权时亨：《石湍燕记》卷三。

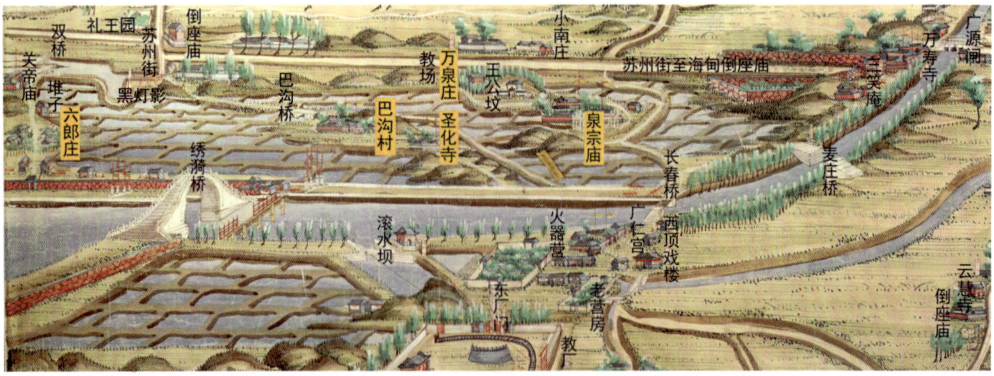

图 18　六郎庄与泉宗庙。《玉河图》（局部），清光绪年间佚名绘，北京大学图书馆藏

另如朝鲜使臣李晚秀的《皇庄》诗、李基宪的《往圆明苑遍观西山次正使韵诗》：

十里黄云辟草茅，皇家独占上腴郊。
灌通石闸平湖水，映带沙堤细柳梢。[①]

绣漪桥迴龙舟系，流蛛楼高玉槛斜。
更有铁牛铭壮迹，十里沟塍作富家。[②]

“流蛛楼”即望蟾阁，其东面匾题为“流蛛”。在昆明湖东堤游览，六郎庄三村田野庄舍成为昆明湖风景的一部分、一个特色景区，两地景观融为一体。

七、皇家管理与皇帝亲巡

六郎庄三村地界内 6 组园林归属畅春园管理，[③]“圆明园、畅春园、西花园、圣化寺等处船均交奉宸苑管理，每年修舱”。[④]大田则归稻田场负责，土地出租收取岁租银，所有权归属国家，不许买卖，这保证了农田的基本属性与统一管理。

雍正年间曾计划在巴沟村、六郎庄一带建立旗营，以疏解日益增加的八旗人口，

① [朝鲜] 李晚秀：《輶车集・皇庄》，《韩使燕行录》第 60 册，北京书同文数字化技术有限公司影韩国成均馆大学藏燕行录本。

② [朝鲜] 李基宪：《燕行诗轴・往圆明苑遍观西山次正使韵诗》。

③ [清]《钦定大清会典事例（嘉庆朝）》卷八百八十六《内务府二・官制・畅春园》。

④《钦定大清会典则例》卷一百六十七《内务府・奉宸苑》。

并使其保持骑射传统而不被优渥的城里生活所腐蚀。乾隆继位之后虽然停止了旗营建设，但雍正所面临的问题此时依存且愈发严重，乾隆不得不着手解决。若依法祖之例，理应重启六郎庄、巴沟村旗营建设，但乾隆另外择地建营，以保护六郎庄三村的治理成果与风貌。最终在乾隆三十五年（1770 年）建营于长河西岸、长春桥北，这就是火器营，与圣化寺、泉宗庙隔河相望。

三村整体治理之后，时间稍长泉眼又渐渐被淤塞。乾隆五十八年（1793 年），皇帝发现后大加斥责，惩处了相关人员，并重新清淤整治，使水乡景观得以持续。皇帝的定期巡视无疑起到了督促作用，乾隆记述道：

（泉宗庙）是处泉脉最盛，甲申岁命疏浚沙淤，泉源畅涌，因建泉宗庙祀神，傍置亭台以供游胜。年来以未常临幸，奉宸司苑者遂不经心任事，又致淤垫者多，设不亟加挑浚，日久将成平陆矣。

今春二月中，过此见水源淤壅，鳞塍半已涸露，因将向来经理不善之员分别惩处。即特派苏楞额永来督率，估计约需用内帑万余金，和雇民夫上紧挑挖深通，以资灌溉。并以挑出之泥，加培四近土山，补植树木。兹策马来观，则将次蒇工，水泉已旺，畦中一望弥弥，稻秧芃茂，顿为改观。乃知事在人为，尤不可不亲加省揽，率作兴事即此一端，可以絜矩诸政矣。[①]

八、结语

六郎庄三村田野与昆明湖万寿山相互依存，组成了一个生态风景共同体。这种田与园的交错布局，有着秦汉苑囿传统的影子，但更多是创新，加入了对美的追求，使农田园林化。

当年皇家造园师们展现了广博的知识与综合能力，将营田实践融入造景追求，农业治水与造园理水合而为一，可谓妙笔生花。通过田与塘的穿插，造园师们最大限度地营造出水乡景色，个性鲜明。正是这些缜密的思考、创造性设计与建设，才形成延续百年的水乡田园风景区。

①《清高宗御制诗集》五集卷八十一《泉宗庙纪事》自注。

六郎庄三村风景（三）：乡村游览与昆明湖

清漪园的建成，为本已优美的六郎庄三村提供了更为丰富的风景资源，具体而言就是借景与共享空间。游览人群不仅有皇家，而且有遍及村庄与京城的各个阶层。

一、清漪园建筑对三村的景观影响

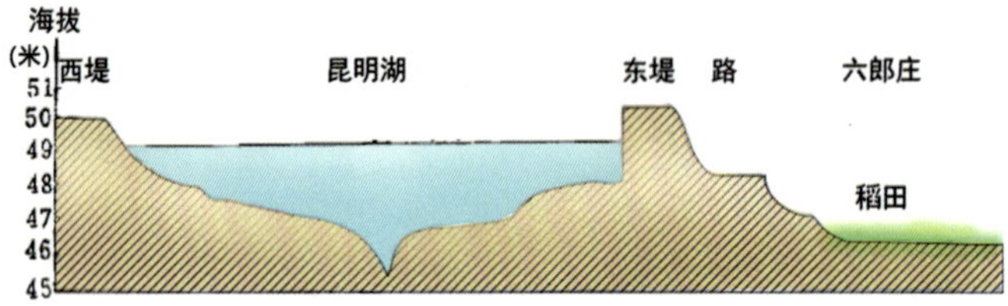

图 1　六郎庄与昆明湖高差断面图，据蔡蕃图绘制

万寿山昆明湖因高度与广度而彰显出张扬的气势，成为六郎庄三村西北方向最为引人注目的画面。除前文所述的广泛影响，万寿山昆明湖地区还有 5 处高度建筑清晰地成为三村借景。它们是：万寿山上的佛香阁和智慧海、南湖岛山上的三层望蟾阁、东堤上的三层文昌阁、凤凰墩上的两层会波楼，以及东堤上的廓如亭。此外，东堤均高出三村地表 2—3 米，形成一条绿色背景与交通线，并促成三村街区的东西向排序，以及斜街的出现（见图 1 至图 3）。

畅春园等 6 组园林的亭台楼阁、三村田界山脉，也与上述各高点遥相呼应，将村域笼罩在皇家氛围之中，为游览提供了充足的看点。乾隆常将劳作的农人歌咏入诗，使其成为诗中景物；殊不知农人与游人也把皇帝活动作为谈资，成为一道风景。如诗人钱载诗云：

> 巴沟转车问，露湿青青苗。金堤高且曲，夹以垂杨条。
> 我登见西湖，映蔚莲菰饶。黛峰如玦环，百里江南遥。
> 循汀跨长板，纡直波光摇。龙舟时泛之，丝缍牵相超。
> 葱葱绕禁苑，隐隐闻鸣蜩。欲识东雉村，何处西勾桥。①

①《萚石斋诗集》卷十二《西堤二首·其一》，清乾隆刻本。

二、村容、寺院与私园

乡村空间包括田野与村庄两部分。水利整治营造了水乡田野，已见于前文所述。同样，村庄也在此过程中形成特色风貌，具体为村容、寺观与私园。

1. 村容

清代六郎庄三村土地属于皇庄性质，田地也被称作御田。御田中的水利治理、作物种植，庄内的盖房、建庙等都受到朝廷的监管与财政支持。如康熙年间在六郎庄修建真武庙、和尚房 8 间、园户住房 30 间等。雍正九年（1731 年）于巴沟村建营房练新兵；十年（1732 年）在六郎庄建营房，入驻各省选派的勇兵，庄亲王允禄在奏报建营进度时，提及尚缺门扇 639 件，[①] 可知房屋数量之大。这些建设奠定了后来三村的基本格局，形成整齐的村容村貌。

繁盛时期的六郎庄有十余条胡同，如兴隆胡同、庆安胡同、太平河、静安院、平安路、太平院、小狮子胡同、荣中堂胡同、张中堂胡同等。[②] 其间分布有多家店铺，包括饭馆、酒馆、茶馆、货铺等，种类齐全。清末如瑞和祥百货、金福阁首饰楼、广源居食品店、郎记煤铺、天雅酱园、君来轩茶馆等，皆落户于此，为居住与游览提供了便利。这些街道和店铺的名称显示出皇庄气派。

清末，通往颐和园的御路在村中穿行，政府机构都察院也设于村中，加之安保堆拨本就设在长春桥与双桥庄口，六郎庄三村因此而受到严密的监管，非一般村子可比。绘于清末的《香山路程图》长卷中，就展现了六郎庄、万泉庄一带的皇庄形

图2　六郎庄村容。《香山路程图》（局部），清光绪年间如意馆绘，颐和园藏。摘自北京市公园管理中心编《园说 IV　这片山水这片园》，文物出版社，2022 年版

① ［清］允禄等：《奏报择定由各省选调勇兵入住六郎庄营房日期片》（雍正十年四月十一日），见《清宫内务府奏销档》第 5 册。

②《北平市自治区坊所属街巷村里名称录》，1932 年版；《北京市街巷名称册》，1953 年版。

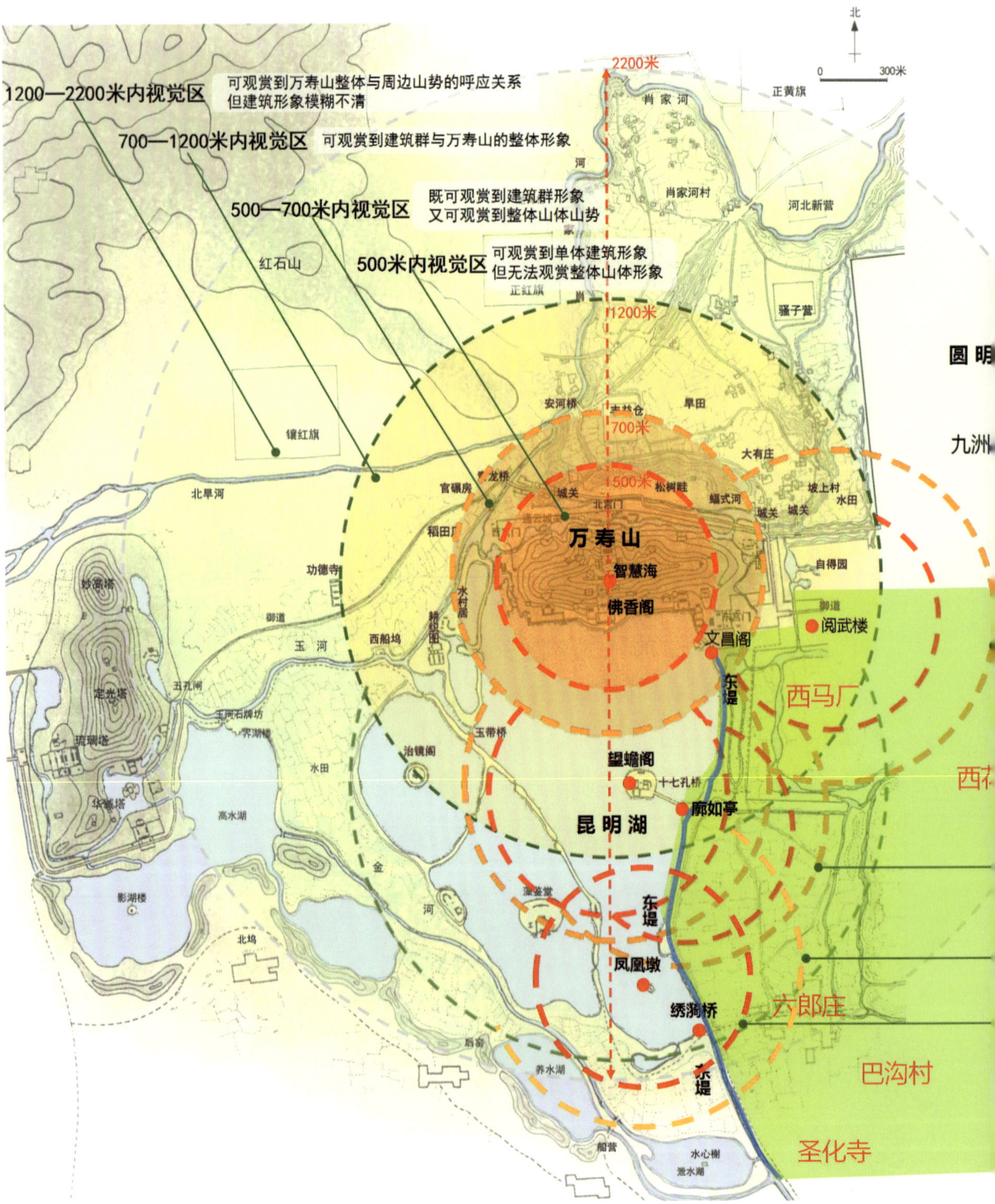

图3　清漪园景点对六郎庄三村影响范围

图 4　万泉庄教场。《香山路程图》（局部）

象（见图 4）。

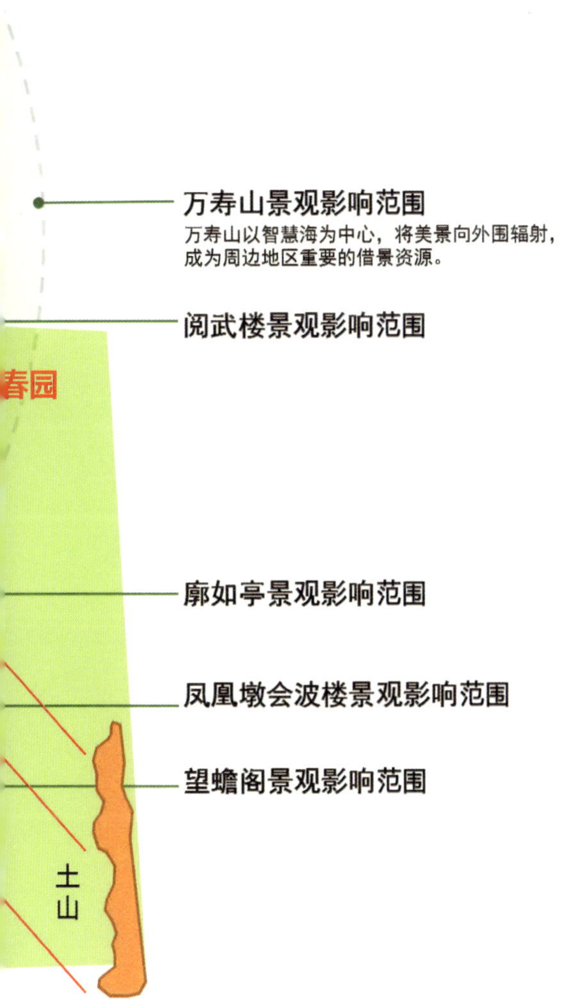

2. 村中寺观

村中寺观（见图 5）既是祭神之所、社交中心、村貌代表，又是游客寄宿之处。当时六郎庄有 7 座寺庙：静安院、双桥关帝庙、保安关帝庙、小关帝庙、七圣神祠、五道庙、观音堂。万泉庄 2 座：关帝庙、龙王庙。巴沟村 3 座：裕华庵、五圣庵、观音庵。[①] 本文结合清宫档案补缺如下。

六郎庄真武庙。这是村中记载最早的寺庙，建设时间与西花园相同，即康熙二十六年（1687 年）。庙中主尊真武大帝为水神，体现着早期水田开发人群的精神需求。康熙年间记载，庙有“配殿六间，和尚住房八间，用银一千四百三十五两二钱”。[②] 这应是寺庙

① 北平市政府先后于 1928 年、1936 年、1947 年对全市寺观进行了登记，参见北京市档案馆编《北京寺庙历史资料》，中国档案出版社，1997 年版。

② [清] 总管内务府：《奏曹寅家人呈报修建西花园工程用银折》（康熙五十一年十一月十四日），见故宫博物院明清档案部编《关于江宁织造曹家档案史料》，中华书局，1975 年版。

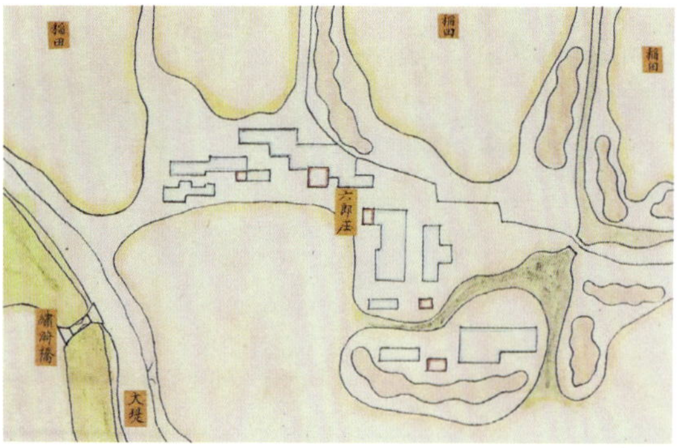

图 5　六郎庄规划整齐的村容，红色框为村中寺观。《圆明园来水河道全图》（局部），清同治年间样式雷绘制，中国国家图书馆藏

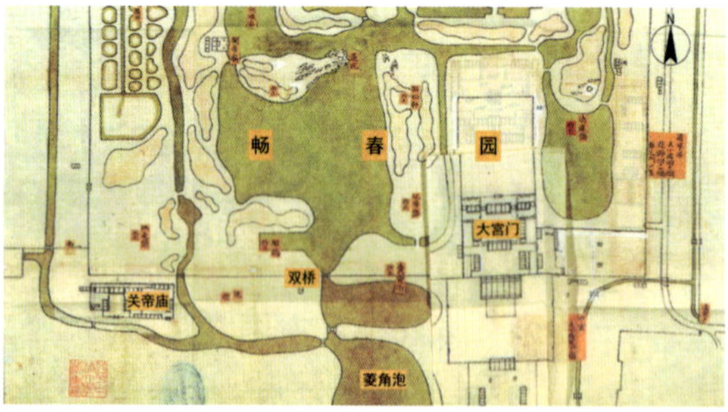

图 6　道光中期双桥关帝庙。《畅春园地盘形势全图》（局部），清道光十六年（1836 年）样式雷绘制，北京故宫博物院藏

的扩建部分，主体建年应该更早。曹雪芹祖父曹寅主持了这次建设，当时他寄宿于瓮山西侧的功德寺。嘉庆时庙有“东南房基地二亩”[①]，说明自康熙后百年间本庙仍处于兴旺扩张之中。真武庙至晚在道光时改称静安禅院，简称静安院。

双桥关帝庙。简称双桥寺。位于六郎庄东界双桥旁。双桥寺始建于明万历年间，应与武清侯清华园有关，但尚需史料证明。清嘉庆时期仪亲王永璇重修。仪亲王因平定天理教林清之乱而获嘉奖。传说平乱中关公显灵，协助平乱，此事被朝廷大肆宣传，整修双桥关帝庙或与此有关，时间当在嘉庆十八年（1813 年）后。1917 年再次重修。

保安关帝庙。又称茶棚。位于六郎庄西北。嘉庆时，“六郎庄关帝庙前房基地七亩一分九厘三毫九丝”[②]。民国时，“不动产土地五亩五分七厘，佛殿十六间，群房一间”[③]。

小关帝庙。又称老爷庙。位于村西荣中堂胡同九号。嘉庆时，“六郎庄小关帝庙前旱地一亩二分三厘三毫”[④]。民国时，“不动产土地二亩二分九厘，房屋三间”[⑤]。

七圣庙。又称“七神庙”“七圣神祠”。嘉庆时位于“六郎庄道南”，其后有官属“蒲地十亩零二分九厘二毫零八忽”[⑥]。民国时位于六郎庄村太平河二号，“不

---

① 《钦定总管内务府现行则例·奉宸苑一》，见《钦定总管内务府现行则例二种》第 2 册。

② 同上。

③ 《1936 年北平市政府第一次寺庙总登记》，参见北京市档案馆编《北京寺庙历史资料》，中国档案出版社，1997 年版。

④ 《钦定总管内务府现行则例·奉宸苑一》，见《钦定总管内务府现行则例二种》第 2 册。

⑤ 《1936 年北平市政府第一次寺庙总登记》。

⑥ 《钦定总管内务府现行则例·奉宸苑一》，见《钦定总管内务府现行则例二种》第 2 册。

动产房基地二亩六分一厘，耕地二亩九分四厘，房屋三间”[1]。

五道庙。位于大后街4号，在清末《香山路程图》中标名为土地庙。是否在民国时改建，待考。

三村寺庙中以双桥寺特色最为突出，本文略做叙述。

清代双桥寺与村中房屋群隔田相望，紧邻畅春园南墙及其宫门前的“菱角泡子”。道光时期图纸显示，双桥寺庙宇整齐，颇具皇家气质（见图6）。其门临清溪，稻浪环抱（见图7），吸引了众多诗人、官宦来访寄宿，如斌良，奕绘、顾太清夫妇，祁寯藻等。道光十三年（1833年），贝勒奕绘与夫人顾太清寓居寺中，两年间留下大量诗篇，详记了六郎庄与御苑风光，如《湖上复作》诗云：

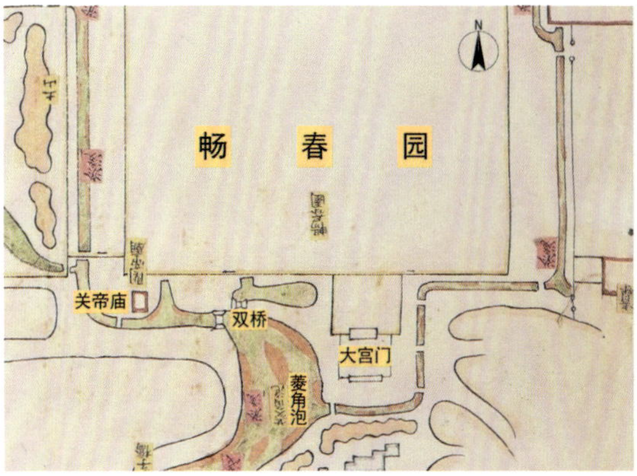

图7　同治时期双桥关帝庙。《圆明园泉水并河道全图》（局部），清同治年间样式雷绘制，中国国家图书馆藏

图8　祁寯藻珍藏戴熙三图（《双桥精舍图》《忆松图》《西湖图》），此为其二

湖上经行日再三，数峰晴雨望西南，
青青春草连春水，队队窃丹挽窃蓝。

十里纡回转稻畦，双桥只在巴沟西，
庭前柏树西来意，行鳸春深啧啧啼。[2]

其后道光二十三年（1843年），大学士祁寯藻寓居寺中两年（见图8、图9），也描写了环境之美：

① 《1936年北平市政府第一次寺庙总登记》。
② 《明善堂文集校笺》卷六《湖上复作》。

图9 《春雨来时万山绿》，清 祁寯藻绘

连朝城郭雨蒙蒙，一笑西山翠扫空。
门外稻田三百顷，鹭鸶闲立晚烟中。[①]

六郎庄田野成为散步思考的佳境，他与友人游走其间写诗道：

稻陇蒲湾信步游，夕阳山色赴溪流。
却看蟹火知归路，深柳桥边别有秋。[②]

徐步出门去，稻田流水中。
物情怜岁晚，人语识年丰。[③]

祁寯藻还为寺题名“双桥精舍”，与同僚友人雅集，画家戴熙为此绘制《双桥精舍图》，书法家潘世恩书写了匾额（见图10、图11），题识云：

双桥精舍。道光癸卯秋孟，淳甫五兄大人朝回北阙，神往西山，爱此清幽，于时宴息，碧波如镜，惯看童稚嬉游，香稻连云，宛似江乡风景，以桥名轩，纪实也，因为书之。

真武庙和静安院是村中最具特色的民俗文化活动——六郎庄香会五虎棍的演习场所。因表演出色，六郎庄五虎棍在妙峰山香会中具有重要地位，在京城中获得了巨大声望，甚至还被钦定入宫表演，受封为“皇会”。当时，六郎庄五虎棍称为“京西六郎庄万寿无疆少林棍”[④]或“六郎庄村童

①《䜣䜣亭集》卷二十八《六月九日雨中还双桥二首·其一》。
②《䜣䜣亭集》卷二十七《郝梦山同年移居双桥敝庐喜作·其一》。
③《䜣䜣亭集》卷二十七《中秋双桥对月四首·其三》。
④《寿松厓钞》，见奉宽《妙峰山琐记》，国立中山大学民俗学会，1929年版。

子棍”[①]。如光绪二十二年（1896年）四月初五，六郎庄五虎棍以“六郎庄村童子棍”之名，受召颐和园献艺，演员共计40人，其中前引4人、会首6人、文场10人、武场20人，领队头目为何恒福。[②]依北坞村香会立碑之例，真武庙内碑石也应刻有相关信息。

图10《双桥精舍》题额，清潘世恩书

六郎庄周边还有大河庄、北坞村、大有庄、吉祥庄、海淀村等香会，各有绝技，共同组成环颐和园的乡村文化圈。

3. 私园

六郎庄三村的上述各种优势，营造出宜居美观的大环境，加之御苑朝觐议事的需要，使得官宦文人纷来沓至，在村中选址造园，现对其园分述如下。

六郎庄岫贝子园。即贝子绵岫的别墅，建于道光时期。斌良有诗《中秋夜独游岫贝子六郎庄园亭题壁》：

竟造浑如看竹游，菱塘淡沱故宜秋。风前荷气时穿榭，雨后山光半入楼。
漫说匠心营构巧，须知雅度石泉幽。银潢贵胄烟霞昵，品格应推第一流。
绕舍黄云万顷宽，堆场穲稏露犹洿。芙蕖漫路刚移棹，杨柳筛风独倚栏。
洗眼净观波潋滟，印心恰值月团栾。芳园题额应延借，金碧楼台隔岸看。[③]

图11 清末双桥、关帝庙与畅春园。《香山路程图》（局部）

---

①《内务府掌仪司承应各项香会花名册》，见《清内务府档案文献汇编》第8册。

②《内务府掌仪司承应各项香会花名册》，见《清内务府档案文献汇编》第8册。金勋编纂的《妙峰山志》一记作40人，一记作38人，其所据档案仍为《内务府掌仪司承应各项香会花名册》，作38人误，参见《门头沟地方志丛书——潭柘山岫云寺志·妙峰山志》，北京燕山出版社，2007年版。

③《抱冲斋诗集》卷三十四之二《中秋夜独游岫贝子六郎庄园亭题壁》。

斌良另一首《游岫贝子园林诸景题壁》，提供了更详尽的园中信息，不过具体园址不详。

六郎庄张之洞园。建于清末，园中主轩“正对西山，翠扑眉宇”，“轩外皆水田”，因此题名“师田轩”，取意于陶渊明“田水吾师丈人”的名言，有联句“开轩面场圃；无地建楼台”，可谓深解地宜，情景交融。

六郎庄荣禄宅（见图 12）。建于光绪年间，园林情况不详，但房屋质量应该不会有差。宅院起到了增美村容的效果。

图 12　荣禄像

万泉庄王氏花园。存在于乾隆时期，怡亲王弘晓写诗记述：

最爱湖山畔，垂杨拂小楼。竹深迷曲径，沙净度闲鸥。
篱落全疑画，烟霞半隐洲。平生幽兴处，惬意便迟留。①

这座园林当时颇有名气，熟悉妙云寺园林的吏部主事国梁也有诗《游万泉庄王氏园亭》：

清和四月节仍迟，正是余春恋客时。胜侣招邀同雅集，名园徙倚欲忘疲。
绿云红锦高低树，兰榭棕亭远近陂。人在画中人不觉，争看题画有新诗。

纪游选句记前年，亲见方知好句妍。花坞溪桥春涨地，风廊竹树雨晴天。
飞英满径行踪浅，好鸟亲人慧舌圆。何处更来红叱拨，一犁耕破陇头烟。②

巴沟村养年别墅。建于光绪时期，为铭安（字鼎臣）、那桐叔侄村居别墅。园“有稻田二顷，荷花数亩，筑屋其间，遍植杨柳及竹林。廊宇幽胜，迤东土山筑亭曰旷然”。《那桐日记》载：

巴沟别墅。巴沟村在海淀东南，与万泉庄接壤，以泉水盛，有江南秀色，铭安

① 《明善堂诗文集》卷十二《午日过万泉庄王氏花园题壁》。
② 《澄悦堂诗集》卷一《游万泉庄王氏园亭》。

公在此置养年别墅，为晚年颐养之地，建有醉蝶庵、秀野山房、旷然亭、盟鸥馆等，时与友好在此叙饮。[1]

整个园林以水田为界，不设围墙，最大限度借入周边田园景色。翁同龢诗云：

万绿丛中点一螺，此亭真是小盘陀。
名园多少看山阁，其奈青山偃蹇何。*
* 自注：此园无墙。[2]

铭安还延请画家顾若波绘写了《养年别墅图》，成为文人们的唱和话题，从中可探知大致景致氛围。如宝鋆诗云：

万泉庄古石盘隩，巴沟川泽仍冈陆。
芰荷香涌四围花，槐柳青遮千亩竹。
共推胜境隔尘寰，雅称名贤遂初服。
丹棱沜外闻星源，卓卓温公独乐园。[3]

“石盘隩”即王嘉谟所记峋嵝河中的“大盘石”，园内外槐柳菱荷，竹林环绕，水乡意浓。园中大海棠树下为赏花饮酒之坪。

那桐为清末重臣（见图 13），他在此举行过政务、外务活动，日常往来于颐和园与六郎庄之间，通向昆明湖大堤的乡道起着现代“散步外交”的功用。

图 13　清那桐书法

乾嘉时期，法式善写诗《万泉庄》，讲述了卜宅万泉庄的心路历程：

北风吹不枯，积雪融渐绿。水烟与空色，远近湛林木。

① 《那桐日记》上册光绪十六年四月初四日。
② ［清］翁同龢：《瓶庐诗稿》卷三《题铭鼎臣扇三绝句 · 其一》，民国八年邵松年刻本。
③ 《文靖公遗集》卷十《题鼎臣将军养年别墅图》。

闲方羡白鸥，健早愧黄犊。行行石桥南，忽见酒人屋。
幽旷我天性，遂欲此卜筑。晴沙聚迤逦，细淙流洄洑。
草堂一灯孤，诗梦三杯续。月魄起夜窥，云鬟卧朝瞩。
簪绂不累人，心迹涤尘俗。前事怅已往，来日悲太促。
且坐清泉尾，凉月手自掬。任尔百鸟喧，掩门听飞瀑。①

三村私园的共同特点是，开放式布局，收览田园，主房常常朝向万寿山等三山。园中可赏稻浪，可望远山楼台。这些私园也反哺了村庄的品质与声望。

中国造园专著《园冶》首重相地选址，专列《村庄地》一项，阐述村庄造园之妙："今耽丘壑者，选村庄之胜。团团篱落，处处桑麻；凿水为濠，挑堤种柳；门楼知稼，廊庑连芸。""选胜落村，藉参差之深树。村庄眺野，城市便家。"② 其书中境界令人神往，六郎庄三村可为一大实例。

三、游线与游览

六郎庄三村具备了景观看点、住宿设施、餐饮店铺，大众随之而来，至清中晚期已成为游览主体，游览规模超过皇家巡视。六郎庄三村游览大致有四种基本类型。

1.皇家游览与游线

皇家是早期的游览主体，有水、旱两条游线，乾隆中后期仅存旱路，形成几条固定的游览线：

（1）畅春园—圣化寺—泉宗庙往返游线。

（2）三园环游游线：圆明园—畅春园—万泉堤—圣化寺—泉宗庙—昆明湖东堤—清漪园—圆明园。

（3）回城游线：圆明园—畅春园—万泉堤—圣化寺—长河—西直门—紫禁城。

（4）巡幸京西游线：圆明园—畅春园—万泉堤—圣化寺—长河—西顶—潭柘寺。

处于六郎庄三村帝王游线上的道路，有时被称为御路，但属于"黄土垫道，净水泼街"的广义土质道，路面以灰土夯实，定期维护。

皇帝大部分田园诗便是在这些线路上吟诵的。如乾隆诗云：

① [清] 法式善：《存素堂诗初集录存》卷一《万泉庄》。
② [明] 计成撰，倪泰一译注：《园冶》卷一《相地》，重庆出版社，2017 年版。

泉宗礼罢小游栖，迤逦轻舆步曲堤。
一路香风发何处，两傍青蔚稻秧齐。

云净风凉晓气清，草头圆缀露珠明。
不教俞骑呵耘者，一幅江南画里行。①

颐和园重建后，六郎庄成为慈禧来园必经之路，其线路为：西华门—阜成门—紫竹院—苏州街—六郎庄—东宫门—乐寿堂。

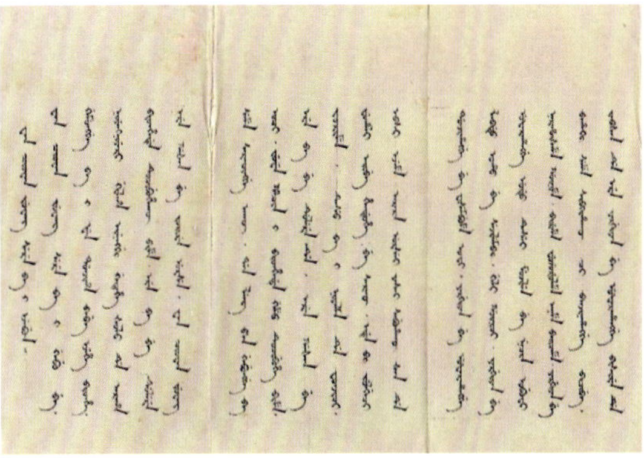
图 14　满文《万泉庄记》，清乾隆皇帝御笔

泉宗庙是乾隆整治工程的新景区，乾隆在此写下长文《万泉庄记》（见图 14）和《泉宗庙记》，阐述了建设构思与意义。泉宗庙的主要功用是祭祀水神，感谢大自然的无私赠予，以求长治久安。有清一代，泉宗庙共举行过 20 余次求雨活动，被列为国家祭祀地之一，每年指派专员奉祀。乾隆诗云：

万泉自建泉宗庙，每以询安趁便临。
设教由来贵神道，溪田灌注利资深。②

庙洁神灵信有之，迩来泉盛雨还时。
都缘稼穑关民命，吾祷宁因或有私。③

泉宗庙设有行宫，不过皇帝很少驻跸，史料中只有一次记载：嘉庆皇帝于嘉庆二年（1797 年）由圆明园出巡天津，先期驻跸万泉庄行宫。随行的翁方纲作诗云：

微雨蔼新晴，方塘绣罫枰。云涵千树影，玉戛万泉声。

①《清高宗御制诗集》三集卷六十六《由万泉堤遂至圣化寺》。
②《清高宗御制诗集》三集卷八十《畅春园由堤上至泉宗庙》。
③《清高宗御制诗集》三集卷七十五《畅春园观稻遂至泉宗庙·其四》。

御路澄烟水，花风卷旆旌。近天瞻沃壍，喜色切初程。*

*自注：上于泉宗庙门乘马。[1]

阮元也作诗《泉宗庙扈驾》：

维皇濩德泽，甘雨湛郊原。晓晴云尚渍，夏首绿初繁。东勾柳成谷，西雉稻名村。泉响蛤犹吠，露凉蝉未喧。宫槐交翠盖，堤草藉龙轩。青畤契宸赏，黄屋瞻崇尊。敷筵坐临水，赐食共衔恩。清醴度双阙，于此镜心源。[2]

图 15　圣化寺四大天王，旅顺博物馆藏，何天宇提供

可见到嘉庆时，泉宗庙周边的溪田养护良好。咸丰十年（1860 年），泉宗庙躲过了英法联军的战火。但到清末民初，天下大乱，寺庙失修，泉宗庙的建筑屡遭拆卸盗卖，传说石雕物件被张作霖部下拆运到沈阳元帅林，修建陵墓（今沈阳大水房水库原址）。至 1922 年仅剩下门前两座石牌坊，有外国人斥巨资购买，被有识之士阻止，砌筑围墙保护。[3] 其后坍塌的建筑将周边泉眼封堵，1932 年 9 月北平市政府曾计划清除，但为保护古迹而暂停。

圣化寺也遭遇同样厄运。1923 年寺中喇嘛监守自盗，先将部分殿堂拆成木料偷卖，[4] 后又祸及佛像法物，有案可查者有：高 2 尺余的楠木佛头 2 个，羊脂玉佛像 1 尊，罗汉头 5 个，瓷五供、香炉等 10 件，楠木菩萨 1 尊。这些佛像法物件件精品，价值连城。[5] 民国蒙藏院无奈于 1936 年 7

①《复初斋诗集》卷四十五《扈从天津圣驾自泉宗庙启行恭纪》。

②［清］阮元：《揅经室集》四集诗卷一《泉宗庙扈驾》，清嘉庆道光间阮元刻道光二十二年阮亨汇印文选楼丛书本。

③《请保护古庙遗踪　泉宗庙石坊》，《京报》，1922 年 8 月 3 日，第 7 版。

④《喇嘛拆卖殿宇》，《大公报》（天津），1923 年 7 月 28 日，第 6 版。

⑤《谁斫罗汉头》，《益世报》（北京），1926 年 1 月 10 日，第 7 版。

月将整座寺庙拍卖。[1] 寺中四大天王塑像、一尊如来座像辗转落户于旅顺博物馆（见图15、图16）。

图16　圣化寺楠木菩萨，旅顺博物馆藏，何天宇提供

2.市民游线

外来人群游览是风景区的基本特征，随着旅游各要素的完备，六郎庄三村成为京城市民出游目的地，游览规模远超前代。其游线通常是从西直门起始，沿长河游览各寺，至六郎庄三村折返回城。

如乾嘉时期法式善与5位友人的步行出游，即从西直门起步，以六郎庄三村为终点。5人一路吟诗唱和，洋洋洒洒60首，从不同角度记载了沿途景色。如赵怀玉诗《立夏后二日，伍尧侍讲（法式善）招游极乐诸寺，饭万泉庄，复过圣化寺小憩而归，即次原韵》：

> 言访丹棱沜，车停似舟泊。安得渔钓终，尽解情爱缚。
> ……
> 名泉二十八，一一费疏凿。倘许遂重游，宁辞趁双脚。[2]
>
> 圣化接万泉，清净隔尘土。天风飒然来，云黑势欲雨。
> 长河波浪阔，绝巘松杉舞。已收台池胜，遂以原野补。[3]

法式善一众的游历是当时京城休憩生活的集中体现。再如道光时期，翁方纲与游人结伴出游，留下组诗《陪裕轩学士步自万泉庄，登古城，游慈寿寺、摩诃庵、大悲庵、钓鱼台凡四首》，诗题将线路交代得很清楚。这次徒步范围更大，万泉庄

---

①《穷极无聊之蒙藏院将拍卖圣化寺古刹　佛像搬家　喇嘛分肥》，《益世报》（北京），1926年7月20日，第7版。

②《亦有生斋集·诗》卷十九《立夏后二日，伍尧侍讲（法式善）招游极乐诸寺，饭万泉庄，复过圣化寺小憩而归，即次原韵·其三》。

③《亦有生斋集·诗》卷十九《立夏后二日，伍尧侍讲（法式善）招游极乐诸寺，饭万泉庄，复过圣化寺小憩而归，即次原韵·其四》。

是折返点。摘诗如下：

西山欲作雨，十亩晓阴遮。帽亚聊成伞，畦行不用车。
插秧分陇处，飞鹭一行斜。却倚村墙立，山楂吐白花。①

三村游览内容又各具特色，各不相同。万泉庄、巴沟村以半开放的皇家园林泉宗庙、圣化寺、永宁观为亮点，如下数诗所云：

寻源曾过万泉庄，无数红蕖间绿杨。
散直径须从此去，陂塘水满午风凉。②

风景江南竟宛然，凫鹥泛泛满平川。
万泉庄外参天柳，来趁阴凉看水田。③

騘驾丹陵沜，秣马青龙桥。巴沟流浩浩，燕塞风萧萧。瓮山石久徙，玉泉塔孤标。蔽亏长松外，参错列僧寮。乱石叠回溪，落叶疑乘潮。不识何代时，碑碣峙山椒。梵诵送兴亡，巢居销暮朝。安知耶律氏，再世曾金貂。极浦自归渔，过涧不逢樵。散愤插斜簪，沙鸟谅见招。④

六郎庄则以荷池菱塘和村酿名酒“莲花白”为游览亮点，诗云：

翠飐银塘猎猎蒲，恍摹一帧北风图。数椽占水招吟侣，百事输人笑老夫。
开卷纵横罗万有，闭门剥啄喜全无。六郎庄畔莲花白，买醉何愁酒价逋。⑤

稻畦一路接荷塘，破晓来过柳浪庄。万柄红擎花影重，千条绿泻水声凉。
云栖高树蝉鸣远，风送平桥马足忙。刚是曈昽朝日上，参差楼阁照山光。⑥

---

①［清］翁方纲：《复初斋集外诗》卷一《陪裕轩学士步自万泉庄，登古城，游慈寿寺、摩诃庵、大悲庵、钓鱼台，凡四首·其一》，民国六年吴兴刘氏嘉业堂刻本。

②［清］温汝适：《携雪斋诗钞》卷一《晓晴至前湖上观荷同香祖舍人作·其四》，清道光三年珍恕堂刻本。

③［清］黄竹堂：《日下新讴》，见［清］单学傅《海虞诗话》卷八，民国四年铜铧馆铅印。

④［清］林寿图：《黄鹄山人诗初钞》卷六《游西山，同蔡薇堂编修，张芳洲、梁随季两刑部，陈绎萱大令，幼农兵部自玉泉山至金山宝藏寺》，清光绪六年刻本。

⑤《抱冲斋诗集》卷二十八之二《春畦方茂才和逋字韵，颇新奇，时松坨五弟适至，从旁怂恿，复援笔和之》。

⑥沈家本：《枕碧楼偶存稿》卷十二《晓过柳浪庄》，民国刻沈寄簃先生遗书本。

直至民国时期，六郎庄仍以莲乡水村享誉京城，如民国报载《忆六郎庄之莲花》：

在海淀时，则饭后之沿双桥左右行者，鱼贯络绎，实皆看莲花也。……其或雨后入小村落，折而转过墙隈，忽有半亩斜塘折璇欹镜，而荷叶麻杂、花头尤大，若畏雨淋而作红睡者，往往出人意表。亦有贪看莲花，久不抬头，蓦一昂首，乃见黄翠如斋，正当颐和园内之亭檐殿角。其尤快活则四面莲花，一架窝铺，无论花睡花醒，多被此人看着。……京西莲花始自海淀而终于六郎庄，若缘大堤御路而行，亦能遇得数块水田，不过总觉绿多红少，无六郎庄之莲有光有彩、有□有晕，似见人不会作娇。六郎庄官书柳浪庄，此仍作六郎，“莲花似六郎”也。或嫌此庄文风稍逊，曰：逊些亦好！不然既有莲花复有文人，则将全庄之人都韵煞了。[①]

当时京城市面上的莲藕大多来自六郎庄。茂盛的水生植物也显示出生物的多样性，河鲜鸟类齐聚于此，金受申记述道：

（柳浪庄）春余夏始，叶嫩花初，既饶风景又便食饮，养鸟之士恒携笼赴柳浪庄押水鸟鸣音。城内所需河鲜，除少数为什刹海、积水潭、三海、护城河产物外，大部来源为柳浪庄及长河附近水田。柳浪庄所产河鲜，物既鲜美，价又低廉，贩此为业者谓柳浪庄货，价比较城中低三分之一，故四时负贩皆络绎于途。[②]

3.村中出游

昆明湖大堤成为村内向西的游览目标。穿过村柳稻田，走上堤顶豁然开朗，蔚为大观。如斌良由双桥寺出发游历，写诗 8 首，题《由双桥关帝庙至六郎庄静安禅院小憩，循堤散步，敬读乾隆御制碑碣，过绣漪桥，至界湖桥，舒眺万寿山玉泉诸胜杂兴》，清楚交代了从村中出发环游昆明湖的 8 处节点。试举其第一、第二、第四、第八首：

---

① 孤血：《忆六郎庄之莲花》，《新北京》，1938 年 8 月 6 日，第 2 版。

② 金受申：《柳浪庄》，《北平日报》，1935 年 5 月，转引自政协北京市海淀区学习和文史委员会编《昆明湖畔六郎庄》，中央文献出版社，2014 年版。柳浪庄，即六郎庄。

松阴苔碣焕琳琅，忆旧怀人往事详。
四十年中身世感，白头老衲话贤王。

稻香吹满水西村，深锁双桥掩寺门。
输与苾刍无个事，菊苗分种自移盆。

艨艟战舰习昆明，尽翦鲸鲵庆息征。
闽粤黄头身手捷，至今犹号小蛮营。

轻车停傍锦牌坊，桐帽蕉衫趁午凉。
近摘河鲜紫菱脆，旋沽村酿白莲香。[①]

从双桥寺出发，穿村舍，上东堤，过南堤，绕西堤又回到六郎庄。在斌良诗境中，昆明湖仿佛成为六郎庄的后花园。

清末宝廷应是六郎庄三村中最潇洒的一位租客，他把昆明湖大堤视作饭后溜达的“消食路”：

饭后步湖西，闲游趁斜景。
徐行过断桥，楼边立俄顷。[②]

柳浪庄依湖水东，稻田如罫迩遥同。
晚飧已罢村边步，仿佛身行吴越中。[③]

芦苇青葱遍野塘，绣漪桥畔可乘凉。
拈毫不敢轻成句，御咏刊碑立路旁。[④]

斌良也有“饭后”游湖诗，这些诗作真实展现了三村村民、寄寓者的生活场景。宝廷还曾醉卧堤上阁中，其诗云：

①《抱冲斋诗集》卷二十三之三《闰六月十七日，由双桥关帝庙至六郎庄静安禅院小憩，循堤散步，敬读乾隆御制碑碣，过绣漪桥，至界湖桥，舒眺万寿山玉泉诸胜杂兴》。

②《偶斋诗草》外集卷一《湖上》。

③《偶斋诗草》外次集卷一《昆明湖上杂诗·其四》。

④《偶斋诗草》外次集卷一《昆明湖上杂诗·其五》。

缘湖北去四五里，沙堤如练行迤逦。是时云散天似洗，长空一片无尘滓。

……

倦卧阁下藉蒲眠，杭州西湖到眼前。六桥三竺梦魂绕，风景恍惚如当年。

大波一声惊梦回，满身风露沾尘埃。驰归道院樽重开，恣情欢笑忘愁怀。[①]

诗人是醉卧在东堤的廓如亭，还是西堤的景明楼？已无足轻重。诗中反映的是普通民众惬意地游赏湖山，宝廷酒话中流露着在自家院中的随性，感受同于斌良的诗话。

寓居双桥寺的奕绘，有着夫人兼诗友顾太清的陪同，其游览诗颇具烟火气：

绣漪桥影恰如环，湖外知名大小山。
日暮东风吹浪起，六郎庄上买鱼还。

渐台碧瓦映明霞，万寿山边杏欲花。
多少古人堤上过，曾将此景入诗夸。

玉峰塔下玉泉源，玉水逢春了不浑。
何事便宜老曾点，从容游入圣人门。[②]

奕绘还描述了骑马游堤的感受，写诗《昆明湖堤上试马》：

一水空明示幻常，三山楼阁渐荒凉。
廓如亭畔铜牛卧，七十年前御墨香。

长堤试马似乘船，下马看碑一黯然。
几朵残荷隐茭苇，清商勉和有虞弦。

打鱼苑户荡舟轻，秋柳萧条秋水清。
远岸飞禽冲浪起，大堤游女避人行。

此是前朝裂帛湖，百处人事盛衰俱。
凉风满袖扬鞭去，胜处留连更不须。[③]

---

①《偶斋诗草》外次集卷五《中秋同王牧庵道士清皆平避债湖上，葆真观醉后踏月西湖戏成》。

②《明善堂文集校笺》卷八《昆明湖上》。

③《明善堂文集校笺》卷八《昆明湖堤上试马，恭和乾隆甲申高宗御制诗原韵》。

绣漪桥离六郎庄最近，既是大众游客聚集的景点，也是村民纳凉聊天之地（见图17至图19）。已有年画对其进行描绘（见本书第452页图9），相关诗文更多，如陈仪诗《绣漪桥纳凉作·是日七夕》：

湖波澄澈藻文疏，白玉长堤锦绣舒。
幕影锁风园绿柳，衣香擎露晕红蕖。
云烟骀荡秋还浅，士女昌丰画不如。
信是银河逢七夕，鹊桥纷度五萌车。①

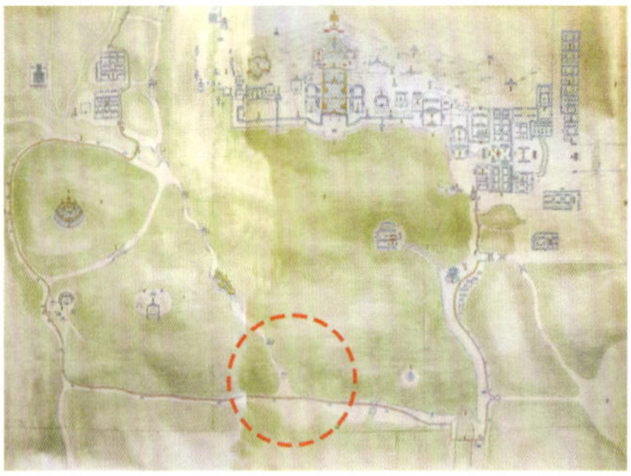

图17　西堤入口柳桥南侧设点景牌坊，两边匾题“蓬云”“瀛浪”。《颐和园方位全图》，首都博物馆藏

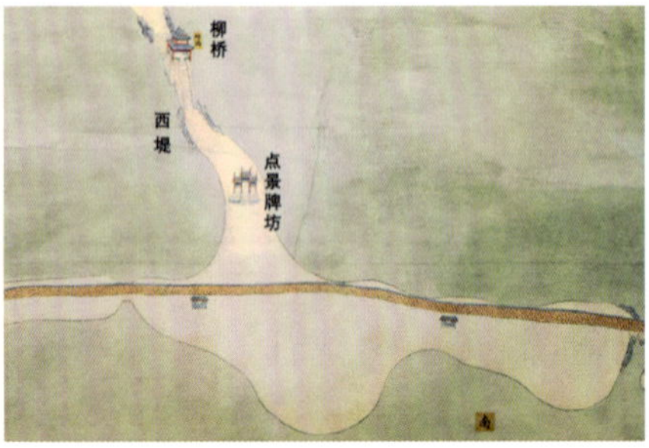

图18　柳桥南侧的“蓬云”“瀛浪”点景牌坊。《颐和园方位全图》（局部），首都博物馆藏

图19　柳桥南侧的“蓬云”“瀛浪”点景牌坊

4.香道游线

所谓香道，泛指去往妙峰山进香的道路。每年开庙前，都有专门的香会组织修整道路，以保香客行走顺利。如北坞村成立有“净道圣会”，义务整修香道，行善济人。六郎庄三村因着皇家监管，路况良好，起着香道功用，妙峰山进香客常常借路而行，庄中保安关帝庙还设有茶棚提供歇脚之所。此外，六郎庄五虎棍香会每年春季也沿香道向妙峰山进发，一路载歌载舞，分别在各节点表演。三村道路上彩旗飘扬，红男绿女，不啻一道风景线。奕绘观赏着人来人往，作词《卜算子·观往妙烽山烧香者》云：

朝出大都门，暝聚青山下，我立双桥湖上观，不断往来者。　天地一微尘，生死大长夜，我住金刚定里观，不见往来者。②

---

①［清］陈仪：《继雅堂诗集》卷三十《绣漪桥纳凉作》，清道光二十七年刻本。

②《明善堂文集校笺》卷十六《卜算子·观往妙烽山烧香者》。

那桐也在日记中记述了从巴沟村出发，沿香道赴妙峰山的一路风景。

四、结语

六郎庄三村经过各代不断的建设积累，成为社会不同阶层各自心中的后花园，帝王、官员与文人游客在这里错位游览，擦肩而过，共享同一片山水，用乾隆的话说就是“跻斯世于春台，游斯人于乐国之意”①，这在中国传统中难得一见。

这片富饶优美的土地，也焕发着人们的爱乡与自豪之情。据不完全统计，关于本区各类风景园林的诗文有近千首，②其作者从帝王官宦到文人百姓，共同抒发着内心的赞美与眷恋，这在京城乃至中国，或许是独一无二的。这方土地有灵也必欣慰不已。

六郎庄三村的风景建设具有现实意义。中国人口众多，生存空间狭小，单位面积土地的综合利用愈发显得重要，如何叠加多种功能，满足多方需求？六郎庄三村的历史文脉给出了启示，对建设美丽乡村有着启迪作用。

关于六郎庄三村的历史评价，如果仅仅归纳为京西稻产粮区，实在是低估了它所达到的境界。实际上，它不仅是中国农耕技术、风景园林与社会文化的综合体现，而且促成了畅春园、清漪园两片园林集群的艺术高峰。

附注

1981 年，笔者在大学三年级时，受侯仁之先生论文鼓舞，于寒假走访了此区。我曾向田边老人询问往事，印象深刻的是他指着田中沙眼说，这些是小泉眼，叫“鸡屁股泉”，田中很多，只是出水越来越少了。老人还说，去往西直门火车站路旁的大石块，是张作霖拆运泉宗庙时落下的。田间还见人在挖地基柏木桩，带回家当柴烧。只可惜当时没能详细记录（见图 20、图 21）。回校和

图 20　万泉庄建筑台基，1981 年初笔者摄

①《清高宗御制文集》初集卷四《圆明园后记》。

② 仅乾隆就有长文 2 篇，诗 233 首，计 2 万余字，其歌咏范围还不包括畅春园、西花园、永宁寺等。

同学聊起，恰巧那位同学曾在北大附小就读，万泉庄是学农劳动基地。当时，笔者意识到这是个口述历史的好线索，计划备好图纸一同再访，不承想一拖再拖，蹉跎半生，再去时早已沧海桑田。

图 21　万泉庄沟渠，1981 年初笔者摄

2004 年，笔者带队进行了海淀公园设计，其范围即双桥寺至西花园讨源书屋区域，设计方案中的堆山脉于公园东南、设置一亩三分地稻田等思路，皆来自场地的历史文脉（见图 22、图 23）。2015 年，笔者又主持了六郎庄公园首轮设计草案，本文便是在方案前期研究的基础上扩写而成。

图 22　海淀公园东南山望万寿山玉泉山，2009 年张小丁摄

图 23　海淀公园一亩三分水稻田，2011 年笔者摄

参考文献

一、史料

（一）基本史料

方勇译注：《孟子》，中华书局，2018 年版。

[汉] 班固撰，[唐] 颜师古注：《汉书》，中华书局，1962 年版。

[南朝宋] 范晔撰，[唐] 李贤等注：《后汉书》，中华书局，1965 年版。

[汉] 许慎撰，[清] 段玉裁注，许惟贤整理：《说文解字》，凤凰出版社，2007 年版。

[晋] 陆机著，刘运好校注整理：《陆士衡文集校注》，凤凰出版社，2007 年版。

[晋] 陶渊明著，逯钦立校注：《陶渊明集》，中华书局，1979 年版。

[梁] 沈约：《宋书》，中华书局，1974 年版。

[北魏] 郦道元著，陈桥驿校证：《水经注校证》，中华书局，1979 年版。

王根林等校点：《汉魏六朝笔记小说大观》，上海古籍出版社，1999 年版。

[明] 袁于令：《隋史遗文》，明崇祯名山聚藏板本。

[明] 梅鼎祚编：《隋文纪》，清文渊阁四库全书本。

[唐] 白居易撰，谢思炜校注：《白居易诗集校注》，中华书局，2006 年版。

[唐] 韩愈撰，[宋] 廖莹中注：《东雅堂昌黎集注》，清文渊阁四库全书本。

[唐] 柳宗元：《柳宗元集》，中华书局，1979 年版。

[宋] 姚铉纂：《唐文粹》，民国八年上海商务印书馆四部丛刊景明嘉靖刻本。

[清] 陆心源辑：《唐文拾遗》，清光绪十四年陆心源刻潜园总集本。

陈尚君辑校：《全唐文补编》，中华书局，2005 年版。

[元] 脱脱等：《辽史》，中华书局，1974 年版。

[元] 脱脱等：《宋史》，中华书局，1977 年版。

[宋] 刘时举：《续宋编年资治通鉴》，清文渊阁四库全书本。

[元] 佚名撰，王瑞来笺证：《宋季三朝政要笺证》，中华书局，2010 年版。

[清] 徐松辑，刘琳等校点：《宋会要辑稿》，上海古籍出版社，2014 年版。

[宋] 王钦若、[宋] 杨亿撰，周勋初等校订：《册府元龟》，凤凰出版社，2006 年版。

[宋] 王应麟：《玉海》，清文渊阁四库全书本。

[宋] 谢维新：《古今合璧事类备要别集》，清文渊阁四库全书本。

[宋] 范成大：《石湖居士诗集》，民国八年上海商务印书馆四部丛刊景清爱汝堂本。

[宋] 乐史：《太平寰宇记》，中华书局，2007 年版。

[宋] 陈世崇：《随隐漫录》，《全宋笔记》第 8 编第 4 册，大象出版社，2017 年版。

[宋] 李新：《跨鳌集》，清文渊阁四库全书本。

［宋］米芾：《宝晋英光集》，清咸丰元年蒋氏宜年堂刻涉闻梓旧本。

［宋］欧阳修：《欧阳修全集》，中华书局，2001 年版。

［宋］沈括：《梦溪笔谈》，中华书局，2015 年版。

［宋］释道融：《丛林盛事》，《全宋笔记》第 7 编第 1 册，大象出版社，2019 年版。

［宋］苏轼撰，［清］王文诰辑注：《苏轼诗集》，中华书局，1982 年版。

［宋］唐慎微：《证类本草》，清文渊阁四库全书本。

［宋］王安石撰，刘成国点校：《王安石文集》，中华书局，2021 年版。

［宋］王明清：《挥麈录余话》，《全宋笔记》第 6 编第 2 册，大象出版社，2013 年版。

［宋］辛弃疾著，邓红梅、薛祥生注：《稼轩词注》，齐鲁书社，2009 年版。

［宋］张邦基：《墨庄漫录》，明万历间商氏半野堂刻清康熙间振鹭堂重编补刻稗海本。

［元］脱脱等：《金史》，中华书局，1975 年版。

［金］元好问：《元好问全集》，三晋出版社，2015 年版。

［清］张金吾编纂：《金文最》，中华书局，2020 年版。

薛瑞兆、郭明志编纂：《全金诗》，南开大学出版社，1995 年版。

［明］宋濂等：《元史》，中华书局，1976 年版。

［清］魏源：《元史新编》，清光绪三十一年邵阳魏氏慎微堂刻本。

柯劭忞：《新元史》，开明书店，1935 年版。

屠寄：《蒙兀儿史记》，民国间武进屠氏刊本。

黄时鉴辑点：《元代法律资料辑存》，浙江古籍出版社，1988 年版。

［元］孛兰肹等撰，赵万里校辑：《元一统志》，中华书局，1966 年版。

［元］陈旅：《安雅堂集》，元至正刻明修本。

［元］柯九思：《丹邱生集》，清光绪三十四年柯逢时刻本。

［元］刘秉忠：《藏春集》，明天顺五年刻本。

［元］刘鹗：《惟实集》，清文渊阁四库全书本。

［元］马端临著，上海师范大学古籍研究所、华东师范大学古籍研究所点校：《文献通考》，中华书局，2011 年版。

［元］马祖常：《石田先生文集》，元至元五年扬州路儒学刻本。

［元］萨都剌：《雁门集》，清嘉庆十二年刻本。

［元］释念常：《佛祖通载》，日本大正新修大藏经本。

［元］释祥迈：《大元至元辨伪录》，元刻本。

［元］宋褧：《燕石集》，清文渊阁四库全书本。

［元］苏天爵：《滋溪文稿》，中华书局，1997 年版。

［元］苏天爵编：《元文类》，民国八年上海商务印书馆四部丛刊景元刻本。

［元］陶宗仪：《南村辍耕录》，中华书局，1959 年版。

［元］陶宗仪编：《说郛》，清文渊阁四库全书本。

[元]汪元量：《增订湖山类稿》，中华书局，1984年版。

[元]王恽：《秋涧先生大全集》，民国八年上海商务印书馆四部丛刊景明弘治本。

[元]吴师道：《礼部集》，清文渊阁四库全书本。

[元]许有壬：《至正集》，清宣统三年石印本。

[元]耶律楚材：《西游录》，中华书局，2000年版。

[元]耶律楚材著，谢方点校：《湛然居士文集》，中华书局，1986年版。

[元]耶律铸：《双溪醉隐集》，清文渊阁四库全书本。

[元]虞集：《道园学古录》，民国八年上海商务印书馆四部丛刊景明景泰翻元小字刻本。

[元]虞集：《道园学古录》，清文渊阁四库全书本。

[元]周伯琦：《近光集》，清文渊阁四库全书本。

杨镰主编：《全元诗》，中华书局，2013年版。

杨镰主编：《全元词》，中华书局，2019年版。

李修生主编：《全元文》，凤凰出版社，2004年版。

赵逵夫主编：《历代赋评注》（宋金元卷），巴蜀书社，2010年版。

[明]杨士奇等：《明太宗实录》，（台北）“中央研究院”历史语言研究所影红格抄本配抱经楼本之校印本，1962年版。

[明]陈文等：《明英宗实录》，（台北）“中央研究院”历史语言研究所影红格抄本之校印本，1962年版。

[明]李东阳等：《明孝宗实录》，（台北）“中央研究院”历史语言研究所影红格抄本配抱经楼本广方言馆本之校印本，1962年版。

[明]费宏等：《明武宗实录》，（台北）“中央研究院”历史语言研究所影红格抄本配广方言馆本之校印本，1962年版。

[明]张居正等：《明世宗实录》，（台北）“中央研究院”历史语言研究所影红格抄本配抱经楼本广方言馆本之校印本，1962年版。

[明]张惟贤等：《明神宗实录》，（台北）“中央研究院”历史语言研究所影红格抄本配明内阁精写本抱经楼本广方言馆本之校印本，1962年版。

《明世宗宝训》，（台北）“中央研究院”历史语言研究所校印本，1962年版。

[明]佚名：《太常续考》，清文渊阁四库全书本。

[明]佚名：《皇明诏令》，明嘉靖十八年傅凤翔刻二十七年浙江布政司增修本。

[明]李贤等：《明一统志》，清文渊阁四库全书本。

[明]解缙等纂修：《永乐大典》，明抄本。

[清]万斯同：《明史》，清抄本。

[清]张廷玉等：《明史》，中华书局，1974年版。

[明]宣宗朱瞻基：《大明宣宗皇帝御制集》，明内府抄本。

[明]陈文烛：《二酉园文集》，明刻本。

[明]陈懿典：《陈学士先生初集》，明万历四十八年曹宪来刻本。
[明]程敏政：《篁墩文集》，清文渊阁四库全书本。
[明]邓渼：《留夷馆集》，明万历刻本。
[明]邓玉函撰，[明]王徵绘：《奇器图说》，清文渊阁四库全书本。
[明]高出：《镜山庵集》，明天启刻本。
[明]葛一龙：《葛震甫诗集》，明崇祯刻本。
[明]顾鼎臣：《顾文康公续稿》，明崇祯十三年至清顺治二年顾氏家刻本。
[明]顾清：《东江家藏集》，明嘉靖顾应阳刻本。
[明]顾绍芳：《宝庵集》，明监格抄本。
[明]郭良翰辑：《皇明谥纪汇编》，明万历四十二年张延登刻本。
[明]杭淮：《双溪集》，清文渊阁四库全书本。
[明]何景明：《大复集》，明万历五年陈堂胡秉性刻本。
[明]何乔远：《名山藏》，明崇祯刻本。
[明]何镗辑：《古今游名山记》，明嘉靖四十四年庐陵吴炳刻本。
[明]贺仲轼：《两宫鼎建记》，清道光十一年六安晁氏木活字学海类编本。
[明]皇甫涍：《皇甫少玄集》，明嘉靖皇甫秦刻本。
[明]黄汝亨：《寓林集》，明天启四年吴敬吴芝等刻本。
[明]计成撰，倪泰一译注：《园冶》，重庆出版社，2017年版。
[明]季本：《诗说解颐》，清文渊阁四库全书本。
[明]蒋一葵：《长安客话》，北京古籍出版社，1982年版。
[明]焦竑辑：《国朝献征录》，明万历四十四年徐象橒曼山馆刻本。
[明]解缙：《文毅集》，清文渊阁四库全书本。
[明]柯潜：《竹岩集》，清雍正十一年柯潮刻本。
[明]雷礼：《皇明大政纪》，明万历刻本。
[明]黎民表：《瑶石山人诗稿》，明万历十六年黎君华刻本。
[明]黎遂球：《莲须阁集》，清康熙黎延祖刻本。
[明]李东阳：《怀麓堂集》，清文渊阁四库全书本。
[明]李濂：《嵩渚集》，明嘉靖二十五年刻本。
[明]李流芳：《檀园集》，明崇祯刻清康熙二十八年陆廷灿重修嘉定四先生集本。
[明]李攀龙：《沧溟集》，明万历三十四年陈升刻本。
[明]李堂：《堇山文集》，明嘉靖刻本。
[明]李言恭：《贝叶斋稿》，明万历八年朱宗吉刻本。
[明]廖道南：《楚纪》，明嘉靖二十五年何城李桂刻本。
[明]刘大夏：《刘忠宣公遗集》，清光绪元年刘乙燃刻本。
[明]刘侗、[明]于奕正：《帝京景物略》，北京古籍出版社，1980年版。

［明］刘若愚撰，［明］吕毖辑：《明宫史》，清文渊阁四库全书本。

［明］楼性：《皇明政要》，明嘉靖五年戴金刻本。

［明］卢维祯：《醒后集》，明万历三十二年至三十三年刻三十八年续刻本。

［明］陆釴：《病逸漫记》，元明善本丛书十种历代小史本。

［明］陆釴：《少石集》，明万历刻本。

［明］倪岳：《青溪漫稿》，清武林往哲遗著本。

［明］欧大任：《欧虞部文集》，清刻欧虞部集十五种本。

［明］偶桓编：《乾坤清气集》，清道光四年刻本。

［明］权衡：《庚申外史》，清嘉庆十年虞山张氏照旷阁刻学津讨原本。

［明］邵经邦：《弘简录》，清康熙刻本。

［明］沈榜：《宛署杂记》，北京古籍出版社，1980 年版。

［明］沈德符：《万历野获编》，中华书局，1959 年版。

［明］释大闻编：《释鉴稽古略续集》，日本大正新修大藏经本。

［明］释明河：《补续高僧传》，日本大正新纂卍续藏经本。

［明］宋懋澄：《九籥集》，明万历刻本。

［明］宋彦：《山行杂记》，明万历绣水沈氏刻宝颜堂秘笈本。

［明］孙永祚：《雪屋二集》，清顺治十七年古啸堂刻本。

［明］唐枢：《木钟台集》，明万历间刻本。

［明］涂山辑：《明政统宗》，明万历刻本。

［明］王衡：《缑山先生集》，明万历四十五年刻本。

［明］王嘉谟：《蓟丘集》，明刻本。

［明］王圻：《续文献通考》，明万历三十年松江府刻本。

［明］王樵：《方麓集》，清文渊阁四库全书本。

［明］王慎中：《遵岩集》，清文渊阁四库全书本。

［明］王士性：《广志绎》，清康熙十五年刻本。

［明］王士性：《五岳游草》，清康熙刻本。

［明］王世贞：《弇山堂别集》，明万历十八年刻本。

［明］王思任：《谑庵文饭小品》，清顺治十五年王鼎起刻本。

［明］王廷相：《内台集》，明嘉靖十五年张鹏刻本。

［明］王用宾：《三渠先生集》，明万历二十九年刻本。

［明］王云凤：《博趣斋稿》，明刻本。

［明］王直：《抑庵文后集》，清文渊阁四库全书本。

［明］王祖嫡：《师竹堂集》，明天启刻本。

［明］危素：《危太朴集》，《元人文集珍本丛刊》第 7 册影刘氏嘉业堂刻本，（台北）新文丰出版公司，1985 年版。

［明］文林：《琅琊漫抄》，明俞宽甫钞本。

［明］文徵明：《莆田集》，清刻本。

［明］吴宽：《匏翁集》，明正德三年吴奭刻本。

［明］吴亮辑：《万历疏钞》，明万历三十七年刻本。

［明］夏言：《桂洲诗集》，明嘉靖二十五年曹忭杨九泽刻本。

［明］熊明遇：《绿雪楼集》，明天启刻本。

［明］徐学聚：《国朝典汇》，明天启四年徐与参刻本。

［明］许成名：《龙石诗集》，明嘉靖四十二年刻本。

［明］许宗鲁：《少华山人集》，明嘉靖刻本。

［明］薛冈：《天爵堂文集》，明崇祯刻本。

［明］严嵩：《钤山堂集》，明嘉靖二十四年刻增修本。

［明］杨士奇：《东里别集》，清文渊阁四库全书本。

［明］佚名撰绘：《食物本草（宫廷写本）》，华夏出版社影中国国家图书馆藏本，2001 年版。

［明］游潜：《梦蕉存稿》，明嘉靖刻清康熙三十六年补修本。

［明］余懋孳：《荑言》，明万历三十七年刻本。

［明］余有丁：《余文敏公文集》，明万历刻本。

［明］俞汝楫：《礼部志稿》，清文渊阁四库全书本。

［明］袁珙：《柳庄先生诗集》，抄本。

［明］袁宏道：《袁中郎全集》，明崇祯二年武林佩兰居刻本。

［明］袁中道：《珂雪斋集》，明万历四十六年刻本。

［明］袁宗道：《白苏斋类集》，明刻本。

［明］赵统：《骊山集》，明万历三十一年杨光训刻本。

［明］郑二阳：《郑中丞公益楼集》，清康熙世德堂刻本。

［明］郑以伟：《灵山藏》，明崇祯刻本。

［明］左赞：《桂坡集》，明刻本。

［清］佚名：《崇祯实录》，（台北）“中央研究院”历史语言研究所影嘉业堂旧藏抄本，1962 年版。

［清］佚名：《崇祯长编》，（台北）“中央研究院”历史语言研究所影民国三年商务印书馆排印痛史本，1962 年版。

［清］谈迁：《国榷》，中华书局，1958 年版。

［清］朱彝尊编：《明诗综》，清文渊阁四库全书本。

［清］张豫章纂：《宋金元明四朝诗》，清康熙四十八年内府刻后印本。

［清］图海等：《清世祖实录》，《清实录》第 3 册，中华书局影北京故宫博物院图书馆藏原乾清宫小红绫本，1985 年版。

［清］朱轼等：《清圣祖实录》，《清实录》第 4—6 册，中华书局影中国第一历史档案馆藏

原皇史宬大红绫本配北京故宫博物院图书馆藏原乾清宫小红绫本，1985 年版。

［清］董诰等：《清高宗实录》，《清实录》第 9—27 册，中华书局影中国第一历史档案馆藏原皇史宬大红绫本配北京故宫博物院图书馆藏原乾清宫小红绫本，1985—1986 年版。

［清］戴均元等：《清仁宗实录》，《清实录》第 28—32 册，中华书局影中国第一历史档案馆藏原皇史宬大红绫本，1986 年版。

［清］花沙纳等：《清宣宗实录》，《清实录》第 33—39 册，中华书局影中国第一历史档案馆藏原皇史宬大红绫本，1986 年版。

［清］周祖培等：《清文宗实录》，《清实录》第 40—44 册，中华书局影中国第一历史档案馆藏原皇史宬大红绫本配北京故宫博物院图书馆藏原乾清宫小红绫本，1986—1987 年版。

［清］沈桂芬等：《清穆宗实录》，《清实录》第 45—51 册，中华书局影中国第一历史档案馆藏原皇史宬大红绫本，1987 年版。

［清］陆润庠等：《清德宗实录》，《清实录》第 52—59 册，中华书局影北京大学图书馆藏定稿本，1987 年版。

《圣祖仁皇帝圣训》，清文渊阁四库全书本。

《圣祖仁皇帝庭训格言》，清文渊阁四库全书本。

［清］伊桑阿等：《钦定大清会典（康熙朝）》，《近代中国史料丛刊》三编第 72 辑，（台北）文海出版社影印本，1992 年版。

［清］允禄等：《大清会典（雍正朝）》，《近代中国史料丛刊》三编第 77—78 辑，（台北）文海出版社影印本，1994 年版。

［清］允祹等：《大清会典（乾隆朝）》，凤凰出版社，2018 年版。

《钦定大清会典则例》，清文渊阁四库全书本。

［清］托津等：《钦定大清会典（嘉庆朝）》，《近代中国史料丛刊》三编第 65 辑，（台北）文海出版社影印本，1991 年版。

［清］托津等：《钦定大清会典事例（嘉庆朝）》，《近代中国史料丛刊》三编第 65—70 辑，（台北）文海出版社影印本，1991 年版。

［清］托津等：《钦定大清会典图（嘉庆朝）》，《近代中国史料丛刊》三编第 71 辑，（台北）文海出版社影印本，1991 年版。

［清］昆冈等：《钦定大清会典事例（光绪朝）》，中国第一历史档案馆藏本。

故宫博物院编：《钦定总管内务府现行则例二种》，海南出版社，2000 年版。

《钦定兵部处分则例》，嘉庆二十五年刻本。

《清朝通志》，浙江古籍出版社，1988 年版。

《皇朝文献通考》，清文渊阁四库全书本。

［清］傅恒等：《平定准噶尔方略》，清文渊阁四库全书本。

［清］蒋廷锡等：《（康熙）大清一统志》，清乾隆九年武英殿刻本。

［清］和珅等：《（乾隆）大清一统志》，清文渊阁四库全书本。

［清］高晋等纂：《南巡盛典》，清乾隆三十六年武英殿刻本。

［清］王杰等纂：《钦定石渠宝笈续编》，海南出版社，2000 年版。

［清］陈梦雷、［清］蒋廷锡编纂：《古今图书集成》，中华书局、巴蜀书社影民国二十三年上海中华书局缩印本，1988 年版。

［清］孙家尕等：《钦定书经图说》，清光绪三十一年石印本。

［清］汪灏等编：《御定佩文斋广群芳谱》，清文渊阁四库全书本。

赵尔巽等：《清史稿》，中华书局，1977 年版。

佚名：《清史列传》，中华书局，1987 年版。

［清］圣祖玄烨：《圣祖仁皇帝御制文集》，清文渊阁四库全书本。

［清］世宗胤禛：《世宗宪皇帝御制文集》，清文渊阁四库全书本。

［清］高宗弘历：《清高宗御制诗集》，清文渊阁四库全书本。

［清］高宗弘历：《清高宗御制文集》，清文渊阁四库全书本。

［清］高宗弘历：《御制乐善堂全集定本》，清文渊阁四库全书本。

［清］仁宗颙琰：《清仁宗御制诗集》二集，《清代诗文集汇编》第 460—461 册影清嘉庆十六年武英殿刻本，上海古籍出版社，2010 年版。

［清］仁宗颙琰：《清仁宗御制诗集》三集，《清代诗文集汇编》第 461—462 册影清嘉庆二十四年武英殿刻本，上海古籍出版社，2010 年版。

［清］宣宗旻宁：《清宣宗御制诗集》，《清代诗文集汇编》第 539 册影清道光咸丰武英殿刻本，上海古籍出版社，2010 年版。

［清］文宗奕詝：《清文宗御制诗集》，《清代诗文集汇编》第 718 册影清同治二年武英殿刻本，上海古籍出版社，2010 年版。

［清］德宗载湉：《清德宗御制诗集》，《清代诗文集汇编》第 792 册影清内府抄本，上海古籍出版社，2010 年版。

［清］宝廷：《偶斋诗草》，《清代诗文集汇编》第 744 册影清光绪十九年方家澍刻本，上海古籍出版社，2010 年版。

［清］宝鋆：《文靖公遗集》，清光绪三十四年羊城刻本。

［清］边中宝：《竹岩诗草》，《清代诗文集汇编》第 285 册影清乾隆四十年刻本，上海古籍出版社，2010 年版。

［清］斌良：《抱冲斋诗集》，清光绪五年崇福湖南刻本。

［清］查慎行：《敬业堂诗集》，民国八年上海商务印书馆四部丛刊景清康熙本。

［清］陈大章：《玉照亭诗钞》，清乾隆九年陈师晋刻本。

［清］陈仪：《继雅堂诗集》，清道光二十七年刻本。

［清］陈鹏年：《陈恪勤公诗集》，清康熙刻本。

［清］陈廷敬：《午亭文编》，清康熙四十七年林佶写刻本。

［清］程瑞祊：《槐江诗钞》，清乾隆二年赐书堂刻本。

［清］单学傅：《海虞诗话》，民国四年铜铧馆铅印。

［清］法式善：《存素堂诗初集录存》，清嘉庆十二年王墉刻本。

［清］法式善：《存素堂文集》，清嘉庆十二年程邦瑞扬州刻增修本。

［清］方观承：《述本堂诗续集》，清乾隆三十年桐城方氏刻本。

［清］冯廷櫆：《冯舍人遗诗》，清雍正十一年刻本。

［清］福增格：《酌雅斋诗集》，清乾隆间刻本。

［清］顾太清：《天游阁集》，清宣统二年风雨楼铅印本。

［清］桂芳：《敬仪堂诗存》，《清代诗文集汇编》第508册影清道光十三年浙西官舍碧云仙馆刻本，上海古籍出版社，2010年版。

［清］国梁：《澄悦堂诗集》，清嘉庆十五年刻本。

［清］韩是升：《听钟楼诗稿》，清嘉庆刻本。

［清］恒庆：《怀荆堂诗稿》，清道光十三年浙西官舍碧云仙馆刻本。

［清］弘晓：《明善堂诗文集》，清乾隆四十二年刻本。

［清］弘瞻：《鸣盛集》，《清代诗文集汇编》第379册影清乾隆二十三年钱塘汪绣写刻本，上海古籍出版社，2010年版。

［清］洪昌燕：《务时敏斋存稿》，清光绪二十年钱塘洪氏刻本。

［清］洪亮吉：《卷施阁诗集》，清光绪三年洪氏授经堂刻洪北江全集增修本。

［清］洪天桂：《知松堂诗钞》，清康熙五十七年刻本。

［清］胡敬：《崇雅堂诗钞》，《清代诗文集汇编》第493册影清道光二十六年刻本，上海古籍出版社，2010年版。

［清］胡文学辑：《甬上耆旧诗》，清文渊阁四库全书本。

［清］黄钧宰著，王广超校点：《黄钧宰集》，陕西人民出版社，2009年版。

［清］纪昀著，韩希明译注：《阅微草堂笔记》，中华书局，2014年版。

［清］焦和生：《连云书屋存稿》，清嘉庆二十年刻本。

［清］景安：《深省堂闲吟集》，清道光刻本。

［清］康基田：《河渠纪闻》，清嘉庆九年霞荫堂刻本。

［清］揆叙：《益戒堂自订诗集》，清雍正元年揆永寿谦牧堂刻本。

［清］李鸿章原著：《李鸿章全集》，时代文艺出版社，1998年版。

［清］李鸿章原著，顾廷龙、戴逸主编：《李鸿章全集》，安徽教育出版社，2008年版。

［清］李焕章：《织水斋集》，清乾隆间抄本。

［清］李文田：《元史地名考》，清光绪二十四年胡玉缙抄本。

［清］李渔：《笠翁一家言全集》，清雍正八年芥子园刻本。

［清］李渔：《闲情偶寄》，清康熙翼圣堂刻本。

［清］梁份：《帝陵图说》，清抄本。

［清］梁清标：《蕉林诗集》，清康熙十七年秋碧堂刻本。

［清］梁章钜：《楹联丛话》，清道光二十年桂林署斋刻本。

［清］林寿图：《黄鹄山人诗初钞》，清光绪六年刻本。

［清］麟庆：《鸿雪因缘图记》，清道光二十九年崇实崇厚扬州刻本。

［清］刘日萼：《篋山诗草》，清光绪十七年活字印本。

［清］刘岩：《大山诗集》，清宣统二年寂园丛书铅印本。

［清］卢锡晋：《尚志馆文述》，清康熙刻雍正增修本。

［清］陆锡熊：《篁村集》，清道光二十九年陆成沅重刻本。

［清］陆耀：《切问斋集》，清乾隆五十七年晖吉堂刻本。

［清］毛奇龄：《西河合集》，清康熙李塨刻西河合集本。

［清］纳兰性德：《通志堂集》，华东师范大学出版社，2019 年版。

［清］祁寯藻：《䜌䜌亭集》，清咸丰刻本。

［清］钱陈群：《香树斋集》，清乾隆刻同治光绪间递修本。

［清］钱大昕：《潜研堂集》，凤凰出版社，2016 年版。

［清］钱仪吉纂：《碑传集》，中华书局，1993 年版。

［清］钱载：《萚石斋诗集》，清乾隆刻本。

［清］茹纶常：《容斋诗集》，清乾隆三十五年刻五十二年嘉庆四年十三年增修本。

［清］阮元：《揅经室集》，清嘉庆道光间阮元刻道光二十二年阮亨汇印文选楼丛书本。

［清］上官铉：《诚正斋文集》，清康熙二十二年翼城上官氏刻本。

［清］邵懿辰：《半岩庐遗诗》，民国十一年仁和邵氏刻。

［清］沈季友辑：《槜李诗系》，清康熙四十九年金南锳敦堂刻本。

［清］沈家本：《枕碧楼偶存稿》，民国刻沈寄簃先生遗书本。

［清］沈涛：《常山贞石志》，清道光二十二年刻本。

［清］盛昱集录：《雪屐寻碑录》，民国二十至二十三年辽海书社排印辽海丛书本。

［清］史梦兰：《全史宫词》，清咸丰六年刻本。

［清］宋徵舆：《林屋诗稿》，清抄本。

［清］孙承泽：《春明梦余录》，清文渊阁四库全书本。

［清］谈迁：《北游录》，清抄本。

［清］汤右曾：《怀清堂集》，清乾隆十一年刻本。

［清］铁保：《梅庵诗钞》，清道光二年石经堂刻梅庵全集本。

［清］汪由敦：《松泉集》，清文渊阁四库全书本。

［清］王崇简：《青箱堂诗集》，《清代诗文集汇编》第 16 册影清康熙二十八年王燕重刻本，上海古籍出版社，2010 年版。

［清］王培新：《蓄墨复斋诗钞》，清光绪二十二年刻本。

［清］王士禛：《带经堂集》，清康熙四十九至五十年程哲刻本。

［清］王泽宏：《鹤岭山人诗集》，清康熙刻本。

［清］魏象枢：《寒松堂集》，清康熙四十七年刻本。

［清］魏夔均：《九梅村诗集》，清光绪元年红杏山庄刻本。

［清］魏源：《古微堂诗集》，清同治九年刻本。

［清］温汝适：《携雪斋诗钞》，清道光三年珍恕堂刻本。

［清］翁曾翰著，张方整理：《翁曾翰日记》，凤凰出版社，2014年版。

［清］翁方纲：《复初斋集外诗》，民国六年吴兴刘氏嘉业堂刻本。

［清］翁方纲：《复初斋诗集》，清刻本。

［清］翁同龢：《瓶庐诗稿》，民国八年邵松年刻本。

［清］翁同龢著，陈义杰整理：《翁同龢日记》，中华书局，1998年版。

［清］吴世杰：《甓湖草堂集》，清康熙刻本。

［清］吴熊光：《伊江笔录》，清光绪广雅书局刻本。

［清］吴长元辑：《宸垣识略》，清乾隆五十三年池北草堂刻本。

［清］吴振棫：《养吉斋丛录》，清光绪刻本。

［清］伍兆鳌：《展峰诗草》，清光绪二十四年至三十四年递刻本。

［清］徐宝善：《壶园赋钞》，清道光刻本。

［清］许鸿磐：《方舆考证》，民国七至二十二年济宁潘氏华鉴阁刻本。

［清］阎尔梅：《白耷山人诗集》，清康熙刻本。

［清］姚元之：《竹叶亭杂记》，清光绪十九年姚虞卿刻本。

［清］佚名：《台湾外志后传绣像五虎将扫平海氛记》，厦门会文堂与上海六一书局宣统元年石印本。

［清］奕绘原著，金启孮校笺：《明善堂文集校笺》，天津古籍出版社，1995年版。

［清］英和：《恩福堂植杖集》，《上海图书馆未刊古籍稿本》第50册，复旦大学出版社，2008年版。

［清］永珵：《诒晋斋集》，清道光二十八年刻本。

［清］于敏中等编著：《日下旧闻考》，北京古籍出版社，1983年版。

［清］允礼：《春和堂纪恩诗》，《四库未收书辑刊》第8辑第30册影清雍正刻本，北京出版社，1998年版。

［清］允礼：《春和堂诗集》，《清代诗文集汇编》第283册影清雍正刻本，上海古籍出版社，2010年版。

［清］允礼：《静远斋诗集》，《清代诗文集汇编》第283册影清雍正刻本，上海古籍出版社，2010年版。

［清］允礼：《自得园文抄》，《清代诗文集汇编》第283册影清刻本，上海古籍出版社，2010年版。

［清］允禧：《紫琼岩诗钞》，《清代诗文集汇编》第317册影清乾隆二十三年刻本，上海古籍出版社，2010年版。

［清］张梁：《幻花庵词钞》，清乾隆二十四年刻本。

［清］张祥河：《小重山房诗词全集》，清道光刻光绪增修本。

［清］张英：《文端集》，清文渊阁四库全书本。

［清］张玉书：《张文贞集》，清文渊阁四库全书本。

［清］张宗法：《三农纪》，清乾隆刻本。

［清］昭梿：《啸亭杂录》，民国六年商务印书馆排印本。

［清］赵怀玉：《亦有生斋集》，清道光元年刻本。

［清］赵翼：《陔余丛考》，中华书局，1963年版。

［清］赵翼：《廿二史札记》，上海古籍出版社，2011年版。

［清］赵翼：《檐曝杂记》，中华书局，1982年版。

［清］朱庭珍：《穆清堂诗钞续集》，《丛书集成续编》第179册，（台北）新文丰出版公司，1988年版。

［清］朱文治：《绕竹山房诗稿》，清嘉庆二十三年余姚朱氏刻本。

［清］宗韶：《四松草堂诗略》，清光绪三十年上海新昌书局铅印本。

韩琦、吴旻校注：《熙朝崇政集 熙朝定案（外三种）》，中华书局，2006年版。

俄文法政学院三十二周年纪念筹备委员会宣传股编：《国立北平大学俄文法政学院三十二周年纪念特刊》，俄文法政学院，1931年版。

白文贵：《闲话西郊》，治安总署印刷所，1943年版。

樊增祥：《樊山集》，清光绪十九年渭南县署刻本。

樊增祥：《樊山续集》，清光绪二十八年西安臬署刻本。

奉宽：《妙峰山琐记》，国立中山大学民俗学会，1929年版。

胡适著，曹伯言整理：《胡适日记全编》，安徽教育出版社，2001年版。

户力平：《光阴里的老北京》，新华出版社，2017年版。

梁启超：《戊戌政变记》，岳麓书社，2011年版。

刘锦藻：《皇朝续文献通考》，民国二十四至二十六年上海商务印书馆十通本。

刘声木：《苌楚斋五笔》，中华书局，1998年版。

那桐著，北京市档案馆编：《那桐日记》，新华出版社，2006年版。

孙宝瑄：《忘山庐日记》，上海人民出版社，2015年版。

天台野叟：《大清见闻录》，中州古籍出版社，2000年版。

王国维：《观堂集林》，《王国维全集》第8卷，浙江教育出版社，2009年版。

王闿运：《湘绮楼诗》，清光绪三十三年墨庄刘氏长沙刻本。

王同愈著，顾廷龙编：《王同愈集》，上海古籍出版社，1998年版。

魏元旷：《潜园诗集》，民国二十二年魏氏全书本。

伍承乔原著，秦阳、甄艳萍校注：《清朝官场那些人》，西南师范大学出版社，2012年版。

徐世昌：《水竹邨人诗集》，《近代中国史料丛刊》正编第67辑，（台北）文海出版社影印本，

1966 年版。

徐世昌辑：《晚晴簃诗汇》，民国十八年退耕堂刻本。

杨钟羲：《雪桥诗话》，民国八年吴兴刘氏嘉业堂刻求恕斋丛书本。

杨钟羲：《雪桥诗话续集》，民国八年吴兴刘氏嘉业堂刻求恕斋丛书本。

毓朗：《余痴生诗集》，《清代诗文集汇编》第 789 册影民国十一年宗人府第一工厂石印本，上海古籍出版社，2010 年版。

震钧：《天咫偶闻》，清光绪刻本。

陈维山主编：《诗词撷英》，中国文史出版社，2014 年版。

杨子才编著：《民国六百家诗钞》，长征出版社，2009 年版。

［元］熊梦祥著，北京图书馆善本组辑：《析津志辑佚》，北京古籍出版社，1983 年版。

［清］孙承泽著，李洪波点校：《畿辅人物志》，北京出版社，2010 年版。

［清］格尔古德修，［清］郭棻等纂：《（康熙）畿辅通志》，清康熙二十二年刻本。

［清］唐执玉、［清］李卫修，［清］田易纂：《（雍正）畿辅通志》，清文渊阁四库全书本。

［清］王履泰：《畿辅安澜志》，清武英殿聚珍版丛书本。

［明］沈应文修，［明］张元芳纂：《（万历）顺天府志》，明万历刻本。

［清］万青黎、［清］周家楣修，［清］张之洞、缪荃孙纂：《（光绪）顺天府志》，清光绪十二年刻十五年重印本。

［清］王养濂修，［清］李开泰纂：《（康熙）宛平县志》，清康熙刻本传抄本。

［清］孙孝芬增修，［清］张鳞甲增纂：《（乾隆）新安县志》，清乾隆八年抄本。

［清］刘统修，［清］刘炳纂：《（乾隆）任邱县志》，清乾隆二十七年刻本。

［清］鲍承焘修，［清］瞿光缙纂：《（道光）任邱县志续编》，清道光十七年刻本。

［清］沈莲生续纂修：《（嘉庆）邢台县志》，清道光七年刻本。

［明］谢庭桂纂，［明］苏乾续纂：《（嘉靖）隆庆志》，明嘉靖二十八年刻本。

［清］朱乃恭修，［清］席之瓒纂：《（光绪）怀来县志》，清光绪八年刻本。

［清］陈琮：《永定河志》，清乾隆内府抄本。

金勋编纂，李新乐点校整理：《妙峰山志》，《门头沟地方志丛书——潭柘山岫云寺志・妙峰山志》，北京燕山出版社，2007 年版。

［清］王轩等纂修：《（光绪）山西通志》，三晋出版社，2015 年版。

［清］刘启修，［清］孔尚任纂：《（康熙）平阳府志》，清康熙四十七年刻本。

［清］章廷珪修，［清］范安治纂：《（雍正）平阳府志》，清乾隆元年刻本。

［清］潘锦等纂：《（康熙）曲沃县志》，清康熙四十五年刻本。

［清］张坊修，［清］胡元琢纂：《（乾隆）新修曲沃县志》，清乾隆二十三年敦好堂全书本。

邬汉章等修，仇汝功纂：《（民国）新修曲沃县志》，民国十七年铅印本。

［清］柴应辰纂修，［清］潘钺增纂：《（康熙）平陆县志》，康熙十八年刻五十二年增刻本。

［清］李荣和修，［清］张元懋纂：《（光绪）永济县志》，清光绪十二年刻本。

［明］田汝成辑撰：《西湖游览志余》，中华书局，1958年版。

［清］梁诗正等辑：《西湖志纂》，清文渊阁四库全书本。

许传霈纂，朱锡恩续纂：《（民国）海宁州志稿》，民国十一年铅印本。

［清］于睿明修，［清］胡悉宁纂：《（康熙）临清州志》，清康熙十三年刻本。

［清］张度修，［清］朱钟纂：《（乾隆）临清直隶州志》，清乾隆五十年刻本。

［清］张鸣铎修，［清］张廷寀纂：《（乾隆）淄川县志》，民国九年石印本。

［明］邹守愚修，［明］李濂纂：《（嘉靖）河南通志》，明嘉靖三十五年刻本。

［清］顾汧修，［清］张沐纂：《（康熙）河南通志》，清康熙三十四年刻本。

［明］张天真纂修：《（嘉靖）辉县志》，明嘉靖六年刻本。

［清］周际华修，［清］戴铭纂：《（道光）辉县志》，清光绪二十一年刻本。

［清］李光昭纂修：《（乾隆）东安县志》，清乾隆十四年刻本。

［清］黄廷桂纂修，［清］张晋生编纂：《（雍正）四川通志》，清文渊阁四库全书本。

［明］赵廷瑞纂修：《（嘉靖）陕西通志》，明嘉靖二十一年刻本。

［明］韩邦靖纂修：《（正德）朝邑县志》，明正德十四年刻本。

［清］席奉乾修，［清］孙景烈纂：《（乾隆）郃阳县志》，清乾隆三十四年刻本。

［朝鲜］洪良浩：《燕云续咏》，《韩使燕行录》第41册，北京书同文数字化技术有限公司影韩国成均馆大学藏燕行录本。

［朝鲜］金景善：《燕辕直指》，《韩使燕行录》第72册，北京书同文数字化技术有限公司影韩国成均馆大学藏燕行录本。

［朝鲜］金士龙：《燕行录》，《韩使燕行录》第74册，北京书同文数字化技术有限公司影韩国成均馆大学藏燕行录本。

［朝鲜］李基宪：《燕行诗轴》，《韩使燕行录》第64册，北京书同文数字化技术有限公司影韩国成均馆大学藏燕行录本。

［朝鲜］李晚秀：《 车集》，《韩使燕行录》第60册，北京书同文数字化技术有限公司影韩国成均馆大学藏燕行录本。

［朝鲜］李押：《燕行记事》，《韩使燕行录》第52册，北京书同文数字化技术有限公司影韩国成均馆大学藏燕行录本。

［朝鲜］李遇骏：《梦游燕行录》，《韩使燕行录》第77册，北京书同文数字化技术有限公司影韩国成均馆大学藏燕行录本。

［朝鲜］李在洽：《赴燕日记》，《韩使燕行录》第85册，北京书同文数字化技术有限公司影韩国成均馆大学藏燕行录本。

［朝鲜］李在学：《燕行日记》，《韩使燕行录》第58册，北京书同文数字化技术有限公司影韩国成均馆大学藏燕行录本。

［朝鲜］朴齐仁：《燕槎录》，《韩使燕行录》第75册，北京书同文数字化技术有限公司影韩国成均馆大学藏燕行录本。

［朝鲜］朴思浩：《燕蓟纪程》，《韩使燕行录》第 85 册，北京书同文数字化技术有限公司影韩国成均馆大学藏燕行录本。

［朝鲜］权复仁：《天游稿燕行诗》，《韩使燕行录》第 94 册，北京书同文数字化技术有限公司影韩国成均馆大学藏燕行录本。

［朝鲜］权时亨：《石湍燕记》，《韩使燕行录》第 91 册，北京书同文数字化技术有限公司影韩国成均馆大学藏燕行录本。

［朝鲜］沈乐洙：《燕行日乘》，《韩使燕行录》第 57 册，北京书同文数字化技术有限公司影韩国成均馆大学藏燕行录本。

［朝鲜］徐浩修：《燕行录》，《韩使燕行录》第 51 册，北京书同文数字化技术有限公司影韩国成均馆大学藏燕行录本。

［朝鲜］徐有闻：《戊午燕录》，《韩使燕行录》第 62 册，北京书同文数字化技术有限公司影韩国成均馆大学藏燕行录本。

［朝鲜］徐居正编：《东文选》，《朝鲜群书大系》第 54—59 册，广陵书社影印本，2019 年版。

杜宏刚、邱瑞中、［韩］崔昌源辑：《韩国文集中的蒙元史料》，广西师范大学出版社，2004 年版。

汪维辉编：《朝鲜时代汉语教科书丛刊》，中华书局，2005 年版。

［波斯］拉施特主编，余大钧、周建奇译：《史集》（第一卷第二分册），商务印书馆，1983 年版。

［波斯］拉施特主编，余大钧、周建奇译：《史集》（第二卷），商务印书馆，1985 年版。

（二）档案资料

《清内务府档案文献汇编》，全国图书馆文献缩微复制中心，2004 年版。

《宣统年交旨档》，全国图书馆文献缩微复制中心，2004 年版。

故宫博物院明清档案部编：《关于江宁织造曹家档案史料》，中华书局，1975 年版。

台北故宫博物院编：《宫中档乾隆朝奏折》，（台北）台北故宫博物院，1982 年版。

王彦威纂辑：《清季外交史料》，书目文献出版社，1987 年版。

吴丰培编：《清代藏事奏牍》，中国藏学出版社，1994 年版。

张侠、杨志本等编：《清末海军史料》，海洋出版社，1982 年版。

赵生瑞主编：《中国清代营房史料选辑》，军事科学出版社，2006 年版。

中国第一历史档案馆编：《乾隆帝起居注》，广西师范大学出版社，2002 年版。

中国第一历史档案馆、北京市颐和园管理处编：《清宫颐和园档案·陈设收藏卷》，中华书局，2017 年版。

中国第一历史档案馆、北京市颐和园管理处编：《清宫颐和园档案·营造制作卷》，中华书局，2015 年版。

中国第一历史档案馆、北京市颐和园管理处编：《清宫颐和园档案·园囿管理卷》，2015 年版。

中国第一历史档案馆、故宫博物院编：《清宫内务府奏案》，故宫出版社，2015 年版。

中国第一历史档案馆、故宫博物院主编：《清宫内务府奏销档》，故宫出版社，2014 年版。

中国第一历史档案馆、香港中文大学文物馆合编：《清宫内务府造办处档案总汇》，人民出版社，2005 年版。

中国国家图书馆编：《国家图书馆藏样式雷图档 · 畅春园卷》，国家图书馆出版社，2020 年版。

中国国家图书馆编：《国家图书馆藏样式雷图档 · 香山玉泉山卷》，国家图书馆出版社，2019 年版。

中国国家图书馆编：《国家图书馆藏样式雷图档 · 颐和园卷》，国家图书馆出版社，2018 年版。

中国国家图书馆编：《国家图书馆藏样式雷图档 · 圆明园卷初编》，国家图书馆出版社，2016 年版。

中国科学院地理科学与资源研究所、中国第一历史档案馆编：《清代奏折汇编——农业 · 环境》，商务印书馆，2005 年版。

［清］阿里衮、［清］恒文：《奏报委员接到楠木督催前进折》，清乾隆十六年七月初八日具奏，台北故宫博物院藏宫中档奏折，档号为故宫 025742。

［清］阿里衮：《奏报预拟庆贺太后万寿图式折》，清乾隆十六年八月初四日具奏，台北故宫博物院藏宫中档奏折，档号为故宫 025960。

［清］策楞：《奏报遵旨购办楠木运出川境折》，清乾隆十六年七月二十一日具奏，台北故宫博物院藏宫中档奏折，档号为故宫 025837。

［清］陈大受：《奏复圣驾行围之淀水蓄泄无妨耕作且于水利田畴兼有裨益情形》，清乾隆十四年八月十九日具奏，台北故宫博物院藏军机处档折件，档号为故机 004793。

［清］方观承：《覆奏查办浙省湖河滩地情形》，清乾隆十三年十月十七日具奏，台北故宫博物院藏军机处档折件，档号为故机 003561。

［清］方观承：《题报宛平县西方庵僧人界慧等香火粮地，经勘明圈用一顷一十四亩八分，应准开除粮额，请于乾隆十九年为始除粮》，清乾隆二十年五月二十二日具奏，（台北）“中央研究院”历史语言研究所内阁大库档案，登录号为 049873。

［清］傅恒：《兵部为青龙桥失火交部查议事》，清乾隆二十四年四月具奏，（台北）“中央研究院”历史语言研究所内阁大库档案，登录号为 186664。

［清］苏昌：《奏议分赔钦工楠木案未完银两折》，清乾隆十六年九月二十一日具奏，台北故宫博物院藏宫中档奏折，档号为故宫 026307。

［清］图思德：《奏报恭报交印起程赴京陛见日期》，清乾隆四十二年六月十七日具奏，台北故宫博物院藏宫中档奏折，档号为故宫 057619。

［清］图思德：《为恭报回任接印日期》，清乾隆四十二年九月二十八日具奏，台北故宫博物院藏宫中档奏折，档号为故宫 058512。

［清］图思德：《奏为庙工将次告竣恭恳圣恩预赐庙各事，并仰恳圣恩仍准奴才之子恒庆于工竣之日随任帮理家务事》，清乾隆四十三年三月十六日具奏，台北故宫博物院藏宫中档奏折，档号为故宫 060279。

[清]图思德:《奏谢恩赐奴才祖茔西侧庙宇妙云寺匾额》,清乾隆四十三年六月初八日具奏,台北故宫博物院藏军机处档折件,档号为故机 020337。

[清]图思德:《奏谢钦颁奴才祖茔西侧庙宇匾额事》,清乾隆四十三年六月初八日具奏,台北故宫博物院藏宫中档奏折,档号为故宫 061065。

[清]禧恩:《奏为遵旨查明圆明园附近住房门牌事》,清嘉庆十九年十二月十九日具奏,中国第一历史档案馆藏,档号为 03—1603—069。

[清]周元理:《奏报勘明明春巡视河工道路营盘缘由》,清乾隆三十七年九月初九日具奏,台北故宫博物院藏军机处档折件,档号为故机 018239。

[清]周元理:《奏报备办南巡事》,清乾隆四十四年正月十九日以前具奏,台北故宫博物院藏军机处档折件,档号为故机 022672。

[清]农工商部统计处:《光绪三十四年第二次农工商部统计表》,中国国家图书馆藏。

《静宜园内外修理水沟等工销算丈尺做法清册》,日本东方文化学院东京研究所藏清抄本。

《碧云寺修理水沟等工销算丈尺做法清册》,日本东方文化学院东京研究所藏清抄本。

《樱桃沟修理水沟等工销算丈尺做法清册》,日本东方文化学院东京研究所藏清抄本。

《修理城外水沟河桶等工销算银两总册》,日本东方文化学院东京研究所藏清抄本。

北京市档案馆编:《北京寺庙历史资料》,中国档案出版社,1997 年版。

农商部中央农事试验场编:《农商部中央农事试验场第三期成绩报告》,1917 年铅印本。

熊元翰、张宗儒等编:《京师地方审判厅法曹会判牍汇编》第一集《刑事》下册,商务印书馆,1914 年版。

中国第二历史档案馆编:《中华民国史档案资料汇编》第 3 辑文化,江苏古籍出版社,1991 年版。

(三)石刻与绘画资料

北京图书馆金石组编:《北京图书馆藏中国历代石刻拓本汇编》,中州古籍出版社,1989 年版。

向南、张国庆、李宇峰辑注:《辽代石刻文续编》,辽宁人民出版社,2010 年版。

《明戚畹诰封锦衣昭勇将军王学买地券》,中华石刻数据库(历代石刻拓片汇编数据库),编号为 ZHB053000034M0004043,http://inscription.ancientbooks.cn。

[清]佚名绘:《京杭道里图》,清康熙年间,浙江省博物馆藏。

[清]南怀仁绘:《卢沟桥运孝陵石料图》,清康熙年间,法国国家图书馆藏。

[清]陈枚、孙祜、金昆、戴洪、程志道绘:清版《清明上河图》,清乾隆元年(1736 年),台北故宫博物院藏。

[清]唐岱、沈源等绘:《圆明园四十景图咏》,清乾隆九年(1744 年),法国巴黎国家图书馆藏,中国建筑工业出版社,2007 年版。

[清]董邦达绘:《西湖四十景·玉带桥》,清乾隆年间,私人藏。

[清]徐扬绘:《南巡纪道图》,清乾隆十六年(1751 年),私人藏。

[清]徐扬绘：《玉带桥诗意图》，清乾隆十六年（1751年），北京故宫博物院藏。

[清]张廷彦等绘：《崇庆皇太后万寿庆典图卷》，清乾隆二十三年（1758年），北京故宫博物院藏。

[清]佚名绘：《崇庆皇太后万寿图卷》，清乾隆年间，北京故宫博物院藏。

[清]弘旿绘：《都畿水利图卷》，清乾隆年间，中国国家博物馆藏。

[清]佚名绘：《威远健字枪炮队、健锐营马队、威远利字枪炮队、外火器营马队、水军炮船合操阵图》，清光绪年间，参见中国第一历史档案馆藏《内务府舆图军务战争类》1262号，《健锐外火器两营步枪炮水军合操阵式图》。

[清]佚名绘：《玉河图》，清光绪年间，北京大学图书馆藏。

[清]常印绘制：《三山五园外三营地理全图》，清光绪二十三年（1897年），中国国家图书馆藏。

佚名绘制：《万寿山过会图》，清末民国时期，首都博物馆藏。

佚名绘：《五园三山图》，清宣统元年（1909年）以后或民国时期，海外藏。

佚名绘：《京西名园胜迹图》，民国初年，北京大学图书馆藏。

（四）近现代书报刊物

《六郎庄掘出汉代古金盆》，《北平午报》，1932年4月26日，第4版。

《张公执夫人（前国务总理唐绍仪君之次女公子）》，周瑟夫摄，《北洋画报》，1927年第119期。

《财政部指令二则》，《财政月刊》，1919年第6卷第68号，第20页。

《喇嘛拆卖殿宇》，《大公报》（天津），1923年7月28日，第6版。

《万寿山与居士》，《大公报》（天津），1928年2月12日，第2版。

凯军：《他也没有理她》，《大公报》（天津），1930年2月3日，第1版。

《鸭绿江战胜图》，《点石斋画报》，1894年第387期，第3—4页。

《仆犬同殉》，《点石斋画报》，1895年第424期，第5—6页。

关承琳：《西郊乡土记》，《都市教育》，1918年第4卷第2期，第32—41页。

退翁（周肇祥）：《鹿岩小记》，《国学丛刊》（北京），1941年第1期，第28—32页。

退翁（周肇祥）：《鹿岩小记》，《国学丛刊》（北京），1942年第7期，第61—64页。

退翁（周肇祥）：《鹿岩小记》，《国学丛刊》（北京），1942年第10期，第53—56页。

退翁（周肇祥）：《鹿岩小记》，《国学丛刊》（北京），1942年第11期，第63—64页。

退翁（周肇祥）：《鹿岩小记》，《国学丛刊》（北京），1943年第12期，第65—67页。

《请保护古庙遗踪　泉宗庙石坊》，《京报》，1922年8月3日，第7版。

《女青年会举办西山消夏所　在香山玉泉山之间》，《京报》，1930年7月2日，第6版。

《饬中央农事试验场第一二三号（二月十日）：饬知改称中央农事试验场并将批令及原奏抄发由》，《农商公报》，1916年3月15日第2卷第8期，第24页。

《耶律楚材墓招商修理》，《山东省建设月刊》，1931年10月第1卷第10期，第293页。

《预备海防》，《申报》，1886年11月7日，第2页。

《大阅恭纪》，《申报》，1889 年 5 月 5 日，第 2 页。
《五云楼阁》，《申报》，1892 年 5 月 25 日，第 1 页。
《陶然亭逭暑记》，《申报》，1893 年 6 月 22 日，第 1 页。
《禁苑春灯》，《申报》，1896 年 3 月 7 日，第 1 页。
《凤池染翰》，《申报》，1896 年 4 月 22 日，第 1 页。
《耶律楚材墓招商修理》，《申报》，1931 年 7 月 13 日，第 4 版。
《青龙桥之老柳　全被砍伐》，《实业杂志》（张家口），1926 年第 1 卷第 6 期，第 120 页。
《北平女青年会功德寺女学界消夏会》，《世界画报》（北京），1928 年第 164 期，第 2 页。
孤血：《忆六郎庄之莲花》，《新北京》，1938 年 8 月 6 日，第 2 版。
《驻英钦使张荫棠已将发辫剪去》，《新闻报》，1911 年 1 月 13 日，第 5 版。
《因穷锯树　喇嘛被押》，《益世报》（北京），1922 年 2 月 9 日，第 7 版。
《昆明湖水泛滥》，《益世报》（北京），1924 年 8 月 9 日，第 7 版。
《内务部由溥仪接收稻田厂》，《益世报》（北京），1924 年 11 月 23 日，第 7 版。
《西北郊之水灾》，《益世报》（北京），1925 年 7 月 27 日，第 7 版。
《谁斫罗汉头》，《益世报》（北京），1926 年 1 月 10 日，第 7 版。
《红卍会又设收容所八处　二十三日一律成立》，《益世报》（北京），1926 年 5 月 19 日，第 7 版。
《穷极无聊之蒙藏院将拍卖圣化寺古刹　佛像搬家　喇嘛分肥》，《益世报》（北京），1926 年 7 月 20 日，第 7 版。
《修理耶律楚材墓　油饰佛香阁》，《益世报》（北京），1931 年 8 月 14 日，第 6 版。
《皇太后游幸颐和园恭纪》，《益闻录》，1896 年 3 月 18 日第 1555 期，第 3—4 页。
《颐和园听戏观灯恭纪》，《益闻录》，1896 年 10 月 10 日第 1614 期，第 469—470 页。
《内务部通咨各省都督民政长调查祠庙及天主耶稣教堂各表式请查照饬遵文》，《政府公报》，1912 年 10 月 19 日第 171 号，第 7—9 页。
[日] 内藤顺太郎著，张振秋译：《正传袁世凯》，广益书局，1914 年版。
《北平市自治区坊所属街巷村里名称录》，1932 年版。
《北京市街巷名称册》，1953 年版。
《简明万寿山游览指南》，中华书局，民国时期铅印本。
内务部职方司测绘处绘制：《实测京师四郊地图》，1915 年版，中国国家图书馆藏。
徐珂编纂：《增订实用北京指南》，商务印书馆，1923 年版。
姚祝萱编：《北平便览》，文明书局、中华书局，1923 年版。
[法] 普意雅测绘：《北京周边地图》，1923 年版。
北平民社编：《北平指南》，北平民社，1929 年版。
吴质生：《万寿山名胜核实录》，斌兴印书局，1931 年版。
北平市工务局测绘：《卧佛寺、碧云寺、香山泉源及石沟图》，1934 年版。

国立北平研究院测绘组测制：《颐和园全图》，出版部印行，1934 年版，中国国家图书馆藏。

王华隆编：《北平四郊详图》，北平最新地学社，1934 年版，中国国家图书馆藏。

马芷庠编：《北平旅游指南》，经济新闻社，1941 年版。

二、专著

安新县地方志办公室：《白洋淀志》，中国书店，1996 年版。

白寿彝主编，陈得芝分册主编：《中国通史》（第 8 卷），上海人民出版社，2004 年版。

北京大学环境学院《王乃樑文集》编辑组编：《王乃樑文集》，学苑出版社，2006 年版。

北京市地方志编纂委员会编著:《北京志·世界文化遗产卷·颐和园志》，北京出版社，2004 年版。

北京市公园管理中心编：《园说 IV　这片山水这片园》，文物出版社，2022 年版。

北京市海淀区政协学习和文史委员会编：《海淀文史资料》第 14 册。

北京市社会科学研究所《北京历史纪年》编写组编:《北京历史纪年》，北京出版社，1984 年版。

北京市文物事业管理局编：《北京名胜古迹辞典》，北京燕山出版社，1989 年版。

北京市文物研究所编：《北京文物与考古》（第 6 辑），民族出版社，2004 年版。

北京市园林局颐和园管理处编：《颐和园建园二百五十周年纪念文集（1750—2000）》，五洲传播出版社，2000 年版。

北京市政协文史资料委员会编：《北京文史资料精选·海淀卷》，北京出版社，2006 年版。

蔡蕃：《北京古运河与城市供水研究》，北京出版社，1987 年版。

陈垣：《陈垣学术论文集》（第一集），中华书局，1980 年版。

程建军、孙尚朴：《风水与建筑》，江西科学技术出版社，2005 年版。

定宜庄：《最后的记忆——十六位旗人妇女的口述历史》，中国广播电视出版社，1999 年版。

冯其利：《京郊清墓探寻》，学苑出版社，2014 年版。

故宫博物院编：《紫禁倩影——西洋镜里的皇家建筑》，故宫出版社，2023 年版。

何瑜主编：《清代三山五园史事编年·嘉庆—宣统》，中国大百科全书出版社，2014 年版。

侯仁之：《步芳集》，北京出版社，1981 年版。

侯仁之：《侯仁之文集》，北京大学出版社，1998 年版。

侯仁之主编：《北京历史地图集·政区城市卷》，文津出版社，2013 年版。

侯仁之、岳升阳主编：《北京宣南历史地图集》，学院出版社，2009 年版。

虎门镇人民政府编：《虎门文史》（第 4 辑），广东人民出版社，2019 年版。

黄成彦等：《颐和园昆明湖 3500 余年沉积物研究》，海洋出版社，1996 年版。

霍亚珍：《北京自然地理》，北京师范学院出版社，1989 年版。

纪宗安、汤开建主编：《暨南史学》（第 3 辑），暨南大学出版社，2004 年版。

贾珺：《北京私家园林志》，清华大学出版社，2009 年版。

焦雄：《北京西郊宅园记》，北京燕山出版社，1996 年版。

李华章：《北京地区第四纪古地理研究》，地质出版社，1995 年版。

刘晓：《耶律楚材评传》，南京大学出版社，2011 年版。

刘训华：《大禹文化学概论》，武汉大学出版社，2012 年版。

柳茂坤、白鹤群等：《京旗外三营》，北京出版社，2000 年版。

卢嘉锡总主编，丘光明等著：《中国科学技术史・度量衡卷》，科学出版社，2001 年版。

聂崇正：《清代宫廷绘画》，上海科技出版社，1999 年版。

清华大学建筑学院编著：《颐和园》，中国建筑工业出版社，2000 年版。

宋大川主编，孙勐著：《北京考古史》（元代卷），上海古籍出版社，2012 年版。

孙温良、张杰、郑川水：《乾隆帝》，吉林文史出版社，1993 年版。

汤用彬、陈声聪、彭一卣编：《旧都文物略》，华文出版社，2004 年版。

田建春主编：《北京市海淀区地名志》，北京出版社，1992 年版。

王颋：《西域南海史地考论》，上海人民出版社，2008 年版。

魏励编：《中国文史简表汇编》，商务印书馆，2007 年版。

武怀军：《金元辞赋研究评注》，群言出版社，2006 年版。

夏成钢：《湖山集翠——颐和园地区历代文人诗文合集》，北京出版社，2024 年版。

夏成钢：《湖山品题——颐和园匾额楹联解读》，北京出版社，2019 年版。

夏成钢：《湖山颂碑——颐和园地区石刻碑碣集录》，北京出版社，2024 年版。

夏成钢：《湖山真意——颐和园地区历代帝王诗文解读》，北京出版社，2024 年版。

香山公园管理处编：《香山公园志》，中国林业出版社，2001 年版。

徐征：《海淀风物丛考》，北京出版社，1998 年版。

么书仪：《元代文人心态》，人民文学出版社，2013 年版。

颐和园管理处编：《颐和园志》，中国林业出版社，2005 年版。

尹钧科：《北京郊区村落发展史》，北京大学出版社，2001 年版。

岳升阳、夏正楷、徐海鹏：《海淀文史・海淀古镇环境变迁》，开明出版社，2009 年版。

岳升阳主编：《侯仁之与北京地图》，北京科学技术出版社，2011 年版。

翟小菊编著：《颐和园》，北京出版社，2018 年版。

张宝章、彭哲愚编：《香山的传说》，河北少年儿童出版社，1965 年版。

张兰生主编：《中国生存环境历史演变规律研究》，海洋出版社，1993 年版。

张一苇：《神秘的东方贵族——贝聿铭和他的家族》，苏州大学出版社，2014 年版。

赵其钧：《透视元代文人精神文化》，安徽大学出版社，2011 年版。

郑欣淼、朱诚如主编，中国紫禁城学会编：《中国紫禁城学会论文集》（第 5 辑），紫禁城出版社，2007 年版。

政协北京市海淀区学习和文史委员会编：《昆明湖畔六郎庄》，中央文献出版社，2014 年版。

政协北京市海淀区学习和文史委员会编：《京西古镇青龙桥》，学苑出版社，2015 年版。

中国蒙古史学会编：《蒙古史研究》（第 3 辑），内蒙古大学出版社，1989 年版。

中国社会科学院文学研究所《红楼梦研究集刊》编委会编：《红楼梦研究集刊》（第5辑），上海古籍出版社，1980年版。

中国圆明园学会主编：《圆明园》（第3期），中国建筑工业出版社，1984年版。

周季和编：《东莞文物游记》，解放军出版社，2007年版。

三、论文与讲义

白石典之，张文平：《蒙古帝国首都哈剌和林的城市平面图》，《草原文物》，1999年第2期。

毕奥南：《蒙古汗国与元朝关系的考察》，《中国边疆史地研究》，2004年第4期。

蔡美彪：《脱列哥那后史事考辨》，中国蒙古史学会编《蒙古史研究》第3辑，内蒙古大学出版社，1989年版。

曹隆恭：《我国古代的油菜生产》，《中国科技史料》，1986年第7期。

岑仲勉：《耶律希亮神道碑之地理人事》，《史学专刊》，1936年第12期。

陈得芝：《元岭北行省建置考(中)》，《元史及北方民族史研究集刊》，1987年第11期。

陈平平：《论元代耶律铸牡丹园艺实践与著述的科学成就》，《古今农业》，2005年第2期。

陈雨孙、马英林：《论永定河水通过西山对北京市地下水的补给》，《水利学报》，1981年第3期。

郭立新：《夏处何境——大禹治水背景分析》，《广西民族大学学报》（哲学社会科学版），2021年第1期。

和谈：《金元之际契丹文士的焦虑意识及文学表达——以耶律楚材家族为中心》，《东南学术》，2019年第7期。

和谈：《元代丞相耶律铸生于北庭考》，《新疆地方志》，2012年第3期。

黄秀纯：《辽代张俭墓志考》，《考古》，1980年第5期。

姜东成：《元大都大承华普庆寺复原研究》，《建筑师》，2007年第4期。

姜付炬：《喀亚斯与双河城——伊犁史地论札之三》，《伊犁师范学院学报》（社会科学版），2010年第1期。

姜付炬：《出布儿与也里虔——伊犁史地论札之六》，《伊犁师范学院学报》（社会科学版），2011年第3期。

焦雄：《颐和园是清末最后一处第二个政治活动中心》，郑欣淼、朱诚如主编，中国紫禁城学会编《中国紫禁城学会论文集》第5辑，紫禁城出版社，2007年版。

金柏苓：《清漪园后山的造园艺术和园林建筑》，中国圆明园学会主编《圆明园》第3期，中国建筑工业出版社，1984年版。

李健胜：《大禹出于西羌辨》，《中原文化研究》，2014年第3期。

李军：《论耶律铸和他的〈双溪醉隐集〉》，《民族文化研究》，2004年第2期。

李逸友：《辽代契丹人墓葬制度概说》，《内蒙古东部区考古学文化研究文集》，1990年第10期。

李裕宏：《营造涵养京西地下水源恢复玉泉山泉流的建议》，《北京规划建设》，2005年第6期。

刘潞：《崇庆皇太后万寿庆典图初探——内容与时间考释》，《故宫学刊》，2014 年第 2 期。

刘晓：《耶律铸夫妇墓志札记》，纪宗安、汤开建主编《暨南史学》第 3 辑，暨南大学出版社，2004 年版。

刘晓：《万松行秀新考——以〈万松舍利塔铭〉为中心》，《中国史研究》，2009 年第 1 期。

刘迎胜：《察合台汗国疆域与历史沿革研究》，《中国边疆史地研究》，1993 年第 3 期。

刘迎胜：《〈元史・太宗纪〉太宗三年以后纪事笺证》，《元史及民族与边疆研究集刊》，2014 年第 1 期。

马忠文：《清季查办藏事大臣张荫棠的家世、宦迹与交游》，《学术研究》，2019 年第 6 期。

彭玉平：《王国维〈颐和园词〉考论》，《文学评论》，2022 年第 5 期。

秦雷：《京师昆明湖水操学堂史论》，《北京社会科学》，2006 年第 1 期。

清秋：《与甲戌本有关的半亩园补志》，中国社会科学院文学研究所《红楼梦研究集刊》编委会编《红楼梦研究集刊》第 5 辑，上海古籍出版社，1980 年版。

任乃宏：《砥柱山的崩塌与史前大洪水真相》，《青海民族大学学报》（社会科学版），2018 年第 4 期。

史慧：《耶律铸牡丹花诗赋研究》，《科学时代》，2014 年第 16 期。

孙国江：《大禹治水传说的历史地域化演变》，《天中学刊》，2013 年第 4 期。

孙勐元：《北京出土耶律铸墓志及其世系家族成员考略》，《中国国家博物馆馆刊》，2012 年第 3 期。

孙秀萍、赵希涛：《北京平原永定河古河道》，《科学通报》，1982 年第 16 期。

谭晓玲：《耶律铸墓出土的镇墓神物考》，《首都博物馆论丛》，2013 年第 1 期。

佟宝山：《论金元时代契丹人的民族心态》，《辽宁工程技术大学学报》（社会科学版），2002 年第 4 期。

涂师平：《我国古代镇水神物的分类和文化解读》，《江浙水利水电学院学报》，2015 年第 3 期。

王丹：《颐和园耶律铸夫妇合葬墓现状调查及防水加固保护方案》，北京市文物研究所编《北京文物与考古》第 6 辑，民族出版社，2004 年版。

王福谆：“我国古代大型铸铜文物”系列文章，《制造设备于工艺》，2001—2015 年。

王欢欢：《〈双溪醉隐集〉研究》，中央民族大学硕士论文，2016 年。

王志高：《龙翔集庆寺考略》，《江苏地方志》，1997 年第 4 期。

魏崇武：《耶律铸之别业及其他——读〈双溪醉隐集〉献疑》，《元史及民族与边疆研究集刊》，2018 年第 2 期。

吴美凤：《旌旗遥拂五云来 不是千秋戏马台——试探〈明人出警入跸图〉与晚明画家丁云鹏之关系》，《故宫学刊》，2005 年第 1 期。

席会东：《海峡两岸分藏康熙绘本“京杭运河图”研究》，《文献》，2015 年第 3 期。

夏成钢：《大承天护圣寺、功德寺与昆明湖景观环境的演变》（上），《中国园林》，2014 年第 8 期。

夏成钢：《大承天护圣寺、功德寺与昆明湖景观环境的演变》（中），《中国园林》，2014年第12期。

夏成钢：《大承天护圣寺、功德寺与昆明湖风景区的演变》（下），《中国园林》，2015年第3期。

夏成钢：《雄安地区清代皇家水猎风景地的建设》，《中国园林》，2018年第8期。

夏成钢、王智：《历史与现代之间——海淀公园设计思路》，《中国园林》，2005年第3期。

熊达成：《都江鱼咀史话》，《成都科技大学学报》，1982年第2期。

杨程斌、范学新、徐佳伟：《延庆元代流杯池行殿考》，《北京文博文丛》，2019年第1期。

杨平、侯井岩、高润华：《论北京玉泉山泉补给源——北京西山山前奥陶系岩溶水径流特征》，《水文地质工程地质》，1984年第2期。

叶静渊：《我国油菜的名实考订及其栽培起源》，《自然科学史研究》，1989年第2期。

苑洪琪：《从一幅图画看清漪园的耕织图》，北京市园林局颐和园管理处编《颐和园建园二百五十周年纪念文集（1750—2000）》，五洲传播出版社，2000年版。

岳升阳：《三山五园周边地区历史遗迹》，《颐和讲堂》第2讲，2021年版。

曾国庆：《论清季驻藏大臣张荫棠》，《康定民族师范高等专科学校学报》，2005年第5期。

张培锋：《耶律楚材：以出世精神做入世事》，《文史》，2018年第12期。

周俊旗：《韩国版〈燕行录全集〉对中国史研究的史料价值》，《天津师范大学学报》（社会科学版），2013年第3期。

朱鸿：《〈明人出警入跸图〉本事之研究》，《故宫学术季刊》，2002年第20卷第1期。

四、其他

京西走马：《庞村古堤十八蹬和镇水铁牛》，https://blog.sina.com.cn/s/blog_8273021f0102vug4.html。

古槐蜂：《一本特别珍贵的民国小学校志——〈北平市普励小学校概览〉里的老照片》，https://blog.sina.com.cn/s/blog_13484f6ef0102vpac.html。

岭南风暖：《挥之不去的民国情结（三）》，https://blog.sina.com.cn/s/blog_13484f6ef0102vpac.html。

"Eileen L. Pei Obituary," *The New York Times*, April 25, 2014.

后 记

拿到最后的样稿让我长舒一口气，这本书既是颐和园五书的收官之作，也是我对昆明湖万寿山长期思考的一个暂停键。

说到“长期”之始，总能浮现出我第一次站在昆明湖边的情景。那时的我还是个孩子，迟迟不愿离开，幻想着小船带我漂向水天之际的玉泉山边，那种好奇、向往之情，年长回想起来更加清晰在目。后来随着游园增多，疑问不断。我便与这些疑问相伴，步入风景园林专业，寻找着答案。

而今五书完成，蓦然回首，这仍是一个湖边孩子的遐想、渴望，我在他远远的注视里，没有变道、没有停步。这中途虽汇入不同的动机，但核心仍是好奇、兴趣与热爱。颐和园研究成为我逃避世间烦扰的心灵家园，成为我生命的一部分。

书中的一些内容我曾在中国园林博物馆、北林园林学院、清华建筑学院、颐和讲堂、北京广播电台等场合多次宣讲，有些则发表在学术核心期刊《中国园林》《风景园林》。对于这些内容，本书进行了调整充实，反复修改。这期间大量同行、听众、学生不断询问出版进展，这既让我因拖延而愧疚，也化作一种鞭策。

写作过程是与我的设计工作交插进行的，思路常常在文字、图纸与工地之间跳跃，相互启发。设计思维的尺度感，也使文字叙事不由自主地陷入细节，好处是让内容更加充实。书中一些探究曾作为多项设计的构思依据，如玉泉山、万寿山间的两山公园，玉泉山西的妙云公园、石渠公园，西花园—巴沟间的海淀公园等；中国园林博物馆展园的“半亩一章”“塔影别苑”；多届园博会、世博会中的北京展园，如济南北京园的“玉泉趵突”、重庆北京园的“江山一览画中游”、丰台北京园的“万象昭辉”、郑州北京园的“邵窝静心”、徐州北京园的“玉带金光”、成都北京园的“湖山真意”等。也就是说，本书的许多研究已经落地成景，遗产化为鲜活，每想到此我又稍稍释怀。

本书吸收了不同学科众多学者的研究成果，在此我向他们致以衷心的感谢。他们的名字已列在注释和参考文献中。

颐和园研究前辈金柏苓先生热情提供了后山复原画作与摄影作品，为本书增色。书中各类图纸由我考证标注、勾勒草图，最终由院里多位设计师绘制，其中手绘图全部由赵站国绘制，精彩地配合了文章内容。大量摄影照片来自好友亲朋的贡献。交稿出版社前，助理张英杰对文稿进行了通读，提出许多良好建议。对上述各位的热情支持，一并致以诚挚的感谢。

本书与其他四书涉及面广，工作量巨大，责编刘路先生展现出高度的敬业精神、知识贮备与协调能力，花费了大量心血。北京出版集团京版若晴公司董事长袁海先生一路给予极大鼓励，排忧解难。再次表示感谢！

最后必须感谢家人的理解与全力支持。特别是我去世多年的父亲，每提及我写作的最初火种，眼底总会晃动出现小学五年级的那个冬夜：火炉影里，父亲给我讲解《甲申三百年祭》，他娓娓道来，我声声入耳，眼界顿开，从此点燃我对中国传统文化的炙热感情。那前后，我的写作练习每每留下父亲逐字逐句的批改，他阅过的大量古籍成为我中学时代的课余读物。可遗憾的是，当我守在病床边，望着父亲目光渐渐黯去时，却没能告诉他那夜炉火对我的巨大影响，也未送上“谢谢”二字。每念及此，泪从心涌，或以这套丛书聊补遗憾吧，我想这位一生多舛的灵魂定会感到欣慰。最后，只想以杜兰特的名句敬献我生命的启蒙老师，也作自勉：

“如果一个人很幸运，他便能在去世之前尽可能多地收集他的文明遗产，将其传给他的子女。到了弥留之际，他也会感激这取之不尽、用之不竭的遗产，因为他知道：这是养育我们的母亲，这是我们永恒的生命。”

作者
2024 年 9 月再记于北京天畅园